W0300202

ALTE ABENTEUERLICHE REISEBERICHTE

GEO T. MARY

Im schwarzen Erdteil

Die faszinierende Geschichte der Erforschung Afrikas

mit Originalzeugnissen von

H. Barth, E. Flegel, L. Frobenius, G. A. Graf v. Götzen, W. Junker, J. L. Krapf, O. Lenz, H. Lichtenstein, H. Meyer, E. Mohr, C. Morgen, G. Nachtigal, C. Peters, P. Pogge, G. Rohlfs, G. Schweinfurth, H. v. Wissmann, E. Zintgraff

HORST ERDMANN VERLAG

Mary, Geo T.:
Im schwarzen Erdteil : d. faszinierende Geschichte d. Erforschung Afrikas / mit Orig.-Zeugnissen von H. Barth ... – Tübingen, Basel : Erdmann, 1978.
(Alte abenteuerliche Reiseberichte)
ISBN 3-7711-0267-7

Alle Rechte vorbehalten
© 1978 by Horst Erdmann Verlag
für Internationalen Kulturaustausch, Tübingen und Basel
Umschlag und Einband: Hilda und Manfred Salemke
Satz und Druck: C. F. Müller, Karlsruhe
Bindearbeiten: Buchbinderei Werner Müller, Stuttgart

INHALT

EINLEITUNG

ERSCHLIESSUNGSGESCHICHTE

FORSCHERBERICHTE

Sahara und Sudan

»Wenn ich fähig und glücklich genug gewesen bin, in geographischer Entdeckung etwas zu leisten, so ist schwer zu sagen, wieviel davon englischem, wieviel deutschem Einfluß zuzuschreiben ist. Denn die Wissenschaft ist aus dem Baumaterial aufgebaut, das alle Nationen der Erde gesammelt haben.«

Heinrich Barth

»Moio ua kalamba! Sei gegrüßt, Kalamba! Wir wollen gehen, wir wollen zusammen gehen, um das große Wasser zu besuchen. Es ist weit bis dorthin, ich werde dich hinführen und dir Sachen zeigen, die du noch nicht gesehen hast«.

Hermann v. Wissmann
zu Kalamba, dem König der Baluba,
vor der gemeinsamen Bootsfahrt
lulua- und kassaiabwärts zum Kongo

Einleitung

Herodot spricht in Olympia

Im fünften vorchristlichen Jahrhundert kam der griechische Geschichtsschreiber Herodot zu der für die damalige Zeit unerhörten Erkenntnis, daß die chauvinistische Meinung seiner Landsleute, alle Nicht-Griechen seien kultur- und geschichtslose Barbaren, von Grund auf revidiert werden müsse.

Die Perserkriege hatten gezeigt, daß Griechenland nicht das einzige Kulturland der Erde war, sondern daß es im Mittelmeerraum genug andere Völker mit alten Kulturtraditionen gab. Alle diese Völker blickten auf eigene stolze Nationalgeschichten zurück. Und jede dieser Nationalgeschichten war – wie die Geschichte Griechenlands – nur ein Teilaspekt der Menschheitsentwicklung.

Dieser völlig neue Gesichtspunkt machte den Patrioten Herodot zu einer Art Weltbürger. Als erster Historiker im modernen Sinne betrachtete er die Weltgeschichte als eine Einheit. Die exklusive Fortschreibung der griechischen Nationalgeschichte konnte nicht länger sein Thema sein. In Griechenland bewirkte sie ohnehin nur Verharren in Vorurteilen und nationaler Beschränktheit. Die Völker mußten einander kennen- und verstehen lernen. Was sie brauchten, war eine synoptische Darstellung aller bekannten Kulturen und Zivilisationen. Geschichtsschreibung war für den Menschen nur dann von Nutzen, wenn sie seinen Gesichtskreis, sein Weltbild, über die eigene Nation hinaus erweitern half. Tat sie dies, so förderte sie zugleich die Menschheitsentwicklung, die Aufklärung und den Fortschritt.

Herodot verwirklichte diese Erkenntnisse in einer breitangelegten historischen Dokumentation, in der er die Ereignisse in Griechenland in das Spektrum der Weltgeschehen seiner Zeit einbezog. Sein Werk, mit dem er, wenn man so will, zum Begründer der Universalgeschichte wurde, behandelt die Ursachen der Kriege zwischen Griechenland und den Persern unter Dareios I. und Xerxes, und im Rahmen einer Beschreibung des Aufstiegs und der Machtentfaltung des Perserreiches den größten Teil der damals bekannten Welt: die Zweistromländer, Südrußland, Libyen und Ägypten.

Auf ausgedehnten Reisen durch Vorderasien und Nordostafrika hatte er die Geschichtstraditionen, das Staatswesen und die religiösen Vorstellungen dieser Länder mit einer für seine Zeit oft geradezu erstaunlichen Akribie erkundet. Und nun, wieder daheim, entwarf er mit seiner »Historíai«, seiner »Geschichte«, wie er sein Werk nannte, ein Weltgemälde, das den Völkern der Antike ganz neue Perspektiven vermittelte. Ausführlich berichtet er darin unter anderem auch über interessante Einzelbeobachtungen. In Babylon beispielsweise faszinierte ihn die Struktur der Stadtbefestigungsanlage, am Nil die Methode des Schiffsbaus. Am Euphrat sammelte er Informationen über die Verlegung des Flußlaufes zur Zeit der assyrischen Königinnen, in Ägypten über die Architektur der Pyramiden, über das jährliche Auf- und Abschwellen des Nils und über Sitten und Gebräuche dunkelhäutiger Zwergvölker in entlegenen Ländern Zentralafrikas.

Aber wen in Griechenland interessierten nach dem stolzen Sieg über die Perser Nachrichten »aus der Welt der Barbaren?« – Bei wem durfte er Aufgeschlossenheit für Nicht-Griechisches erwarten, nachdem die Götter des Olymp erneut bestätigt hatten, daß die Griechen ihr auserwähltes Volk waren?

Sein inzwischen abgeschlossenes Manuskript harrte schließlich nur noch der Herausgabe. Aber wie würde ein solches Buch aufgenommen werden? – Je mehr sich seine Bedenken verdichteten, um so ungünstiger erschien ihm von Mal zu Mal der Zeitpunkt für die Veröffentlichung.

Oder war er etwa nur zu pessimistisch? Und seine Landsleute waren doch vorurteilsloser, doch weiter und reifer als er annahm?

Herodot entschloß sich, die Probe aufs Exempel zu machen, zum nationalen Wettkampf der Athleten und Dichter nach Olympia zu ziehen und der versammelten Menge öffentlich aus seiner »Geschichte« vorzulesen.

Sein Auftritt am Streitort der Wagen und Gesänge war ungewöhnlich. Zum ersten Mal erlebten die versammelten Stämme der Griechen einen Geschichtsvortrag in Prosa. Zum ersten Mal erhielten sie wertfreie Informationen über fremde Kulturen und Zivilisationen. Und das Wunder ereignete sich: Was Herodot über das bislang verachtete Ausland zu berichten wußte, ließ alle aufhorchen. Gespannt folgten sie seinen Worten und zogen im Geiste mit ihm

1 Herodot. Neapel, Nationalmuseum

durch Kleinasien und die Länder am Nil. Als er geendet hatte, brandete ihm der Applaus des gesamten Stadions entgegen.

Was war geschehen? – Etwas höchst Bemerkenswertes: Die Resonanz auf einen unkonventionellen Vortrag hatte erkennen lassen, daß das Verlangen nach Aufklärung ebenso stark war wie der vermeintliche nationale Narzißmus. Herodots Elementargedanke der menschlichen und kulturellen Internationale war zum Völkergedanken geworden. Eine breite europäische Öffentlichkeit interessierte sich erstmals für Vorderasien und Afrika.

Das Forum für Herodots spektakulären Auftritt waren die olympischen Spiele von 456 vor der Zeitenwende, ein historisch bedeutsames Ereignis, wenn man bedenkt, daß es für Europa zum Anlaß wurde, den Nachbarkontinent Afrika als einen Erdteil mit eigenständigen Rassen, Kulturen und Religionen in sein Weltbild aufzunehmen. Die Zuhörer müssen bei Herodots Vortrag den Eindruck gehabt haben, als stoße der weitgereiste Redner mit seinen abenteuerlichen Berichten Tore zu einer eher traumhaft-phantastischen als nur unbekannten neuen Welt auf. Da war von himmelhohen Kultbauten, von Pyramiden und höckerbewehrten Reittieren die Rede, von einer endlosen, glühend heißen Sandwüste, zentralafrikanischen Mondbergen und dunkelhäutigen Zwergvölkern, dem gewaltigen Nilstrom und riesigen steinernen Fabelwesen, deren Vorstellung einen schaudern ließ. Aber wie faszinierend diese Beschreibungen auch waren – die in Olympia erwachte Neugier, mehr über die märchenhaften Nil- und Wüstenländer zu erfahren, hielt nicht lange an. Die politischen Wirren der nachfolgenden Jahrzehnte, zumal der Peloponnesische Krieg, verwischten die Erinnerung an Herodots afrikanische Reisebilder. 395 folgte der Korinthische Krieg. Und erst ein Menschenalter später, als das Heer des makedonischen Königs Alexander nach Ägypten zog, die Asiaten besiegte und 331 Alexandrien gründete, drang Afrika erneut ins Bewußtsein Europas. Siebenundsechzig Jahre später begannen die Auseinandersetzungen Roms mit Karthago. Mit ihnen erwachte in Italien das Interesse am Besitz der Südküste des Mittelmeers. Der dritte Punische Krieg führte 146 zur Zerstörung Karthagos und zur Gründung der ersten römischen Provinz auf afrikanischem Boden.

Das römische Imperium überspannte bald ganz Nordafrika. Länger als ein halbes Jahrtausend beherrschten die Römer den Norden des Schwarzen Erdteils. Dann zerfiel ihre Macht und eine neue breitete sich aus, die der Araber und des Islams. Die fanatisierten Heere der Kalifen vertrieben die abendländischen Ungläubigen aus Ägypten und der Cyrenaica, aus der Provincia Africa, Numidien und Mauretanien, drangen unter dem Banner des Propheten bis nach Spanien vor, umgaben den neuen islamischen Machtbereich mit einem Vorhang des Schweigens und verwehrten den Europäern bis ins hohe Mittelalter hinein die Rückkehr nach Nordafrika und insbesondere das Bereisen der maurisch-mohammedanischen Reiche und Fürstentümer.

Während der Araberherrschaft blieb Afrika von Europa jahrhundertelang hermetisch abgeriegelt. Die vom Islam über den Schwarzen Erdteil verhängte Informationssperre betraf auch Nachrichten über arabische innerafrikanische Erkundungen. In der römischen Kaiserzeit hatten die an immer neue Überraschungen aus Afrika gewöhnten Römer die Frage »was Neues aus Afrika?« geradezu als Grußformel gebraucht. Nun erübrigte sich diese Frage; denn man erfuhr ohnehin nichts. Den Bruch der Blockade brachte erst das 15. Jahrhundert, als kühne portugiesische Seefahrer mit gewagten Vorstößen an der Westküste Afrikas das Zeitalter der Entdeckungen einleiteten. 1446 erreichte Diniz Fernandez das Kap Verde, 1485 fanden Diego Cão und der deutsche Kosmograph Martin Behaim die Kongomündung, 1486 umschiffte Bartholomeu Diaz das Kap der Guten Hoffnung. Und elf Jahre später kreuzte Vasco da Gama als erster Europäer vor der Sofala- und Sansibarküste Ostafrikas. Die täglichen Standortbestimmungen der Seefahrer halfen, die Konturen des Erdteils kartographisch zu verdeutlichen. Aber Afrika selbst blieb uninteressant. Für die Portugiesen war der gewaltige Landblock nur ein Sperriegel auf dem Wege zu einem weitaus lokkenderen Ziel, ein lästiges Hindernis, das in Kauf genommen und lediglich umschifft werden mußte. Denn man wollte nach Indien. Erst im späten 18. Jahrhundert begann die systematische Erkundung des Kontinents und von ihr, einem der dramatischsten Kapitel der Erderforschung, handelt das vorliegende Buch. Es schildert die allmähliche Erschließung des dunklen Erdteils von den ersten tastenden Vorstößen bis hin zur kolonialzeitlichen speziellen Regionalforschung und läßt den Leser Zeuge der Entstehung des Kartenbildes werden, anhand dessen wir uns heute über die Geographie sowie die Lage und Ausdehnung der Staaten Afrikas informieren können.

Über die Erforschung der Sahara und des Sudans, der ostafrikanischen Seen und Schneeberge, des Nigersystems, der Nilquellen und des Kongobeckens ist viel geschrieben worden, und gern haben die jeweiligen Autoren den Anteil ihrer eigenen Nation besonders hervorgehoben, sei es im Rahmen eines geschichtlichen Überblicks oder als Anthologie ausgewählter Entdeckerberichte. Solche Darstellungen sind zwar immer problematisch, da sie allzu leicht den meist ungerechtfertigten Eindruck entstehen lassen, die Erkundung bestimmter Landschaften sei das alleinige Verdienst von Forschern ein und derselben Staatsangehörigkeit. Erscheinen sie aber mit dem nötigen Kommentar, der die hervorgehobene Leistung entmythologisiert, indem er sie schlicht als einen von vielen gleich wichtigen Erschließungsbeiträgen bezeichnet, so sind sie nicht nur vertretbar, sondern geradezu zu begrüßen, da vielfach nur mit ihrer Hilfe Originaltexte aus Reisetagebüchern bekannt werden, die seit ihrer Erstveröffentlichung im neunzehnten und zu Anfang des zwanzigsten Jahrhunderts nicht mehr neu aufgelegt wurden.

Gerade diese Berichte sind es aber, die uns an der Erschließung neuer Kulturkreise und damit am Vorwärtsdrängen unserer Vorfahren in Neulandbereiche des Menschlichen am unmittelbarsten teilnehmen lassen. Besser als jede Sekundärliteratur schildern sie die Probleme und Schwierigkeiten der jeweiligen Forschungsunternehmen, verdeutlichen zugleich die Motive und Intentionen der Reisenden, führen uns am praktischen Beispiel in die Art ihres Suchens, die Methode ihres Vorgehens ein und atmen darüber hinaus den Geist, der die geographischen Erkundungen im 19. Jahrhundert beherrschte, und zwar nicht nur den der mutig-mannhaften Pflichttreue, sondern zumal den der Aufklärung und des festen Glaubens an ein Ideales, an die Notwendigkeit, daß die Bewußtseinsgrenzen zurückgedrängt und das Weltbild erweitert werden mußten.

Nach den Aufzeichnungen der Forscher sind die geographischen Entdeckungen nicht, wie oft romantisierend dargestellt wurde, nur Taten beherzter Abenteurer, die, alle Gefahren mißachtend, den großen Glücksfall erlebten. Außer Mut, Ausdauer und Glück bedingten sie in erster Linie naturwissenschaftliche Gelehrsamkeit und die Fähigkeit, mit astronomisch-geodätischen Vermessungsge-

2 Vasco da Gama; aus einem portugiesischen Manuskript des 17. Jahrhunderts, Nationalbibliothek Paris

räten umgehen zu können. Wo entsprechende Instrumente fehlten und der Kompaß als alleiniges Orientierungsmittel diente, erwies sich die Kartographie oft schwieriger als der Vormarsch selbst. Heinrich Barth beispielsweise war in Ermangelung einer astronomischen Fachausbildung beim Entwurf eines ersten Kartenbildes des Sudans darauf angewiesen, Richtung und Länge seiner Wegestunden nach Kompaßwerten und der stündlich gemessenen Schnelligkeit des Kamelschritts zu berechnen. »Schade«, schreibt Humboldt deshalb 1852, »daß Barth von der ersten Grundlage aller Erdbeschreibung, von der Ortsbestimmung, nichts versteht. Durch diesen Mangel erleidet die Geographie von Central Afrika große Einbuße an positiven Tatsachen. An Encke und dessen astronomischem Generalstabe hätte er die bereitwilligsten Lehrmeister gefunden. Bei dem Mangel aller Ortsbestimmung schweben und schwanken Barths Reiserouten, sobald Overweg sich von ihm trennte, rein in der Luft.« Humboldt war weit entfernt, Barths Verdienste zu verkennen, schätzte aber dessen Begleiter Overweg, einen Astronomen und Geologen, höher, da dieser es verstand, seinen jeweiligen Standort »nach der Entfernung vom Äquator und von irgend einem fest angenommenen Mittagskreise zu bestimmen.« Dennoch wurde Barth einer der bedeutendsten Afrikaforscher schlechthin und schuf mit seinem 1857/58 erschienenen fünfbändigen Werk »Reisen und Entdeckungen in Nord- und Central-Afrika in den Jahren 1849–1855« eine so vielseitige wissenschaftliche Dokumentation, wie sie dem Universalgelehrten Humboldt als ganzheitliche Darstellung einer geographischen Region nicht besser hätte vorschweben können.

Trotz aller nötigen Wissenschaftlichkeit sind die Entdeckerberichte aber keine wissenschaftlichen Abhandlungen im landläufigen Sinne, sondern als Beschreibungen gewagter Reisen in unerforschte, unbekannte Länder zugleich echte Abenteuergeschichten. Wie Portugal, Frankreich und England verfügt auch Deutschland in bezug auf Afrika über eine reiche, höchst vortreffliche Entdeckungsliteratur, die leider viel zu wenig bekannt ist. Vereinzelt wurden zwar Auszüge aus Werken beispielhaft großer Forscher wie Barth und Nachtigal, nicht zum wenigsten durch die dankenswerte Vermittlung eines Heinrich Schiffers' oder Rolf Italiaanders neu herausgegeben; das Gros aber vermodert staubbedeckt in voluminösen Fach-

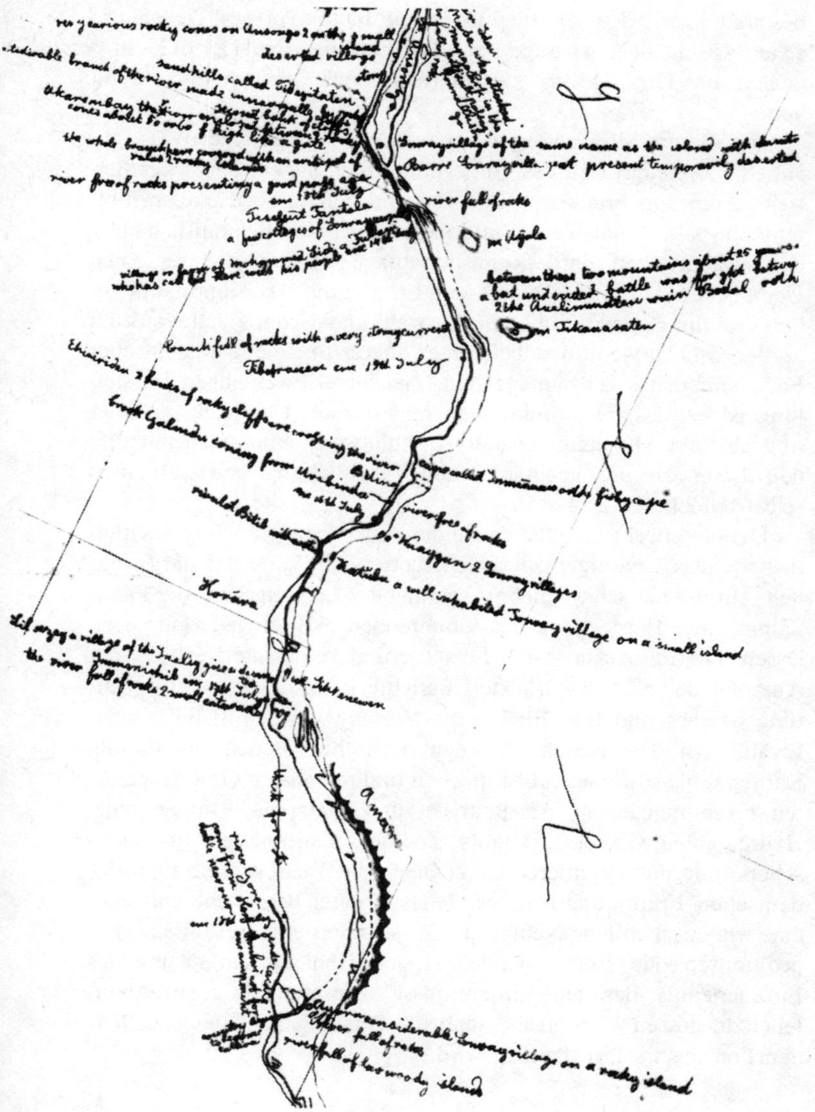

3 H. Barths Skizze einer Teilstrecke des Nigers (Ausschnitt)

buchreihen wie den »Mittheilungen aus Justus Perthes' Geographischer Anstalt über wichtige neue Erforschungen auf dem Gesamtgebiete der Geographie« oder in Institutsbibliotheken und Archiven.

Um diesem Mißstand in wenn auch nur geringfügiger Weise abzuhelfen, versteht sich das vorliegende Buch als ein deutscher Beitrag zu einer in Frankreich und England bereits eingeleiteten, hoffentlich bald intensiveren internationalen Neu-Bekanntmachung der authentischen Entdeckungsliteratur. Es soll dem Leser einen Überblick über die Geschichte der Erkundung des Kontinents geben und ihn zugleich mit einer Auswahl klassischer Kapitel aus der großen Menge weithin unbekannter älterer und neuerer deutscher Forscherberichte vertraut machen. Ziel dieser zweiteiligen Darstellung ist es, das im einführenden historischen Überblick gedrängt und abstrakt Mitgeteilte in der Anthologie zu konkretisieren und den Leser an der geographischen Erschließung gewissermaßen selbst teilnehmen zu lassen.

Die literarische Qualität der in der Anthologie enthaltenen Originalberichte ist naturgemäß verschieden. Nicht jeder hat die Fähigkeit, ein dramatisches Erlebnis spannend wiederzugeben, die Faszination einer Entdeckung aus vibrierenden Worten nachspüren zu lassen. Die Entdecker waren Forscher und keine Literaten. Bei der Auswahl der hier abgedruckten Berichte hatte deshalb die Bedeutung des geschilderten Erlebnisses Vorrang vor schriftstellerischer Erzählkunst. Die Berichte wurden nach ihrer Bedeutung für die Kartographie sowie nach historischen und regionalen Gesichtspunkten zusammengestellt. Als Beiträge zur Geographie, Ethnographie, Hydrographie, Geologie, Botanik, Zoologie, Lagerstätten- und Gletscherkunde dokumentieren sie zugleich die Vielseitigkeit auch des deutschen Erkundungsbeitrags. Jedes Kapitel beschreibt entweder eine wissenschaftliche Neuigkeit oder schildert eine wesentliche Expeditionsepisode. Immer handelt es sich dabei um ein spannendes Einzelerlebnis, das neue Erkenntnisse vermittelte, um ein Abenteuer, in dessen Wiedergabe auch die Persönlichkeit des erzählenden Forschers selbst deutlich wird.

Erschließungsgeschichte

Ins Goldland des Altertums

Im zweiten Jahrtausend vor Christus hatten die seefahrenden Mittelmeervölker noch keine Vorstellung von einem afrikanischen Kontinent. Ihr Wissen von der später »Dunkler Erdteil« genannten Landmasse hinter den Südküsten des »Großen Meeres« erschöpfte sich in vagen Kenntnissen von Randgebieten Ägyptens sowie von östlich an Ägypten anschließenden weiteren Landstreifen bis zu den Säulen des Herkules. Wer Zugang zum Roten Meer hatte, kannte ferner Strecken der ägyptischen und äthiopischen Rotmeerküste bis hinunter zum Reich der Sabäer im heutigen Jemen.

Für die Phönizier, Palästinenser, Kreter und Griechen jener Zeit war Libyen, wie sie Afrika damals nannten, identisch mit Ägypten. Von dem mächtigen Staat am Nil selbst wußten sie wenig. Die Nachrichten aus dem Bereich der Pyramidenkultur flossen aufgrund der Isolationspolitik der ägyptischen Könige nur spärlich. Trotzdem waren Ägyptens Goldschätze geradezu sprichwörtlich. Bis nach Kleinasien hinauf hieß es, die Schatzkammern der Pharaonen seien mit gewaltigen Mengen Gold aus südlicheren Nilländern gefüllt.

Nach Flüchtlings- und Kundschafterberichten stammte Ägyptens Goldreichtum aus Kriegs- und Handelszügen in die nilaufwärts gelegenen Gebiete Nubiens, Äthiopiens und das sagenumwobene Weihrauchland Punt, von wo schon um 2300 vor Christus Pharao Sankara seine Schätze geholt hatte. Kein Wunder, daß diese Nachrichten die Neugier und Begehrlichkeit der Phönizier und Israeliten aufs äußerste erregten. Aber der Weg nach Ägypten führte über das Meer oder das wüstenhafte Sinai-Gebirge. Und das ägyptische Heer war eine weithin gefürchtete Streitmacht, mit der man es beim Einfall in das Nilland unweigerlich zu tun bekam. Wer an die Goldquellen der Ägypter wollte, besann sich schon besser auf eine eher diplomatische Strategie. So jedenfalls muß der biblische König Salomo gedacht haben, nachdem er in Jerusalem an die Macht gekommen war, die Staatskasse leer fand und nicht wußte, wie er die mit der Königswürde über Israel übernommenen zahlreichen Wiederaufbau- und Neubauverpflichtungen auch nur annähernd finanzieren sollte.

Obgleich die Beziehungen zwischen Jerusalem und dem Nilstaat eher gespannt als freundschaftlich waren – Ägypten gewährte politischen Flüchtlingen aus Israel Asyl –, gelang es Salomo, eine Tochter Pharao Sisaks zu heiraten. Aber seine Hoffnung, über die enge verwandtschaftliche Beziehung zum ägyptischen Königshof in die umfabelten Gold- und Weihrauchländer zu gelangen, schlug fehl. Die erwartete Chance, als Schwiegersohn des Pharaos die Erlaubnis zu einer nilaufwärts führenden profitträchtigen Landexpedition zu erlangen, blieb ihm versagt. Und so sah er sich, obgleich als Bauernfürst ohne seemännische Erfahrung, gezwungen, sich die Mittel für die Einlösung der an sein Königtum gebundenen Verpflichtungen – wie schon sein Vater David – auf Seefahrten nach Ophir zu besorgen.

Die Lagebestimmung Ophirs, jenes sagenhaften Goldlandes des Altertums, hat ganze Forschergenerationen beschäftigt. Man hat Ophir in Südarabien, in Vorderindien, Ceylon und Ostafrika gesucht. Vieles deutet inzwischen daraufhin, daß es am ehesten im südlichen Ostafrika nördlich der Sambesimündung gelegen hat. Trifft diese Ortsbestimmung zu, so waren die Könige David und Salomo beziehungsweise die in ihrem Auftrag segelnden Phönizier

4 Ägyptisches Seeschiff. Relief im Totentempel des Königs Sehurê; etwa 2500 v. Chr.

und Israeliten nach den Ägyptern die ersten Erforscher afrikanischer Südländer.

In der biblischen Chronik heißt es (2, 6; 12) »Damals zog Salomo nach Ezeon Geber und Elath an der Küste des Roten Meeres im Lande der Edomiter. Huram von Tyrus aber sandte ihm Schiffe und seekundige Leute, die mit den Leuten Salomos nach Ophir fuhren und von dort 450 Talente Gold (= mehr als 100 Zentner) holten und es dem König Salomo überbrachten«. Nach dem Buch der Könige (1, 9; 26) schuf Salomo die Flotte selbst, und der Phönizier Hiram sandte ihm lediglich »seine Leute als Bemannung – Seeleute, die mit dem Meere vertraut waren«. Diese brachten zusammen mit den Leuten Salomos von Ophir nicht nur Gold, sondern (1 Könige 10, 11) »auch Sandelholz in sehr großer Menge, Edelsteine« und (1 Könige 10, 22) »Silber, Elfenbein, Affen und Pfauen«.

König Davids Ophirfahrt ist 1 Chronik 29, 4 erwähnt. Das Buch der Könige nennt die Ophirschiffe (1, 10; 22) »Tharsisschiffe«, die »alle drei Jahre einmal heimkamen«. Und nach 1 Könige 10, 11 ließ Salomo von dem mitgebrachten Sandelholz »Geländer für den Tempel des Herrn und für den königlichen Palast herstellen, sowie Leiern und Harfen für die Sänger«.

Daß Ophir in Südafrikas goldreichem Lande Monomotapa am Fluß Sabi zu suchen sei, nahmen schon die älteren Araber an. Derselben Meinung war auch der deutsche Afrikaforscher Karl Mauch, der in Südafrika im Jahre 1871 die Ruinen von Simbabwe entdeckte, eine gewaltige Tempelanlage, deren Überreste auf sabäischen Ursprung schließen ließen.

War dieses Simbabwe ein Zentrum jenes sagenhaften Ophirs? Und war Ophir etwa eine sabäische, eine altarabische Kolonie? – Wenn es eine solche war und Salomos Flotte diese Kolonie besucht hatte, mußte Simbabwes Alter bis in vorsalomonische Zeit, also bis um etwa 1000 vor Christus zurückreichen. Aber wie konnte man das Alter der Tempelanlage feststellen? Die Radio-Carbon-Methode, eine Methode zur Bestimmung von Altersschichten auf der Basis der Zerfallsgeschwindigkeit von Kohlenstoff, war noch unbekannt. Und für eine an den Altersringen von Baumstämmen orientierte dendrochronologische Untersuchung mangelte es an erhaltenen Relikten ehemaligen Bewuchses. Was sich für die Altersbestimmung anbot, waren zunächst nur Indizien. Nach den Ergebnis-

5 *Der konische Turm von Simbabwe*

sen archäologischer Grabungen in Südarabien hatten die schon seit etwa 3000 v. Chr. im heutigen Jemen ansässigen Sabäer ihre Städte mit mörtellos gefügten Ringmauern umgeben, die Mauern mit heiligen Monolithen gekrönt und im Bering der Mauern solide konische Steintürme errichtet. Mit diesen Türmen beschäftigte sich zumal der englische Archäologe Bent. Bent will festgestellt haben, daß die konischen Steintürme von Simbabwe mit denen der Sabäerstädte in Südarabien identisch sind.

Die Ähnlichkeit der architektonischen Einzelheiten des Bezirks von Simbabwe mit denen altsabäischer Städte ist in der Tat unverkennbar. Die konischen Türme von Simbabwe mögen wie die der Sabäerstädte der Festlegung des Kalenders durch die Beobachtung von Nordsternen gedient haben. Aber dies alles besagt natürlich noch nichts über Simbabwes wirkliches Alter. Wenn Simbabwe ein Zentrum des von Davids und Salomos Flotte besuchten Ophirs war, mußte es feste, als sicher zu wertende Anhaltspunkte für eine Datierung in vorsalomonische Zeit bieten.

Solche Anhaltspunkte boten zwar nicht die Ergebnisse der Felduntersuchungen, doch eine Naturwissenschaft bot sie: Die Astronomie. Denn verschiedene astronomische Berechnungen ergaben, daß der Sonnenstand zur Zeit der Erbauung Simbabwes dem heutigen nicht annähernd entsprochen haben kann. Nach den Messungen muß für die Zeit der Erbauung der Tempelanlage eine Neigung der Ekliptik von 23°, 52' angenommen werden, und dies spricht eindeutig für eine Entstehung Simbabwes um etwa 1100 v. Chr., also in vor-davidischer und vor-salomonischer Zeit. Seinem Alter nach könnte Simbabwe also gut und gern von Davids und Salomos Ophirflotten besucht worden sein. Aber gehörte es zu Ophir? War es selbst ein Teil jenes sagenhaften Goldlandes? – Wenn Simbabwe zu Ophir gehört hatte, mußte es in der Umgebung der Ruinen Gold oder zumindest Spuren jahrtausendealter Bergwerke geben. Und wo fanden sich ferner Reminiszenzen an den ehemaligen Orts- oder Landesnamen? Mußten im Bereich Simbabwes nicht Survivals der alten Bezeichnung Ophir erhalten geblieben sein – in welch verstümmelter Form auch immer?

Tatsächlich hat im 16. Jahrhundert ein portugiesischer Mönch namens Joao dos Santos unweit Simbabwe in der Landschaft Afura gegenüber Madagaskar gewaltige Goldminen entdeckt. Auch will dieser dos Santos in Afura auf eine geräumige Ruinenstadt gestoßen sein, die, wie er berichtet, im Glauben der Eingeborenen einstmals der Königin von Saba gehört habe.

Der Glaube an die Möglichkeit sabäischer Stadtgründungen in Ostafrika ist nach den Feststellungen Bents nicht abwegig. Der altsabäische Herrschaftsbereich erstreckte sich, wie man inzwischen weiß, nicht nur auf die Ostküste Afrikas, sondern auch auf Madagaskar. Die in Madagaskar lebenden Howa besitzen noch heute die Namen des sabäo-babylonischen Tierkreises, die Kalendereinteilung der Sabäer und die Namen der alten Sabäertage als Bezeichnungen für ihre Wochentage. Hinzu kommen an den sabäischen Kult erinnernde Bräuche wie das Anzünden heiliger Feuer auf den Bergen. – In Afura, in der Nähe Simbabwes gab es also bedeutende Goldminen und eine altsabäische Pflanzstadt aus der Zeit der biblischen Könige David und Salomo. Übrigens berichtete dos Santos nicht gerade Neues. Schon Jahrhunderte vor ihm hatte der marokkanische Weltreisende Ibn Battuta von einem wichtigen Goldlande namens Youfi im Hinterland der Sofalaküste, also in der gleichen Gegend, gesprochen. – Youfi – Afuru – Ophir! – Die klangliche Ähnlichkeit ist frappierend. Der spätere deutsche Afrikapionier Karl Peters, der dem Thema Ophir ein eigenes Buch widmete, war überzeugt, daß die Bezeichnungen identisch seien. Es gab im Simbabwe-Bereich also nicht nur Goldminen, sondern auch Landschaftsnamen, die einen Zusammenhang mit dem biblischen Goldlande wahrscheinlich machten. Zu den Indizien für eine Identität der Sofala- oder Simbabwe-Region mit Ophir kam aber noch ein weiteres: Aufgrund alter Überlieferungen hatte der kleinasiatische Geschichtsschreiber Eupolemos berichtet, daß Davids und Salomos Flotte auf ihren Fahrten von Ezeon Geber nach Ophir in der Seehafenstadt Gedeira in einem Lande namens Tarschisch Station gemacht habe. Daher übrigens auch die biblische Bezeichnung der Ophirschiffe als Tharsisschiffe.

Eupolemos sprach von Gedeira als einem »mittwegs zum Lande Ophir gelegenen Platz, wohin König David seine Bergleute schickte«. In den verfügbaren Geschichtsatlanten sucht man aber nach Gedeira oder einem Lande Tarschisch vergebens. Hätte man Tarschisch und Gedeira lokalisieren können, wäre die Reiseroute der davidischen und salomonischen Ophirexpeditionen leicht fixierbar gewesen. Kein Wunder, daß es vielen Ophir-Forschern folglich in erster Linie um die Topographie Tarschischs und Gedeiras ging.

Es würde hier zu weit führen, die verschiedenen Mutmaßungen dazu im einzelnen wiederzugeben. Alles deutet jedoch darauf hin, daß Gedeira mit dem im Jahre 1936 von dem britischen Commander J. Lawford entdeckten und wie übrigens auch Simbabwe von verlassenen Schmelzöfen umgebenen Ruinenhafen Gedi unweit des an der Kenia-Küste gelegenen Melinde identisch ist, einer ausgedehnten Stadtanlage mit Bädern, Kaianlagen und Festungswerken, die nach architektonischen Fragmenten und sonstigen Funden wie Bruchstücken chinesischer Porzellangefäße, Keilinschriften und Bronzewerkzeugen ebenfalls im 11. vorchristlichen Jahrhundert entstanden sein muß. Wenn dieses Gedi das gesuchte Gedeira war, stellte sich konsequenterweise die Frage nach seiner Bedeutung als von Eupolemos erwähntem Zwischenlandeplatz. Aus welchem Grunde oder zu welchem Zweck hatten Davids und Salomos Flotten in Gedi Station gemacht? Hatte man dort ebenfalls Gold geladen, oder hatte diese Stadt etwa andere begehrenswerte Güter zu bieten?

Aus der Heiligen Schrift weiß man, daß Salomos Flotte von Ophir nicht nur viel Gold, sondern auch große Mengen Sandelholz für die Prachtbauten von Jerusalem mitbrachte. Die Frage nach der Provenienz dieses Sandelholzes war lange Zeit ein irritierender Faktor in allen Hypothesen zur Ophir-Topographie. Denn Sandelholz wuchs bekanntlich nur im süd- und vorderindischen Raum. Wenn

6 Simbabwe. Äußere Ringmauer

es in Ostafrika nicht vorkam, mußte es auf dem Wege dorthin oder auf der Rückreise nach Ezeon Geber an Bord genommen worden sein. Man brauchte eine Erklärung und fand sie auch: Auf der Hin- und Rückreise nach Ophir passierte Salomos Flotte mehrere Hafenstädte des südarabischen Sabäerreiches, eines Staates, der damals schon ausgedehnte Handelsbeziehungen bis weit nach Süd- und Vorderindien unterhielt. Das Sandelholz mochte folglich aus Importbeständen sabäischer Händler stammen, die es den Israeliten verkauft oder bei denen die Israeliten es gegen andere Waren eingetauscht hatten.

Inzwischen weiß man aber, aufgrund neuerer botanischer Forschungen, daß Sandelholz nicht nur in Vorderindien, sondern auch in Ostafrika am Kilimandscharo wuchs. Außer als Bauholz wurde Sandelholz für Räucherzwecke verwendet. Es war also zugleich Weihrauch. Und die Stadt Gedi oder Gedeira bildete den dem Kilimandscharo nächstgelegenen Seehafen.

Diese Gegebenheiten haben nicht wenige Forscher vermuten lassen, daß das Land zwischen dem Kilimandscharo und dem Indischen Ozean das vielumfabelte Weihrauchland Punt der alten Ägypter gewesen sei, das mithin nicht nur von den Ägyptern, sondern auch von Salomos Flotte besucht wurde und woher dann möglicherweise auch das nach Jerusalem mitgebrachte Sandelholz stammte.

Wie dem auch sei – inzwischen dürfte als gesichert gelten, daß Ophir in Ostafrika liegt und daß die biblischen Könige David und Salomo sowie die Phönizier und die Ägypter jener Zeit um 1000 v. Chr. die Lage dieses Landes kannten und die ostafrikanische Küste regelmäßig besuchten. Interessant in diesem Zusammenhang ist übrigens auch, daß in der Umgebung der genannten Örtlichkeiten und überhaupt im gesamten Ostafrika jener Zeit auch das phönizische Bergbausystem vorgeherrscht haben muß; denn man fand in der Simbabwe-Region nicht nur altphönizische Schrägkreuzbarren, sondern entdeckte südlich des Tanganjikasees 1924 sogar ein ganzes, nach altphönizischem Muster angeordnetes Bauwerk. – Soviel in der gebotenen Kürze zu den frühesten bekannten Reisen in den Süden des dunklen Erdteils: Erstentdecker und Erstkenner afrikanischer Südländer waren mithin die Ägypter (Pharao Sankara = 2300 v. Chr.: Punt); dann folgten um etwa 1000 vor Christus zur Zeit der biblischen Könige David und Salomo die Phönizier und Israeliten.

Der griechische Geschichtsschreiber Herodot hat Ägypten noch im 5. vorchristlichen Jahrhundert einen eigenen Weltteil genannt, der mit Afrika und Asien im Grunde nichts zu tun habe. Herodot hat sich selbst längere Zeit in Ägypten aufgehalten und viel Wissenswertes über das Nilland, zumal zu Zeiten der Perserherrschaft unter Dareios I., und über den geheimnisvollen Nilstrom, seinen vermutlichen Ursprung und sein jährliches Auf- und Abschwellen aufgezeichnet. Mit Herodot und seiner Forschung beginnt gleichsam das geographisch-wissenschaftliche Interesse Europas an Afrika. Wie ein Reporter unserer Tage hat der weitgereiste Grieche, wo immer sich ihm eine Möglichkeit bot, Beamte und Priester über Ägyptens Geschichte, Religion und Göttergeschichte interviewt. Dabei ist ihm unter anderem von einer ersten Umseglung Afrikas berichtet worden, die phönizische Schiffer auf Befehl des ägyptischen Königs Necho um 600 vor der Zeitenwende gewagt haben sollen. Herodot beurteilt den ihm zugetragenen Bericht über diese Reise skeptisch. Ihm leuchtet nicht ein, daß die Schiffer, die ihre Fahrt im Roten Meere begannen, die Sonne schließlich zur Rechten, d. h. im Norden gesehen haben wollen. Hingegen ist diese Beobachtung geradezu der Beweis dafür, daß die Seefahrer sich im Verlaufe ihrer Reise auf der Südhalbkugel befunden haben müssen, da die Sonne, von dort aus betrachtet, tatsächlich im Norden steht. Insofern kann diese von Herodot bezweifelte Früh-Umseglung, die drei Jahre gedauert und über die Straße von Gibraltar zurückgeführt haben soll, durchaus stattgefunden haben.

Herodot erwähnt ferner einen ihm mitgeteilten Bericht über eine wagemutige Landexpedition einiger Afrikaner südwärts durch den Landgürtel der Sahara. Die Expedition soll von fünf Nasomonen, Angehörigen eines libyschen Volkes, unternommen worden sein und bis zu einem krokodilreichen, nach Osten fließenden Strom geführt haben, in dessen teils sumpfigem Tal kleinwüchsige Menschen gelebt hätten. Wenn diese Reise tatsächlich durchgeführt wurde, dürften die an der großen Syrte beheimateten Nasomonen nach Durchquerung der Wüste bis an einen der großen Ströme des Sudans gekommen sein.

Die veröffentlichte Wiedergabe dieses Berichts hat in Griechenland viel Staub aufgewirbelt. Man hielt die Existenz kleinwüchsiger

Völker nicht für möglich und verglich Herodots »Erzählungen« mit den Lügenmärchen Äsops. Der Mode indes gab der Hinweis auf die fabulösen afrikanischen Zwerge interessante Impulse. Er beflügelte zumal die Fantasie der Keramiker und schuf als neues Vasendekor den Pygmäen-Fries: die auf der Bauchwand von Schüsseln und Trinkschalen umlaufende gereihte Darstellung kleinwüchsiger Männer im Kampf mit angreifenden Kranichen.

Über Herodots »Fabeln« lachte auch die Nachwelt. Das erste nachchristliche Jahrtausend, das Mittelalter und erst recht die Aufklärung bezeichneten seine Berichte schlechtweg als undiskutable Erfindungen. Im Mittelalter glaubte man ohnehin nur, was die Kirche lehrte, was man sah oder am eigenen Leibe erfuhr. Erst das späte 19. Jahrhundert bestätigte die Wahrheit von Herodots angeblicher Lügengeschichte, als zwei baumlange Mangbetu-Neger dem deutschen Afrikaforscher Georg Schweinfurth im äquatorialen Ostafrika ein winziges zappelndes Etwas vorführten, einen Pygmäen, dessen Volk, Rasse und Kultur der deutsche Forscher später als erster Europäer studieren konnte.

Im selben 5. vorchristlichen Jahrhundert, in dem Herodot in Ägypten weilte, unternahm der karthagische Admiral Hanno mit 60 großen 50-Ruderern, auf denen sich angeblich 30 000 libysche Phönizier befanden, eine See-Expedition von Karthago über die Straße von Gibraltar nach der afrikanischen Westküste und kam auf dieser Reise wahrscheinlich schon bis nach Sierra Leone. Nach seinem später in Karthago im Tempel des Melkart öffentlich angeschlagenen Reisebericht, dem sogenannten Periplus, erreichte die im Staatsauftrag zur Gründung von Kolonien ausgesandte Flotte den »Götterwagen« oder »Göttersitz«, einen hohen, weithin erkennbaren tätigen Vulkan, der seiner Lage und Beschreibung nach der Kamerunberg gewesen sein kann.

Karthagos Untergang und die Folgen

Ein Jahrhundert später fiel Alexander der Große in Afrika ein, zog mit seinen Truppen nilaufwärts bis an die Grenze Äthiopiens und eroberte Ägypten und Libyen. Im 3. und 2. Jahrhundert machten die Kriege Roms mit Karthago Nordafrika zum Blickpunkt des Mittelmeerraums. Die Eroberung und Zerstörung Karthagos im Jahre 146 v. Chr. leitete die Ausweitung des römischen Imperiums über die gesamte afrikanische Nordküste ein. 106 v. Chr. wurde Africa-Syrtica dem römischen Reich einverleibt, 74 Cyrenaica, 46 Numidien, 30 Ägypten und 40 n. Chr. Mauretanien.

Die Römer besetzten verständlicherweise nur die fruchtbaren nordafrikanischen Küstenregionen. Wo die Wüste begann, endete gemeinhin auch ihr Herrschaftsanspruch. Hier und da drangen einzelne Truppenteile zwar auch weiter in den Süden vor. So beispielsweise die Einheit eines gewissen Cornelius Balbus. Die Kampfgruppe dieses Heerführers eroberte das Oasenland Fezzan, besiegte die Garamanten, wohl die heutigen Tibbu, und gelangte auf ihrem Vormarsch bis nach Ghadames. Gegen Anfang des 2. Jahrhunderts kam es sogar zu einer regelrechten Durchquerung der Sahara. Dabei erreichten die von dem Offizier Julius Maternus befehligten Truppen das Land Agisymba im Bereich von Asben oder Aïr im nördlichen Sudan.

Die bedeutendste Expedition in römischer Zeit, eine planmäßige Forschungsexpedition, führte nilaufwärts. Sie wurde auf Befehl Kaiser Neros von zwei Centurionen durchgeführt und diente dem Zweck, die Nilquellen zu erforschen und nach Möglichkeit zu topographieren. Die beiden wagemutigen Männer drangen bis in die Mündungsgebiete des Bahr el Ghasal vor und nannten nach ihrer Rückkehr erstaunlicherweise schon fast alle noch heute im oberen Nilgebiet ansässigen Völkerstämme.

Weitere Afrikabeschreibungen des Altertums stammen von Strabo, Plinius Secundus Maior und Claudius Ptolemäus. Die Werke auch dieser Historiker und Geographen vermitteln schon eine für ihre Zeit erstaunliche Fülle sicherer oder zumindest annähernd gültiger Topographien über Nordafrika, Ägypten und auch einzelne Gebietsteile Ostafrikas, enthalten aber auch manch völlig falsche Vorstellung von damals noch unbekannter Wirklichkeit. So ließ beispielsweise der bis tief in den Süden Ägyptens gereiste Grieche Strabo den Südrand Afrikas vom ostsomalischen Kap Guardafui in ziemlich gerader Linie nach Nordwesten verlaufen. Und Plinius schließt sich in seiner »Historia Naturalis« der irrigen Meinung des gelehrten Mauretanierkönigs Juba II. an, wenn er behauptet, der Nil entspringe in West-Mauretanien und habe Verbindung mit dem

Niger. Ptolemäus schließlich, der im 2. Jahrhundert n. Chr. lebte und auf der Grundlage von Mitteilungen arabischer Karawanenhändler ein erstes Bild von der ostafrikanischen Gebirgs- und Seenlandschaft entwirft, ist der Meinung, der wie ein Horn nach Osten umgebogene Süden Afrikas bilde die Südküste des mithin als afrikanisches Binnenmeer vorgestellten Indischen Ozeans.

Nach den Römern die Araber

In der späteren römischen Kaiserzeit entstand von den Syrten bis zum Atlantik eine Reihe großräumiger, teils prunkvoller Städte, in denen – zumal in der Frühphase des Christentums – reges geistiges Leben blühte. In ihren Philosophenschulen und Seminaren trafen sich Gelehrte aus allen Provinzen des weit ausgedehnten römischen Reiches.

Der geistvolle Tertullian wirkte hier ebenso wie der hochgelehrte Augustinus. Die Selbstsicherheit der römischen Machthaber äußerte sich unter anderem in der Toleranz gegenüber jeglicher Lehrmeinung. Es gab keine Zensoren und keine Zensur. Die Lehre war frei. Doch im 7. Jahrhundert kam der Islam und mit ihm der Sieg der Moslems über ganz Nordafrika. Nun wehte das Banner des Propheten von Arabien bis zu den Säulen des Herkules. Und der Fanatismus und die Intoleranz der Mohammedaner unterdrückten jegliche nicht-arabische Geistigkeit. Die christliche Kirche, die es in den nordafrikanischen Provinzen Roms zu eigenständigen sektiererischen Schulen gebracht hatte, war zum Untergang verdammt. Alle Nicht-Moslems, alle Ungläubigen und zumal die Europäer wurden aus Nordafrika verjagt und ausgesperrt. Wer als Europäer afrikanischen Boden betrat, mußte mit Versklavung rechnen. So kam es, daß in den folgenden Jahrhunderten jedem auf Afrika bezogenen nicht-arabischen Forscherdrang fast unüberwindliche Schranken gesetzt waren. Aber mit dem auf Afrika bezogenen nicht-arabischen Forscherdrang war es vom 8. Jahrhundert an und im Mittelalter ohnehin nicht mehr weit her. Im Abendland zeichnete sich unter dem zunehmenden Einfluß der christlichen Kirche eine – wenn auch anders geartete oder anders ausgerichtete – ähnliche Entwicklung wie im Geltungsbereich des Islam ab: zunehmende Intoleranz erstickte

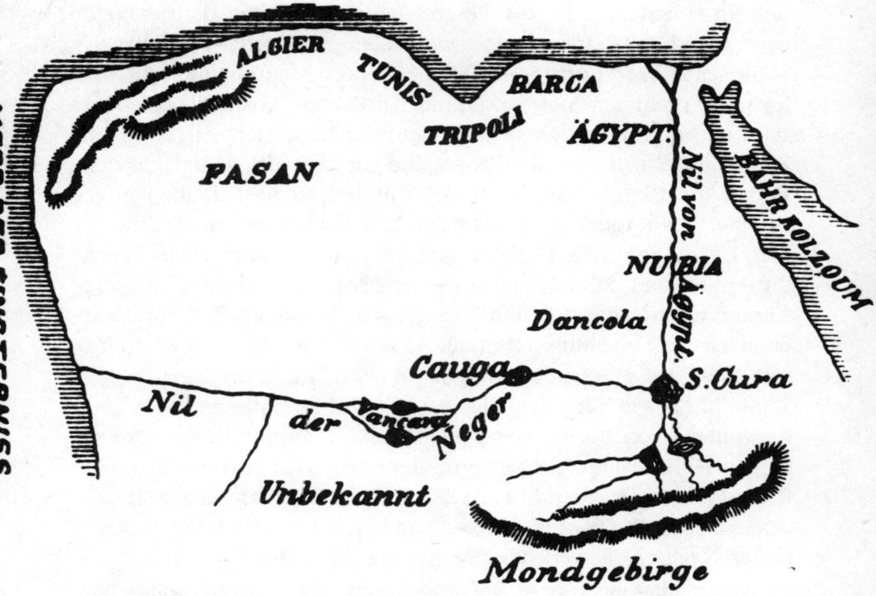

7 *Zentralafrika nach Edrisi, 2. Hälfte 12. Jh.*

– hier allerdings im Gemeinschaftsbereich der Gläubigen – außer Schriftgelehrsamkeit, Exegese und Theologie so gut wie jede wissenschaftliche Bemühung. Hingegen richtete sich die Intoleranz der Moslems ausschließlich gegen Ungläubige und Ungläubigkeit. Für den gläubigen Bekenner der Lehre Mohammeds hatte das Feld der wissenschaftlichen Betätigung so gut wie keine Grenzen. Im arabischen Kulturbereich erfreuten sich seit jeher zumal die Naturwissenschaften hoher Blüte. Aber auch die Dichtkunst und die Philosophie. In der Geographie orientierte man sich an den Beschreibungen und Topographien des Ptolemäus und baute sie während des Vordringens in den Sudan und nach Ostafrika sowie auf unzähligen Handelsreisen systematisch weiter aus.

Im 10. Jahrhundert macht ein arabischer Forscher und Entdekker aus Bagdad von sich reden: Abul Hassan, genannt Massudi. 947 reist er durch ganz Ägypten, gelangt nach Ostafrika und wahrscheinlich bis nach Madagaskar. Seinem Bericht zufolge entspringt der Nil einem See, der der Beschreibung nach unter dem Äquator liegt. Im 12. Jahrhundert bricht ein weiterer arabischer Forscher, der maurische Prinz Edrisi, von Marokko nach Zentralafrika auf und legt als Ergebnis seiner Reise eine Afrikakarte vor, die noch jahrhundertelang Gültigkeit behält. Den bedeutendsten Zugewinn an Kenntnissen afrikanischer Geographie verdankt das Mittelalter dem Berber Ibn Battuta, der im 14. Jahrhundert auf fast dreißigjähriger Wanderschaft von Tanger aus nach Ägypten zog, nilaufwärts bis zu den Katarakten von Dongola gelangte, in Westafrika die Sahara durchstieß und den Senegal sowie den Niger und die Handelsstadt Timbuktu erreichte. Ein Jahrhundert später besucht der vierte große arabische Forschungsreisende, Al Hasan Ibn Mohammed-al Wasan oder, wie er gemeinhin genannt wird, Leo Africanus, erneut Timbuktu sowie Teile des Nigergebiets und ist unter anderem Gast des Sultans von Bornu. Seine im frühen 16. Jahrhundert veröffentlichten Reisebeschreibungen erfreuten sich auch in Europa großer Beliebtheit. Sie wurden in viele europäische Sprachen übersetzt und galten neben Ibn Battutas Aufzeichnungen fast 200 Jahre lang als bestes Nachschlagewerk über Nord- und Westafrika.

Außer den als Schriftsteller bekannt gewordenen arabischen Forschern »entdeckten« vom frühen 8. Jahrhundert an zahllose unbekannt gebliebene arabische Handelsreisende, Militärs und Pilger auf ihren Fahrten und Feldzügen afrikanische Länder, Gebirge, Seen und Flußlandschaften und erweiterten die Kenntnisse von den geographischen Verhältnissen Afrikas durch mündliche Berichterstattung. Auf den altsabäischen Seerouten und Landwegen drangen die Truppen der Kalifen und islamische Missionare über das nördliche Afrika hinaus an die südostafrikanische Sofalaküste und nach Madagaskar vor. Wo immer der Koran Eingang fand, setzte sich auch die Sprache der heiligen Lehre, das Arabische, als Verkehrs- und Handelssprache durch. Die Kenntnis der gleichen Sprache erleichterte und beflügelte Handelsreisen und Pilgerfahrten. Da ferner der Koran den Gläubigen gebot, jedem bei ihnen anklopfenden Pilger Obdach und Verpflegung zu geben, entwickelte sich schon im frühen Mittelalter ein reges Glaubensreisen aus allen ost-, nord- und nordwestafrikanischen islamisch-arabischen Staaten und Einflußbereichen wie Sofala, Sansibar und Mombasa nach Mekka in Arabien. Die afrikanischen Mekka-Pilger kamen auf den landläufigen Karawanenstraßen durch die verschiedensten afrikanischen Länder, lernten Menschen der verschiedensten Nationen und Rassen kennen und erweiterten mit ihren späteren Berichten und Erzählungen auch das Weltbild der Daheimgebliebenen.

Auf der Suche nach dem Seeweg nach Indien

Da die islamischen Staaten eine wie mit einer imaginären Mauer umgebene geschlossene Welt bildeten, blieb der arabische Zugewinn an Kenntnissen afrikanischer Geographie in Europa unbekannt. Die Afrikakenntnisse des frühmittelalterlichen Europas erschöpften sich in der Erinnerung an die Berichte oder Angaben antiker Schriftsteller wie Herodot und Plinius. Dies lag aber nicht nur daran, daß der Islam den Europäern das Betreten Afrikas und überhaupt das Eindringen in seinen Geltungsbereich verwehrte. Europa war, sofern nach dem Zusammenbruch des römischen Reiches von einem Europa überhaupt noch die Rede sein konnte, an Afrika, schlicht gesagt, desinteressiert. Die im frühen Mittelalter in Europa dominierende christliche Kirche hatte das, was von Roms Forschergeist übriggeblieben war, an die Kette ihrer Lehre gelegt; die Gottesgelehrsamkeit und nützend anwendbare Wissenschaften wie die Medizin waren wichtiger als die Kenntnis der Geographie heidnischer Kontinente. Man könnte sagen, daß Europa mit dem Zusammenbruch des römischen Reiches die Führungsrolle als Weltentdecker an die Araber abgetreten hatte. Bis eigentlich zu Friedrich II., der an seinem Hof in Sizilien von arabischen Lehrern und Beratern umgeben war, war das Abendland, was Nachrichten über neue geographische Erkenntnisse anbelangte, von Afrika so gut wie abgeschnitten. Beherzten italienischen Seefahrern gelang es zwar im 13. Jahrhundert, die der westafrikanischen Küste vorgelagerten Kanarischen Inseln wiederzuentdecken und im 14. Jahrhundert auch die später von den Portugiesen Madeira genannte Isola do Legname zu finden. Doch der dunkle Erdteil interessierte Europa eigentlich erst wieder gegen Ende des Mittelalters, als das Gerücht aufkam, der noch lebende Apostel Johannes habe in Afrika ein mächtiges christliches Reich begründet und warte nur darauf, sich mit den christlichen Europäern verbünden und die Mohammedaner aus ihren Herrschaftsbereichen vertreiben zu können.

Dieses Gerücht wurde durch Rom-Besuche dunkelhäutiger Abgesandter eines christlichen afrikanischen Königs genährt. Auch hieß es, daß Pilger aus dem Reich dieses Königs die heiligen Stätten in Palästina besucht hätten. Die Pilger kamen wie die Rom-Besucher angeblich aus Habesch oder Abessinien, das schon im 4. Jahrhundert von den Missionaren Frumentius und Ädesius christianisiert und später durch den Islam isoliert worden war. Was lag da näher, als mithin in Habesch das Reich des Apostels oder, wie die Sage ihn auch nannte, Erzpriesters Johannes zu vermuten.

Schon die bloße Annahme, daß Habesch das Reich des Erzpriesters sein könne, war für den portugiesischen Prinzen Heinrich den Seefahrer Grund genug, dieses noch unbekannte afrikanische Land suchen und finden zu müssen, um sich mit Johannes gegen die Mohammedaner zu verbünden. Als Großmeister des Christusordens fühlte er sich ohnehin zur Bekämpfung der Ungläubigen und des Unglaubens verpflichtet. Wenn König Johannes auf Europa als Verbündeten wartete, konnte nur er, Prinz Heinrich, der von Gott auserwählte Waffenbruder des Erzpriesters sein. Aber der Weg nach Habesch war unbekannt. Man wußte nur, daß das Land in Ostafrika lag, und vermutete, zu ihm hin müsse quer durch den Kontinent eine Binnenwasserstraße wie etwa ein in Westafrika ins Meer mündender Nilarm führen. Prinz Heinrich scheute keinen Versuch, diese vermeintliche Binnenwasserstraße aufzuspüren, fand aber trotz aller Mühen weder sie noch Habesch, das Land des Erzpriesters.

Als er 1460 starb, hatte sein Landsmann Diniz Fernandez zwar schon das Kap Verde entdeckt und damit bewiesen, daß es in dem von Aristoteles für nicht bewohnbar gehaltenen Süden der heißen afrikanischen Sandwüste fruchtbare, reich bevölkerte Landschaften gab, – auch kannten die Portugiesen inzwischen die Mündungen des Senegal und des Gambia, doch waren sie kaum tiefer in den Süden vorgedrungen als bis zum 10. nördlichen Breitengrad. Die seit dem 12. Jahrhundert als Seeweiser benutzte Magnetnadel, der Kompaß, war zwar schon gegen Ende des 13. Jahrhunderts mit Gehänge und Windrose versehen und folglich verbessert worden, doch hatte die Schiffahrt noch mit zu vielen technischen Schwierigkeiten zu kämpfen, die das Interesse an weiteren Vorstößen ins Ungewisse erlahmen ließen.

8 Prinz Heinrich der Seefahrer, Großmeister des Christusordens. Initiator und Organisator zahlreicher Entdeckungsfahrten an die Westküste Afrikas

Dies änderte sich erst gegen Ende des 15. Jahrhunderts, als eine deutsche Buchveröffentlichung Europa aufhorchen ließ, ein wissenschaftliches Werk, dessen Nutzanwendung dem Abendland auch seine einstige Führungsrolle in der Weltentdeckung wiedergeben sollte: Der unter dem Namen Regiomontanus bekannte Königsberger Mathematiker Johannes Müller hatte mit verbesserten astronomischen Beobachtungsgeräten verläßliche Daten zur Berechnung der Jahreslänge und der Planetenbewegung gewonnen. Nun gab er unter dem Titel »Ephemeriden« seine Vorausberechnungen der täglichen Konstellationen der Himmelskörper heraus, eine Art Navigationskunde, die der Seefahrt erstmals zuverlässige Kursbestimmungen erlaubte. In Verbindung mit dem verbesserten Kompaß ermöglichte das neue System, mitten im Ozean zu jeder Zeit den geographischen Standort zu berechnen. Die berühmten Seefahrer Kolumbus und Vespucci beispielsweise wären ohne Regiomontans Ephemeriden nie an ihre Ziele gelangt.

Die noch von den Kirchenvätern bestrittene, aber inzwischen bestätigte Lehre von der Kugelgestalt der Erde und das Regiomontan'sche System nahmen dem späten Mittelalter die Furcht vor der Weite des Meeres. Nun gab es immer ein Ziel, und wenn es im Endeffekt der eigene Ausgangspunkt war. Man brauchte nur einen bestimmten Kurs zu steuern und diesen Kurs beizubehalten. Das Meer war keine brausend-grollende Falle mehr; es hatte seine endlichen, berechenbaren Entfernungen und war folglich beherrschbar. Die Behauptung, daß der in der Renaissance erwachte, auf Welt- und Naturbeherrschung bedachte Titanengeist sich erst mit Hilfe des Regiomontan'schen Systems habe entfalten und bestätigen können und daß eigentlich die Ephemeriden sehr wesentlich dazu beigetragen hätten, die Neuzeit einzuleiten, ist sicher nicht übertrieben. Die Überwindung der hauptsächlichen Schwierigkeiten der Navigation und das Vertrauen, mit dem man sich nunmehr auf das offene Meer hinauswagen konnte, führten 1471–85 zur Entdeckung der Guineaküste in dem den Arabern so gut wie unbekannt gebliebenen Westafrika und machten den Europäer in wenigen Jahrzehnten zum Herrn der gesamten westlichen Hemisphäre.

Inzwischen waren die Araber über Nordafrika in die Westsahara und an der ostafrikanischen Küste bis hinunter nach, wie wir bereits hörten, Sofala und Madagaskar vorgedrungen. Im 11. Jahrhundert hatten sie die Zentralsahara durchstoßen und die sudanesischen Staaten Mali, Kanem-Bornu und Songhai islamisiert. Ihr Beitrag zur Geographie dieser Gebiete war indessen kaum nennenswert. Als geographische Orientierungswerke benutzten sie nach wie vor die Zentral- und Nordwestafrika behandelnde Reisebeschreibung Edrisis, den Almagast des Ptolemäus und für Ostafrika und den westlichen Sudan die Völker- und Staatenkunde Ibn Battutas. Die eigene Beschäftigung arabischer Geographen mit der Erforschung der Nilquellen führte, nebenbei bemerkt, zu einem lange nachwirkenden folgenschweren Irrtum. Die Araber hatten neben den von Ptolemäus im Nilquellgebiet lokalisierten beiden Nilseen einen dritten, den Kurasee, entdeckt und waren wie das Altertum der Meinung, der Nil ströme von diesen Seen aus nicht nur ins Mittelmeer, sondern in zwei weiteren mächtigen Armen sowohl zum Indischen Ozean als auch zum Atlantik.

Diesem Irrtum, den fast alle Karten der damaligen Zeit verzeichneten, fielen zumal die Portugiesen bei ihrer Suche nach einer quer durch Afrika verlaufenden Binnenwasserstraße zum Opfer. Denn auf dem nach Meinung der Araber in den Atlantik mündenden Nilarm mußten sie über die Nilseen ja sowohl ins Reich des Erzpriesters Johannes als auch nach dem in jener Zeit allgemein gesuchten Indien gelangen. Mit Indien, das dem Namen und seiner möglichen Lage nach schon im Altertum bekannt war, trieb man über verschiedene Zwischenhandelsländer seit geraumer Zeit Güteraustausch. Die von Indien über den Landweg kommenden Waren waren aber aufgrund der Transportkosten und Aufschläge durch Zwischenhändler so teuer, daß man in Europa allgemein wünschte, den Handel mit den Indern als Direkthandel zu betreiben.

Mit dem Erscheinen der Afrikabeschreibung des unter dem Namen Leo Africanus bekannten Al Hasan Ibn Mohammed-al Wasan im Jahre 1520 schließt das Kapitel der arabischen Afrikageographie des Mittelalters. In dem vielbeachteten Werk, das noch im 18. Jahrhundert als Standardgeographie Nordwestafrikas galt, befaßt sich der aus Granada stammende maurische Schriftsteller und Forscher eingehend mit dem westlichen Sudan, dem Sultanat Bornu und der Wüstenstadt Timbuktu, die er selbst zweimal besucht hat.

34 Jahre vor der Veröffentlichung dieses Buches hatte der portu-

giesische Kapitän Bartholomeu Diaz 1486 die Südspitze Afrikas erreicht und war nach Umschiffung des Kaps über die Mosselbai bis an den Großen Fischfluß gelangt. Auf der Südfahrt entlang der Südwestküste hatte Diaz plötzlich kein Land mehr gesehen und zunächst angenommen, der Sturm habe ihn nach Westen aufs offene Meer getrieben. Er hatte sein Schiff daraufhin auf Ostkurs gelegt, die Küste aber erst nach neuerlichem Kurswechsel nach Norden wiedergesehen – diesmal merkwürdigerweise steuerbords, obwohl er auf Nordkurs lag, ein Umstand, der ihn als geschulten Navigator folgern ließ, daß er bei seinem Manövrieren den südlichsten Landpunkt des Kontinents umsegelt haben müsse.

Diaz nannte das umsegelte Kap zuerst Kap der Stürme, gab ihm aber wenig später den Namen Kap der Guten Hoffnung, da er nach der Entdeckung der Ostküste hoffen zu dürfen glaubte, den lang gesuchten Seeweg nach Indien nun endlich vor sich zu haben. Den Seeweg nach Indien zu finden, war indessen nicht ihm vergönnt, sondern – etwa 10 Jahre später – dem Erkunder der südostafrikanischen Küste und Entdecker der Sambesimündung, Vasco da Gama. Vom ostafrikanischen Malindi aus segelte da Gama 1498 über den nördlichen Indischen Ozean nach Vorderindien, wiederholte diese Reise in den Jahren 1502/03 und leitete 1524 als Vizekönig von Ostindien die Blütezeit der portugiesischen Kolonialmacht ein.

Noch bevor da Gama von Ostafrika nach Indien aufbrach, war der Portugiese Pero da Covilhão vom Roten Meer aus die ostafrikanische Küste entlang bis nach Sofala gesegelt. Pero da Covilhãos Vermessungen und da Gamas Kartierung der letzten noch unbekannten Küstenstrecken zwischen der Mosselbai und Sofala ermöglichten um etwa 1530 die Anfertigung einer ersten annähernd wirklichkeitsgetreuen Umrißzeichnung des ostafrikanischen Kontinents.

In Europa war das Vordringen der Araber an der ostafrikanischen Küste weitgehend unbekannt geblieben. Gelegentlich durchgesickerte Nachrichten hatten zwar davon gesprochen, daß die Araber ihren Handelsraum im Indischen Ozean beträchtlich erweitert hätten. Doch hatte man sich diesen Teil des Weltmeeres noch nicht recht vorstellen können und eigentlich auch allgemein erwartet, die Küstenlandschaften Ostafrikas würden sich bei der Entdeckung als unwirtlich und mehr oder weniger unbewohnt erweisen. Um so größer war deshalb das Erstaunen, als die Portugiesen nach der Umschiffung des Kaps am Westrande des neuentdeckten Indischen Ozeans auf afrikanischem Boden eine bunte Vielfalt eigenständiger Sultanate, gut organisierter autochthoner Königreiche und wohlhabender arabisch-islamischer Niederlassungen antrafen, die nicht nur mit Südarabien und Persien einen mit den Monsunen gehenden regen Handelsverkehr betrieben, sondern auch mit Indien, den malayischen Inseln und sogar dem fernen China – eine breitgefächerte Drehscheibe der verschiedensten außereuropäischen kulturellen Einflüsse und Zivilisationen, deren Entdeckung dem Weltbild des Abendlandes ganz neue Dimensionen verlieh.

Die Logbucheintragungen Vasco da Gamas und Pero da Covilhãos, ihre täglichen Standortbestimmungen und Messungen, ermöglichten nun auch eine verläßliche Korrektur der bislang geltenden Weltkarten, zumal der des Venezianers Fra Mauro von 1457, und vermittelten als neue kartographische Fixpunkte einen ersten Eindruck von der bedeutenden Erstreckung des Erdteils nach Süden. Die Kenntnis des genauen Verlaufs der West- und jetzt auch der Ostküste versetzte die Seefahrer und Geographen ferner in die Lage, sich von der bislang unbekannten Flächengröße dieses Kontinents eine wirklichkeitsnahe Vorstellung zu machen. Mit Hilfe der neu gezeichneten Karte sowie des Kompasses und der Regiomontan'schen Ephemeriden gab es bei Aufbrüchen ins Landesinnere hinsichtlich der zu bewältigenden Distanzen und jeweiligen Entfernungen bis zur nächsten Küste keine Ungewißheiten mehr. Mit der Kartierung der Ostküste waren um etwa 1530 n. Chr. die Voraussetzungen für eine planmäßige Erforschung des Erdteils gegeben; das Interesse der seefahrenden Nationen jener Zeit galt aber vielmehr Indien und dem im gleichen letzten Jahrzehnt des 15. Jahrhunderts von Kolumbus entdeckten Amerika. Die Entdeckung der Karibik, Haitis, Kubas und der Antillen in den Jahren 1492–96 und das Auffinden des Seeweges nach Indien 1497–99 ließen alle Innerafrika betreffenden Forschungspläne in Vergessenheit geraten. An Afrikas Küsten bekam man ohnehin alles, was der Kontinent hergab; die alten Bezeichnungen Elfenbeinküste, Gold-, Pfeffer- und Sklavenküste künden heute noch davon. In Oberguinea gab es Gold, Sklaven, Elfenbein, Pfeffer und Häute; in Niederguinea mit Ausnahme von Gewürzen das gleiche, und an den Häfen der Ostküste von Sofala bis Malindi außerdem Edelsteine und Amber. Was sollte man da die Strapazen von Expeditionen ins Landesinnere auf sich nehmen.

Die Seefahrer betrachteten Afrika bald nur noch als ein höchst überflüssiges Hindernis auf dem Wege nach Indien und zu den malayischen Gewürzinseln, gerade gut genug als Handels- und unvermeidliche Zwischenstation.

Der von den Ereignissen im letzten Jahrzehnt des 15. Jahrhunderts geprägte Mensch drängte in weitere Fernen. Die Entdeckung unerwarteter außereuropäischer Zivilisationszentren hatte sein Selbstbewußtsein und seinen Glauben, der Mittelpunkt der Welt zu sein, zunächst erschüttert, dann aber in einer Phase der Besinnung bestätigt. Denn als Entdecker mußte er tüchtiger sein als die Entdeckten. Nicht sie waren auf dem Vormarsch, sondern er, der Europäer. Als Herr der Ozeane war er der Herr der Welt. Dieses neue Selbstbewußtsein und die immense Erweiterung des Weltbildes nach Westen, Süden und Osten schufen um die Wende zum 16. Jahrhundert einen neuen Menschentyp, den Renaissancemenschen, der eingedenk seiner Tüchtigkeit erkannte, daß sich in ihm und seiner Macht der Weltherrschergeist der großen Mittelmeervölker der Antike erneuerte.

Erste Schritte ins Innere

Das Desinteresse der Entdeckerzeit an Innerafrika lag im wesentlichen an der Hinwendung auf die attraktiveren und lohnenderen Ziele Indien, Asien und Amerika. Daß aber vom Ende des Mittelalters bis zum Beginn der planmäßigen Erforschung des Erdteils noch fast 300 Jahre vergehen mußten, hatte vornehmlich andere Gründe. Man könnte zusammenfassend sagen, daß sie in der verkehrsfeindlichen Natur des Kontinents lagen, in der Ungunst seiner geographischen Verhältnisse. Denn während Südamerika mit seinen durchgehend beschiffbaren Tieflandströmen gute Zugangswege ins fernste Landesinnere bot, folgten in Afrika auf kurze befahrbare Strommündungsstücke meist schnellenreiche unbeschiffbare Gefällestrecken, die das Eindringen in den Kontinent auf dem Wasserwege so gut wie unmöglich machten. Man muß sich das südafrikanische Dreieck südlich der Sahara und des Sudans im Querschnitt wie einen umgedrehten Teller vorstellen: in Küstennähe relativ steile, stufig ansteigende Gebirgsränder, und oben ein riesiges Hochplateau, teils Wüste, teils Steppe. Dort waren die langen Oberläufe der Flüsse wieder beschiffbar, doch beeinträchtigten in der Regenzeit weite Uferüberschwemmungen sowie starke Strömungen und in der Trockenzeit übergroße Seichtigkeit die Hochplateauschiffahrt erheblich und zwangen sie zeitweilig zur Einstellung. Um die Plateauströme als Verkehrswege benutzen zu können, hätte man auf dem Plateau aber auch die zur Beschiffung nötigen Wasserfahrzeuge gebraucht und diese dann von der Küste auf teils steilen, unwegsamen Pfaden ins Gebirge hinauf transportieren müssen, – schon dies ein schier unlösbares Problem, da Last- und Zugtiere wie Pferde, Kamele, Esel und Ochsen in den feuchtheißen, fieberhauchenden Küstenwäldern zwischen dem nicht-tropischen Südafrika und dem südlichen Sudan nicht verwendbar waren und da folglich alle Lasten von Menschen befördert werden mußten.

Zu den schon in Meeresnähe hochansteigenden Randgebirgen und ihrer ungünstigen Auswirkung auf den Lauf und die Beschiffbarkeit der Flüsse kamen als weitere Zugangshindernisse die Malaria atmenden Sümpfe der tropischen Küstenregionen, der Mangel an Wasser und Verpflegungsmöglichkeiten, die Undurchdringlichkeit der von Schlangen und Krokodilen bevölkerten Mangrovendickichte, die zermürbende Hitze und die Wildheit und Feindseligkeit der Eingeborenen. Der Kontinent bot landewilligen Seefahrern auch nur selten einen geschützten Naturhafen. Die über weite Strecken halbinsel- und buchtenarme Küste lag bis auf die nordafrikanischen Syrten und den Golf von Guinea nur spärlich gegliedert hinter der Barriere einer meist heftigen Brandung. Die als Landeplätze in Betracht kommenden Flußmündungen erwiesen sich zum Teil als versandet. Seeschiffe konnten in der Regel nur weit draußen vor der Küste ankern. Und erschwerend für die Orientierung beim Landen kam hinzu, daß über der nordwest- und südwestafrikanischen Küste oft dichte, periodisch auftretende Nebel lagen, die von Staubstürmen aus der Sahara und der Kalahari verdunkelt wurden.

Schreckten im Süden außer den schlechten Lande-, Zugangs- und Transportmöglichkeiten die Gefahren der Tropen und die Un-

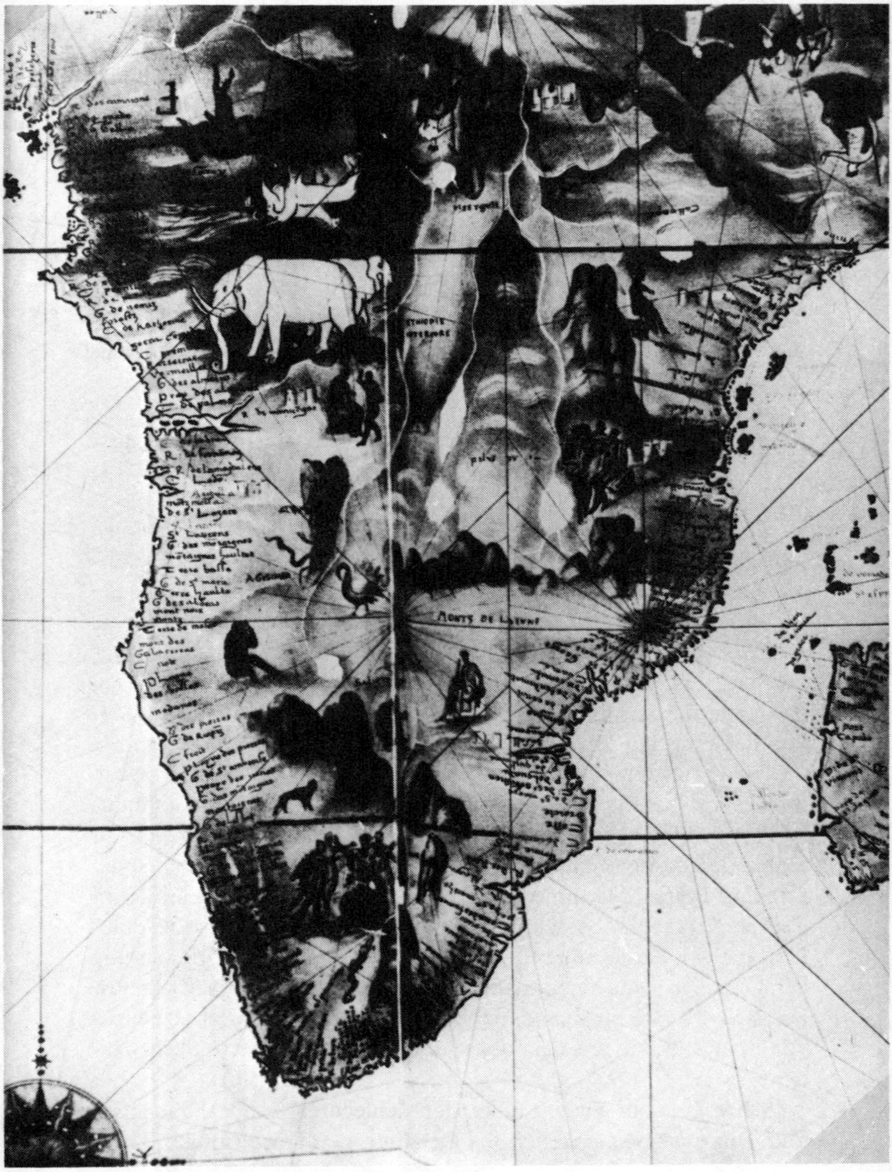

9 Die Südspitze Afrikas nach den Kenntnissen der Seefahrer des frühen 16. Jh.

wegsamkeit der schon in Küstennähe steil ansteigenden Gebirge davon ab, das Landesinnere zu erforschen, so war es im Norden die fast 2000 Kilometer tiefe, vom Atlantik bis zum Roten Meer reichende Wüste mit ihrer mörderischen Trockenhitze, ihrem Mangel an Oasen, Siedlungen und Wasserstellen und ihrer Armut an Handelsgütern und Bodenschätzen. Als gravierendes Hemmnis der Erkundung Nordafrikas und des Sudans wirkte sich aber auch die geradezu fanatische Fremden- und Christenfeindlichkeit der mohammedanischen Wüstenstämme aus, der tödliche Europäerhaß beispielsweise des berüchtigten Ordens der Senussi und darüber hinaus das Seeräuberunwesen der nordwestafrikanischen Mittelmeerstaaten, dem bis ins 19. Jahrhundert unzählige Schiffe und Tausende Europäer zum Opfer fielen. Alles in allem war Afrika für die Entdecker und Seefahrer des 16. und 17. Jahrhunderts ein ungeschlachter, abstoßender Landklotz voller Hindernisse und Gefahren, deren Bestehen ein Eindringen ins Landesinnere kaum lohnte. So kam es denn auch, daß die Afrikakenntnisse der Europäer lange Zeit auf die Küstengebiete beschränkt blieben und man Ober- und Niederguinea sowie das ostafrikanische Sofala eigentlich nur als Zwischenstationen auf dem Seewege nach Indien betrachtete.

Zwar waren Erkundungsexpeditionen ins Küstenhinterland auch vor Beginn der planmäßigen Erforschung keine Seltenheit, doch dienten sie in der Regel nur Handelszwecken. Daß dabei allerdings schon manch aufschlußreiche geographische und ethnographische Beschreibung herauskam, bezeugen beispielsweise die Aufzeichnungen des Deutschen Balthasar Sprenger, der als Vertreter Augsburger Handelshäuser bereits 1505 und 1506 das Kap umsegelte, 1506 in der Mosselbai landete und später die erste deutsche Beschreibung der Hottentotten veröffentlichte.

Das außertropische Kapland war mit seinem für Europäer zuträglichen Klima überhaupt eines der frühesten Interessengebiete Europas in Afrika. Die mit ihrem indischen Ziel beschäftigten portugiesischen Entdecker hatten es 1652 den Holländern überlassen. Seitdem war das »Burenland« die erste europäische Siedlerkolonie in Afrika südlich der Sahara. An seiner Erforschung, die gegen Ende des 18. Jahrhunderts im großen und ganzen abgeschlossen war, wirkten Angehörige fast aller europäischen Nationen mit. Schon im 17. Jahrhundert drangen Holländer und Schweden bis nach Klein-Namaland vor und hörten erstmals vom Oranjestrom. 1669–77 und 1705–13 reisten die Deutschen Johann Schreyer und Peter Kolb zu den Hottentotten und ergänzten mit ihren Forschungsberichten die Beschreibungen Balthasar Sprengers. 1705 erreichte J. Stereberg Kupt den oberen Olifant. 1777 bis 1779 entdeckte William Patterson das Buschmannland und Kaffraria. Und 1791 bis 1792 kam E. W. van Reenen zwischen der Walfischbai und Windhuk erstmals mit den Herero und Bergdama in Berührung. Die Reisen François Levaillants ins Kaffernland (1780–85), John Barrows zum Oranjefluß (1796–98) und Heinrich Karl Lichtensteins schließlich führten zu Beschreibungen, die die Kenntnisse über die geographischen, zoologischen und ethnographischen Verhältnisse in der Kapkolonie vervollständigten und abrundeten.

Der Hamburger Arzt und Zoologe Heinrich Karl Lichtenstein, der hier besondere Erwähnung verdient, begleitete 1803 den zum Gouverneur der Kolonie ernannten holländischen General Janssens als Hauslehrer und Hausarzt nach Südafrika und nahm 1806 als »Chirurgien-Major beim Bataillon Hottentottischer leichter Infanterie in holländischen Diensten am Vorgebirge der Guten Hoffnung« am Kriege gegen die Engländer teil. In den Jahren 1803 bis 1806 unternahm Lichtenstein zahlreiche naturwissenschaftliche Reisen durch das Betschuanaland und die Karru, die steppenhafte Trokkenlandschaft südlich des afrikanischen Plateaus. Lichtenstein erkannte als erster die rassische und sprachliche Zusammengehörigkeit aller Bantustämme. Sein zweibändiges Werk »Reisen im südlichen Afrika« gilt neben Barrows »Account of travels into the interior of Southern Africa« als erste wissenschaftliche Geographie des Kaffernlandes.

Andere europäische Frühziele in Afrika waren Ober- und Niederguinea, Senegambien, Ostafrika und Abessinien.

Eine der ältesten Beschreibungen Ober- und Niederguineas stammt von Samuel Braun, einem Baseler Landarzt, der zwischen 1610 und 1620 in holländischen Diensten drei Reisen in Westafrika unternahm. 25 bis 30 Jahre später gründeten Engländer, Dänen, Schweden und Deutsche in Oberguinea an der Goldküste und der Sklavenküste neben und in den älteren portugiesischen Stützpunkten Elmina, Accra und Anećho Kolonien und Niederlassungen. 1653 entstand das dänische Fort Christiansborg, 1664 die britische

Hafenfestung Cape Coast Castle. 1682 legte Kurbrandenburg an der Goldküste die Kolonie Großfriedrichsburg an. Der Admiral des kurfürstlichen Expeditionskorps, Otto Friedrich von der Gröben, beschrieb das damalige Oberguinea in seiner 1694 erschienenen »Orientalischen Reisebeschreibung« und entwarf ein für seine Zeit schon recht anschauliches Bild von den Lebensverhältnissen der im Küstenbereich ansässigen Eingeborenen.

Wertvolle Frühinformationen über Niederguinea und das Negerkönigreich Kongo enthalten ferner die Aufzeichnungen des Engländers Andrews Battel, der 1589 bis 1607 vom Kongomündungsgebiet bis zum Kuango zog und viele Kämpfe mit den als Kannibalen berüchtigten Schagga zu bestehen hatte. Niederguinea, Kongo und Benguela befanden sich zu Battels Zeiten von Loango bis Mossamedes unter portugiesischem Einfluß. In Moinda, San Salvador und Sao Paulo de Luanda besaßen die Portugiesen Handelsniederlassungen. Hinzu kamen im 17. Jahrhundert Sao Felipe de Benguela und Caconda im angolanischen Hinterland.

Von Senegambien aus glaubte man im frühen 17. Jahrhundert auf noch unbekannten innerafrikanischen Wasserstraßen am ehesten nach der sagenhaften Stadt Timbuktu zu gelangen. 1619 begannen die Engländer Jobson und Thompson mit der Erforschung des Gambia. Von 1640 bis 1719 drangen die Franzosen am Senegal über Podor, Matam und Bakel bis nach Médine vor. 1731 fand der Engländer Harrison die Quelle des Gambia. Die Entdeckung der Quelle des Senegal und die Erforschung des Niger blieben späteren Zeiten vorbehalten.

In Ostafrika waren die Portugiesen an der von Vasco da Gama erkundeten Küste schon im frühen 16. Jahrhundert ins Landesinnere vorgestoßen und hatten in den Jahren 1513 und 1514 in den arabischen Siedlungen Tete und Sena am unteren Sambesi Handelsniederlassungen gegründet. Seit 1505 wehte ihre Flagge auch über dem arabischen Seehafen Sofala. 1507 nahmen sie die arabische Stadt Moçambique in Besitz, 1544 das ebenfalls arabische Quelimane nördlich der Sambesimündung. Portugal besaß ferner schon in der ersten Hälfte des 16. Jahrhunderts Niederlassungen in der Delagoa-Bai und in den arabischen Seehäfen Sansibar, Kilwa, Mombasa, Pemba und Malindi. Sein Einflußbereich an der ostafrikanischen Küste erstreckte sich im 16. Jahrhundert vom Äquator bis zur Delagoa-Bai. In den 80er Jahren des 16. Jahrhunderts widmeten sich die Missionare Nuñez Barreto und Homem der Erforschung des am unteren Sambesi gelegenen Goldlandes Monomotapa. Wenig später – von 1586 bis 1597 – bereiste Joao dos Santos die ostafrikanischen Küstenländer. Sein für damalige Verhältnisse erstaunlich ausführlicher Bericht fand breiteste Beachtung und galt noch im 19. Jahrhundert als eine der wichtigsten Quellen über die landschaftlichen und völkischen Verhältnisse der Küstenregionen zwischen dem Äquator und der Delagoa-Bai.

Mit Abessinien, dem sagenumwobenen Habesch des Priesterkönigs Johannes machten die Portugiesen 1487 durch den Mitentdecker der Ostafrikaküste Pero da Covilhão Bekanntschaft. Das altchristliche Reich im ostafrikanischen Hochland und einstige Ziel der Entdecker um und nach Heinrich dem Seefahrer wurde für die Europäer wegen der gemeinsamen christlichen Basis schon früh zu einem der attraktivsten Länder des dunklen Erdteils. Händler, Missionare und Soldaten, die Abessinien im 16. und 17. Jahrhundert durchzogen und bereisten, waren zwar enttäuscht, statt des legendären mächtigen Staates ihrer Vorstellung und Erwartung ein eher hilfloses, von Feinden bedrängtes Land vorzufinden – schon 1541 stand Portugal den Äthiopiern bei der Abwehr eines muselmanischen Einfalls unter dem Heerführer Achmed Granj bei – doch kam der tatsächliche Zustand Abessiniens nicht wenigen wie zumal den Jesuiten gelegen. Denn die inneren Schwierigkeiten des Landes boten eine willkommene Gelegenheit, das koptische Christentum zu katholizieren und der römischen Kurie zu unterwerfen. Der machtpolitisch motivierte, bald landesweit erfolgreiche Bekehrungseifer des noch jungen ambitiösen Ordens des Heiligen Ignatius führte 1632 zur Vertreibung der Jesuiten und zur Wiedereinführung der alten koptischen Religion. Die Jesuiten waren bis dahin nicht nur tief nach Süden in die Gallaländer und das Danakilland vorgedrungen, sondern hatten 1613 auch den Quellsee des Blauen Nils, den Tanasee, entdeckt.

Während in Europa der 30jährige Krieg tobte, kam 1634 als erster Deutscher der Lübecker evangelische Missionar Peter Heyling nach Abessinien. Am Hofe Kaiser Fasils in Gondar war er zuerst als Erzieher von Kindern vornehmer Familien tätig, stieg aber bald als Günstling des Kaisers zum Geheimen Rat und Minister auf und heiratete schließlich sogar eine äthiopische Prinzessin. Mit ein Grund für seine erstaunliche Karriere mag sein erklärter Protestantismus und seine Feindschaft gegenüber den Jesuiten als den Trägern der Gegenreformation gewesen sein. Heyling hatte in Gondar aus seiner ablehnenden Haltung gegenüber den Jesuiten nie einen Hehl gemacht und überdauerte als »wahrer Freund des äthiopischen Volkes« auch ihre Vertreibung.

1681 veröffentlichte der nie in Äthiopien gewesene Deutsche Hiob Leutholf (Ludolf) seine Äthiopische Geschichte (Historia Aethiopica), ein Kompendium alles bis dahin publizierten landeskundlichen und historischen Wissens über Abessinien. Leutholf gilt als Begründer der Äthiopistik in Europa. Über ihn sagt Hans W. Lokkot in seinem 1973 in der Tübinger Zeitschrift für intern. Kulturaustausch über »Deutsche Äthiopien-Literatur in Addis Abeba« veröffentlichten Aufsatz: »Ludolf ist der erste (Äthiopien-)Forscher und Gelehrte im Sinne einer neuen Zeit. Erst bei ihm werden das Land und seine Bewohner, seine Geographie und Naturgeschichte im Zusammenhang gesehen und die Teilgebiete der Geschichtsforschung als Sozial-, Wirtschafts- und Kulturgeschichte sowie Sprache und Literatur, Religion, Recht, Verwaltung und Brauchtum systematisch erforscht und bearbeitet. Auch in der Verwertung und kritischen Sichtung der ihm zugänglichen Literaturquellen war Ludolf bahnbrechend. Als Autorität seiner Zeit in allen Teilbereichen der Äthiopistik wurde er ... auf historischem Gebiet erst von dem Schotten James Bruce abgelöst«, der Äthiopien von 1769 bis 1772 durchwanderte und mit seinem heftig kritisierten, von vielen als unglaubwürdig bezeichneten Reisebericht in Europa ziemliches Aufsehen erregte.

Ungleich schwieriger als die Erforschung Abessiniens und des außertropischen Südens war wegen des abschreckenden Sperriegels der Sahara und der fanatischen Christenfeindlichkeit ihrer mohammedanischen Randbewohner die wissenschaftliche Erkundung Nordafrikas und seines Hinterlandes.

Die Entzifferung der Hieroglyphen

Abgesehen von einer von August dem Starken 1732 nach Algerien und Tunesien entsandten sächsischen Tierfang- und Forschungsex-

pedition war Napoleons ägyptischer Feldzug (1798–1802) eigentlich das erste ertragreiche europäische Forschungsunternehmen in Nordafrika seit dem Mittelalter. Die wissenschaftlichen Ergebnisse dieser von zahlreichen Gelehrten begleiteten militärischen Expedition, die Frankreichs Herrschaft im Mittelmeer begründen und den Franzosen eine starke Stellung auf dem Wege nach Ostindien verschaffen sollte, wurden auf Befehl Napoleons in dem Monumentalwerk »Description de l'Egypte, ou Recueil des observations et des recherches pendant l'expédition de l'armée française« (Paris 1809–1830) niedergelegt. Die für die damalige Zeit sensationelle, mit allein 10 Tafelbänden ausgestattete Dokumentation erschloß dem Abendlande nicht nur die Größe der ägyptischen Baukunst, sondern entschleierte auch die bis dahin kaum bekannte Geographie und Geschichte des Nillandes.
Sie enthielt unter anderem einen Beitrag über einen der interessantesten archäologischen Funde, den sogenannten »Stein von Rosette«, der für die Erforschung der ägyptischen Kultur und Religion von ausschlaggebender Bedeutung werden sollte. Die etwa einen Quadratmeter große Schrifttafel aus schwarzem Basalt befindet sich heute im Britischen Museum und gilt als eine der ganz großen Kostbarkeiten der ägyptologischen Abteilung. Französische Soldaten fanden sie im Juli 1799 in einem Fort an der Nilmündung unweit der Stadt Raschid oder Rosette beim Abbruch einer Mauer. Sie war mit Inschriften in drei verschiedenen Schriftarten versehen, einem oberen Textabsatz in ägyptischer Hieroglyphenschrift, einem mittleren in der Volksschrift der ägyptischen Spätzeit und einem unteren in griechischer Schrift.

Ein Offizier namens Bouchard, der bei der Bergung zugegen war, gewann bei näherer Untersuchung der Tafel den Eindruck, daß die drei Textabsätze inhaltlich identisch sein mochten. Wenn seine Vermutung zutraf, war es unter Umständen möglich, mit Hilfe des griechischen Textes dieser Tafel das Rätsel der Hieroglyphen zu lösen.

Bouchard übergab den Stein seinem Vorgesetzten, General Menou. Über diesen gelangte er in die Hände der den Feldzug begleitenden Wissenschaftler.

Die Übersetzung des griechischen Textes bestätigte Bouchards Vermutung: die verschiedensprachigen Textabsätze waren inhaltlich

10 Der Stein von Rosette

identisch. Die Tafel dokumentierte ein Dekret der Priesterschaft von Memphis zum ersten Jahrestag der Krönung Ptolemaios' V. aus dem Jahre 196 v. Chr. Nach der Inschrift hatte die Synode beschlossen, dem König aus Dankbarkeit für erwiesene Wohltaten in allen Tempeln des Landes Statuen errichten zu lassen, seinen Krönungstag und seinen Geburtstag sowie die fünf ersten Tage des Monats Thot zu Festtagen zu erklären, diese und weitere Beschlüsse in altägyptischer Hieroglyphenschrift sowie in Volksschrift und in griechischer Schrift auf Steintafeln meißeln zu lassen und die Tafeln in einer Reihe von Tempeln neben dem Standbild des Königs aufzustellen.

Nach der Übersetzung des griechischen Textes versuchten die Wissenschaftler, einzelne Hieroglyphengruppen mit sinngleich erscheinenden griechischen Wörtern zu identifizieren, kamen aber nicht weiter. Napoleon, der am Fortgang der Arbeiten regen Anteil nahm, beorderte schließlich zwei Pariser Lithographen nach Kairo, ließ die Texte kopieren und schickte die Abdrucke an die namhaftesten europäischen Gelehrten. Einem Schweden und einem Engländer gelangen in der Folgezeit geringfügige Identifizierungen einzelner Wörter und Eigennamen. Doch die endgültige Entzifferung blieb einem Franzosen vorbehalten: dem 1790 im südfranzösischen Figeac geborenen Jean François Champollion. 1821 erkannte dieser, daß die Hieroglyphenschrift im wesentlichen eine Buchstabenschrift ist. Ein Jahr später veröffentlichte er seine Entdeckung in dem berühmt gewordenen »Lettre à Monsieur Dacier«. Die Verlesung dieses Briefes vor der Französischen Akademie am 27. September 1822 gilt heute als Geburtsstunde der Ägyptologie. 1824 erschien Champollions Abriß des hieroglyphischen Schriftsystems »Précis du système hieroglyphique«. Mit Hilfe des Steins von Rosette war es gelungen, die Bilderschrift der alten Ägypter zu entziffern. Jean François Champollion konnte 25 Jahre nach der Auffindung der Tafel mit Stolz verkünden, daß er das Rätsel der Hieroglyphen gelöst habe.

Anfänge systematischer Erkundung

Noch im 17. Jahrhundert war 1668 in Amsterdam die erste länder- und völkerkundliche Gesamtdarstellung des dunklen Erdteils unter dem Titel »Umbständliche und eigentliche Beschreibung von Afrika und denen dazugehörigen Königreichen und Landschaften als Ägypten, Barbareien, Libyen etc.« erschienen. Ihr Verfasser, der holländische Arzt und Botaniker Olfert Dapper, hatte als Quellen nicht nur alle bis dahin veröffentlichten Berichte benutzt, sondern auch eine große Anzahl heute selten gewordener Karten und zahlreiche, in Handelshäfen selbst aufgespürte Einzelnachrichten. Im Nachwort einer 1964 veröffentlichten Neuausgabe des Dapper'schen Werkes bemerkt der Herausgeber Rolf Italiaander: »Dapper faßte in seinem Folianten das Wissen seiner Zeit über diesen Erdteil zusammen. Er stützt sich dabei auf das seit Herodot und Ptolemäus bis in die Mitte des 17. Jahrhunderts erschienene Schrifttum, dessen Verfasser teilweise selbst aus zweiter und dritter Hand lebten und von denen keiner aus eigener Anschauung eine große Überschau geben konnte. Das muß man bedenken, wenn man auf manche Irrtümer stößt«.

Dabei ging es Dapper ganz offensichtlich um eine möglichst wirklichkeitsgetreue Darstellung. Als Kind seiner Zeit wollte er aber vor allem gefallen und übernahm oft allzu leichtgläubig von Seeleuten und Missionaren aufgeschnappte Neuigkeiten, sofern sie ihm geeignet erschienen, den Informationsfächer seines Buches zu bereichern. Kein Wunder, daß dabei manche unstimmige Behauptung einfloß und den Wahrheitsgehalt des Geschilderten entstellte.

Dappers Kritiklosigkeit gegenüber seinen Informanten und sein Bemühen, den Wissensdurst seiner Zeit mit der Zeichnung eines möglichst lückenlosen, möglichst dichten Bildes zu stillen, spiegeln sich auch in seiner Afrikakarte, auf der das Landesinnere des Kontinents mit vielen fiktiven Gewässern und abenteuerlich gestalteten Gebirgen bedeckt ist und die Läufe der großen Flüsse teils noch den Vorstellungen des Mittelalters folgen.

Die erste Karte mit einem einigermaßen wirklichkeitsgetreuen Küstenverlauf, Diego Riberas Karte von 1529, war 30 Jahre nach den Küstenerkundungen durch Vasco da Gama und Pero da Corvilhão erschienen. Sie hatte im Vergleich mit der Karte des Venezianers Fra Mauro von 1457, nach der noch Bartholomeu Diaz gesegelt war, zum ersten Mal die bedeutende Erstreckung des Erdteils nach Süden veranschaulicht. Die 140 Jahre jüngere Karte Olfert Dappers brachte außer einigen Korrekturen und verbesserten sowie

11 O. Dappers Afrikakarte aus der Originalausgabe seiner Umbständlichen und eigentlichen Beschreibung Afrikas, Amsterdam 1668 (gestochen von Jacob van Meurs)

AFRICÆ
ACCURATA TABULA
ASIÆ
PARS
OCEANI
ORIENTALIS
PARS.
MAR
DI
INDIA

zusätzlichen Lokalisierungen kaum Neues. Da man weiß, wie sehr Dapper bemüht war, alle nur möglichen Informationen über Afrika zusammenzutragen und zu verarbeiten, ist sie in erster Linie ein Dokument der selbst gegen Ende des 17. Jahrhunderts noch vorherrschenden erschreckenden Unkenntnis vom Landesinneren des Kontinents. In Paris baute man in jenen Jahren die Oper, in Deutschland den Friedrich-Wilhelm-Kanal zwischen Oder und Spree. Pascal veröffentlichte seine »Pensées sur la religion«. In Nordamerika wurden die Niagarafälle entdeckt. Newton begründete die Infinitesimalrechnung. Und die riesige Landmasse Innerafrikas war noch immer ein gigantischer weißer Fleck; die weiteste bekannte Küstenferne betrug knapp 600 Kilometer.

1749 veröffentlichte der französische Kartograph Bourguignon d'Anville die erste Afrikakarte, die auf alle barocken Füllsel und ungesicherten Angaben verzichtete. Auf ihr waren da, wo man nicht weiter wußte, keine Elefanten und Flußpferde eingezeichnet, um über Unkenntnisse hinwegzutäuschen. Auf ihr fand man Orte, Flüsse und Gebirge nur insoweit, als sie tatsächlich bekannt und erforscht waren.

D'Anvilles Karte – man nennt sie die erste kritische – lieferte den Beweis, daß das Landesinnere Afrikas sogar um die Mitte des 18. Jahrhunderts noch völlig unbekannt war. Man nahm sie in Europa zum Anlaß, sich nun doch intensiver mit dem dunklen Erdteil zu befassen. Aber bis zum Beginn der planmäßigen Erforschung vergingen noch fast vier Jahrzehnte. Erst 1788 entstand in London eine wissenschaftliche Gesellschaft, die die systematische Erkundung Innerafrikas in Gang bringen sollte. Ihr Gründer, Joseph Banks, hatte 1768–71 den englischen Seefahrer und Weltreisenden James Cook auf dessen erster Reise um die Welt begleitet, ferner eine genauere Untersuchung der Küsten Australiens angeregt, das Aufblühen von Neusüdwales begünstigt, und war in Forscherkreisen folglich kein Unbekannter. Er nannte die Gesellschaft »British Association for promoting the discovery of the interior parts of Africa«. Bald hieß sie nur noch »British African Association« und ging 1834 überhaupt ganz in der Londoner Geographischen Gesellschaft auf. Ihr Programm sah unter anderem vor, die Lebensbedingungen der Eingeborenen zu verbessern und den Sklavenhandel zu bekämpfen. Bei ihrer Gründung spielten aber auch handelspolitische Motive eine Rolle. 1775 hatte in Nordamerika der Unabhängigkeitskrieg gegen England begonnen. Drei Jahre später war es Benjamin Franklin gelungen, Frankreich als Verbündeten zu gewinnen. 1781 hatte Washington mit französischen Hilfstruppen die Engländer bei Yorktown besiegt. Und 1783 war England im Versailler Frieden gezwungen worden, die Unabhängigkeit der USA anzuerkennen. Damit war die Verselbständigung der nordamerikanischen Kolonien Britanniens besiegelt. Die Ereignisse in Nordamerika und der Versailler Friede beeinträchtigten nicht nur das Ansehen Englands als Weltmacht, sondern schadeten – was als viel schlimmer empfunden wurde – auch dem englischen Außenhandel. Zahlreiche blühende Märkte gingen verloren. Die großen Handelshäuser und Reedereien mußten sich nach neuen umsehen. Ihr Blick fiel unter anderem auf das bislang vernachlässigte Afrika. Und so kam es, daß die neugegründete Gesellschaft schon bald großzügige Mittelgeber fand. Denn sie war genau die Institution, die man für die ersten sondierenden Schritte brauchte: ein Spähtruppunternehmen und diplomatisches Vorkommando, mit dessen Hilfe man Möglichkeiten erkunden und die britischen Einflußbereiche im dunklen Erdteil erweitern konnte. Schon die geographischen Ansatzpunkte der Gesellschaft ließen erkennen, daß die geplanten Forschungsunternehmen keinesfalls nur wissenschaftlichen Selbstzwecken dienten; sie waren an mittelalterlichen Forschungszielen wie der Erkundung des Nigergebietes, also des Hinterlandes der Sklaven-, Gold- und Elfenbeinküste, und des Nigers orientiert, auf dem man tief ins Landesinnere zu gelangen und die legendäre Handelsmetropole Timbuktu, den bedeutendsten Markt des Sudans und Schwarzafrikas, zu erreichen hoffte.

Die Gesellschaft trug zunächst alle Nachrichten zusammen, die man bis zu ihrer Gründung von britischen Konsuln, maurischen Kaufleuten, Karawanenreisenden und Mekka-Pilgern über das Innere Nord- und Westafrikas erhalten hatte. Dann beauftragte sie einen ihrer Mitarbeiter, den Geographen Major Rennell, anhand dieser Sammlung die bisherigen Karten und zumal die des Franzosen d'Anville zu überprüfen. Das Ergebnis der Bemühungen des Majors waren mannigfaltige kartographische Korrekturen und Ergänzungen, alles in allem eine neue wesentlich verbesserte Karte. Und diese neue Karte war es denn auch, die Joseph Banks und seinen Lon-

12 Sir Joseph Banks, Begründer der »British African Association«, der ersten wissenschaftlichen Gesellschaft für die systematische Erkundung Innerafrikas

doner Freunden in der Folgezeit bei der Planung afrikanischer Forschungsreisen als »Generalstabskarte« diente.

Die ersten nach Plänen und mit Mitteln der Afrikanischen Gesellschaft durchgeführten Reisen waren Mißerfolge. Ledyard, der von Nordosten ins Innere Afrikas vordringen sollte, starb, kaum in Ägypten angekommen, in Kairo. Und ein weiterer Beauftragter der Gesellschaft, Lucas, erreichte nur mit Mühe das sieben Tagereisen südöstlich seines Ausgangsortes Tripolis gelegene Mesurate. Dort sammelte er zwar Nachrichten bei fezzanischen Kaufleuten und beim örtlichen Scherif, bekam aber im Handumdrehen so viele Schwierigkeiten, daß er schon bald entmutigt nach Tripolis und von dort nach England zurückkehrte.

Die anfänglichen Fehlschläge waren zwar bittere Enttäuschungen, lähmten in der Gesellschaft aber keineswegs die Initiative für weitere Planungen. Als neues Ziel visierten die Londoner Strategen den Gambia an und beauftragten Major Houghton, zur Mündung dieses Flusses zu reisen und von dort aus Afrika nach Osten hin zu durchqueren.

Sahara und Sudan

Houghton erreichte am 10. November 1790 die westafrikanische Küste und brach sofort ins Landesinnere auf. Sein Weg führte ihn etwa 900 britische Meilen den Gambia hinauf bis Medina, dann weiter nach Bambuk und ins benachbarte Königreich Kasson, wo er schließlich in der Nähe der Stadt Jarra den Tod fand. So scheiterte in gewissem Sinne auch diese Expedition. Doch der Bericht über sie nährte in London die Hoffnung, daß man mit genügend Ausdauer Houghtons Reiseziel, den Niger, von Senegambien aus erreichen könne. Die Gesellschaft konzentrierte deshalb von nun an ihre Bemühungen auf Senegambien. Im Jahre 1795 sandte sie den 24 Jahre alten schottischen Arzt Mungo Park an den Gambia und ließ ihn auf den Spuren Houghtons ins Landesinnere vordringen.

Park war der erste Reisende mit Fortune, der erste bedeutende Afrikaforscher überhaupt. Er verfolgte den Weg Houghtons den Gambia hinauf, zog über den oberen Senegal, geriet 1796 in Gefangenschaft eines maurischen Königs, entkam aber und erforschte im selben Jahre die Ufer des Niger bis nach Sego und Silla, zwei volkreichen Handelsstädten, von denen man gerüchteweise schon vor Jahrhunderten gehört hatte.

1798 gab die Londoner Gesellschaft auf ihrer jährlichen Zusammenkunft die Ergebnisse seiner Forschungen bekannt. Parks wichtigste Erkenntnis war die, daß der Niger nicht, wie die älteren Kartographen und auch noch d'Anville angenommen hatten, von Osten nach Westen floß, sondern von Westen nach Osten. So wurden nach fast 2300 Jahren gleichlautende Nachrichten der Nasomonen und des Herodot bestätigt, die seit der Zeitenwende immer wieder bestritten und zuletzt sogar gänzlich verworfen worden waren.

Sieben Jahre später (1805) schickte die Gesellschaft Mungo Park erneut nach Afrika. Dem unerschrockenen Forscher gelang es diesmal, den Niger bei Bammako zu erreichen. Ohne die zu erwartenden Gefahren zu scheuen, fuhr er den gewaltigen Strom flußabwärts bis nach Busia (Bussa) im Reiche Sokoto und kam dort im Jahre 1806 bei einem Überfall einheimischer Krieger ums Leben.

Der zweite bedeutende Forschungsbeauftragte der Afrikanischen Gesellschaft war der 1772 in Hildesheim geborene Deutsche Friedrich Konrad Hornemann. In Göttingen hatte Hornemann Theologie studiert, sich aber nebenbei derart intensiv mit der Geographie Innerafrikas beschäftigt, daß er, kaum 23 Jahre alt, den Göttinger Geographen Professor Blumenbach bat, ihn der Londoner Gesellschaft für eine Forschungsreise nach Innerafrika zu empfehlen.

Blumenbach fand in Hornemann einen kenntnisreichen, charakterfesten Menschen, gesundheitlich stabil und abgehärtet genug, die Strapazen einer Reise ins Innere Afrikas auszuhalten. Er verwandte sich deshalb ohne Zögern für ihn beim Präsidenten der Gesellschaft, und dieser genehmigte dann auch schließlich die Förderung der von Hornemann vorgeschlagenen Expedition, die von Kairo nach der Hauptstadt des Wüsten-Königreiches Fezzan führen sollte.

1797 reiste Hornemann über London nach Kairo, wo ihn noch während seines Aufenthaltes in der Stadt die Landung der französischen Ägypten-Armee überraschte. Da Frankreich zu jener Zeit mit England Krieg führte und er selbst in britischen Diensten stand, sah Hornemann sein Unternehmen schon für gescheitert an, lernte aber

13 Mungo Park

1798 in Bonaparte einen Mann kennen, der sein Vorhaben nicht nur tolerierte, sondern ihn als aufgeklärter Förderer der Künste und Wissenschaften darüberhinaus auch noch unter seinen persönlichen Schutz stellte, mit allen nötigen Pässen versah und ihm sogar Geld anbot. Der Schutz des mächtigen Feldherrn ermöglichte es Hornemann, seine Reisevorbereitungen in Ruhe zu Ende zu führen und sich schließlich – als Moslem verkleidet – einer Pilger- und Handelskarawane aus Mekka anzuschließen, die nach Mursuk zog.

Die Karawane brach am 8. September 1798 in die Wüste auf und erreichte nach 14 Tagen die von der Antike her bekannte, sechs Jahre zuvor von Browne entdeckte Oase Siwa und am 30. September Audschila. In beiden Orten blieb Hornemann mehrere Tage und beschrieb die durchzogenen Wüstenstrecken ausführlich in seinem Tagebuch. Dann reiste er weiter über Temina und Zeila nach Mursuk, der Hauptstadt von Fezzan, hielt sich dort – in steter Gefahr, als Christ entlarvt zu werden – mehrere Monate auf und zog schließlich nach Tripolis, wo er Mitte August 1799 anlangte. Kaum ein halbes Jahr später, im Januar 1800, war er wieder in Mursuk, schloß sich dort einer Karawane nach Bornu an, kam mit dieser wahrscheinlich am Tschadsee vorbei, gelangte über Sokoto an den Niger und starb schließlich fieberkrank in Bakkani, der Hauptstadt des Landes Nupe.

Sein Reisebericht erregte in Europa großes Aufsehen. Hornemann war es als erstem wissenschaftlich forschenden Europäer gelungen, die Oasen Siwa und Audschila als berühmte Stätten der Antike (Siwa = Oase des Jupiter Amon) wiederzuentdecken, die Lavawüste Harudsch-el-Asued zu durchqueren, von Kairo über Mursuk nach Tripolis zu reisen und die geographische Lage aller besuchten Orte kartographisch festzulegen. Der letzte Brief, den er der Londoner Gesellschaft schrieb, datiert vom 6. April 1800, einem Zeitpunkt, da er bereits drei Monate mit der von Mursuk aufgebrochenen Karawane nach Bornu unterwegs war. Hornemann hat nicht nur seine eigenen Reisen beschrieben, sondern auch eine Fülle von für die damalige Zeit hochinteressanten Nachrichten über die Nachbarländer von Fezzan gesammelt, die für spätere Erforscher jener Gegenden wie das Expeditionsteam Clapperton-Denham-Oudney (1822–25) und die Deutschen Heinrich Barth und Eduard Vogel von großem Wert waren.

14 *Captain Clapperton*

Zu Hornemanns Zeiten herrschte noch die schon von den Schriftstellern der Antike vertretene Meinung vor, der Niger sei ein quer durch den Sudan verlaufender Arm oder Nebenfluß des Nils. Mungo Park hatte zwar festgestellt, daß der Niger von Westen nach Osten fließt, doch waren über den weiteren Verlauf dieses Stroms die abenteuerlichsten Vorstellungen verbreitet. Die einen ließen ihn irgendwo an der Küste Oberguineas münden, die anderen in den Tschadsee (Denham) oder den unteren Kongo (Park), und wieder andere (Reichard, Clapperton) schon richtiger zwischen Lagos und Akasa am Atlantik. Mungo Park hatte auf seiner zweiten Reise 1805/06 das Rätsel des Nigers lösen wollen, war aber noch vor Erreichen der Mündung ums Leben gekommen. Die Beseitigung der letzten Unklarheiten über den Verlauf und die Entdeckung der eigentlichen Mündung blieb dem Diener des britischen Forschers Hugh Clapperton, Richard Lander, vorbehalten, der nach dem Tode seines Herrn in Sokoto, 1830, von Joruba aus an die Mittelstrecke des Flusses zog und diesen mit einem Boot bis hinunter zum Atlantik befuhr.

Die Frage des Nigerverlaufs hatte auch Clapperton beschäftigt. Der Wunsch, den genauen Stromverlauf zu erkunden, war der Anlaß einer Expedition gewesen, die ihn, Oudney und Denham 1822 von Tripolis durch die Sahara nach Kuka und über Sokoto zum Niger geführt hatte. Auf dieser Expedition war Denham im Gebiet von Bornu auf den in den Tschadsee fließenden Schari gestoßen. Die Reisenden hatten eine Fülle neuer wertvoller Nachrichten über die mohammedanischen Reiche im mittleren Sudan mitgebracht, den genauen Nigerverlauf aber nicht feststellen können. Auf einer zweiten Expedition (1825–27) war Clapperton der Lösung des Problems schon nähergekommen. In der festen Überzeugung, daß der Niger im Lagos-Delta in den Atlantik münde, war er von der Mündung des Hauptarms flußaufwärts gezogen und hatte auf diesem Wege tatsächlich Sokoto erreicht. Damit war der Flußverlauf zwar noch nicht endgültig geortet – die letzten Unklarheiten beseitigte, wie wir hörten, 1830 Richard Lander –, doch kannte man jetzt alle Strecken der quer durch die Sahara und den Sudan gehenden Hauptreisewege von Ägypten und Tripolis nach der Atlantikküste Oberguineas und umgekehrt, sowie alle Wüsten- und Sudanreiche, die von diesen Wegen durchzogen und tangiert wurden.

15 Clappertons Expedition in Mursuk

Inzwischen war auch Frankreich auf den Plan getreten. 1818 hatte Mollien die Quellgebiete des Gambia und Senegal entdeckt. Neun Jahre später war René Caillié über das Bergland Futa Dschalon und den oberen Niger nach Timbuktu vorgestoßen, das drei Jahre zuvor von Major Gordon Laing entdeckt worden war, und über Taodeni und Tafilet durch die Westsahara nach Fes und Tanger gelangt. 1833 schließlich hatte Arnaud d'Abbadie die Erforschung Algeriens eingeleitet und Entdeckungsreisen unternommen, die 1840 von Bary de Saint Vincent, dem Leiter der Exploration de l'Algerie, fortgeführt wurden.

Das Vordringen der Franzosen an Senegal und Gambia hatte die Engländer weniger beunruhigt als ein von der Pariser Geographischen Gesellschaft ausgesetzter Preis auf das Erreichen Timbuktus. Caillié hatte ihn gewonnen – ganze 10 000 Francs. Ein bemerkenswerter Anreiz für einen Vorstoß ins Unbekannte. Die Frage nach der Motivierung ließ auf handelspolitische Intentionen schließen. Setzten, was zu erwarten war, die Franzosen für das Erreichen weiterer Handelszentren im Sudan künftig gleich hohe Preise aus, so waren ihre »Forscher« bald in allen großen Städten Westafrikas zu finden, und wer wußte, mit welchen Aufträgen. Frankreich schien es um die Erweiterung seines Einflußbereichs bis zum Tschadsee zu gehen. In London glaubte man, Präventivmaßnahmen ergreifen zu müssen und faßte den Entschluß, eine Expedition in den Süden zu entsenden mit Vollmachten zum Abschluß von Handelsverträgen mit den einheimischen Fürsten. Das Unternehmen wurde 1849 zusammengestellt. Sein Leiter, James Richardson, hatte Jahre zuvor (1845) den Süden Marokkos durchstreift und auf einer Reise von Tripolis über Ghadames als erster Europäer die Wüstenstadt Ghat im südwestlichen Fezzan erreicht. In Tripolis sollte auch die britische Regierungsexpedition starten. Als Reiseroute war der Weg über Mursuk, die Hauptstadt von Fezzan, und Ghat nach Air (Asben) und Kuka, der Residenz des Sultans von Bornu am Tschadsee vorgesehen, die schon Oudney, Clapperton und Denham besucht hatten. Von dort sollte Richardson nach dem Abschluß von Handelsverträgen mit dem Sultan und anderen Herrschern nach England zurückkehren, während es seinen Begleitern freigestellt blieb, sich ihm anzuschließen oder einen anderen Rückweg zu wählen, beispielsweise über die Nilländer.

Richardson hatte sich in London und Paris vergeblich nach einem Mitreisenden mit wissenschaftlicher Ausbildung umgesehen. Er erhielt schließlich ein Angebot aus Deutschland. Auf Wunsch des britischen Außenamtes hatte der preußische Gesandte in London, von Bunsen, den Berliner Geographen Carl Ritter um Vermittlung eines wissenschaftlichen Begleiters für Richardson gebeten, und Ritter hatte keinen geeigneteren zu empfehlen gewußt als seinen ehemaligen Schüler Heinrich Barth, einen erfahrenen Kenner Nordafrikas, der nach seiner Habilitation in Geographie an der Berliner Universität zur Zeit Vorlesungen über die Bodengestaltung Afrikas hielt.

Barth war spontan bereit, sich Richardson anzuschließen. Er hatte ohnehin bereits eine längere Reise durch die afrikanischen Gestadeländer des Mittelmeers hinter sich, war in Marokko, Algerien, Tunesien, Tripolitanien, der Cyrenaika und Ägypten gewesen, kannte sich in Expeditionstechnik aus und betrachtete seit Jahren Forscher wie Mungo Park, Denham und Clapperton als Vorbilder, denen er nachzueifern gedachte. Nun bot sich hier plötzlich eine Gelegenheit dazu. Aber ebenso unversehens ergaben sich Schwierigkeiten. Barths besorgter Vater weigerte sich, seinem Sohn den von der Londoner Gesellschaft erwarteten Reisekostenbeitrag von 200 Pfund Sterling zu gewähren, wenn die Mitreise nicht im Nachhinein mit einer Professur belohnt werde. Da die Behörden auf diese Bedingung nicht eingehen konnten, kündigte Barth als gehorsamer Sohn seine Teilnahmebereitschaft auf und zog seine Zusage zurück. Als Ersatz für ihn sprang auf Vermittlung des in London tätigen deutschen Astronomen und Geographen August Petermann der Hamburger Astronom und Meteorologe Adolf Overweg ein. Aber inzwischen hatte das preußische Kultusministerium den »Privatdozenten bei der Philosophischen Fakultät der Berliner Universität« Heinrich Barth gemäß dessen Antrag für die nächsten zwei Jahre vom Dienst beurlaubt und ihm, was wesentlich zur Beruhigung und Umstimmung seines Vaters beitrug, für die Zeit nach der Rückkehr, wenn auch keine Professur, so doch eine feste Anstellung im Staatsdienst schriftlich zugesagt. Auch waren von der Berliner Geographischen Gesellschaft 1000 Taler Beihilfe bewilligt wor-

Heinrich Barth

den. Und so konnte die britische Regierung Barth zum guten Schluß doch noch gewinnen, an der Expedition teilzunehmen.

Im November 1849 reisten Barth und Overweg über Paris nach Tunis und kamen am 18. Januar 1850 in Tripolis an. Richardson hielt sich zu dieser Zeit noch in Malta auf und traf erst wenige Wochen später ein. Am 22. März unterzeichneten die Teilnehmer des Expeditionsunternehmens in Gegenwart des britischen Konsuls in Tripolis den Kooperations- und Werkvertrag, der die Ziele und Aufgaben der Expedition und die Übereinkunft über die Modalitäten der Zusammenarbeit verbindlich beurkundete. Zwei Tage später, am 24. März 1850, brach die »Britische Central Africa Expedition« – so ihre offizielle Bezeichnung – in die Sahara auf. Sie zog zunächst nach Mursuk, dann durch das den Europäern bislang unbekannte Wüstengebirge Air nach Ghat im Lande der Tuareg und von dort nach Tintellust. Der Weg war mörderisch. Tagelang ging es über wasserlose, steinige Hochebenen. Hin und wieder waren Überfälle räuberischer Tuareghorden zu bestehen. Die Tuareg-Chefs von Ghat hatten zwar Hilfe und Schutz zugesagt, ihr Versprechen aber nicht gehalten. Auch in Tintellust schien sich hinter dem vorgeblichen Wohlwollen des örtlichen Machthabers Annur nur Ablehnung zu verbergen. »Die Geschenke, die vor ihm ausgebreitet wurden«, berichtet Barth, »nahm er gnädig an, aber ohne ein Wort zu sagen; von Gastfreundschaft erzeigte er uns nicht die geringste Spur. Wenige Tage darauf sandte er uns die unzweideutige Botschaft, daß, wenn wir auf unsere eigene Gefahr hin nach dem Sudan zu gehen beabsichtigten, dies in Begleitung der Karawane geschehen könne; er werde uns zuverlässig keine Hindernisse in den Weg legen. Wünschten wir aber, daß er selbst mit uns gehe und uns beschütze, so müßten wir ihm eine beträchtliche Summe auszahlen. Er gab einfach und ohne Umschweife die Summe an«.

Barth nahm zunächst den Schutz des Schwiegersohns Annurs für einen Abstecher nach Agades, der Residenz des Sultans von Air, in Anspruch. In Agades, das er als erster Europäer betrat, empfing ihn der Sultan überaus freundlich und bot ihm die Möglichkeit, die Stadt, ihre Umgebung, die Bewohner und ihre Lebensverhältnisse eingehend zu studieren.

Wieder in Tintellust, bereitete Barth mit Overweg und Richardson die Weiterreise in den tieferen Süden vor. Die von Annur avisierte Karawane erwies sich als ein von Bilma kommender bewaffneter Salztransportzug von annähernd 2000 Kamelen. Ziel dieser Karawane war ebenfalls der Sudan. Die drei Forscher schlossen sich dem mitreisenden Aufgebot von Tintellust an und erreichten auf diese Weise nach drei Wochen die ersten Ausläufer von Bornu und Sokoto: fruchtbare Äcker und Kornfelder und eine Vielzahl wohlhabender Dörfer und Städte.

Die Salzkarawane bedurfte nun nicht länger des starken militärischen Schutzes und teilte sich in verschiedene, einzeln weiterreisende Abteilungen. Zugleich trennten sich, nicht zuletzt wegen des schlechten Zustandes ihrer Finanzen, die drei Reisenden, damit jeder einzeln versuchen konnte, »was er allein in bescheidenster Weise und ohne Aufsehen zu erregen ausrichten könne« (Barth). Am Ende der Einzelreisen wollten sie schließlich in Kuka, der Residenz des Sultans von Bornu am Westufer des Tschadsees wieder zusammenkommen.

Overweg wandte sich gen Westen nach Tessaua. Richardson strebte ostwärts über Sinder auf kürzestem Wege nach Kuka, und Barth ging in den Süden, um die großen Handelsstädte Katsena und Kano im Reiche Sokoto aufzusuchen.

In Katsena verlor Barth fast seine gesamte Habe an den örtlichen Sultan, der ein immer größeres Gastgeschenk verlangte und ihn eine Zeitlang sogar wie einen Gefangenen festhielt. Die Weiterreise indes entschädigte Barth für alles Erlittene. »Die Landschaft, die ich betrat«, schreibt er, »gehört zu den schönsten, anmutigsten Gegenden, die ich je in meinem Leben gesehen habe. Die Bodenoberfläche ist leicht gewellt; auf ihr erhob sich eine Pflanzenwelt in größter Mannigfaltigkeit und reichster Fülle, von der Künstlerhand der Natur zu schönen Gruppen geordnet. Die Flora war gewissermaßen nur da, um der gefiederten Welt als heitere und sichere Ruhestätte zu dienen. Vögel von unzähligen Arten spielten im Vollgenusse ihrer Freiheit girrend und zwitschernd umher. Hier und da ließ sich eine Herde mit Behaglichkeit über den reichen Weidegrund sich ausbreitender Rinder sehen; alle Kühe waren von weißer Farbe.«

In Kano lernte Barth eine Metropole des Sklavenhandels kennen. Die Straßen boten das bunte Bild eines orientalischen Basars. Eindrucksvoll beschreibt er das exotische Gewimmel in den aben-

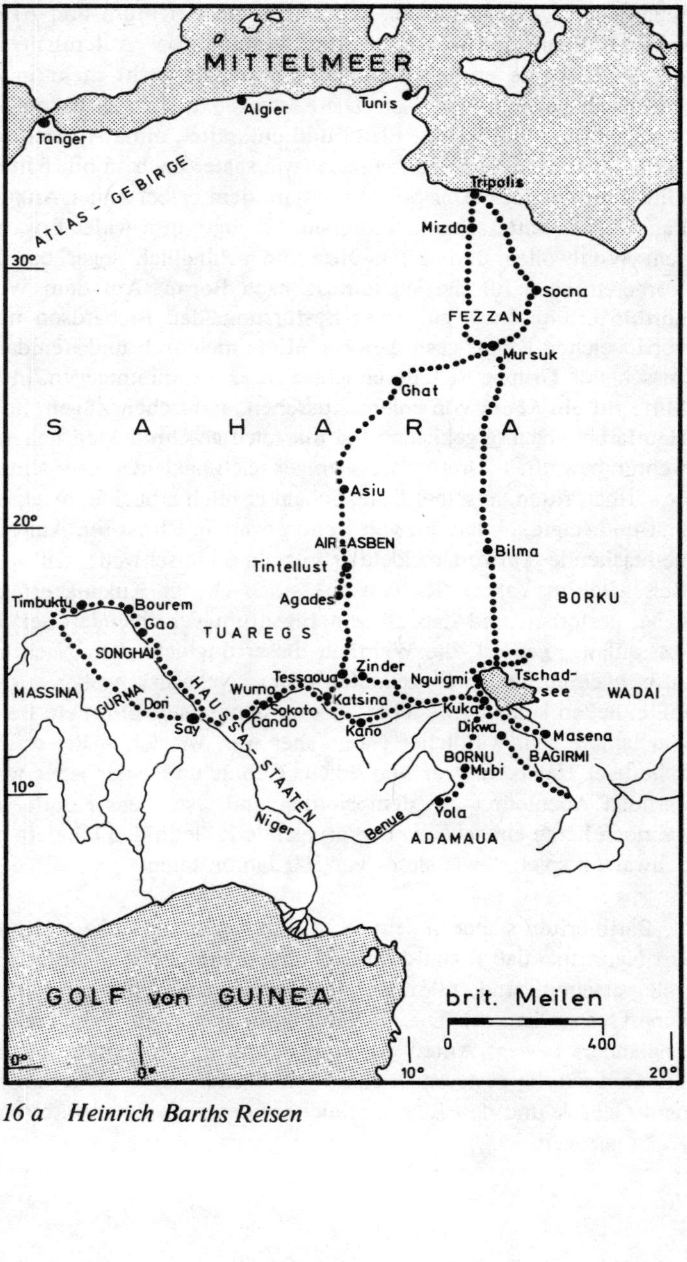

16 a Heinrich Barths Reisen

teuerlichen Ladengassen, die Kontraste von Reichtum und Armut und das Elend des Sklavenmarktes. Während des Aufenthaltes in der Stadt wurde er fieberkrank und war bald nicht mehr in der Lage, sein Lager zu verlassen. Die Karawane, mit der er gekommen war, zog ohne ihn weiter. Elend und entkräftet, ohne Aussicht auf Hilfe, blieb er in Kano zurück; aber wie später noch so oft, hatte er Glück im Unglück. Der örtliche Sultan, dem er bei seiner Ankunft kaum etwas hatte schenken können, bezeugte ihm wider Erwarten sein Wohlwollen und unterstützte ihn schließlich sogar bei den Vorbereitungen für die Weiterreise nach Bornu. Auf dem Wege dorthin erfuhr Barth zu seiner Bestürzung, daß Richardson noch vor Erreichen Kukas gestorben sei. »Eine malerisch und fremdartig aussehende Gruppe Reiter«, berichtet er, »kam mir entgegen. In der Mitte ritt ein Mann von edlem Aussehen, arabischen Zügen, heller Hautfarbe, prächtig gekleidet und mit reich geschmückten Feuergewehren bewaffnet. Drei Reiter, weniger reich bekleidet, aber ähnlich bewaffnet, ritten an seiner Seite. Sobald er mich erblickte, machte er halt und fragte, ob ich der von Kano erwartete Christ sei. Auf meine bejahende Antwort meldete er mir ohne Umschweife, daß mein Reisegefährte Yakub (Richardson), noch ehe er Kukaua erreicht habe, gestorben und daß all sein Eigentum verschleudert sei. Ich war anfangs geneigt, die Wahrheit dieser unglücklichen Nachricht zu bezweifeln; einige Einzelheiten aber, welche der Araber mir erteilte, ließen keinen Zweifel zu. Dieser nannte sich auf mein Befragen Ismail, sein wirklicher Name aber war, wie ich später erfuhr, Scherif el Habib. Er war von edlem Geblüt und einer jener wandernden Abenteurer aus dem Norden und Osten des Kontinents, die noch heute eine ebenso hervorragende Rolle in den Ländern der Schwarzen spielen, wie sie es vor 500 Jahren taten.«

Barth erfuhr später in dem sechs Tagereisen vor Kuka gelegenen Ort Ngurutna, daß Richardson dort am Abend des 28. Februar 1851 völlig erschöpft und entkräftet angekommen und schon am Morgen darauf verstorben sei. Die Ortsansässigen hatten am Schicksal des Engländers bewegt Anteil genommen und ihn auf ihrem eigenen Friedhof würdig bestattet. Richardsons Diener waren daraufhin mit dem Gepäck und den Reisetagebüchern des Forschers weiter nach Kuka gezogen.

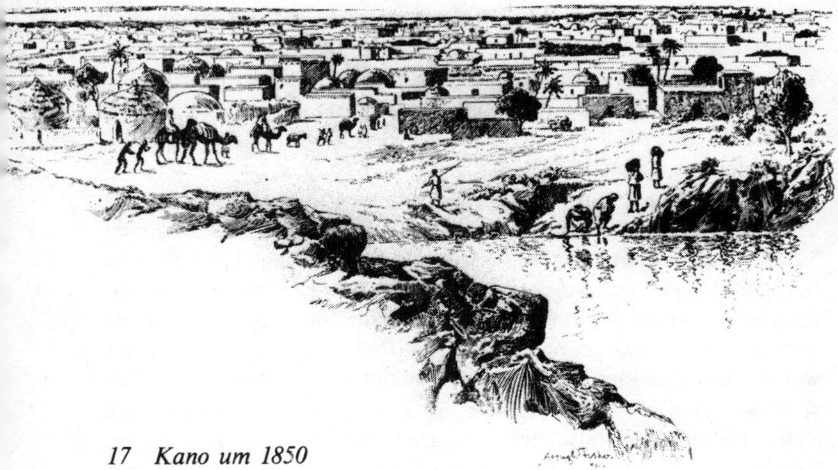

17 Kano um 1850

Barth verließ Ngurutna nicht, ohne Richardsons Grab besucht zu haben. Dann folgte er den Leuten des Engländers in Eilmärschen nach und erreichte die Hauptstadt Bornus am 2. April 1851.

Mit dem Einzug in Kuka war das eigentliche Ziel der Britischen Central Africa Expedition erreicht. Barths Reise über Katsena und Kano hatte knapp drei Monate gedauert. Overweg langte erst am 7. Mai, also einen Monat später, in Kuka an. Bis dahin konnte Barth nicht nur mit dem Herrscher von Bornu, Scheich Omar, verhandeln, sondern sich auch die Stadt und ihre Umgebung ansehen, die geschichtliche Entwicklung des Scheichtums studieren, den Tschadsee besuchen und Richardsons Tagebücher mit einer über Fezzan reisenden Sklavenkarawane nach England abschicken.

Der Scheich, ein – wie Barth berichtet – höchst einfacher, wohlwollender und aufgeweckter Mann, unterstützte den deutschen Forscher so gut er konnte. Nach Overwegs Ankunft in Kuka trennten sich die Reisegefährten erneut. Overweg beabsichtigte, den Tschadsee und dessen Inselwelt zu erforschen. Barth hingegen drängte es in das dem Scheichtum Bornu benachbarte, noch völlig unbekannte Land Adamaua.

Am 21. Mai brach er mit einem Offizier des Scheichs sowie zwei in ihre Heimat zurückreisenden Boten des Statthalters von

Adamaua in den Süden auf. Ziel der Reise war Jola, die Hauptstadt Adamauas am Benue, jenem gewaltigen Nebenfluß des Niger, den Barth schon immer hatte kennenlernen und entdecken wollen. Am 18. Juni 1851 langte die Kolonne oberhalb von Jola am Benue an, setzte mit Hilfe der Uferbewohner über den Fluß und erreichte wenig später die Hauptstadt.

Der Statthalter von Adamaua empfing Barth freundschaftlich – immerhin kam dieser erste Europäer in seinem Lande als offizieller Vertreter einer fremden Großmacht. Als solchen hatte der Offizier Scheich Omars Barth vorgestellt. Und der Europäer hatte ein Empfehlungsschreiben des Herrschers von Bornu vorgewiesen, das seine vorgegebene Funktion bestätigte. Als aber Omars Offizier später weitere Briefe seiner Regierung überreichte, in denen Bornu Ansprüche auf Gebietsteile Adamauas geltend machte, verfinsterte sich die Miene des Statthalters. »Kaum waren diese Briefe gelesen«, berichtet Barth, »so erhob sich ein Sturm, und in einem wütenden Anfall von Zorn machte der Lamido (= Statthalter) meinem Gefährten (dem Offizier) die heftigsten Vorwürfe, daß er mit solchen Ansprüchen auftrete. . .« Das Ende vom Lied war, daß der Gesandte Scheich Omars und Barth des Landes verwiesen wurden. Enttäuscht, von neuen Fieberanfällen geschwächt und kaum fähig, sich noch im Sattel zu halten, langte Barth Mitte Juli wieder in Kuka an. Doch ohne sich lange zu erholen, was in dem ungesunden Klima von Bornu auch kaum möglich war, brachen er und Overweg bald nach dessen Rückkehr vom Tschadsee zu einer neuen Expedition, und zwar diesmal in das nordöstlich von Bornu gelegene Land Kanem, auf. Der Weg dorthin führte durch fruchtbare Ackergebiete und ausgedehnte Weidegründe. Allenthalben zeugte die Landschaft vom Fleiß und Wohlstand ihrer Bewohner. Riesige Rinderherden wechselten mit Schaf- und Pferdeherden ab. Die Gegend schien auch reich an Elefanten zu sein. Einmal begegneten die Reisenden einer Herde von fast 100 Tieren. Ziel der Expedition war das an der Ostseite des Tschadsees gelegene Gebiet des Bahr el Ghasal. Aber so weit kamen sie nicht; denn als sie in Kanem den örtlichen Machthaber, Scheich Rhet, um Geleitschutz baten, lehnte dieser jegliche Hilfeleistung mit dem Hinweis ab, daß das Bahr el Ghasal-Gebiet aufgrund der Feindseligkeit der dort lebenden Stämme viel zu gefährlich für sie sei. So kehrten sie denn eigentlich unverrichte-

18 Sklaventransport

ter Dinge wieder nach Kuka zurück, schlossen sich aber dort kaum 14 Tage später einem großen Sklavenraubzug ins Musguland im Süden des Tschadsees an.

Barths und Overwegs Beteiligung an dieser als Kriegszug organisierten Menschenjagd ist später oft kritisiert worden. Doch war dieser Zug in Kuka zunächst als regulärer Kriegszug und nicht als Sklavenjagd bezeichnet worden, auch bot der Anschluß an ihn die Möglichkeit, weitere Länder kennenzulernen, die bislang noch kein Europäer betreten hatte. Erst später, auf dem Wege in den Südosten des Tschadsees und das Mündungsgebiet des Schari, merkten die beiden Forscher, welche Ziele die bornuanische Streitmacht in Wirklichkeit verfolgte. Die durchzogenen Landschaften, der Süden Bornus und die Grenzgebiete zwischen Adamaua und Bagirmi erweckten mit ihren üppigen Getreide-, Reis- und Baumwollfeldern allenthalben den Eindruck beträchtlicher Wohlhabenheit. Der gute

Zustand der Äcker ließ auf Können und Erfahrung schließen. Die kultivierte Fläche war größtenteils eben und für landwirtschaftliche Nutzung wie geschaffen. An die Ackerfluren grenzten Wälder mit uraltem Baumbestand. In Barths Beschreibungen der abwechslungsreichen Aspekte dieser Gegenden wird die Landschaft zum Erlebnis. »Je weiter wir ... vorrückten«, notierte er dann aber, »um so mehr bedauerten wir, daß wir (diese Landstriche) nicht als friedliche Reisende durchwandern konnten, sondern gezwungen waren, die Gesellschaft blutgieriger Sklavenjäger zu suchen.« Und etwas später: »Eine große Menge Sklaven war heute gefangen worden, und noch am Abend war in einem Kampfe, in welchem drei Bornu-Reiter fielen, eine bedeutende Anzahl eingebracht. Im ganzen sollten an diesem Tage 1000 Sklaven gefangen worden sein, und sicherlich belief sich die Beute nicht unter 500.

Die erwachsenen Männer, meist hochgewachsene Leute, aber keineswegs mit sehr einnehmenden Zügen, wurden ohne Schonung abgeschlachtet, oder man ließ sie sich vielmehr verbluten, indem man ihnen ein Bein abhieb.«

Als Sklaven wurden fast nur Frauen und Kinder mitgeführt. Alte und kranke Menschen erlitten das gleiche Schicksal wie die erwachsenen Männer. Wo immer die Bornuaner zuschlugen, hinterließen sie Zerstörung, Verwüstung und brandrauchende Trümmer, in denen die Schmerzensschreie von Sterbenden und Verblutenden widerhallten. Der Aufenthalt in den Ländern der Musgu, wo das Heer des Scheichtums an die 3000 Sklaven erbeutete, brachte Barth auf ein neues Reiseziel: das an die Musguländer östlich angrenzende Sultanat Bagirmi.

Kaum wieder in Kuka, begann er mit Vorbereitungen für die Expedition in das Land am Schari. Er hatte gehofft, bei der Rückkehr in die Hauptstadt Bornus den aus Europa lang erwarteten Nachschub an Geld und Waren vorzufinden, aber nichts war angekommen. Mit den noch verfügbaren Mitteln konnte er nur das allernotwendigste an Ausrüstung beschaffen: ein Pferd und ein einziges Kamel als Lasttier. Entsprechend resigniert klingt seine Beschreibung des Aufbruchs:

»Als ich am 4. März 1852 meine Reise antrat, geschah es keineswegs mit dem zuversichtlichen Mute, der mir sonst eigen war und der des Erfolges sicher ist: Allein ich wollte noch einen letzten verzweifelten Versuch wagen, etwas auszurichten, bevor ich das Land gänzlich verließ; denn ich war fest entschlossen, nach Europa zurückzukehren, falls nicht endlich neue Mittel eintreffen sollten.«

Overweg begleitete ihn noch bis in die Nähe des Tschadsees; dann zog Barth mit seinen fezzanischen Dienern allein weiter. Der Weg nach Bagirmi (Baghirmi) führte ihn in südöstlicher Richtung um die Südspitze des Tschadsees und von dort nordostwärts zum Schari. Nach Überqueren des Flusses erlebte er auf der Weiterreise fast täglich Feindseligkeiten und Behinderungen. Allerorts begegnete man ihm mit Mißtrauen und unverhohlener Ablehnung. Trotzdem erreichte er schließlich die Hauptstadt Bagirmis, Massenja, eine palastreiche Residenz von hoher arabischer Kultur, in der er zwar vom Sultan die Erlaubnis erhielt, auf weiteren Streifzügen Land und Leute kennenzulernen, dann aber aufgrund von Mißverständnissen monatelang fast wie ein Gefangener festgehalten wurde. Der einzige Lichtblick in dieser Zeit der »Internierung« in Massenja war die Ankunft eines Boten aus Kuka, der ihm zahlreiche Privatbriefe aus Europa und ein offizielles Schreiben aus London überbrachte, in dem die britische Regierung ihn mit der Fortführung und Leitung der Expedition beauftragte und ihm für seine künftigen Unternehmungen auch ausreichende Geldmittel avisierte.

Als es Barth schließlich gelungen war, nach Kuka zurückzukehren, fand er Overweg in einem besorgniserregenden Zustande äußerster Erschöpfung vor. Overweg lag, in kalten Schweiß gebadet, im Hofraum ihrer gemeinsamen Unterkunft, murmelte – völlig abwesend und ohne ihn zu erkennen – in einer Art von Delirium fortwährend unverständliche Worte vor sich hin und sprang wiederholt rasend von seinem Lager auf, um mit solcher Wucht »gegen die Bäume und das Feuer« zu rennen »daß vier Männer ihn kaum zurückzuhalten vermochten«. Die Krankheit wurde von Tag zu Tag schlimmer und endete am 27. September 1852 mit dem Fiebertode des noch nicht 30 Jahre alten Forschers.

Nun war Barth ganz auf sich selbst gestellt. Nichts hielt ihn länger in Kuka. Die Verträge mit Scheich Omar waren unter Dach und Fach. Und die aus England inzwischen eingetroffenen Mittel versetzten ihn in die Lage, seine Reiseausrüstung zu ergänzen und neue Pläne zu schmieden. Am 25. November 1852 verließ er Kuka, um entsprechend den Wünschen der britischen Regierung zum Niger und nach Timbuktu vorzustoßen. Über Sinder in der westlichen Provinz Bornus ging die Reiee zunächst nach Katsena. Der Weg führte durch Kriegsgebiete verfeindeter Stämme. Allenthalben lauerten Gefahren. In Katsena konnte er sich einer Reitertruppe des Sultans von Sokoto anschließen. Mit ihr zog er nach Wurno und weiter zur Hauptstadt der Fellatah. Der Herrscher von Sokoto empfing ihn freundlich, sagte ihm jegliche Hilfe zu und erlaubte ihm, sich wochenlang im Lande umzusehen und die Sitten und Gebräuche der Haussa-Stämme und zumal der Fulbe kennenzulernen.

In dem westlich an Sokoto angrenzenden Staat Gando war der Empfang wesentlich kühler. Der als Fremdenfeind bekannte Fürst dieses Landes beiderseits des Niger machte seinem Ruf alle Ehre. Die Tore seines Palastes blieben verschlossen. Erst als Barth ihm ungewöhnlich reiche Gastgeschenke gemacht hatte, ließ er sich herbei, dem Forscher einen Schutzbrief für die Weiterreise auszustellen. Barth drängte es zum Niger; der mächtige Strom war jetzt nah. Er erreichte ihn bei dem wichtigen Handels- und Fährort Say (Sai). Die Stadt lag am jenseitigen Ufer. Er ließ sich hinüberrudern, verweilte nur kurz in Say und setzte die Reise landeinwärts durch die bisher noch von keinem Europäer betretenen Gebiete von Gurma, Libtako und Dalla fort.

Je näher er Timbuktu kam, um so schwieriger wurde das weitere Vordringen. Außer Geschenken bedurfte es oft stundenlanger Verhandlungen, um Freibriefe und Durchreiseerlaubnisse zu bekommen. Gefährliche Begegnungen mit Horden bewaffneter Krieger waren an der Tagesordnung. Vorsichtiges Taktieren und diplomatisches Geschick halfen Barth immer wieder, der Situation Herr zu werden. Einmal gab ihn einer seiner Begleiter als Scherif und Freund des mächtigen Scheichs El Bakay aus, dem Barth Bücher aus dem Orient bringe. Die Erwähnung des Herrschers von Timbuktu wirkte Wunder. »Die Speere« der Angreifer »senkten sich«, berichtet Barth »und auf kriegerische Drohungen folgten die demütigsten Gebärden.« Am 5. September 1853 erreichte Barth nach fast dreivierteljähriger Reise Kabara, den Hafen von Timbuktu, und traf zwei Tage später in der berühmten Wüstenmetropole selbst ein.

Timbuktu gehörte zum Sultanat Massina. Die eigentliche Hauptstadt war die Residenz Sultan Ahmedas ben Ahmedu Hamd

Allahi. In Timbuktu herrschte als örtlicher Machthaber Scheich El Bakay, ein kluger, weltoffener Stammesfürst, der Barth in der für Christen verbotenen Stadt mit ausgesuchter Freundlichkeit aufnahm. Barth galt bei seiner Ankunft als Abgesandter des Sultans von Konstantinopel. Doch bald hatte sich herumgesprochen, daß er in Wirklichkeit ein Christ war.

Ein Christ in Timbuktu! – El Bakay, dem Barths Konfession von Anfang an bekannt gewesen war, störte Barths »Unglaube« nicht. Der gebildete, intelligente Scheich war viel zu froh, einen Vertreter europäischen Geistes als Gesprächspartner gefunden zu haben. Aber der Oberherr Timbuktus, Sultan Ahmeda ben Ahmedu, dachte anders. Von einem persönlichen Feind und Nebenbuhler El Bakays über die Gegenwart eines Christen in Timbuktu unterrichtet, schickte er »eine ansehnliche Schar Bewaffneter, unter welchen sich ungefähr 20 mit Feuergewehren versehene Leute befanden«. Die Truppe »überbrachte dem Emir (El Bakay) den einfachen und bestimmten Befehl, den Christen ganz in derselben Weise, wie mit dem früheren (Major Laing) geschehen, aus der Stadt zu jagen«.

Solange sich Barth in Massina aufhielt, wurde er vom Christenhaß der Fulbe, der herrschenden Oberschicht des Sultanats, verfolgt. Ohne sein Dazutun in immer neue Streitigkeiten rivalisierender Parteien und Machtgruppen verwickelt, mußte er zeitweilig ein Wüstenlager seines Beschützers, des Scheichs, in der Nähe Timbuktus beziehen und durfte die Stadt nur gelegentlich betreten. Fast acht Monate genoß er den Schutz und die Gastfreundschaft des edlen, vorurteilslosen Fürsten. Aus dem anfänglichen Wirt-Gast-Verhältnis war längst Freundschaft geworden. Als Barth am 17. Mai 1854 die Rückreise nach Kuka antrat, erklärte der Emir, daß er beschlossen habe, ihn persönlich zu geleiten. Wochenlang ritt er zusammen mit Barth nigerabwärts nach Osten. Mitte Januar kam für beide der Abschied. Die Trennung von El Bakay war für Barth die Trennung von dem Manne, den er unter allen Leuten, mit denen er je im Laufe seiner langen Reise in Berührung gekommen war, am meisten schätzen gelernt hatte. Der Scheich, erzählt er, »ermahnte noch die Leute, die mich begleiten sollten, sich nie zu streiten, sondern meinen Rat in allen Dingen zu befolgen, und zwar ganz besonders in Bezug auf die Schnelligkeit unseres Marsches, da es ihm

19 Nigerfähre, 2. Hälfte 19. Jh.

wohl bekannt war, mit welcher Ungeduld ich meiner Heimreise entgegenblickte. Dann gab er mir seinen Segen und versicherte, daß ich nun mit Zuversicht auf sichere Rückkehr bauen könne«.

Von Say aus nahm Barth wieder den Weg über Gando und Sokoto. In Wurno erkrankte er schwer. Die Strapazen der Reise und das ungesunde Klima schienen seine Kräfte völlig aufgezehrt zu haben. Zu der Sorge um seinen Gesundheitszustand kam der nun auch immer drückender empfundene Mangel an materiellen und pekuniären Mitteln. Seinen Dienern schuldete er inzwischen für an die zwei Jahre Lohn. In Kano erkrankte er erneut. Eine Seuche raffte ihm zu allem Überfluß die Pferde hinweg. In Bornu und Europa, wo man schon lange keine Nachricht mehr von ihm erhalten hatte, hielt man ihn längst für tot. Am 1. Dezember 1854, fast zur gleichen Zeit, als die deutsche Zeitschrift für allgemeine Erdkunde schon seinen Nekrolog veröffentlichte, traf er in einem Walde zwischen Kano und Kuka schwach und entkräftet mit Eduard Vogel zusammen, den die britische Regierung ausgesandt hatte, um nach seinem (Barths) Verbleib zu forschen und sein Schicksal aufzuklären. »Wir hießen uns«, berichtet Barth über diese Begegnung, »einander in höchster Überraschung vom Pferde herab willkommen. Es war ein unendlich erfreuliches Ereignis. Inmitten dieser ungastlichen Waldung stiegen wir vom Pferd und setzten uns nieder. Ich holte einen kleinen Vorratssack hervor, wir ließen uns Kaffee kochen und waren ganz wie zu Hause. Seit länger als zwei Jahren hatte ich kein deutsches oder überhaupt europäisches Wort gehört, und es war ein unendlicher Genuß für mich, wieder einmal in der heimischen Sprache mich unterhalten zu können.«

In Kuka blieben Barth und Vogel nur wenige Wochen beisammen. Vogel drängte es in den Südwesten zum Benue. Barth hingegen war nur noch von der Sehnsucht beherrscht, die Heimat wiederzusehen. Am 10. Mai 1855 trat er endgültig die Heimreise an. Der Weg nach Mursuk und Tripolis führte ihn diesmal über die Oase Bilma im Südwesten Tibestis. Als er am 27. August 1855 das Mittelmeer wiedersah, hatte er auf einer fast fünfeinhalbjährigen Reise annähernd 20 000 Kilometer Wegs zurückgelegt und nahezu den gesamten westlichen Sudan erschlossen. Aufgrund seiner Forschungen gewann die Welt zum ersten Mal eine geographische und ethnographische Übersicht über die westlich des Sudan-Landes Wadai bis zum oberen Niger und von Süd-Tripolitanien bis nach Adamaua gelegenen Landschaften und ansässigen Völker sowie über deren Geschichte und staatliche Verhältnisse. Barths Studien und Erkundungen sind an Genauigkeit der Beobachtung und Zuverlässigkeit der Beschreibung unübertroffen. Seine Aufzeichnungen umfassen unter anderem die Aufnahme von nicht weniger als 49 sudanesischen Sprachen. Jede noch so kurze durchwanderte Wegstrecke vermaß und kartographierte er mit größter Sorgfalt. Barths Reise gehört zu den bedeutendsten der Entdeckungsgeschichte Afrikas überhaupt. Sie fand ihren Niederschlag in seinem fünfbändigen Werk »Reisen und Entdeckungen in Nord- und Zentralafrika in den Jahren 1849–1855«, Gotha 1857/58.

Auch die weitere Erforschung des Sudans und der Sahara lag im wesentlichen in den Händen von Deutschen. Der erwähnte Eduard Vogel zog nach der Trennung von Barth nach Ost-Sokoto, erreichte als erster Europäer das zwischen Kano und dem Benue gelegene Jakubu, überquerte den Benue und kehrte, als er am Betreten Adamauas von Einheimischen gehindert wurde, nach Kuka zurück, um weitere zehn Monate noch unbekannte Gebiete im südlichen Sudan zu erforschen. 1856 entschloß er sich, über Wadai und Darfur (Dar Fur, Darfor) nach Kordofan und zum Nil vorzustoßen. Er gelangte auch bis Wadai, besuchte, wie später Nachtigal ermitteln konnte, dessen Hauptstadt, geriet aber dort in den Verdacht, ein türkischer Spion und Zauberer zu sein, der mit seinem Zeichen- und Schreibstift das Land verhexe, und wurde auf Befehl des Herrschers von Wadai, Sultan Mohammed Scherif, erschlagen. Seine Tagebücher gingen zwar verloren, doch trugen seine nach Deutschland gesandten vorläufigen Berichte und Ortsbestimmungen schon wesentlich zur Erweiterung der Kenntnisse über jene Gebiete bei. Da er in der Heimat zunächst als verschollen galt, wurden zur Aufklärung seines Schicksals nicht weniger als sieben Suchexpeditionen in den Sudan entsandt. Nach einer ersten französischen, die zwischen Darfur und Kordofan vergebens nach ihm forschte und mit dem Tode ihres Leiters Cuny endete, zog der preußische Offizier Moritz von Beurmann 1862 von Tripolis über die Oase Djebado nach Kuka und versuchte nach einem Abstecher ins südöstliche Sokoto über Kanem im Norden des Tschadsees ostwärts nach Wadai vorzudringen. Das Vorhaben mißlang. Von Beurmann wurde überfallen und beraubt.

Er kehrte nach Kuka zurück, brach Anfang 1863 erneut nach Wadai auf, erreichte auch die Grenze des gefürchteten Sultanats, wurde aber noch vor Betreten des Landes wie schon vor ihm Vogel von Kriegern Mohammed Scherifs erschlagen. Eine weitere, von August Petermann zusammengestellte Hilfsexpedition unter Leitung des deutschen Zoologen Theodor v. Heuglin startete von Ägypten aus, scheiterte aber noch im Nilgebiet aufgrund von Uneinigkeiten der Teilnehmer. Zwei Mitarbeiter von Heuglin, Theodor Kinzelbach und Werner Munzinger, drangen zwar in Verfolgung des eigentlichen Expeditionszwecks noch bis nach Kordofan vor, erhielten aber von Darfur aus die Nachricht, daß der durch dieses Land führende direkte Weg nach Wadai für Europäer gesperrt sei. Damit war der Zug nach Westen zu Ende. Das Durchzugsverbot allein hätte sie zwar kaum abgehalten, ihn fortzusetzen, doch fehlten ihnen, wie sie inzwischen gemerkt hatten, auch die für die Weiterreise über den Bahr el Ghasal nötigen Mittel. Immerhin brachten sie, sechs Jahre nach Vogels Ermordung – erstmals verläßliche Nachrichten vom Tode des erst 27 Jahre alten deutschen Forschers mit.

Vom Mittelmeer zum Golf von Guinea

Etwa um die gleiche Zeit drang Friedrich Gerhard Rohlfs in Marokko als erster Europäer bis zur Oase Tafilet am Südrande des Hohen Atlas vor. Der 1831 in Vegesack bei Bremen geborene Forscher trat nach einem abgebrochenen Medizinstudium und abenteuerlichen Kriegs- und Militärdiensten im Schleswig-Holsteinischen Freikorps sowie in der österreichischen Armee 1855 in die französische Fremdenlegion ein und nahm bis 1860 an verschiedenen Feldzügen in Algerien teil. Als Sergeant entlassen, wurde er 1861 vom Sultan von Marokko zum Oberarzt der marokkanischen Armee ernannt. 1863 brach er in Tanger zu seiner ersten großen Entdeckungsreise nach Tuat auf, zog über das Atlasgebirge nach der Oase Tafilet, durchquerte im Gefolge einer arabischen Handelskarawane die südmarokkanische Steinwüste, die »Hammada«, betrat als erster Europäer die Oasengruppe Tuat und gelangte über die Oase Tidikelt und Ghadames nach Tripolis. Obgleich die Reise ursprünglich nach Timbuktu gehen sollte – ein in Tidikelt aus Geldmangel und wegen der Unsicherheit der Straßen aufgegebenes Vorhaben – und er sein Ziel folg-

20 Gerhard Rohlfs

lich nicht erreicht hatte, waren Rohlfs' Beschreibungen der Oasengruppen Tafilet, Tuat und Tidikelt sowie seine Mitteilungen über die hauptsächlichen Wadis für die Wissenschaft von großem Gewinn. 1865 unternahm Rohlfs von Tripolis aus eine neue Reise, diesmal mit Ziel Tschadsee. Sie führte ihn über Ghadames und Mursuk nach Kuka, wo ihn Scheich Omar sehr freundlich aufnahm und ihm für seine weiteren Untersuchungen jegliche Hilfe zusagte.

Die erste Begegnung mit dem Fürsten von Bornu hatte den Charakter einer Privataudienz. »Ich begrüßte den Herrscher«, erzählt Rohlfs, »und er hieß mich willkommen, indem er mit der Hand auf den Boden deutete ... Nachdem ich mich gesetzt oder vielmehr hingehockt hatte, begannen die gewöhnlichen Fragen nach der Gesundheit, wie ich das Reisen vertrage usw., die von mir in gleicher Weise erwidert wurden, wobei ich nicht unterließ, nach arabischem Sprachgebrauch – der Sultan versteht sehr gut Arabisch, und die ganze Unterredung wurde in arabischer Sprache geführt – hier und da einzufügen: ‚Gott erhalte die Seele des Sultans! – Gott verlängere das Leben unseres gnädigen Herrn! – Gott gebe dem Sultan Segen und Frieden!' Sodann aber frug er mich: ‚Wie befindet sich dein Sultan? Bringst du mir einen Brief von ihm? Ist er der, der über halb Deutschland im Norden regiert?' – und ich erwiderte: ‚Mein Sultan befindet sich sehr wohl (gemeint war der König von Preußen). Da ich als Privatmann reise, konnte er mir keinen Brief für dich mitgeben, was er sicher getan haben würde, wenn seine Regierung selbst mich zu der Reise abgesandt hätte!' – ‚Wie geht es Abd el-Kerim (Heinrich Barth)? Der war ein großer Freund von mir, er war Engländer.' – ‚Er ist leider tot, doch er war kein Engländer, sondern ein Deutscher wie ich.' – ‚Nicht möglich; wir kannten ihn hier nur als Engländer. Wann ist er gestorben? Gott habe Erbarmen mit ihm!' – ‚Als ich in Mursuk war, brachte mir der Kurier noch einen Brief von ihm; mit dem nächsten Kurier aber erhielt ich durch meinen Bruder die Nachricht von seinem Tode. Das sind jetzt ungefähr acht Monate her.' – ‚Hast du einen Brief vom Sultan von Stambul? Wie geht es Abd ul-Asis? Ist er in Frieden mit den Christen? Hat er keinen Krieg mit Musku (Rußland)?' – ‚Abd ul-Asis befindet sich ganz wohl. Ich habe einen Firman-ali von ihm. Mit den Christen, auch mit Musku, war er in Frieden, als ich Mur-

21 Gerhard Rohlfs' Quartier in Gasr Dakhel in der Libyschen Wüste während der Expedition in den Jahren 1873–74.

22 Gerhard Rohlfs' Reisen

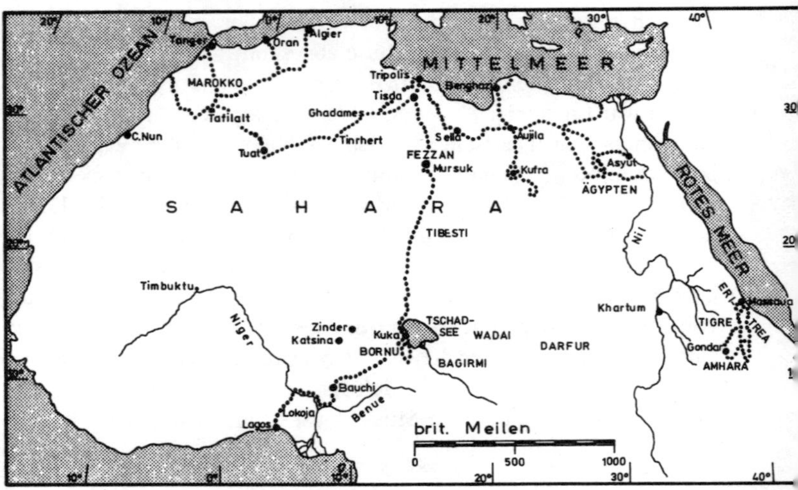

suk verließ.' – ,Wohin gedenkst du zu gehen? Willst du nach Uadai (Wadai), nach Bagirmi? Ich will dich sicher hinbringen lassen. Sei mir willkommen! Aber ehe die Regenzeit aufhört, kannst du nicht reisen, es soll dir hier an nichts fehlen.' –,Mein Wunsch ist, über Bagirmi nach Uadai (Wadai) zu gehen, und ich erflehe den Segen Gottes auf dein Haupt, wenn du mich dahin geleiten lassen willst.' – ,Wir werden sehen. Sei nochmals willkommen! Alles, was du wünschest, soll geschehen.' Mit diesen Worten und einer Handbewegung, wie sie ein Ludwig XIV. nicht königlicher hätte machen können, verabschiedete er mich.«

Rohlfs ging aber nicht nach Wadai, sondern zog, da der Sultan dieses Landes ihm trotz aller Bemühungen Scheich Omars die Einreise verweigerte, südwärts weiter nach Mandara, Jakubu und zum Benue. Er erreichte den Strom bei Loko, fuhr mit einem gemieteten Boot acht Tage lang benueabwärts bis Lokodscha an der Mündung in den Niger und begab sich sodann auf Anraten des Leiters der dortigen britischen Faktorei mit Geschenken für den König von Nupe nigeraufwärts nach Rabba. Gelang es ihm nämlich, sich der Gunst dieses Herrschers zu versichern, so verringerten sich die Gefahren einer Weiterreise zum Golf von Guinea beträchtlich.

In Rabba fand er mit seinen Geschenken auch gute Aufnahme. Der Landesfürst bewirtete ihn auf das freundlichste, machte ihm sogar Gegengeschenke und gab ihm ein Pferd und einen Führer mit. Nun konnte Rohlfs getrost südwestwärts weiterziehen. Er durchquerte das Jorubaland und hatte, als er schließlich bei Lagos das Meer erblickte, als erster Europäer die nördliche Hälfte Afrikas von Norden nach Süden durchzogen.

1867 begleitete Rohlfs die britischen Truppen auf dem Feldzug in Abessinien. 1868 beauftragte ihn der König von Preußen, Scheich Omar von Bornu zum Dank für die freundliche Aufnahme verschiedener deutscher Reisender Geschenke zu überbringen. Rohlfs überwachte den Transport bis Tripolis, betraute dort den jungen Gustav Nachtigal mit der weiteren Eskortierung und zog selbst durch die Cyrenaika über Audschila und Dschalo nach Ägypten. Auf Wunsch des Khedive unternahm er in den Jahren 1873 und 1874 einen Expedition durch die libysche Wüste. 1878 zog er für die im selben Jahre in Berlin gegründete »Afrikanische Gesellschaft in Deutschland« mit Unterstützung des Deutschen Reiches in Begleitung des Naturforschers Dr. Stecker von Tripolis über die Oasen Sokua und Dschalo nach Kufra. Von dort sollte es südwärts weiter nach Wadai und zum Kongobogen gehen. Aber die Reise endete in Kufra. In dieser Oase, die vor ihm noch kein Europäer betreten hatte, überfielen ihn Angehörige des berüchtigten Ordens der Senussi. Man wollte ihn schon töten, aber mit Hilfe eines wohlwollenden Häuptlings gelang ihm im letzten Augenblick noch die Flucht in einen Nachbarort. Seine Feinde zerstörten aus Wut über sein Entkommen seine und seiner Begleiter gesamte Habe, darunter nicht nur seine Tagebücher, sondern auch wertvolle Geschenke des deutschen Kaisers, die für den Sultan von Wadai bestimmt waren. Rohlfs mußte die Reise abbrechen. Jedes weitere Vordringen nach Süden war wegen der Unsicherheit der Gegend lebensgefährlich. Die Expedition kehrte auf demselben Wege, den sie gekommen war, über Audschila zur Küste zurück.

Rohlfs weilte 1880 als Sonderbotschafter des deutschen Kaisers in Äthiopien und ging 1884 für nicht ganz ein Jahr als Reichskommissar auf die damals unter deutschem Protektorat stehende Insel Sansibar.

Über Kuka und Wadai nach Khartum

Was ihm trotz aller Bemühungen versagt geblieben war – Wadai zu besuchen – gelang 1873 dem von ihm 1868 für die Reise nach Bornu in Tripolis gewonnenen Gustav Nachtigal. Ein Brustleiden hatte Nachtigal 1862 gezwungen, seine Kölner Tätigkeit als Militärarzt aufzugeben und in Nordalgerien Heilung zu suchen. Auch dort wieder als Arzt tätig – nach der Übersiedlung nach Tunis sogar als Leibarzt beim Chasnadar des Bei – war Nachtigal aufgrund seines Einfühlungsvermögens in die maurisch-arabische Denk- und Verhaltensweise bald in der Lage gewesen, sich in den Altstädten und Dörfern Nordafrikas fast wie ein Einheimischer zu bewegen. Wer Nachtigal näher kennenlernte, lobte seine nahezu perfekten arabischen Sprachkenntnisse ebenso wie sein Anpassungsvermögen, seine diplomatischen Fähigkeiten bei Verhandlungen und seine scharfe Beobachtungsgabe. Diese Vorzüge allein würden schon genügt haben, ihn für die vertretungsweise Übernahme des Gerhard Rohlfs

23 Gustav Nachtigal

erteilten regierungsamtlichen Auftrags geradezu zu prädestinieren. Hinzu kamen aber noch seine am Hofe des Beis von Tunis erworbene Vertrautheit mit orientalischem Hofleben und sein ohnehin ausgeprägtes Interesse für Erd- und Völkerkunde. Schon auf der Reise nach Bornu bekannte er in einem Brief vom 16. Mai 1869 an die »Geographischen Mitteilungen«, daß er den Auftrag, Scheich Omar die Geschenke des preußischen Königs zu überbringen, nur übernommen habe, um mit seiner Person »die Zahl der Afrikareisenden zu vermehren«. Er hatte, als er Rohlfs begegnete, eigentlich gerade nach Deutschland zurückkehren wollen, um sich in der Augenheilkunde fortzubilden, aber die Möglichkeit, die jener ihm bot, auf den Spuren des großen verehrten Heinrich Barth nach Kuka zu ziehen, war ihm so vielversprechend erschienen, daß er sie nicht hatte ausschlagen können.

Nachtigal verließ Tripolis am 18. Februar 1869. Seine Ausrüstung und sein Gefolge waren bescheiden: fünf Diener und insgesamt acht Kamele, die als Reit- und Lasttiere dienten. Die Karawane erreichte Mursuk am 27. März. Dort hieß es, weiter unten im Süden seien Unruhen ausgebrochen: die Durchreise durch das Gebiet von Bilma sei zur Zeit unmöglich. Nach Erhalt dieser Nachrichten ohne größeren Geleitschutz mit den wenigen Leuten allein weiterzuziehen, wäre reiner Selbstmord gewesen. Aller Durchgangs- und Handelsverkehr mit dem Süden war zum Erliegen gekommen. Die Umstände zwangen Nachtigal, sich in Mursuk auf einen längeren Aufenthalt einzurichten. Aber das Schicksal wollte es anders. Denn hier lernte er einen Angehörigen des Volksstammes der Tibbu kennen, der sich erbot, ihn durch das südlich an Fezzan angrenzende Gebirgsland Tibesti zu führen und anschließend nach Mursuk zurückzubringen.

Die Gelegenheit war einmalig. Das wegen der Wildheit seiner Natur und Bewohner gefürchtete Bergland war bisher von keinem Europäer besucht worden. Am 6. Juni brach Nachtigal unter Führung des Tibbu Kolokomi nach Südosten auf. Der Weg führte durch hitzekochende, schattenlose Einöden. Der heiße Sandstaub der Wüste, der lastende Druck der Sonne und der bald spürbare Wassermangel wirkten auf die kleine Reisegesellschaft zermürbend. Die entbehrungsreiche Fahrt entwickelte sich mehr und mehr zu einem wahren Leidensweg. »Wir strebten«, berichtet Nachtigal, »über

Stein und Sand, durch Schluchten und über Felsen unserem fernen Ziele zu. Stumm wanderten wir einher, Nase und Mund durch Turbanstoff verhüllt, um die Austrocknung der Schleimhäute und dadurch den Durst zu verringern; jeder unserer Blicke hing mit angstvoller Spannung an den Zügen des Führers, und immer entmutigender war die deutliche Antwort seiner unsicheren Blicke, die er höchstens noch verständlicher machte durch das oft gehörte: Noch nicht! Immer stiller wurde die Gesellschaft, in der jeder das düstere Gespenst ernstlicher Wassernot vor seinem inneren Auge auftauchen sah. Kurz nach Mitternacht gaben alle, Menschen und Tiere, deutlich Spuren überwältigender Ermattung kund. Der eine blieb zurück und konnte nur durch gewaltsame Aufrüttelung zur Fortsetzung des Marsches gezwungen werden; ein anderer kratzte feuchte Erde aus dem Boden, als wenn sie Aussicht auf lebendiges Wasser eröffnete; ein dritter bat flehentlich um einen Trunk Wassers, da bekannt geworden war, daß Giuseppe einen kleinen Vorrat für die äußerste Not aufbewahrt hatte. Der Morgen kam, und die Hoffnung Kolokomis schien mit der gehaltenen Umschau nicht zu wachsen. Giuseppe ging an die Verteilung des Wasserrestes. Jeder erhielt ein volles Glas des köstlichen Nasses, und gierig sogen wir mit schmerzlichem Bedauern, daß es nicht mehr sei, den letzten Tropfen ein. Mit Aufbietung aller unserer Kräfte trieben wir die armen erschöpften Kamele mit Knütteln vorwärts. Bald erhob sich der größte Feind des vom Durste Bedrohten oder Gequälten, die Sonne, zu bedenklicher Höhe und versetzte uns in ein Meer von Feuer und Glut. In ihm erstarb die aufgeflackerte Tatkraft, drohte der kaum angefachte Hoffnungsfunke schnell wieder zu erlöschen. Furchtbarer Durst stellte sich ein, die Mund-, Rachen-, Nasen- und Kehlkopfschleimhaut wurde ihrer letzten Feuchtigkeit beraubt; um Schläfe und Stirn schien sich ein eiserner Ring enger und enger zu schließen; die Augen brannten schmerzhaft; die Ermattung wurde grenzenlos. Einer der Reisenden verfiel in einen Zustand halber Bewußtlosigkeit, sprach mit entstellten Zügen von seinem nahen Tode, erging sich dann in bitteren Vorwürfen gegen mich, sie trotz der Warnung aller vernünftigen Leute in dies gräßliche Land geführt zu haben, und bereitete sich endlich durch laute, heiße Gebete zum Eintritt ins Paradies vor. Bald schwand alles, Gegenwart und Vergangenheit, die drohende Todesangst und die nie ganz er-

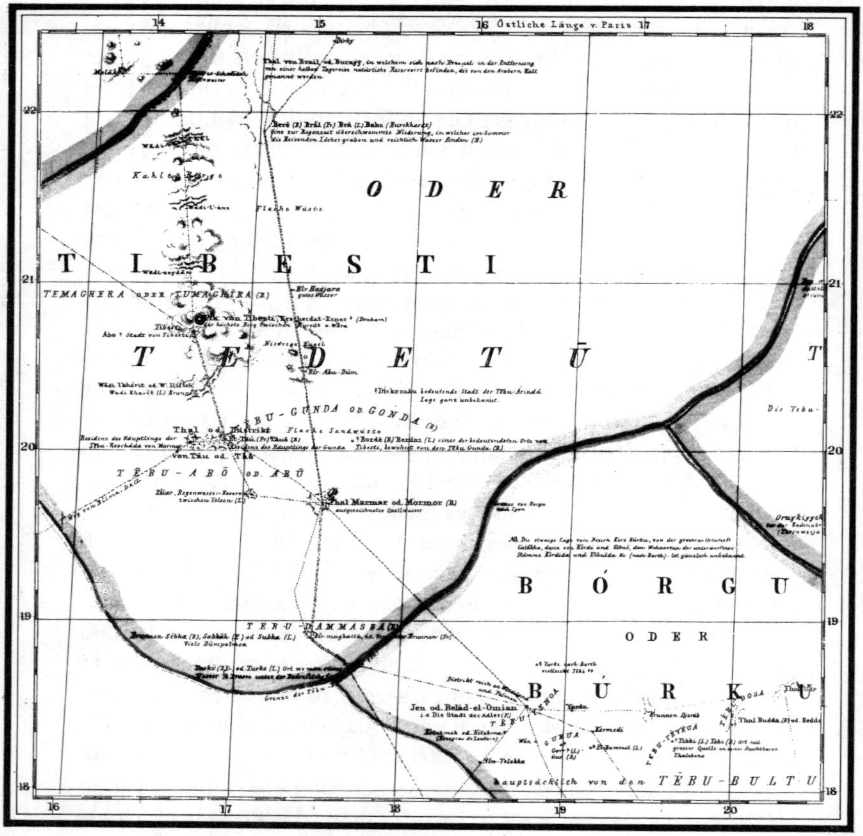

24 *Die geographischen Kenntnisse von Tibesti und Borku bis 1869*

sterbende Hoffnung, und ein Zustand umfing mich, von dem ich nicht weiß, ob er ein unvollkommener Schlummer oder die beginnende Bewußtlosigkeit eines nahen Untergangs war.«

Trotz aller Leiden und Entbehrungen, trotz immer neuer Gefahren für Leib und Leben steuerte Nachtigal mit zäher, geradezu fanatischer Beharrlichkeit weiter auf sein Ziel zu. Am 9. Juli (1869) erreichte er die Ausläufer des Abo- oder Ura-Tals im Nordosten des Gebirgsmassivs. Neun Tage später hatte er fast den gesamten Ostrand des Gebirges durchwandert und alle Höhen, Bergrücken und Täler kartographisch aufgenommen. Am 18. Juli drang er in das Zouar-Tal ein, um in nordöstlicher Richtung über das Tarso-Gebirge nach Bardai, der Hauptstadt Tibestis, vorzustoßen.

Er erreichte die Stadt am 8. August. Und nun begann sein und seiner Begleiter Martyrium erst recht. Die Tibbu plünderten ihn nicht nur völlig aus, sondern behandelten ihn und seine Leute vom Tage der Ankunft an wie Gefangene. Nach vier Wochen ständiger Gefahr, als vogelfreier Fremder und verhaßter Christ erschlagen zu werden, entschloß sich Nachtigal zur Flucht. Was er selbst nicht für möglich gehalten hätte – der Hölle von Bardai je lebend zu entkommen – gelang. Am 3. September stahl er sich mit seinen Dienern unbemerkt aus der Stadt. Nur von dem Wunsche beseelt, das nackte Leben zu retten, völlig mittellos und ohne das Notwendigste an Marschgepäck, zog er erneut in die Schluchten und Höhen des Tarso-Gebirges. Nach Übersteigen des Bergrückens folgten tagelange entbehrungsreiche Eilmärsche in nordwestlicher Richtung. Dem Verdursten und Verhungern nahe, erreichten die Flüchtlinge nach mehr als zweiwöchiger Wanderung ihren Ausgangspunkt Toummo an der Bornu-Straße Mursuk-Kuka.

Am 8. Oktober wieder in Mursuk, war Nachtigal nach viermonatiger Reise in der Lage, die bislang leere Karte Tibestis mit einer erstaunlich dichten Landschaftszeichnung auszufüllen. Mit einem Schlage war er bekannt. Sein waghalsiges Abenteuer und seine tollkühne Flucht erregten weltweites Aufsehen. Aber ihm nachzueifern, auf seinen Spuren oder auf neuen Wegen Tibesti zu durchwandern, fand nach Bekanntwerden seiner Erlebnisse in Bardai bis zur Eroberung des Berglandes durch die Franzosen im Jahre 1917 niemand den Mut.

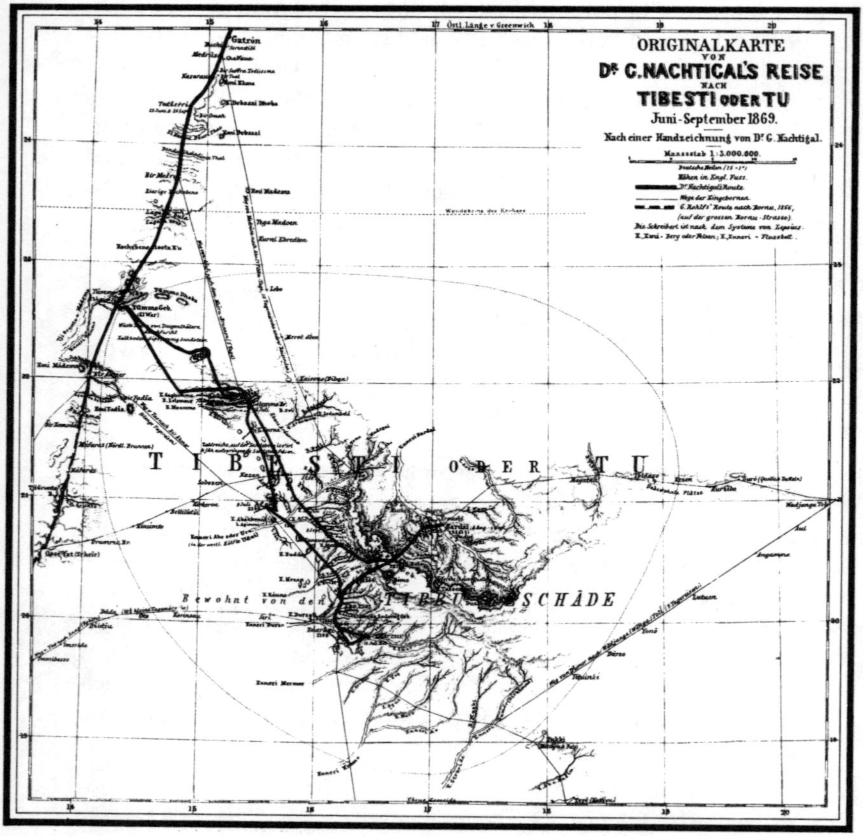

25 *Nachtigals Tibesti-Karte nach den Reiseerfahrungen von 1869*

Das nächste halbe Jahr brachte Nachtigal damit zu, sich von den Strapazen der Tibesti-Expedition zu erholen, seine Ausrüstung zu erneuern und die Weiterreise nach Bornu vorzubereiten. Am 18. April 1870 verließ er Mursuk im Gefolge einer großen, in den Sudan gehenden Handelskarawane und erreichte nach zweimonatiger Wanderung durch die Wüste im Juni Kuka, den Ort seiner Bestimmung.

Durch Boten von seiner Ankunft unterrichtet, empfing ihn Scheich Omar in seiner Residenz wie einen erwarteten Staatsgast. In einer sofort anberaumten feierlichen Audienz hatte Nachtigal Gelegenheit, dem Fürsten die Geschenke des preußischen Königs zu überreichen. Darunter befanden sich – in Berlin sehr ungeschickt mit ausgewählt – auch lebensgroße Porträts König Wilhelms, der Königin und des Kronprinzen, künstlerische Abbildungen des Menschen also, deren Herstellung oder Besitz jedem gläubigen Muselmanen streng verboten ist und deren Anblick den Sultan folglich beleidigen mußte. Aber der Scheich nahm die Geschenke, einen vergoldeten Thronsessel, Gewehre, Uhren, ein Harmonium, ein versilbertes Teeservice und auch die Porträts mit Dankbarkeit an und versicherte Nachtigal seines Schutzes und jeder möglichen Unterstützung.

Nach der Übergabe der Geschenke seines amtlichen Auftrags entledigt, begann Nachtigal von Kuka aus mit der systematischen Erforschung der Tschadseeländer. Von Mitte März 1871 bis Januar 1872 bereiste er, durch Kriege verfeindeter Negervölker immer wieder aufgehalten und monatelang nur von Datteln lebend, den Nordosten Bornus, Kanem, die Bahr el Ghasal-Senke und das von Europäern bisher nicht betretene Borku. Von Frühjahr bis Herbst 1872 zog er den Schari aufwärts durch ebenfalls noch unbekannte Gebietsteile Bagirmis.

Weitaus kühner als diese oft im Gefolge wilder Sklavenjägerhorden unternommenen Fahrten aber war seine 1873 angetretene Heimreise über Wadai, Darfur und Kordofan. Der bislang fehlgeschlagene Versuch, die geographischen und völkischen Verhältnisse zwischen dem Tschadsee und den Nilländern zu erschließen, führte über weite Strecken durch völliges Neuland. Und Wadai galt seit der Ermordung Vogels und von Beurmanns als sichere Todesfalle für Europäer. Aber Nachtigal hatte mit Tibesti und Bardai Strapazen, Entbehrungen und Leiden hinter sich, die alles vor seinen Reisen in Afrika Erlebte in den Schatten stellten. Keine auch noch so düster ausgemalte Warnung schreckte ihn von seinem Vorhaben ab. Ihn beseelte nicht nur der zum Wagnis nötige Mut; er baute auch auf sein Glück. Und das Glück blieb ihm treu. Beim Abschied von Kuka, das ihm drei Jahre lang als Stammquartier gedient hatte, gab ihm Scheich Omar nicht nur Empfehlungsbriefe an die Könige von Wadai und Darfur mit auf den Weg, sondern besorgte auch die diesen Herrschern zu übergebenden Geschenke.

In den ersten Märztagen des Jahres 1873 brach Nachtigal nach Wadai auf und wurde in dessen neuer Hauptstadt Abeschr wider alles Erwarten von Sultan Ali, dem weithin gefürchteten Fürsten dieses Landes, freundlich aufgenommen. Im Gegensatz zu seinen Vorgängern schien dieser Herrscher bestrebt, aus Wadai einen weltoffenen Staat zu machen und durch Härte des Regimes den Gesetzen überall im Lande Geltung zu verschaffen. Nachtigal war von Alis Höflichkeit, seiner Würde und Besonnenheit sehr beeindruckt. Er schildert aber auch die Grausamkeit dieses Monarchen und folgert, daß sein eigenes Überleben in Wadai wohl nur der allgemeinen Furcht vor dem Sultan zu verdanken sei, der ihn öffentlich zu seinem Schützling erklärt hatte.

26 Bardai, die Hauptstadt von Tibesti, heute

Fast ein Jahr blieb Nachtigal in Wadai. Dann reiste er weiter nach Darfur und wurde auch in der Hauptstadt dieses Landes, in El Fascher, mit großer Freundlichkeit aufgenommen. Um seine Sicherheit besorgt, untersagte man ihm zwar, frei im Lande umherzuziehen, doch sammelte er in den vier Monaten seines Aufenthaltes in der Stadt genug Nachrichten, um eine erste Vorstellung von diesem bislang unbekannten Gebiet gewinnen und vermitteln zu können. Nach Verlassen Darfurs traf Nachtigal in El Obeid, der Hauptstadt von Kordofan, mit der Armee Ismail Ayab Paschas zusammen, die sich auf einem Eroberungsfeldzug in die östlichen Sudanstaaten befand. In Ägypten wußte man zu dieser Zeit schon von seinem Kommen. Die ägyptische Regierung hatte die Regierung von Kordofan angewiesen, ihn sicher durch das Land zum Nil zu geleiten. Im September 1874 gab Nachtigal aus Khartum die erste Nachricht von seiner Ankunft am Nil. Was keinem Forscher vor ihm je gelungen war, er hatte es geschafft: den östlichen Sudan in seiner ganzen Breite vom Tschadsee bis Kordofan und zum Nil zu durchqueren! Zwei Monate später wurde ihm in Kairo ein erster ehrenvoller Empfang zuteil. Wo er nun auch hinkam, überall wurde er gefeiert. In der Heimat wählten ihn die Deutsche Afrikanische Gesellschaft und die Deutsche Gesellschaft für Erdkunde zu ihrem Präsidenten. Die Pariser Geographische Gesellschaft verlieh ihm als jetzt einem der bedeutendsten Afrikaforscher ihre große goldene Medaille. Und die deutsche Reichsregierung berief ihn 1882 zum Generalkonsul des Deutschen Reiches in Tunis.

1884 erhielt Nachtigal als Reichskommissar für Westafrika den Auftrag, alle Deutschland als Schutzmacht interessierenden Gebiete an der Westküste Afrikas wie Lüderitz-Land, Kamerun und Togo für das Deutsche Reich zu erwerben und unter deutsche Reichshoheit zu stellen. »Sucht man Nachtigals Stellung in der Geschichte der Afrikaforschung zu präzisieren«, sagte F. Ratzel in einer posthumen Würdigung des 1885 in Westafrika verstorbenen Entdeckers, »so ist sie weder bezeichnet durch die geniale Intuition und vielseitige naturwissenschaftliche Schulung eines Schweinfurth, noch durch die Ausdehnung und Mannigfaltigkeit der Reisen eines Rohlf's, sondern Nachtigal wird stets als der Nachfolger Heinrich Barths und als der Fortbildner von dessen Lebenswerk erscheinen. An der Erforschung und Darstellung der Sahara und des Zentralsudans hat Nachtigal durch Beobachtung der Natur, soweit diese ihm zugänglich, und aller kulturgeographischen Erscheinungen, durch unermüdliches Einziehen von Erkundigungen und durch fleißiges Studium der mühsam aufgetriebenen Chroniken von Kanem, Bornu, Bagirmi usw. fähig, eifrig und erfolgreich wie einst Heinrich Barth fortgearbeitet. Beiden gemeinsam ist das weite Hinübergreifen der Forschung über die Grenzen des Selbstgesehenen durch eine große Fähigkeit, Erkundigungen zu gewinnen und kritisch zu prüfen.«

Westafrikas Wegekarte wird dichter

Die aufgrund der Forschungen von Barth, Rohlfs und Nachtigal gewonnenen Kenntnisse von den geographischen und völkischen Verhältnissen in den Ländern der Sahara und des Sudans wurden in der zweiten Hälfte des 19. Jahrhunderts durch Reisen vieler anderer Forscher in so gut wie allen Teilen Nord- und Westafrikas ergänzt und erweitert. 1852 war Panet von der Senegalmündung nordostwärts durch Mauretanien und Marokko gezogen. 1861 hatte eine auf der gleichen Route beginnende Reise Bu-el-Moghdad durch Spanisch-Westafrika geführt. Von der Senegalmündung drang 1862 bis 1863 Aliun-Sal ostwärts bis Walata und Arauan vor. Zur gleichen Zeit bereisten Mage und Quentin den oberen Senegal. Und 17 Jahre später brach in Tanger der Deutsche Oskar Lenz zu jener ruhmreichen Reise auf, die ihn nach Übersteigen des Hohen Atlas und monatelanger Wanderung durch die Wüste Igidi am 1. Juli 1880 als vierten Europäer Timbuktu erreichen ließ. Stationen dieser Fahrt waren Tarudamit in Südmarokko, Um el Ascher, Tenduf, Bel Abbas, Taudeni und Arauan, Orte also, über die fünfzig Jahre vorher teils schon Caillié nach Norden gezogen war. Lenz blieb nur wenige Wochen in Timbuktu. Die Weiterreise nach Westen führte ihn über Bassikunu und Nioro nach St. Louis an der Senegalmündung, die damit zum ersten Mal vom Nigerbogen aus erreicht wurde.

In Deutschland verband sich am 28. 4. 1878 die auf Anregung des Ethnologen Adolf Bastian und der Gesellschaft für Erdkunde 1873 gegründete »Deutsche Gesellschaft zur Erforschung Äquatori-

27 Timbuktu um 1828

alafrikas« mit dem deutschen Zweig der inzwischen in Belgien entstandenen »Association internationale africaine« zur »Afrikanischen Gesellschaft in Deutschland«. Zu den vielen Forschern, die diese Gesellschaft in der Folgezeit nach Afrika entsandte, gehört der letzte bedeutende Vertreter der klassischen Phase deutscher Erkundungen im Sudan: Robert Eduard Flegel.

Als Kaufmann nach Afrika gekommen, bestieg Flegel das Kamerungebirge und widmete sich ab 1879 fast nur noch geographischer Feldforschung. Auf den Spuren Baikies, der 1854 den Benue mit einem Dampfboot bis Jola in Adamaua befahren hatte, bestimmte er die Fahrtrinne dieses Flusses, entdeckte die Benue-Quellen, besuchte Nupe, Sokoto und Adamaua und erreichte als erster Weißer Tibati und Ngaundere am Logome.

Den Kebbi, einen der nördlichen Nebenflüsse des Benue, befuhr 1890 Mac Donald. Fünf Jahre später fand Robinson einen neuen Weg vom Niger nach Kano. 1897 besuchte Vandeleur als erster Europäer die nigerianischen Städte Bidda und Ilori. Kurz darauf zog die Bischof Tugwell'sche Expedition vom Niger nach Sokoto. Und von Kano aus gelangte Wallace auf südlichen Nebenwegen zu Barths einstiger Reiseroute Kanu-Say nach Gomba am Niger und über Bussa weiter nach Westen.

In den siebziger Jahren widmeten sich Brognard de Corbigny und Girard der Kartographie des Nigerdeltas. 1895 führte Copland-Crawford die Aufnahmen in der Mündungslandschaft fort. Den Niger selbst hielt man lange Zeit streckenweise für unbeschiffbar, zumal im Bereich der Katarakte zwischen Bammako und Kulikoro. Dann befuhr 1896 Emile Hourst den Fluß von Bammako bis zur Mündung und bewies damit die Beschiffbarkeit auch der Kataraktstrecken.

Einer der bedeutendsten Forschungspioniere im Bereich der heutigen Staaten Mali, Obervolta, Ghana und Elfenbeinküste war der französische Kolonialpolitiker Louis Gaston Binger. Um Frankreichs Schutzherrschaft zwischen dem Senegal und dem oberen Niger zu erweitern, drang er 1887–89 von Bammako südwärts nach dem Lande Kong vor, zog über Wagadugu durch das Land der Mandinka, folgte dem Komue-Fluß und durchquerte den gesamten westafrikanischen Urwald bis zur Elfenbeinküste.

Das Gebiet zwischen den Flüssen Komue und Bandame erforschte 1898–99 Houdeille, die Landschaften im Norden Ghanas, Togos und Dahomes 1907–09 Desplagnes. Durch Dahome und Aschanti im heutigen Ghana und Togo zogen in der ersten Hälfte des 19. Jahrhunderts Ricket, Bowdich, Adam, Freeman, Chapman, Forbes und Norris. 1862 folgte Borghero, und 1866–68 Bonnat. 1868–70 gelangte Reade bis nach Farabana; 1873 führte der Krieg zwischen England und Aschanti auch das britische Expeditionskorps über weite Strecken durch noch unbekannte Landschaften.

In Togo war Chr. Hornberger 1862–63 als erster Europäer bis nach Atak-Pame gelangt. 1882–83 erreichte Lonsdale die togolesischen Städte Salaga und Jendi. Dann traten die Feldforscher Zöller und Baudin auf den Plan.

Für die Erweiterung der geographischen Kenntnisse über Togo waren aber vor allem die Reisen der Offiziere Kurt v. Françis und Ludwig Wolf bedeutsam. 1888 besuchte v. François das Sultanat Gambaga, drang von Bagida aus ins Mossireich vor und gelangte bis zu dessen Hauptstadt Wagadugu. 1888 gründete Wolf die Station Bismarckburg und bereiste zusammen mit Bugslag das zwischen dem Mossireich und Sokoto gelegene Land Borgu. Von Bismarckburg aus unternahmen Kling, v. Döring und Büttner zahlreiche Expeditionen in die weitere Umgebung. Wissenschaftlichen Gewinn brachte auch die zur Erwerbung neuer Schutzherrschaften 1894 entsandte Deutsche Togo-Hinterland-Expedition, an der Gruner und v. Carnap-Quernheimb teilnahmen. Von der von Herold gegründeten Station Misahöhe zog sie in nordöstlicher Richtung zum Niger, erreichte diesen bei der schon von Barth besuchten Stadt Say und kehrte über Gando und Borgu an die Küste zurück.

Inzwischen hatten Moustier und Zweifel 1879 die Nigerquellen entdeckt. Krause war 1878 durch Obervolta und den Süden von Mali gezogen. Und Kirby hatte 1884 das Hinterland von Ghana erkundet.

1890 durchquerte P. L. Monteil von Senegambien aus den westlichen Sudan, gelangte über Wagadugu nach Kano und Sokoto und zog vom Tschadsee auf der Bornustraße nach Tripolis. Den gesamten östlichen Sudan hatten zehn Jahre vorher als zweite nach Nachtigal die Italiener Matteucci und Massari durchquert. Vom Kongo aus zogen 1891 Jean Dybkowski zum Schari und 1892–93 de Maistre zum Benue und zur Nigermündung. Im äußersten Westen durchwanderte 1893 Marchand das noch unbekannte Hinterland der Elfenbeinküste bis zur Ostgrenze Liberias. Bayol und Gouldbury bereisten 1881–82 Futa Dschalon. In Liberia betrieben 1868 Anderson und 1886–87 Büttikofer grundlegende Feldforschungen. Quiquerrez und de Segonzac besuchten um die Jahrhundertwende die Westküste der Republik. A. Hübner zog 1903 durch das waldreiche liberianische Hinterland. 1906–07 folgte ihm W. Volz. Und Wallis durchstreifte 1908 als erster Europäer das Grenzgebiet zwischen Liberia und Guinea.

Im Norden des Kontinents erweiterten Flatters und Foureaus Reisen die bisherigen Kenntnisse von der südalgerischen Sahara und den Wohngebieten der nördlichen Tuareg. 1898 stand Foureau mit dem französischen Heerführer Lamy an der Spitze einer militärischen Expedition, die den Auftrag hatte, Frankreichs Erwerbungen und Hoheitsgebiete in der Sahara und den Tschadseeländern in Besitz zu nehmen. Die Truppe, der nicht weniger als 900 Lastkamele folgten, zog von Biskra über Temassinin südwärts nach Air und von Taghelel zum Tschadsee, marschierte von Kuka nordwärts nach Kanem und folgte dem Ostrand des Sees bis zum Mündungsgebiet des Schari. Der weitere Weg führte sie schariaufwärts zum Ubangi und den Ubangi und Kongo abwärts zur Kongomündung. An die 15 000 Kilometer zog diese Expedition durch teils noch völlig unbekannte Gebiete. Sie gilt mit den über 500 Ortsbestimmungen ihrer Topographen gemeinhin als das Abschlußunternehmen der grundlegenden Sahara- und Sudanerforschung. Auf die große Pionierzeit folgten Phasen emsiger kartographischer Kleinarbeit, an der – in den jeweiligen Kolonialgebieten und Missionsbereichen – Militärs, Forscher und Missionare der verschiedensten Nationen teilnahmen.

Abessinien und der Weiße Nil

Die neuere Phase der Abessinienforschung leitete der Frankfurter Naturwissenschaftler Eduard Rüppell ein. Nach einem längeren Aufenthalt in Dongola und einem Vorstoß nach El Obeid in Kordofan (1824) brach er Ende April 1832 von Massaua nach Abessinien auf, zog über den Takazzestrom und den Selkipaß nach Entschetkab, der Hauptstadt der Provinz Simen, durchquerte die Landschaft Wogera und erreichte schließlich die abessinische Haupt- und Kaiserstadt Gondar. Dort hatte er Audienzen beim Kaiser und hohen geistlichen und weltlichen Würdenträgern und reiste nach kurzem Aufenthalt in der Stadt in die westlich von Gondar gelegenen Landschaften Deraske und Kulla. Auf weiteren Fahrten gelangte er ferner an die berühmte feste Nilbrücke bei Deldei, an den Tanasee und nach Axum, der ehemaligen Hauptstadt des einst mächtigen gleichnamigen Reiches. Die Rückreise an die Küste verlief über Adowa, Halei und Arkiko.

Wieder in Kairo, ließ Rüppell von November 1832 bis zum Frühjahr 1833 die in Abessinien gesammelten Chroniken übersetzen. Für seine Forschungsleistung und nicht zuletzt für die Erstbestimmung der Meereshöhe des Tanasees verlieh ihm die Londoner Geographische Gesellschaft als erstem Ausländer ihre große goldene Medaille.

Nach Rüppell zogen Wilhelm Schimper, Karl Wilhelm Isenberg, Johann Ludwig Krapf und die Franzosen Combes und Tamisier durch Abessinien und sorgten mit ihren topographischen Aufnahmen und Vermessungen für die Erweiterung des geographischen Wissens über das »geheimnisvolle Bergland«. Charles T. Beke durchstreifte Anfang der fünfziger Jahre Schoa. W. C. Harris kam 1841 bis nach Ankober. Die Brüder Antoine und Arnould d'Abbadie schließlich gelangten während ihres fast zwölfjährigen Aufenthaltes in Abessinien als erste Forscher der neueren Zeit in die später von Cecchi, Bieber und Grühl genauer erkundeten Landschaften der Südprovinz Kaffa und bestimmten auf ihren Reisen vom Tanasee über die Quellflüsse des Blauen Nils bis hinunter nach Bonga im Norden des Rudolfsees nicht weniger als neunhundert geographische Punkte.

Von 1863 bis 1864 zog auch Th. von Heuglin durch Nordabessinien und die Landschaft um Gondar. Drei Jahre später fand der englische Feldzug Lord Napiers (1867–68) gegen Kaiser Theodor statt, an dem unter anderen Krapf und Rohlfs (als Begleiter) teilnahmen.

Bedeutsam für die Erweiterung der geo- und ethnographischen Kenntnisse über Abessinien waren aber zumal der langjährige Aufenthalt des Schweizers Werner Munzinger in den Nordprovinzen und Cecchis Reisen im gesamten Süden des Landes. In den neunziger Jahren entdeckten Graf Teleki und Ludwig von Höhnel in den südlichen Randgebieten den Rudolf- und den Stefanisee. Donaldson Smith bereiste 1894–95 und 1899–1900 den Südwesten und das noch so gut wie unbekannte Gallaland südlich des Margharitasees. 1897 zog der Franzose Darragon durch dieselbe Gegend. Und 1898 gelangte der von der Loangoküste kommende Jean-Baptiste Marchand über Addis Abeba nach Dschibuti.

An der weiteren Erforschung Abessiniens waren Marquis de Bonchamp (Oberlauf des Sobat), C. v. Erlanger (südostabessinischer

Seengraben; Gallaland), O. Neumann, v. Mylius (Kaffa), Bourg de Bozas (Wohngebiete der Arussi Galla und Turkana), A. Stecker (Tanasee) und in neuerer Zeit zumal das deutsche Frankfurter Frobenius-Institut beteiligt.

Vom unteren Niltal aus hatte dreißig Jahre nach Carsten Niebuhrs berühmter Reise nach den Nil-Katarakten W. G. Browne 1792 einen kühnen Vorstoß südwestwärts durch die Wüste nach El Fascher gewagt. Sieben Jahre später war Napoleons Armee in Ägypten gelandet und hatte zahlreiche Expeditionen im oberen Niltal veranlaßt. Mit einer Reise nach Berber und Schendi erschloß etliche Jahre später der Deutsch-Schweizer J. L. Burckhardt das noch unbekannte Gebiet Nubiens. Dann kamen Russegger und Kotschy, Lepsius und Gentz, Thibaut d'Arnaud, Sabatier, Pallme, Werne, Knoblecher, v. Beurmann, die Brüder Brehm, Frau Tinné und ihre Tochter Alexine, v. Pruyssenäre und v. Heuglin und trugen mit ihren Expeditionen und Erkundungen dazu bei, die geographischen, zoologischen, botanischen und ethnographischen Kenntnisse von den mittleren und oberen Nilgebieten zu ergänzen und zu erweitern. Besonders erfolgreich waren die Reisen Adalbert von Barnims, eines Sohnes des Prinzen Adalbert von Preußen, ferner die Expeditionen Robert Hartmanns, Ernst Marnos und W. v. Harniers, der am Blauen Nil bis nach Gondokoro vordrang.

1865–66 wanderte der Deutsch-Balte Georg Schweinfurth als erster Europäer durch die nubischen Küstenlandschaften des Roten Meeres. Die hervorragende Qualität seiner pflanzengeographischen Untersuchungen in den Gebieten zwischen Kosseir und Suakin veranlaßte 1868 die Berliner Königliche Akademie der Wissenschaften und die Alexander von Humboldt-Stiftung, ihn mit der Erforschung des Bahr el Ghasal, des großen westlichen Nebenflusses des Weißen Nils zu beauftragen.

Noch im gleichen Jahre ging Schweinfurth nach Ägypten und Nubien, schloß sich in Khartum einer in den Süden ziehenden Handelskarawane an und bereiste bis 1870 die Wohngebiete der Dinka, Schilluk, Bongo, Nuer, Niam-Niam, Mombuttu (Mangbettu) und Akka. Im Lande der Mombuttu entdeckte er am 19. März 1870 den Uelle, einen der mächtigsten Nebenflüsse des Kongo, und damit zugleich die Wasserscheide von Kongo und Nil. In Erinnerung an den ersten Anblick der »trüben, bräunlich schimmernden Flu-

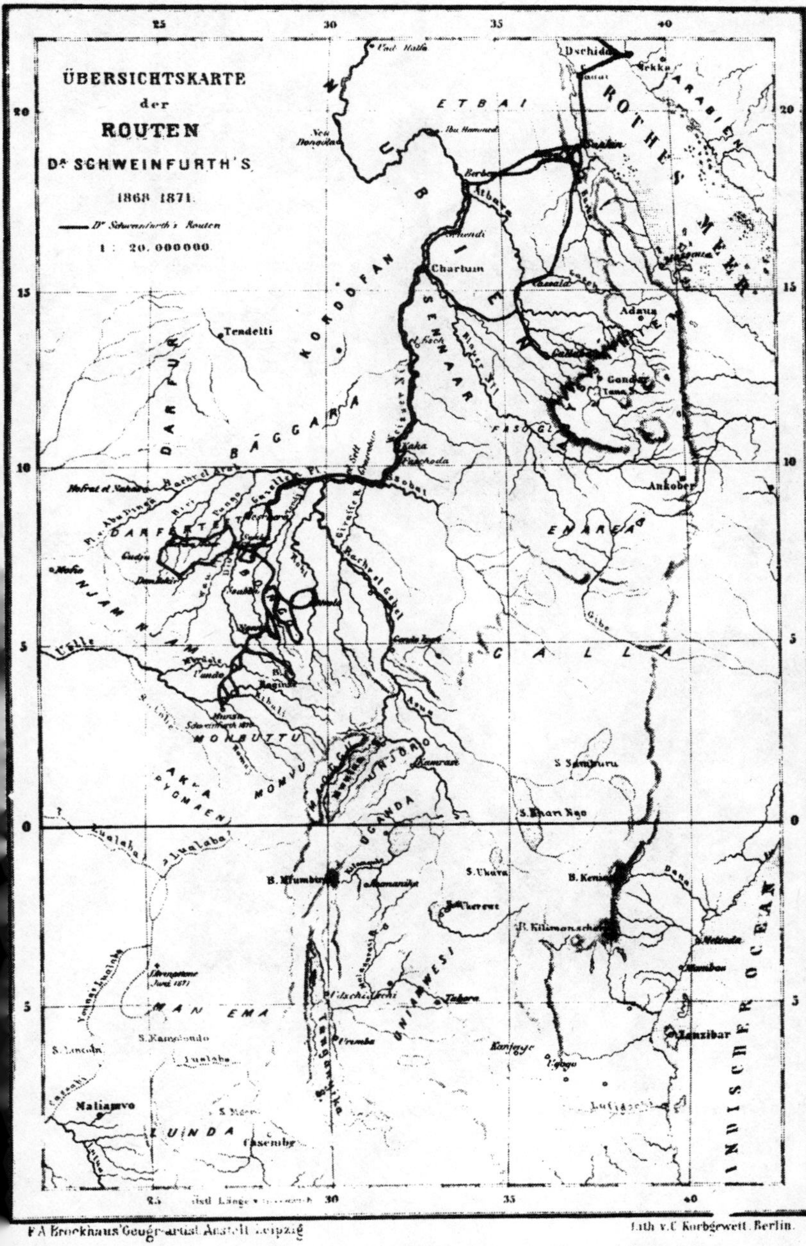

F A Brockhaus' Geogr-artist Anstalt Leipzig — Lith v. C Korbgewett Berlin

28 *G. Schweinfurths Reisen im Bahr el Ghasal-Gebiet zwischen Weißem Nil und Uelle*

29 *G. Schweinfurth auf der Reise 1868–71*

ten«, die sich zwischen hohen Uferwänden mit gewaltigem Rauschen dahinwälzten, hielt er später in seinem Tagebuch fest: »Dies war also der rätselhafte, vielbesprochene Fluß, der nach Westen strömen sollte. Und er strömte nach Westen, gehörte also nicht mehr zum Nil.«

Diese Erkenntnis war gewissermaßen der Schlüssel für die Geographie der zentralafrikanischen Länder nordöstlich des großen Kongobogens. Schweinfurth selbst glaubte zwar noch, mit dem Uelle den Oberlauf des in den Tschadsee mündenden Schari entdeckt zu haben. Erst spätere Forschungen ergaben, daß er den mächtigen Nebenfluß des in den Kongo strömenden Ubangi gefunden hatte. Aber das änderte nichts an der Tatsache, daß die Entdeckung des nach Westen ziehenden Flusses die Topographie der zentralafrikanischen Wasserscheide ermöglichte.

Fast ebenso bedeutsam wie die Auffindung des Uelle erschien Schweinfurth die Entdeckung des Volkes der Mombuttu, dessen Kultur und staatliche Verhältnisse er in seinem 1874 veröffentlichten Reisewerk »Im Herzen von Afrika« ausführlich behandelt. Wissenschaftlich wertvoll war auch sein Besuch bei den den Mombuttu benachbarten Akka. Mit der Beschreibung dieses afrikanischen Zwergvolkes bestätigte er die jahrtausendelang bestrittene Existenz der schon von Herodot erwähnten afrikanischen Pygmäen und erhob damit den Kleinwuchs als Rassemerkmal zum ethnographischen Faktum.

Den ersten Pygmäen sah Schweinfurth am Hofe des Mombuttu-Königs Munsa. Die »Verkörperung der tausendjährigen Mythe« zu zeichnen und auszufragen war »leichter gedacht als getan«. Den Pygmäen schon nur zum Sitzen zu bringen, erzählt der Forscher, »war allein dem Erfolge zu danken, den die mit großer Eilfertigkeit ausgekramten Geschenke erzwangen. Was im Laufe von zwei Stunden geschehen konnte, geschah: der Pygmäe wurde gemessen (die Körpergröße reiner Pygmäen schwankt zwischen 1,24 und 1,40 Metern), porträtiert, gefüttert, beschenkt und bis zur Erschöpfung ausgefragt. Aus seinem eigenen Munde erfuhr ich, daß der Name seines Volkes Akka sei.«

Vor der Rückreise nach Khartum verlor Schweinfurth bei einem Brande seine gesamten Tagebücher und den größten Teil seiner Sammlungen. Im Juli 1872 wieder in Berlin, mußte er deshalb ver-

30 Der erste von Schweinfurth interviewte und gezeichnete Pygmäe

suchen, die jahrelange Expedition aus der Erinnerung zu rekonstruieren. Das schwierige Vorhaben gelang bis in die Details. Sein Werk wuchs auf zwei Bände an, erschien 1874 und wurde im Handumdrehen zum Favoriten der geo- und ethnographischen Literatur.

1874 folgte Schweinfurth einem Ruf des Vizekönigs von Ägypten nach Kairo, von wo aus er nach der Gründung einer geographischen Gesellschaft bis 1888 noch zahlreiche Reisen in die ägyptische Wüste, ins Niltal, nach Abessinien und nach der Insel Sokotra östlich des Kaps Guardafui unternahm.

Von Nutzen für die Geographie der zentralafrikanischen Wasserscheide und des Bahr el Ghasal-Gebietes waren auch die Feldzüge des Khediven Ismail Pascha im östlichen Sudan. Der Khedive eroberte Darfur und ließ das Land zwischen Kordofan und Wadai von seinen Offizieren und Beamten Gordon, Dr. Pfund, Prout und Colston vermessen und kartographisch aufnehmen. Andere in ägyptischen Diensten stehende Forscher wie Gessi und Mason befaßten sich mit den Randgebieten des Mwutan und, wie Dr. Schnitzer (Emin Pascha), mit den westlich vom oberen Nil gelegenen Ländern der Schuli-, Latuka- und Mahdistämme. Bohndorff, Lupton, Casati und Buchta vervollständigten die Aufnahmen in den ägyptischen Südprovinzen, bis schließlich der Aufstand des Mahdi sie und Emin Pascha zwang, ihre Arbeiten einzustellen.

Nach Reisen am unteren Nil hatte auch der Deutsche Wilhelm Junker den Entschluß gefaßt, die Länder am Weißen Nil kennenzulernen. Er zog zu diesem Zweck über Faschoda nach Lado, dem Wohngebiet des Hirtenvolkes der Bari, und westwärts weiter in das Land der Makaraka und zum Tondji. Als geduldeter Begleiter eines Feldzugs der Makaraka gelangte er 1877 in Gegenden, die vor ihm schon Schweinfurth besucht hatte, und machte dabei die Bekanntschaft der Dinka, Mittu und Bonga. Auf dem weiteren Vormarsch erreichte er Wau und den Rohl, ging im März 1878 über Lado nach Khartum zurück und brach, kaum ein Jahr später, von Europa aus zu einer neuen Expedition auf, die ihn und Friedrich Bohndorff 1880 zu den Niam-Niam und den Mangbettu (Mombuttu) führte. Unweit der Residenz des ihm freundlich gesonnenen Niam-Niam-Fürsten Ndoruma errichtete er eine feste Station, gab ihr den Namen Seriba Lacrima und machte sie zum Standquartier und Ausgangslager für seine weiteren Unternehmungen.

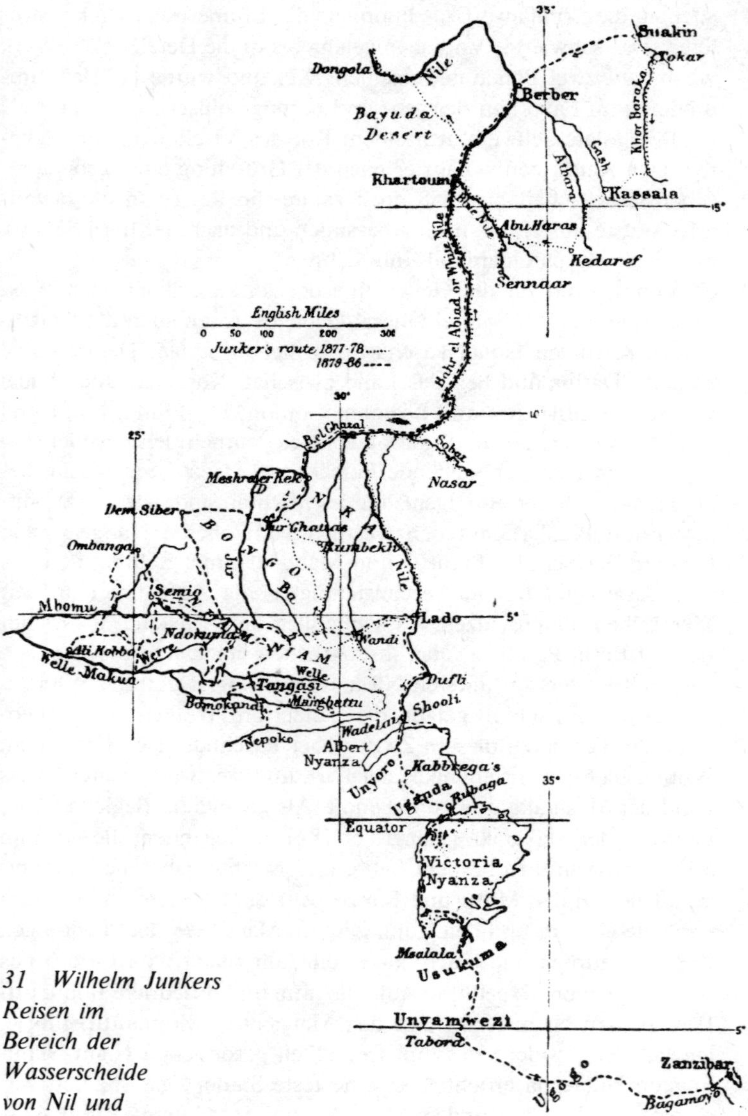

31 Wilhelm Junkers Reisen im Bereich der Wasserscheide von Nil und Kongo

Von Lacrima zog er an den Uelle zu den Mombuttu, besuchte König Mambanga, dessen verstorbenen Oheim Munsa Schweinfurth noch kennengelernt hatte, durchstreifte die Gebiete südlich des Uelle und gelangte im Frühjahr 1882 in die Quellzonen des Uelle und des Aruwimi. Auf dieser Reise in den Süden, die bis zum Nepoko, einem rechten Nebenfluß des Aruwimi führte, lernte er auch das von Schweinfurth entdeckte Zwergvolk der Akka kennen.

Auf der Rückreise überschritt Junker mehrmals den Mbomu, gelangte schließlich wieder nach Lacrima und ging von dort nach Lado am Bahr el Gebel. Vier Jahre waren vergangen, eine lange Zeit, in der er auf verwegenen Fahrten durch die Kannibalenländer nordöstlich des großen Kongobeckens zu einem der bedeutendsten Entdecker geworden war. In Lado am Weißen Nil sah er seinen alten Freund Emin Pascha wieder, den die ägyptische Regierung 1877 zum Oberarzt und 1878 zum Gouverneur der Äquatorialprovinz ernannt hatte. Noch während er als Gast Emins in Lado auf den nächsten Dampfer wartete, um an den unteren Nil und in die Heimat zurückzukehren, brach der Aufstand des Mahdi aus. Das Heer des falschen Propheten eroberte Khartum, beseitigte die ägyptische Herrschaft im Sudan und schnitt Emins Äquatorialprovinz von Unterägypten ab. Da dadurch jeglicher Verkehr in den Norden unmöglich wurde, blieb Junker das nächste Jahr über bei Emin Pascha und wich schließlich vor der auch auf die Äquatorialprovinz anrükkenden mahdistischen Streitmacht südwärts nach Wadelai aus. Dort entschied er sich, als Nahziel für den weiteren Rückweg den Albertsee anzuvisieren und südostwärts über den Viktoriasee zum Indischen Ozean zu ziehen. Er gelangte auch glücklich zum Albertsee, durchwanderte ganz Uganda, überquerte in einer fast einen Monat dauernden Fahrt den Viktoriasee und zog süd- und südostwärts weiter über Tabora und Mpapua nach der Hafenstadt Bagamojo unweit Sansibar. Endlich – am 29. November 1886 – stand er wieder am Meer. Während des langen Marsches vom Albertsee zum Indischen Ozean war er durch Länder gekommen, die vor ihm nur Speke, Burton, Cameron, Gessi und Stanley bereist hatten.

Junker gilt heute als einer der bedeutendsten Afrikaforscher aller Zeiten. Als er 1892 starb, hinterließ er ein dreibändiges Reisewerk, in dem er seine Expeditionen, Erlebnisse und Forschungen auf das sorgfältigste dokumentiert hat. Schweinfurth sah Junkers Hauptverdienst in der kartographischen Aufnahme der Wasserscheide von Nil und Kongo über eine Gesamtstrecke von 1200 Kilometern und in der endlichen Feststellung der Zugehörigkeit des großen Flußsystems des Uelle zum Kongo.

Der Marsch durch den Urwald

Statt sich vor dem Derwischheer mit Junker in den tieferen Südosten zurückzuziehen, war Emin Pascha als pflichtbewußter Beamter des Khediven in seiner Äquatorialprovinz geblieben und hatte die ägyptische Fahne noch jahrelang mutig gegen mahdistische Angreiferhorden verteidigt. Der Feind hatte ihn und den zu ihm geflüchteten italienischen Forschungsreisenden Casati aber schließlich völlig eingekreist. In Europa war Emins verzweifelte Lage längst bekannt geworden. Alle Welt sorgte sich um ihn. Man beschloß, ihm eine Hilfsexpedition zu schicken und betraute mit der Führung dieser Truppe den afrikabewanderten amerikanischen Journalisten Henry M. Stanley. Dieser hatte vierzehn Jahre vorher im Auftrag des amerikanischen Zeitungskönigs Gordon Bennett den damals irgendwo Rovumo-aufwärts verschollenen britischen Entdecker David Livingstone gesucht und nach abenteuerlichen Gewaltmärschen durch das ostafrikanische Seengebiet auch tatsächlich am 28. 10 1871 in Udjidji am Ostufer des Tanganjikasees gefunden. Da Livingstones Schicksal in aller Munde gewesen war, hatte sich die gesamte Weltpresse dieses Ereignisses bemächtigt. Stanley war mit einem Schlage berühmt gewesen. Sein ans Geniale grenzender Spürsinn, seine Ausdauer, sein Mut und sein Glück hatten ihn in Europa und Amerika über Nacht zum Idol der Jugend gemacht. Nach der Rückkehr von der auch für die Wissenschaft äußerst nützlichen Reise hatte ihm, der viel früher schon einmal als Kriegsberichterstatter in Äthiopien gewesen war, Afrika keine Ruhe mehr gelassen. Erneut war er – wieder im Auftrage großer amerikanischer und diesmal auch englischer Zeitungen – in den dunklen Erdteil gereist und im November 1874 von Bagamojo an der Ostküste ins Innere aufgebrochen. Die forschungsgeschichtlich berühmte Expedition mit dem Zweck, die Geographie des gesamten ostafrikanischen

32 Emin Pascha (Dr. Eduard Schnitzer), 1840–1892, Gouverneur der ägyptischen Äquatorialprovinz

Seengebietes zu erkunden, hatte zunächst über den Viktoriasee und durch Uganda, das Reich König Mtesas, geführt. Dabei war Stanley zum Entdecker des Kageraflusses und des großen Albert-Edward-Sees geworden. Nach Umschiffung des Tanganjikasees hatte er sich entschlossen, westwärts durch den Kontinent zum Atlantischen Ozean vorzudringen. Und nun hatten, streckenweise in Gesellschaft des berüchtigten Sklavenhändlers Tippu-Tip und dessen Armee, schier endlose mörderische Märsche durch gefährliche Kannibalenländer und finsterste Urwälder begonnen, Märsche, auf denen er insgesamt über 11 500 Kilometer zurückgelegt hatte. Den ganzen Kongo hatte er befahren, die Kongo-Fälle entdeckt und in oft größter Lebensgefahr alle Kataraktstrecken des gewaltigen Flusses bewältigt, eine Leistung, die ans Übermenschliche grenzte und ihm neben Barth, Rohlfs, Nachtigal und Junker einen festen Platz in der ersten Reihe der Afrikaforscher gesichert hatte.

Das große Kongo-Abenteuer lag inzwischen acht Jahre zurück. 1877 hatte Stanley St. Paul de Luanda erreicht. Wenig später war er von König Leopold II. zu einer eingehenden Unterredung über seine Entdeckungen und die Möglichkeiten Europas am Kongo nach Brüssel gebeten worden. 1878 hatte der Belgierkönig den Ausschuß für das Studium des Kongo, den Vorläufer der Internationalen Kongo-Gesellschaft ins Leben gerufen. Und 1882 war Stanley im Auftrage der Brüsseler Gesellschaft, erneut am Kongo, diesmal hauptsächlich im Gebiet des Leopold II.-Sees und des Kassai gewesen.

Die Expedition zur Errettung Emin Paschas stellte Stanley mit Hilfe seines alten Reisegefährten Tippu-Tip in Sansibar zusammen: Neun Europäer und über tausend eingeborene Träger und Krieger. Der Vizekönig von Ägypten hatte ihm bei einer Besprechung über das Unternehmen in Kairo geraten, Emin Pascha in der Hauptstadt der Äquatorialprovinz, Wadelai, am Weißen Nil zu suchen. Von Bagamojo war Stanley schon 1871 nordostwärts zum Viktoriasee gezogen und an dessen Nordufer in die Nähe des Weißen Nils gelangt. Merkwürdigerweise ging er diesmal anders vor. Die gesamte angeheuerte Streitmacht wurde per Schiff auf dem Wege um das Kap an die Westküste Afrikas befördert. Und dort zog man auf vier Dampfern und mehreren Booten kongo- und aruwimiaufwärts, bis jener berühmt-berüchtigte Urwaldmarsch begann, der 160 Tage dauern und nach allen Mühen und überstandenen Gefahren am

33 Stanley an der Spitze der Emin Pascha-Hilfsexpedition beim verlassen des zentralafrikanischen Urwalds

29. 4. 1888 zum Ziele führen sollte: Zur Auffindung Emin Paschas in Kawalli am Albert-Njansa-See.

»Bei einer Temperatur von 24 Grad Reaumur im Schatten«, berichtet Stanley über die Mühen des Vordringens am oberen Aruwimi, »marschierten wir auf einem Pfade, der nur sehr wenig benutzt worden war und sich unter dunklem, dichtem Gebüsch hinwand. Wir kamen nur langsam vorwärts, da die Bewegung alle paar Minuten durch das Dickicht unterbrochen wurde. Die von 50 Mann gehandhabten Haumesser und Äxte waren in beständiger Tätigkeit, die Schlinggewächse wurden unbarmherzig zerhauen, und hin und wieder waren etwa 100 Meter lange Strecken des Weges ebensogut passierbar, wie andere ungefähr gleichlange Strecken allerlei Schwierigkeiten boten ...

Am nächsten Tage verließen wir den Pfad und arbeiteten uns nach dem Kompaß durch den ungeheuren hohen Wald und das dschungelartige Unterholz ... Um vier Uhr nachmittags passierten wir eine Wildnis von Rinnsalen und tiefen, mit Schaum und grünen Wasserlinsen bedeckten Kotlachen, in denen man bis an die Knie einsank und wo ein höchst ekelhafter Gestank herrschte, den der mit verwesenden Stoffen gefüllte Sumpf aushauchte. Wir waren eben aus diesem verderblichen Moorlande herausgekommen, als der Wald sich plötzlich derart verdunkelte, daß ich kaum den Kompaß ablesen konnte, und ein entferntes Geräusch, welches rasch zum lauten Pfeifen sich verstärkte, sowie das Bewegen und Knirschen der Äste und das Ächzen der mächtigen Bäume uns vor dem herannahenden Gewittersturm warnte. Da das Terrain rundherum sehr wenig einladend war, mußten wir durch die zunehmende Dunkelheit rascher vorwärts dringen. Als der Regen zu fallen begann, fingen wir mit dem Bau des Lagers an. Die Zelte wurden schleunigst über dem niedrigen Buschwerk aufgeschlagen, die Haumesser krachten und die Äxte klangen, um einen Raum für das Lager zu lichten. Der Regen war kalt und fiel in schweren Tropfen, die so groß wie Talerstücke auf die in Baumwollstoffe gekleideten Männer fielen und sie erschauern ließen. Über uns rollte der Donner, und der Blitz warf grellen Feuerschein durch die Dunkelheit, in der bis um neun die müde, hungrige Karawane ins Lager schwankte. Der Regen war so heftig, daß wir die Feuer nicht anzünden konnten, und noch um drei Uhr morgens saßen wir zusammengekauert und

34 Stanley trifft Emin Pascha in Kawalli am 29. April 1888

uns aneinanderdrückend inmitten der kalten, feuchten, dampfenden Ausdünstungen und des feinen Sprühregens . . .«

In Kawalli mußte Stanley alle Überredungskünste aufbieten, um Emin Pascha, der dort eigentlich auf seinem Posten verbleiben wollte, zum Verlassen des Sudans und zum gemeinsamen Rückweg an die Ostküste zu bewegen. Der Vizekönig in Kairo hatte entschieden, daß Emin entweder mit Stanley nach Ägypten durchbrechen solle – der Aufstand des Mahdi dauerte noch an und sollte erst 1897 zum Erliegen kommen – oder auf eigene Verantwortung, dann aber ohne weitere Hilfe Ägyptens, am Weißen Nil verbleiben möge. Nach längerem Hin und Her brachen Emin und Stanley nach dem Indischen Ozean auf, wo sie am 4. Dezember 1889 in Bagamojo anlangten. Dort trennten sie sich. Stanley schiffte sich nach Europa ein und wurde bei seiner Ankunft in England von seinen britischen Auftraggebern und der gesamten Presse als einer der kühnsten Helden der weißen Rasse gefeiert. Er entschloß sich, in England zu bleiben, erwarb die britische Staatsbürgerschaft, wurde geadelt und sogar Mitglied des Parlaments und starb 1904 als einer der berühmtesten und meist geehrten Leute seiner Zeit.

Emin Pascha, der in Bagamojo geblieben war, trat wenig später in die Dienste der deutsch-ostafrikanischen Kolonialverwaltung. Bagamojo und das weiter südlich gelegene Daressalam gehörten zum deutschen Interessengebiet Tanganjika (heute Tansania), das seit dem 27. Februar 1885 – von dann datierte der Berliner kaiserliche Schutzbrief an die Deutsch-ostafrikanische Gesellschaft – unter deutscher Reichshoheit stand. Als Reichskommissar für das Schutzgebiet fungierte und residierte in Daressalam Major Hermann

35 Abschied in Bagamojo

von Wissmann. Und dieser plante eine militärische Expedition ins Hinterland seines riesigen Amtsbereichs, um noch unbekannte Gegenden zu erschließen und der deutschen Fahne im gesamten Schutzbereich Geltung zu verschaffen. Er trug Emin Pascha die Leitung dieser Expedition an. Und Eduard Schnitzer griff zu. Am 26. April 1890 brach er mit Franz Stuhlmann, Wilhelm Langheld und einer fast tausendköpfigen Truppe von Bagamojo nach Tabora auf, marschierte von dort zum Viktoriasee, gründete an dessen Westufer die Station Bukoba, durchzog daraufhin das gesamte Gebiet zwischen dem Viktoria-, dem Albert-Eduard- und dem Eduardsee und schickte, schließlich völlig erschöpft und fast erblindet, Franz Stuhlmann mit der von Hunger entkräfteten und durch eine Pockenepidemie dezimierten Expedition an die Küste zurück. Fast zwei Jahre waren sie inzwischen unterwegs. Vergebens versuchte Stuhlmann, den schwerkranken Expeditionsleiter zu bewegen, mit zurückzugehen. Doch Emin blieb am Albertsee und zog nach leidlicher Erholung aus unbekannt gebliebenen Gründen schließlich südwestwärts nach dem Kongo weiter, wo er in schwere Kämpfe zwischen Belgiern und Arabern geriet und, ohne selbst beteiligt zu sein, am 23. Oktober 1892 von letzteren auf die grausamste Weise ermordet wurde.

Mit dem Zusammenbruch der Mahdiherrschaft fand die Blockade des oberen Nilgebiets 1897 ein Ende. Faschoda, Lado und Wadelai wurden nun wieder von allen Seiten her zugänglich. Der erste, der die neue Situation nutzte, war der Franzose Marchand. 1898 schlug er sich vom Kongo nach Faschoda durch und erkundete die noch unbekannten rechtsseitigen Zuflüsse des Weißen Nils, den Sobat und den Baro. Zwei Jahre später zogen Austin und Bright sobataufwärts und drangen auf diesem Wege bis zum Rudolfsee vor.

Schon lange hatte man den oberen Nil auch von Ostafrika zu erreichen versucht, sei es, um die seit altersher gesuchten Nilquellen zu finden, sei es, um – wie Stanley – Livingstone und Emin Pascha zur Hilfe zu kommen.

Das Rätsel der Nilquellen

Den Anstoß zur Beschäftigung mit dem Nilquellen- und Nil-Seen-Problem gaben um die Mitte des 19. Jahrhunderts die deutschen

Missionare Erhardt, Krapf und Rebmann. 1846 hatten sie bei Mombasa die Missionsstation Rabbai gegründet. 1848 zog Rebmann ins Landesinnere zu den Dschagga und entdeckte den Kilimandscharo. Ein Jahr später erblickte Krapf als erster Europäer den Kenia. Auf ihren Missionsreisen erhielten beide auch Kunde über einen tiefer landeinwärts befindlichen riesigen Binnensee. Die Eingeborenen nannten diesen See Ukerewe oder Njansa. Bald hörte man von einem weiteren See im äquatorialen Ostafrika, dem Tanganjika. Und an die Küste kommende Handelsleute berichteten zusätzlich von einem dritten. Erhardt stellte diese und viele andere Nachrichten über das Hinterland der Suaheliküste in einem Artikel und einer Karte zusammen und veröffentlichte beides 1855 in der Zeitschrift der Londoner Church Mission Society. 1856 brachten auch die »Proceedings« der Londoner Geographischen Gesellschaft den Aufsatz. Und hier lasen ihn John Speke und Richard Burton, die späteren Entdecker des Tanganjikasees. Beide fingen Feuer und be-

36 Lager der Emin Pascha-Expedition in Bagamojo

37 *J. H. Spekes Reisen, 1857–1862*

38 J. H. Speke

schlossen, den Dingen auf den Grund zu gehen. Der Artikel in den »Proceedings« gab nur wieder, was die deutschen Missionare an der Sansibarküste über das fernere Landesinnere in Erfahrung gebracht hatten. Die Missionare hatten selbst keine Möglichkeit gehabt, die ihnen gemachten Angaben und die wiedergegebenen Gerüchte zu prüfen.

1857 langten Speke und Burton an der ostafrikanischen Sansibarküste an und drangen von Bagamojo über Tabora, die große Handelsstadt im Süden Unjamwesis, als erste Europäer bis an das Ostufer des Tanganjikasees vor. Wenig später zog Speke allein von

39 J. Grant

Tabora nordwärts durch Unjamwesi und entdeckte den Viktoriasee oder Ukerewe. Aus Berichten von Einheimischen, daß der See im Norden einen breiten, nordwärts strömenden Abfluß habe, glaubte er schließen zu dürfen, er stehe am Quellsee des Weißen Nils. Aber Burton hielt statt des Ukerewe den Tanganjika für den Quellsee des Nils und widersprach Speke später derart leidenschaftlich in der Öffentlichkeit, daß dieser sich 1860 entschloß, im Rahmen einer neuen Reise die Richtigkeit seiner eigenen Annahme und Behauptung nachzuprüfen. Wieder begab er sich, diesmal in Begleitung des Schotten James Grant, an die ostafrikanische Küste, zog noch einmal von Bagamojo über Tabora an den Viktoriasee, fand an dessen Nordufer den ihm beschriebenen nordwärts strömenden Abfluß und folgte diesem, bis er an einen Ort kam, der als südlichster bekannter Punkt des Weißen Nils ein Begriff war: Gondokoro. Also hatte er recht gehabt. Der Abfluß aus dem Viktoriasee und der Weiße Nil waren identisch. Der Quellsee des Nils war folglich der Viktoriasee! Aber mit dieser Feststellung war das Rätsel der Nilquellen erst zu einem Drittel gelöst. In Gondokoro trafen Speke und Grant mit Sam White Baker zusammen, der den Blauen Nil und Abessinien bereist hatte. Wie schon sie selbst, hatte auch Baker von noch einem zweiten Nilsee gehört. Und Baker sollte es auch vorbehalten bleiben, diesen zweiten Quellsee des Nils zu entdecken. Es gelang ihm 1864, ein Jahr nach Spekes und Grants Ankunft in Gondokoro. Er fand ihn weiter östlich – die Araber nannten diesen See Mwutan – und gab ihm den Namen Prinz Albert-See. Aber den Abfluß des Nils aus dem Albert-See suchte er vergebens. Den Abfluß entdeckte erst 1876 Romolo Gessi. Und als dritten Quellsee des Weißen Nils identifizierten 1889 Stanley und Emin Pascha den Albert-Eduard-See. Damit war das Rätsel der Nilquellen im wesentlichen gelöst. Der Albert-See ist zwar kein eigentlicher Quellsee des Nils, sondern nur ein Durchlaufbecken. Der Eduard- und der Viktoria-See sind hingegen die eindeutigen Quellseen der beiden Hauptströme des Weißen Nils, des Bergnils (Bahr el Dschebel) und des Semliki-Nils, während der Blaue Nil dem in Äthiopien gelegenen Tana-See entspringt.

Den südlichsten der großen ostafrikanischen Seen, den Nyassasee, hatte 1859 David Livingstone entdeckt. Im Dezember 1840 war der junge schottische Arzt als Missionar nach Südafrika gekommen und hatte sich neben seinen missionarischen Aufgaben gleich von Anfang an wie besessen mit afrikanischer Erd- und Völkerkunde beschäftigt. 1848 trat er in Kapstadt seine erste größere EntdeKkungsreise ins Landesinnere an. Sie führte in nordöstlicher Richtung durch das Kapland und über den Oranje nach Griquatown und Schoschong. Von dort aus nordwestwärts weiterziehend, fand Livingstone 1849 als erster Europäer den Ngamisee. 1851 begann er mit der Erforschung des oberen Sambesi, drang 1853 über das Sambesi-Quellgebiet zum Kassai vor und erreichte am 31. 1. 1854 Luanda an der Angolaküste. Damit hatte er bereits einen Marsch hinter sich, der etwa 6 Durchquerungen Deutschlands von München nach Hamburg entspricht. Die fast übermenschliche Anstrengung und die während der langen Wanderungen erlittenen Entbehrungen machten sich in Form von ersten Schwächeanfällen bemerkbar, doch Livingstone überwand sie, oder besser gesagt, kämpfte sie nieder. Was diesen Mann, den die Nachwelt mit Recht einen der kühnsten und bedeutendsten Pioniere der Erforschung Afrikas nennt, sein Leben lang auszeichnete, waren Mut, Tatkraft, Ausdauer und immer neuer, nie erlöschender Wissensdurst. In Luanda gönnte er sich kaum Ruhe. Hier faßte er den Plan, quer durch den gesamten Kontinent zur Ostküste zu marschieren. In den Jahren 1854–56 führte er dieses Vorhaben aus, entdeckte dabei im November 1855 die Victoriafälle des Sambesi und erreichte, dem Sambesi folgend, die Ostküste Afrikas im Mai 1856 bei Quelimane. Mit eiserner Energie hatte er sich, oft in verzweifelten Situationen, seinen Weg durch den Kontinent gebahnt; das Glück war ihm stets treu geblieben. Dank seiner unbeugsamen Entschlossenheit und einer besonderen diplomatischen Fähigkeit, mit auch feindlich gesonnenen Häuptlingen und Eingeborenen letzten Endes doch freundschaftlich zu Rande oder auseinander zu kommen, war er immer wieder Herr der Lage geblieben.

Nach der gelungenen West-Ost-Durchquerung kehrte Livingstone zunächst nach England zurück und berichtete in London ausführlich über seine Reise. Längst war man auf ihn aufmerksam geworden; längst sah man in ihm einen Experten, dessen Furchtlosigkeit und Unternehmungsgeist dem Weltmachtstreben der Nation nur dienlich sein konnten. Was Livingstone über die durchzogenen Gebiete zu berichten wußte, klang verlockend. Die britische Regierung beschloß, die Sambesiländer zu erwerben, und bat ihn, den Fluß – diesmal als ihr offizieller Sendbote – ein zweites Mal aufzusuchen und seine Landschaften noch sorgfältiger als beim ersten Mal zu erforschen. Dabei sollte er besonders dem Phänomen des Sklavenhandels nachgehen; denn man hoffte zuversichtlich, mit der Bekämpfung zumal dieses Unwesens die Vorherrschaft der Araber und Portugiesen in diesem Gebiet wirksam brechen zu können.

Livingstone nahm den Auftrag an, kehrte unter Mitnahme seines Bruders und eines Dampfbootes nach Ostafrika zurück und fuhr zum tödlichen Erschrecken aller am Ufer des Flusses lebenden

40 David Livingstone

Eingeborenen, die noch nie ein Dampfboot gesehen hatten, mit diesem Boot 1858 sambesiaufwärts bis zu den Quebrabasafällen. Am 18. April 1859 entdeckte er den Schirwasee und am 16. September desselben Jahres den Nyassa. 1860 begann er mit der Erforschung des Rovumoflusses und der südlichen und westlichen Randgebiete des Nyassasees und kehrte 1864 erneut nach England zurück, diesmal als der von jung und alt gefeierte und bejubelte Held der Nation.

In England las Livingstone die Berichte über die Entdeckungen Spekes und Grants im Gebiet der Nilquellen. Die offen ausgetragene Kontroverse, ob der Viktoria oder der Tanganjika der eigentliche Quellsee des Nils sei, begann ihn zu interessieren. Speke war nach der Rückkehr aus Afrika bei einem Jagdunfall ums Leben gekommen. Und Burton vertrat noch immer mit Nachdruck die These, nicht der Viktoria, sondern der durch einen Nordabfluß mit dem Albertsee verbundene Tanganjika sei der eigentliche Quellsee des Nils. Livingstone war versucht, Burton Glauben zu schenken, faßte aber plötzlich den Plan, das wahrscheinlich gemeinsame Quellgebiet von Nil, Sambesi und Kongo und dessen Verbindung mit einem – wie er annahm – gewaltigen Binnengewässer selbst zu erforschen. 1866 finden wir ihn wieder an der Sansibarküste. Diesmal ging er rovumoaufwärts zunächst an das Südufer des Nyassasees, überschritt den Tschambesi und drang in nordwestlicher Richtung zum Tanganjika- und Mwerusee vor. Am 18. 7. 1868 entdeckte er den Bangweolosee und erreichte im März 1869 Udjidji (Udschidschi) am Tanganjika. Zwei Jahre später fand er im Westen des Tanganjikasees den Lualaba. Längst hatten ihn seine Träger verlassen. Hunger, Durst, die Strapazen schier endloser Wanderungen, die Gefahren der Wälder und viele Angriffe feindseliger Eingeborener hatten seine Kräfte fast völlig aufgezehrt. In Europa war man schon lange ohne Nachricht von ihm. Erst hielt man ihn für verschollen, dann für tot. Als schließlich Gerüchte aufkamen, er lebe noch, liege aber auf den Tod erkrankt hilflos irgendwo im finstersten Afrika, wurde die Angst um sein Schicksal zum Tagesgespräch. Ohne Zögern rüstete man Hilfs- und Suchexpeditionen aus, um ihn zu retten. Die erste unter Young scheiterte. Aber dann gelang es Stanley, Livingstone zu finden – am 28. Oktober 1871 in Udjidji am Tanganjikasee. Gemeinsam gingen die beiden Forscher an das Nordufer des Tanganjika. Fast viereinhalb Monate, bis zum 14. 3. 1872, blieben sie beisammen. Dann zog Stanley allein weiter nach der Ostküste. Fünf Monate später brach Livingstone zum Bangweolosee auf und starb dort am 1. 5. 1873 in Tschitambo.

So hat auch Livingstone gegen Ende seines Lebens noch das Rätsel der Nilquellen zu lösen versucht und ist wahrscheinlich in der irrigen Annahme gestorben, der obere Kongo sei der aus dem Tanganjikasee abfließende Nil.

Stanley stellte später fest, daß der Tanganjikasee im Norden statt eines Abflusses nur einen Zulauf besitzt. Damit war die Burton'sche These, daß der Tanganjika der Quellsee des Nils sei, ein für alle Mal entkräftet.

Als V. L. Cameron 1873 von Bagamojo über Tabora nach dem Tanganjikasee reiste, um dem in Europa erneut für verschollen gehaltenen Livingstone zur Hilfe zu kommen, begegnete er in Unjanjembe einem Trauerzug. Es waren Livingstones Diener, die den einbalsamierten Leichnam ihres Herrn zur Küste transportierten.

Cameron führte ein Jahr später die erste Ost-West-Durchquerung Äquatorialafrikas aus. Nach Befahren des südlichen Tanganjika entdeckte er dessen mit dem Kongo verbundenen Abfluß Lukuga, zog daraufhin weiter nach Westen, durchquerte von Njangwe aus die Quellgebiete der südlichen Kongozuflüsse via Kotende und erreichte nach fast dreijähriger Wanderung quer durch den Kontinent am 7. 11. 1875 Benguela an der angolanischen Küste.

Die Bezwingung des Kilimandscharo

Ein Jahr nachdem Livingstone 1859 den Nyassasee entdeckt hatte, war von der Ostküste aus auch der erst 24 Jahre alte Albrecht Roscher über Mesule zum Ostufer des Sees vorgedrungen und dort einem Mordanschlag zum Opfer gefallen. Im selben Jahre hatte Heinrich Barth dem an einer Forschungsreise in Afrika interessierten Klaus von der Decken geraten, nach Sansibar zu fahren und sich dort Roscher anzuschließen; die Nachricht von Roschers Tod war zu jener Zeit noch nicht bis nach Deutschland gedrungen. Erst in Sansibar erfuhr von der Decken, daß Roscher am Nyassasee umgekommen sei. Obgleich dieses beklagenswerte Ereignis seine und

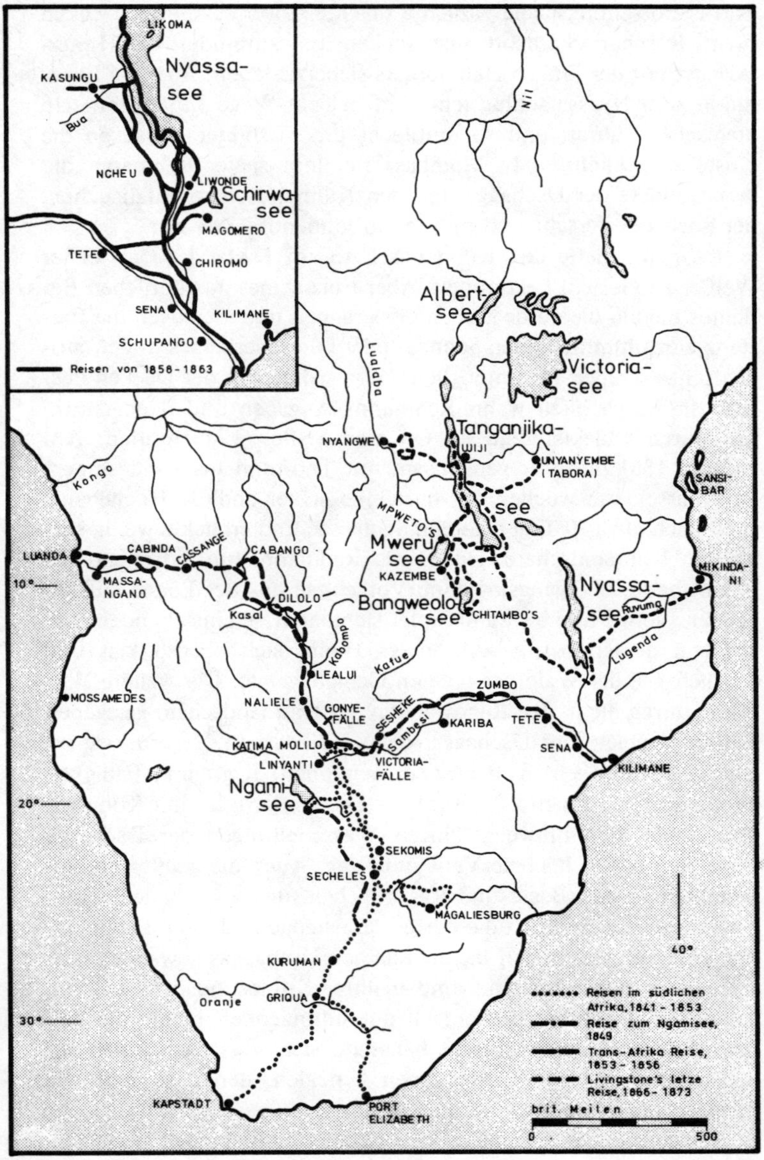

41 David Livingstones Reisen

Barths Forschungspläne zunichte machte, zögerte von der Decken nicht, Roschers Sterbeort aufzusuchen, um zumindest die Hinterlassenschaft des jungen Hamburgers sicherzustellen. Aber die Expedition zum Nyassa schlug fehl. Auf halbem Wege verließ ihn sein arabischer Führer; und so mußte er unverrichteter Dinge an die Küste zurückkehren. In Mombasa riet ihm später Rebmann, die Wohngebiete der Dschagga und den Kilimandscharo aufzusuchen, der noch unerforscht und mithin ein lohnendes Ziel war.

Rebmann hatte den Kilimandscharo am 1. Mai 1848 als erster Weißer zu Gesicht bekommen. Aber trotz seines ausführlichen Berichtes hielten die europäischen Geographen und Geologen die Existenz eines himmelhohen Schnee- oder Gletscherberges in den afrikanischen Tropen für unmöglich. Gern nahm von der Decken deshalb die Möglichkeit wahr, Rebmanns Angaben und Beobachtungen durch Objektstudien an Ort und Stelle zu überprüfen. Am 28. Juni 1861 brach er gemeinsam mit Thornton ins Landesinnere auf, marschierte wochenlang über eine schier endlose Hochebene, stieß nach etwa 20 Tagen an den Schipesee und erblickte wenig später den Kilimandscharo, einen, wie Rebmann ihm zutreffend berichtet hatte, übergangslos ohne Vorgebirge aus der Ebene aufsteigenden, vom Fuße bis zum Gipfel sichtbaren, alleinstehenden Riesenberg, dessen »schneegekröntes« Haupt sich ebenso klar und deutlich wie der Wald der tieferen Gebiete zeigte. Der weitere Weg führte durch die in den Randwäldern des Kilimandscharo gelegenen Siedlungsgebiete der Dschagga, eines Volkes von Negern, wie sie laut v. der Decken »von gleicher Schönheit, Kraft und Fähigkeit nicht anderswo angetroffen werden.« Die großartigen, mit Kühnheit über Schluchten hinweggeführten Wasserleitungen der Dschagga versetzten ihn in höchste Verwunderung. Auch die gepflegten, gut bestellten Felder, Beete und Rasenflächen, die er nach den ermüdenden Märschen durch die dürre Masaisteppe in diesem Lande antraf. »Wer einmal in den Bananenhainen Dschaggas gewandelt ist«, schreibt er enthusiastisch, »und in ihrer Kühle und dem sanften, das dichte blaßgrüne Blätterdach durchdringenden Lichte die heißen Mittagsstunden verbracht hat, wird sich stets nach ihnen zurücksehnen und die Eingeborenen beneiden, denen so herrliche Pflanzen fast ohne alles Zutun erwachsen«.

Bei dem ersten Versuch, »den König der Berge« zu besteigen,

42 V. L. Cameron; durchquerte 1873–75 Äquatorialafrika als erster von Ost nach West

erreichte v. der Decken eine Höhe von 2500 Metern. Auf seiner zweiten Reise, die ihn ein Jahr später (1862), diesmal gemeinsam mit Otto Kersten, erneut zum Kilimandscharo führte, kam er bis auf 4300 Meter Höhe. Zu weiterem Emporklettern waren seine eingeborenen Führer und Diener wegen der ungewohnten großen Kälte und eines plötzlich auftretenden heftigen Schneesturms nicht zu bewegen.

Am 15. Juni 1865 trat der unermüdliche Forscher mit zwei inzwischen in Europa eigens erbauten Dampfbooten eine Expedition zur Erkundung des Djubaflusses in Somaliland an, die zugleich seine letzte Fahrt werden sollte. Von der Mündung nordöstlich von Kismaju befuhren und vermaßen sein neuer Begleiter Dr. Link und er den Djuba bis hinauf nach Bardera, wo sie bei einem Überfall einheimischer Somalis im Oktober desselben Jahres den Tod fanden.

Trotz seines Verdienstes, den Kilimandscharo als erster untersucht und den unbekannten Djuba in Somaliland rund 400 Seemeilen weit erkundet zu haben, war es, wie A. Petermann im Vorwort zu v. der Deckens posthum herausgegebenem Reisebericht bemerkt, dem Forscher »nicht beschieden, große gordische Knoten geographischer Rätsel zu durchschlagen, epochemachende Reisen durchzuführen und eklatante Entdeckungen zu machen, etwa wie es Burton und Speke in dem selben Gebiete geglückt war. Die Ergebnisse seiner Anstrengungen dienten« schreibt Petermann, »mehr dem Ausbau der Geographie, aber sie sind deshalb nicht minder ehrenvoll als die glänzenden und gefeierten Errungenschaften jener Mitarbeiter auf dem selben Gebiete«.

Was v. der Deckens Beobachtungen am Kilimandscharo anbelangte, so hatte die gelehrte Welt ihm zunächst ebensowenig wie vor ihm Rebmann geglaubt. Schnee und Eis in den Tropen! – Das in Europa Unvorstellbare war längst zum Unglaubhaften geworden. Hatte nicht auch schon der alte Herodot Berichte über angebliche Schneegebirge im Süden Afrikas in den Bereich der Sagen und Hirngespinste verbannt? – Aber Unglaube und Skepsis allein brachten die Diskussion nicht mehr vom Tisch. Die Londoner Geographische Gesellschaft stellte Nachforschungen an, und bald war erwiesen und weltweit anerkannt, daß Rebmann und v. der Decken recht gehabt hatten.

Trotzdem dauerte es noch Jahre, bis man erneut versuchte, den Bergriesen zu bezwingen. Erst ab 1871, fast ein Jahrzehnt nach v. der Deckens zweitem Besteigungsversuch, begannen britischerseits ernstliche, wenn auch erfolglose Bemühungen, den höchsten der beiden Gipfel, den helmartigen gletscherbedeckten Kibo, zu erreichen. Aber der Ruhm, den Kibo schließlich bezwungen zu haben, gebührt dem Deutschen Dr. Hans Meyer.

1887 unternahm Meyer seine erste Expedition zum Kilimandscharo. Er erreichte auf dieser Reise zwar noch nicht den Gipfel, sondern drang zunächst nur bis zum Sattelplateau zwischen dem Kibo und dem Mawensi vor. Im selben Jahre versuchten auch Graf Teleki und v. Höhnel, die späteren Entdecker des Rudolfsees und des Stefaniesees, den Aufstieg und erreichten die stattliche Höhe von immerhin 5300 Metern. Ein neuer Versuch von Meyer und O. Baumann scheiterte an dem Araberaufstand Buschiris gegen die Deutsch-Ostafrikanische Gesellschaft im Jahre 1888. Aber Meyers Beharrlichkeit und Ausdauer führten schließlich zum Erfolg. Am 6. Oktober 1889 erklomm er gemeinsam mit dem österreichischen Bergsteiger Purtscheller die 6010 Meter hohe Spitze des Kibo und konnte feststellen, daß der Kilimandscharo ein ehemals tätiger, heute erloschener Vulkan ist. Die Bezwingung des Kibo war nicht nur eine außergewöhnliche sportliche Leistung, sondern auch wissenschaftlich bedeutsam. In seinen Expeditionsbericht »Ostafrikanische Gletscherfahrten« (1890) hat Meyer die Ergebnisse seiner Höhen- und Vegetationsforschungen während der Reise von 1889 eindrucksvoll niedergelegt.

In Somaliland, wo v. der Decken 1865 in Bardera den Tod gefunden hatte, erforschte Kapitän Milles 1871 das Innere des Ostkaps. 1875 stieß der Schweizer Gustav Adolf Haggenmacher von Berbera nach Süden vor, wurde aber noch vor Erreichen des Webi von Bewohnern der Gegend nördlich von Faf erschlagen. 1877–78 führte Révoil die von Milles begonnenen Erkundungen in den Küstenlandschaften am Golf von Aden westlich von Kap Guardafui fort. Für die Erweiterung der geographischen Kenntnisse von den weiter westlich gelegenen Regionen waren besonders die Reisen von James 1885 von Berbera über Faf und Barri zum Webi und die Fahrten Bricchetti Robecchis von Bedeutung. Bricchetti-Robecchi erkundete 1890 von Obbia aus den nordwestlichen Küstenstreifen bis zum Ostkap und durchquerte im Jahre darauf, wiederum von Obbia aus, das gesamte ostafrikanische Osthorn. Dabei wandte er sich zunächst nach Nordwesten, bog nach einiger Zeit nach Südosten ab, erreichte auf diese Weise den Webi Schebeli, folgte diesem in nordöstlicher Richtung und zog von Bari nordwärts über Faf nach Berbera. Eine zweite Süd-Nord-Durchquerung des Osthorns, diesmal von Barawa nach Berbera, gelang 1891–92 Ugo Ferrandi. Zwei Jahre später brachen von Berbera Richard Coudenhove und Graf Ernst Hoyos ins Landesinnere auf und drangen über Ogaden zum Webi Schebeli vor. Weitere Erforscher der Somaliländer waren Brandner-Dunbar, Humpelmayr, Graf Kreutz, Fürst Comanesti, Elliot, Mainwaring, Weld-Blundell, Vittorio Bòttego, Grixoni und Fürst Eugenio Ruspoldi. Bòttego und Grixoni erkundeten von Berbera aus die Quellflüsse des Djuba und das Land der Sidamo-Galla, um schließlich bei Barawa den Indischen Ozean zu erreichen. Fürst Ruspoldi zog vom selben Ausgangsort in südöstlicher Richtung über den oberen Webi Schebeli durch das Bergland der Gurra-Galla zum Rudolfsee, trug dabei ebenfalls wesentlich zur Erforschung der Djuba-Quellflüsse bei, fand aber unglücklicherweise in der Nähe des Rudolfsees bei einem Jagdunfall den Tod. Erst gegen etwa 1920 konnten die Somali- und Danakilländer des afrikanischen Osthorns in ihren Grundzügen als erforscht betrachtet werden. Die endgültige Erkundung ist hauptsächlich italienischen Forschern wie Bianchi, Graf Narrazani, Bianco, Tancredi, Franchetti und Vinassa de Regny zu verdanken.

Reisen durch den Süden

An der geographischen Erforschung Südafrikas waren nach den Entdeckern des Oranjeflusses, Gordon und Patterson (1777–78), vor allem Eduard W. van Reenen, Levaillant, Lichtenstein und die Buren insgesamt mit ihrem großen Treck seit 1835 beteiligt. Van Reenen drang 1791–92 von Kapstadt nordwärts in die Wohngebiete der Herero und Bergdama vor. Levaillant erreichte auf seinen Wanderungen in den Jahren 1780–85 im Norden die Kaffernländer. Lichtenstein lernte die Betschuanen kennen, und Kapitän J. E. Alexander entdeckte 1836–37 das Nama- und Damaraland. Inzwischen hatten die Briten die Kapregion in Besitz genommen und die niederländischen Kolonisatoren in den Norden verdrängt, wo in den Siedlungsräumen der Kaffern bald neue Burenstaaten entstanden. Im Kapland gründeten die Engländer die »Kapgesellschaft zur Erforschung Zentralafrikas«, und im Auftrage dieser Gesellschaft zogen D. A. Smith 1834 in die Kalahari und der Schwede J. A. Wahlberg ins Hinterland von Natal. Ergiebig und aufschlußreich für die Geographie und die Ethnographie Südafrikas war auch die Forschungstätigkeit englischer und deutscher evangelischer Missionare wie John Campbell, der 1812 die Limpopoquellen entdeckte, Hugo Hahn in den Gebieten nördlich von Windhoek (1841–53) und David Livingstone in der Kapregion und im Betschuanaland, in Angola, am Sambesi und im ostafrikanischen Seengebiet. Ein Jahr nach Livingstones erster Reise durch den Süden drangen der Engländer Francis Galton und der Schwede Karell J. Andersson 1850 von der Walfischbai zur Etoschapfanne und ins Ovamboland vor. 1853 erreichte Andersson im Alleingang den Oranjefluß und nach Durchwanderung der Kalahari den 1849 von Livingstone entdeckten Ngamisee. Fünf Jahre später (1858–59) durchzog er das Land der Damara bis zum Okawango und stieß 1864–67 an einen weiteren nördlichen Grenzfluß dieses Landes, den Kunene.

Den Ngamisee und die Gebiete südwestlich des Ngamisees besuchten in den sechziger Jahren auch James Chapman und der zeitweilige Begleiter Livingstones, Thomas Baines. 1885–87 drang der Deutsche Hans Schinz von einer Reise zum Kunene nach Osten zum Ngamisee vor. Und weitere zehn Jahre später war der Ngami das Forschungsobjekt des vorher mit von Uechteritz am Benue in Adamaua tätig gewesenen Siegfried Passarge.

Der Erweiterung der geographischen Kenntnisse von der Kalahari und den Ländern der Betschuanen dienten auch die Reisen A. Andersons in den Jahren 1864–1880. Gustav Theodor Fritsch befaßte sich von 1863 bis 1866 mit der Ethnographie der Kapregion, des Oranjestaates, Natals und des Betschuanenlandes. Der Tscheche Emil Holub durchwanderte das Betschuanenland von 1872–1887 nicht weniger als dreimal und gelangte im Norden bis weit über den oberen Sambesi hinaus. Auf einer zweiten Reise in die gleichen Gebiete geriet Holub am Kafuefluß in das Gebiet der Maschikolumbe, wurde völlig ausgeraubt und mußte die ursprünglich geplante Gesamtdurchquerung des südlichen Kontinents aufgeben.

43 K. J. Anderson

Der Ruhm, Südafrika als erster von Westen nach Osten durchwandert zu haben, gebührt dem Portugiesen Silva Porto. 1852 brach Silva Porto von Benguela aus ins Innere auf, zog ostwärts durch die Länder nördlich des Sambesi, erreichte den Nyassasee am Südwestufer und gelangte schließlich nach zweijähriger Reise an den Rovumo und an dessen Mündung am Indischen Ozean. Da seine Expedition keine wissenschaftlichen Ergebnisse erbrachte – er hatte Afrika als Kaufmann ohne Forscherambitionen durchquert – gilt als erste wissenschaftliche West-Ost-Durchquerung gemeinhin David Livingstones Fahrt 1854–56 von Luanda nach Quelimane. Die Forschungshistoriker geben Livingstone wegen seiner topographischen Pionierarbeit auch den Vorzug als Entdecker des Nyassasees (Silva Porto 1853–54; Livingstone 1859).

Eine weitere West-Ost-Durchquerung von Benguela über Lealuli am Sambesi, die Viktoriafälle, das östliche Betschuanaland und Pretoria nach Durban an der Südostküste schaffte 1877–79 der Portugiese Serpa Pinto. Und 1873–75 gelang, wie wir uns erinnern, V. L. Cameron die erste, wenn auch im äquatorialen Osten beginnende Ost-West-Durchquerung von Bagamojo über den Tanganjikasee durch den südlichen Kongobogen und das nördliche Südafrika nach Benguela.

Nicht weniger ergiebig als die großen epochalen Durchquerungen waren A. Andersons Reisen (1864–80) im östlichen Betschuanaland und der Kalahari und Peschuel-Loesches Züge (1884–85) durch die südwestafrikanischen Siedlungsgebiete der Herero. Aber die Durchquerung des Kontinents blieb für die meisten Forscher die große Ambition. 1884–85 unternahmen die Offiziere H. de Brito Capello und Roberto Ivens, die Serpa Pinto auf dessen West-Ost-Durchquerung von Benguela bis nach Bihe begleitet hatten, eine Expedition von Mossamedes in Südangola ostwärts über den Kunene und den oberen Sambesi nach Süd-Katanga, kamen an den Bangweolosee, zogen südwärts weiter zum Sambesi, erreichten die Einmündung des Kafue und folgten dem Sambesi bis nach Quelimane, wo sie am Ende ihrer langen Fahrt den Indischen Ozean erreichten.

Wichtige Entdeckungen in Natal und im Bereich der Drakensberge sowie südlich des unteren Sambesi zwischen Sabi, Limpopo und Olifant blieben den Deutschen Karl Eduard Mohr und Karl

Mauch vorbehalten. Eduard Mohr durchstreifte 1866 Natal und die Siedlungsgebiete der Zulu im Hinterland der S. Lucia Bai und brach 1869 mit Adolf Hübner in Durban zu einer Forschungsreise auf, die über die Drakensberge und den Vaalfluß zum Limpopo und schließlich zum Sambesi und an die Viktoriafälle führte. Mohr und Hübner durchzogen viele unbekannte Gebiete und schufen mit ihrer exakten topographischen Arbeit die Grundlage für die spätere Geographie dieser Gegenden. Mitte Juni 1870 erreichten sie die Viktoriafälle. Der tiefe Eindruck, den das gewaltige Naturschauspiel auf Mohr machte, klingt noch deutlich aus seiner Beschreibung nach: »In einer Breite von einem Viertel einer deutschen Meile kommt der majestätische Strom von Nordnordwest und stürzt seine Fluten 400 Fuß tief hinunter in eine quer durch sein Bett setzende Felsenschlucht. Oberhalb des Sturzes tauchen aus den Fluten viele Inseln auf, alle mit der reichsten tropischen Vegetation geschmückt. Nahe dem Fall eilt das Wasser mit fliegender Schnelligkeit dahin; die langgezogenen Schaumbänder, die man überall sieht, verleihen dem Element das Aussehen, als ob es koche. Der Sturz stellt eine einzige 8–10 Fuß lange, ununterbrochene, grünlich-blaue, glänzende Riesenwelle dar, die weiter stürzend sich in immer feinere, weißere, balligere Schleier oder Wolkengebilde auflöst. Hat man eine Zeitlang in das unten tobende, spritzende, schäumende, wallende Chaos hineingeschaut, umrauscht von dem fürchterlichen Lärm des rasend gewordenen Elements, ist man erschüttert durch das aus der Tiefe herauf dröhnende, Mark und Bein durchdringende Geheul, so wundert man sich, daß selbst die Felsen, diese harten Rippen der Erde, einer solchen Macht gegenüber Widerstand leisten können«.

Einige Jahre später reiste Mohr 1876 an die Westküste Afrikas, um noch unbekannte Landschaften im Gebiet der südlichen Kongozuflüsse zu erforschen. Er war diesmal als Beauftragter und mit Mitteln der Deutschen Afrikanischen Gesellschaft unterwegs. Aber die Fahrt ins Innere Angolas verlief von Anfang an glücklos und nahm auch allzubald ein leider tragisches Ende. Denn Mohr erkrankte an Fieber, war in wenigen Tagen völlig entkräftet und starb am 26. Dezember 1876 in Malange in geistiger Umnachtung. Von Beruf war er Steuermann gewesen, Absolvent der Bremer Steuermannsschule. Auch Karl Mauch kam als Seemann nach Südafrika,

44 Karl Mauch

zwar nicht als gelernter, sondern als gemeiner Matrose, weil er die Schiffsreise nach Durban nicht hatte bezahlen können.

Dem langgehegten Wunsch, exotische Länder kennenzulernen, hatte Mauch 1858 sein Amt als Lehrer an der Stadtschule in Isny geopfert und sich in den Folgejahren in Deutschland und England nur noch auf künftige Forschungen in Afrika vorbereitet. Am 15. Januar 1865 betrat er afrikanischen Boden, ging von Durban nach Pietermaritzburg, der Hauptstadt der Kolonie Natal, und lernte dort einen deutschen Kaufmann kennen, der ihn auf einem Warentransport nach Transvaal als Gehilfen mitnahm. Der aus drei schwerfälligen Ochsenkarren bestehende Zug überquerte nach mancherlei Mühen und Gefahren die Wasserscheide der Drakensberge und den Vaal und ging schließlich quer durch den Witwatersrand nach Rustenberg, wo die kleine Reisegesellschaft Ende Juni 1865 nach zweimonatiger Fahrt anlangte.

In Rustenberg, dem Wohnort des Kaufmanns, blieb Mauch mehrere Wochen und unternahm in dieser Zeit zahlreiche Studienwanderungen nach den nahegelegenen Magaliesbergen und ins Limpopotal. Dabei verschaffte er sich einen ersten Überblick über die geographischen, botanischen und geologischen Verhältnisse der Landschaft zwischen dem oberen Vaal und dem oberen Limpopo und machte auch die Bekanntschaft der Eingeborenen dieser Gegend, der Betschuanen. Nach etwa zwei Monaten verließ er Rustenberg und zog in die weiter südlich gelegene Stadt Potschefstroom, den Regierungssitz des Staates Transvaal. Dort ließ er sich nieder, erkundete zunächst die nähere Umgebung des Ortes, trieb Höhlenforschungen und geologische Studien und machte Potschefstroom zum Ausgangspunkt für zahlreiche Streifzüge, die ihn kreuz und quer durch Transvaal führten. Das Ergebnis dieser Wanderungen, eine große Anzahl topographischer Bestimmungen und kartographischer Aufzeichnungen, bildete die Datenbasis für die 1868 von F. Jeppe und A. Merensky veröffentlichte Original Map of the Transvaal or South-African Republic (Gotha 1868). Dabei verfügte Mauch über keinerlei wissenschaftliche Instrumente. Auch war er nach wie vor so gut wie mittellos. Die Möglichkeit, seine Reisen und kartographischen Aufnahmen in Transvaal fortführen zu können, verdankte er der Hilfe eines in Potschefstroom ansässigen schwedischen Kaufmanns namens Forßmann, der ihn viele Monate lang freundschaftlich unterstützte.

In den Magaliesbergen lernte Mauch den in jener Zeit in ganz Südafrika bekannten Elefantenjäger Hartley kennen und unternahm mit diesem einen Jagdzug ins Matabeleland. Die abenteuerliche Fahrt in das wissenschaftlich bislang unbekannte Reich des gefürchteten Kaffernfürsten Umsilikatse begann auf Hartleys Farm in den Bergen zwischen Rustenberg und Pretoria. Der Weg führte limpopoabwärts bis zum südlichen Wendekreis, dann nordostwärts über Tati und Ingati in die Wohngebiete der kriegerischen Matabele und von der Hochebene zwischen Limpopo und Sambesi nach acht Monaten auf der gleichen Route zum Ausgangspunkt zurück. Wieder in Potschefstroom, schickte Mauch zunächst seinem fernen Gönner August Petermann in Gotha einen ausführlichen Bericht über die Expedition ins Matabeleland und vergaß auch nicht, seine beklagenswerte wirtschaftliche Lage zu schildern, die weitere größere Forschungsunternehmen so gut wie unmöglich machte. Das Echo auf diesen Bericht, ein von Petermann spontan veröffentlichter »Aufruf zu Beiträgen und öffentlichen Sammlungen für Karl Mauch, den deutschen Entdeckungsreisenden im Inneren Afrikas« erbrachte eine Spendensumme von insgesamt 2636 Talern, von denen ein erster größerer Teilbetrag im Dezember 1867 in Potschefstroom eintraf.

Inzwischen hatte Mauch, wiederum in Gesellschaft Hartleys und anderer Jäger, eine zweite Expedition nach den Elefantengründen nördlich des Limpopo angetreten und war im Sambesibogen in der Nähe des Umfuliflusses unversehens auf bis dahin unbekannte Goldfelder und jahrhundertealte verlassene Goldminen gestoßen.

Hartley gefiel diese Entdeckung ganz und gar nicht. Die Minen befanden sich mitten im Matabeleland. Die Eingeborenen waren ihm bislang freundschaftlich gesonnen gewesen. Wenn sich die Kunde von der Entdeckung herumsprach und die ersten Goldgräberkolonnen am Sambesi eintrafen, konnte das Verhalten der Matabele zumal gegenüber den Verursachern dieser »Plage« leicht ins Gegenteil umschlagen, und mit der Elefantenjagd war es, jedenfalls in diesen Gebieten, ein für alle Mal zu Ende.

Nach neunmonatigem Zug durch die Hochebene zwischen dem Quellgebiet des Sabi und dem oberen Limpopo kehrte Mauch im

45 Goldsuche auf neuentdeckten Goldfeldern

Dezember 1867 nach Potschefstroom zurück und berichtete zunächst der britischen Regierung in Natal über seine Entdeckung. Die mitgebrachten Goldproben und die Beschreibung der wahrscheinlichen Lagerstätten erregten bei den Behörden größtes Aufsehen. Die Analyse der Proben ergab, daß die bergbauliche Ausbeutung der Goldfelder unvorstellbar gewinnträchtig sein müsse.

Sofort brachen zahlreiche Goldgräber nach dem Norden auf. Die Regierung beschloß, eine Minengesellschaft zu gründen, und bot Mauch den Posten des Direktors an. Aber Mauch lehnte ab. Die inzwischen aus Deutschland eingetroffene Geldsendung versetzte ihn in die Lage, seine Forschungen fortzuführen. Er konnte nun endlich die für die Topographie nötigen astronomischen Geräte kaufen, beschaffte sich in Durban zugleich eine hinlängliche Menge Tauschwaren wie Glasperlen, Messingdraht und Stoffe und brach am 10. März 1868 zu seiner dritten Reise und diesmal ersten eigenen Expedition nach dem Matabeleland auf. Der Zug durch den Osten der Republik Transvaal gestaltete sich wegen der in diesem Jahre herrschenden Trockenheit zu einer monatelangen Hunger- und Durststrapaze ohnegleichen. Mauch geriet schließlich sogar in die Gefangenschaft der Matabele, wurde aber nach kurzer Haft wieder freigelassen. Der wiederholte Gebrauch der den Eingeborenen unverständlichen Vermessungsgeräte hatte ihn in den Verdacht gebracht, das Land für die Buren und die Portugiesen auszuspionieren. Man ließ ihn zwar frei, aber das Mißtrauen gegen ihn blieb bestehen und hinderte ihn daran, weiter in das Land vorzudringen. Er zog deshalb nordostwärts nach der Missionsstation Ingati, blieb eine Zeitlang bei den englischen Missionaren und entdeckte bei einem Ausflug nordwärts in den Sambesibogen abermals Goldfelder von beträchtlicher Ausdehnung.

Inzwischen waren am Zusammenfluß von Vaal und Oranje in der Nähe des heutigen Kimberley Diamanten gefunden worden. Die neue Sensation sprach sich im Nu im ganzen Süden herum. Ein wahrer Diamantenrush begann. Wer bislang nach Gold gesucht hatte, verließ seine Schürfstelle und zog nach dem unteren Vaaltal. Auch Mauch wurde vom Fieber der Diamantensuche ergriffen und machte sich nach dem Süden auf. Aber er hatte kein Glück. Der Zug nach den Diamantenfeldern endete erfolglos: Er fand nicht das geringste und vermochte auch von den Eingeborenen keine Steine zu erwerben. Schon nach wenigen Wochen kehrte er nach Potschefstroom zurück und wandte sich nunmehr dem Nordwesten der Wasserscheide zwischen Vaal und Limpopo zu. Das letzte Jahresdrittel 1869 verbrachte er mit geographischen Aufnahmen und Bestimmungen in den Gebieten nördlich von Rustenberg.

1870 begleitete Mauch einen portugiesischen Beamten, der wegen einer von Moçambique gewünschten Grenzberichtigung mit der Regierung von Transvaal verhandelt hatte, auf der Rückreise nach Lourenço Marques und lernte dabei neue Gebiete der Drakensberge und das Swaziland kennen. Aber das feuchtheiße Küstenklima bekam ihm nicht. In Lourenço Marques zog er sich Wechselfieber zu, erlitt einen ersten heftigen Anfall und mußte schleunigst ins Gebirge zurück. Ein Berliner Missionar nahm sich seiner an, pflegte ihn in wenigen Wochen gesund und übergab ihn schließlich der Obhut eines holländischen Predigers, der in den Westen reiste. Erneut in Potschefstroom, trat Mauch im Dezember 1870 seine sechste größere Reise an. Am unteren Vaal waren im Griqualande neue Diamantenfelder entdeckt worden. Noch einmal packte ihn das Diamantenfieber. Um schnell ans Ziel zu kommen, vertraute er sich in einem offenen Boot dem Vaal an und ließ sich von Potschefstroom flußabwärts bis ins Mündungsgebiet treiben. Das Ergebnis dieser Reise – er fand wiederum keine Diamanten – waren wichtige neue Streckenaufnahmen des Flusses und die Eintragung aller Schnellen und Katarakte in die Stromkarte des unteren Vaal.

Im Januar 1871 war Mauch wieder in Potschefstroom und machte sich nun zunächst an die Fortführung seines Reiseberichts und die kartographische Aufnahme aller während der letzten Fahrt bestimmten geographischen Punkte und Dimensionen. Er kannte jetzt ganz Transvaal, entwarf die erste vollständige Karte des Freistaates und schickte sie noch im selben Jahre nach Deutschland an die Gothaer Redaktion von »Petermanns Geographischen Mitteilungen«. Seine siebte und letzte Expedition führte ihn Ende Juli 1871 über den Olifant zum Limpopo und nordwärts weiter ins Maschonaland, wo, wie ihm verschiedentlich zu Ohren gekommen war, die Ruinen einer einstigen Hochkultur zu finden sein sollten. Unterwegs beraubten und verließen ihn seine Träger. In weithin unbekanntem Gebiet stand er nun völlig allein da. Manch einer an seiner Stelle wäre verzweifelt umgekehrt. Aber dem Ziel so nahe, gab es für Mauch kein Zurück mehr. Beherzt setzte er den Weg in den Norden fort und gelangte im August 1871 in die dichtbesiedelten Wohngebiete der Makalaka, die ihn freundlich aufnahmen. Bei diesem Volksstamm blieb er bis zum Mai 1872, also nahezu neun Monate.

Schon bei ersten Unterhaltungen mit den Eingeborenen erfuhr er, daß es in der Gegend an vielen Stellen Ruinen von Schmelzöfen und Gebäuden gebe, die nach der Überlieferung vor sehr langer Zeit von weißhäutigen Menschen erbaut worden seien. Er war also am Ziel. Der einsame Marsch durch Täler, Wälder und Gebirge hatte sich gelohnt. Allem Dafürhalten nach befand er sich hier bei den Makalaka im Zentralbereich jener rätselhaften untergegangenen

Kultur, deren Fama ihn zu der Reise in diese Gebiete bewogen hatte. Am 5. September 1871 betrat er als erster Weißer das auf der Achse Sofala/Bulawayo westlich des oberen Sabi gelegene Ruinenfeld von Simbabwe (Simbabye). In seinem späteren Bericht über »das Gebiet zwischen Limpopo und Zambesi ...« bezeichnete er die Entdeckung dieses Geländes als das schönste Resultat aller seiner Reisen »auf welches allein er einigermaßen stolz zu sein sich erlaube«.

Simbabwe weist nach Mauchs Beschreibungen außer den Überresten zahlreicher antiker Goldminen und Schmelzöfen die Ruinen zweier Gebäudekomplexe von ehemals wohl zentraler Bedeutung auf. »Der eine«, berichtet er, »befindet sich auf der Spitze eines etwa 400 Fuß hohen isolierten Granithügels, der andere südlich davon, etwa eine halbe englische Meile vom Hügel entfernt und durch ein versandetes Tälchen geschieden«. Eine nur etwa 4 Fuß hohe, teilweise zerstörte, teilweise bedeckte Ringmauer ziehe sich in einiger Entfernung von dem südlich gelegenen Hauptteil um den westlichen Fuß des Berges. Bei der Bergruine habe die Außenmauer allem Anschein nach Befestigungszwecken gedient, denn sie sei mit Kühnheit auf der abgerundeten Kante einer 300 Fuß langen und 60 Fuß hohen Felsmasse erbaut. Sie verlaufe in gerader Linie von Osten nach Westen und habe bei einer Länge von beiläufig 120 Fuß eine von unten nach oben abnehmende Dicke von 12 zu 6 Fuß, ihre Höhe betrage 30 Fuß. Innerhalb derselben sei durch weniger dicke Mauern ein viereckig-länglicher Raum eingeschlossen, der an der westlichen Seite eine bogenförmige Begrenzung aufweise. Hier würden auch an den eingestürzten oberen Teilen Steinbalken sichtbar, die mehrere Fuß lang aus der Mitte der Mauern senkrecht und in einer Entfernung von etwa 8 zu 8 Fuß emporragten. Sie schienen der ohne Mörtel aufgeführten Mauer als innere Stütze gedient zu haben, seien aus Glimmerschiefer hergestellt, der sich holzartig spalten lasse und hätten gut und gern ihre 15 bis 20 Fuß Länge bei etwa 4 Zoll Durchmesser oder Dicke. »Ich bemerkte nur einen dieser Steinbalken«, beschreibt Mauch, »auf den mehr Fleiß verwendet worden ist, er hatte einen elliptischen Durchschnitt mit Achsen von 4 Zoll und 2$^1/_2$ Zoll, bestand aus talkigem Glimmerschiefer und hatte auf seiner glatten Außenfläche mehrere ornamentale Zeichnungen eingeschnitten.

46 Warentransport in Südafrika zu Mauchs Zeiten

Die weniger dicken Mauern des inneren Gebäudes«, fährt er fort, »sind fast gänzlich eingestürzt, so daß man Mühe hat, über die Haufen loser Trümmer, bewachsen mit ansehnlichen Bäumen, allerlei Gestrüpp und strauchartigen Nesseln, sich den Weg zu bahnen. Von dem inneren Raume, der Spitze des Felsenkopfes zu, führen mehrere bedeckte Gänge wahrscheinlich in Spalten und Klüfte, vielleicht auch in größere unterirdische Räume, die jedoch, offenbar späteren Ursprungs, von Kaffernhänden verbaut worden sind ... Der ganze Westabhang des Hügels war mit Trümmern bedeckt, die einen Schluß auf terrassenförmige Anlagen erlauben«.

Die andere Ruine in der Ebene, etwa eine halbe englische Meile vom Hügel entfernt, bot sich als ein großes Rondeau aus einer 24 Fuß hohen, an der Basis 12 Fuß, an der Spitze 8 Fuß dicken Mauer dar; auch hier hatten Steinbalken zur Festigung der Mauer dienen müssen. Auf der Seite, die dem Berge zugekehrt, also gegen Norden gerichtet war, schien sich der einzige Eingang, und zwar nur für eine einzelne Person berechnet, befunden zu haben. Im Inneren verliefen die dünneren Mauern bogenförmig labyrinthartig, die Räume schienen von verfolgten Eingeborenen schon oft als Zufluchtsstätte benutzt worden zu sein, wie zwei kleine ringförmige Steinanlagen auswiesen. Der obere Rand, etwa zwei Fuß von der Kante, an der südlichen Hälfte der Außenmauer, enthielt einige Lagen von Steinen, die schwache Spuren einer verblaßten Ornamentik erkennen ließen. Das merkwürdigste innerhalb des Rondeaus war ein 30 Fuß hoher, nach oben konisch verlaufender Turm ohne feststellbaren Eingang. Mauch erstieg an einem Rankengewächs seine Spitze, welche noch 8 Fuß Durchmesser zeigte, und nahm einige Lagen der Steine ab, ohne jedoch eine innere Höhlung bemerken zu können. An das Rondeau angebaut, auf der Seite gegen den Berg zu, fand er ebenfalls Ruinen großer Gebäude, nach den Regeln der Bindung aufgeführt, aber alle auf viereckige Grundrisse hindeutend.

Weder auf dem Berge noch in der Ebene bemerkte er irgendeine Inschrift. »Nichts zeigte sich, das mir hätte Aufschluß geben können, wem diese rätselhaften Gebäude zuzuschreiben sind. Ich mußte mich«, berichtet er, »an die Eingeborenen wenden, deren Aussagen jedoch lange Zeit keinen Anhaltspunkt boten, im Gegenteil drohte das bedeutende Interesse, das ich dafür an den Tag legte, böses Blut machen zu wollen, so daß ein fernerer Besuch nur im Geheimen unternommen werden konnte. Endlich kam mir zu Ohren, daß ein Mann, und nur dieser eine, existiere, der mehr als alle anderen um die Ruinen wissen müsse; ich besuchte ihn und machte ihn durch Geschenke zutraulich und durch Bier gesprächig. Seine Mitteilungen sind beachtenswert, schon die erste, auf die er kein besonderes Gewicht zu legen schien, brachte Licht in die Sache. Er meinte, man bete auf dem Berge an (Pila) und die Ruine in der Ebene werde »das Haus der Großfrau« (mumba 'huru, so viel wie Haus der Königin, Palast) genannt. Auf meine weiteren Fragen, zu wem und wie gebetet werde, erzählte er im wesentlichen folgendes: »In dem von Zimbabye aus von Gott (mali oder mambo = Vater) bestimmten Zeitraum von 2, 3 oder 4 Jahren versammelt sich nach der Ernte eine große Menge von Menschen, die von allen Seiten mit Vieh herbeikommen, am Fuße des Berges außerhalb der Ringmauer, um ein Fest zu feiern. Ein solches Fest dauert meistens 3 Tage und ist mit einem Opfer verbunden. Zu geeigneter Zeit erscheint der Hohepriester mit seinen Gehilfen, nämlich zwei Jungfrauen, zwei jungen Frauen und einem Mann. Schweigend geht er zwischen den Angekommenen hindurch, einen Stab in der Hand, von allen gegrüßt durch Händeklatschen. Er begibt sich sodann auf den Berg. Zwei junge Ochsen und eine junge Kuh, alle drei schwarz und fehlerlos, werden nachgeführt. Oben angekommen, wird die Kuh auf zuvor aufgestapeltes Brandholz gelegt, festgebunden und lebendig verbrannt; der eine Ochse wird geschlachtet und an Ort und Stelle verzehrt, der andere aber wieder den Berg hinabgeführt, außerhalb der Ringmauer in ziemlicher Entfernung getötet, sein Fleisch aber den Dieben und Aasgeiern überlassen. Der Hohepriester begibt sich nun allein in die Höhle, wo der Topf sich befindet, schüttet Bier darüber und betet. Er betet, daß Mali die Krankheiten unter den Menschen wegnehmen und die Gesunden nicht krank werden lassen möge. Wenn dies vorüber ist, erscheint er wieder, alle fallen auf ihr Gesicht nieder und rufen: gara 'huru katsela pasi, das heißt »der Hochthronende hat alles hienieden recht gemacht«. Seine Rückkehr aus dem Inneren wird der harrenden Menge angezeigt mittels Singens und Jubelns, begleitet vom Spiel der Tsimbera (Cymbeln), Tuli (Pauken), Manda (Hörner). Alle sind mehrere Tage fröhlich und ziehen dann wieder nach Hause«.

Der Mann, von dem ich diese Auskunft erhielt«, erzählt Mauch weiter, »ist einer der Söhne des letzten Hohepriesters Tenga, der vor etwa 40 Jahren den Gottesdienst versah, eines Abends aber von seinem Feinde Magapi überfallen und auf verräterische Weise ermordet wurde, ohne daß seine Söhne vorher erfahren hatten, wo verschiedene Gegenstände, deren man zum Opfern bedurfte, verborgen waren. Dieser Mann, Bebereke mit Namen, hofft zuversichtlich, daß er wieder ins Amt treten werde, und wohnt deshalb in der Nähe, obwohl er sich nicht zu den umwohnenden Stämmen zählt und ganz abgesondert lebt. Auch behauptet er, keine farbigen Tücher oder sonstigen Schmuck tragen zu dürfen, und ich versprach ihm deshalb, nachdem er in der Tat eine blaue Wolldecke, eine weiße mit roten Streifen, roten Perlen und Messing verweigert hatte, schwarzen Stoff zuzusenden. Seinen Sohn Mudsuru gab er mir mit in der Absicht, daß ich ihn mit in mein Land nehme, damit er daselbst das Opfern erlerne. Er (der Sohn) begleitete mich bis nach Sena, wo ich ihm leider gestehen mußte, daß ich ihn zurücklassen müsse. Weinend, denn er war mir der treueste, aufmerksamste und gelehrigste Begleiter geworden, mußte er seiner Hoffnung entsagen und den Rückweg antreten. Ich durfte es nicht wagen, ihn auf eigene Faust und eigene Kosten nach Europa mitzunehmen.

Die Ähnlichkeit des geschilderten Opfers mit jenen vom israelitischen Kult vorgeschriebenen ist«, vergleicht Mauch, »unverkennbar. Die Grundzüge sind deutlich vorhanden, wenn auch das Detail vieles zu wünschen übrig läßt«. Von dieser Feststellung ausgehend glaubte er annehmen zu dürfen, daß die Ruine auf dem Hügel eine Nachbildung des salomonischen Tempels auf dem Berge Moria und die Ruine in der Ebene eine Nachbildung jenes Palastes sei, worin die Königin von Saba während ihres Besuches bei Salomo wohnte. »Es ist«, fährt er fort, »zu vermuten, daß die gewöhnlich ins Reich der Mythe versetzte Königin von Saba sich während ihres mehrjährigen Aufenthalts in Jerusalem zum Judentum bekehrt hat und im Bewußtsein, daß sie alles Material und alle Schätze, wie sie zu den Bauten Salomos verwendet worden sind, in ihrem eigenen Lande im Gebiete des Sabia-Flusses besitze, den Entschluß faßte, mit Hilfe phönizischer Bauleute ähnliche Gebäude aufführen zu lassen. Mit bekannten phönizischen Bauten stimmen sie überdies noch am besten überein, Eingeborene und Araber hätten anders gebaut und die Portugiesen hatten bereits Kunde von deren Existenz als Ruinen. Vielleicht ist der doppelte Riesenbaum, der inmitten des Rondeaus steht und der einzige seiner Art in der ganzen Umgegend ist, jene Baumart, die unter dem Namen Almungim oder Algumim bekannt ist und zu Geländern und dergleichen in Tempeln (wie in Jerusalem) verwendet wurde, bei diesen Ruinen aber in den Tragebalken über den schmalen Eingängen sich erhalten hat«.

Mauch glaubte, mit Simbabwe (Simbabye) das biblische Ophir gefunden zu haben. Er war davon überzeugt, daß die Ruinenstätte ehemals eine Nachbildung des salomonischen Tempels gewesen sei, errichtet von der aus Jerusalem zurückgekehrten Königin von Saba, die hier auch den israelitischen Gottesdienst eingeführt habe; der ihm geschilderte Opferkult erinnerte in vielem an den altjüdischen. Die Altertumswissenschaftler seiner Zeit suchten Ophir teils in Indien, teils in Arabien. Für ihn hingegen war Ophir »mit dem heutigen Sofala identisch, jenem Hafenort, in dem«, wie er erwähnte, »schon die ältesten schiffahrenden Völker ihre heimatlichen Erzeugnisse gegen Produkte des Inneren, des Binnenlandes eingetauscht« hatten.

»Alle Produkte, die, wie wir aus der Heiligen Schrift wissen, von Ophir gebracht wurden, sind«, fährt er fort, »noch jetzt mit Ausnahme der Pfauenfedern dieselben, welche bei besseren Handelsverbindungen und größerem Aufschwung ausgeführt werden könnten. Auch die Pfauenfedern, wenn wir sie wirklich als solche gelten lassen wollen, sind nicht so befremdend, wenn wir sie in Socotora als Zwischenstation, am Eingang zum Roten Meere, einhandeln lassen, wo ja Produkte eben sowohl von Indien, der Heimat des Pfaues, als von Südost-Afrika sich zusammenfinden konnten; eher jedoch glaube ich, daß es Straußenfedern gewesen sein dürften.

Selbst die Tatsache, daß ich nirgends eine Spur von Inschriften bemerken konnte, scheint mir für die Richtigkeit meiner Ansicht zu sprechen, denn nirgends lesen wir, daß Salomo in seinem Tempel irgendwelche schriftlichen Charaktere angebracht habe«.

Ende Mai 1872 verließ Mauch Simbabwe und zog nordostwärts weiter zum Sambesi. Er hatte noch das Glück, auf dieser letzten Wanderung durch unbekanntes Gelände Südost-Afrikas unweit des 17. Breitengrades ein neues großes, von ihm Kaiser-Wilhelms-Feld genanntes Goldgebiet zu entdecken. Dann ergriff ihn das Fieber, und er mußte zusehen, auf schnellstem Wege zur Küste zu gelangen. Völlig erschöpft erreichte er bei Sena den Sambesi, fuhr auf einem Boot wochenlang stromabwärts nach Quelimane, entschloß sich dort, von der Krankheit immer heftiger geschüttelt, zur Heimreise und fand im Hafen einen französischen Segler, der ihn nach Europa mitnahm und mit dem er im Dezember 1872 in Marseille landete.

Acht lange Jahre hatte Mauch in Südafrika zugebracht. Es war ihm nicht nur gelungen, bedeutende Goldfelder und die Ruinen der altsemitischen Hochkultur von Simbabwe zu entdecken; seine geographische Feldforschung und zumal seine emsige Vermessungsarbeit schufen darüber hinaus die Grundlage für die Kartographie des gesamten Gebietes zwischen dem großen Sambesibogen und dem Vaal. 1874 erschien sein auszugsweise zitierter Bericht als Beitrag des achten Ergänzungsbandes der von August Petermann in Gotha herausgegebenen »Mitteilungen über wichtige neue Erforschungen auf dem Gesamtgebiet der Geographie«. Er endete mit einer Art Aufruf an alle künftigen Entdeckungsreisenden, die weitere Erforschung Südafrikas nicht zu vernachlässigen, da zwischen Limpopo und Sambesi noch vieles Wissenswerte und für die Kulturgeschichte dieses Raumes Aufschlußreiches zu finden sei. Doch es hätte dieses Aufrufs nicht bedurft; der sensationelle Bericht über die Auffindung Simbabwes sprach und wirkte für sich. Die Ruinenfelder zogen noch viele Forscher in ihren Bann: Neal, Swan, Hall, die Brüder Posselt, Bent, Pennefather und schließlich auch Peters und Schlichter.

Carl Peters unternahm ab 1899 insgesamt sechs Expeditionen ins Hinterland der Sofalaküste. Auch er glaubte an die Identität Simbabwes mit dem alttestamentalischen Ophir. In seinem 1902 erschienenen Buche »Im Goldlande des Altertums« (engl.: The eldorado of the ancients) hat er die Ergebnisse seiner Forschungen in Sofala, am Sabi und in Simbabwe eindrucksvoll niedergelegt.

In dem selben Jahr, in dem Mauch nach Europa zurückkehrte, erschien am Sambesi der Engländer Selous und begann mit ergänzenden Feldforschungen im Maschona-, Matabele- und Maschikolumbe-Land. Ein anderer Engländer, Vincent Erskine, erkundete von 1868 bis 1875 den unteren Limpopo, die Küste zwischen Inhambane und Sofala, und den Unterlauf des Sabi. Den Limpopo aufwärts zog 1870, von Lourenço Marques kommend, J. F. Elton und gelangte bis in die Gegend von Tati. D'Andrada wählte 1881 den unteren Sambesi als Ausgangsgebiet für einen Zug in die Quellregion des Sabi. Zehn Jahre später erforschte Doyle die Landschaften zwischen der Limpopomündung und dem Hinterland der Sofaküste. Gegen Ende des 19. Jahrhunderts klärte St. Hill Gibbons die letzten hydrographischen Probleme im großen Sambesibogen. Und 1905–06 gelang dem Amerikaner Harding die Entdeckung der Sambesiquellen.

Gibbons hatte das Quellgebiet des Sambesi und Kongo schon 1897 durchstreift. Er war auch – wie Reid und Bertrand, durch das Land der Barotse gezogen. Im Jahre 1900 schloß er sich der belgischen Katangaexpedition unter Le Maire an, erforschte mit dieser gemeinsam den Lufira und drang schließlich allein über den Merusee nordostwärts bis an den Weißen Nil vor.

Weitere Wanderungen durch Südafrika unternahmen auch Frederick Stanley, Arnot (1883–84 von Natal über den oberen Sambesi nach Angola), Kurt v. François (1889–92 zwischen Oranje, Ngami-See, Walfisch-Bai und Okawango), v. Steinäcker (1888 hauptsächlich im Hinterland der Walfisch-Bai; von ihm stammt die erste genauere Karte des Damaralandes), Penther (1895–98 vom Kap zum Sambesi), Hartmann (1893–1907 ins Kaokofeld, Nama- und Ovamboland) und Seiner (1903–1912 in der nördlichen Kalahari; von den Viktoriafällen zum Okawango und nach Südwest). 1895 durchquerte Miot, ausgehend vom Sambesi, den gesamten südlichen Kontinent. Weitere Ost-West-Durchquerungen gelangen wenig später Chargais, Descamp und Foa. Durch Basutoland streifte in den neunziger Jahren Clarke, durch die Kalahari Wookey. Browne und Donnel nahmen sich der Erforschung des Gasalandes an. Und Giraud und Scharpe entschleierten 1883 und 1889–90 die 1831–32 zwar schon von Monteiro und 1867 von Livingstone durchzogenen, jedoch weitgehend unbekannt gebliebenen Gebiete westlich des Nyassasees.

1899 zog Baum vom Kunene zum Sambesi. 1907 brach Rudolf Pöch in Swakopmund nach der Ostküste auf, durchwanderte die Kalahari und den großen Sambesibogen und erreichte den Indischen Ozean 1909 bei Beira.

Die Westküste vom Kap bis zur großen Fischbai wurde 1908–09 zur Forschungsdomäne für den Engländer H. W. Pearson. Und okawangoaufwärts zog 1922 J. B. Statham über den Kunene und die Kalahari nach Moçambique. Zu den vielen, deren Reisen und Forschungen für die Geographie Südafrikas von nicht minderer Bedeutung waren, zählen de Pavia, v. Weber, Mac Cabe, Kuss, Palgrave, Depelchin, Read, Eggers, Graf Rohan-Chabot, v. Schiele, Böhm und Bernsmann, v. Ramsay, Glauming und nicht zuletzt Graf Pfeil und Joseph Thomson.

Für den letzteren und Carl Peters bildeten die Fahrten durch die Länder südlich und nördlich des Sambesi den Abschluß erfolgreicher Forschungstätigkeiten im ostafrikanischen Seengebiet. 1879–80 hatte Thomson von Daressalaam aus als erster Europäer den Nordzipfel des Nyassasees erreicht, war westwärts weiter nach der Südspitze des Tanganjikasees gezogen und an dessen Westufer nordwärts bis zum Lukuga marschiert. Wenig später fand er beim

Durchstreifen noch unbekannter Landschaften östlich des Tanganjika den Rikwasee. 1883 führte ihn eine Reise von Mombasa zum Kilimandscharo. Auf ihr zog er quer durch das Land der Massai, entdeckte den Baringosee, untersuchte den Mount Elgon und den Kenia und gelangte schließlich an das Nordufer des Victoria Nyansa.

Die Erstbesteigung des Kenia unternahmen 1887 Graf Teleki und v. Höhnel. Sie erreichten die Schneezone, kamen insgesamt 4700 Meter hoch, wurden aber fünf Jahre später von J. W. Gregory überboten, der die stolze Höhe von 5200 Metern erkletterte. 1894 gelang Georg Kolb der Aufstieg bis zum Krater. Und wiederum fünf Jahre später, am 12. September 1899, bezwang der Engländer Mackinder endgültig die höchste Erhebung.

Das Gebirgsmassiv des Ruwenzori auf dem Zwischenseenplateau des zentralafrikanischen Grabens hatten 1888 Stanley, Emin Pascha und Casati entdeckt. 1889 gelangte der Brite Stairs bis zu einer Höhe von 3200 Metern. Am Ruwenzori versuchten sich bis 1906 nicht weniger als 20 Forscher und Alpinisten der verschiedensten Nationalitäten, darunter keine geringeren als Stuhlmann, Emin Pascha, Johnston, Freshfield und die späteren Ost-West-Durchquerer des Kontinents Wollaston und Carruthers.

Erst der Herzog der Abruzzen bezwang 1906 alle 16 Gipfel einschließlich der Margarithaspitze und entschleierte mit seinen Begleitern Sella, Cagni und Cavalli zugleich die Struktur des Gesamtgebirges. Mit dem Mount Elgon beschäftigten sich 1911–12 Kmunke und Stiegler; mit dem Virunga 1894 die Teilnehmer der Expedition Graf Götzen, einer 1893 an der Sansibarküste zu Forschungen im heutigen Ruanda und Burundi aufgebrochenen Karawane, die den Kiwusee entdecken und nach geographisch und völkerkundlich ergebnisreichen Streifzügen durch das bis dahin unbekannte Ruanda jenen entbehrungsreichen Marsch durch den zentralafrikanischen Urwald antreten sollte, auf dem sie schließlich unweit Kibonge den Kongo erreichte. Der Expedition, die im Seengebiet auch die Vulkane Namlagira und Niragongo erkundete, gehörten außer Graf Götzen W. v. Prittwitz und H. Kersten an; das Unternehmen endete nach einer abenteuerlichen Bootsfahrt kongoabwärts 1894 an der Flußmündung in den Atlantischen Ozean.

1892 war auch Oskar Baumann nach Ruanda vorgedrungen, hatte das weithin gefürchtete, hermetisch abgeschlossene Land aber noch nicht kennenlernen können wie ein Jahr später Graf Götzen und dessen Begleiter. Baumann hatte den Auftrag, die bestmögliche Strecke für den Bau einer Eisenbahnlinie von der Sansibarküste nach dem Seengebiet zu erkunden. Von Tanga an der Ostküste zog er durch das Grenzgebiet des heutigen Tansania und Kenia, durchwanderte die Länder der Massai und Nyamwesi und entdeckte unterwegs den Manjara- und den Ejasisee. Nach Erreichen des Victoria Nyansa erforschte er den an der Westseite des Sees einmündenden Kagera bis zur Quelle, marschierte dann südwärts weiter zum Tanganjikasee und kehrte über Tabora schließlich an die Ostküste zurück. Von Graf Götzens Bericht animiert, das unzugängliche Ruanda mit eigenen Augen kennenzulernen, ging 1898 Richard Kandt an den Kagera und den Kiwusee. Graf Götzen hatte während seines vierwöchigen Aufenthaltes in dem gewässerreichen Grasland »nur Seltsames und Fremdartiges« erlebt. Die Bevölkerung Ruandas zählte nach seinen Aufzeichnungen im Gegensatz zu der sonst nur spärlichen Bewohnerschaft der Steppengebiete südöstlich des Viktoriasees an die Hunterttausende. Dabei handele es sich um Bantuneger vom Stamme der Wahutu, die sich »in knechtischer Abhängigkeit von den Watussi« befänden, »einer fremden semitischen oder hamitischen Adelskaste, deren Vorfahren, aus den Galländern südlich Abessiniens kommend, das ganze Zwischenseengebiet sich unterworfen« hätten. Das Land sei »in Distrikte und Provinzen eingeteilt, die unter der aussaugenden Verwaltung der Watussi ständen, deren riesige, über zwei Meter hohe Gestalten an die Welt der Märchen und Sagen erinnerten, und an deren Spitze ein baumlanger König« stehe, »der im Lande ruhelos umherziehend bald hier, bald dort seine Residenzen« erbaue.

Richard Kandt sollte nicht nur Land und Leute am Oberlauf des Kagera kennenlernen, sondern auch den von Graf Götzen erwähnten König. In seinem Reisebericht »Caput Nili«, einem der bestgeschriebenen Werke der Afrikaliteratur, berichtet er ausführlich über seine Begegnung mit dem Herrscher: »Ich trat in einen großen sauberen Hof, schritt wiederum durch ein Spalier aufrechtstehender

47 Graf v. Götzens Expedition auf dem Wege nach Ruanda

Männer und trat eine Minute später in eine große Hütte, an deren Tür mich Ruhenankiko (der Oheim des Königs) empfing. Im schwach erhellten Vorraum saß enggedrängt ein Dutzend der Vornehmsten; rechts von ihnen ein leerer Schemel, auf dem ich mich niederlassen wollte. Aber Ruhenankiko wehrte es mir, weil er für den König bestimmt sei, und wies mit der Hand auf die mattenbedeckte Erde zu seiner Rechten. Ich erwiderte, daß ich nicht gewohnt sei, auf dem Boden zu sitzen, und verlangte einen Stuhl für mich. Nach einigem Zögern eilte einer der Jüngeren davon und kehrte mit einem der üblichen Sitze wieder. In demselben Augenblick belehrte mich ein Händeklatschen der Anwesenden, daß der aus dem dunklen Hintergrunde der Hütte kommende, auf die Schultern zweier Begleiter sich stützende Mtussi der König war. Ohne mich anzusehen, setzte er sich auf den Schemel zu meiner Rechten. Ich war aufs äußerte verblüfft, denn nach allem, was ich bis dahin gehört hatte, mußte Juhi (= Name des Königs) ein sechzehnjähriger Jüngling sein, – was aber da neben mir saß, das war ein etwa vierzigjähriger Mann mit halbgeschlossenen, schläfrigen Augen und kupferner Indianerhaut. Und doch trug er das Attribut des Königs, ein cirka 20 Zentimeter breites Band von weißen Perlen, von denen sich sechs Zackenlinien von rosa Perlen abhoben. Vom oberen Rande dieser seltsamen Kopfbedeckung hingen große Büschel langer weißer Seidenaffenhaare auf das Hinterhaupt herab. Vom unteren Rande fielen etwa fünfzehn aus weißen und roten Perlen kunstvoll gestickte Schnüre mit fingerlangen und fingerdikken Quasten herab und bedeckten einen großen Teil des Gesichtes bis zur oberen Lippe. Bekleidet war er mit einem kurzen, über die Mitte des Gesäßes und vorn dicht über den Mons pudoris laufenden, doppelt gefalteten, feingegerbten Schurz, dessen Fellseite an der Haut anlag und der nur am oberen Rande umgebogen war, wo er aus Hunderten einzelner kleiner Teile zu einem Linienornament zusammengenäht war...

Die ganz konventionelle Unterhaltung wurde von einem Hofbeamten geführt, dem meine Worte durch die Frau meines Kochs mit zitternder, zagender Stimme übersetzt wurden. Denn es war ihr beim ungewohnten Anblick dieser schwarzen Majestät das Herz in die Hosen (oder was sie statt dessen trug) gesunken. Der König beteiligte sich zunächst gar nicht an der tropfenweise geführten Konversation, aber ich sehe von Zeit zu Zeit ein leichtes Kopfnicken und höre von Zeit zu Zeit ein diskretes Grunzen, das ich als wohlwollende Zustimmung zu meinen durch meinen Dolmetscher devot verbrämten Worten auffasse und mit dem gleichen Wortlaut beantworte. Dies wiederholt sich in der nächsten Viertelstunde noch mehrere Male, dann aber fing mir diese Art, sich zu unterhalten, doch an, ein wenig eintönig zu werden, worauf ich mich verabschiedete. Vorher ersuchte ich den König noch einmal, mir Nahrungsmittel für meine Leute zu schenken oder zu verkaufen; er versprach es für den nächsten Morgen und machte einige törichte Ausflüchte, daß es ihm nicht möglich sei, noch heute die genügende Quantität zusammenzubekommen. . .

Mkingo, den 17. Juni, zehn Uhr vormittags. Wozu sitze ich noch hier und worauf warte ich? Der König hat sein Wort gebrochen und mir nicht das kleinste Gastgeschenk geschickt. Der König? Ich will fortan die Götter dieses Landes anbeten, wenn ich den König gesehen habe. Denn je mehr ich darüber nachdenke, um so klarer wird mir, daß das Ganze gestern eine gut gemimte, aber schlecht inszenierte Komödie war, daß irgendein anderer Mtussi dem Weißen die Rolle des Mami vorspielen mußte. Nur war es ein großer Regiefehler, die Königsmaske einem vierzigjährigen Manne anzuschminken, denn alle Welt beschrieb mir Juhi Msinga als einen Knaben, als einen hochaufgeschossenen Knaben, aber immerhin einen Knaben. Schon in Urundi hatte ich wiederholt danach gefragt, und dort wie in Ussui von den Häuptlingen immer die gleiche Beschreibung erhalten. Und welch ein Interesse hätten diese Leute haben können, mich zu täuschen? Ich hatte ihnen wiederholt Burschen und Jünglinge aus meiner Karawane oder auch Eingeborene, die zufällig im Lager waren, präsentiert, damit sie mir an ihnen ungefähr das Alter Juhis demonstrierten. Die Grenze schwankte natürlich etwas, immerhin aber nicht so sehr, um nicht mit ziemlicher Sicherheit das Geburtsjahr Juhis bestimmen zu können. Ich vermute, daß man den Regenten den Europäern aus abergläubischen Motiven verbirgt. Auch der mystische König von Urundi, Kissabo, und der von Uha, dessen Namen ich vergessen habe, werden ihren Blicken entzogen, weil sie sterben zu müssen fürchten, wenn sie sich Aug' in Auge sähen.

Die Ansicht, die mein Tagebuch hier ausspricht, hat, wie ich gleich feststellen möchte, später ihre Widerlegung gefunden. Richtig ist, daß weder Ramsay noch Bethe, noch mir der junge Juhi gezeigt wurde, sondern Pambarugamba, der oberste der »Immandwa«, was ich kurzweg mit Priester übersetzen will. Wörtlich drückt es eigentlich eine passive Stellung zu Immana, d. h. zu Gott, aus, also etwa die Gottbegnadeten oder Gottbestimmten. Es sind Leute, die, wie der Name schon sagt, zu dem religiösen Kultus in nahen Beziehungen stehen.

Dagegen irrte ich, als ich glaubte, daß die Europäer den König niemals sehen würden, weil irgendwelche unüberwindliche Superstitionen dem entgegenständen; denn ich selbst war zwei Jahre später der erste, dem gegenüber man die Maske fallen ließ, nachdem man noch wenige Monde vorher den Bischof von Bulumbi, Monseigneur Hirth, durch Vorführung des Hohenpriesters zu täuschen versuchte. Ich hatte allerdings in der Zwischenzeit nie aufgehört, bei jeder passenden Gelegenheit den Hof die Erfolglosigkeit meiner Dupierversuche wissen zu lassen. Außerdem war ich durch meine friedliche Tätigkeit in Ruanda schon überall bekannt, von niemandem gefürchtet, und selbst der Einwohner so sicher, daß ich bei meinem zweiten Besuche in der Residenz nur noch drei Gewehre mit mir führte.

Es war sicherlich nur Furcht gewesen oder wenigstens Vorsicht, was früher die Farce veranlaßte; vielleicht glaubten sie auch, nachdem sie einmal einem Europäer die Komödie vorgespielt hatten, sie nun auch bei allen fortsetzen zu müssen. Sei es einer von diesen oder von hundert anderen möglichen Gründen – ich weiß es nicht mit Sicherheit, weil die Watussi selber gar keinen Versuch machten, mir ihr Verhalten zu motivieren, und ich selbst eine Diskussion hierüber für unfruchtbar hielt, da es wohl möglich war, daß sie, um sich nicht selbst zu dementieren, mit irgendeiner kindlichen Lüge über die Vergangenheit hinweggehuscht wären.

Ich bin übrigens außerstande, mit Sicherheit anzugeben, ob Graf Götzen den Vater des jetzigen Königs oder auch nur einen Stellvertreter gesehen hat. Das erste wäre immerhin möglich, denn Luabugiri Kigeri war ein tapferer, selbstbewußter Mann, aber wenn ich die Beschreibung, die Graf Götzen von ihm gegeben hat, lese und mich erinnere, daß sie fast bis auf das letzte Tüpfelchen der Erscheinung des Pambaru Gambi entspricht, der überdies durchaus nicht einen Durchschnittstypus der Watussi darstellt, so beginnen doch in meiner Seele leise Zweifel zu wogen, wie die abendlichen Nebelstreifen in den Schilftälern dieses Landes.«

Außer Kandt, der später noch viele Jahre in amtlichem Auftrag – als Resident der deutschen Regierung – in Ruanda weilte, reisten und forschten im Kiwusee-Gebiet die Belgier Poussin und de la

Vallén, die Deutschen Langheld, v. Ramsay, Kurt Kayser und Bethe sowie Prinz Wilhelm von Schweden und N. Butakow. 1889–99 hielten sich A. Sharpe und E. H. Grogan am Kiwu- und Eduardsee auf. 1907 zog die Expedition des Herzogs zu Mecklenburg über den Viktoriasee und den Kagera nach Ruanda. Und 1911 bestieg H. Meyer in Ruanda–Urundi den Karissimbi und den schon von Graf Götzen untersuchten Niragongo.

Von Mombasa nach dem Kongo

Adolf Friedrich zu Mecklenburg hatte die Absicht, die Nordwestecke des deutsch-ostafrikanischen Schutzgebietes, den zentralafrikanischen Graben zwischen Kiwu- und Albertsee und das nordöstliche Grenzgebiet des Kongostaates zu erforschen. Seine Karawane war fast 750 Mann stark. Sie bestand aus Gelehrten der verschiedensten Wissenschaftsbereiche wie der Topographie, Trigonometrie,

48 Auf dem Marsch in Ostafrika

Medizin, Bakteriologie, Geologie, Botanik, Zoologie und Ethnographie. Für den Transport der Ausrüstung und des Proviants sorgten 700 Träger, und den Begleitschutz bildeten 35 Askari-Soldaten der ostafrikanischen Schutztruppe.

Die in Mombasa zusammengestellte Kolonne brach am 17. Juni 1907 in Bukoba am Westufer des Viktoriasees nach Ruanda auf. Das Forschungsvorhaben des Herzogs führte sie zunächst westwärts durch das Tal des Kagera, dann nach Süden in die noch unbekannte Steppe zwischen dem Viktoria- und Kiwu-See, und schließlich nach Westen in das von Graf Götzen und Richard Kandt besuchte Reich des ruhelosen Watussi-Königs. Der Zug durch die Gefilde Ruandas endete am Ostufer des Kiwu-Sees. Von dort fuhr man in Einbäumen nach Kissenji am Nordostufer und drang anschließend nordwärts in das Hochland der Virunga-Vulkane vor, die der Expeditions-Geologe Kirschstein in den nächsten sechs Monaten untersuchte und wissenschaftlich erkundete. Die Vulkane waren noch tätig. Kirschstein konnte über zehn Ausbrüche beobachten und teils fotografieren. Am 5. Dezember 1907 wagte er mit einigen seiner besonnensten Leute den Einstieg in den rauchenden Schlund eines der Feuerberge. Schon mitten im Krater, waren sie plötzlich von dunklen Wolken umhüllt. »Der Nebel«, berichtete der Geologe später, »war so dicht, daß wir kaum auf fünf Schritte zu sehen, geschweige denn auch nur annähernd die Begrenzung der dampfenden Schlünde des Vulkans zu erkennen vermochten. Ein einziger Fehltritt – und rettungslos wären wir für immer in der unheimlich gähnenden Tiefe verschwunden. Ich beschloß unter diesen Umständen, an Ort und Stelle besseres Wetter abzuwarten. Zwei Stunden hatten wir so bereits auf einem und demselben Fleck zugebracht. Da, plötzlich ein dumpfes Rollen unter meinen Füßen, ein unterirdisches Donnern. Erst einmal – ganz leise, wie ein fernes Gewitter. Dann noch einmal. Schließlich von Minute zu Minute deutlicher anschwellend ... Kalter Schweiß trat mir auf die Stirn. Eine Täuschung war ausgeschlossen: Der Berg war zu neuer Tätigkeit erwacht. Der schrecklichen Lage mir bewußt, gab ich unverzüglich den Befehl zum Rückmarsch. Und es war auch wirklich höchste Zeit. Denn hageldicht regneten uns jetzt die Lapilli auf den Kopf, schwer legten sich die vulkanischen Dämpfe auf die Lunge, beengten die Brust, immer knapper wurde der Atem, nur das Herz atmete hörbar laut. Schweigend tasteten wir uns vorwärts. Infolge des dichten Nebels war jedoch jede Orientierung unmöglich. Gelang es uns nicht bald, den Ausweg aus dieser Mausefalle zu finden, so waren wir verloren. Zum Glück für uns riss der dichte Nebelschleier. Nur für einen kurzen Moment. Aber das genügte. Ich hatte die Stellen der Kraterwand erkannt, an der wir hinaus konnten. Wenige Sekunden später standen wir oben, auf dem Rande des Kraters, und ein befreiendes Hurra entrang sich unseren Kehlen. Wir waren gerettet.«

Auf dem Weitermarsch nach Norden folgte die Karawane zwischen dem Kiwu- und Albertsee streckenweise Pfaden durch Grenzgebiete des belgischen Kongostaates. Dann gelangte sie – im zentralafrikanischen Graben – in das Tal des Rutschuru. »Nach Norden zu«, berichtet der Herzog in seinem 1909 erschienenen Buch »Ins Innerste Afrika«, »fällt dieses Tal, vielfach zerklüftet, allmählich zum Albert-Eduard-See ab und gewinnt schließlich wieder das Bild der Steppe. Zahlreiche Muschelreste deuteten an, daß wir uns auf altem Seeboden befanden und daß das Wasser des Sees einstmals diese ganze Gegend bedeckt haben muß. – Von hier aus war der glitzernde Spiegel des Albert-Eduard-Sees schon deutlich erkennbar, und mit dem Glase bemerkte man ungeheuere Scharen von Pelikanen, die, weißen Inseln gleich, die Sandbänke vor der Mündung des Rutschuru belebten oder in großen Zügen fischend umherschwammen. – Am 28. November erreichten wir das Südufer des Sees. Je mehr man sich dem See nähert, desto niedriger wird das Gras. Ganz allmählich taucht die Steppe in den Wasserspiegel ein, aus dessen schlammigem Untergrunde Dickichte von Schilf und Rohrwäldern emporwachsen, welche die südlichen Teile des Seeufers wie mit einem breiten Band einfassen. – Überraschend ist die ungeheuer reiche Vogelwelt. Pelikane tummeln sich zu Tausenden auf den Sandbänken vor der Mündung des Rutschuru und teilen sich friedfertig mit den zahlreichen Flußpferden die schmalen trockenen Plätze. Der heisere Schrei des Reihers wird untermischt vom dumpfen Ton der Rohrdommel, und des schlanken Edelreihers schneeweißes Gefieder hebt sich effektvoll aus dem dunklen Grün des Schilfes ab. Unbeschreiblich ist das Gewimmel der Sumpf- und Wasserhühner, die leichtfüßig von Blatt zu Blatt oder auf den dünnen Gräsern des Wassers dahineilen und furchtlos die

Nähe unseres Faltbootes dulden, während weiße und graue Möwen in ungeheuren Scharen die Luft beleben. Auch wilde Enten und Gänse verschiedenster Art durchschneiden pfeifend mit starrem Flügelschlag die Luft. Im Röhricht aber schwatzen zahllose kleine Sänger und am Rande fischt der rosige Nimmersatt, oft in Gemeinschaft des Marabus, seine Nahrung bedächtig im seichten Wasser. – Wenn man sich dies bunte Bild von einer gelblichen, mit saftig-grünen Bäumen bestandenen Steppe umgeben denkt, und diese wiederum von Bergen eingefaßt, die von schwarzen Gewitterwolken, in denen es wettert und zuckt, überschattet werden, dazu plötzlich eine glutrote Sonne, die auf Augenblicke alles überstrahlend die Ränder der Wolken rosa beleuchtet, wenn man sich ferner hier hinein noch die Farben eines eben aufleuchtenden Regenbogens denkt und sich vorstellt, daß alle diese Töne im Reflex vom Wasserspiegel zurückgeworfen werden, so fragt man sich, ob auch die reichste Palette eines Malers wohl jemals genügen würde, all diese Herrlichkeit wiederzugeben.« Vom Südufer des Sees setzte die Karawane nach Kasindi über. Dann ging es durch das Tal des Semliki, vorbei am Westrande des Ruwenzorigebirges, zum Albert-See und über die Goldminen von Kilo nach Irumu, dem Kreuzungspunkt der Etappenstraße Stanleyville–Fort Portal und Rutschuri–Beni–Kilo. Der Ort lag drei Stunden vom Rande jenes großen Urwaldes entfernt, den einst Stanley unter den härtesten Strapazen und Entbehrungen vom Kongo her durchzogen hatte, um den durch den Mahdi-Aufstand in der ägyptischen Äquatorialprovinz isolierten Emin Pascha zu entsetzen. In Irumu entließ der Herzog die ostafrikanischen Träger in die Heimat, warb kongolesische Hilfsträger an und brach mit diesen am 1. April 1908 westwärts nach dem Aruwimi auf.

Der Marsch über den Ituri und durch streckenweise geschlossenen Urwald endete knapp vier Wochen später in der belgischen Station Avakubi, wo nach Entlassung auch der Askari am 27. April die Heimreise begann. »Nicht ohne freudige Erwartung«, erinnert sich der Herzog, »hatten wir dem Abschiedstag entgegengesehen, sollten doch den heißen Märschen durch das Laubgewirre angenehme und bequeme Reisetage in den großen Eingeborenenbooten folgen. Wild schäumend rauscht der Ituri, zackige Felsgebilde überströmend, mitten durch den Ort hindurch, der sich malerisch an seinen beiden Ufern aufbaut. Unterhalb der langgestreckten Stadt aber wechselt er den stürmischen Charakter, und in träger Breite wälzt er, von jetzt ab Aruwimi genannt, seine dunklen Wasserfluten in langsamem Gefälle talwärts. Hier beginnt auch seine ununterbrochene Schiffbarkeit aufs neue, und hier erwarteten uns die zwanzig Boote, die uns zum Kongo tragen sollten.

Nach dreiviertelstündigem Ritt erreichten wir vom Innern der Stadt aus Kifuka, den Einschiffungsplatz. Hier schieben sich die Felsen bis in den Fluß hinein, und an seinen dunklen Fluten bewegte sich ein buntes Bild. Die Ruderer eilten geschäftig hin und her, nahmen Zelt- und Proviantlasten auf und verstauten sie in den Booten. Eine Menge Volks trieb sich umher, die uns neugierig gefolgt war. Einzelne Araber, letzte Repräsentanten dieses stolzen, einst Afrika beherrschenden Volksstammes, begrüßten uns und überreichten Geschenke aus geschnitztem Elfenbein. Den Terrassenaufbau des Ufers aber hielt eine enorme Menschenmenge besetzt, die lebhaft durcheinanderschwatzte und in ohrenbetäubendes Geschrei ausbrach, als die Flottille endlich abstieß. Es waren Augenblicke wüstester Unordnung, und wildes Getöse erfüllte die Luft. Weil alle Boote zugleich abfahren wollten, stießen sie aufeinander und quetschten die Insassen, die laut aufschrieen. Verspätet eintreffende Ruderer schwangen sich ins erste beste Kanu und sprangen mit wilden Gebärden von Boot zu Boot, bis sie das ihrige schließlich erreicht hatten. Wir suchten Ordnung in das Chaos zu bringen, erreichten aber nur das Gegenteil. Da alles schrie, konnte sich kein Mensch verständlich machen. Endlich entwirrte sich das Knäuel, wir bekamen Kurs, und unter lautem Gesange der Bootsmannschaft setzte sich der Zug in Bewegung. Noch ein kurzes Winken zu unseren Freunden hinüber am langsam entschwindenden Ufer, dann richteten wir den Blick nach vorn; die letzte Etappe der Reise begann.«

Über Basoko, Lisala, Coquilhatville und Irebu, vorbei an den Mündungen des Ubangi und Kassai gelangte die Expedition – die letzten Wegstrecken per Flußdampfer und mit einem Sonderzug der belgischen Regierung – schließlich am 28. Mai 1908 an die Mündung des Kongo am Atlantischen Ozean.

Wir verdanken Herzog Adolf Friedrich und seinen Begleitern die geologische Erforschung des gesamten Virunga-Gebirges, die wissenschaftliche Erkundung weiter Gebietsteile Ruandas und die kartographische Aufnahme der bis dahin noch so gut wie unbekannten Landschaften zwischen dem Kiwu- und Albertsee.

Die großen Seen Ostafrikas

Durch das nordöstliche Nachbarland Ruandas, das heutige Uganda, waren 1861–62 als erste Europäer Speke und Grant gezogen. Dann kamen Stanley (1875), Junker (1886) und Peters (1890). Als Leiter der deutschen Expedition zur Unterstützung und Entsetzung des durch den Mahdistenaufstand in der ägyptischen Äquatorialprovinz abgeschnittenen Emin Pascha (Dr. Eduard Schnitzer) nach Ostafrika entsandt, geriet Peters bei seiner Ankunft in Sansibar im März 1889 in die Wirren eines 1888 auch an der Ostküste Afrikas ausgebrochenen Araberaufstandes. Am 8. April 1888 hatten der Sultan von Sansibar und die Deutsch-Ostafrikanische Gesellschaft einen Vertrag abgeschlossen, aufgrund dessen die ostafrikanische Küste südlich des Umbaflusses unter deutsche Verwaltung gestellt wurde. Da die Araber Ostafrikas fürchten mußten, daß das Inkrafttreten dieses Vertrags das Ende des für sie außerordentlich lukrativen Sklavenhandels bedeutete, erhoben sie sich an der gesamten Küste und im Inneren gegen die Deutsch-Ostafrikanische Gesellschaft, überfielen die deutschen Beamten, vertrieben sie und brandschatzten ihre Gebäude und Quartiere. Ein Überfall und Angriff folgte dem anderen. Die arabischen Reiterscharen und Terrorgruppen erhielten aus dem Hinterland und den Küstengebieten fast täglich neue Verstärkung. Die kleine, teils noch unausgebildete deutsche Schutztruppe sah sich außerstande, den Aufstand niederzuschlagen. Der Hilferuf der Gesellschaft an die deutsche Reichsregierung führte im November 1888 zu einem Vertrag zwischen Deutschland, England und Portugal, in dem sich die Signatarmächte zur sofortigen Blockade der Sklavenausfuhr und der Waffeneinfuhr an der gesamten Ostafrikaküste verpflichteten. Zwei Monate später erhielt die Deutsch-Ostafrikanische Gesellschaft durch Reichsgesetz die für die Niederwerfung des Araberaufstandes und zum Schutz der deutschen Interessen in Ostafrika nötigen Machtmittel, und der Afrikadurchquerer Hermann von Wissmann, der Carl Peters ursprünglich als Mit-Leiter der Emin Pascha-Expedition begleiten sollte, wurde als Reichskommissar im deutsch-ostafrikanischen Interessenbereich Kommandeur einer großen militärischen Strafexpedition gegen die aufständischen Araber.

Inzwischen war, wie wir uns erinnern, zur Entsetzung Emin Paschas auch die Stanley-Expedition nach dem Inneren Ostafrikas unterwegs. Wenn Peters nicht zu spät kommen, das Ziel der deutschen Befreiungsaktion nicht zeitlich verfehlen wollte, durfte er den Aufbruch seiner Expedition trotz der Wirren an der Küste und im Inneren Ostafrikas nicht länger verzögern lassen. In Sansibar ange-

49 Letztes Portrait vom Emin Pascha am Duki-Fluß, 17. August 1891

kommen, legte er, um die hauptsächlichen Unruhegebiete in nördlicher Richtung zu umgehen, als Expeditionsweg die Route von der Hafenstadt Witu (im heutigen Kenia) tana-aufwärts fest, warb Somalis als Träger und Soldaten an, sah sich aber schon bald im gesamten ostafrikanischen Blockadegebiet mit den größten Schwierigkeiten konfrontiert, die das kaum begonnene Unternehmen im Keime zu ersticken drohten. In Sansibar untersagte man ihm, Leute anzuwerben. Anscheinend fürchtete der Sultan die womöglichen Folgen eines Verstoßes gegen das Abkommen Deutschlands mit England und Portugal, das die Sklavenausfuhr untersagte. Die Verlagerung der angeworbenen Somalis und der Transport der Waffen vom Verwaltungsbereich der einen europäischen Schutzmacht in den einer anderen war wegen der Vorbehalte dieses Abkommens so gut wie unmöglich. Die Behörden, selbst die deutschen, hielten sich strikt an die vertraglichen Vereinbarungen vom November 1888. Alle Mächte des Schicksals schienen sich gegen Peters verbündet zu haben, doch für ihn gab es nun kein Zurück mehr. Nach so vielen Vorbereitungsarbeiten unverrichteter Dinge die Flagge zu strei-

50 Nordwest-Ecke des Albert-Eduard-Sees bei Kirima

chen, war Peters' Natur zuwider. Unbemerkt von den Behörden gelang es ihm, ein Dampfschiff zu chartern, mit diesem die Blockade zu durchbrechen und die angeworbenen Träger und die Waffen unweit Witu an der Keniaküste an Land zu bringen. Er befand sich nun in einem unter britischer Schutzherrschaft stehenden Gebiet, in dem er vorerst zu bleiben und zu operieren gedachte. Die Sperre war umgangen, die Mannschaft in den Operationsbereich eingeschmuggelt. Grenzen hatte er zunächst keine mehr vor sich und brauchte folglich auch keine neuen Widerstände seitens der Protektoratsverwaltung zu befürchten. Am 26. Juli 1889 brach er in Begleitung des Deutschen v. Tiedemann mit seiner Karawane von Witu tana-aufwärts in nordwestlicher Richtung ins Landesinnere auf, umging das Keniamassiv im Süden und stieß nach wiederholten erbitterten Kämpfen mit den kriegerischen Massai nach achtmonatigem Marsch an das Nordufer des Viktoriasees. Hier erfuhr er, daß Stanley Emin Pascha inzwischen aufgefunden hatte und daß Stanley und Emin schon vor einem halben Jahre auf dem Wege nach der Küste Makolo am Südufer des Viktoriasees passiert hätten. Pe-

51 Peters' Expedition in Uganda

ters begab sich daraufhin an das Nordwestufer des Sees, schloß mit dem ugandischen König Muanga einen Handelsvertrag ab, der beiden Seiten die Freizügigkeit des Handels und der Schiffahrt sowie die Freiheit der Niederlassung garantierte, und befuhr sodann den gesamten Viktoriasee von Uganda bis zum Südufer. Auf dem Rückmarsch zur Küste traf er in Mpapua mit Emin Pascha zusammen, der mit Stuhlmann auf dem Wege nach dem Seengebiet war. Etwa einen Monat später, im Juli 1890, nahm die deutsche Emin Pascha-Expedition in Bagamojo an der Sansibarküste ihr Ende. Durch Carl Peters, der wegen seiner oft brutalen Rücksichtslosigkeit gegen seine eigenen Landsleute in Deutschland lange umstritten war, haben wir nicht nur Uganda und die Machtverhältnisse in diesem Lande besser kennengelernt, sondern auch vieles bis dahin Unbekannte über das Sultanat Witu an der Keniaküste, die Landschaften des 1890 von Kapitän Dundas aufgenommenen Tana, die Galla, Wanderobbo, Kikuyu, Massai und die Landschaften zwischen dem Baringo- und Viktoriasee erfahren. Nach Peters waren 1891 Stuhlmann und Emin Pascha in Uganda. 1891–92 führte Lu-

52 Peters überquert den Viktoriasee

gard eine Expedition von der Mombasaküste durch Westkenia an das Nordwestufer des Viktoriasees. Und nach Lugard kamen Schöller (1896–97), Harry Johnston (1900) und Powell Cotton (1903–05), letzterer als Erforscher der ugandischen Völkerlandschaft und Fauna.

Zu den Pionieren der Erkundung Ostafrikas gehören ferner die Deutschen Kaiser, Böhm und Reichard, die 1880–85 von der Ostküste ins Kongobecken zogen und die Kupferlager in Katanga (heute Shaba) und den Upembasee entdeckten. Der Brite Maples erforschte 1881 die Nordostküste Moçambiques. Harry Johnston nahm 1889–90 die Landschaften am Rikwasee auf. Und Hermann von Wissmann trug mit seinen berühmten West-Ost-Durchquerungen Afrikas in den Jahren 1881–82 und 1886–87 wesentlich zur Erweiterung der geographischen Kenntnisse über die Gegenden zwischen Nyangwe und dem Westufer des Tanganjikasees sowie den Gebieten zwischen dem Tanganjika- und dem Nyassasee bei. Auf Reisen durch den Norden des heutigen Tansania und den Südwesten Kenias erkundete der Deutsche Fischer 1883–86 die Landschaften am

53 Peters bei Muanga

gesamten Ostufer des Viktoriasees. Dermott untersuchte 1891 im Ostteil des Sees die Insel Ukerewe. Und ein Jahr später starteten v. Höhnel und der Amerikaner Chanler in Lamu zu einer Expedition, die über den Kenia zum Rudolfsee führte. Geographisch ergebnisreich waren auch die Reisen v. Scheles 1893–94 zum Nyassasee, Macdonalds 1897 in die Gebiete zwischen Rudolf- und Albert-Eduard-See, und Bornhardts 1897 in den Küstengegenden zwischen den Flüssen Rovumo und Kilwa im heutigen Tansania.

Erwähnung verdienen ferner E. H. Grogans und A. Sharpes Aufnahmen am Kiwu- und Eduardsee, Jacksons erfolgreiche Forschungen zwischen Rudolf- und Viktoriasee 1898–1900 und die Erkundung des heutigen südlichen Tansania durch Dantz, der im selben Zeitraum zwischen Daressalaam, dem Rikwasee und dem Nordwestufer des Nyassasees arbeitete. Damit war bis auf F. Jaegers und K. Uhligs Untersuchungen im Zwischenseengebiet des ostafrikanischen Grabens in den Jahren 1904–06 Ostafrika in den Grundzügen erforscht. Jedenfalls reichten die gewonnenen geographischen, hydrographischen und geologischen Kenntnisse und Erkenntnisse nunmehr aus, eine lückenlose und in ihren Einzelheiten stimmige Karte des gesamten Küsten- und Seengebietes bis hinunter zum Sambesi zeichnen zu können.

Madagaskar

Madagaskar war allem Dafürhalten nach vor der Zeitenwende eine altsemitisch-sabäische Kolonie. Die Araber nannten Madagaskar Dschesira el Komr = Mondinsel, oder »Insel im Schatten der Mondberge«. Durch die arabischen Märchen von Tausendundeiner Nacht geistern noch Madagaskars längst ausgestorbene Riesenvögel. Schon der venezianische Chinafahrer Marco Polo hörte von der Insel und erwähnt sie in seinem Reisebericht aus dem 13. Jahrhundert. Doch in Europa blieb sie bis ins frühe 16. Jahrhundert eigentlich unbekannt. Im Jahre 1506 entdeckten die Portugiesen Fernao Soarez und Joao d'Abreu Madagaskar und gaben ihm den Namen Isla de São Lourenço. 1595 faßten die Holländer auf der Insel Fuß, und einige Jahrzehnte später begannen sich die Franzosen für das Land zu interessieren. Heinrich IV. ließ an der Südostküste die Festung Dauphin anlegen, und Ludwig XIII. entsandte ein Expeditionskorps, um die Insel in Besitz zu nehmen, aber die kleine Armee war den Eingeborenen nicht gewachsen.

1638 besuchte der Indienfahrer Albrecht von Mandelso Madagaskar und schrieb später ausführlich über seine Erkundungen und Erlebnisse. Im 18. und frühen 19. Jahrhundert betraten Seeleute, Abenteurer, Missionare und Militärs der verschiedensten europäischen Nationen madagassischen Boden. Ein neuer Versuch im Jahre 1774, auf der Insel die Herrschaft Frankreichs zu errichten, mißlang. Der Kommandeur der Invasionstruppe, Graf Benjowski, mußte einsehen, daß er gegen das im Inneren unbekannte Land und seine Bewohner nicht ankam. Erste Vorstöße ins Innere des Nordens unternahm ab 1774 der Franzose Mayeur.

Im Norden und im Hinterland der gesamten Westküste lebten die dunkelhäutigen Sakalaven. Direkt an der Westküste saßen Inder, afrikanische Sklaven, Araber, Suaheli sprechende Bantus und die Stämme der Vazimba, Antiboina, Antimalanja, Antimena, Antimahilaka und Antifiherenana. An der nördlichen Ostküste lebten die Betsimisaraka (»die sich nicht voneinander trennen«), im südlichen Zentrallande die Betsileo (»die Unbesiegbaren«) und im tieferen Süden die Tsimihety, Antanosy und Antandroy. Den volkreichsten madagassischen Stamm bildeten die malaiisch-indonesischen Merina (Hova) im Zentralland der Insel. Die Merina sind nach ihrer Überlieferung vor etwa 900 Jahren nach Madagaskar gekommen. Was man über sie wissen wollte, erfuhr man an der Küste; in ihre Wohngebiete drang man bis zum Beginn des 19. Jahrhunderts nicht vor. Den ersten großen Zug ins tiefere Hinterland unternahm 1869 Alfred Grandidier. Er durchquerte den südlichen Teil der Insel von Westen nach Osten und erkundete in den Folgejahren weite Binnenlandgebiete im Ostteil. Im Jahre 1877 durchwanderte der Engländer Richardson die Insel von Südwesten nach Osten. Fast zur gleichen Zeit gelang den Franzosen L. Catat und C. Maistre die Durchquerung von der Ostküste nach Majunga. An der Nordwestküste reiste 1877–78 der Deutsche Rutenberg. Von Nordosten drang 1876 Houlder nach Süden vor. Und das Hinterland der mittleren Westküste durchzogen 1862–67 Ellis, 1894 Gautier und 1889–95 der Deutsche A. Völtzkow. Auf seiner Expedition südostwärts ins tiefere Landesinnere durchwanderte Völtzkow eine Reihe Landschaften, die vorher schon Grandidier besucht hatte, und präzisierte dessen Aufnahmen und Erkundungen. Im Südosten waren 1870 Sibree und 1887 Nilsen Lund tätig. Durch die Gebiete nördlich von Tananarive zog 1873 Mullens, und durch den Südwesten, die Wohngebiete der Sakalaven, Antifiherenana, Bara und Mahafaly 1896–98 der Franzose Bastard.

Die Hinterlassenschaft des Benjowski'schen Abenteuers, ein paar Faktoreien an der Küste, war Frankreich in den Revolutionskriegen verlorengegangen, den Franzosen aber aufgrund des Vertrags von Wien 1814–15 wieder zurückgegeben worden. Diese Faktoreien bildeten im 19. Jahrhundert die Ausgangsbasis für die Bemühungen Frankreichs, Madagaskar unter französische Schutzherrschaft zu stellen. Nach längeren Rivalitäten mit den Engländern erkannten diese 1890 die französische Vormachtstellung in Madagaskar an. Damit hatte Frankreich freie Hand für die Annexion. 1895 besetzten französische Truppen Tananarive. Ein Jahr später kam es zu einem Merina-Aufstand gegen die Franzosen und die Christen. Der Aufstand endete mit dem Untergang der Merina-Monarchie, die, teils mit britischer Unterstützung, fast das gesamte 19. Jahrhundert bestanden hatte. Schon nach der Besetzung von Tananarive hatte Frankreich Madagaskar zur französischen Kolonie erklärt. Nun waren die Franzosen endgültig die Herren der Insel, und eine noch lebhaftere Forschungstätigkeit begann, an der nicht zuletzt die französische Armee selbst Anteil hatte. Bedeutendes leistete um die Jahrhundertwende zumal Guillaume Grandidier, der Sohn des Erstdurchquerers der Insel in den siebziger Jahren. Guillaume Grandidier erkundete außer manchen wissenschaftlich noch unbekannten Landschaften der nördlichen und südlichen Ostküste weitere Gebietsteile des Zentrallandes. 1902 begann Paul Lemoines geologische Forschungstätigkeit im Norden, und 1932 bildeten Bluntschlis Aufnahmen den Abschluß der geographischen Erkundung. Viele wären noch zu nennen, die an der Erschließung der Insel Anteil hatten: Pater Colin, Georg Müller, Vélain, Cadière, Shaw und nicht zuletzt die Deutschen Audebert, Hildebrand und Heim. Sie alle lieferten mit ihren Forschungen und Aufnahmen die Daten, ohne die die heutige Kartographie der Insel nicht möglich wäre.

Als der Tibesti-Erforscher Gustav Nachtigal am 14. Juli 1884 an der Kamerunmündung die deutsche Flagge hißte, kannte man vom näheren Hinterland der weitgestreckten Bucht am Golf von Biafra mit Ausnahme einer 1832 von C. H. Coulbhurst erkundeten Mündungsstrecke des Cross River nur den küstennahen Mongo ma Loba oder Götterberg, über den schon der Phönizier Hanno berichtet hatte. Kapitän Richard Burton und der Deutsche Gustav Mann waren 1861–62 bis zum 4070 Meter hohen Hauptgipfel des vulkanischen Gebirges vorgedrungen. Reichenow, Lühder, Buchholz, Comber und Flegel hatten die Erkundung des Massivs in den achtziger Jahren fortgesetzt. Hugo Zöller und den Polen Rogozinski und Jankowski gelang 1884 eine Neubesteigung. Aber jeder Versuch, ins nähere Küstenhinterland vorzudringen, war gescheitert. Die wenigen ins Innere führenden Flüsse waren unbeschiffbar. Der tropische Regenwald bildete schon in Meeresnähe eine schier undurchdringliche Wand. Und die um ihre Einkünfte aus dem Handel mit Gütern aus dem Hinterland besorgten Küstenstämme verwehrten jedem Fremden erbittert den Zugang zu den Herkunftsbereichen ihrer Handelswaren.

Der erste Durchbruch gelang 1887–88 Richard Kund und Hans Tappenbeck, zwei Offizieren der deutschen Schutztruppe. Von den Naturwissenschaftlern B. Weißenborn und J. Braun begleitet, durchstießen sie, von der Südküste ausgehend, den Sperriegel des Küstenwaldes, erreichten das Grashochland Zentralkameruns und marschierten bis in die Wohngebiete der Wute in den von den Flüssen Njong, Mbam, Kim, Djerem und Sanaga umschlossenen Landschaften. Eine zweite Expedition führte sie ein Jahr später erneut ins Innere Südkameruns. Auf dieser Fahrt legten sie die Jaundestation an, wurden aber bei Gefechten mit den kriegerischen Bakoko schwer verwundet und mußten nach der Rückkehr an die Küste ihre Forschungstätigkeit einstellen. Inzwischen hatte der deutsche Bauinspektor Schran 1885 begonnen, das Kamerunbecken und seine Zuflüsse aufzunehmen. O. Baumann präzisierte die physische Geographie der Urwaldinsel Fernando Poo. Und in Nordwestkamerun gründeten Eugen Zintgraff und Karl Zeuner nach einer Expedition ins Küstenhinterland die Station Barombi, von der aus 1889 die

Durchquerung des zwischen dem oberen Cross River und dem Benue gelegenen Bali-Landes gelang. Auf dem Weitermarsch nach Norden legte Zintgraff in der Grassavanne am oberen Katsena als neuen Vorposten der deutschen Schutzmacht den Stützpunkt Bali an. Dann drang er nach Ibi am Benue vor, zog weiter nach Jola, der Hauptstadt Adamauas und gelangte auf dem gleichen Wege an die Küste zurück. Nun kannte man – nach der Erkundung Südkameruns durch Kund und Tappenbeck – auch das zentrale Hochland Nordwestkameruns. Von der Küste nach dem Südsudan war ein erster Überlandweg erschlossen. Man hatte die zwischen dem oberen Cross River und dem Benue lebenden Völker kennengelernt und vom Süden her endlich den Anschluß an Heinrich Barths und Robert Flegels Aufnahmen in den südlichen Tschadseeländern gefunden.

1890 versuchte Zintgraff noch einmal über den oberen Cross River nach Norden vorzudringen, scheiterte aber am Widerstand kriegerischer Stämme, die seine Karawane in hitzigen Gefechten dezimierten und den erneuten Durchbruch nach Adamaua vereitelten.

Mehr Glück hatte ein Jahr später der deutsche Kolonialoffizier Kurt Morgen. Von Kribi, dem Ausgangsort von Kund und Tappenbeck an der Küste Südkameruns, zog er ostwärts ins Innere, wandte sich nach Erreichen Jaundes nach Norden, gelangte bis nach Ngila und kehrte über den Mbam am Sanaga nach der Küste zurück. Ein Jahr später brach Morgen, wiederum von Kribi aus, nach dem Benue auf, erreichte nach abermaligem Überschreiten des Sanaga und des oberen Mbam das Sultanat Tibati, zog westwärts weiter nach Banjo, das vor ihm schon Flegel besucht hatte, folgte Flegels Spuren in nordwestlicher Richtung und stieß bei 10° östlicher Länge an den Benue. Damit hatte Morgen als erster ganz Kamerun von Süden nach Norden durchquert. Von Ibi gelangte er benue-abwärts zum Niger und auf diesem ans Meer zurück.

Die Kartographie der östlichen Teile Kameruns basiert auf den Wege- und Stationskarten der Franzosen Mizon, Fourneau und de Maistre. Nach Forschungen am unteren Kongo und in Gabun zog Mizon 1890 von der Nigermündung benue-aufwärts nach Jola, wandte sich nach Südosten, durchquerte die Landschaften Ngaundere, Adamaua und Kunde und vereinigte sich am Sanga, einem der großen Nebenflüsse des Kongo, mit der von Süden kommenden

54 König Denis, bis 1839 Herrscher im Gabun-Distrikt († 1876), schloß 1839 mit Kapitän Bouet-Willaumez einen Vertrag ab, der Frankreich Hoheitsrechte in Gabun einräumte. 1844 wurde Gabun (Libreville) französische Kolonie

Karawane seines Landsmanns und alten Weggenossen Graf de Brazza. Wie Clozel, der 1893 vom Sanga zum Logone zog, und Fourneau, dessen Expedition 1898 zwischen dem Sanga und unteren Ogowe operierte, konnte er Frankreich im Ostkameruner Hinterland zahlreiche Besitztitel sichern und damit dem Vordringen Deutschlands in diesen Regionen Einhalt gebieten. Auch de Maistre ging es vornehmlich um den Abschluß von Schutzverträgen zugunsten Frankreichs. 1892–93 marschierte er ubangi-aufwärts zum oberen Schari, wandte sich in Süd-Bagirmi nach Westen und gelangte über Lamé nach Garua am Benue.

In Südostkamerun drangen v. Carnap-Quernheimb und Freiherr v. Stein zu Lausnitz in die Urwälder und Sumpflandschaften der Wasserscheide zwischen dem Sanaga und den Nebenflüssen des Sanga vor. Freiherr v. Stein hielt sich mehr als zehn Jahre lang in den Gebieten südöstlich des oberen Sanaga auf, erforschte die hydrographischen Verhältnisse im Bereich der Quellgebiete des Njong, Dume, Bumo, Dja und Karagua und erweiterte die Itinerare von Kund und Tappenbeck südostwärts um die Stammländer der Maka, Bakum, Mendsime, Njem, Badjue und Kaka-Kadei. v. Carnap befuhr den unteren Sanga 1898 flußabwärts bis zur Mündung in den Kongo. Und Engelhardt ergänzte 1903 v. Steins Aufnahmen im Siedlungsraum der Mendsime durch Begehung des Kadei-Tals vom oberen Sanga bis zur Einmündung des Dume. Im nordwestlich angrenzenden Sanagagebiet entdeckte Hans v. Ramsay um die Jahrhundertwende das aufgrund seiner Hofkunst berühmte Königreich Bamum zwischen dem Bamileke-Hochland am Nun, dem Mbam und der Chéfferie (= Häuptlingstum) Banso im Sultanat Tikar, besuchte die Bamum-Hauptstadt Fumban und machte als erster Europäer die Bekanntschaft des einheimischen Herrschers Nschoja.

Durch das südöstlich an Bamum angrenzende Land der Wute zogen nach den Pionierleistungen der großen Pfadfinder Kund, Tappenbeck und Morgen 1893 der deutsche Kolonialoffizier Rittmeister v. Stetten, 1899 v. Kamptz und Hans Dominik, und 1912–13 F. Thorbecke und L. Waibel. v. Stetten, ein – wie Kamptz und Dominik – subtil beobachtender Topograph, ging sanagaaufwärts nach Ngambe und gelangte nach kriegerischen Auseinandersetzungen mit dem Sultan von Tibati über Banjo nach Jola am Benue. Dort

55 König Bell, in den 90er Jahren des 19. Jh. Herrscher über weite Teile des Kameruner Küstenlandes

brachen im selben Jahre v. Uechtritz und Passarge nach Ngaundere auf. Ihre vom Deutschen Kamerunkomitee ausgerüstete Expedition hatte die Aufgabe, den kolonialpolitischen Bemühungen Frankreichs im Kameruner Hinterland durch den Abschluß von Schutzverträgen mit den einheimischen Herrschern am oberen Benue und am Schari Einhalt zu gebieten. Erstes Reiseziel war die Benue-Station Garua. Auf dem Weitermarsch nach Süden kam es vor Rei Buba, der Hauptstadt Adamauas, zu erbitterten Gefechten mit den Kriegern des mohammedanischen Herrschers. Die Anzahl der von überall her anschwärmenden Feinde schien die Expedition zu erdrücken. Doch Unerschrockenheit und eiserne Disziplin halfen der deutschen Truppe zum Sieg. v. Uechtritz schlug die Heerscharen des Sultans in die Flucht und führte die aufgrund ihrer Tapferkeit und Schlagkraft nunmehr weithin gefürchtete Karawane unangefochten bis nach Marua. Dort erfuhr man, daß es zwecklos sei, weiter nach Bagirmi vorzudringen, da Rabeh, der Usurpator von Bornu, dieses Sultanat inzwischen erobert habe. Der arabische Abenteurer Rabeh sollte in den Folgejahren noch viel von sich reden machen. 1893 hatte er Bornu unterworfen; gegen Ende des 19. Jahrhunderts beherrschte er weite Gebietsteile des mittleren Sudans. 1899 besiegte ihn der französische Kolonialpolitiker und Forscher E. Gentil am oberen Schari, und ein Jahr später fiel er im Kampf mit der von Foureau und Lamy geführten militärischen Expedition Frankreichs am Tschadsee.

Als die deutsche Karawane Ende 1893 in Marua eintraf, stand Rabeh auf der Höhe seiner Macht. Sein fanatisiertes, gut organisiertes Heer errang Sieg auf Sieg und befand sich, wie man hörte, auf unaufhaltsamem Vormarsch in den Süden. v. Uechtritz und Passarge hielten es aufgrund dieser Nachrichten für geraten, ihr ursprüngliches Ziel aufzugeben, nach Garua zurückzukehren und von dort nach Ngaundere in Adamaua zu ziehen. Ende Januar 1894 langten sie in Ngaundere an, schlossen mit dem einheimischen Sultan einen Schutzvertrag, der Deutschland Handels- sowie Stationierungs- und Schiffahrtsrechte auf dem Benue einräumte, und kehrten mit reichen topographischen, länderkundlichen, geographischen und botanischen Ergebnissen über Bakundi an den Benue und auf diesem und dem Niger an die Küste zurück.

Geographisch bedeutsam waren auch Grenfells und Ross' topographische Aufnahmen und Forschungen in der Kamerunbai, Autenrieths Reisen durch das westliche Kameruner Waldgebiet, Langhelds und Strümpells Züge durch die Landschaften am oberen Benue und Faro und Günter Teßmanns Expedition in die Wohngebiete der Pangwe. Noch 1903 stieß Graf Pückler-Limpurg nördlich des oberen Cross River in unbekannte Gegenden vor. Und ein Jahr darauf ergänzte Hans Glaunings Jola-Tschadsee-Grenzexpedition Heinrich Barths Forschungen zwischen dem oberen Benue und dem äußersten Norden.

Erste Nachrichten über die Gabunbucht und das küstennahe Ogowe-Tal vermittelte zu Beginn des 19. Jahrhunderts der britische Missionar T. E. Bowdich. 1839 gründete Frankreich am Gabunästuar eine Niederlassung, und 1843 folgte die Anlage des Aumale-Forts, in dessen unmittelbarer Nähe sechs Jahre später die Station Libreville als geschützte Siedlung für befreite Negersklaven entstand. Zugleich französischer Marinestützpunkt, wurde die »freie Stadt« zum Ausgangspunkt für die geographische Erkundung des Hinterlandes der Gabun- und Ogowe-Mündungen. Nach Baron Mequet, Bouet Pigeard und Boudin, die im wesentlichen im Einzugsbereich des Gabunästuars arbeiteten, trat in den sechziger Jahren Paul Belloni du Chaillu auf den Plan und schuf mit den Ergebnissen seiner Expeditionen ins Landesinnere die Grundlagen der Geographie Gabuns und der Loangoküste. Von 1855–1859 wie später R. B. N. Walker und Oskar Lenz in Nordgabun tätig, bereiste er in den Jahren 1863–65 von der Fernan-Vaz-Lagune aus die Landschaften des nach ihm benannten Du Chaillu-Massivs, entdeckte den Ngume und drang bis in das Land der Aschange im Süden des Ogowe (2° südlicher Breite und 12° östlicher Länge) vor, wo er als erster Europäer Menschenaffen sah und das Zwergvolk der Obongo fand. 1861–62 nahmen Griffon de Bellay und P. A. Serval den unteren Ogowe auf. 1863 war Genoyer, 1866–67 Walker im Ogowegebiet tätig. 1867 befuhr Aymés den Ogowefluß aufwärts bis zur Einmündung des Ngume. Und 1873 gelangten Walker und Emil Schulze bis Lope-Okanda. Der Erforschung des Ogowe widmeten sich ferner Alfred Marche, Marquis Victor de Compiègne und der Deutsche Oskar Lenz. Die ersteren drangen 1873–74 bis zur Einmündung des später von M. Vaille erkundeten Iwindo vor; die »Lenzsche Ogowe-

Expedition« erreichte am 5. 7. 1876 als bis dahin äußersten Punkt am Hauptstrom Gabuns die Einmündung des Sebe.

In Südgabun und im Südwesten des heutigen Kongo-Brazzaville forschte 1874–76 die an der Nordgrenze von Kabinda stationierte »Deutsche Loango-Expedition«. Ausgerüstet und entsandt von der 1873 in Berlin gegründeten »Afrikanischen Gesellschaft in Deutschland«, hatte sie sich die Aufgabe gestellt, das noch so gut wie unbekannte Hinterland der Loango-Küste zu erkunden. Außer Paul Güßfeldt gehörten ihr Eduard Pechuel-Lösche, Paul Pogge, v. Danckelmann, Falkenstein und Bastian, der Gründer der Berliner Gesellschaft an. Die Expedition nahm zwar den Unterlauf des Njanga auf, auch konnte Pogge bis zur Residenz des Lunda-Herrschers im Kassaigebiet vordringen, doch blieben ihre Aktivitäten aufgrund mancherlei mißlicher Umstände im wesentlichen auf die Umgebung ihres Stammquartiers Tschin Tscho Tscho beschränkt. Erfolgreicher war da schon der französische Schiffsoffizier Pierre Savorgnan de Brazza, der von 1875–1887, teils mit seinem Bruder Jacques, drei ausgedehnte Reisen durch Gabun und Kongo-Brazzaville unternahm, den oberen Ogowe und seine Quellflüsse erforschte, 1880 Franceville sowie am Stanley-Pool Brazzaville gründete und als erster die noch von Lenz bezweifelte Unabhängigkeit des Ogowe vom Flußsystem des Kongo erkannte. Beim Erkunden des oberen Niari schloß er im Quellgebiet des Ogowe mit dem Bateke-König Makoko einen Freundschaftsvertrag ab, legte in der später nach ihm benannten Republik westlich des unteren Kongo und Ubangi mehr als 20 Stationen an und zog schließlich den Sanga hinauf, um in Comasa bei 3° 40' nördlicher Breite mit Mizon zusammenzutreffen und gemeinsam mit diesem das Gebiet zwischen Sanga, Likona und Ogowe zu durchstreifen.

Beachtliche Forschungsergebnisse erzielten auch Rouvier, Crampel, Fourneau und Gendron. Rouviers Reise von Brazzaville zum Ubangi führte 1886 zur Aufnahme noch unbekannter Gebietsteile westlich des unteren Kongo. 1888–89 verbuchte Crampel im Nordgabuner Hinterland eine Fülle kartographisch wichtiger Neubeobachtungen. Fourneau unternahm 1889 eine topographisch und geographisch bedeutsame Reise durch Nordgabun und den Nordwesten Kongo-Brazzavilles. Und Gendron, der in den Jahren 1899–1900 Südgabun durchquerte, fand mit seinen Streckenaufnahmen Anschluß an die Itinerare de Brazzas und Rouviers. Damit waren, wenn man von Oswalds Ogowe-Forschungen im Jahre 1900 und Dujours Aufnahmearbeiten am mittleren Sanga von 1907 absieht, Gabun und Kongo-Brazzaville in den Grundzügen erforscht. Noch nötige Präzisierungen der Kartographie des nördlichen Grenzlandes ergaben sich später unter anderem bei Reisen und Vermessungsarbeiten verschiedener deutsch-französischer Grenzkommissionen, die in den Jahren 1900–1913 deutscherseits von v. Danckelmann, Hirkler, Hädicke und Zimmermann und französischerseits von Cureau, Cottes und Périquet geleitet wurden.

Vom Ubangi zum Tschadsee und zum Nil

Nach seiner Expedition durch Nordgabun versuchte Paul Crampel 1890 von der Loango-Küste kongo- und ubangi-aufwärts zum Tschadsee vorzudringen, wurde aber noch vor Erreichen seines Zieles am Gribingi, einem Quellfluß des Schari ermordet. Das Schicksal ereilte ihn im südlichsten Zipfel des Sultanats Wadai, den vor ihm 1873 von Norden, von Abeschr aus nur Nachtigals Diener besucht hatten. 1891 folgte Jan Dybowski Crampels Spuren über die Wasserscheide zwischen Kongo und Schari in der heutigen Zentralafrikanischen Republik, ging über den Südzipfel Wadais nordwestwärts nach Bagirmi und fand damit Anschluß an die bis zum unteren Schari reichenden Itinerare Barths und Nachtigals. Fast den gleichen Weg wählte ein Jahr später de Maistre, um von Süd-Bagirmi westwärts über Lai am Logone durch Nordkamerun zum Benue zu wandern und damit eine erste Überlandroute vom Kongo-Ubangi zum Benue und Niger zu erkunden. Sein Landsmann Clozel erreichte den Logone 1890 vom Sanga aus.

Den Ubangi hinauf zog 1897 auch die Expedition des französischen Kolonialpolitikers Gentil, der, wie vor ihm Mizon, die südlichen und südöstlichen Tschadseeländer für Frankreich zu erwerben trachtete. Am unteren Schari traf Gentil später mit der von Algier anrückenden militärischen Expedition Lamys und Foureaus zusammen. Vor dieser Begegnung war es ihm 1899 gelungen, in Bagirmi den arabischen Heerführer Rabeh zu besiegen. 1900 kam es zwischen Lamy und Rabeh am Tschadsee zur Entscheidungsschlacht.

Rabeh wurde erneut geschlagen, diesmal vernichtend, und fand – wie auch Lamy – bei den Kämpfen den Tod. Rabehs Untergang und der gleichzeitige Zerfall seines Reiches im mittleren Sudan festigten die Macht Frankreichs im Bereich der Tschadseeländer und verliehen ihr Dauer. Gentil war mit einer zerlegbaren Dampfpinasse über die Wasserscheide zwischen Ubangi und Schari gekommen. Sein Verdienst ist es, mit diesem Dampfboot den gesamten Schari bis zum Tschadsee befahren und als erster Europäer die Beschiffbarkeit dieses wichtigen Flusses im Herzen Afrikas erforscht zu haben.

Etwa parallel zu der 1890 von Clozel erkundeten Sanga-Logone-Route zogen um die Jahrhundertwende in entgegengesetzter Richtung Huot und Bernard vom Schari nach dem Sanga. Damit gab es nunmehr zwei Verbindungswege vom Kongo nach dem Scharibekken und zum Tschadsee: der eine führte den Sanga hinauf durch das Gabuner und Kameruner Hinterland, der andere verlief weiter im Osten über den Ubangi durch die heutige Zentralafrikanische Republik. Und mehr noch: Auf den gleichen Ausgangsrouten waren Fourneau, Mizon und de Maistre nach Adamaua und Ngaundere und – über den oberen Schari westwärts – sogar an den Benue und den Niger gelangt. In den Jahren 1900–1904 setzte Pierre Prins die Aufnahmearbeit am Schari und im Schariquellgebiet fort, besuchte Dar Runga und dehnte seine Forschungen bis an die Südwestgrenze von Darfur im Süden der heutigen Republik Tschad aus. A. Chevalier, der ihm ein Jahr später folgte, entdeckte im Süden von Wadai den Bahr Salamat, einen der wichtigsten Quellflüsse des Schari, und den Iro-See. Dann kam Lancrenon und untersuchte das Quellgebiet des Logone. Audoin nahm den Gribingi und Bahr Sara auf. Und Lenfant, Hanolet und van Calster präzisierten die Itinerare ihrer Vorgänger im Einzugsbereich des Schari und erkundeten weitere noch unbekannte Landschaften im Westen der heutigen Zentralafrikanischen Republik.

Einer der Haupterforscher des Ubangi war der britische Missionar George Grenfell. Nach beachtlichen Aufnahmearbeiten in der Kamerunbucht im Jahre 1881 widmete er sich ab 1884 der Erkundung der Kongo-Nebenflüsse Itimbiri (1884), Lulonga, Ruki (beide gemeinsam mit v. François 1885) und Ubangi (1884). Grenfell und sein Nachfolger am Ubangi, van Gèle, der, 1887 über den Kuango nach Osten ziehend, den Uelle erreichte, fanden zwar Anschluß an das Itinerarnetz von Junker, Schweinfurth, Felkin, Bohndorff, Lupton, Heuglin und Wilson im südlichen Einzugsbereich des Bahr el Ghasal – mit seiner Aruwimi-Expedition von 1888 bewirkte vornehmlich Stanley diesen Brückenschlag –, drangen aber nicht nord- und nordostwärts weiter auf der Wasserscheide zwischen Kongo-Ubangi, Schari und Nil vor. Auch de la Kéthulle blieb während seiner Reise vom Stanley-Pool nach dem Bahr el Ghasal-Gebiet (1891–94) vornehmlich im Flußtal des Ubangi und Mbomu. Und J. B. Marchand folgte bei der West-Ost-Durchquerung von Luanda nach Dschibuti in den Jahren 1896–99 dem Weg über den Ubangi und Uelle.

Vorstöße in die östlicheren Regionen der Wasserscheide zwischen Ubangi und Schari gelangen erst ab etwa 1907. Durch das Schari-Becken zog die wegen ihrer hydrographischen Ortungs- und Forschungsergebnisse bedeutsame Alexander-Gosling-Expedition zum Uelle und ins Bahr el Ghasal-Gebiet. Van Kerkhoven fand einen Weg vom Uelle nordwestwärts durch den Osten der heutigen Zentralafrikanischen Republik. Über Fort Archambault am oberen Schari drang K. Kumm durch den Süden von Darfur zum Bahr el Arab und Bahr el Ghasal vor. Modat durchwanderte noch unbekannte Landschaften nördlich des Bomu. Und über den Bahr Salamat gelangte Bruneau de Laborie nach Wadai und im weiteren Verfolg seiner Reise nach Kufra und Ägypten.

Mit der Feld- und Aufnahmearbeit der zweiten Expedition des Herzogs zu Mecklenburg kongo- und ubangiaufwärts zum Tschadsee nahm die Erkundung der westlicheren Regionen der Ubangi-Schari-Wasserscheide ihr vorläufiges Ende.

Im Norden der heutigen Republik Tschad konnten Gustav Nachtigals Forschungen in Bodele, Borku und Nord-Wadai erst im Verzuge der französischen Feldzüge gegen Borku in den Jahren 1904–1913 fortgesetzt werden. Mangins, Bordeaux' und Largeaus »Befriedungsexpeditionen« führten zur Eroberung dieses Sultanats, zur Einnahme und Besetzung seiner Hauptstadt Ain Galakka und zu Vorstößen zum Ennedi-Plateau und zum Wadi Rime. Die reichen topographischen Ergebnisse dieser Züge reichten hin, die Kartographie des Südens der Libyschen Wüste und der letzten noch unbekannten Gegenden nordöstlich des Tschadsees zu ermöglichen.

Zu den Pionieren der Erforschung des Kongobeckens, Kassais, Lundas und Katangas (Shabas) zählen, wenn man von den wissenschaftlich weniger interessierten portugiesischen Handelsreisenden des 18. Jahrhunderts wie da Silva Texeira Pereira und Lacerda absieht, die Engländer Tuckey, Burton und Livingstone, der Ungar Ladislaus Magyar und der Deutsche Adolf Bastian. Während Tuckey (1816) und Burton (1863) erste Strecken des 1482 entdeckten Kongo erkundeten – Tuckey drang von der Mündung immerhin 450 Kilometer stromaufwärts vor, – gelangte Magyar schon 1851 von Benguela über das Hochland von Bihé in die Gebiete des oberen Kassai, betrat – wie sechs Jahre vor ihm der Portugiese Graça – das im Westen vom Kuango und im Osten vom Lubilasch umschlossene Lundareich und besuchte die Hauptstadt des Lunda-Herrschers (Muata Jamvo), Mussumba. David Livingstone kreuzte 1854 unweit Kotende auf der Wasserscheide zwischen dem Sambesi und Kassai Magyars Route, als er vom Indischen Ozean sambesiaufwärts durch die Quellgebiete der linksseitigen Nebenflüsse des Kongo nach Luanda zog. Etwa 200 Kilometer nördlich von Luanda drang 1857 Adolf Bastian in das im Norden Angolas gelegene und im Osten vom Kuango begrenzte alte Königreich Kongo vor, das und dessen Herrscher (Mani Kongo = Herr von Kongo) 1482 schon der Entdecker Diego Cáo kennengelernt hatte, und besuchte die Hauptstadt und Herrscherresidenz San Salvador. Aber das waren alles nur erste Schritte in einen, wie es schien, grenzenlosen düsteren Urwald. Das eigentliche Problem des niederguineischen Hinterlandes, aus dem sich an der Loango-Angola-Küste zwischen Banana und Santo Antonio do Zaire der gewaltige Kongostrom in den Atlantik ergoß, war dieser Strom selbst. – Wo kam er her? War er Bestandteil eines den Kontinent überspannenden Flußsystems, zu dem, aus gleichen Quellseen gespeist, auch der Nil gehörte? Oder entstammten seine Fluten einem an einen relativ kurzen, starken Unterlauf anschließenden Gewirr kleinerer Quellflüsse?

Livingstone hatte 1853–54 nordwestlich des Sambesi-Oberlaufs eine Wasserscheide und zahlreiche von dieser nach Norden abgehende Flüsse festgestellt. 1867 entdeckte Livingstone westlich des Tanganjikasees den ebenfalls nach Norden gerichteten Luapula und hielt ihn fälschlicherweise für den Oberlauf des Nils. Livingstone fand heraus, daß der Luapula den Bangweolosee und den Merusee durchzieht, und nahm an, daß der Fluß letztendlich den Tanganjikasee speise, den man zu jener Zeit allgemein für den eigentlichen Quellsee des Nils hielt.

Als Livingstone einige Jahre später westlich des Tanganjikasees bei Nyangwe den Lualaba entdeckte, konnte er nicht wissen, daß er an den Ufern des vom Luapula über den Luwua gespeisten Oberlaufs des Kongo stand. Er mutmaßte zwar, daß der gewaltige Strom, der da nordwärts an ihm vorbeirauschte, wohl eher ein Quellarm des Kongo als der Oberlauf des Nils sei, fand aber wegen des bei den Manjema in Nyangwe aufgekommenen Verdachts, er gehöre zu den verhaßten arabischen Sklavenhändlern, die den Ort soeben angegriffen und auf dem Markt ein Blutbad sondergleichen angerichtet hatten, keine Möglichkeit, seine Annahme durch Befahren des Lualaba zu überprüfen. Wir wissen, daß Livingstone, um schon nur sein Leben zu retten, auf schnellstem Wege nach dem Tanganjikasee zurückfliehen mußte, wo Henry Morton Stanley ihn am 28. 10. 1871 auffand. Gemeinsam mit diesem befuhr Livingstone nun den Tanganjikasee und stellte fest, daß der See entgegen der herrschenden Meinung kein Quellsee des Nils sein konnte, da er nach Norden zu einen Abfluß besaß. Als Stanley ihn wieder verlassen hatte, kehrte Livingstone noch einmal an den Lualaba zurück. Wenn der Tanganjikasee als Quellsee des Nils ausschied, war der Lualaba doch wohl eher der westliche Quellarm des Nils als der Oberlauf des Kongo. Mit dieser bald zur Überzeugung reifenden neuen irrigen Mutmaßung starb der große Forscher 1873 am Bangweolosee.

Ein Jahr später stellte Cameron fest, daß der Lualaba unmöglich zum Nilsystem gehören könne. Den Nil speisten nach den Forschungsergebnissen von Speke (1863) der Albert- und Viktoriasee. Beim Austritt aus dem Albertsee lag der Nil 600 Meter über dem Meeresspiegel. Der viel tiefer im Süden geortete Lualaba hätte bei seinem wilden Gefälle als Quellarm des Nils wesentlich höher liegen müssen, lag aber nach Cameron bei Nyangwe nur 530 Meter über NN. Cameron folgerte, daß der Lualaba zum Flußsystem des Kongo gehöre, wurde aber wie schon Livingstone am Befahren des Stroms und seiner weiteren Erforschung gehindert, verließ Nyangwe und den Lualaba und zog im Verfolg seiner Weiterreise über Mossumba, Kassendji und Kotende durch das südliche Kongobekken nach Benguela. Das Abenteuer der Lualaba-Befahrung blieb Stanley vorbehalten. 1874 nach Ostafrika zurückgekehrt, langte Stanley im Februar 1875 am Viktoriasee an, setzte nach Uganda über, genoß eine Zeitlang die Gastfreundschaft des Gandakönigs Mtesa, drang nach der Entdeckung des Kagera und des Albert-Eduard-Sees über den Tanganjikasee nach Nyangwe vor und befuhr den Lualaba-Kongo von Nyangwe aus in einer an Entbehrungen, Abenteuern und Gefahren unvergleichlich reichen neunmonatigen Flußreise bis zur Kongomündung am Atlantischen Ozean. Mit dieser Fahrt war der Beweis erbracht, daß der Lualaba, wie Cameron zurecht vermutet hatte, mit dem Kongo identisch ist.

1878 unterhielt sich in Brüssel der Belgierkönig Leopold II. mit Stanley über die Möglichkeiten einer europäischen Kolonisierung des Kongobeckens, rief im Anschluß an dieses Gespräch den Ausschuß für das Studium des Kongo ins Leben und beauftragte den Kongoerforscher mit weiteren Erkundungen im Kassaibereich sowie dem Abschluß von Verträgen mit den einheimischen Herrschern und der Anlage fester Stationen längs des Kongo.

1879 kehrte Stanley an den Kongo zurück, gründete in den folgenden vier Jahren am Unterlauf des Stroms und seinen Nebenflüssen zahlreiche Niederlassungen, entdeckte den Leopold II.- und den Tumbasee, drang kongoaufwärts zum Aruwimi vor, zog 1888 bis ins Quellgebiet dieses Flusses und fand damit von Südwesten her Anschluß an die Itinerare von Schweinfurth und Junker.

Inzwischen hatten König Leopolds Bemühungen in Europa zur Gründung des gigantischen innerafrikanischen Kongostaates geführt. Ab 1882 durfte der neue afrikanische Groß-Staat eine eigene Flagge führen, aber seine Grenzen lagen noch keineswegs fest, und schon bald drohten ernstliche Konflikte mit Frankreich und Portugal, die sich am Kongo und seinen Nebenflüssen ebenfalls intensiv um Besitzrechte bemühten. Am 21. November 1884 begann in Berlin die internationale Kongokonferenz, auf der Fürst Bismarck dem Kongostaat das Hoheitsrecht über die Kongomündung sicherte. Ergebnisse dieser Konferenz waren die Festlegung der Grenzen des neuen afrikanischen Staates, die Verkündung seiner Neutralität und die der Handelsfreiheit für alle Nationen auf dem Kongo. Einige

Jahre vorher hatte sich der Ausschuß für das Studium des Kongo zu einer Internationalen Afrikanischen Gesellschaft entwickelt, deren erklärter Zweck die systematische Erforschung des Kongobekkens und die Bekämpfung des Sklavenhandels war. Als Mitglied dieser internationalen Vereinigung hatte die »Afrikanische Gesellschaft in Deutschland« mehrere Forscher an den Kassai und nach Katanga (Shaba) entsandt. 1878–79 war Otto Schütt als erster Europäer den Tschikapa aufwärts bis zum Kassai marschiert. Fast gleichzeitig hatte Buchner das Lundareich zwischen den Flüssen Kuango und Kassai durchwandert. Mechow war kuango-abwärts nach Norden gezogen. Kaiser, Böhm und Reichard hatten die Kupferlager von Katanga (Shaba) entdeckt, den Upembasee gefunden und den Oberlauf des Lualaba erforscht. Und Wissmann war mit Pogge von Luanda ostwärts über Malange und den oberen Kuango durch das südliche Kongobecken gezogen, hatte sich in Nyangwe von seinem schwer erkrankten Reisegefährten getrennt und nach Anwerbung neuer Träger und Begleiter die geplante erste West-Ost-Durchquerung über den Tanganjikasee, Tabora und Mpapua im Alleingang zu Ende geführt. Auf der gemeinsamen Reise bis Nyangwe hatten die Forscher die Flüsse Tschikapa, Tschiumbe und Kassai überquert und waren durch die Siedlungsräume der Ackerbau treibenden Balubastämme und die Oberlaufgebiete des Lulua, Sankuru und Lomami marschiert. Den weiteren Weg hatte sich Wissmann durch das Land der kriegerischen Manyema bahnen müssen. Mit arabischen Sklavenhändlern war er über den Tanganjikasee gesegelt, hatte östlich des Sees in Mirambo, dem Sultan von Unyamwesi, einen mächtigen Beschützer gefunden und war nach Durchquerung der Landschaften Ugogo, Usagara und Useguha am 15. November 1882 in Saadani am Indischen Ozean angelangt. Die Geographie verdankt dieser ersten West-Ost-Reise durch den Kontinent außer zahlreichen wertvollen Neuaufnahmen von bis dahin noch unbekannten Gegenden zwischen dem oberen Kassai und Lualaba die Entdeckung des Sankuru-Flusses und eine genauere Untersuchung des Lukuga am Westufer des Tanganjikasees.

Wenig später kam es zu einer weiteren West-Ost-Durchquerung: Von Mossamedes aus drangen Capello und Ivens, die 1877–79 den Oberlauf des Kuango und Tschikapa untersucht hatten, über den Kubango nach Osten vor, wanderten nach Überschreiten des

55 Sâo Paulo de Loanda zu Wissmanns Zeiten

Sambesi durch die Oberlaufgebiete des Lualaba und seiner Nebenflüsse und erreichten 1885 die Sambesimündung. Die Jahre 1884–85 waren für die Erforschung des Kongo und des Kongobeckens ohnehin ergiebig. Am Unterlauf des gewaltigen Stroms arbeitete Eugen Zintgraff, am Mittellauf waren Gleerup und Pagels tätig. Den Mongalla und Itimbiri bereiste Hanssens; den Ubangi erkundete Grenfell. Und in S. Paulo de Loanda trat Wissmann, diesmal in belgischen Diensten, eine neue größere Expedition zum Kassai an. Der genaue Lauf dieses Flusses war noch so gut wie unbekannt. Wissmann hatte den Auftrag, ihn zu erforschen und, sofern möglich, zu klären, inwieweit zahlreiche parallel zum Kassai nach Norden ziehende Flüsse zum Stromsystem des Kongo gehörten.

In Wissmanns Begleitung befanden sich Hauptmann Kurt v. François, Stabsarzt Ludwig Wolf und die beiden Leutnants Hans und Franz Müller. Wieder ging die Reise zunächst nach Malange, wo man Träger und Begleiter anwarb, die Expeditionstruppe bis auf Bataillonsstärke zusammenstellte und die Ausrüstung vervollständigte. Der Weitermarsch nach Osten führte durch Nord-Lunda. Bei Kikasa überschritt die Karawane den Kassai und zog durch die dichtbesiedelten Wohngebiete der Baschilange zum Lulua. Dort ließ Wissmann nördlich von Makenge zum Schutz gegen mögliche Angriffe der noch unbekannten Eingeborenen die Festung Luluaburg anlegen und machte sie für die nächsten Monate zu seinem Stammquartier.

Während die Führer der Expedition in dieser Zeit mit kleineren Trupps die Landschaften am mittleren Lulua erkundeten, zimmerte das im Lager zurückgebliebene Gros der Expeditionstruppe die für

56 Hermann v. Wissmann,
der Erforscher des Lulua-Kassai

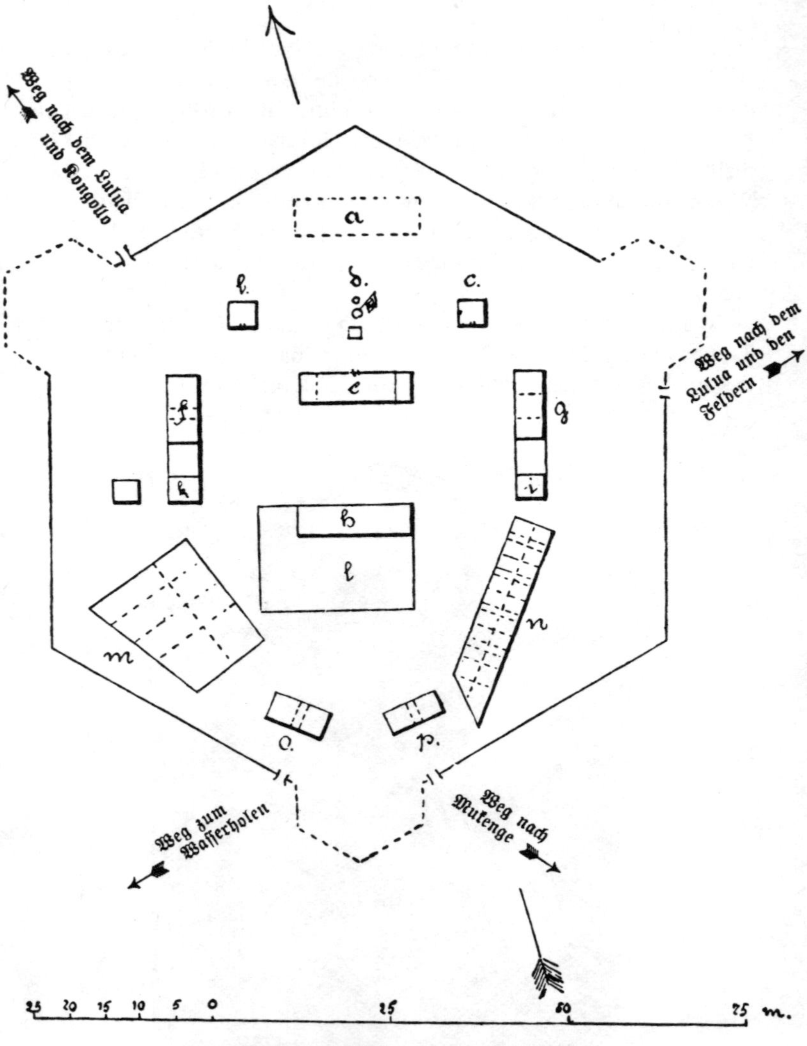

Grundriß der Station Luluaburg. (v. François.)

a Pavillon; b Badehaus; c Wachthaus; d Haus für meteorologische Beobachtungen mit Sonnenuhr und Flagge; e Waarenhaus mit Speise-, Waffen- und Geschirrkammer; f Wohnhaus für Offiziere; g Küche und Vorrathskammer; h Arbeitsschuppen; i Speicher; k Hühnerstall mit Taubenschlag; l Gemüsegarten; m Stall für Schweine, Rinder, Ziegen und Schafe; n Kaserne; o Wohnung für Dolmetscher; p Wohnung für Handwerker.

c feuersicher eingedeckt; b, c, e, f, g, i, k, n, o, p haben eine $\frac{3}{4}$ Fuß starke Lehmwand.

ein Befahren des Lulua und Kassai nötige Anzahl Boote. Gegen Mitte Mai 1885 lag die fertige Flotte, ein ansehnliches Geschwader stabiler belastbarer Langboote auslaufbereit am Hafendamm. Ohne Zögern ließ Wissmann sie beladen, ging am 28. Mai mit seinen Mannschaften an die Ruder, legte ab und startete zu einer der bedeutendsten und kühnsten Flußreisen in der Geschichte der Erforschung Innerafrikas. Weder er noch seine Begleiter konnten wissen, welche Gefahren hinter der jeweils nächsten Biegung des wild zu Tal schießenden mächtigen Stroms auf sie lauerten, welche Klippen, Katarakte und Strudel urplötzlich aus dem Nichts vor ihnen auftauchten, und wie die unbekannten Uferbewohner auf die an ihren Siedlungen vorbeifahrende Armada reagieren würden. Tatsächlich jagte bald ein Abenteuer das andere. Feindliche Angriffe mußten abgeschlagen, Stromschnellen und Untiefen überwunden werden. Bei all diesen Unbilden und Strapazen versäumte Wissmann nie, über Bemerkenswertes im Wandel des Natur- und Landschaftsbildes genau Buch zu führen. Jede neu ausgelotete Wassertiefe, jede

57 Wissmanns Lulua-Kassai-Expedition in den Stromschnellen des Lulua

Nebenflußmündung und neu vermessene Strombreite, jede zoologische, botanische und ethnographische Beobachtung wurde notiert. Am 9. Juli 1885 erreichte er den Kongo und legte die letzte Reisestrecke kongoabwärts, zunächst bis Leopoldville, auf einem belgischen Dampfboot zurück.

In allen bedeutenderen innerafrikanischen Stationen traf man in jenen Jahren schon wagemutige Europäer, die sich aufgemacht hatten, die Landkarte des dunklen Erdteils durch eigene Forschungsreisen ins unbekannte Innere zu vervollständigen. Auf einer ersten Expedition mit Paul Pogge war Wissmann in Malange Dr. Max Buchner und Alexander v. Mechow begegnet. Hier, in Leopoldville, traf er unversehens Kund und Tappenbeck, die wenig später nach Osten aufbrachen, über den Kuango, Kuilu, Kassai und Lulua bis zum Lukenie vordrangen und mit ihren späteren Aufnahmen die Ergebnisse seiner Forschungen im System der linksseitigen Kongozuflüsse wertvoll ergänzen sollten. Für die Wissenschaft und die Strategie der Kolonisierung war Wissmanns Lulua-Kassai-Fahrt ein voller Erfolg. Wissmann hatte nicht nur das Rätsel eines der mächtigsten Ströme Innerafrikas gelöst, sondern mit seinen Beobachtungen auch eine grundlegende Korrektur der bisherigen Hydrographie des gesamten südlichen Kongobeckens bewirkt.

Nach der Rückkehr vom Kassai gönnte sich der unermüdliche Forscher kaum Ruhe. Entkräftung und ein Leiden der Atemwege zwangen ihn zwar zu einem Erholungsurlaub in gemäßigterem Klima. Anschließend war er auch kurz in Europa, folgte aber schon bald einer erneuten Einladung König Leopolds von Belgien, der ihm anbot, die Erforschung des Kongobeckens im Rahmen einer größeren Expedition fortzusetzen. Seine ersten Reisen hatten in Loanda begonnen und den Quanza aufwärts geführt. Diesmal begab er sich an die Kongomündung, fuhr mit einem Dampfer Ende Januar 1886 von Banana stromaufwärts zum Kassai und Lulua, marschierte über Land nach Luluaburg und fand die Station bei seiner Ankunft Ende April noch erfreulich stabil vor. In Luluaburg blieb er bis Mitte November und nutzte den Aufenthalt für Erkundungszüge zum Sankuru und oberen Kassai.

Am 16. November ging es weiter nach Osten. Seine jetzt 900 Mann starke Karawane sollte die Gebiete östlich des Kassai für König Leopold von Belgien in Besitz nehmen, der Oberhoheit des

58 Kongo-Dampfboot »Henry Reed«, einer der typischen Kongo-Dampfer zu Zeiten Wissmanns

Kongostaates Anerkennung verschaffen und dem Unwesen des arabischen Sklavenhandels, wo immer möglich, Einhalt gebieten. Bei Lusambo am Sankuru legte Wissmann ein weiteres Fort an, zog sodann durch die östlich anschließenden, von Sklavenjägern teils grauenvoll verwüsteten Wohngebiete der Songe an den Lomami, erforschte dessen Lauf und Nebenflüsse, geriet dabei wiederholt in

59 Boma am Kongo um 1880

Gefechte mit kriegerischen Eingeborenen und erreichte nach langen entbehrungsvollen Märschen mit seiner von Hunger und Krankheit mehr und mehr dezimierten Truppe schließlich die arabische Handelsmetropole Nyangwe am Lualaba. Von hier aus gedachte er, wie vormals auf dem Lulua, mit Booten stromabwärts nach der Kongomündung zu fahren. Die Mächtigen der Stadt aber fürchteten, daß er nur bis zur nächsten Militärstation wolle, um mit Verstärkung zurückzukehren, Nyangwe der Regierung des Kongostaates zu unterwerfen und sie um das einträgliche Geschäft mit dem Menschenhandel zu bringen. Sie verwehrten ihm deshalb die Stromfahrt mit allen ihnen zu Gebote stehenden Mitteln, drohten ihm sogar mit Gefangennahme und trieben ihn schließlich über den Lualaba hinaus nach Osten ab. So kam es, daß er seinen ursprünglichen Plan aufgeben mußte, an den Tanganjikasee verschlagen wurde und, auch in Udjidji am Ostufer des Sees vom Argwohn der arabischen Kaufleute verfolgt, gezwungen war, nach Süden über den Nyassasee abzubiegen und entlang des Schire-Flusses weiter nach der Ostküste zu ziehen, die er am 8. August 1887 bei Quelimane auch glücklich erreichte. Damit hatte er, ohne es eigentlich zu wollen, den Kontinent zum zweiten Mal von Westen nach Osten durchquert, eine Leistung, für die man ihn in Europa und zumal in der Heimat auf das ehrenvollste feierte. Wissmann hat seine bis zum Eintritt in den deutschen Kolonialdienst unternommenen Reisen in drei für die Wissenschaft höchst wertvollen und zugleich spannenden Werken niedergelegt. Gemeinsam mit Wolf, v. François und Müller gab er 1888 in Leipzig »Im Innern Afrikas. Die Erforschung des Kassai während der Jahre 1883–85« heraus. 1889 folgte in Berlin »Unter deutscher Flagge quer durch Afrika von West nach Ost, von 1880–83 ausgeführt durch Paul Pogge und Hermann Wissmann«, und 1891 in Frankfurt »Meine zweite Durchquerung Äquatorial-Afrikas vom Congo zum Zambesi während der Jahre 1886 und 1887«.

Das gleiche Schicksal wie Wissmann erlitt 1886 Oskar Lenz, als er mit einer Hilfsexpedition auf dem Wege zu dem in der ägyptischen Äquatorialprovinz von Mahdisten bedrängten Emin Pascha lualaba-aufwärts über Nyangwe nach Kasongo zog. Auch ihm verwehrten die Araber den Weg nach Norden. Auch ihn, dem die Geographie manch wertvolle Streckenaufnahme des oberen Kongo

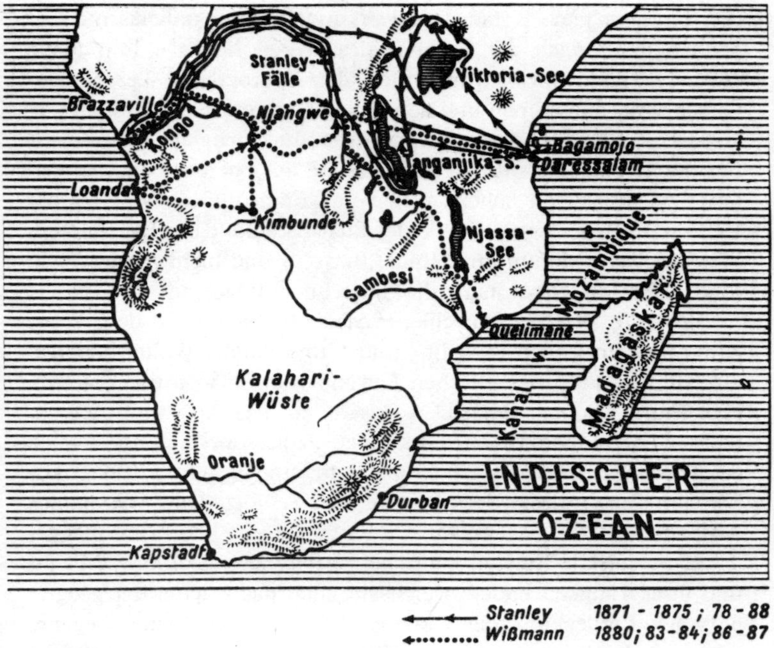

59 a Stanleys und Wissmanns Reisen in Afrika

verdankt, drängten sie über den Tanganjika- und Nyassasee nach Süden an den unteren Sambesi ab. Den oberen Lualaba und seine linksseitigen Zuflüsse erkundeten 1886–88 Arnot und 1890–91 Le Marinel. Am unteren Kongo wies der Ubangi- und Aruwimi-Ituri-Erforscher George Grenfell die Verbindung des Stroms mit den Seen Leopold II. und Mantumba nach. Baert und Hodister nahmen den Mongalla auf. Und Janssen widmete sich der kartographischen Erfassung des Lubilasch und des mittleren Sankuru.

1883–84 waren Böhm, Reichard und Kaiser von der Ostküste nach Katanga (Shaba) gezogen. Der Süden des Kongobeckens war auch das Ziel von Stairs und Lucien Bia. Beide streiften auf verschiedenen Wegen durch die Landschaften westlich des Bangweolosees, gerieten in heftige Gefechte mit Arabern und bezahlten ihren Wagemut mit dem Leben. Alexandre Delcommune kam über den Lomami nach Katanga und erkundete noch unbekannte Gegenden im Bereich der Zuflüsse des oberen Lualaba. Ihm folgte 1898 Le Maire, um sich besonders der Hydrographie des Kongo-Quellbezirks zu widmen und den Kuleschi zu erforschen. Noch viele wären zu nennen, deren Erkundungen und topographische Arbeiten die Geographie und Gewässerkunde am oberen Kongo erweitern und präzisieren halfen: allen voran Francqui, ein Mitglied der Expedition Bias, der die Quelle des Lualaba fand, dann Foà, Giraud, Nutt, Mellard, Mohun und Hinde, Brasseur und nicht zuletzt Weatherly, dem die Gesamtaufnahme des Luapula gelang.

Höher im Norden marschierte Albert B. Lloyds auf dem Wege zum mittleren Kongo 1898 durch noch unbekannte Waldgebiete am Aruwimi-Ituri. In der gleichen Gegend war 1908–10 der Österreicher Franz Thonner tätig. Den Gesamtlauf des Aruwimi ortete R. L. Reid. Am unteren Kongo erkundete Jaques westlich und östlich des Leopold II.-Sees die Länder der Boma und Kundu. Mit dem Lokoro im Osten dieses Sees befaßte sich Schiötz. Und Wissmanns Aufnahmen am Kassai ergänzte 1905–06 die von Leo Frobenius geleitete »Deutsche Innerafrikanische Forschungsexpedition«. Mit ihr und ihrer Tätigkeit endete gleichsam auch das Kapitel der geographischen Entdeckung des Kongobeckens, und ein neues begann, das der ethnographischen und mehr und mehr kulturkundlichen Erforschung, in der außer Frobenius bald Männer wie Torday, Powell-Cotton, Simpson, Hardy, Gusinde, v. Luschan und Schebesta führend tätig wurden. Ihrer aller Absicht war es, die materielle und zumal geistige Kultur des den Europäern noch weitgehend unbekannten Afrikaners, seine Sitten und Gebräuche, seine geistige Gesamthaltung, Philosophie und Vorstellungswelt zu studieren, die gewonnenen Erkenntnisse den außerafrikanischen Völkern zu vermitteln und damit den Brückenschlag von Mensch zu Mensch über die Kontinente hinweg zu erleichtern.

Das heutige Kartenbild Afrikas

Noch im späten 18. Jahrhundert bestand das kritische Kartenbild des dunklen Erdteils vorwiegend aus weißen Flecken. Dann gaben zwei weltpolitische Ereignisse in Europa den Anstoß, dem jahrtausendealten Desinteresse an dem gigantischen Nachbarkontinent ein für allemal abzuschwören: In Nordamerika verlor England 1783 seine Besitzungen und Märkte, ein Umstand, der nicht unwesentlich zur Gründung der »African Association«, der Vorläuferin der »Royal Geographical Society« beitrug; denn soviel man von den Indienfahrern wußte, boten Afrikas noch unerforschte Binnenländer unbegrenzte wirtschaftliche Ersatzmöglichkeiten. Und in Ägypten landete Napoleons Armee mit zahlreichen wissensdurstigen wissenschaftlichen Begleitern, die mit ihren Beobachtungen und Aufnahmen im Bereich der Pharaonenkultur in jener Zeit, also um etwa 1800, das Fundament für die spätere Ägyptologie als neuer selbständiger Disziplin der Altertumskunde legten. Anders als ihre ausschließlich dem Gewinn neuer Kenntnisse und Erkenntnisse gewidmeten Forschungen waren die geographischen Erkundungsunternehmen der »African Association« von Anfang an vornehmlich handelspolitisch motiviert. Wir erinnern uns an den Auftrag, den die Londoner Gesellschaft James Richardson, einem ihrer ersten Sendboten, erteilte und den später, nach Richardsons Tod, Heinrich Barth übernahm: mit den mohammedanischen Herrschern des Sudans Handelsverträge abzuschließen. Schon die ersten Wege- und Flußerkundungen wie beispielsweise die Feststellung des Niger-Laufs durch Mungo Park dienten den Forschungsplanern in der Etappe über die vorgegebene Intention einer bloßen Erweiterung der geographischen Kenntnisse hinaus eindeutig wirtschaftspolitischen Fernzielen.

Kritische und sicher allzu kritische Betrachter der Erschließungsphase gehen sogar so weit, die zusätzliche philantropische Absicht nicht weniger Forscher, den Kontinent vom Fluch des arabischen Sklavenhandels zu befreien, als eine ihnen von ihren Entsendern eingeimpfte, insgeheim gleichen Zielen dienende Alibimotivation zu bewerten. Denn der Kampf gegen den in ganz Afrika heimischen Sklavenhandel war ja zugleich der Kampf gegen das arabische Handelsmonopol auf so gut wie allen afrikanischen Binnenmärkten.

Wie dem auch sei, die Leistung der großen Forschungspioniere verdient unsere uneingeschränkte Bewunderung. Zu ihren Unternehmen bewog sie in erster Linie kühne Begeisterung für die idealistische Wissenschaft und ein allen Gefahren trotzender Abenteuermut. Kein Hindernis der tropischen Natur widerstand auf die

Dauer ihrem Erkundungsdrang. Weder die Sonnenglut der Wüsten noch der Fanatismus und die Wildheit räuberischer Stämme, weder der Urwald noch der Todeshauch fieberbrütender Sümpfe hinderte ihr Bemühen, tiefer und tiefer ins Innere Afrikas einzudringen und die Rätsel des geheimnisvollen Kontinents zu lösen. Nicht wenige ließen dabei ihr Leben, starben im Fieberwahn und an den Folgen übermenschlicher Anstrengungen oder wurden ermordet. Bis 1890 fanden in Afrika allein über 20 Deutsche den Tod; darunter Männer wie Hemprich, Overweg, Hornemann, Roscher, v. Beurmann, Steudner, von der Decken, Mohr, Pogge, Nachtigal, Flegel, Wolf und Tappenbeck, um nur die bekanntesten zu nennen.

60 In Doorn 1927: Deutschlands letzter Kaiser im Gespräch mit dem Afrikaforscher Leo Frobenius; im Hintergrund stehend (von links nach rechts) die Professoren Reinhardt, Walter F. Otto, Volgraf und Lommel

Bemerkenswert ist, daß die von England eingeleitete systematische Erkundung nicht exklusiv-national begann, sondern von den Briten selbst von Anfang an internationalisiert wurde. Seit dem frühen 19. Jahrhundert waren an der Erschließung Innerafrikas Angehörige fast aller europäischen Nationen ohne Unterschied beteiligt. Die so lange versäumte intensivere Beschäftigung mit dem dunklen Erdteil scheint auf einmal – wenn auch nicht öffentlich proklamiert – als eine Art europäische Gemeinschaftsaufgabe betrachtet worden zu sein, der man sich allgemein verpflichtet fühlte. Schon früh traten Hornemann, Barth, Overweg, Vogel, Krapf und Rebmann in englische Dienste. Als einer der ersten Sendboten der »Englischen Afrika-Gesellschaft« durchquerte Hornemann die Sahara. Nach Richardsons Tod erhielt Barth in Afrika die Leitung der offiziellen britischen Sudan-Expedition. Die Geographischen Gesellschaften von Paris und London verliehen ihm – auch dies ein Ausdruck der Anerkennung bedeutender Leistungen unabhängig von der Nationalität – ihre großen goldenen Medaillen, die Universitäten Jena und Oxford die Ehrendoktorwürde. Andere Deutsche wie Pogge und Wissmann reisten im Auftrage der internationalen Kongogesellschaft. Und Wissmann folgte später gar einer persönlichen Einladung König Leopolds II. von Belgien, die Erforschung des Kongobeckens als Leiter einer belgischen Groß-Expedition fortzusetzen.

An der Erschließung Innerafrikas beteiligten sich die Deutschen intensiv erst seit dem zweiten Drittel des 19. Jahrhunderts. Mit Hornemann, Barth, Vogel, Rohlfs, Nachtigal und Lenz wurden sie neben Caillié, Foureau und Tilho Haupterkunder der Sahara und des Sudans. Allein Barth, ein Forscher und Entdecker noch ganz im Geiste Humboldts, wanderte fast sechs Jahre lang durch die Tschadsee- und Nigerländer, legte einen Weg von fast 20 000 Kilometern zurück, sammelte von fast 50 Sudansprachen Wörterlisten und grammatisches Material und untersuchte nicht nur Völker und Landschaften, sondern auch Tiere und Pflanzen, Gewässer und Böden. Fast ebenso bedeutend wie in der Sahara und im Sudan war die deutsche Forschungsleistung im östlichen Äquatorialafrika und im Seengebiet. Namen wie Stuhlmann, Schweinfurth, Junker, Krapf, Rebmann, von der Decken, Baumann, Hans Meyer, Emin Pascha, Graf Götzen, Fischer und Peters werden in der Entdekkungsgeschichte Ostafrikas unvergessen bleiben. Im Kongobecken drangen Bastian, v. Wissmann, Wolf, v. François, Pogge, Kund und Tappenbeck in Neuland vor. Die letzteren sowie Zintgraff, Morgen und Zeuner erforschten Kamerun. Und Südafrika war das Arbeitsgebiet von Mauch, Mohr, Rath, Hahn, Schinz und Büttner.

Auf die Pionierzeit, die Periode der extensiven Erkundung, folgte im letzten Viertel des 19. Jahrhunderts eine Phase intensiver Regionalforschung. In im groben bekannten Gebieten ging es dabei um die Präzisierung bereits vorliegender unvollkommener Itineraraufnahmen sowie um die Lösung noch bestehender geo-, hydro- und ethnographischer, botanischer, faunistischer, geologischer und sonstiger wissenschaftlicher Probleme. Mit dem Anbruch der Kolonialzeit wurde die in gleichen Gebieten noch weitgehend international betriebene Aufnahmearbeit zur vorwiegend national-exklusiven politischen Forschung. Das begreifliche Interesse der europäischen Kolonialherren, die geographischen, ethnographischen und wirtschaftlichen Verhältnisse in den Bereichen ihrer jeweiligen Schutzherrschaften möglichst genau kennenzulernen, hat seit dem letzten Jahrzehnt des 19. Jahrhunderts in ganz Afrika zu zahlreichen wissenschaftlichen Reisen und Untersuchungen geführt, deren Ergebnisse für die Kartographie einzelner Länder und Landschaften von großem Wert waren. Der Korrektur und Verfeinerung des Kartenbildes dienten aber zumal die Arbeitsresultate der von allen Kolonialmächten unternommenen Grenzvermessungsexpeditionen, die die Aufgabe hatten, die nicht selten durch unwegsames Sumpf- und Waldgelände verlaufenden, meist in europäischen Konferenzräumen auf der Landkarte nur grob-linear gezogenen Grenzen zu berichtigen und exakt festzulegen. Wie die deutsch-französische Grenzkommission zur Vermessung der Ostgrenze Kameruns von 1907, wurden dieserart geodätische oder Vermarkungsexpeditionen zur besseren Wirksamkeit ihrer topographischen Fixierungen in der Regel bilateral durchgeführt. Ihre Ergebnisse und die der landeskundlichen Expeditionen, die nicht selten von den nationalen Kolonialämtern entsandt oder gefördert wurden, fanden Aufnahme in zahlreichen einschlägigen Fachzeitschriften, in Deutschland vornehmlich in »Danckelmanns Mitteilungen aus den deutschen Schutzgebieten«, der wissenschaftlichen Beilage des Reichskolonialblatts.

Wie vormals in der noch internationalen Phase der Afrikafor-

schung in Justus Perthes' kartographischer Anstalt, entstanden auf diese Weise umfangreiche Sammlungen topographischer Einzelbeiträge, deren Kompilation durch das dem Reichskolonialamt angegliederte kartographische Büro des geographischen Verlags von Dietrich Reimer zu einer Fülle genauer Einzelkarten und zu verschiedenen vorzüglichen Atlanten der damaligen deutschen Schutzgebiete führte. Alle europäischen Kolonialmächte betrieben entsprechende kartographische Archive und veröffentlichten als stolze Arbeitsergebnisse ausführliche Atlaswerke über ihre jeweiligen afrikanischen Hoheitsgebiete. Die Koordinierung und Synthese der verschiedenen nationalen Kolonialatlanten zum Gesamtwerk hat, kontinuierlich verfeinert und korrigiert, das heutige Kartenbild Afrikas ergeben, eine Kontinentkarte, deren Exaktheit nicht mehr in Frage steht. Ihr Zustandekommen verdanken wir dem Erkundungsbemühen einer Vielzahl vorwiegend europäischer Forscher, deren Leistung meist weit über die nur geographische Erschließung hinausging. Gustav Nachtigal beispielsweise, dessen Karte von Tibesti die Geographie der zentralen Sahara begründete, schrieb unter anderem die Geschichte der Tschadseevölker und schuf damit eine Dokumentation, die für die Republik Tschad auch heute noch die wohl wichtigste Quelle zur eigenen Vergangenheit darstellt.

Als Deutschland nach dem ersten Weltkriege aus dem Kreis der Kolonialmächte ausschied und die deutsche Geographie mit Kamerun, Togo und den übrigen Schutzgebieten des Reiches ihr bevorzugtes Arbeitsfeld verlor, riß die wissenschaftliche Beschäftigung deutscher Gelehrter mit Afrika keineswegs ab. Schon 1905 war Ankermanns grundlegender Essay über »Kulturkreise und Kulturschichten in Afrika« erschienen und hatte für die Ethnologie des Erdteils die kulturhistorische Untersuchungsmethode begründet. Mit ihr und ihren Vertretern wie Leo Frobenius, der sie fortentwikkelte und sich mit dem ganzen Elan seiner dynamischen Persönlichkeit an die Erforschung des Ursprungs der afrikanischen Kulturen machte, erhielt die deutsche Afrikanistik neue Impulse, neue Wortführer und ein neues faszinierendes Programm, dessen wissenschaftliche Verwirklichung zu intensiven Studien afrikanischer Vorstellungswelt und Mythologie führte und mit der Zeit vor allem zu einem besseren Verständnis afrikanischen Denkens und afrikanischer Philosophie beitrug.

Forscherberichte

Die im Folgenden wiedergegebenen Entdecker-, Reise- und Erlebnisberichte wurden der besseren Lesbarkeit halber hier und da überarbeitet und gekürzt; sie unterscheiden sich deshalb geringfügig von den Originalpassagen in den genannten Büchern der Verfasser.

SAHARA UND SUDAN

Mit James Richardson nach Zentral-Afrika

aus: Heinrich Barth, Reisen und Entdeckungen in Nord- und Zentral-Afrika in den Jahren 1849 bis 1855, Gotha, 1857/58

Es war am 5ten Oktober 1849, als mein verehrter Lehrer und Freund, Herr Professor Karl Ritter, dem ich gerade einen Besuch machte, mir mitteilte, daß die englische Regierung im Begriff stehe, Herrn James Richardson auf eine Mission nach Zentral-Afrika zu schicken, und daß sie durch den preußischen Gesandten in London, Herrn Ritter Bunsen, das Anerbieten gestellt hätte, einem deutschen Reisenden erlauben zu wollen, sich dem Unternehmen anzuschließen, falls er zweihundert Pfund Sterling zur Bestreitung seiner persönlichen Reiseunkosten mitbringe. – Gerade in jenen Tagen hatte ich die Herausgabe der Beschreibung meiner Wanderungen in den Nordgestade-Ländern Afrikas abgeschlossen.

Auf dieser Wanderung hatte ich als ein einzelner Reisender fast meine ganze Zeit mit den Arabern zugebracht und mich vollständig eingebürgert in jenes Leben, wo das Kamel und die Dattelpalme die charakteristischen Züge bilden. Ich hatte lange Reisen durch wüste Landschaften gemacht, hatte den weiten Saum der großen Syrte umkreist und nach einer durch das kleine malerische Gebiet von Cyrenaica gebotenen erfreulichen Abwechselung die Libysche Wüste nach Ägypten zu durchzogen. Auch in Ägypten war ich in den Gebirgstälern zwischen Assuan, Berenike und Kosser mehr als einen Monat lang zu Kamel umhergereist und hatte später meine

Reise ein ganzes Jahr lang durch Syrien und Klein-Asien zu Lande fortgesetzt.

Ich hatte also einen hinreichenden Versuch der Annehmlichkeiten sowie der Unannehmlichkeiten einer solchen Wanderung gemacht, und diese Vorübung und Gewöhnung an Reisebeschwerden war unschätzbar. Während Gefahren und Entbehrungen in den wüsteren Grenzbezirken der von mir durchwanderten Länder keineswegs gering waren, bot doch die Nähe der Küste und der Schutz europäischer Mächte den Vorteil dar, etwa Eingebüßtes leicht ersetzen zu können.

Mein Hauptaugenmerk auf jener Reise war allerdings auf die Reste des Altertums und auf Völkerverhältnisse gerichtet, die noch gegenwärtig die alten Zustände beleuchten; dennoch aber war mir die lebendige Gegenwart keineswegs gleichgültig geblieben, und ich hatte stets einen Seitenblick nach jenen halb oder ganz unbekannten Landschaften im Innern Afrikas geworfen, welche in fortwährender Verbindung mit der Küste stehn. Allerdings ward ich auch in jene Gegenden mehr durch den im Dunkeln verborgenen Handel des alten Karthago als an dem Faden neuerer Entdeckungen geleitet, wenngleich in früher Jugend schon Mungo Parks und der Gebrüder Lander Reisen insbesondere meine geistige Teilnahme im höchsten Grade auf sich gezogen hatten. Wie dem immer sein mag, das Verlangen, mehr von jenen Gegenden zu wissen, bewegte mich nicht wenig. Die Worte eines Haussa-Sklaven in der tunesischen Stadt Kaf, mit dem ich in eine Unterhaltung über sein Heimatland geriet, tönten fortwährend in meine Ohren, und wiewohl sie während der Reise von den lebhaften Eindrücken anziehender und malerischer Gegenden in den Hintergrund gedrängt wurden, fingen sie doch an, mich dringlicher zu mahnen, sobald ich zur Ruhe des europäischen Lebens zurückgekehrt war.

In einfacher, aber eindringlicher Weise sagte mir der Eingeborene des Negerlandes, als er das Interesse gewahrte, das ich an seinem Lande nahm: »So es Gott gefällt, sollst du noch dich aufmachen und Kano besuchen«. – Kano ist der bedeutendste Mittelpunkt des Verkehrs im eigentlich sogenannten Sudan oder Lande der Schwarzen.

Auf meiner dreijährigen Reise in den Gestade-Ländern des Mittelmeeres hatte ich hinreichend Gelegenheit gehabt, die Macht englischen Schutzes zu prüfen. Ich hatte die Beweise freundlicher Gesinnung aller englischen Konsuln von Tanger bis Brusa erfahren und wiederholt ihre Gastfreundschaft genossen. Es war ihr Schutz, der mir es möglich gemacht hatte, mit einem gewissen Grad von Sicherheit jene wüsteren Gegenden zu durchziehen, durch welche mich meine Wanderung geführt hatte.

Der alte biedere Colonel Warrington, englischer Generalkonsul in Tripoli, der in mir einen Erforscher Innerafrikas geahnt zu haben schien, hatte selbst versucht, mich von meiner beabsichtigten Bahn an den Küstenländern abzuziehen, indem er mir seinen vollen Beistand zusicherte, im Falle ich versuchen würde, ins Innere einzudringen.

Zu meiner allgemeinen Bewunderung der britischen Nation in ihrer weiten Ausbreitung über einen so großen Teil der Erde mit ihrer Sprache, ihren Sitten, ihrem Einflusse und ihrer Herrschaft, gesellte sich auf diese Weise eine persönliche freundschaftliche Hinneigung zu den Individuen derselben, und wiewohl manches in Bezug auf diesen speziellen Fall einzuwenden war, sich gerade diesem Unternehmen anzuschließen, mußte ich doch eine starke Neigung in mir fühlen, mich als ein, wenn auch schwaches Werkzeug bei der Ausführung der kosmopolitischen und menschenfreundlichen Absichten der Engländer in bezug auf die Völkerschaften Innerafrikas anzubieten. In der Tat konnte nichts schöner sein, als auf den edlen Gedanken des Herrn Ritter Bunsen einzugehn, zu einem so großen Unternehmen die Kräfte der verschiedenen Zweige der germanischen Nation zu vereinigen. Und hier möge es mir erlaubt sein, meinen Tribut der Anerkennung dem so hochverdienten Geographen und meinem Freunde Herrn Dr. August Petermann darzubringen, der von Anfang bis zu Ende für diese Unternehmung unermüdlich tätig war und durch die Wahrung der Sache der Deutschen gegen gehässige Zurückstellung und Angriffe seiner eigenen Stellung Opfer brachte.

Von allen Gesichtspunkten aus betrachtet, mußte das Anerbieten der englischen Regierung sich mir auf das Lebhafteste empfehlen, und mit Begeisterung bot ich mich Herrn Richardson zum Begleiter an, unter der Bedingung, daß der Erforschung des Innern eine größere Bedeutung und Ausdehnung gegeben würde, während ursprünglich die Abschließung von Handelsbündnissen mit den

Häuptlingen der Wüste den fast alleinigen Gesichtspunkt gebildet hatte.

Inzwischen, weil Briefe zwischen Berlin, London und Paris – Herr Richardson hielt sich nämlich zur Zeit in Paris auf – in oft höchst störender Weise sich kreuzten, drang mein seliger Vater, den ich von meinem Vorhaben in Kenntnis gesetzt, in einer Weise in mich, von meinem gefahrvollen Unternehmen abzustehn, der meine kindliche Ergebenheit mich Folge leisten hieß. Ich trat daher von meiner Verpflichtung zurück und machte Herrn Dr. Overweg Platz, der in jugendlicher Begeisterung sogleich hervortrat, um, von der Berliner Geographischen Gesellschaft unterstützt, die von Anfang bis zu Ende mit dem regsten und tatkräftigsten Interesse das Unternehmen verfolgt und gehegt hat, seine Dienste anzubieten. Aber es war zu spät; mein Anerbieten war von der englischen Regierung schon angenommen.

Ich überwand daher Familienrücksichten und schloß mich der Unternehmung an. Väterliche Besorgnis zu beseitigen, ward mir erleichtert durch das Versprechen des preußischen Ministeriums, daß meine Abwesenheit von der Universität in so verdienstvollem Berufe meiner akademischen Laufbahn keinen Eintrag tun sollte. – Meinem geliebten Vater ward das Glück zuteil, mich, mit Ruhm gekrönt, von meiner Reise heimkehren zu sehen, aber es sollte ihm nicht vergönnt sein, diesen Bericht meiner mühevollen Wanderungen noch vor sich zu sehen. Während das Buch durch die Presse ging, schied er dahin.

Es war eine sehr freisinnige Handlungsweise der englischen Regierung, zwei Mitgliedern einer fremden Nation, anstatt eines einzigen, wie es beabsichtigt war, zu gestatten, an einer solchen Expedition teilzunehmen, die zugleich spezielle britische Handelszwecke beabsichtigte. Da aber einmal der Unternehmung eine ausgedehntere Richtung gegeben wurde, ward auch ein Seemann den Reisenden beigesellt; und indem man dem Zwecke der Erforschung volle Bedeutung gab, ward nicht allein Herrn Overweg und mir nach der Trennung von Herrn Richardson freigestellt, in der von uns als günstigst erkannten Richtung weiter vorzudringen, sondern auch beschlossen, ein Boot auszusenden.

Die Wahl des Seemannes war nicht ganz glücklich, und Herr Richardson hielt es für besser, ihn von Mursuk aus zurückzusenden. Das Boot dagegen, das auf dem ungeheuer schwierigen Landwege über Mursuk, Ghat, Aïr und Sinder fortgeschafft wurde und die Verwunderung und das Staunen aller Stämme des Innern erregte, kam endlich sicher am Orte seiner Bestimmung an, den der Leiter des Unternehmens selbst nicht so glücklich war zu erreichen.

Die Regierung tat noch mehr. Sie erlaubte uns, Waffen zu führen, während man ursprünglich gemeint hatte, die Expedition solle ohne Waffen gehen, weil Herr Richardson seine erste Reise nach Ghat in solcher Weise gemacht hatte. Aber Herr Richardson war damals in äußerst dürftigem Aufzug aufgetreten, ohne Instrumente, ohne Geschenke, ohne irgend etwas, das die Habsucht der Eingeborenen hätte reizen können. Wir aber sollten jetzt den Charakter einer wissenschaftlichen Expedition mit dem einer Gesandtschaft vereinen und neben der Erforschung der unbekannten Gegenden uns auch bemühen, Freundschaft mit den Häuptlingen und Fürsten der verschiedenen Länder zu schließen.

Man kann überzeugt sein, daß wir nie auch nur die Grenze des Landes Aïr ohne Waffen überschritten haben würden, und wie hätte ich später im Stande sein können, in anständigem Aufzuge unbewaffnet Länder zu durchwandern, die in fortwährendem Kriegszustande sind, wo kein Fürst den Reisenden anders beschützen kann als mit Hilfe einer zahlreichen Eskorte, und wo eben diese bei der ersten wirklichen Gefahr sich gewiß aus dem Staube macht! Es mag möglich sein, und wie es scheint, ist die Möglichkeit bewiesen worden, in einigen Gegenden Südafrikas unbewaffnet zu reisen, aber da ist der große Unterschied, daß hier nur heidnische Stämme sind, während in den Gegenden, die ich durchzogen habe, Islam und Heidentum einander beständig in offenem oder heimlichem Kampfe gegenüberstehen, ganz abgesehen von dem an sich so unsicheren Zustande der Straßen in großen Reichen, die aus ganz heterogenen, nur lose verbundenen Elementen bestehen.

Bewaffnet muß der Reisende in diesen Ländern sein, aber es muß ihm zur strengen Pflicht gemacht werden, die äußerste Vorsicht im Gebrauch der Waffen anzuwenden. Der Grund nun, der mich glücklich so viele Gefahren überwinden ließ, war, glaube ich, weil jedermann wußte, daß ich völlig bereit war, ihn zu empfangen, daß meine Waffen stets scharf geladen waren und ich oft den Beweis lieferte, daß sie es waren, und weil ich besonders während der

Nacht wohl auf meiner Hut und umsichtig war. Dies waren meine Mittel, Feinde abzuhalten, während mein eifriges Bemühen dahin ging, Männer, mit denen ich in friedlichem Verkehr stand, durch wirkliche Achtung und Freundschaft an mich anzuschließen. Ich bin niemals weiter vorgedrungen, ohne zu wissen, daß ich hinter mir einen aufrichtigen Freund ließ, und daß, wenn ich genötigt sein sollte, meine Schritte zurückzumessen, ich dies mit Sicherheit tun könnte.

Aber ich habe gewichtigeren Grund, das Verhalten der englischen Regierung zu loben. Denn als Herr Richardson im März 1851 den Mühseligkeiten der Reise erlag, schenkte sie mir ihr volles Vertrauen. In einer Depesche, die mir in Maseña, der Hauptstadt Bagirmis zukam, übertrug Lord Palmerston mir die Leitung der Expedition und stellte hinreichende Mittel zu meiner Verfügung, die Zwecke derselben auszuführen. Ich werde die mir hierdurch gewordene Verbindlichkeit nie vergessen, nie die so überaus freundliche und ehrenvolle Behandlung vergessen, welche mir Lord Palmerston, Lord John Russell und Lord Clarendon haben zuteil werden lassen. Auch wird die lebhafte Teilnahme, welche ausgezeichnete Briten, wie Sir Roderick Murchison, Rear-Admiral Smyth, Captain Washington, Admiral Beechey, Colonel, jetzt Genral Sabine, Colonel Sykes und so viele andere, mir bezeugt haben, sich in meinem Gedächtnisse nicht leicht verwischen.

Wenn ich fähig und glücklich genug gewesen bin, in geographischer Entdeckung etwas zu leisten, so ist schwer zu sagen, wieviel davon englischem, wieviel deutschem Einfluß zuzuschreiben ist. Denn die Wissenschaft ist aus dem Baumaterial aufgebaut, das alle Nationen der Erde gesammelt haben; und sicherlich, in geographischer Unternehmung ist keine Nation größer als die englische, und wenig ist in Zentralafrika von anderen Reisenden geschehen, als von englischen. Aber so schimpflich es wäre, wenn nicht der nachfolgende Reisende die Leistungen des früheren in jeder Weise vervollständigte und ergänzte, so ungerecht würde es sein, über den umfassenderen Leistungen des späteren die kleineren seines Vorgängers zu vergessen. Es ist das große Verdienst von Rear-Admiral Henry Smyth, damals Lieutenant, unterstützt vom englischen Generalkonsul in Tripoli, Herrn Colonel Warrington, die Aufmerksamkeit der englischen Regierung auf die so überaus günstige Natur der Lage von Tripoli gelenkt zu haben, um von hier aus Verkehr mit dem Innern Afrikas zu eröffnen; und wenn gegenwärtig der Flußverkehr auf dem Benuë die Hoffnung eines leichteren Zutritts zu Innerafrika eröffnet, so darf man die Bedeutung von Tripoli deshalb nicht unterschätzen. Denn diese Stadt mag lange Zeit der nächste Platz bleiben, von dem aus man am besten einen ununterbrochenen Verkehr mit vielen Teilen dieses Erdteiles unterhalten kann. . . .

Ich bin kein Naturforscher und ebenso auch kein Astronom. Es ist darum ein nicht genug anzuerkennendes Verdienst der englischen Regierung, auch in diesem Falle wiederum angeregt durch Herrn Dr. Petermann, den in astronomischen Beobachtungen praktisch gewandten und auch in der Botanik nicht unerfahrenen, für alle Erscheinungen der Wissenschaft und des Lebens frisch empfänglichen Dr. Vogel mir nachgesandt zu haben. Möchte mir das Glück zuteil geworden sein, ihn von Anfang meiner Reise an zum Begleiter gehabt zu haben; ganz anders würden die Ergebnisse ausgefallen sein. Auch der junge, an so umfassende Unternehmungen noch nicht gewöhnte Forscher würde dadurch vielleicht eine mehr praktische Vorbildung zu eigenen Unternehmungen erhalten haben.

Eigentümliches Zusammentreffen! An demselben Tage, wo Dr. Vogel im Begriff war, sich von England einzuschiffen, kam die Nachricht von Dr. Overwegs Tod dort an. Glücklicherweise vereitelte weder diese Nachricht noch die von meinem Aufbruche nach Timbuktu die Abreise Dr. Vogels, und so ward mir das Glück zuteil, durch dessen astronomische Beobachtungen, die durch die gänzliche Verschiebung der Länge von Kukaua der Lage der Länder des Innern eine bedeutend verschiedene Gestalt gaben, eine sichere Basis zu gewinnen. Besonders ist in dieser Hinsicht seine Beobachtung von Sinder, welche der langen westlichen Straße von Ghat einen sicheren Endpunkt gibt, von größter Wichtigkeit. Denn freilich ging ich auf unserer Hinreise nicht selbst direkt nach Sinder, und Herrn Richardsons Angaben seines Marsches von Tághelel nach Sinder sind sehr allgemeiner Natur; aber ich verband später diesen Platz mit meiner westlichen Marschroute durch meinen Weg von Sinder nach Gesaua.

Abgesehen aber von dieser Verrückung um fast anderthalb Grad nach Westen, welcher die ganze Topographie der um den Tschad umher lagernden Ländergruppe sich zu unterziehen hat, wird jeder Unbefangene finden, daß die von mir auf der Reise selbst unter allen Mühseligkeiten und Entbehrungen, und schwach wie ich war, entworfenen Kartenskizzen sich der Wirklichkeit annähern. Natürlich hat jetzt alles einzelne unter der geschickten Hand des Herrn Dr. Petermann mit ganz anderer Fülle und Richtigkeit niedergelegt werden können. Vergleicht man aber z. B. die Lage, welche ich der Stadt Hamarrua gegeben habe, mit der von Dr. Baikie wirklich gefundenen, so zeigt sich das Ergebnis, daß, den Fehler von Kúkaua zugrunde gelegt, sie mit überraschender Genauigkeit von mir niedergelegt war.

Gewiß sind sichere astronomische Beobachtungen von der äußersten Wichtigkeit bei jeder erdbeschreibenden Darstellung. Aber nichts ist verderblicher als ungenaue Beobachtungen dieser Art; und wie unendlich schwer es ist für einen vereinzelten Reisenden, in Gegenden wie Zentralafrika gute Längenbeobachtungen zu machen, überlasse ich dem Urteile jedes Vorurteilsfreien, der das Ergebnis der astronomischen Beobachtungen afrikanischer Reisender verglichen hat. Für einen in astronomischen Beobachtungen nicht hinlänglich erfahrenen Reisenden ist es gewiß sicherer, sich gänzlich auf genaue Beobachtungen des Kompasses, möglichst viele Bergwinkel und genaue Zeitbeobachtungen zu verlassen, besonders wenn er im Stande ist, die Schnelligkeit seines Marsches gelegentlich durch wirkliche Messung zu kontrollieren. Wenn auch die äußeren Punkte etwas verschoben sein mögen, wird doch das Eingeschlossene unter sich auf diese Weise in wahrem lebendigen Zusammenhange stehen. Und dies ist das Hauptverdienst, das ich für mich in geographischer Hinsicht in Anspruch nehme: die von mir durchzogenen Landschaften in dem Gesamtbilde ihrer Oberflächenverhältnisse mit aller Treue dargestellt zu haben, wie es einem Beobachter bei einmaligem Durchzuge oder kurzem Aufenthalte immer nur möglich war. Daß dies besonders bei gebirgigen Landschaften von der größten Wichtigkeit ist, wird jeder erkennen. Natürlich wäre es das Schönste, beides zu vereinen, genaue astronomische Bestimmung der Hauptpunkte und möglichst getreue Darstellung der Terrainverhältnisse des ganzen Landes. Dies ist aber für einen einzelnen Reisenden fast unmöglich, besonders unter solchen Verhältnissen wie im Innern des afrikanischen Kontinents.

Man muß auch die Länge meiner Reise in Anschlag bringen. Leider sind mir während der ganzen Dauer meiner Reise neue Instrumente, um die alten unbrauchbar gewordenen zu ersetzen, nicht zugekommen. Zumal muß ich es dringend beklagen, daß ich weder ein Aneroïd-Barometer noch ein zuverlässiges Thermometer besaß, um Höhenmessungen mit kochendem Wasser anzustellen. Dies ist ein beklagenswerter Nachteil in der Darstellung des Reliefs der von mir allein durchwanderten Länder. . . .

Ich will jetzt noch ein Wort über die Erforschung der großen zentralafrikanischen Lagune, des Tschad, sagen. Es ist gewiß, daß die Erforschung dieses Wasserbassins eine der hauptsächlichsten Aufgaben der Expedition war. Man muß die Natur dieses Beckens richtig verstehen, um völlig zu begreifen, wie unendlich schwierig, ja für zeitweilig hier sich aufhaltende Reisende unmöglich die Erforschung seiner ewig wandelbaren Ufer ist. Es bildet eine ungeheuere seichte Lache, die nur in der Mitte ein schiffbares Fahrwasser von ein bis zwei Klaftern Tiefe enthält, mit Inseln bestreut, die von einem unabhängigen, den Anwohnern feindlichen Stamme bewohnt sind, während rundumher Sumpf und niedriger Wiesengrund von gewaltiger Ausdehnung sich lagern. Jede Woche verändert der Tschad seine Ufer; diese Ufer aber sind in den Händen verschiedener unter sich feindlicher Stämme. Es war daher schon von Bórnu aus, daß ich der englischen Regierung schrieb, wie die fruchtbare Erforschung dieses Wasserbeckens auf die Beschiffung des Fahrwassers und auf die Untersuchung der in das Becken einmündenden Ströme sich beschränken müsse, während die Aufnahme der Ufer die augenscheinliche Lebensgefahr, die damit verknüpft sei, nicht verdiene.

Das Fahrwasser dieses seichten, sumpfartigen Beckens ward von Dr. Overweg beschifft, und es ist nur zu bedauern, daß ihm eine glückliche Heimkehr nicht zuteil geworden ist, um mit eigener Hand eine lebendige Beschreibung seiner interessanten Wasserfahrt zu entwerfen.

Das östliche Ufer des Sees zu besuchen, war der hauptsächliche Zweck unserer vereinten Expedition nach Kanem, und nachdem unser Unternehmen dort vereitelt war und wir auf dem Heereszuge nach Mussgu die interessante, überaus geringe Wasserscheide zwischen dem östlichen Zuflusse des großen westlichen Stromes und dem Tschadbecken erforscht hatten, wandte ich mich nach Bagirmi, um von dieser Seite den Zutritt zu jenen unwirtbaren Landschaften zu versuchen, von deren Charakter wir einen vollen Vorgeschmack in Kanem gehabt hatten; aber es gelang mir nicht, Karga oder den Inselarchipel im südöstlichen Winkel des Tschad zu erreichen. Ich überzeugte mich jedoch vollständig, daß jenes Becken keinen Abfluß auf der östlichen Seite habe und mit dem Fittri in gar keiner Verbindung stehe...

Es ist besonders nur ein Umstand in bezug auf diesen See, welcher der Entscheidung eines Augenzeugen zu bedürfen scheint; dies ist die Neigung des großen »barrem« oder, wie er gemeiniglich genannt wird, »bahr el ghasál«. Dieses große, jetzt völlig trockene, mit dichtem Walde umgürtete Tal stellten unsere Berichterstatter einstimmig als nach Borku geneigt dar und so, als hätte es in alten Zeiten einen Ausfluß des Sees gebildet, während doch Borku ein hochgelegenes Land zu sein scheint.

In der Tat scheint der Tschadsee ein wenig mehr Interesse in Europa erregt zu haben, als er in seinem gegenwärtigen Zustande wirklich verdient, obgleich er unzweifelhaft ein höchst charakteristischer und wichtiger Zug in dem ganzen Gebilde des Innern Afrikas ist; eine ungeheuere Ansammlung frischen Wassers, die eine Fülle von Leben zu erzeugen fähig wäre. Und obgleich er zur Zeit in keiner wirklichen Verbindung mit dem Ozean steht, bin ich doch überzeugt, daß dereinst, wenn europäische Industrie sich mehr diesen allerdings mit allen Nachteilen der Tropen ausgestatteten, aber unerschöpflich fruchtbaren und eisenreichen Gegenden zuwendet, die von der Natur schon vorgezeichneten, vom Menschen nur zu erweiternden Verbindungslinien in den flachen angeschwemmten Landschaften der Mussgu eine künstliche Verbindungsstraße zwischen dem Benuë und dem herrlichen Doppelstrom, der den Tschad nährt, bilden und so das weite Becken des letzteren in ein Feld der reichsten Produktion verwandeln werden.

Jene schönen flachen Alluviallande am östlichen Rande der äußersten vereinzelten Vorposten der Gebirgsgruppe, die das kleine Wándala- (Mándara-) Ländchen umschließt, besuchten Overweg und ich, sowie später Dr. Vogel, in Begleitung einer zahlreichen, auf Unterjochung und Sklavenjagd ausgezogenen Heeresmacht. Dies ist uns in England zu großem Vorwurf gemacht worden, und die »British and Foreign Anti-slavery Society«, das Wesen über der Form vergessend, hat dies zum Punkte einer ernsthaften Anklage gegen uns gemacht. Gewiß ist stets einer der Hauptzwecke der englischen Regierung in Bezug auf Afrika die Abschaffung des abscheulichen Sklavenhandels gewesen, und dies war ein Lieblingsgegenstand für den verstorbenen Herrn Richardson. Sicherlich wäre nichts wünschenswerter für den Reisenden, als wenn er alle Gegenden dieses Erdteiles in Frieden und Ruhe besuchen könnte; da würde er Volk und Land in seiner wahren Natur kennenlernen. Das ist aber in einem zerrissenen Lande, wie Innerafrika, nicht möglich, und besonders diese Landschaft, das Land der Mussgu, war, wenn irgend eine, eines Opfers wert.

Während die Mussgu von Major Denham als in felsigen, fast unzugänglichen Schluchten einer hohen Bergmasse hausende Wilde dargestellt worden, erlangte ich schon auf meiner Reise nach Adamaua die vollständige Gewissheit, daß die Wándala umgebende Berggruppe im Osten ganz vereinzelt und von durchaus flacher Landschaft umgeben sei, eben der Heimat der Mussgu.

Dies höchst wichtige Ergebnis teilte ich schon damals Herrn Baron v. Humboldt mit. Es war also von der äußersten Wichtigkeit, diese Landschaft, die sich zwischen dem Schari und dem Benuë hinlagert, zu besuchen. Wir folgten daher, obgleich wohlbewußt, daß wir dadurch scheinbar einen Anstoß geben würden, dem gewaltigen Heere Bórnus, das wir nicht zurückhalten konnten, auf seiner zerstörenden Bahn. Wir hatten von dem allgemeinen Charakter des Landes eine vorläufige Idee, aber von seinem Reichtume konnten wir nur eine schwache Vorstellung haben, und noch viel weniger von der vorgeschrittenen Kultur seiner Bewohner bei aller Roheit in vielen Beziehungen.

Ankunft und Gefangenschaft in der Hauptstadt Tibestis

aus: Gustav Nachtigal, Sahara und Sudan, Leipzig, 1889

Das Getöse kam näher; die Männer brüllten – wahrscheinlich waren sie unter dem Einflusse des Laqbî, einer Art Honigwein, wie fast jeder redliche Einwohner von Bardaï am Abend –, klirrten und rasselten mit den Waffen; die Weiber kreischten und ließen das übliche Zungenschlaggeräusch hören; die Kinder schrien. Schon unterschied man die einzelnen Stimmen, hörte ihre Verwünschungen gegen die Christen und ihre blutdürstigen Vorsätze. Mit einer Art verzweifelter, resignierter Ironie verdolmetschte mir Buï Mohammed die unerbaulichen Bedeutungen ihres Geschreies. In seiner Kenntnis von Land und Leuten zweifelte er keinen Augenblick daran, daß unser letztes Stündlein gekommen sei, doch kein Wort eines eigentlichen Vorwurfs gegen mich kam über seine Lippen, nur die Bitterkeit, die Ironie, die im Tone seiner Worte lag, schien mir zu sagen: »Da sind sie, meine früheren Aussagen zu bewahrheiten; du hast es gewollt, da du die Ratschläge der Vernünftigen zurückwiesest!« Kampfbereit hielt der Alte sein Gewehr in der Hand, und auch in diesem Augenblicke konnte ich nicht umhin, die Tiefe der feindlichen Gefühle zu konstatieren, welche der sonst in seinen Urteilen über Menschen so milde Mann gegen alles, was Tubu hieß, nährte. Giuseppe betrug sich wie ein Mann; Sa'ad erging sich, wie bei der Verdurstungsszene, in wortreichen Vorwürfen gegen mich, während 'Ali Bû Bekr kaum die Kraft hatte, die Worte auszustoßen: »Verflucht sei das Geld, um dessentwillen ich hierherkam!« Entsetzt, doch ergeben in die eiserne Notwendigkeit, richtete ich meine Augen auf die dunkle, sich heranwälzende Masse, deren einzelne Schatten man schon unterscheiden konnte.

Eine zaudernde Unschlüssigkeit hatte sich meiner anderen Begleiter und Beschützer bemächtigt. Sie hatten sich von uns zurückgezogen und bildeten in einiger Entfernung eine überlegende und ratschlagende Gruppe. Alles hing von der Haltung Aramis[1] ab, in dessen Innerem widerstreitende Gefühle kämpften.

1 eines nach Tibesti zurückkehrenden Einheimischen, unter dessen Schutz Nachtigal reiste

Er war der mächtigste Mann unter den eigentlichen Tubu Reschâde, welche die vom Gebirgsstocke nach Südwesten abfallenden Täler bewohnen und sich für die Herren des ganzen Landes halten. Diese umfassen die edelsten Geschlechter Tibestis, sind Hirten und vorzugsweise Nomaden, Herren des Raumes, und halten sich, wie überall, wo Nomaden und seßhafte Ackerbauern dasselbe Land bewohnen, für die bevorzugten, über die letzteren zu herrschen bestimmten Leute. Ihre Reisen führen sie nach Fezzân, Kawár, Borkû, Bornû, während die Leute von Bardaï ihr Tal nie verlassen, ein arbeitsames Ackerbauleben führen und in ihrem Blute nicht frei sind von den freilich geringen Sklavenelementen des Landes. Ein Überfall der Araber, Tuârik und Bulgedâ trifft nur die westlichen Täler der Nomaden oder Halbnomaden, welche dadurch zu den natürlichen Verteidigern des ganzen Landes gestempelt werden und sich infolgedessen für die besseren Krieger halten; bis nach Bardaï, das nach Westen und Süden durch mächtige Gebirge, nach Norden und Osten durch die endlose Wüste geschützt ist, dringt kein Ghazia. Und jetzt sollten diese armseligen Ackerbauern es wagen können, einen Fremdling, den er, Arami, der Hervorragendste unter den Edelleuten, aus dem königlichen Geschlechte der Tomâghera, reicher und persönlich angesehener als sein Vetter, der Dardaï, in seinen Schutz genommen hatte, zu massakrieren? Es war eine lokkende Gelegenheit, sein Ansehen im eigenen Lande zu erproben und mir und durch mich Fezzân seine Macht zu beweisen . . .

Die Zeit drängte; da Arami und seine Genossen sich noch immer überlegend seitwärts hielten, während die wütende Menge immer näher herantobte, begab ich mich zu ihnen und sagte kurz, sie möchten sich beeilen. Ich könne mir nicht denken, daß es so schwer sei, sich zu entscheiden, ob man treu und wacker oder verräterisch und feige handeln wolle. Wenn sie das kundgeben, wir seien bereit, unser Leben teuer zu verkaufen, und sie sollten nicht glauben, daß Muselmanen allein wie Männer zu sterben wüßten.

Da erhob sich Arami; sein Entschluß war gefaßt und damit der der übrigen. »Mit Gottes Hilfe wird dir kein Unheil widerfahren«, sagte er, »denn ich habe dir meinen Schutz zugesagt.« Stolz ging er der andringenden Menge entgegen, die offenbar erwartet hatte, uns von unseren Begleitern verlassen zu finden. Es war höchste Zeit, schon schleuderten die Wütigsten oder Betrunkensten ihre Wurfspeere, doch ungeschickt und zögernd, da wir nicht allein waren, wenn wir auch abgesondert standen. Zum Teil schlug Arami die Waffen in der Hand der Angreifer nieder, und niemand wurde verletzt. Kolokomi, Gordoï, Birsa folgten seinem entschlossenen Beispiel, und nun ging es an ein lebhaftes Parlamentieren . . .

Arami vermochte die Gemüter der erregten Menge fürs erste zu beruhigen. Aber die Beratungen gingen weiter. Später vor seinem Hause. Am nächsten und am übernächsten Tag. Das ganze ungewöhnliche Ereignis gab den Tubu Reschâde die Gelegenheit zu einer gewissen Aufregung und Geschäftigkeit und war ihnen gewiß eine angenehme Unterbrechung ihres einförmigen, arbeitslosen und pflichtenarmen Daseins. Man versammelte sich mit Sonnenaufgang, und erst, wenn die Sonnenstrahlen ihnen unerträglich auf die Köpfe brannten, wurde die Morgenberatung geschlossen. Nach dem Asser (etwa 4 Uhr nachmittags) begann der zweite Medschelis (Ratsversammlung), und oft kehrten die dem Wortkampfe ergebenen Mitglieder erst am späten Abend heim.

Wenn es auch nicht angenehm war, die verhängnisvollen Eventualitäten, von denen ich bedroht war, entwickeln und diskutieren zu hören – Buï Mohammed war ein getreuer Dolmetscher und wurde nicht selten in die Diskussion hineingezogen und also mein Verteidiger –, so gehörten doch anfangs die Teilnehmer an diesen Beratungen sämtlich der mir günstig gestimmten Partei an. Entweder hatte ich ihnen gegeben, oder sie hofften durch ihre freundlichen Gesinnungen oder durch ihre nahen Beziehungen zu Arami oder Bû Zeïd noch etwas zu erhalten.

Schon wurde mancher bei dem geringen Erfolge seiner Spekulation mir gegenüber schwierig; das Murren wurde auch in den Reihen meiner Partei laut und lauter. Daß ich ein unberechtigter Eindringling in ihr Land sei, hatten auch die Wohlwollendsten nicht geleugnet; mit der Zeit ward ich allmählich als öffentlicher Feind angesehen. Diese allgemeine Stimmung richtete sich zunächst gegen Kolokomi, ohne den ich das Land nicht betreten haben würde. Sein Helfershelfer Bû Zeïd stand Tibesti ferner und hatte nicht die gleichen Verpflichtungen; doch daß jener, ein durch Geburt und Persönlichkeit unbedeutender Maina, es gewagt hatte, mich ins Land zu führen, und zwar in einem Zustande, welcher der allgemeinen Habsucht so wenig Nahrung bot, nachdem er selbst das Fett abgeschöpft hatte, das konnten ihm weder Fürst noch Volk verzeihen. Die öffentliche Stimmung wurde so drohend, daß er flüchtig wurde. Wenn auch sein geringes Ansehen ihn zu keinem sehr nützlichen Beistande seinen Landsleuten gegenüber für mich machte, so war er mir doch als Wegweiser und Besitzer der schönen Kamelstute, die er von meinem Gelde gekauft hatte, äußerst wichtig und zu meiner Abreise geradezu unentbehrlich. Seine Flucht war daher ein harter Schlag für mich, der wenigstens hätte versüßt werden können, wenn er seinen alten Bruder mitgenommen hätte, dessen Forderung der versprochenen Indigotobe ich nicht gerecht werden konnte, da Bû Zeïd die letzte in »meinem Interesse« verausgabt hatte, ehe ich Bardaï erreichte.

Dabei schien sich das Unwohlsein des greisen Staatsoberhauptes zu verschlimmern, und man fürchtete eine Zeitlang sogar für sein Leben, das allerdings die gewöhnliche menschliche Grenze längst überschritten hatte. Die Krankheit verhinderte ihn zwar anfangs nicht, Tag und Nacht darüber nachzugrübeln, wie er mir die verheimlichten Schätze entreißen könne; doch als weder der ihm persönlich nahestehende Gordoï etwas aus mir herauszupressen vermocht hatte noch eine heimliche Sendung Bû Zeïds um ein Geschenk von sieben Maria-Theresia-Talern erfolgreich gewesen war, hing er mehr und mehr seinem körperlichen Leiden nach und schien ganz aufzuhören, sich um meine Angelegenheit zu bekümmern. Ich hörte zwar nie auf, Arami und meine nächsten Freunde anzustacheln und die Erlaubnis und Sicherung meiner Abreise zu fordern, doch ohne Erfolg: ich mußte schon wenigstens den Ausgang der Krankheit ihres Oberhauptes, ohne das sie, trotz seines geringen Ansehens, nicht handeln wollten, abwarten.

Ein verlängerter Aufenthalt würde mir leicht und eine Quelle der wertvollsten Studien und Erfahrungen geworden sein, wenn es mir vergönnt gewesen wäre, herumzuschweifen und mit den Bewohnern zu verkehren, und – wenn ich nicht außer der Langeweile noch so viel Hitze und Hunger hätte ausstehen müssen. Ich war an das Zelt gebannt, das bei einer durchschnittlichen höchsten Tagestemperatur von 40 Grad Celsius zur wahren Hölle wurde, da es, wie schon erwähnt, aus einer einfachen Lage Leinwand bestand und die Macht der Sonnenstrahlen nicht genug abzuschwächen vermochte, und unsere Nahrung beschränkte sich ausschließlich auf Datteln, die uns Arami morgens und abends in spärlicher Anzahl verabreichte . . .

Zweimal wagte ich, mich auf Momente dieser ertötenden und entmutigenden Gefangenschaft zu entziehen; doch beide Versuche lehrten mich in sehr eindringlicher Weise, daß die Außenwelt noch größere Unannehmlichkeiten für mich berge als das traurige Zelt. Das eine Mal wollte ich die Zeit der größten Tageshitze, in welcher sich die Tubu ruhiger in ihren Wohnungen hielten als selbst zur Nachtzeit, benutzen, um einmal die Siesta des verlockenden Schattens zu genießen, den mir eine nur wenige hundert Schritte entfernte, reizende Palmengruppe winkte. Auch frisches Wasser sollte dieser Platz bergen, und so schlich ich, mit einer Trinkschale versehen, zu dem seltenen Genusse. Mit Wollust streckte ich mich in den reinlichen Sand und hielt den ersten wirklich erquickenden Mittagsschlummer; leider wurde ich in sehr unerfreulicher Weise aus demselben aufgeschreckt. Ein junges Mädchen von 12 bis 14 Jahren hatte mich erspäht, schnell gleichaltrige und jüngere Genossen und Genossinnen zusammengelockt und begann mit diesen einen so energischen Angriff mit Steinwürfen auf mich, daß ich an schleunigen Rückzug denken mußte. Ein kurzer Versuch, der Anführerin begreiflich zu machen, daß ich ihr gegenüber von nichts weniger als feindseligen Gefühlen beherrscht sei, erweckte durchaus keine zarteren Regungen in ihrem jugendlichen Herzen, sondern wurde mit einem Wurfe belohnt, dessen Folgen ich für manche Tage spürte. Die Kinder schleuderten mit einer solchen Kraft und Geschicklichkeit so ansehnliche Geschosse, daß ich bei größerer Entfernung meines Zufluchtsortes ernstliche Besorgnisse hätte hegen müssen. So kam ich mit zahlreichen Kontusionen davon, deren Schmerzen mich während der nächsten Zeit in jedem Augenblicke daran erinnerten, wie machtlos und abhängig ich war.

Das andere Mal wollte ich, als ich fast alle männlichen Einwohner bei einem gemeinsamen Feste und die übrigen durch die Mittagszeit in ihren Hütten zurückgehalten glauben konnte, einen Brunnen ganz in der Nähe unseres Lagerplatzes in bezug auf seine Tiefe untersuchen. Kaum hatte ich ihn erreicht, so war auch hier die hoffnungsvolle Jugend wieder da und griff mich unter dem lauten Kriegsgeschrei: »Auf den Heiden! Auf den Heiden!« mit den oben erwähnten Waffen und gleicher Energie an. Zu der Gefahr der

Steinigung kam hier noch ein laqbîtrunkener Mann mit einem Wurfeisen, der, angefeuert durch die Kampfeswut der Kinder und den genossenen Alkohol und ermutigt durch meinen Rückzug, den ich so würdevoll als möglich auszuführen bestrebt war, von seiner Waffe Gebrauch machen zu müssen glaubte. Glücklicherweise hatte ihm der Palmenwein Auge und Hand unsicher gemacht, so daß ich mit einem »Flachen« davon kam und ungeschädigt meinen Zufluchtsort, oder vielmehr mein Gefängnis, erreichte . . .

Endlich, fast 14 Tage nach unserer Ankunft in Bardaï, kam Arami sehr befriedigt von einer Diskussion mit Tafertemi zurück und meldete, daß er glaube, die friedliche Lösung sei nahe; der Dardaï habe versprochen, den ersten Schritt der Annäherung zu tun und mich am nächsten Morgen zu besuchen. Noch zweifelte ich an dieser langersehnten Wendung, als gegen Abend das erste Zeichen friedlicher Kenntnisnahme von meiner Person seitens des alten Häuptlings eintraf: ein mächtiger Dattelzweig, der die Gastmahlzeit, welche seine Vermögensverhältnisse ihm nicht gestatteten, in der konvenablen Form des üblichen Mehlbreis zu liefern, darstellen sollte. Am nächsten Morgen erhob ich mich früher als gewöhnlich von meinem kummervollen Lager, um bei den matinalen Gewohnheiten der Tubu rechtzeitig bei der Hand zu sein; die ratsberechtigten Tubu Reschâde und Bardaïer versammelten sich vollzähliger als gewöhnlich, und gegen Sonnenaufgang sah man das greise Staatsoberhaupt, begleitet von seinem einzigen Beamten, dem sogenannten Dolmetscher, herankommen. Man mußte gestehen, daß die äußere Erscheinung Tafertemis durchaus nichts Königliches an sich hatte. Ein kleiner, vom Alter gekrümmter Greis, mager, mit hastigen Bewegungen, das mit einem bescheidenen Barte gezierte, kleine verkniffene, faltige, mäßig dunkle Antlitz scheu bald hierhin, bald dorthin wendend, war er in eine blaue Tobe aus Bornû gekleidet, die durch Schmutz und defekte Stellen ein ansehnliches Alter verriet, trug einen abgeblaßten, fadenscheinigen Tarbûsch mit einem schmierigen, ursprünglich weißen Turban, dessen Litham-Tour lose auf die Brust herabhing, und unterstützte seine in Sandalen gekleideten Füße durch einen dicken Stab, der ihn selbst an Länge übertraf und den er in der Mitte gefaßt hielt. Sein Dolmetscher war ein zerlumptes, dunkelfarbiges, noch weniger Vertrauen erweckendes Individuum. Ich ging ihm mit Buï Mohammed, meinem wirklichen

Dolmetscher, zur Begrüßung entgegen, sprach meine Freude aus, ihn endlich von Angesicht zu Angesicht zu sehen, wonach ich mich so lange gesehnt habe, und meine Hoffnung, daß sich nun alles für mich zum Besseren wenden werde. Seine Krankheit, von der ich hoffe, daß er vollständig genesen sei – Gott möge seine Tage verlängern! –, habe die Schuld getragen, daß ich in seinem Lande mehr gelitten habe, als sich mit den Pflichten der Gastfreundschaft vertrage. Ich sei von einer der seinigen befreundeten Regierung geschickt an ihn, einen mächtigen, weisen und gerechten König, der durch ein Menschenalter die Geschicke seines Landes gelenkt habe und darum weit und breit bekannt sei, und habe doch seit meiner Ankunft nur Gefahr, Kränkung aller Art und Hunger gelitten. Ich hoffe, daß er, der die Macht habe, mich jetzt friedlich auf den Weg nach Fezzân bringen werde, denn meinem ursprünglichen Zwecke, die mächtigen Berge seines Landes und alle Flußtäler zu sehen, habe ich entsagt, seit mir klar geworden sei, daß die Einwohner meinen Besuch nicht mit günstigen Augen ansähen. Als Buï Mohammed, der dem alten Häuptling persönlich bekannt war, ihm meine wohlgesetzte Rede vortrug, machte diese augenscheinlich nicht den geringsten Eindruck auf das verstockte Gemüt des zielbewußten alten Herrn. Ohne auf ihren Inhalt einzugehen, sagte er einfach durch den Mund seines Dolmetschers, der seine Worte nicht etwa zu meinem besseren Verständnis ins Arabische übersetzte, sondern nur der Tubusprache mächtig war – sein Amt bestand nur zur Erhöhung der Würde des Dardaï, der auf diese Weise nicht direkt mit jedem Unwürdigen zu verhandeln hatte –: »Bevor wir weiter sprechen, beantworte mir eine Frage: Wer hat bei deiner Ankunft in Tibesti dein Besitztum so verringert, daß du sozusagen mit nichts hierher nach Bardaï gekommen bist? Ich muß dies wissen, denn ich bin für Sicherheit und Gerechtigkeit in meinem Lande verantwortlich«. Auf meine Antwort, daß ich nur seinen ersten Edelleuten im E. Zuâr, die mir vom Hâdsch Dschâber selbst als berechtigt genannt seien, ihr »Haqq el-Wâdî« (Recht des Flußtals) gegeben habe, bemerkte er, daß dies durchaus unwahrscheinlich sei, denn ich sei mit vier beladenen Kamelen ins Land gekommen. Ich setzte ihm auseinander, daß eins derselben den Mundvorrat, der allerdings von den hungrigen Einwohnern seines Landes auf nichts reduziert sei, getragen habe, eines die Geschenke und die Geldwerte, ein anderes meine persönliche Habe und meine Person, und das letzte die Wasserschläuche, das Zelt und dergleichen; aber diese Auskunft befriedigte ihn keineswegs. Er beharrte dabei, daß vier Kamele eine ungeheure Kraft repräsentierten, daß es wahrscheinlich sei, sie seien wohlbepackt gewesen, und daß das, was ich in offizieller Weise gegeben, keineswegs das gänzliche Verschwinden der Ladungen erkläre. Ich möge nur furchtlos und offen gestehen, wer der oder die Räuber gewesen seien, denn er sei die Macht und die Gerechtigkeit. Ich hütete mich wohl, die Geschenke, die ich Arami und den Seinen gegeben hatte, zu erwähnen, und blieb bei meiner Aussage. Als er seinerseits ebenfalls bei seiner Meinung blieb und immer wieder darauf zurückkam, daß vier Kamele viel mehr getragen haben müßten, als ich zu verrechnen imstande sei, so wurde ich ärgerlich und sagte ihm kurz: »Ich begreife nicht, was du willst; habe ich dir nicht einen roten Tuchburnus, eine Indigo-Tobe von Afono (bei Arabern und Negern üblicher Name für Haussa), einen tunesischen Tarbûsch mit Turban für dich und deinen Sohn, eine herrliche Fûta für deine Frau geschenkt?! Waren das nicht eines Königs würdige Gaben, und hast du nicht viel mehr erhalten als alle übrigen Edelleute deines Landes? Warum traust du meinen-Worten nicht? Die Kamele habe ich nicht mit nach Bardaï bringen können, weil sie zu schwach waren, die ungewohnten Berge zu übersteigen, und weil ich hier kein Futter für sie gefunden haben würde. Glaubst du, daß ihre Ladungen ebenfalls drüben geblieben sind, so laß mich von jemand auf den Weg nach Fezzân geleiten, der sich davon überzeugen kann, ob ich etwas mit von hinnen nehme. Oder vermutest du, daß ich hier noch Schätze verberge? Dort ist mein Zelt, das ich nicht einmal verlassen kann, ohne in unwürdiger Weise von Kindern insultiert zu werden, und in ihm ist alles, was ich besitze; überzeuge dich selbst von seinem Inhalte!«

Die letzten Worte waren das einzige meiner Rede, das ihn anmutete. Der praktische Mann der Tatsachen erhob sich, ohne ein Wort zu sagen, begab sich, gefolgt vom Dolmetscher und dem alten Qatrûner, in mein Zelt und nahm eine Okularinspektion seines Inhaltes vor. Leer gähnten ihm die beiden verräterischen Kisten entgegen, denn ihren Inhalt an einigen Büchern und meteorologischen Instrumenten rechnete er verachtungsvoll für nichts, da sie keine unmittelbare Verwertung zuließen, und sonst fand er außer der

Matratze, die ich damals noch mein nannte, einer einzigen Bettdecke und den Schießwaffen, die ihm nicht dienen konnten, nichts, gar nichts, das sein Wohlwollen für mich hätte wieder erwecken können.

Erwartungsvoll hingen aller Augen an der Zeltöffnung. Bald trat der enttäuschte Greis hervor, nahm aber sonderbarerweise keine Notiz von irgendjemand, durchschritt stumm die Versammlung und begann sich zu entfernen. Da erhob sich Arami und hielt hoch aufgerichtet, die Lanze auf den Boden gestemmt, eine glänzende Rede. »Wohin gehst du, König?« sagte er etwa, »bist du nicht heute hierher gekommen, damit wir endlich über das Schicksal dieses Mannes entscheiden, der durch dein Zögern hier zurückgehalten wird? Warum lassen wir ihn nicht nach Fezzân ziehen, von wo er gekommen ist? Was wollen wir mit ihm machen? Ihn etwa töten? So viel ich weiß, haben wir nicht die Gewohnheit, Menschenblut zu trinken, Wasserschläuche aus Menschenhaut zu machen oder Menschenfleich zu essen! Und sonst hat dieser Fremdling keine Besitztümer, die uns reizen könnten; warum halten wir ihn also zurück? Unsere Brüder und Vettern wohnen in Fezzân; dorthin rufen uns unsere Handelsbeziehungen; wenn wir diesen Christen, der mächtiger ist, als die ganze Regierung zu Murzuq, umbringen, so können wir nicht mehr unsere dortigen Märkte beziehen, und für den Tod dieses einen fallen zwanzig der unseren zum Opfer. Ist es nicht verständiger, ihn ungeschädigt an seiner Person ziehen zu lassen? Sein Hab und Gut hat er verteilt und Jêricke nicht gesehen; seine Kamele sind unbrauchbar; seine Eßvorräte haben wir aufgezehrt; den Weg kennt er nicht. Ohne Nahrung, ohne Wasser, ohne Wegkenntnis wird er in der Wüste zugrunde gehen; aber Gott wird ihn getötet haben, nicht wir. Seit seiner Ankunft in Bardaï habe ich ihn und seine Leute ernährt; ich kann und will das nicht länger tun, sondern verlange, daß der König und die Versammlung der Edlen ihn entlassen«.

Es war eine schöne Rede, obwohl ich nicht gerade sagen kann, daß die Bilder, welche sie als die wahrscheinlichen und natürlichen Ziele meiner Feinde entrollte, oder die Perspektiven, die der Redner als den meinen Freunden erwünschten Ausgang hinzustellen schien, mir besonders zugelächelt hätten. Doch ich erwartete immerhin einen großen Eindruck auf den König. Leider war der nüchterne Sinn desselben durchaus gefeit gegen derartige drastische Angriffe auf sein Gefühlsleben. Er ging auf keine der oratorischen Fragen ein, die scharf, bestimmt und gedrängt an Verstand und Gefühl der Anwesenden appellierten, sondern, schon außerhalb des Kreises der Versammlung, drehte er sich nur noch einmal um und sprach mit vernichtender Einfachheit: »Ich habe das leere Holz gesehen und gehe nach Hause!« Mit jener mißachtenden Bezeichnung, welche die ganze Größe seiner Enttäuschung entfaltete, belegte er meine armen Kisten. Auch Akrêmi Temîdomi erhob seine im grellen Kontraste zu seiner kurzen Person stehende Donnerstimme zu meinen Gunsten, während die Gegner zwar zahlreich waren, aber sich nicht zu einer wirklichen Rede, zur öffentlichen Verteidigung einer an mir zu verübenden Gewalttat aufschwingen konnten, sondern sich begnügten, die Rede meiner Beschützer häufig durch aufreizende Worte zu unterbrechen. »Was hat der Heide hier zu tun?!«; »warum so viel Wesens um einen Christen machen?«; »warum ist er mit so wenig Besitztum hierher gekommen, daß nur einzelne Vorteil von ihm gehabt haben?«; »bin ich nicht von ebenso edler Geburt als die Besten des Landes?«; »er ist als Spion in unser Land gekommen, das noch nie von einem Türken oder Christen betreten wurde, um seine Schätze zu erspähen, und wenn wir ihn nicht umbringen, so wird er uns verraten und verkaufen, und unser Land werden Fremdlinge nehmen!«: das waren die kurzen Ausrufe und Bemerkungen, die man von diesem und jenem hörte . . .

Jeder hatte den innigen Wunsch, mich durch irgendeinen Zufall, durch Meuchelmord, im Streite oder sonstwie verschwinden zu sehen, doch kaum den Mut, Arami und anderen angesehenen Edelleuten gegenüber meine Ermordung als eine gerechte Handlung zu verteidigen.

Dementsprechend ließ sich auch Tafertemi nicht darauf ein, denen, die für mich gesprochen hatten, in sachlicher Erwägung zu erwidern, sondern setzte einfach seinen Weg nach Hause fort, nachdem er sich noch einmal umgewendet und in verachtender Kürze gesagt hatte: »Der Mann hat das leere Holz gebracht; ich habe hier nichts mehr zu tun!« Sprach's und ward nicht mehr gesehen . . .

Das Gerücht meiner mißlungenen Zusammenkunft mit dem Dardaï setzte den Strom der Besucher wieder in Fluß, der in den letzten Tagen schwächer geworden war. Die Freunde der ersten

Zeit begannen aus dem Stadium der Zurückhaltung in das der Feindseligkeit überzugehen, seit sie eingesehen hatten, daß meine beharrliche Ableugnung aller Schätze auf Wahrheit beruhte.

Leider gelang es mir auch nicht, im schönen Geschlechte und in den unschuldigen Kindern freundschaftlichere Gefühle zu wecken als bei den Männern. Hatten einige Kinder ihre anfängliche Furcht hinlänglich besiegt, um bis in meine unmittelbare Nähe zu kommen, und hatte ich sie dann gehätschelt und mit ihnen gespielt, wie man mit Kindern zu tun pflegt, ihnen etwas Zucker geschenkt, so lange noch eine Spur davon vorhanden war, oder einige Nähnadeln, für welche sie eine große Vorliebe zeigten, so versuchte ich wohl, sie einige Schritt weit zu begleiten. Doch kaum hatte ich dann, vorsichtig infolge der früheren Erfahrungen, den Rücken gewendet, um die freudlose Stätte, an die ich geschmiedet war, wieder aufzusuchen, so warfen diese kleinen Schurken, offenbar schon Verräter vom Mutterleibe her, die Maske der Unschuld ab, und ihre Steinwürfe kränkten dann mein Gemüt in seinem Glauben an die Menschheit mehr, als sie meinem Körper wehe taten.

So schlichen die Tage in ertötender Langsamkeit, unter Sorge und Ärger dahin. Die Hitze im Zelte wurde immer unerträglicher – wir näherten uns dem Ende des Monats August – und der Hunger immer quälender. Die Tagesmahlzeit, welche nicht nur zur Befriedigung des letzteren diente, sondern unter den obwaltenden Verhältnissen den Reiz einer zeitausfüllenden, genußreichen Beschäftigung gewann, obgleich sie nur aus oft recht schlechten Datteln bestand, blieb bald nach dem Besuche des Dardaï meistens aus, da das Opfer meinem Beschützer allmählich zu groß erschien. Arami ging seinen Geschäften nach und erschien oft erst abends lange nach Sonnenuntergang mit dem ersehnten Körbchen, und der Hunger verscheuchte sonach häufig den Mittagsschlummer, der mir sonst zuweilen den endlosen Tag gekürzt und mich durch kurze Träume aus der trüben Umgebung in glücklichere Verhältnisse versetzt hatte. Das schmutzige Wasser, das uns zu schöpfen erlaubt war, wenn niemand sich in der Nähe befand, war vielleicht zu Ende gegangen; doch noch war die Umgebung zu belebt, als daß meine Diener, welche als Christensklaven kaum weniger rohen Schmähungen und körperlichen Gewalttätigkeiten ausgesetzt waren, als ich selbst, den Vorrat zu erneuern gewagt hätten, und zu Hitze, Hunger, Kummer und Langeweile kam wohl noch der Durst. Endlich neigte sich die Sonne, und alle unsere Hoffnung konzentrierte sich auf die Nacht. Dann müßte Arami heimkommen, sicherlich brachte er Datteln, vielleicht auch Nachrichten; wollte Gott, daß es günstige wären!

Empfang in Kuka am Tschadsee

aus: Gerhard Rohlfs, Reise durch Nord-Afrika vom Mittelländischen Meere bis zum Busen von Guinea 1865 bis 1867, Gotha, 1868

Ein Marsch von 2 1/2 Stunden brachte uns am andern Morgen nach Ngigmi, dem ersten bewohnten Orte an der Nordgrenze von Bornu. Wer sich den Tschad-See als einen blanken Wasserspiegel vorstellt, wird bei dessen Anblick sehr enttäuscht sein, denn nur stellenweise sieht man offenes Wasser in der unendlichen, mit Rohr und Schilf bedeckten Fläche. Eine sehr angenehme Musik war mir das Brüllen der Rinder, die in Herden an uns vorüberzogen. Wie lange hatte mein Ohr diesen heimatlichen Laut nicht mehr gehört! Wir schlugen unsere Zelte dicht vor dem Dorfe auf, und bald kamen die Bewohner, welche Kanembu sind, neugierig heraus. Sie hielten uns für den Vortrab einer großen Karawane, waren daher sehr verwundert, als wir ihnen sagten, daß niemand weiter folge, da, wie sie uns mitteilten, Tuareg, mit Uled Sliman verbunden, Kanem nach allen Richtungen raubend und plündernd durchzögen. Von den Frauen wurden mir Eßwaren: frische und getrocknete Fische, Butter, Tabak, Argum moro, Argum moro-Mehl, etwas Gerste und Weizen, zum Kauf oder zum Tausch gegen Glasperlen und Nadeln angeboten. Ihre Forderungen waren indes nach dortigen Preisverhältnissen keineswegs bescheiden, später kaufte ich in der Hauptstadt Kuka alles viel billiger. Ich bezahlte ihnen für frische Fische, ein Lamm, 20 Pfund Butter und etwas Mehl 2 Maria-Theresientaler. Abends badete ich an einer offenen Stelle, wo die Kühe getränkt zu werden pflegen, im Tschad, nachdem mir die Eingeborenen auf meine Erkundigung versichert hatten, es komme hier äußerst selten vor, daß ein Mensch von einem Krokodil angefallen werde. Nicht weit von der Badestelle sah ich dann vier Hippopotamen ihre plumpen Köpfe

61 Panzerreiter von Bornu

aus dem Wasser strecken, und da mich Kalli und der Marabut gebeten hatten, ich möge vor den Bewohnern Ngigmis meinen Repetierstutzen abfeuern, benutzte ich die Gelegenheit, ihnen von der Wirksamkeit unserer Waffen eine Probe zu geben. Ich schoß unmittelbar hintereinander vier Schüsse auf die Flußpferde ab und hatte das Glück, daß zwei davon tödlich getroffen wurden. So viele Kugeln fast gleichzeitig aus ein und demselben Rohre kommen und auf so weite Entfernung wirken zu sehen, flößte den Leuten natürlich keinen geringen Respekt vor uns ein. Eine solche Einschüchterung war aber allerdings unserer Sicherheit wegen nötig, denn erst tags zuvor hatten zwanzig Budduma, Inselbewohner vom Tschad, eine kleine Tebu-Gofla hier ausgeplündert und ihr drei Kamele weggeführt. Wir mußten ihnen also die Lust benehmen, sich etwa auch an unserer schwachen Karawane zu vergreifen.

Ngigmi ist ein offener, aus oben zugespitzten Rohrhütten bestehender Ort. Die Einwohner, gegen 1500 an der Zahl, sind Kanembu, d. h. Bewohner von Kanem, die sich äußerlich in nichts von den Tebu oder Kanuri unterscheiden und auch wie diese die Bornu-Sprache reden. Nachtigal sagt, sie nennten sich Tomagheri; danach würden sie zum Stamme der Tomagheri in Tibesti gehören. Sie nähren sich von Viehzucht, Fischfang und Ackerbau, werden jedoch bisweilen von plündernden Tuareg und andern Nomadenstämmen heimgesucht. An ihrer Spitze steht ein Ältester, der einen jährlichen Tribut von getrockneten Fischen an den Sultan von Bornu zu entrichten hat. Nur zur Regenzeit ist der Ort vom See umgeben; sonst liegt er einen guten Büchsenschuß vom Ufer entfernt. Barth fand ihn noch näher am See liegen, der seitdem infolge einer Überschwemmung mehr zurückgewichen ist. Von dem Walde ist Ngigmi durch eine niedrige, mit Kräutern und Strauchwerk bewachsene Sand- oder Dünenkette getrennt.

In der Nacht überraschte uns ein furchtbarer, von Sturmwind begleiteter Regen. Dem Sturme hielt mein gut befestigtes Zelt wakker stand, aber das Wasser flutete von unten mit solcher Gewalt herein, daß ich glaubte, der Tschad sei ausgetreten. Vergebens rief ich nach Hilfe; meine Leute, deren Zelt der Sturm weggerissen, hörten mich nicht. Doch gelang es mir mit eigener Anstrengung, die Säcke mit Zucker und andern Waren, welche durch das Wasser beschädigt werden konnten, auf die Kisten zu retten. Wie immer in der tropischen Region, zog das Unwetter rasch vorüber, und kurz nach Mitternacht hatte sich der Himmel wieder völlig aufgeheitert. Obgleich unser Lager in der unmittelbaren Nähe eines bewohnten Ortes stand, wurden wir doch bis zum Morgen durch Hyänen, eine größere Art als die in der Wüste, beunruhigt; vor dem Gebell meines Hundes zeigten sie keine Scheu, nur durch öfteres Abfeuern der Gewehre ließen sie sich zurücktreiben.

Als wir am nächsten Morgen 6 1/2 Uhr aufbrachen, schlossen sich die Tebu, die hier beraubt worden waren, und einige Bewohner von Ngigmi mit Lastochsen unserer Karawane an, um in möglichst starker Begleitung den Bereich der räuberischen Budduma zu durchreisen. Wir zogen immer hart am Rande des Sees entlang, der durch hohes Schilfrohr, in dem zahlreiche Wasservögel sich tummelten, kenntlich war. Um 10 Uhr kamen wir an den Hütten von Silolo und um 10 1/2 Uhr an denen von Udi vorbei. Diese Hütten standen augenblicklich leer; sie werden nur zeitweise von den Leuten bewohnt, die hierher kommen, um aus der Asche des Suak-Baumes ein Surrogat für Salz zu gewinnen. So wie kein Steinchen, so findet sich nämlich in der ganzen Gegend auch kein Salz, und die hier wachsenden Pflanzen sind so arm an Salzgehalt, daß den Kamelen, Rindern, Schafen und Ziegen von Zeit zu Zeit, wie man behauptet, Salz gegeben werden muß. Ich selbst habe indes nur einigemal gesehen, daß den Kamelen Natron gereicht wurde. Salz ist daher hier der begehrteste Artikel, und wollte ich von den Bewohnern etwas kaufen, so war es immer vor allen Dingen Salz, was sie dagegen einzuhandeln wünschten. Wenn nun die Karawanen von Bilma länger als gewöhnlich ausbleiben, dann sucht man aus der Asche einiger Bäume, namentlich des Suak, durch Auskochen einen notdürftigen Ersatz zu produzieren.

Von Udi an, das wir um 2 Uhr verließen, wendet sich der Tschad von Südwesten nach Süden und nach einer halben Stunde, bei den Hütten von Berdoa, südöstlich. Um 4 1/2 Uhr passierten wir Kinsangale, einen gerade von Aschensiedern bewohnten Ort, aus hundert Hütten bestehend. Gegen Abend entfaltete sich in der Landschaft ein ungemein reges und mannigfaltiges Tierleben. Schmetterlinge und Libellen gaukelten von Blume zu Blume, Singvögel flogen aus dem dichten Gebüsch, das die Wiesen am Tschad-Ufer umsäumt, und erhoben sich über uns in die klare Luft, während die Wasservögel, weiße und schwarze Störche, Pelikane, Enten, Gänse u. s. w., auf den Wiesen ohne Scheu ihr Futter suchten; Antilopen und Gazellenherden eilten zur Tränke an den Tschad, Wildschweine durchwühlten den Boden nach Wurzeln und stürtzten bei unserer Annäherung entweder geraden Weges in den Wald zurück oder verbargen sich in das hohe Röhricht; hier ging ein Flußpferd, unbekümmert um uns, schnaufend seiner Nahrung nach, dort verschwand ein 4–5 Fuß langer Kaiman erschreckt im Sumpf oder Schilf des Ufers. Alles war mir fremd und neu, bei jedem Schritte bot sich etwas nie Gesehenes meiner Betrachtung dar. Leider wurden aber unsere Kamele von Fliegenschwärmen bis aufs Blut gepeinigt, so daß sie kaum zu halten waren und immer ihre Ladung abzuwerfen suchten, um sich am Boden zu wälzen. Um 6 Uhr kamen wir nach Kindjigalia, einem großen Orte, wo viele Sklaven aus Ngigmi mit Aschesieden beschäftigt waren, die sich sofort in unverschämter Weise an uns herandrängten. Ich mußte einige Schüsse über ihre Köpfe weg abfeuern, ehe wir sie los wurden. Später indes, nachdem die Zelte aufgeschlagen waren, handelten wir sehr wohlschmeckende Fische gegen Salz von ihnen ein.

Andern Tags, den 17. Juli, führte uns der Weg von den Gestaden des Tschad hinweg durch einen nicht sehr dichten, gleichwohl aber von Tieren reich belebten Wald. Nach einem Marsch von 4 ³/₄ Stunden erreichten wir den Ort Bárua und beschlossen, daselbst zu bleiben. Bárua, etwa so groß wie Ngigmi, ist mit einer Erdmauer umgeben. Ringsum sah ich angebautes Land, mit Argum, Bohnen, Baumwolle und Tabak bepflanzt. Die Einwohner verkauften uns Lebensmittel gegen Salz, wovon ich zum Glück großen Vorrat aus Bilma mitgenommen hatte.

Am folgenden Morgen 5 ¹/₄ Uhr ging es in der Richtung von 170° wieder vorwärts. Durch einen luftigen Wald, dessen Bäume mit Nestern der kleinen Singvögel wie mit Birnen behängt waren, gelangten wir nach einigen Stunden an die Sümpfe und Hinterwässer des Waube-Flusses. Das Passieren derselben nahm viel Zeit in Anspruch und war mit großen Beschwerlichkeiten verbunden, indem wir die Sümpfe auf weiten Umwegen umgehen, die Wasserlachen mit den störrigen Kamelen durchwaten mußten. Für alle Beschwerden entschädigten mich aber reichlich die entzückenden, stets wechselnden Landschaftsbilder, welche die tropische Sonne im

Bunde mit der Wirkung des Wassers auf diesem jungfräulichen Boden erzeugt. Über den saftiggrünen Wiesenteppich sprengte flüchtigen Fußes die Gazelle und das großhornige Kargum, gravitätisch spazierten Störche, Pelikane und andere langbeinige Wasservögel darauf umher, Schwärme von wilden Enten und Gänsen rauschten plötzlich auf, Perl- und Rebhühner flohen gackernd ins Gebüsch zu ihren tief versteckten Nestern. An trockenen Stellen bauen die Ameisen, Ngitkum genannt, 3 Fuß hohe Termitenhügel, die ganz wie kleine Negerhütten aussehen. Hier wiegt auch wieder die Dumpalme ihre vielfältige Fächerkrone in der blauen Luft, als Vorbote des Flusses erscheint der herrliche Temssuko oder Tamarindenbaum, und gruppenweise tritt der Tefila-Strauch auf mit genießbaren, gerade jetzt reifen Beeren.

Endlich um 3 Uhr erreichten wir das Ufer des Komadugu Waube. Wenn Nachtigal bemerkt, der Name Waube sei gar nicht gebräuchlich, so ist das nur ein neuer Beleg dafür, wie schnell in den Negerreichen die geographischen Benennungen wechseln. So fand Barth die Ortschaften Lari und Wudi (Woodie), welche noch Denham und Clapperton besucht haben, nicht mehr vor und konnte nur mit Mühe ihre Stätte erkunden; nach wenigen Jahren werden auch ihre Namen vergessen sein. Drüben am andern Ufer sahen wir im Schatten von Tamarindenbäumen den Ort Jo liegen. Mehrere von dessen Bewohnern kamen, die blaue Tobe über dem Kopfe haltend, zu uns herübergeschwommen. Sie sagten uns, der Vorsteher des Orts müsse jede hier ankommende Karawane durch einen Boten dem Sultan von Bornu anmelden, und wir könnten dem Boten Briefe nach Kuka mitgeben. Ich schrieb einige Zeilen an den Sultan, womit ich ihn von meiner bevorstehenden Ankunft benachrichtigte und um gute Aufnahme bat, indem ich einen Empfehlungsbrief des Kaimmakam von Fesan beischloß. Unterdes war von Südosten her eine schwarze Wolkenmasse mit furchtbarer Geschwindigkeit herangezogen, und kaum hatten die Diener mein Zelt aufschlagen und befestigen können, als das Unwetter über uns losbrach. Weder Kalli noch der Marabut wurden mit dem Aufstellen ihrer Zelte fertig, beide suchten unter dem meinigen Schutz gegen den strömenden Regen. Bis der Himmel sich wieder klärte, war es Abend geworden, so daß an Übersetzen über den Fluß nicht mehr gedacht werden konnte. Zum Glück schwammen von drüben noch einige Weiber mit Mehl und andern Lebensmitteln herbei, die sie uns gegen Salz verkauften.

Am Morgen wurde über acht leeren Kürbisflaschen ein luftiges, aber sicheres Floß zusammengebunden und darauf in drei oder vier Fahrten unser Gepäck ans andere Ufer geschafft. Ein Teil meiner Leute ritt auf unseren Kamelen durch den Fluß, der in der Mitte so tief war, daß die Tiere schwimmen mußten. Ich selbst zog es vor, hinüber zu schwimmen, und nahm auch meinen Hund, der wie seine Landsleute, die Araber, sehr wasserscheu ist, an einem Schwimmgürtel mit mir. Der Marabut setzte sich inmitten seiner Siebensachen auf das nicht mehr als 6 Fuß lange und 3 Fuß breite Floß: so kam er zu unserem Ergötzen wie eine Ente in ihrem Neste angeschwommen. Da es zu spät geworden war, noch weiter zu gehen, lagerten wir nicht fern vom Ufer an einem viereckigen, von hohen Erdwällen eingefaßten Platze, der dem Sultan, wenn er hierherkommt, zum Lagerplatz dient und deshalb das Schloß des Sultans genannt wird. Seit 40 Tagen hatte es hier geregnet, und seit 27 Tagen war der Waube in Fluß.

Jo liegt am rechten Ufer, der Ort ist mit Mauern umgeben. Seine Bewohner, deren Zahl sich auf 800 belaufen mag, ernähren sich von Ackerbau und Viehzucht, und zur Zeit, wenn der Komádugu (d. i. der Fluß) Wasser genug hat, was freilich nicht länger als vier Monate im Jahre währt, auch vom Fischfang. In dieser Zeit findet die Kommunikation mit dem jenseitigen Ufer durch Schwimmen statt; wer aber des Schwimmens unkundig ist, wie die Ankömmlinge aus dem Innern des Landes, der bedient sich zum Übersetzen eines leeren Schlauchs oder eines zwei leere Kürbisflaschen verbindenden Stockes, auf dem er rittlings sitzend sich mit Händen und Füßen hinüberrudert.

Man brachte uns reichlich Lebensmittel, darunter Brot aus Korna-Beeren, das im Geschmack an unseren Honigkuchen erinnert, aber so trocken ist, daß ich es nur mit Mühe herunterwürgen konnte; ferner Koltsche (Erdmandeln, Arachis hypogaea), bekanntlich jetzt ein bedeutender Ausfuhrartikel aus Senegambien und von der Guineaküste. Hier wird die Frucht, obwohl sie wie in ganz Bornu vorzüglich gedeiht, nur für den eigenen Bedarf der Einwohner gebaut; die Bereitung des Arachis-Öls, das in Europa dem Olivenöl Konkurrenz zu machen beginnt, ist ihnen, wie es scheint, unbekannt. Dagegen haben sie Butter in Überfluß; ich kaufte bisweilen 20 Pfund Butter für 140 Pfund kleiner Muscheln, l'oda genannt, die den Wert eines Mariatheresientalers repräsentieren.

Am 20. Juli morgens $7\,^{1}/_{2}$ Uhr verließen wir die Ufer des Waube. Anfangs der Sümpfe und Hinterwasser wegen uns etwas westlich haltend, erreichten wir um 10 Uhr Beggel, zwei Dörfer, deren Hütten kaum aus den hohen Argum-Feldern herausragten. Im ganzen ist indes die Gegend nur dünn bevölkert. Nachdem wir von $10\,^{1}/_{2}$ Uhr an gerastet, ging es von $1\,^{1}/_{2}$ bis $5\,^{3}/_{4}$ Uhr in südlicher Richtung weiter. Wilde Tiere werden nun, je mehr der Mensch sich angesiedelt hat, seltener, aber Vögel, namentlich Wasservögel, wie Enten, Störche und Pelikane, sind auch hier sehr zahlreich.

Am anderen Morgen wurde um $5\,^{1}/_{2}$ Uhr aufgebrochen und wie bisher die Richtung 160° verfolgt. Je näher wir der Hauptstadt kamen, um so dichter wurde die Bevölkerung, wobei man freilich nicht den Maßstab europäischer Länder anlegen darf. Um 8 Uhr sahen wir eine halbe Stunde westlich vom Wege das Dorf Segge und um 10 Uhr Komágendum (Elefanten-Ort oder vielleicht Honigort, denn »komágen« heißt im Kanúri Honig, während der Elefant »komäun« heißt und nur in der Volkssprache »komágen« genannt wird). Um $10\,^{1}/_{2}$ Uhr passierten wir die angebauten Felder von Goláro, einem ebenfalls etwas westlich vom Wege gelegenen Dorfe, und um 11 Uhr wurde gelagert. Hier trennten sich Kalli und der Marabut von mir, da sie noch denselben Tag die Stadt erreichen wollten. Ich hingegen wollte absichtlich nicht abends in Kuka ankommen, denn ich wußte nicht, ob man ein Haus für mich in Bereitschaft gesetzt, und es ist überhaupt Sitte, daß Fremde morgens in eine Stadt einziehen. Um indes so weit wie möglich mich der Stadt zu nähern, ließ ich, sobald unser Frühstück zubereitet und verzehrt war, um 2 Uhr wieder aufbrechen. In der Richtung von 155° marschierend, durchschritten wir um $3\,^{1}/_{2}$ Uhr die Argum-Felder von Aleihéro und befanden uns um $4\,^{1}/_{2}$ Uhr etwa drei Stunden östlich von Ngrútua (Flußpferd-Ort), das nahe am Tschad-See liegt. Um $5\,^{3}/_{4}$ Uhr hatten wir unmittelbar rechts am Wege den kleinen, nie austrocknenden See Ngaldjim – so wird im Kanúri jeder kleine See genannt –, und um 6 Uhr wurde zwischen den beiden Dörfern Daurgo, vier Stunden in Ostsüdost von der Hauptstadt entfernt, zur Nacht gelagert.

Frühmorgens zogen meine Diener neue Kleider an, die ich zu diesem Behufe gekauft hatte; dann wurde abmarschiert. Vormittags um 9 Uhr hielt meine Karawane an dem Nordtore von Kuka.

Obwohl ich nicht der erste Europäer war, der die Hauptstadt Bornus besuchte, hatte doch die Kunde von meiner Ankunft eine große Menge Neugieriger vor das Tor gelockt, die den Christen, den Weißen mit den hellen Augen und dem blonden Haar, sich in der Nähe betrachten wollten. Die zu meinem Empfange bestimmte Ehren-Eskorte erwartete mich jedoch am Westtore, durch welches die Karawanen gewöhnlich in die Stadt einziehen, und dort hatte sich eine ebenso große Volksmenge versammelt. Meine Leute luden ihre Flinten mit dreifacher Ladung und ließen sie tüchtig knallen, sodaß die Kukaer verwundert meinten, die Flinten der Christen knallen so stark wie Kanonen. Hauptgegenstand der Neugier bildeten aber natürlich ich und mein Hund. »Seht den Christen, seht seine Kleider, seine Schuhe (ich hatte europäische Halbstiefel an, war überhaupt europäisch gekleidet) – Er hat Augen wie eine Katze, der Ungläubige, der Heide – Wo mag er her sein? Ist er ein Engländer oder ein Deutscher? – Und seht doch sein Tier, es soll eine Hyäne sein oder der Sohn einer Hyäne – Ob seine Diener auch Christen sind?« So schwirrte es in dem Haufen durcheinander. Dazwischen rief man mir auch von vielen Seiten ein Willkommen zu: »Sei gegrüßt in Bornu! – Gott Lob, daß du angekommen bist! – Ist es dir gut gegangen in der Wüste? – So Gott will, hast du keinen Durst gelitten! – Friede sei mit dir!« Jetzt kam ein Reiter, ein Beamter des Sultans, vom Westtore her angesprengt. Ich stieg von meinem Kamel und ging auf ihn zu oder wurde vielmehr von dem mich umdrängenden Volke zu ihm hingeschoben. Wir begrüßten uns auf Kanuri: »L'afia – ndo tegé – afi l'abar – hamd'ul Lahi« (Friede – Wie ist deine Haut? – Was gibt es neues? – Gott sei gelobt!). Hierauf erklärte er mir, er sei beauftragt, mich zu dem mir angewiesenen Hause zu geleiten.

Gefolgt von dem ganzen Volkshaufen, aus dem ich zwar noch öfter die Worte »Ungläubiger« und »Heide« vernahm, der mir aber keineswegs feindselig gesinnt zu sein schien, gingen wir durch mehrere Straßen und traten dann zunächst in das Haus eines gewissen Tittaui. Derselbe, ein Bruder des Chasnadar von Mursuk und das Faktotum aller Europäer, die Kuka besuchen, nahm mich, wahrscheinlich als willkommene Beute, äußerst freundlich und zuvorkommend auf. Ich traf bei ihm einen Bekannten aus Mursuk, den reichen Tripolitaner Scherif Hascheschi, der einige Monate früher als ich von dort nach Bornu abgereist war. Beide begleiteten mich nach dem zu meiner Wohnung ausersehenen, nichts weniger als komfortabel eingerichteten Hause. Auf meine Beschwerde entgegneten indes sowohl Tittaui als der Beamte des Sultans, ein wohlbeleibter Neger mit verschmitzter Miene und einem zweistöckigen spitzen Strohhut auf dem Kopfe, der ihm fast das Aussehen eines Chinesen gab: ein anderes sei nicht verfügbar, ich dürfte überhaupt in Kuka keine Häuser wie in Tripolis oder Stambul erwarten. Da ich hierauf nichts weiter erwidern konnte, gebot ich meinen Dienern, das Gepäck herbeizuschaffen.

Das Haus enthielt zwei Zimmer, eins von 10 Fuß und eins von 6 Fuß im Geviert, die durch einen kleinen Hof verbunden waren. Letzteren ließ ich, um doch etwas mehr Wohnraum zu gewinnen, mit einem Mattendache überdecken. Für die Diener war eine Art Vorzimmer da, und hinter dem Hause befand sich ein geräumiger Hof, dessen Umfassungsmauern aber eingestürzt waren; an ihrer Stelle wurden auf Tittauis Anordnung Wände von Matten errichtet und mittels Stangen befestigt. Ehe sich der Beamte entfernte, versicherte er wiederholt, der Sultan sei über meine Ankunft sehr erfreut, er biete mir ein herzliches Willkommen und werde es mir, als seinem Gaste, an nichts fehlen lassen; Tittaui insbesondere habe Befehl, alle meine Wünsche zu erfüllen. Ich fragte ihn noch, wann ich dem Sultan meine Aufwartung machen könne, und erhielt zur Antwort, ich möge erst ausruhen, der »Mai« (König oder Sultan) werde mich schon benachrichtigen, zu welcher Zeit er mich empfangen wolle.

Im Laufe des Tages überbrachten zuerst Diener Tittauis das Gastgeschenk ihres Herrn; ein Schaf, ein Becken voll Reis und ungefähr 20 Pfund Butter; sodann schickte der Sultan eine Kamelladung Reis, eine Kamelladung Weizen (zu je 3 Zentner), eine lederne Büchse voll Butter (zirka 100 Pfund), zwei Töpfe Waldhonig, zwei Kürbisse, Gänseeier (von den wilden Gänsen des Tschad) und 30 Hühner. Der Großvezier, in Bornu Dug-ma oder Dig-ma genannt, sandte mir eine Kuh, der Scherif Hascheschi ein Schaf, und auch von einzelnen Privatpersonen wurden mir Hühner und anderes Eßbare ins Haus geschickt. Leider mußten alle diese Gastgeschenke honoriert, das heißt den Dienern, welche sie überbrachten, hohe Trinkgelder gezahlt werden. In Fesan beruht das Trinkgeldergeben wenigstens auf Gegenseitigkeit, hier in Kuka aber war davon keine Rede. Für die Geschenke, welche ich dem Sultan sowie den ersten Beamten und Vornehmen des Landes zuschickte, erhielten meine Diener nichts, während ich für jedes geschenkte Huhn, für jede Schüssel Reis eine fest normierte Trinkgeldsteuer zu entrichten hatte. Sicher wäre ich weit besser gefahren, wenn ich die Speisen für mein Geld hätte kaufen können.

Bald empfing ich auch Besuche von Kaufleuten aus Tripolis, Mursuk, Masser, Mekka, Kano und von andern vornehmen Weißen, die neugierig waren, den so lange vorher angekündigten Christen zu sehen, und sich überzeugen wollten, ob alles wahr sei, was man über ihn berichtet hatte. »Bist du wirklich in Fes gewesen? – Hast du Abd ul-Asis gesprochen? – Bist du Konsul? – Ist es in der Tat jetzt gänzlich verboten, mit Sklaven zu handeln? –

62 Scheich Omar von Bornu

Schickt dich dein König hierher? – Hast du wirklich einen Firman-ali? – Bist du wirklich in Tuat gewesen?« Diese und ähnliche Fragen hatte ich immer von neuem zu beantworten, denn bis zum Abend löste ein Besuch den anderen ab. Als endlich das Haus leer wurde, brachten wieder Diener des Sultans sechs große Schüsseln voll Speisen, von denen jede für zehn Mann genügt hätte. Zugleich kam Tittaui, um mir mitzuteilen, daß der Sultan mich am folgenden Tage erwarte.

Durch einen starken Gewitterregen ward ich verhindert, mich am Vormittage zum Sultan zu begeben. Als nachmittags das Wetter sich aufklärte, holte mich Tittaui zu Pferde ab, auch für mich ein Pferd mitbringend, da das Residenzschloß fast eine Stunde von meiner Wohnung entfernt war. Ich hatte mir noch kein Pferd kaufen können, sondern mußte damit bis zum nächsten Markte warten, der nur einmal in der Woche abgehalten wird.

Vor dem Schlosse angekommen, wurde ich zuerst dem Dug-ma, namens Ibrahim, vorgestellt, der kein Wort Arabisch versteht, und dann durch mehrere Vorhöfe nach einem überbauten, von zwei Höfen eingeschlossenen Platze geführt. Er war von Eunuchen, Hofleuten und Beamten angefüllt. Auch mehrere Söhne des Sultans befanden sich darunter, noch unerwachsen und deshalb in einfache blaube Toben, nicht so reich wie die Eunuchen gekleidet. Der Dug-ma hieß mich hier niedersitzen und warten, doch waren weder Teppiche noch Matten zu sehen. Kaum hatte er uns verlassen, so ergingen sich die Eunuchen im Verein mit den Beamten und den Kindern des Sultans in den albernsten und beleidigendsten Spötteleien: »Sind die Christen nicht Heiden? – Haben sie eine Idee von Gott? – Können sie lesen und schreiben? – Warum kommen die Hunde hierher? – Der Sultan sollte sie umbringen lassen, wie es der Sultan von Wadaï macht«. Ich schwieg und tat als verstände ich ihr Kanúri nicht, denn man hatte mir gesagt, daß nirgends die Eunuchen so angesehen sind wie am Hofe von Bornu. Obgleich der Sultan auf meinen Besuch vorbereitet war, mußte ich über eine halbe Stunde in dem höchst unbehaglichen Raume verharren. Endlich kam der Dug-ma zurück und winkte uns, ihm zu folgen. Ich trug mit Ausnahme des Fes ganz europäische Kleidung: Hosen, Weste und Rock aus grauem Sommerzeug und Halbstiefel, während alle Reisenden vor mir sich als Mohammedaner vermummt hatten, ohne daß sie sich indes die Demütigungen, denen jeder Christ hier ausgesetzt ist, dadurch ersparen konnten. Über einen zweiten Hof gelangten wir in eine Art großen, durch Erdsäulen gestützten Saal, und in einem Winkel desselben, auf einer mit Teppichen belegten Erhöhung sah ich den Sultan Omar sitzen. Diese erste Vorstellung hatte den Charakter einer Privataudienz und nur den Zweck, die Neugier des Sultans zu befriedigen. Bei offiziellem Empfang, der immer morgens stattfindet, erscheint der Sultan inmitten des versammelten Rates und von seinen Söhnen und nächsten Anverwandten umgeben. Ich begrüßte den Herrscher, und er hieß mich willkommen, indem er mit der Hand auf den Boden deutete, der aber ebenfalls nicht mit Teppichen oder Matten belegt war. Nachdem ich mich gesetzt oder vielmehr hingehockt hatte, begannen die gewöhnlichen Fragen nach der Gesundheit, wie ich das Reisen vertrage, u. s. w., die von mir in gleicher Weise erwidert wurden, wobei ich nicht unterließ, nach arabischem Sprachgebrauch – der Sultan versteht sehr gut Arabisch, und die ganze Unterredung wurde in arabischer Sprache geführt – hier und da einzufügen: »Gott erhalte die Seele des Sultans! – Gott verlängere das Leben unseres gnädigen Herrn! – Gott gebe dem Sultan Segen und Frieden.« Sodann aber frug er mich: »Wie befindet sich dein Sultan? Bringst du mir einen Brief von ihm? Ist es der, der über halb Deutschland im Norden regiert?« – Und ich erwiderte: »Mein Sultan befindet sich sehr wohl. Da ich als Privatmann reise, konnte er mir keinen Brief für dich mitgeben, was er sicher getan haben würde, wenn seine Regierung selbst mich zu der Reise abgesandt hätte!« – »Wie geht es Abd el-Kerim (Heinrich Barth)? Der war ein großer Freund von mir, er war Engländer.« – »Er ist leider tot, doch er war kein Engländer, sondern ein Deutscher wie ich.« – »Nicht möglich; wir kannten ihn hier nur als Engländer. Wann ist er gestorben? Gott habe Erbarmen mit ihm!« – »Als ich in Mursuk war, brachte mir der Kurier noch einen Brief von ihm; mit dem nächsten Kurier aber erhielt ich durch meinen Bruder die Nachricht von seinem Tode. Das sind jetzt ungefähr acht Monate her.« – »Hast du einen Brief vom Sultan von Stambul? Wie geht es Abd ul-Asis? Ist er in Frieden mit den Christen? Hat er keinen Krieg mit Musku (Rußland)?« – »Abd ul-Asis befindet sich ganz wohl. Ich habe einen Firman-ali von ihm. Mit den Christen, auch mit Musku, war er in Frieden, als ich Mursuk verließ.« – »Wohin gedenkst du zu gehen? Willst du nach Wadaï, nach Bagirmi? Ich will dich sicher hinbringen lassen. Sei mir willkommen! Aber ehe die Regenzeit aufhört, kannst du nicht reisen. Es soll dir hier an nichts fehlen.« – »Mein Wunsch ist, über Bagirmi nach Wadaï zu gehen, und ich erflehe den Segen Gottes auf dein Haupt, wenn du mich dahin geleiten lassen willst.« – »Wir werden sehen. Sei nochmals willkommen! Alles, was du wünschest, soll geschehen.« Mit diesen Worten und einer Handbewegung, wie sie ein Ludwig XIV. nicht königlicher hätte machen können, verabschiedete er mich.

Ich stand auf, grüßte militärisch, indem ich den Fes aufbehielt, und verließ mit Tittaui den Saal, während der Dug-ma noch darin zurückblieb. Die Kleidung, welche der Sultan bei dieser Gelegenheit trug, war ganz die eines reichen tripolitaner Kaufmanns: schwarzer Tuchburnus, weißseidener Haik, Kaftan von rotem Tuche, weißer Turban; seine weiten Beinkleider konnte ich, da er mit untergeschlagenen Beinen saß, nicht sehen; die gelbledernen Pantoffeln standen vor ihm auf dem Boden. Daneben lag zu seiner Rechten ein Säbel in kostbarer silberner Scheide, ein Geschenk der Königin von England, das ihm von Vogel überbracht worden war, zur Linken ein Paar reich ausgelegte Pistolen. An der Wand hinter dem erhöhten Sitze hingen einige Bilder, neben dem Porträt des Sultans Abd ul-Asis zu Pferde auch ein gewöhnlicher Bilderbogen mit Soldaten. Der Saal hat keine Fenster, sondern erhält sein Licht außer durch die Haupttür durch eine kleinere hinter dem Sitze des Sultans und eine an der Decke befindliche Öffnung; auch sonst entbehrt er jeden Zierats. Matten und Teppiche fehlen wahrscheinlich deshalb, damit die Untertanen, wenn sie vor dem Sultan erscheinen, ihr Gesicht in den Staub drücken und Sand auf ihr Haupt streuen können.

Aus dem Schlosse führte mich Tittaui zur Wohnung des Dugma. Obgleich wir wußten, daß er nicht anwesend war, mußte der Etikette genügt werden, welche vorschreibt, daß man ihm zunächst nach dem Sultan die Aufwartung mache. Sodann stattete ich dem Anführer der Kavallerie und dem Befehlshaber der Infanterie meinen Besuch ab. Beide waren zu Hause und empfingen mich ohne viele Zeremonien. Ich fand in ihnen zwei Neger von großer und fetter Statur, deren Anzug durchaus nichts Militärisches hatte, so daß sie eher wie wohlgenährte Türsteher aussahen als wie Höchstkommandierende der bewaffneten Macht des Landes. Vor dem Hause des Generals der Infanterie standen 15 Kanonen verschiedenen Kalibers und 1 kleiner Mörser. Tittaui sagte mir, sie seien in Kuka selbst fabriziert, und in Anbetracht der unvollkommenen Hilfsmittel konnte ich dem Fabrikat, obgleich es natürlich mit unseren Geschützen neuer Konstruktion keinen Vergleich aushält, meine Anerkennung nicht versagen. Schließlich besuchte ich noch den Mallem (Schriftgelehrten, eigentlich Meister) Mohammed, einen sehr einflußreichen Mann, und ritt dann nach meinem Hause zurück.

Wie tags zuvor schickte mir der Sultan wieder eine Menge Speisen. Auch füllte sich der beschränkte Raum wieder mit lästigen Besuchern an. In der Nacht fiel ein starker Gewitterregen, und da das Haus, wie ich zu meinem Leidwesen bemerkte, keineswegs wasserdicht war, wurden meine Sachen, ja ich selbst arg durchnäßt.

An einem der nächsten Tage kam eine Sklave zu mir, der sich Duncas nannte und in schlechtem Arabisch erzählte, mein Vetter Abd el-Uahed (Eduard Vogel) habe ihn als Knaben gekauft und bei seiner Abreise einem angesehenen Beamten namens Alamino zur Verwahrung übergeben; er betrachte mich also als seinen Herrn, und ich möchte nicht unterlassen, ihn von Alamino zurückzufordern. Ich vermutete jedoch gleich, daß er es nur auf eine Bettelei oder Gelderpressung abgesehen habe. Und ich hatte mich nicht geirrt. Denn als ich später Alamino besuchte, sagte dieser zwar, es sei richtig, daß ihm der Sklave von Vogel übergeben worden sei, und er erkenne mein Besitzrecht an demselben an, Duncas selbst aber bezeigte durchaus keine Lust, mir als seinem Herrn zu folgen. Übrigens würde ich ihn in keinem Fall genommen haben, denn ich mochte mir nicht einen so hohen und mächtigen Beamten wie Alamino zum Feinde machen.

Es war nun Zeit, daß ich dem Sultan meine Geschenke überreichte. Ihr Wert belief sich im ganzen auf ungefähr 180–200 Taler, und Tittaui, dem ich sie vorher zeigte, hatte sie gut und würdig befunden. Das Hauptstück bildete der amerikanische Repetierstutzen, womit ich die zwei Flußpferde erlegt hatte. Dem Sultan war die Kunde von dem wunderbaren Schusse hinterbracht worden, und er wünschte das Gewehr zu sehen, das heißt zu besitzen; ich konnte also nicht umhin, es ihm anzubieten. Stattdessen behielt ich einen sehr schönen Revolver in Mahagonikästchen, der eigentlich für ihn bestimmt gewesen. Ich hoffte, das seltene Gewehr, das alle Waffen im Arsenal des Sultans verdunkelte, werde mir dessen volle Zufriedenheit eintragen. Das war indes nicht der Fall. Wie sehr ich auch immer betonen mochte, daß ich kein Gesandter des Königs von Preußen sei, sondern als einfacher Privatmann reise, schien er doch etwas ganz besonderes von mir erwartet zu haben. Darum würdigte er die übrigen Geschenke: Burnusse, Seidenstoff, einige schön gearbeitete Messer, Zucker, Essenzen, Tee u. dgl. kaum eines Blicks, freilich alles Dinge, die er sich von Tripolis oder Kairo kommen lassen konnte und die ihm alljährlich von den Arabern und Berbern gebracht wurden. Selbst eine Sonnenuhr erregte nur in geringem Grade seine Aufmerksamkeit. Da kam ich auf den Einfall, ein etwas schadhaft gewordenes Aneroid, das für mich nicht mehr ganz brauchbar war, hinzuzufügen, und nachdem ich ihm den Gebrauch desselben erklärt, hatte ich endlich den gewünschten Eindruck hervorgebracht. Er war stolz auf den Besitz eines Instruments, welches das Wetter vorher anzeigte. Wenn er nun morgens in der Ratsversammlung sah, daß die Nadel seines Aneroid um einige Striche abwärts schwankte, prophezeite er mit wichtiger Miene für den Nachmittag Regen und Sturm, und da während der Regenzeit in Bornu fast jeden Nachmittag Gewitter losbrechen, traf seine Prophezeiung regelmäßig ein.

Die Entdeckung des Benue

aus: Heinrich Barth, Reisen und Entdeckungen in Nord- und Zentral-Afrika in den Jahren 1849 bis 1855, Gotha, 1857/58

Es ereignet sich nur selten, daß ein Reisender sich nicht getäuscht fühlt, wenn er nach langen fehlgeschlagenen Versuchen endlich die Züge eines neuen Landes wirklich vor sich sieht, von dem ihm seine Vorstellung nach der Beschreibung der Eingeborenen ein Gemälde entworfen hat. Mit dem Alantika war dies auch jetzt bei mir der Fall, da dessen Gestalt und Größe, wie er in abgerundeten Umrissen aus der flachen Ebene aufstieg, keineswegs der Vorstellung entsprach, die ich mir von ihm gemacht hatte; der Fluß dagegen, anstatt daß seine Erscheinung mich getäuscht hätte, übertraf meine lebhafteste Erwartung. Keiner der Eingeborenen, der mir Kunde vom Flusse gegeben, hatte mir vorausgesagt, daß ich ihn gerade an der interessantesten Stelle überschreiten würde – dem »Taepe« –, da, wo sich mit dem mächtigeren Flusse ein anderer von gleichfalls bedeutender Größe vereinigt.

Wer je den schrankenlosen Phantasien eines Jugendtraumes sich überlassen hat und einem großen Plane nachgegangen ist, wird sich leicht eine Vorstellung von den Gefühlen machen können, die mich bewegen mußten, als ich vom Ufer herab meine Blicke über die Flußlandschaft schweifen ließ. Von stummem Entzücken ergriffen, schaute ich sprachlos in das Land hinein. Wie die Natur es geschaffen, ohne von der künstelnden Hand des Menschen berührt zu sein, lag diese reiche Landschaft da, ein Feld der Tätigkeit kommender Geschlechter. Das ganze Land trug den Charakter wüster Wildnis, und kaum war das anders möglich in einer Gegend, die alljährlich durch die Fluten des hoch über seine Ufer tretenden Stromes meilenweit unter Wasser gesetzt wird.

Der Hauptstrom, der Benue oder Benoe, floß hier von Ost nach West, in majestätischer Breite, durch ein vollkommen offenes Land, aus dem nur hie und da vereinzelte Berghöhen aufstiegen. Die gegenwärtigen Ufer auf unserer Seite stiegen bis 25 und an einigen Stellen bis 30 Fuß in die Höhe, während gerade meinem Standpunkte gegenüber, hinter einer Sandspitze, der Faro hervorstürzte und, von hier gesehen, nicht viel kleiner schien als der Hauptfluß selbst; er kam in schön gewundenem Laufe von Südosten, wo er sich in der Ebene verlor, aber in Gedanken vor mir bis an den steilen östlichen Fuß des Alantika verfolgt wurde. Der so gebildete Doppelstrom hielt sich unterhalb des Zusammenflusses in der Hauptrichtung des größeren Flusses, machte aber eine leichte Biegung nach Norden und floß am nördlichen Fuße des Berges Bagele entlang.

Hier entzog er sich dem leiblichen Auge, indem Berge von Norden her bis hart an sein Ufer herantraten und ihn abzudämmen schienen. Im Geiste aber folgte ich dem Laufe des herrlichen Stromes durch die Gebirgslandschaft der Batschama und Sina nach Hamarrua, und weiter, wie er von dort, aus seiner westlichen Bahn etwas nach Süden ablenkend, durch das Land des einst politisch bedeutenden und durch einen gewissen Grad von Industrie hervorragenden Kororofa dem größten Strom im Westen dieses Kontinents, dem Niger zueilt, um mit ihm vereint seine Wasser im Atlantischen Ozean zu begraben.

Lange schaute ich in stillem Entzücken auf den Fluß zu meinen Füßen; es war einer der glücklichsten Augenblicke meines Lebens. Zwar hatte ich nach den in Kukaua erhaltenen deutlichen Angaben im Geiste längst die Frage entschieden, daß der Fluß, von welchem die Reisenden in Adamaua erzählten, die obere Fortsetzung des von den Engländern William Allen, Laird und Oldfield in seinem untern Laufe niedergelegten Stromes sei; nun aber konnte ich auch mit der Bestimmtheit eines Augenzeugen von der Natur und Richtung dieses großen Binnengewässers sprechen. Es war entschieden, daß der Benue mit dem Kuara eine ununterbrochene und herrliche natürliche Wasserstraße bilde, auf welcher einst die rüstigen, alles überwältigenden Kräfte des Nordens in das Herz des tropischen Afrika Eingang finden werden, um die Schätze dieser gesegneten Länder zu heben und die Keime menschlicher Glückseligkeit, die auch hier in dem einfachen Leben der Eingeborenen in reichem Maße verborgen liegen, von dem Drucke der Sklaverei und der Jagd auf Menschen zu befreien und zu voller Entfaltung zu bringen. Wohl sah ich schon die Wimpel Europas heranschwimmen, ahnte aber dennoch nicht, in wie kurzer Zeit ein Fahrzeug, wie es die jüngste Erfindungsgabe der Europäer geschaffen hat, bis nahe zu der Stelle vordringen sollte, wo man mich heute in einem ausgehöhlten Baumstamm über den Strom führte.

Das Ufer, auf welchem wir standen, war ganz entblößt von Baumwuchs mit der einzigen Ausnahme einer sehr armseligen Akazie etwa hundert Schritt weiter aufwärts am Flusse. Auf dem gegenüberliegenden Ufer aber, längs des Faro und unterhalb der Vereinigung beider Ströme, waren einige schöne Baumgruppen in schwachen Umrissen zu sehen. Während im Süden der Alantika eben sichtbar wurde, erhob sich im Westen, nördlich vom Flusse, ein anderer isolierter Berg namens Taife, und hinter ihm der Bengo, an den die Höhe des Furo sich anzuschließen schien und in langer Linie nach Nordwest hinzog.

Wir stiegen vom höheren Ufer an den sandigen Strand zum

Punkte der Einschiffung hinab; dieser befand sich augenblicklich an der Mündung eines tief eingerissenen, jetzt trockenen Wasserlaufes, der von den Wiesengründen nach dem Flusse hinabführte und mit hohem Riedgras und Buschwerk angefüllt war. Hier war auch das ärmliche Arsenal der Fährstelle; es bestand in drei Nachen, von denen noch dazu einer unbrauchbar war. Es war dies das erste Mal auf meinen Reisen, daß ich diese kleinen, kunstlosen, aus einem einzigen Baumstamm ausgehöhlten Nachen erblickte. Sie maßen 20 bis 30 Fuß in der Länge, hatten nur 1 bis 1 1/2 Fuß Tiefe und 16 Zoll in der Weite; einer derselben war so krumm, daß ich mir nicht vorstellen konnte, wie er im Stande sein sollte, die starke Strömung des Flusses zu durchbrechen. Am Ufer lag zwar ein größeres Fahrzeug, welches aus zwei durch Taue verbundenen gewaltigen Baumstämmen bestand; allein es war in durchaus unbrauchbarem Zustand.

Da die Bootsleute, welche sich gerade auf dem Fluß befanden, aus irgend einer Ursache, vielleicht aus Furcht, zögerten, an das Ufer zu kommen, konnte ich der Versuchung nicht widerstehen, ein Flußbad zu nehmen; das kühle Bad konnte zugleich die symbolische Bedeutung haben, daß ich mir so die von mir gemachte wichtige Entdeckung in aller Form aneignete. Allerdings beherbergt der Fluß viele Krokodile, allein ich brauchte sie gegenwärtig wenig zu fürchten, da wir so viel geschossen hatten und eine solche Anzahl Menschen zu viel Geräusch machten. Die Gefahr der offenen Flußbäder für die Gesundheit der Europäer in einem tropischen Klima kannte ich damals noch nicht. So stieg ich denn in das Wasser des Benue hinab. Das Bett senkte sich nach dem ersten Abfall von 1 1/2 Fuß sehr gemach, so daß ich in der Entfernung von 40–50 Schritt vom Ufer nur 3 1/2 Fuß Wasser fand, dann aber wurde es auf einmal tief. Die Strömung war so stark, daß ich unfähig gewesen wäre, ihr zu widerstehen, hätte ich mich deren ganzen Heftigkeit ausgesetzt. Freilich hatte meine ursprüngliche Kraft damals schon bedeutend abgenommen. Der einzige Vorteil, den ich von dieser Heldentat zog, war der, daß ich erfuhr, der Fluß führe Gold mit sich; denn so oft ich untertauchte, riefen die Leute am Ufer aus, daß ich nach diesem edlen Metalle suche, und als ich aus dem Wasser herauskam, waren sie überzeugt, daß ich eine Menge davon aufgefischt hätte.

Endlich kamen die Kähne, die uns hinüberführen sollten, und es entspann sich eine lange Verhandlung mit dem ältesten der Bootsleute, einem stämmigen, untersetzten Burschen, über den Fährlohn. Natürlich hatte ich als Hauptperson für die ganze Gesellschaft zu bezahlen, und sämtliche Personen mit drei Kamelen und fünf Pferden überzusetzen, war eben keine kleine Aufgabe. Ich mußte fünf »dora« bezahlen, und das war gerade nicht übertrieben; in Kukaua würde dieser Preis zwei Ochsenladungen Hirse gleichgekommen sein. Nicht wenig Mühe und Gefahr verursachte mein ungefüges Gepäck in den elenden schwankenden Fahrzeugen, die mehr als einmal nahe daran waren, umzuschlagen; doch brachte ich alles trocken hinüber. Nicht so glücklich war der Pullo-Wallfahrer, welcher sich uns in Mabani angeschlossen hatte; denn hier war es, wo seine sämtlichen Bücher durchnäßt wurden. Ich konnte ihm meine Teilnahme nicht versagen, als ich ihn unter heißen Tränen seine verdorbenen Schätze auf dem gegenüberliegenden Ufer zum Trocknen ausbreiten sah. Die Pferde schwammen an der Seite der Kähne nicht ohne große Anstrengung hinüber; eine wahrhaft verzweifelte Arbeit aber war es, die Kamele durch den Fluß zu bringen. Diese halsstarrigen Tiere der Wüste wollten sich nicht durch die schwachen Fahrzeuge leiten lassen und mußten allein durchgebracht werden; dabei konnten sie nur durch die ernstlichsten Schläge bewogen werden, im Wasser vorwärts zu gehen, bis ihnen der Boden unter den Füßen wich. Doch kamen endlich Menschen und Tiere wohlbehalten auf der sandigen Landspitze zwischen den beiden Flüssen an, deren höherer Teil jetzt 15 Fuß über das Niveau des Flusses emporragte, während sie zwei bis drei Monate des Jahres ganz mit Wasser bedeckt ist.

Der Benue war an der Stelle, an welcher wir ihn passiert hatten, zum wenigsten 1200 Schritt breit und im Strome durchschnittlich 11 Fuß tief. Nach gleich zu erwähnenden Anzeichen aber mußte er unter gewöhnlichen Umständen noch 30, bei außerordentlicher Höhe noch 50 Fuß steigen, um den höchsten Wasserstand der Regenzeit zu erreichen. Sein oberer Lauf war mir damals bis nach Gewe, der Übergangsstelle auf der Straße nach Logone, einigermaßen bekannt; aber in bezug auf seinen Lauf weiter aufwärts hatte ich nur im allgemeinen gehört, daß er von Süden und noch weiter aufwärts von Südwesten komme.

Es war 12 3/4 Uhr mittags, als wir die schattenlose Landspitze verließen, um nun auch den Faro zu überschreiten. Dieser Fluß soll vom Berge Labul, etwa sieben Tagereisen nach Süden von seiner Einmündung in den Benue, herkommen. Er war an dieser Stelle etwa 900 Schritt breit, aber im Durchschnitt nicht über zwei Fuß tief; dabei war jedoch die Strömung ungleich reißender als die des Hauptstroms und verkündete in ihrer Stärke ein aus bergiger Landschaft kommendes Gewässer. Aus den eben genannten Verhältnissen der Breite und Tiefe des Faro geht augenscheinlich hervor, daß er der kleinere der beiden Ströme ist. Dennoch hatten mir fast alle Leute, von denen ich die ersten Nachrichten über dieses Stromgebiet erhalten, den Faro als den bedeutenderen der beiden Arme genannt. Der Grund dieses Irrtums lag wohl, abgesehen von dem Einflusse verschiedener Jahreszeiten, besonders in dem Umstande, daß alle meine Berichterstatter die beiden Ströme niemals an dem Taepe gesehen hatten, demjenigen Punkte, wo man ihre Wassermenge am besten miteinander vergleichen kann.

Nachdem wir also das jenseitige Ufer glücklich erreicht hatten, betraten wir ein flaches, mit hohem Schilfgras bewachsenes Wiesenland, das um die Mitte des Juli ebenfalls überschwemmt zu sein pflegt. Hier zeigten unverkennbare Spuren, daß zur Zeit der größten Fluthöhe – die natürlich in verschiedenen Jahren verschieden sein kann – nur die Kronen der höchsten Bäume aus dem Wasser hervorragen und dieses seinen gegenwärtigen Stand alsdann noch um mindestens 50 Fuß übersteigen muß.

Drei Viertelstunden von dem gegenwärtigen Rand des Wassers erstiegen wir eine terrassenförmige, etwa 30 Fuß hohe Erhebung, welche als das eigentliche südliche Ufer des ganzen Strombettes angesehen werden muß. Denn hier verläßt man erst zur Zeit der höchsten Überschwemmung die Boote und muß auch dann noch oft eine bedeutende Strecke durch das ausgetretene Wasser des angeschwollenen Stromes waten. Nach der Aussage meiner Reisegefährten von Adamaua erhält sich dieser auf seinem höchsten Wasserstande 40 Tage lang oder etwa vom 20. August bis Ende September. Diese Angabe sowohl als das, was ich über die größte mögliche Fluthöhe hier bemerkt habe, ist durch die Beobachtungen vollständig bestätigt worden, welche bei der in Folge meiner Entdeckung von der englischen Regierung im Jahre 1854 ausgesandten Benue-Expedition angestellt worden sind.

Das Land, durch welches nun unser Marsch führte, bildete eine schöne, parkähnliche Ebene, die mit einzelnen Mimosen, aber ohne Unterholz, bestanden war. Weiterhin folgte angebauter Boden, und bald erreichten wir die ersten Hüttengruppen des großen, weit ausgebreiteten Dorfes Tschabadjaure oder Tschabadjaule in einer höchst fruchtbaren, leicht gewellten Landschaft. Fast $^3/_4$ Stunden zogen wir an dieser wohlhäbigen Stätte afrikanischen Lebens entlang; dann nahmen wir unser Quartier in einer vereinzelten Hüttengruppe, deren Insassen unsere ganze Gesellschaft reichlich bewirteten.

Nochmals hatten wir am andern Morgen $^3/_4$ Stunden weit zu gehen, ehe wir das Ende von Tschabadjaure erreichten, und zogen dann durch ein besonders reiches Land, welchem dicke Massen von Gebüsch und schönes Wiesenland, mit weiß und violett gestreiften Liliaceen geschmückt, lebendige Abwechslung verliehen. So gelangten wir zu den bewaldeten, niedrigen und rauhen Vorhöhen des Bagele, einer eigentümlichen, mit einem etwa $2\,^1/_2$ deutsche Meilen langen Rücken von Nordwest nach Südost gestreckten inselartigen Bergmasse, die für die ganze Landschaft und besonders für die Beschiffung des Benue eine große Bedeutung hat. Mit ihrer nordwestlichen Ecke tritt sie nämlich da nahe an den Benue heran, wo auf dem nördlichen Ufer der Berg Taife diesen Fluß berührt, der sich hier zwischen den beiden sein Bett bedeutend einengenden Gebirgsmassen hindurchdrängen muß. Fast auf allen Seiten wird der Bagele von dem niederen Sumpfgelände des Benue umgeben, so daß er zur Zeit der größten Überschwemmung wirklich wie eine Insel aus dem Wasser hervorragt; nur sein östliches Ende hängt alsdann nach Süden hin noch mit dem trockenen Lande zusammen. Als wir uns später diesem Berge mehr genähert hatten, bemerkte ich, daß sein Gipfel in Höhenrauch eingehüllt war. Dies soll gewöhnlich der Fall sein, und die dunkle Beschreibung, die man mir früher von dieser Erscheinung gemacht, hatte mich zu der irrtümlichen Annahme verleitet, daß dieser Berg einen vulkanischen Charakter habe. Seine Erhebung über die Ebene scheint kaum 2000 Fuß zu betragen. Er scheint hauptsächlich aus Granit zu bestehen und hat eine sehr rauhe Oberfläche, bestreut mit großen unregelmäßigen

Blöcken, zwischen denen Baum und Busch aufschießt und dem Ganzen einen wilden, romantischen Anstrich verleiht. Doch auch manche Stelle anbaufähigen Landes findet sich auf dem Rücken und den Abhängen des Bagele, so daß er in 18 kleinen Weilern eine unabhängige heidnische Bevölkerung ernährt, die eine Abteilung der Batta bildet. Durch die schwer zugängliche Lage ihrer bergigen Heimat und ihre eigentümlichen selbstgeschmiedeten Doppelspeere beschützt, war es ihnen noch bis zur Zeit meiner Anwesenheit in Adamaua gelungen, nicht nur alle Angriffe der Fulbe zurückzuweisen, sondern auch fast täglich Raubzüge gegen die Viehherden ihrer unversöhnlichen Feinde auszuführen. Aber im J. 1853 glückte es dem Herrscher von Yola, Mohammed Loel, die kühnen Bergbewohner zu bezwingen und zu Sklaven zu machen.

Die Unterbrechung des Fruchtlandes durch jene waldigen Vorhügel des Bagele war nur von kurzer Dauer, und bald folgte wieder eine offene, wohlbebaute und bevölkerte Landschaft, die namentlich bei dem Dorfe Gurore ein Bild von großer Anmut darbot. Der Ort war von einer Menge großer Adausonien umgeben und gewährte von seiner erhöhten Lage aus eine frische Aussicht über das nordwärts nach dem Benue sich absenkende Wiesengelände; der etwa 2 1/4 Stunden entfernte Fluß war jedoch nicht zu sehen. Je weiter wir vorrückten, desto mehr gewann das Land an Interesse, indem der schöne frische Weideboden sich mit der lebendigsten Staffage von Rindvieh, Pferden, Eseln, Ziegen und Schafen in buntester Mannigfaltigkeit der Farben und Gestalten schmückte.

So erreichten wir unseren heutigen Haltepunkt, das große Dorf Ribago oder Ribaö (»Landsitz des Statthalters«), unfern eines großen toten Armes des Benue, der sich zwischen dem nordöstlichen Fuße des Bagele und dem Dorfe hinzieht und sehr fischreich ist. Auch Ribago ist ein wohlhabender Ort, doch beschränkt sich sein Landbau auf eine einzige besondere Art von Sorghum, die hier »meiwa« oder »meiwari«, in Kanori »matea« genannt wird. Es war mir aufgefallen, daß in diesen reichen, alljährlich vom Flusse überschwemmten Niederungen, die sich so vorzüglich zum Reisbau eignen würden, keine Spur von solcher Kultur zu finden war. Hier erfuhr ich denn auf meine deshalb angestellten Nachfragen, daß der Grund davon darin liege, daß die Fulbe hiesiger Gegend von Bornu aus eingewandert wären, wo der Reisbau unbekannt ist. . .

Auch in linguistischer Hinsicht wurde mir der Aufenthalt in Ribago interessant. Ich hatte ein kleines Vokabular der Batta-Sprache niedergeschrieben und wurde bei der Vervollständigung desselben hier zuerst auf die verschiedenen Dialekte dieses Idioms aufmerksam, welches unter den vielen andern Adamauas die weiteste Ausdehnung hat. Überhaupt finden sich zwischen dem Batta, den verwandten Idiomen der Marghi und Sani, der Sprache der Mussgu und den Dialekten von Kotoko die wunderbarsten Beziehungen und ein Ineinandergreifen der Verwandtschaftsgrade, das eine vielfache Vermischung und Berührung dieser Stämme andeutet.

Ribago mochte gewiß nicht weniger als 6000 Einwohner haben; die eingeborene Bevölkerung war jedoch schon gänzlich unterdrückt und die Ortschaft fast ausschließliches Eigentum der Eroberer geworden. – Auch hier bildeten Erdmandeln einen großen Teil der gewöhnlichen Nahrung, unsere Wirte hatten jedoch das daraus bereitete Gericht durch Milch und einen Zusatz von Reis ganz schmackhaft zu machen gewußt.

Am andern Morgen brachen wir recht frühzeitig auf, denn wir wollten an diesem Tage, dem 20. Juni, die Hauptstadt erreichen, und zwar womöglich noch vor Mittag. Das Wetter war feucht und kühl, der Himmel trübe und der Pfad durch heftigen nächtlichen Regen erweicht. Wir passierten mehrere noch zu Ribago gehörende Weiler; auf dem zu ihnen gehörenden Weideland traten hier und da Massen von Tonschiefer zu Tage. Die von diesem ansteigenden Boden und dem Berge Bagele gebildete Einsenkung füllte sich mehr und mehr mit den übertretenden Gewässern des Benue. Schön bevölkerte Gaue und Waldpartien wechselten miteinander ab; jenseits eines rauhen Spornes des Bagele erreichten wir eine Anzahl kleiner, in gewissen Abständen voneinander liegender Weiler, die eine Reihe militärischer Vorposten gegen die räuberischen Bergbewohner zu bilden schienen.

Abermals aus einer Waldpartie hervortretend, erblickten wir in einiger Entfernung vor uns einen Ort, malerisch auf einem von Süden her in die sumpfige Tiefebene des Benue vorspringenden Felsen gelegen. In Gedanken nur mit Yola beschäftigt, begrüßte ich ihn als die Hauptstadt, erfuhr aber, daß es nur ein Dorf namens Yebboreo sei. Ehe wir dahin gelangten, mußten wir ein etwa 100 Fuß breites und fast fünf Fuß tiefes Wasser passieren, was uns große Mühe und Aufenthalt verursachte und wobei fast mein ganzes Gepäck durchnäßt wurde. Meine Gefährten nannten es »mayo Binti«, »Fluß von Binti«. Unsere Kamele verfehlten auch hier nicht, großes Aufsehen zu erregen; viele Weiber liefen uns nach und unter dem Bauche der Tiere hinweg. Sie hielten dieselben für heilig und glaubten auf diese Weise des Segens dieser sonderbaren Heiligen teilhaftig zu werden.

Wir zogen eine Zeitlang auf dem Plateau von Yebboreo hin, stiegen dann wieder abwärts, hatten noch einmal einige mit Affenbrotbäumen (Adausonien) geschmückte Weiler zur Seite, passierten einen Strich schwierigen sumpfigen Tieflandes und erreichten kurz vor Mittag den Anfang der Hauptstadt, nicht ohne ängstliche Besorgnis über die zu erwartende Aufnahme.

Auf der letzten Wegstrecke hafteten meine Blicke auf einer in der Ferne westlich von Yola aus der Ebene emporsteigenden sehr auffallenden einzelnen Bergkuppe von etwa 1000 Fuß Höhe. Es war der Takabello, vielleicht derselbe Berg, welchen Dr. Baikie von Dulti aus, dem fernsten Punkte seiner oben erwähnten Beschiffung des Benue, nach Osten hin erblickte und Mount Gabriel nannte.

So hatte ich denn endlich nach einer im ganzen genommen höchst glücklichen Reise die Hauptstadt von Adamaua erreicht. Es war mir gelungen, von Kukaua aus ungefähr vier Breitengrade (60 deutsche Meilen) weiter südlich vorzudringen, den oberen Lauf des an seiner Mündung als Tschadda bekannten Flusses zu entdecken, ja, diesen selbst zu überschreiten und als der erste Europäer meinen Fuß auf den Boden Adamauas und dessen Hauptstadt Yola zu setzen.

Ein Forscherbrief aus Adamaua

aus: Eduard Flegel, Vom Niger-Benue, Briefe aus Afrika, Leipzig, 1890

An Bord des »Henry Venn«, den 31. August 1879.
Ankerplatz unfern Jola, observierte Länge 12° 33' östlich von Greenwich, gemutete Breite 9° 17' nördlich

Lieber Karl!

Da sich mir an diesem jedem Postbureau fern liegenden Orte Gelegenheit bietet, einen Brief abzusenden, will ich dieselbe (für den Fall, daß mir die Heimkehr nicht beschieden sein sollte) nicht unbenutzt vorübergehen lassen. In nachfolgenden Zeilen stelle ich Dir das wichtigste zusammen, das zu sehen und zu erkunden ich auf meiner interessanten Fahrt Gelegenheit fand.

Am 8. Juli verließen wir Lokodja. Am 23. Juli 7 Uhr 30 Minuten früh ankerten wir auf der Höhe von Ibi, einem Fulbeort am linken Benueufer im Kororofagebiet, dessen Häuptling Abdurachmani heißt. Gankura ist verlassen, Gandiko aber besteht etwas unterhalb von Ibi. Gegen Mittag desselben Tages schritten wir, der Leiter der Expedition Mr. J. H. Ashkroft, Agent der Church Missionary Society, Mr. Kirk und ich, durch das Südtor von Ibi gen Wukari.

Die Nacht auf den 24. kampierten wir im Walde und 12 Uhr 37 Minuten mittags des nächsten Tages hielten wir unseren Einzug in Kororofas Hauptstadt.

Die Entfernung von Ibi nach Wukari schätze ich auf 7 1/2 deutsche Meilen. Die Richtung ist südlich, der Weg schlängelt sich durch eine Landschaft, die unverändert dieselbe bleibt: eine sanft gewellte Grasebene, unregelmäßig mit niederen, krummästigen Bäumen (darunter viel Sheabutterbäume) bestanden. Sie ist am besten mit einem verwilderten weiten Obstgarten in ihrer äußeren Erscheinung vergleichbar. Keine Palme, nichts erinnerte mich daran, daß ich mich so nahe dem Äquator befand.

Des Königs Name ist Agudamada, der des Galadima – Agudu, am nächsten im Range steht diesem der Mallambaba, welchem der erste und dem wieder der zweite Madaki folgt. Vom Nord- zum Südtore brauchte ich 25 Minuten in gemächlichem Schritt. Die Einwohnerzahl schätze ich auf ca. 5000. Ehemals soll die Stadt 2 Stunden östlicher gestanden haben, und es befinden sich daselbst noch Hütten, in denen Fetische aufbewahrt werden; der Ort wird Okare, was mit Vogels Okale identisch sein mag, genannt. Ich will näheres auf der Rückreise zu erfragen suchen.

Der Kogi-n-Kalem (siehe Karte von Petermann) ist unbekannt. Es fließt kein Fluß in der Nähe Wukaris. Auf unserem Wege nach der Stadt überschritten wir auf 40 Minuten Entfernung von Ibi einen Bach, den Diamoa = Fulbewasser, von 6 Fuß Breite und 3 Fuß Tiefe, von West nach Ost fließend; außerdem fanden wir in einzelnen Gesenken des Bodens teichartige Pfützen und nach 4 Stunden 30 Minuten Marsch wahrscheinlich denselben Bach wieder. Eine

Tagereise östlich von Wukari fließt von Süd nach Nord in den Benue der Kogi-n-Wukari und noch weiter östlich der Rua Tarabba. Der erstere soll in der trockenen Jahreszeit versiegen, der letztere dagegen ca. 3 Fuß Wasser führen.

Am Kogi-n-Wukari liegen von Nord nach Süd

am linken Ufer:
Jebu, ein Fulbeort, und nahebei
Njakola, ein Baibaiort,
ferner Baibaiortschaften;
am rechten Ufer:
Bantai,
Donga, ein großer Ort,
Atsuku,
Ganjama,
Lubu und
Uama

Am Tarabba liegen
die Fulbeorte:
Sendirde,
Urio,
Mallawa,
Bakundi;
und die Baibaiorte
Sagabo,
Beli,
Wumka.

Die Landschaft, in welcher der Tarabba mündet, heißt Gassol; wir passierten die Mündung am 31. Juli.

Diese Fluß- und Ortsnamen sind glaubwürdig, da sie mir an verschiedenen Orten und von verschiedenen Personen bestätigt wurden.

Am 7. August gingen wir bei Tschomo vor Anker. Muri, weiter unterhalb Mori genannt, und Hamarua ist ein und derselbe Ort, richtig auf der Hassensteinschen Karte »die Flußgebiete des Benue«, entgegen der neueren Petermannschen zu G. Rohlfs' Reise von 1866 und 67. Hier muß ich noch bemerken, daß Dagbo am unteren Benue existiert, aber unbedeutend ist. Hamad war der Gründer des Ortes, an dessen Ost- und Westende je eine Quelle fließt, die sich bald zum Mayo oder Mao vereinigen, um dem Benue zuzurinnen; Hamarua bedeutet also so viel wie Wasser des Hamad.

Dieser Ort liegt auf einem Hügel von 400' Höhe über dem Spiegel des Benue; er liegt von Tschomo aus fast nordwestlich, wir erreichten ihn über Wudju, auch Wuzu gesprochen, in ca. 6 Stunden, 3 Stunden und 10 Minuten zu Pferde von Wudju aus. Der Ort besitzt an 800 Stück prächtiger Buckelrinder, wenig Schafe und Ziegen und etwa 40–50 Pferde, worunter schöne Tiere. Die Landschaft gleicht ganz der auf dem Wege nach Wukari durchschrittenen, nur sahen wir hier einige Fächerpalmen. Der Flußarm nach Wudju wird Mbai Diam Mbai genannt.

Der gegenwärtige König in Muri oder richtiger Statthalter heißt ebenfalls Hamadu. Er ist erst kürzlich vom Sultan von Sokoto bestätigt worden, und es weilt der Sohn desselben, der diese Bestätigung überbrachte und die Galadimawürde jener Stadt bekleidet, gerade jetzt in Muri. Vor ungefähr einem Jahr ward der König Burba aus Muri vertrieben, der jetzt am linken Ufer des Benue in Kundi lebt, und Hamadu eingesetzt.

Die nächsten Berge um Muri sind schon von freien Heidenstämmen bewohnt, nur nicht im Westen, wo einige Fulbeorte liegen. Sie werden Kefris genannt und sollen Baibais sein, ihre Ortschaften nach Osten hin sind: Bambur (eine Tagesreise von Muri), Gomu, Bolera, Bambuka, Dadia, Iri, Mana, Wuaja und Tscham. Sie leben mit den Fulbe in Feindschaft, und vergeblich bemühte ich mich, einen Führer nach Bambur zu finden.

Am 21. August gingen wir bei Djen vor Anker, das etwa 2000 meist vollständig nackte Bewohner haben mag. Der Ort gehört zu Muri, ist aber nicht von Fellatas bewohnt. Des Königs Name ist Duna, der des Galadima Kipa. Dultis Bewohner sind in die Berge gezogen. Nun lag jungfräuliche Erde vor uns.

Am 22. August 7 Uhr 30 Minuten früh hielten wir vor Gamaje, einer Ortschaft am linken Ufer, daselbst große kräftige Männer mit Schild, Bogen und Pfeilen und Speeren bewaffnet, außer einem Stück Zeug oder Fell um die Lenden nackt. Das Gebahren derselben zeugte von Scheu und Argwohn, wir machten ihnen ein kleines Geschenk und dampften weiter.

Um 10 Uhr hielten wir vor Jangai, dem Hafenort für Bassama (= Banjawa); dem Könige dieses größeren Ortes sandten wir ein Geschenk, welches er am 23. durch eine jährige Kuh und einen ca. 18 Monate alten Ochsen erwiderte.

Der Ort liegt an den Bergen und ist ca. 4–5 Stunden vom Ufer entfernt. Wir blieben über Sonntag liegen. Die Bewohner von Jangai waren durch die Observationen des Kapitäns mißtrauisch geworden, auch das Betragen des Bassamagesandten ward zum Schluß unfreundlich. Da wir am Sonntag nicht Handel trieben, brachten sie ihre Löwen- und Pardelfelle wieder heim.

Es hieß, wir würden in Bula verhindert werden, weiter vorzudringen; so bereiteten wir uns denn auf einen möglichen Kampf vor, ehe wir am 25. August in Jangai die Anker lichteten. Jangai liegt dem Mount Gabriel, den Barth kaum gesehen haben kann, gegenüber; dieser Berg ist ein vollkommener Kegel von höchstens 500 Fuß Höhe und muß bei Hochwasser vollständig vom Wasser umgeben sein. An seinem östlichen Fuße liegt die Ortschaft Ulpi mit ca. 300 Hütten.

Wir passierten am rechten Ufer die Ortschaften Bakan, Jeki, Jeka, Gempi, Upani, Jangan und Umburu und ankerten gegen 6 Uhr abends bei der großen Ortschaft Numun. Je weiter wir kamen, desto scheuer und argwöhnischer wurden die Leute. Wir hielten an mehreren der genannten Plätze, die alle 3–600 Hütten zählten, und gaben den Häuptlingen kleine Geschenke. Der Name des Volkes war nicht zu erfragen, da unser Dolmetscher sich aus Furcht verkroch, wenn er sprechen sollte, und vorgab, die Sprache nicht zu verstehen.

Das Land ist gut angebaut und stark bevölkert. Numun zählt ca. 800 Hütten, hat aber 100 Stück Rindvieh, reichlich Schafe und Ziegen und auch einige Pferde. Auf 4 bis 5 Stunden Entfernung soll ein großer Ort namens Dempa liegen. Acht Mann auf Pferden ohne Sattel, verhältnismäßig gut gekleidet, kamen, uns zu begrüßen; sie brachten einen schönen Zahn Elfenbein zum Geschenk, kamen aber nicht an Bord, und uns ward nicht gestattet, an Land zu gehen. Leute aus Numun waren an Bord und brachten ein schönes Gegengeschenk zum König von Dempa.

Am 27. August um 12 Uhr mittags dampften wir weiter; zu beiden Seiten waren die Ufer mit Hütten bedeckt, die unter schattigen

Bäumen auf etwa $^{1}/_{2}$ bis 1 englische Meile Entfernung zum Ufer standen. Wir versuchten vergeblich mit den Leuten zu sprechen; obgleich wir hier und da hielten, wagte sich kein Kanoe an das Schiff, um die angebotenen Geschenke in Empfang zu nehmen.

Um 4 Uhr 20 Minuten nahm der Kapitän unter dem Schutze unserer Gewehre auf einer Sandbank eine Höhe auf. Über diesen Punkt hinaus sahen wir keine Ortschaften mehr. Der Fluß ist sehr reich an Grasinseln, und seine Breite mag sich stellenweise auf 1 geographische Meile ausdehnen zur Zeit des Hochwassers; in den letzten Jahren soll der Benue übrigens nicht sehr bedeutend angeschwollen sein.

Am 28. früh bemerkten wir, daß das Wasser etwa 8 Zoll gefallen war, wie wir denn oft ein plötzliches Fallen und Steigen über Nacht beobachteten, um 6 Zoll bis 1 $^{1}/_{2}$ Fuß. Wenn wir seither immer etwas nördlichen Kurs eingehalten hatten, steuerten wir heute fast ausschließlich südöstlich. Der Strom ist noch immer ansehnlich breit und hat im Durchschnitt ca. 3 Faden Tiefe.

Um 7 Uhr 30 Minuten früh sahen wir die ersten Kulturen und bald darauf hier und da an den Hügeln, in der Nähe der beiden Ufer Fulbeortschaften, Rumde-Laba am rechten Ufer, Konkadanka am linken, dann Babalewa am rechten, wo wir $^{1}/_{2}$ Stunde hielten. 2–300 Fuß hohe Felshügel steigen hart an beiden Ufern sanft auf, dahinter höhere Berge. Überall wurden wir angerufen und begrüßt.

Um 2 Uhr 5 Minuten gingen wir bei Donge vor Anker, das etwa 1 $^{1}/_{2}$ Stunden von Jola entfernt ist, von wo aus ich dieses schreibe. Der Statthalter von Jola hat unser Geschenk nicht erwidert, daher hatten wir keine Gelegenheit, den Ort zu besuchen, was ich lebhaft bedaure. Der Bagell liegt nicht am linken, sondern am rechten Ufer des Benue.

Ich habe den Sonntag Nachmittag benutzt, um vorstehendes aufzuschreiben; doch glaube ich nicht, daß der Fall eintreten wird, den anzunehmen immerhin verständig ist, vielmehr lebe ich in der besten Hoffnung, Dich und alle, die ich liebe, bald wiederzusehen.

Ich zeichne die Karte, werde reichlich Abbildungen mitbringen, habe meteorologische Beobachtungen angestellt und hoffe, so eine gute Basis für künftiges Schaffen gelegt zu haben. Welchem Volke die Bula und Bassama und eventuell welcher Rasse sie angehören, läßt sich durch Sprachproben wohl ermitteln, die ich, wenn auch nur sehr unvollständig, sammelte.

Proben des Zahlworts der Bassama (die Bula reden dieselbe Sprache mit höchstens dialektischen Unterschieden):

1 sido	5 tuff	9 dombadu
2 pe	6 tugaltaka	10 boh
3 moakeng	7 tugalpe	11 boh ambire sido
4 fatt	8 fofatt	12 boh ambire pe
		u. s. w.

Beobachtete Länge von Tschomo, Hafen für Muri, 11° 16' östlich von Jangai, Hafen für Bassama, 11° 44' östlich, Breite von Mount Gabriel 9° 28' nördlich.

Diese Ortsbestimmungen sind vom Kapitän besorgt. Anfang März 1880 hoffe ich Dir persönlich genaueres mitteilen zu können.

Mit herzlichem Gruß
Dein Eduard Robert.

In Timbuktu

aus: Oskar Lenz, Timbuktu, Leipzig, 1884

Der 1. Juli des Jahres 1880 wird mir für immer unvergeßlich bleiben. Vielleicht wird man bald mit Dampfschiffen den Niger befahren; wohin Eisenbahnen den Reisenden von der atlantischen Küste herbringen; dann wird man lächeln, daß es eine Zeit gegeben hat, wo die Erreichung dieses Ortes als ein schwer errungener Erfolg angesehen wurde. Vorläufig ist man noch auf die beschwerliche Wüstenreise angewiesen, und das wird wohl auch noch längere Zeit so fortdauern; es werden daher für die nächste Zeit nur wenige das Glück haben, die Grenzstadt zwischen Sahara und Sudan, das ehemals große und berühmte Timbuktu zu betreten.

Rasch durcheilten wir die unfruchtbare Zone, welche die Stadt von dem Mimosenwalde trennt. Mauerreste und Schutthaufen deuten darauf hin, daß Timbuktu ehemals eine größere Ausdehnung besessen hat; zur Rechten sehen wir einen glänzenden Wasserspiegel mit Herden von Rindern, Schafen, Ziegen, Eseln und Kamelen; dazwischen bewegen sich einzelne Gestalten, zur Stadt gehend oder von da kommend. Es ist eine Daya, ein Teich, wie sie für die nun folgende subtropische Sudanlandschaft charakteristisch sind.

Wir nähern uns immer mehr der vollständig offenen, von keiner Mauer umgebenen Stadt; ein Trupp Menschen zu Pferd und zu Fuß kommt uns entgegen, meist dunkle Gestalten, mit verhülltem Gesicht und einige mit Speeren in der Hand. Wir wurden freundlich begrüßt und beglückwünscht zu der glücklichen Vollendung der Wüstenreise. Der ganze Zug bewegte sich nun durch eine Menge Straßen bis an das Haus des Kahia, gewissermaßen des Bürgermeisters des Ortes. Die zahlreich in den Straßen hockenden Negerweiber, welche Viktualien verkauften, begrüßten uns mit lautem Zuruf und jenem charakteristischen Geschrei, das man bei allen festlichen Gelegenheiten bei ihnen vernimmt. Es drängte sich eine Masse Volks um uns herum, einige riefen, als sie mich erblickten: Jhudi (ein Jude), aber sonst kam nicht die geringste Störung vor. Nirgends begegneten wir den trotzigen und gehässigen Blicken irgendeines fanatischen Heiligen, wie es in Marokko vorkommt, oder jenen Pöbelmassen, wie sie sich in Tarudant auf so unangenehme Weise bemerkbar gemacht haben.

Nach einer kurzen Vorstellung beim Kahia, der uns in schwülstigen aber wohlgemeinten Worten begrüßte und beglückwünschte und uns seines Schutzes versicherte, ritten wir davon und wurden in ein nicht weit gelegenes hübsches Haus geführt, wo wir uns in bequemer Weise von den Strapazen der Wüstenreise ausruhen, zugleich aber auch uns zu neuen Unternehmungen rüsten konnten.

Das mir angewiesene Häuschen liegt mitten in einer ziemlich breiten Straße und besteht aus einem Hofe, in welchen eine Anzahl kleiner Räume münden, die wir zum Aufbewahren des Gepäcks benutzten; von da führt eine kleine Treppe in den nicht hoch gelegenen ersten Stock, woselbst sich ein recht großes hübsches Zimmer befindet, und von hier gelangt man durch einige Stufen auf die Terrasse; dort war ein Aufbau, der ein recht hübsches Zimmer enthielt mit einem Fenster nach dem Hofe und einem zweiten nach der Terrasse. Dieses Zimmer nahm ich in Anspruch und richtete mich daselbst ein; es war das am meisten luftige und am besten erhaltene des Hauses. Hadsch Ali nebst Abdallah (Benitez) bewohnten das

Zimmer im Halbstock und Kaddur nebst Faraschi richteten sich in den Hofmagazinen ein. Dort hielten sich auch beständig einige junge Burschen des Kahia auf, teils um als Diener zu fungieren, teils auch um Bericht zu erstatten über alles, was im Hause vorging.

Das Haus ist aus Tonziegeln errichtet, die Fußböden bestehen aus festgestampftem harten Ton, einfache Ornamente an den Toren sind auch vorhanden. Die Türen und Fenster sind von Holz; letztere, oft recht hübsch geschnitzt, zeigen die maurische Hufeisenform. Von der Terrasse des Hauses aus hatte ich einen Blick über einen sehr kleinen Teil der Stadt; von einer Brüstung aus sah man in den Hof hinab. Dem schon von Barth gerügten Übelstande, daß man besonders in den für Fremde bestimmten Häusern die Terrasse als eine Art Abort benutzt, war hier insofern abgeholfen, als ein besonderes Bauwerk auf der Terrasse selbst errichtet worden war.

Wir wurden die erste Zeit natürlich von Besuchern überlaufen, und die Zimmer oder die Terrasse waren oft voll Menschen aus aller Herren Länder. Da sah man den reichen Händler aus Rhadames neben dem Tarki, dessen Litham (ein blaues Tuch) das Gesicht bedeckt, so daß nur die Augen frei sind. Der maurische Kaufmann aus Marokko kam gemeinsam mit dem schöngewachsenen Fulbe, der mit seinem fanatisch-schwärmerischen Gesicht mißtrauisch die Fremden betrachtet; Leute vom Senegal treffen hier zusammen mit den Bewohnern von Bornu, und unter den Negersklaven sind zahllose Volksstämme vertreten.

Am interessantesten waren mir natürlich die Tuarek, die zurzeit einen größeren Einfluß in Timbuktu hatten als die Fulbe von Moassina. Sie haben etwas überaus Wildes in ihrem Erscheinen: das verdeckte Gesicht, die dunkelblaue Tobe und die starke Bewaffnung: ein großes Schwert, einen kürzeren Säbel und einige Lanzen, die sie stets bei sich tragen und nie ablegen, dazu die rauhe polternde Sprache und das selbstbewußte Auftreten, – das alles machte einen etwas unheimlichen Eindruck. Die einzelnen Scheichs, welche kamen, verstanden auch Arabisch, ebenso wie die Fulbe, wie das erklärlich ist, wenn drei Völker dicht aneinandergrenzen und in beständigem, friedlichen sowohl als kriegerischen Verkehr miteinander stehen.

Am ersten Tage meines Aufenthalts war der Besuch geradezu kolossal. Ein Trupp löste den andern ab, und wir mußten da lange

Zeit als Schaustücke dienen, während Hadsch Ali durch seine rhetorischen Leistungen die Besucher unterhielt. Mir war es peinlich, da mein Unwohlsein noch immer anhielt und ich mich lieber in mein Zimmer zurückgezogen hätte. Gegen vier Uhr endlich schickte uns der Kahia eine Mahlzeit, und jetzt fanden es die massenhaft anwesenden Besucher doch angezeigt, allmählich zu verschwinden und ihre Meinungen über uns sich außerhalb des Hauses mitzuteilen. Die Leute hatten sich übrigens nicht bösartig aufgeführt, es war eine Neugierde, die in etwas derber Form zum Ausdruck gebracht wurde.

Man sieht hier ausschließlich die weite sudanesische blaue Tobe als Kleidungsstück, entweder aus einfachem, schlechterem europäischen Baumwollstoff oder aus einheimischem Zeug. Dieses letztere ist ein etwas grober, aber sonst vortrefflicher Stoff, der aber nur in handbreiten Streifen gewebt wird, die aneinander genäht werden. Die aus solchem Stoffe, der mit Indigoblau gefärbt ist, verfertigten Toben werden häufig mit einer sehr bunten und originellen Seidenstickerei versehen, und zwar auf beiden Seiten, rückwärts sowohl wie vorn. Es sind diese Art Toben infolgedessen sehr teuer und sehr gesucht; es ist üblich, wenn man genötigt ist, jemand Geschenke zu machen, daß man derartige Toben mit verwendet.

Das Mahl, welches uns Kahia geschickt hatte, war im Vergleich zu unseren Diners in der Wüste lukullisch zu nennen. Es bestand aus gutem Weizen-Kuskus mit Gemüse, gebratenem Rindfleisch und gebratenen Hühnern, und zwar in vollkommen genießbarer Weise zubereitet; dazu kam ein lange entbehrter Genuß, frisches Weißbrot von ganz vorzüglicher Qualität, wie wir es in Fas und Marrakesch nicht besser gehabt haben. Als Getränk hatten wir freilich nur Wasser; geistige Getränke irgend welcher Art gibt es hier absolut nicht. Das Wasser stammt aus den dicht bei der Stadt befindlichen Dayas, kleinen Teichen, die bei sehr hohem Wasserstande in regenreichen Jahren mit dem Niger durch flache natürliche Kanäle in Verbindung stehen. Das Wasser war nicht schlecht zu nennen, im Vergleich zu unserem bisherigen Trinkwasser sogar sehr gut; es war aber auffallend weich, ohne alle mineralischen Bestandteile. Man benutzt zum Trinken die im ganzen Sudan üblichen Calabassen, entweder die natürlichen Fruchtschalen oder künstlich aus Holz geschnittene. Das Essen wird in irdenen Schüsseln aufgetragen, und das ganze Arrangement ist vollkommen so wie in Marokko. Wir haben während unseres Aufenthaltes in Timbuktu nie Auslagen für das Essen gehabt, täglich wurden wir in reichlicher und trefflicher Weise versorgt; unser gefälliger Wirt, der Kahia, hielt es für seine Pflicht, uns mit der nötigen leiblichen Nahrung zu versehen, und gleichzeitig schickten uns späterhin andere befreundete Leute, die wir im Laufe der Zeit kennen gelernt hatten, das Essen ins Haus, so daß wir stets Überfluß hatten und an ärmere Leute verteilen konnten. Arme Leute und Bettler scheint es hier sehr wenig zu geben, und man sieht nicht, wie in Marokko, die krüppelhaften, halb verhungerten Bettler zu Dutzenden auf den Straßen liegen. Die geringen Bedürfnisse der Leute zu befriedigen, dazu findet sich offenbar leicht Gelegenheit; ein gewisser Wohlstand ist in Timbuktu nicht zu verkennen.

Man speist in Timbuktu täglich dreimal. Früh gegen neun Uhr erhielten wir zugeschickt einige Schüsseln voll Honig und flüssiger Butter, dazu ein Dutzend oder mehr der kleinen flachen Brotlaibe, frischgebacken ein ganz treffliches Frühstück. Man ißt dieses Gericht in der Weise, daß man das Brot in Stücke teilt und dann mit der rechten Hand ein Stück in die Schüssel taucht. Gegen drei Uhr nachmittags kam die Hauptmahlzeit, gewöhnlich zwei, manchmal auch drei Gänge, bestehend aus Kuskus, Gemüse, frischem Hammel- oder Rindfleisch, oder Hühnern und Tauben. Alles ist in Butter gebraten und in schmackhafter Weise zubereitet. Fisch habe ich nie erhalten, obgleich der nicht weit entfernte Niger Fische enthält. Es gilt nämlich nicht für besonders anständig, Fische zu essen, und fast ausschließlich Negersklaven und die ärmere Bevölkerung genießen dieselben. Der Fischmarkt soll insofern schrecklich sein, als die Tiere in bereits stark verfaultem Zustande zu Markte gebracht und in übelriechendem Zustande verkauft werden, der feine marokkanische Maure genießt aber so etwas nicht. Das Abendgericht, welches gewöhnlich ziemlich spät, zwischen neun und zehn Uhr kam, besteht in der Regel aus Reis mit kleinen Fleischstücken darin, auch ein vollkommen genießbares Essen. Aus diesem Menü erkennt man schon, daß Timbuktu ein großes Kulturzentrum inmitten der Negerbevölkerung des Sudan und der Tuarek der Wüste ist; der Einfluß der Marokkaner ist ein bedeutender gewesen, das sieht man nach den verschiedensten Richtungen hin.

Bei einer derartigen guten Ernährung und ruhigem Leben erholten wir uns bald; mein Zustand besserte sich allmählich, aber dafür traten hin und wieder Fieberanfälle auf; Barth hat in Timbuktu viel an Fieber gelitten. Die Nähe des Niger mit seinen Überschwemmungen ist fühlbar, und wenn wir hier etwas vermißten, so war es die gesunde, reine und trockene Wüstenluft.

Da wir noch Kaffee, Tee und Tabak reichlich hatten, führten wir in Timbuktu eine vollkommen erträgliche Existenz.

Ungeheuer reich an Vögeln ist Timbuktu, sowohl innerhalb wie außerhalb der Stadt. Zahllose schwarze Störche stolzieren an den Dayas umher; eine kleine reizende Finkenart ist so häufig wie bei uns die Sperlinge. Tauben kommen massenhaft vor und fliegen in großen Schwärmen über die Stadt. Häufig sind verschiedene Arten von Raben, Krähen und Staren, und dazwischen sieht man die beutegierigen Falken und Adler. Es ist ein hübsches Bild, wenn man nach einer langen Wüstenreise diese reiche Tierwelt sieht. Herden von Buckelrindern, wollfreien Schafen und Ziegen, ganze Züge von Kamelen und Eseln, auch Pferden sieht man zur Tränke ziehen, und dazwischen schreiten zahme, ihres Federschmucks beraubte Strauße, häßliche Tiere in diesem abgerupften Zustande. In den Häusern aber leben zahlreiche große und buntfarbige Eidechsen, Chamäleons, Geckos und andere zwar harmlose, aber als Hausgenossen uns Europäern doch wenig sympathische Tiere. Auf den Mauern der Veranda meines Hauses konnte ich eine förmliche Jagd anstellen nach Amphibien aller Art, die in der Sonne lagen und auf Insekten lauerten.

Wie erwähnt, gibt es hier bereits Pferde. Es ist eine kleine Rasse, aber ausdauernd und schnell; man pflegt die Tiere nicht zu beschlagen, einmal des sandigen Terrains wegen und dann auch wegen der Teuerung des Eisens, besonders des bearbeiteten; es kommt meistens aus dem Süden, den Bambaraländern, deren Bewohner aus Laterit-Brauneisenstein das Metall herzustellen verstehen.

Sehr bedeutend ist übrigens die Straußenzucht nicht, und die Mehrzahl der Straußfedern kommt von wilden Tieren, welche mit Pferden gejagt werden, die Federn der wilden Strauße sollen um vieles schöner und wertvoller sein als die von halbzahmen Tieren. Das Buckelrind wird sowohl als Schlachttier verwendet, wie es auch als Transporttier dient, zum Tragen von Lasten wie zum Reiten. Es ist eine nicht sehr hohe, aber hübsche kräftige Rasse mit ziemlich großen, voneinanderstehenden Hörnern, und zwischen Hals und Rücken mit einem Fettbuckel versehen; sein Fleisch ist nicht schlecht, aber im allgemeinen habe ich in diesen Ländern, schon von Marokko angefangen, das Schaffleisch um vieles besser gefunden als das Rindfleisch.

Die Stadt bildet gegenwärtig ein Dreieck, dessen Spitze nach Norden zugekehrt ist. Wenn man, wie ich, von Norden kommt, so hat man eine Zone von verwüstetem, mit alten Bauresten, Schutt usw. versehenen Landes von einigen tausend Schritt Breite zu überschreiten, die wohl die frühere Ausdehnung der Stadt nach Norden zu andeuten mag; zur Linken hat man das Grabmal von Faki Mahmud, welches früher noch inmitten der Häuser gestanden haben soll. Es ist also keine Frage, daß die Stadt heutzutage auch nicht im entferntesten mehr das ist, was sie zur Blütezeit des Sonrhayreiches war.

Wie erwähnt, ist die Stadt offen, denn die frühere Mauer haben die Fulbe bei ihrem Einrücken in die Stadt (1826) zerstört; ein Kranz von runden Hütten zieht sich um einen Teil derselben herum. Die Mattenhütten werden von Negern bewohnt, und an ihnen vorbei gelangt man erst in die Straßen – tidjeraten – der Stadt. Die aus Ton errichteten Häuser sind alle ziemlich gleich wie das von mir bewohnte und besprochene, ihr Erhaltungszustand ist ein recht guter.

Barth gibt für Timbuktu 950 Häuser und mehrere 100 Mattenhütten an und schätzt die Zahl der Bewohner auf 13 000. Stark vermehrt wird sich die Bevölkerung bisher nicht haben; nach dem Leben und Treiben, das da herrschte, schätze ich doch gegen 20 000 Einwohner. Freilich waren viel Tuarek und auch Fulbe anwesend, während vom Norden zurzeit nur wenige fremde Händler in Timbuktu waren. Mein Begleiter Hadsch Ali will in einem Buche, das er in Timbuktu sah, gelesen haben, daß die Stadt 3500 Häuser besitzt; daß es sich hierbei um das alte Timbuktu handelt, wollte er sich nicht einreden lassen.

Die südliche, breitgestreckte Seite ist der am stärksten bevölkerte Teil. Das Terrain, auf welchem die Stadt errichtet ist, bildet keine vollständige Ebene, sondern hat in der nördlichen Hälfte eine tiefe Einsenkung, und zwar ist es das Quartier Bagindi, welches bei dem großen Hochwasser des Niger im Jahre 1640 überschwemmt gewesen sein soll.

Die Stadt wird in sieben Quartiere geteilt; erstens: Sanegungu, der südöstliche Teil der Stadt; es ist der schönste Teil und wird besonders von Rhadameser Kaufleuten bewohnt. Zweitens: Quartier Yubu, mit dem Marktplatz Yubu und einer Moschee, westlich von dem vorhergenannten; hieran schließt sich auch nach Westen zu an das dritte Quartier Sangereber (oder Dschingere), so genannt nach der Moschee gleichen Namens. Nördlich vom Quartier Sanegungu ist das vierte Quartier, Sarakaina. Hier wohnte zu Barths Zeiten der Scheich el-Bakay, und auch dessen Sohn Abadin hält sich jetzt hier auf, wenn er in Timbuktu ist. Der Kahia wohnt ebenfalls hier, und in diesem Quartier wurde auch ich untergebracht. Nördlich hiervon liegt fünftens das Quartier Yubu-Kaina mit dem Fleischmarkt; hieran schließt sich sechstens das bereits erwähnte Quartier Bagindi, und den nördlichsten Teil der Stadt, den ich zuerst durchzog, bildet siebentens das Quartier Sankore, welches als das älteste und vorherrschend von Sonrhay bewohnte Quartier gilt.

Die einzigen öffentlichen Gebäude sind die Moscheen. Caillé gibt deren sieben an, Barth meldet, daß zu seiner Zeit nur drei große Moscheen existierten: 1. die »große Moschee«, Dschingere-ber, arabisch Dschema-el-Kebira, die bereits im Jahre 1327 vom König von Melle, Mansa-Musa, zu bauen angefangen wurde. 2. Die Moschee Sankore, im Quartier gleichen Namens (»Stadt der Vornehmen, der Weißen«). Diese Moschee soll auf Kosten einer reichen Frau erbaut worden sein, enthält fünf Schiffe und ist 120 Fuß lang und 80 Fuß breit. 3. Die Moschee Sidi Yahia. Die anderen Moscheen hießen Sidi Hadsch Muhammed, Msid Belal und Sidi-el bami. Seit dieser Zeit haben die aus Fas und überhaupt aus Marokko kommenden Händler, vor allem die erwähnte große Familie der Rami, eine neue große Moschee errichtet, ich habe dieselbe aber nicht gesehen.

Von diesen Moscheen bildet die »große« Dschingere-ber, ein recht stattliches Bauwerk. Wie Barth richtig bemerkt, wird man dieses bedeutendste Gebäude nicht an der äußersten Peripherie der Stadt, da, wo vor kurzem noch die westliche Stadtmauer sich befand, errichtet haben, sondern offenbar inmitten der einst großen und blühenden Stadt. Jetzt liegt dieselbe effektiv völlig nach außen zu, und gewiß hat früher die Stadt nach Westen sowohl wie nach Norden hin eine bedeutend größere Ausdehnung gehabt, so daß sie mindestens noch einmal so groß war, als sie sich heute präsentiert. Natürlich hat noch nie ein Fremder diese Moschee betreten, außer wahrscheinlich Caillé. Es ist ein umfangreiches Gebäude, mit einem sehr großen Hof, der den größeren Turm umgibt. Die Türme sind viereckig, wie in Marokko, aber da sie nicht aus Ziegeln gebaut sind, sondern nur aus Ton, so verengen sich die Türme nach oben etwas und bilden oben eine kleine quadratische Plattform. Auch kann man mit solchem Material die Türme nicht sehr hoch herstellen. Der Hauptteil der Moschee enthält neun Schiffe von verschiedener Größe und Bauweise; die westliche Hälfte der Moschee, mit drei Schiffen, ist die ältere und stammt wahrscheinlich noch aus der Zeit Mansa-Musas, des Königs von Melle, wie aus einer kaum noch leserlichen Inschrift hervorgehen soll. Die Länge des Gebäudes beträgt 262 Fuß und die Breite 194 Fuß.

Von den ehemaligen Palästen der Könige von Sonrhay ist nichts mehr zu sehen, ebensowenig von der Zitadelle. Barth meint, der alte Königspalast Ma-dugu habe da gestanden, wo jetzt der Fleischmarkt sich befindet, während die Zitadelle später im Quartier Sanegungu gewesen sein soll.

Die zahlreichen Eroberungen der Stadt durch die verschiedensten Völker haben viel zerstört; gegenwärtig ist Timbuktu vollkommen offene Stadt, ohne Qasbah (Zitadelle), ohne Mauern, und jedermann kann die Stadt betreten, die Einwohner sind ganz passiv und zahlen bald den Fulbe, bald den Tuarek, je nachem, wer gerade von diesen beiden die Oberhand hat.

Mit den Moscheen sind Schulen verbunden, auch befinden sich hier Sammlungen von Manuskripten, vielleicht darunter noch manches, was für die Geschichte dieser Länder von Interesse wäre, obgleich Barth schon das Wichtigste darüber gesammelt und mitgeteilt hat.

Wenn nun Timbuktu auch nicht mehr der Sitz großer Gelehrsamkeit ist, so ist doch die Bevölkerung gebildet, d. h. die große Mehrzahl derselben kann lesen und schreiben, weiß große Teile des Koran auswendig und versteht darüber zu disputieren. Es gibt einige Leute dort, die im Rufe großer Gelehrsamkeit stehen, und einer derselben war unser stehender Gast. Hadsch Ali hat von ihm ein

Manuskript juristischen Inhalts erhalten und ihm versprochen, dasselbe in Kairo drucken zu lassen! Hätte ich Mittel gehabt, so würde ich vielleicht verschiedene Manuskripte haben erwerben können, aber unter den gegebenen Verhältnissen mußte ich für mein Weiterkommen bedacht sein und konnte an solche Ausgaben nicht denken. Für besonders gelehrt gilt auch, wie schon erwähnt, der junge Scheich Abadin.

Die Bevölkerung von Timbuktu ist keine einheitliche, sondern besteht aus den verschiedensten Elementen. Marokkanische Arbeiter bilden den wesentlichsten und besseren Teil; sie sind größtenteils von dunkler Hautfarbe infolge der durch Generationen fortgesetzten Verheiratungen mit Negerinnen; aber es gibt noch solche, die ebenso licht von Farbe sind wie die Mauren von Fas oder Marrakesch. Weiße Frauen dagegen sind äußerst selten und, wenn es echte Maurinnen sind, für niemand sichtbar. Daneben wohnen noch zahlreiche Nachkommen der alten Sonhrayneger in der Stadt und eine Menge Negersklaven aus den entlegensten Teilen des Sudan. Wangaraua- (Mandingo) Neger, Assuanik-Fulbe, Tuarek, Leute aus Bornu und Sokoto, Araber von den Kabylen der westlichen Sahara, aus Algier, Tunis, Tripolis, Neger aus den Bambaraländern, Futa, alles das trifft man hier zur Zeit der Karawanen. Timbuktu ist eigentlich nur ein großer Markt, ein Sammelpunkt von Händlern, die die Erzeugnisse des Nordens gegen die Produkte des Südens austauschen. Es gehört eigentlich keinem Staate an, denn zu Moassina, dem großen Fulbestaat, kann man es doch nicht rechnen. Es ist ein Entrepôt für Waren, und Tuarek und Fulani streiten sich immer nur um das Recht, Steuern zu erheben, ohne die Stadt zu regieren. Letzteres geschieht durch den jeweiligen Kahia, den man mit nichts anderem als mit einem Bürgermeister vergleichen kann.

Der Mangel von Zitadelle, Stadtmauern, Besatzung bringt es mit sich, daß Timbuktu nicht als mächtige Hauptstadt eines Reiches angesehen werden kann, und die Bevölkerung muß sich mit dem jeweiligen Machthaber abfinden.

ZWISCHEN NIL, SCHARI UND KONGO

Audienz bei König Munsa

aus: Georg Schweinfurth, Im Herzen von Afrika, Leipzig, 1874

Kurze Zeit vor meinem Aufbruche von Khartum, es war im Dezember 1868, erhielt ich auf einem seltsamen Umwege die erste Kunde von der Existenz eines Volkes namens Monbuttu, welches im Süden der Niamniam (nordwestlich vom Albertsee am Weißen Nil und Uelle) seine Sitze haben sollte. Dr. Ori, der Medizinalchef von Khartum, hatte in einem Schreiben an den Marquis Antinori ausführlich die letzthin erkundeten Züge der Elfenbeinhändler im fernsten Süden des Bahr-el-Ghasal-Gebiets besprochen, außerdem hatte er auch die von Jules Poncet über jene Gegenden eingezogenen neuen Erkundigungen im Auszuge mitgeteilt, welche bald darauf in der »Zeitschrift der Pariser geographischen Gesellschaft« veröffentlicht wurden. Diesen Brief Oris fand ich im ersten Bande des »Bolletino della Società Geografica Italiana« abgedruckt, welcher mich durch des Marquis Antinori tätige Vermittlung noch kurz vor meiner Abfahrt nach dem Gazellenflusse erreichte.

Oris und Poncets Berichte hatten, ungeachtet nutzlos gemachter Anstrengungen, Klarheit und Zusammenhang in die verworrenen Aussagen ihrer rohen und unwissenden Gewährsmänner zu bringen, doch das große Verdienst erworben, die Geographie mit einigen gewichtigen Tatsachen bereichert zu haben, welche durch Autopsie zu erhärten mir vorbehalten bleiben sollte. Nachgewiesen war worden: 1) daß man im Süden der Niamniam auf nach Westen strömende Gewässer stoße; Heuglin hatte bereits ähnliche Erkundigungen 1863 eingezogen, jetzt erfuhr man, daß in der Tat ein dem Weißen Nil ebenbürtiger Strom in jenen Gegenden existiere; 2) daß dieser Strom nicht mehr dem Nilgebiete tributär sei und 3) daß derselbe an seinen Ufern von einem fremden, von der gewöhnlichen Negerrasse weit verschiedenen Volksstamme mit brauner Hautfarbe bewohnt sei, welcher eine für Zentralafrika überraschend hohe Kulturstufe verriete.

63 Monbuttu (Mangbettu) Krieger

64 Proben der Handwerkskunst der Monbuttu 29 = (Trumbach) Sichelmesser des Königs, 30–32 = Sichelmesser der Monbuttu, 33 = Sichelmesser der Monvu, 34–40 = Flaschen der Monbuttu, 41 u. 42 =

Töpfe der Monbuttu, 43–46 = Holzgeschnitzte Stühle der Frauen, 47–49 = Holzgeschnitzte Schüsseln des Königs, 50–57 = Schürzen der Frauen, 58–68 = Strohhüte der Männer, 69 = Pauke des Königs, 70 = Beil der Monbuttu, 71 = Trompete aus geschnitztem Elfenbein

Dieses Volk wurde als Monbuttu, der demselben von den nubischen Elfenbeinhändlern beigelegte Name als Guruguru bezeichnet, einem arabischen Worte entlehnt, welches die daselbst geübte Sitte des Durchlöcherns der Ohren andeuten sollte.

Als ich nun, im eigentlichen Gebiete des Bahr-el-Ghasal angelangt, mit den Anführern der verschiedenen Elfenbeinkompagnien aus Khartum in Verkehr getreten war, fand ich, daß in den Gesprächen und Erzählungen der letzteren das Volk der Monbuttu immer eine ganz besonders hervorragende Rolle zu spielen pflegt. Alle rühmten den Elfenbeinreichtum des Landes, die Großartigkeit seiner Natur, den Pomp des Beherrschers, die Mannigfaltigkeit der daselbst angetroffenen Produkte, vor allem aber konzentrierte sich die Bewunderung meiner Gewährsmänner in den Schilderungen von der großen Kunstfertigkeit dieses Volkes in der Herstellung von Waffen und Gerätschaften, ja, in der Regel pflegte sich dieselbe bis zu dem kühnen Vergleich mit unserer abendländischen Kultur zu versteigen; die Monbuttu, hieß es, seien wie Franken und ihre Kunsterzeugnisse nur den unsrigen vergleichbar.

Die Erreichung dieses rätselhaften Landes gestaltete sich daher von Tag zu Tag mehr als das Ziel meiner kühnsten Wünsche, und freudig begrüßte ich in Abd-es-Ssammat[1] den Mann, welcher mir als Entdecker dieser fernsten Nebelflecke auf unseren Karten als der zuverlässigste Führer zu denselben erschien.

Die Lage des Landes fällt zwischen den 3. und 4. Grad nördl. Br. und ungefähr zwischen den 28. und 29. Grad östl. L. von Greenwich. Im Norden des Landes fließt ein außerordentlich wasserreicher Strom, der Kibali, vereinigt sich mit dem von Südosten kommenden Gadda und tritt als Uelle, der unterhalb des Zusammenflusses eine Breite von 800 und selbst in der trockensten Jahreszeit eine Tiefe von überall 15 Fuß besitzt, gen Westen in die anstoßenden südlichsten Niamniamgebiete, durch Aufnahme zahlreicher Zuflüsse aus den südlichen Teilen des Monbuttulandes und der benachbarten Gebiete schnell zu den größten Dimensionen anwachsend. Dies ist ohne Zweifel der Oberlauf des östlichen der beiden

1 Mohammed Abd-es-Ssammat, ein nubischer Großhändler, in dessen Gefolge Schweinfurth reiste

Flußarme, welche sich in Baghirmi als Schari vereinigen, dem der Tschadsee seine Entstehung verdankt[1].

Zwei Häuptlinge, welche man, berücksichtigt man den Umfang ihrer Gebiete und die Kriegermenge, über welche sie gebieten, wohl Könige nennen könnte, denn ihre Macht erstreckt sich noch weit über die von Monbuttu bevölkerten Territorien hinaus, teilen sich in die Herrschaft des Landes. Den östlichen Teil beherrscht Degberra, den westlichen, weit umfangreicheren, Munsa, ein Sohn Tikibos, der, vor 13 Jahren von Degberra, seinem Bruder, erschlagen, bis dahin das ganze Gebiet der Monbuttu beherrscht hatte.

Munsa hatte die Ankunft der Khartumer mit Ungeduld erwartet, in seinen Speichern lagerte hoch aufgestapelt das Elfenbein, die Jagdausbeute eines ganzen Jahres, jetzt sollten ihm die Reichtümer des Nordens von neuem erschlossen und in der königlichen Schatzkammer neue Massen des roten, klangvollen Metalls zu den alten gehäuft werden. Es war Mohammeds[2] dritter Besuch im Lande der Monbuttu.

»Wo ist Mbali[3], wann wird Mbali kommen?« war Munsas tägliche Frage an die bei ihm stationierten Soldaten[4] Mohammeds gewesen, und es war zugleich die Botschaft, mit welcher Munsa den Fremden seinen königlichen Gruß entbieten ließ, als wir uns anschickten, den großen Fluß zu überschreiten. Mohammed hatte daher alsbald nach unserem Eintreffen nichts Eiligeres zu tun gehabt, als die mitgebrachten Geschenke zusammenzuraffen und sich schleunigen Schritts zum Könige zu begeben. Alle bei der Errichtung des Lagers zu treffenden Anordnungen hatte er dem Gutdünken seiner Hauptleute überlassen, so groß war seine Eile. Unter den mitgenommenen Geschenken für Munsa spielte ein ganzes Sortiment großer Kupferschüsseln die Hauptrolle; in diesem entlegenen Erdenwinkel war es indes keineswegs ihre Bestimmung, kulinari-

1 Eine Annahme Schweinfurths, die durch spätere Forschungen widerlegt wurde; der Uelle ist nicht der Oberlauf des Schari, sondern ein Nebenfluß des Ubangi-Kongo

2 Mohammed Abd-es-Ssammat

3 = der Kleine; Mohammeds Name bei den Eingeborenen

4 bewaffnete Bewacher der Station, des Wagenlagers

64a König Munsa

schen Zwecken zu dienen: fortan hatten sie ihre Kraft als Tonwerkzeuge gewaltiger Art in den weiten Hallen der königlichen Residenz zu erproben. Erst spät am Abend kehrte Mohammed in das große Lagerdorf zurück, welches mittlerweile aus dem Urwalde emporgezaubert worden war; Hörner- und Paukenschall begleiteten seine Schritte, und große Proviantvorräte sammelten sich, auf Befehl des Königs von Tausenden herbeigetragen, mit staunenswerter Schnelligkeit. Mir selbst war eine Audienz beim König und ein feierlicher Empfang in seiner Prunkhalle für den folgenden Morgen zugestanden.

Bevor ich noch des andern Tags erwachte – es war der 22. März 1870 – war Mohammed schon wieder zum Könige hinübergeeilt. Ein Blick auf den großen roten Freiplatz, welcher sich am jenseitigen Talgehänge zwischen den Hallen des Königs und den Behausungen seines Hofgesindes ausdehnte, überzeugte mich von der gewiß ungewohnten Lebhaftigkeit des Menschengetriebes, welches nun daselbst herrschte. Da sah man dichte Massen von schwarzem Volk sich unstet hin- und herbewegen, durchbrochen von eilenden Gruppen, und der dumpfe Schall wilder Paukenschläge drang bis zu unserm Lager. Munsa versammelte seine Trabanten und hielt Heerschau über seine Elefantenjäger; von nah und fern strömten die Familienältesten herbei, um den Elfenbeinmarkt zu beschicken und mit Mohammed Lieferungsverträge über Lebensmittel abzuschließen. Voll Ungeduld stand ich vor meinem Zelte, in der Erwartung, jeden Augenblick gerufen zu werden; allein es ging bereits auf Mittag, bis mir von Mohammed die Botschaft wurde, jetzt wäre der König zu sprechen, ich möchte hinüberkommen. Mohammeds schwarze Leibgarde und die Musikanten waren mir entgegengeschickt worden, um unter Abspielung der türkischen Reveille mir ein festliches Geleit zum Wohnsitze des Königs zu geben.

Schnell warf ich mich nun in ein feierliches Schwarz, indem ich nach dem längst vergessenen Tuchrock langte und mir die schwerbeschlagenen hohen Schnürstiefel eines Alpentouristen anlegte, welche meiner leichten Figur durch die vermehrte Wucht der Tritte einen mehr imponierenden Charakter verleihen sollten. Uhr und Kette ließ ich zurück, es sollte an mir kein metallener Schmuck wahrzunehmen sein. So schritt ich ledig einher, gefolgt von drei schwarzen Knappen, die mir Büchsen und Revolver nachtrugen, ein vierter schwenkte den unvermeidlichen Rohrstuhl in seinen Armen; dies entsprach ganz den Sitten des Landes, denn die Monbuttu muten niemand zu, sich auf den ebenen Boden zu setzen. Mit erwartungsvoller Schweigsamkeit folgten auch meine Khartumer Diener, angetan mit Festgewändern von überraschender Weiße; diese hielten die längst zurechtgelegten Geschenke für den König in ihren Händen.

Von unserm Lagerplatze gelangte man in einer halben Stunde zu dem Residenzdorfe des Königs. In sanftem Abstieg führte der Pfad zum waldumstandenen Bache, schlängelte sich dort durch die verworrenen Dickichte der Niederung und stieg auf der andern Seite inmitten ausgedehnter Pisangpflanzungen zu der offenen Fläche des großen Freiplatzes an, welche in weitem Halbkreise von Wohnhütten verschiedener Bauart begrenzt erschien. Als wir die Bachniederung erreicht hatten, fanden wir die sumpfigen Dschungels mit frischgefällten Baumstämmen belegt und große Balken als Brücke über das Wasser geworfen. Diese Vorkehrungen hatte der König mir zu Ehren treffen lassen, um mich trockenen Fußes hinüberzuführen, eine Aufmerksamkeit, welche er selbst schwerlich ersonnen haben konnte und die ich einem wohlmeinenden Winke Mohammeds zu verdanken hatte, denn er kannte die Beschaffenheit meiner Fußbekleidung. Diese erheischte, als ein Unikum in der afrikanischen Welt, eine gewisse Schonung, und brachte beim Aus- und Anziehen viel Zeitverlust mit sich. Leider sollte das alles dem törichten Glauben der Monbuttu neue Nahrung verleihen, meine Füße seien mit Bocksklauen versehen. Nach einer andern Version sollte die feste Lederhülle mit meinem Körper verwachsen sein. Die Vorstellung von Bocksfüßen knüpften sie als ein Analogon an den gewohnten Vergleich meines Haupthaars mit dem eines Ziegenbocks, natürlicher Instinkt hatte den Glauben an einen Parallelismus der Formen ihrem innersten Bewußtsein einverleibt; allerdings hatte die Hartnäckigkeit, mit welcher ich mich, so oft ihre Neugierde befriedigt werden sollte, geweigert, meine Füße zu entblößen, sie in ihrem Verdachte nur bestärken müssen.

Da wir uns nun den ersten Hütten näherten, wurden die Trommeln gerührt und die Trompete schmetterte ihre lustige Weise, das zusammengelaufene Volk ließ für uns einen schmalen Durchgang frei, indem es sich neugierig zu beiden Seiten herbeidrängte. Wir wandten unsere Schritte der zweitgrößten der königlichen Palasthallen zu, welche, einem Schuppen gleich, an beiden Giebeln offen erschien. Hier harrte einer der Beamten des königlichen Hauses meiner, er schien die Rolle eines Zeremonienmeisters zu spielen, auch sah ich ihn bei späterer Gelegenheit wiederholt als ersten Festordner bei öffentlichen Feierlichkeiten fungieren. Schweigend ergriff er meine rechte Hand und geleitete mich ins Innere, mitten durch die Reihen Hunderter von Trabanten und den Vornehmen des Volks hindurch, welche in vollem Waffenschmucke auf ihren zierlichen Bänken dasaßen, in Reih und Glied geordnet nach Rang und Würden; das Ganze glich der Zuhörerschaft in einem Konzerte. Am entgegengesetzten Ende der Halle war ein freier Raum übrig gelassen, dort stand die Thronbank des Königs, welche vor den übrigen Sitzen keinen andern Schmuck vorauszuhaben schien, als eine Fußmatte, die man darunter ausgebreitet. Dagegen war hinter der Bank eine kolossale zweischenklige Lehne gestellt, welche gesondert für sich auf drei Füßen ruhte und am obern Ende in zwei Arme auslief, welche als Krücken, um Rücken und Arme des Sitzenden zu unterstützen, dienten. Die Lehne war über und über mit kupfernen Ringen und Nägeln beschlagen. Einige Schritte zur Seite der Thronbank ließ ich meinen Stuhl hinstellen und nahm Platz, meine Leute hockten oder stellten sich hinter mich, und die nubischen Soldaten bildeten um den freien Platz eine Art Spalier. Die meisten derselben hatten ihre Gewehre in den Händen, meinen schwarzen Knappen, die noch keinen derartigen Gewalthaber wie König Munsa von Angesicht zu Angesicht geschaut hatten, mochte das Herz in gespannter Erwartung pochen, und wie sie mir später gestanden, haben sie bei dieser Gelegenheit manche Angst ausgestanden. Ein Wink von Munsa, hatten sie gedacht, und unsere Glieder stecken am Bratspieß. Angesichts des leerstehenden königlichen Sitzes hatte ich mich nun auf ein langes Warten gefaßt zu machen, dazu erfuhr ich von meinen Dienern, daß der König soeben erst draußen gesehen worden sei; in seinem gewöhnlichen Kostüm wäre er vom Markte nach den inneren Wohnhütten der Hofburg geeilt, jetzt werde er jedenfalls von seinen Weibern frisch gesalbt, frisiert und geputzt, um sich mir in vollem Staat zu präsentieren. Ich saß also da, ergeben in Geduld und in spannungsvoller Erwartung. Wer hätte sich da wohl beschweren können, und was hätte einer mehr noch verlangen können, als daß der König dem fremden Gaste zu Ehren so sorgfältig Toilette machte?

Mittlerweile hatte sich in der Halle gewaltiger Lärm erhoben, ein wildes Toben der Kesselpauken und das Gebrüll der Hörner erschütterte den luftigen Bau. Mit heiteren Klängen verkürzten sich die versammelten Trabanten die Zeit, und laute Reden erschollen von allen Seiten. Es konnte mir nicht lange verborgen bleiben, daß ich selbst der Hauptgegenstand ihrer Ausgelassenheit war. Aller Blicke waren auf mich gerichtet, obgleich ich der großen Mehrzahl meinen Rücken zukehrte. Bei der respektvollen Entfernung des an seine Sitze gefesselten Publikums störte mich das wenig in meiner Ruhe und Beschaulichkeit. Ich hatte Zeit, mich umzusehen und nach Belieben meine Notizen niederzuschreiben.

Vor allem fesselte meine Aufmerksamkeit die Halle selbst, in welcher wir uns befanden. Sie hatte 100 Fuß Länge, 40 Fuß Höhe und 50 Fuß Breite. Dieser Bau war erst vor kurzem vollendet worden und bot einen sehr freundlichen Anblick dar, denn er strahlte von Glanz und Helligkeit. Alles Holzwerk an ihm schien glänzend braun poliert und wie frisch gefirnißt; das war aber nur die natürliche Farbe des zum Bau verwandten Materials. Ein zweiter noch umfangreicherer Bau, der dicht daneben sich erhob und den die höchsten Ölpalmen nur mit ihren Kronen überragten, trug dagegen bereits deutliche Spuren seines Verfalls an sich, obgleich derselbe erst vor fünf Jahren errichtet worden war. Der letztere war von allen Seiten geschlossen, in seinem Innern daher sehr dunkel und zu öffentlichen Versammlungen minder geeignet. Beide waren kleine Weltwunder in ihrer Art, und für die Kultur Zentralafrikas merkwürdig genug, um diesen Ausdruck zu rechtfertigen. Mit unseren Baumitteln, es sei denn man hätte Fischbein in Anwendung gebracht, wäre man nicht imstande gewesen, etwas Ähnliches von gleicher Leichtigkeit und solcher Widerstandsfähigkeit hinzustellen gegen das Toben der Tropenorkane, wie die Königshallen Munsas. Das in einem breit abgerundeten Spitzbogen kühn gewölbte Dach der Audienzhalle ruhte auf drei langen Pfostenreihen, welche aus Baumstämmen von dem geraden Wuchse der Fichte hergestellt waren. Die zahllosen Rippen und Sparren des Dachstuhls dagegen sowie alle übrige Konstruktion war ausschließlich aus den Blattschäften der Weinpalme (Raphia vinifera) zusammengefügt. Diese glänzend braunen Stäbe werden der Mittelrippe des 25–35 Fuß Länge erreichenden Blattes der genannten Palme entnommen, welche im Monbuttulande in allen Uferwaldungen anzutreffen ist. Sie geben in Zentralafrika das beliebteste Baumaterial ab. Der Fußboden der Halle war mit einem dunkelroten Tonestrich überzogen, fest und wohlgeglättet wie Asphalt. Eine niedrige Brustwehr aus gleicher Masse bildete die Seiteneinfassung, indem sie unter dem bis nahe zur Erde reichenden Dache noch einen Raum freiließ, welcher auch von den Seiten Licht und Luft in die Halle hineinließ. Hunderte von schaulustigen Eingeborenen, wahrscheinlich das »schwarze Volk« von Monbuttu, das im Innern keine Sitzplätze erhalten konnte, lehnte von außen an die Seitenbrüstung und guckte schaulustig zu dieser Öffnung herein. Aufseher mit langen Stöcken machten, um Ordnung zu schaffen, die Runde, hieben, wo es not tat, wacker auf die Menge ein. Knaben, welche sich unberufen in den Festsaal geschlichen, wurden von ihnen schonungslos hinausgepeitscht.

So hatte ich wohl bereits eine Stunde, vertieft in das Anschauen all dieser Herrlichkeiten, auf meinem Sitze ausgeharrt, als endlich Hörnerklang, Volksgeschrei und verdoppelter Donner der Pauken das Nahen des Herrschers zu verkünden schien. Es war indes wiederum nur ein Präludium, denn Munsa lag immer noch in den Armen seiner Schönen, die ihn schminkten und bemalten. Große Rührigkeit machte sich am Eingange der Halle bemerkbar, wo eine großartige Ausstellung von Prunkwaffen hergerichtet wurde. Ich sah daselbst Pfosten in den Erdboden einrammen und darüber verquer lange Stangen befestigen, um an diesem improvisierten Gerüst viele Hundert ganz aus Kupfer geschmiedeter Lanzen und Spieße in allen Formen und Größen zu befestigen oder kreuzweise daran anzulehnen. Die Strahlen der äquatorialen Mittagssonne verbreiteten über diese Anhäufung von rotglänzendem Metall einen blendenden Schein, und ein Glühen wie von flammenden Fackeln ging von allen Lanzenspitzen aus, deren symmetrische Reihen einen prächtigen Hintergrund für den Thronsitz des Herrschers abgaben. Es war in der Tat eine wahrhaft königliche Pracht, die da entfaltet wurde, für zentralafrikanische Begriffe Schätze von unberechenbarem Wert, und alles bisher Gesehene weit in den Schatten stellend.

Erst nach beendeter Aufstellung der Prunkwaffen schien es ernst mit dem Kommen des längst avisierten Königs werden zu

65 *König Munsa tanzt vor seinen Weibern*

wollen. Ein Hin- und Herrennen entstand von Ausrufern, Platzmachern und Festordnern, die Volkshaufen drängten nach dem Eingange zu – jetzt, still! – da kommt der König. Voran schreiten Musikanten, welche auf kolossalen, aus ganzen Elefantenzähnen geschnitzten Hörnern blasen, und andere, die in ihren Händen plumpe, aus Eisenblech roh gehämmerte Glocken schwingen. Den Blick gleichgültig vor sich hin gerichtet, naht endlich derben Schritts der rotbraune Cäsar, gefolgt von einer Schar seiner Lieblingsweiber, in Putz und Haltung wild, romantisch, malerisch. Ohne mich eines Blicks zu würdigen, wirft er sich auf die niedere Thronbank und betrachtet seine Füße. Mohammed war seinem königlichen Freunde gefolgt und setzte sich mir gegenüber auf die andere Seite neben den König auf einen ihm dargereichten Schemel. Zur Feier des Tages hatte auch er seine besten Kleider angelegt, so saß er da im theatralischen Staat eines Obersten der Arnauten[1].

Wohl hafteten meine Augen an der phantastischen Figur des Kannibalenherrschers, nicht satt sehen konten sie sich an diesem seltsamen, wilden Gesellen, von welchem gesagt wurde, daß er täglich Menschenfleisch esse. Mit Ringen und Ketten und vielem fremdartig geformten Schmuck an Armen und Beinen, an Hals und an Brust, auf dem Scheitel einen großen Halbmond, alles aufs glänzendste geputzt und geschliffen, erstrahlte der Herrscher in seiner schweren Kupferpracht wie im roten Schimmer einer sonntäglichen Küche, ein Staat, der freilich nach unseren Begriffen eines königlichen Schatzes unwürdig erschien, er erinnerte gar zu sehr an jene Rüstkammern bürgerlicher Opulenz. Sein Anblick hatte indes etwas über alle Maße Bizarres, denn alles, was er an sich hatte, trug den unverfälschten Geschmack Zentralafrikas zur Schau, und nur die Kunsterzeugnisse des eigenen Landes werden hier als würdig erachtet, die Majestät eines Königs der Monbuttu zu schmücken.

Ein imposanter Federhut beschattete das Haupt und saß über 1 ½ Fuß hoch auf der Höhe des Scheitels, indem er, wie es die Monbuttumode vorschreibt, den oberen Teil des Chignons deckte. Dieser Hut bestand aus einem schmalen Zylinder von feinem Rohrgeflecht und war außen mit drei Etagen von roten Papageifedern besetzt, große Federbüschel derselben Art krönten die Spitze. Einen

1 türk. Wort für Albanier; Arnautluk = Albanien

Schirm hatte der Hut nicht, wohl aber war vorn über dem Scheitel nach Art der Schirmwehr am Normannenhelme der erwähnte kupferne Halbmond angebracht. Die durchbohrten Ohrmuscheln trugen fingerdicke Kupferstäbe. Am ganzen Leibe war der König mit der landesüblichen Schminke von Farbholz eingerieben, welche seinem ursprünglich hellbraunen Körper die antike Färbung pompejanischer Hallen verlieh. Seine einzige Kleidung, gleichfalls durch nichts von der allgemeinen Mode des Landes abweichend, nur von ausgesuchter Eleganz und Feinheit, bestand in einem großen Stück verarbeiteter Feigenrinde, welche mit demselben Farbstoff imprägniert war, der als Schminke dient, und umhüllte in äußerst kunstvollem Faltenwurfe den halben Körper, Kniehosen und Leibrock zugleich darstellend. Fingerdicke stielrunde Riemen von Büffelhaut, welche im Schoße zu einem kolossalen Knoten verschlungen waren und an den Enden schwere Kupferkugeln trugen, hielten als Gürtel das schönbesäumte Rindenzeug an den Hüften zusammen. Dieser Stoff war so sorgfältig behandelt worden, daß er ganz das Aussehen von schwerem Moiré antique erhalten hatte. Um den Hals hing ein feingegliederter Kupferschmuck, der einen Strahlenkranz über die ganze Brust warf, und an den nackten Armen waren sonderbare, mit Ringen beschlagene Zylinder befestigt, ähnlich den Trommelschlegeln, welche ein Tambour an sich trägt. An den Gliedmaßen des Unterarms und des Schienbeins waren spiralige Kupferringe bis zur halben Länge hinaufgewunden, und unter dem Knie je drei glänzend hornartige, aus Hippopotamushaut geschnittene und gleichfalls kupferbeschlagene Ringe befestigt. In der Rechten schwang Munsa als Zepter seiner Würde den sichelförmigen Monbuttusäbel, an diesem Platze eine Luxuswaffe von purem, lauterem Kupfer.

Als der König Platz genommen hatte, wurden ihm zur Rechten und zur Linken zwei schöngeschnitzte Schemel oder Tischchen hingestellt, welche das beständige Naschbedürfnis mit Servietten von Feigenrinde sorgfältigst bedeckt bargen. Wirklich kunstvolle Flaschen von porösem Ton enthielten sein Trinkwasser.

Das war also Munsa, Selbstherrscher der Monbuttu, ein Abglanz jener halbmythischen Majestäten von Zentralafrika, von denen bisher nur die Namen nach Europa gedrungen waren, eine Art Muatanjamvo oder Groß-Mokoko, den ich nun von Angesicht zu Angesicht erschaute, so recht ein wilder König, ohne jede Spur eines europäischen oder orientalischen Schmucks; nichts Unechtes und Erborgtes war an ihm zu finden.

Munsa mochte ein Mann von nahe an die Vierziger sein, seine ziemlich hohe Gestalt war schlank, aber kräftig, der Wuchs stramm und gerade, wie bei jedem Monbuttu. Durchaus nicht einnehmend waren seine Gesichtszüge, obgleich dieselben den nicht unschönen Typus dieses Volkes aufwiesen. Sie hatten etwas Neronisches an sich, etwas wie von Überdruß und Übersättigung. Ein ziemlich dichter Knebelbart saß am Kinn, auch die Backen waren mit einigem Haarwuchs bekleidet. Eine völlig kaukasische Nasenbildung schloß sich dem fast orthognathen Profile an, nur die besonders stark aufgeworfenen und wulstigen Negerlippen standen hierzu in lebhaftem Kontrast. In den Augen aber brannte ein wildes Feuer tierischer Sinnlichkeit, und um den Mund ging ein Zug, den ich bei keinem der übrigen Monbuttu wiedergefunden; da lagen Habsucht und Gewalttätigkeit höhnend auf der Lauer, und die Freude am Grausamen; nie sah man ihn zu einem Lächeln sich verziehen. Aus diesen Zügen sprach kein Herz.

Eine geraume Zeit war verstrichen, bis zwanglose Blicke vom Könige zu mir herüberstrahlten, zu dem nie gesehenen Blaßgesichte mit dem schulterlangen Haar, dem Manne in der knappen, schwarzen Hülle. Eine Begrüßung war meinerseits noch nicht erfolgt, ich hielt den Hut in den Händen, da ich aber sah, daß jedermann auf seinem Sitze verblieb, als der König eintrat, so tat ich desgleichen und mußte warten, bis ich gefragt wurde. In der Halle tobten die wilden Fanfaren der Kannibalen. Munsa, der, während aller Augen auf mich gerichtet, in nachlässiger Haltung vor sich hin zu Boden starrte, erhob ab und zu sein Haupt, und wenn er seine Augen scheinbar gleichgültig durch die Versammlung schweifen ließ, so bestrich ihr unheimliches Feuer auch meine Person, so tropfenweise seine Neugierde befriedigend. Wer in aller Welt, frage ich, hatte diesen wilden Afrikaner solche Fassung und Selbstbeherrschung gelehrt, wer den königlichen Aplomb und die Gravität seiner Schritte?

Nach und nach begann er einige Fragen an mich zu richten, welche sein erster Dolmetsch (der die Hauptperson in allem unserem Verkehr mit den Eingeborenen spielte, da er der Sandehsprache mächtig war) einem meiner beiden Niamniam übermittelte, welcher mir die Worte arabisch wiedergab. Indes sie waren sehr gleichgültiger Natur und berührten weder den Zweck meines Kommens noch das Land meiner Herkunft. Munsas Fragen vergegenwärtigten mir den barschen Empfang, den einst Friedrich der Große Reinhold Forster, dem Begleiter des unsterblichen Cook, bereitet. »Hat er schon einmal einen König gesehen?« – »Ja Majestät«, war die Antwort, »zwei zahme und drei wilde.« Überhaupt schien Munsa sehr ängstlich an dem Grundsatze der Orientalen festzuhalten: »Nil admirari«, sich durch nichts aus der Fassung bringen zu lassen. Die gleiche Einsilbigkeit beobachtete er auch bei meinen späteren Besuchen, wo es ohne jegliches Zeremoniell herging.

Nun trugen meine Diener die Geschenke herbei und breiteten sie vor den Füßen des Königs aus. Dieselben bestanden aus einem Stück schwarzen Tuchs, einem Fernrohr, einem als weißes Eisen betrachteten silbernen Teller, einigem für Elfenbeinschnitzerei gehaltenen Porzellangeschirr, dann aus wirklichem Schnitzwerk aus Elfenbein, um einen Begriff von der Verwendung dieses Materials zu geben, einem Buche in Goldschnitt, bei dessen Überreichung ich lebhaft der Szene von »Kamrasi's first lesson in the bible« gedenken mußte, die Speke beschreibt, einem Doppelspiegel, der vergrößerte und verkleinerte, schließlich, und das war die Hauptsache, aus einem großen Sortiment venetianischer Glasperlen, unter welchen sich allein dreißig Halsschnüre befanden, von denen eine jede wiederum aus einigen dreißig voneinander gänzlich verschiedenen Stücken der feinsten Art zusammengesetzt war, so daß Munsa über 1000 verschiedene Glasperlen erhielt. Diese kleinen Kunstwerke hatte ich von meinem Freunde, dem Venetianer Miani, erhalten, für den sie einige Jahre zuvor, als er eine neue Expedition projektierte (deren Zustandekommen allein an der Mißgunst der ägyptischen Regierung scheiterte), von seinen Mitbürgern eigens zusammengestellt worden waren. Schießwaffen den eingeborenen Machthabern zu schenken, verbot die allgemein von den Nubiern befolgte Maxime. Munsa betrachtete alles mit großer Aufmerksamkeit, ohne indes viel dabei zu sagen; desto häufiger ließen sich aus seiner nächsten Umgebung halbunterdrückte Laute des Staunens vernehmen, denn hinter dem Sitze des Königs hatten sich seine Weiber, einige fünfzig an Zahl, auf netten Schemeln in Reih und Glied niedergelassen. Auch der Doppelspiegel ging daselbst von Hand zu Hand, und seine Verzerrungen erzeugten ein Jauchzen und ein Schluchzen der Freude.

Die anwesenden Frauen waren bloß die Weiber ersten Ranges, die zur Intimität des Königs gehörten, denn mit den fünfzig wäre ihre Zahl noch lange nicht erschöpft. Auch sie unterschieden sich von den übrigen des Volks nur durch größere Eleganz, es schien das Land der hergebrachten, unumstößlichen Mode zu sein. Die Tracht der Monbuttuweiber besteht eigentlich nur in dem großen Chignon und der Bemalung des Körpers mit schwarzen Mustern, welche bei der meist helleren und gelblicheren Hautfarbe dieses Geschlechts in sehr greller Weise absticht; alles übrige an ihnen erschien als ein gleichgültiges Anhängsel. Zu letzterem kann man das kleine, nur wenige Quadratzoll große Stückchen Feigenrinde rechnen, welches als Schürze umgehangen wird. Hüte tragen sie gleichfalls nicht, wohl aber alle möglichen Arten von Haarnadeln und, wie die Männer, in ihren ausgeschnittenen Ohrmuscheln Holzstükke von der Größe einer Zigarre. Von sonstigem Schmuck war wenig an ihnen zu erblicken, da Glasperlen im Lande noch ziemlich unbekannt waren und die Männer das Kupfer für sich behielten.

Nach einiger Zeit griff Munsa zu den bereitliegenden Erfrischungen. Diese bestanden in unkenntlichen, auf Laubblätter gehäuften Breiklumpen von Bananenmehl und Tapioca, getrockneten Bananen und einer Frucht, die ich zu meiner Überraschung sofort als die vielgepriesene Kolanuß des Westens erkannte. Munsa schnitt sich von den rosaschaligen Kernen einige Stückchen ab und kaute daran in den Zwischenpausen nach jeder Pfeife Tabak, die ihm ein in seiner Nähe aufgestellter, eigens mit diesem Dienste betrauter Tschibuktschak in Gestalt eines 6 Fuß langen Eisenrohrs reichte. Sehr bemerkenswert erschien mir die Art, wie Munsa rauchte. Zunächst brachte der König sich in eine richtige Positur, er warf sich weit nach hinten zurück, stützte den rechten Ellbogen in die Armlehne, schlug ein Knie über das andere und ergriff dann mit der Linken das Rohr. In dieser stolzen Attitude tat er bedächtig einen einzigen langen Zug, gab ebenso stolz und gelassen die Pfeife zurück und ließ dann den Rauch langsam aus dem Munde gleiten. Es ist eine Gewohnheit aller vornehmen Türken, nie mehr als einige wenige Züge aus der dargereichten Pfeife zu tun; wer hatte, mußte ich wieder fragen, den Kannibalen diese feine Sitte gelehrt?

Ich bat um eine Kolanuß, und der Herrscher reichte sie mir höchst eigenhändig. Ich äußerte nun gegen Mohammed meine Verwunderung, hier diese Frucht als einen Gruß vom fernen Westen bei den Monbuttu wiederzufinden, erzählte ihm von dem hohen Werte, welchen sie als unschätzbares Reizmittel (die Kolanuß enthält nach Liebig mehr Koffein als die kräftigste Kaffeebohne) in Bornu besäße, daß man sie daselbst mit Silber aufwiege, und sprach: »Jetzt weiß ich, daß der Uelle jener Fluß von Baghirmi ist, den sie Schari nennen, diese Nuß als ein Anklang an die dortigen Sitten ist mir ein erwünschter Schlüssel zu dem Rätsel, dessen Lösung ich suche.« Dann zu Munsa gewandt, wies ich mit der Hand in der Richtung zum Tschadsee und ließ ihm sagen: »Ich kenne wohl diese Frucht, dort essen sie die vornehmen Leute.« Ich hoffte, es würde sich hieraus ein Gespräch entwickeln, aus welchem mir geographische Aufklärungen erwachsen könnten, aber der nichts bewundernde König ging nicht weiter darauf ein und ließ sich auch ebensowenig bei späterer Gelegenheit über geographische Dinge ausfragen; ich erfuhr nur, daß die Kolanuß im Lande wild vorkäme, daß die Monbuttu sie »Nangueh« nannten und die Gewohnheit hätten, davon während des Rauchens zu kauen.

Endlich nahmen die Vorstellungen zu unserer Unterhaltung ihren Anfang. Zunächst produzierten sich ein paar Hornbläser, welche Solopiècen vortrugen. Virtuosen in ihrer Art, taten sie solche Kraft, Umfang und Lenkbarkeit ihrer Stimmittel kund, daß sie durchdringend heftige Brülltöne, gleich dem Brüllen des hungernden Löwen oder dem Trompetengeschmetter eines gereizten Elefanten, hervorbringen konnten und dieselben gleich wieder mit den zartesten Flötenstimmen abwechseln ließen, die nur dem leichten Säuseln des Morgenwindes vergleichbar erschienen, oder einem heimlichen Liebesgeflüster. Der eine verstand auf dem gewaltigen Horn von Elfenbein, das er kaum in der horizontalen Lage zu halten vermochte, so sicher und so zart zu trillern, als hätte er eine kunstvolle Flöte in den Händen.

Es folgten darauf diverse Spaßmacher und Sänger von Profession, auch ein Hofnarr war da, ein kleiner kugelrunder Fettklumpen, dessen Extremitäten wie Windmühlenräder umherfuchtelten; auch er machte die lustigsten Sprünge.

Das Beste hatte Munsa für den Schluß aufgespart; er hielt eine Rede. Während das Volk in unerschütterlicher Ruhe auf seinen Schemeln und Sitzbänken verharrte (kein Monbuttu sitzt am Boden), erhob sich der König mit einem Satz, zupfte an seinen Schößen, räusperte sich und begann das lautschallende Wort. Natürlich verstand ich nichts davon, konnte mir bei der Weitläufigkeit einer zweifachen Verdolmetschung auch nichts davon berichten lassen, was ich aber hörte und sah, war genug, um zu begreifen, daß Munsa seine Worte wählte und mit Kunst zu sprechen bemüht war, denn oft hielt er inne, verbesserte sich, und es schien mir sogar, als mache er Kunstpausen, um den Jubel des Volkes auf die Kraftstellen zu häufen. »Ih, Ih, tschupi, tschupi ih, Munsa ih«, schallte es aus allen Kehlen, und ein Höllenlärm ging von den Tonwerkzeugen aus. Auf solchen Hymnus ließ der König mehrmals, gleichsam zur Ermunterung des Getobes, ein schnarrendes »Brr« hören[1], ein Brr, daß die Palmstäbe des Dachstuhls zu vibrieren schienen und die Schwalben angsterfüllt ihren Nestern enteilten.

Die Pauken, jetzt rhythmisch von den Hörnern begleitet, schlugen in lebhafterem Tempo einen neuen Takt an, und Munsa, zu einem neuen Zeichen seiner Würde greifend, schlug den Takt dazu und dirigierte mit dem Ernste eines Kapellmeisters das Höllenkonzert. Sein Taktstock bestand in einer Art Klapper, wie damit bei uns die kleinen Kinder spielen; eine aus Korbgeflecht hergestellte Kugel ist mit Muscheln und Steinchen gefüllt und an einem Stiele befestigt. Dasselbe Instrument ist auch am Gabon an der Westküste gebräuchlich.

Die Rede dauerte eine volle halbe Stunde und gewährte mir ausreichende Muße, von dem redenden Könige eine detaillierte Skizze zu entwerfen. Der Hunger zwang mich zuletzt, den König König sein zu lassen und zum Lager zurückzueilen. Zum Abschied sprach Munsa zu mir: »Ich weiß nicht, was ich dir für deine vielen Gaben bieten soll. Ich bin recht betrübt, daß ich nichts habe und so arm bin.« Entzückt von solcher Bescheidenheit und in der Erwartung um so größerer Geschenke erwiderte ich: »Was es auch sei; ich bin

1 In der Schamanensprache bedeutet das Brr »seid gegrüßt«, auch hier war es gewiß ein Gruß, denn es folgte darauf der Monbuttuhymnus zum zweitenmal, der die Glorifikation des Königs bedeutet.

deshalb nicht gekommen; ich brauche kein Elfenbein, das kauft man sich bei uns selbst; die Türken holen es, und wir zahlen sie mit gelbem Blei und weißem Eisen, wir machen weißes Zeug, Pulver und Flinten. Nur um zwei Dinge bitte ich: Um ein Schwein (Potamochoerus) und um einen Schimpansen.« – »Daran soll es nicht fehlen«, sprach Munsa, allein ich war der Getäuschte, und von Schwein und Schimpanse sah ich nichts, trotz meiner täglichen Mahnungen. Als ich die Halle verließ, schickte der König sich von neuem dazu an, eine Rede zu halten. Ermüdet von dem vielen Lärm verbrachte ich den Rest dieses denkwürdigen Tages in meinem Zelte.

In früher Morgenstunde weckte mich der Ruf meiner Leute, ich solle herauskommen, um zu sehen, was mir der König schicke. Ich trat also vor mein Zelt und schaute hinunter auf den Weg. Da erblickte ich einen Knäuel zusammengedrängter Monbuttu, welche mit vielem Geschrei etwas mir durchaus Unverständliches die Anhöhe hinauf zu bewegen schienen. Mohammed kam ihnen vorausgeeilt und gab mir die überraschende Erklärung: »Ich habe Munsa gesagt, daß deine Sachen unter freiem Himmel lägen und vor nächtlichem Regen keinen Schutz fänden, jetzt schickt er dir ein Haus als erstes Gastgeschenk.« So unglaublich dies auch klang, so überzeugte mich der Augenschein doch bald von der Wahrheit seiner Aussage und daß er keinen bloßen Scherz getan; in der Tat nahm ich jetzt einige zwanzig Eingeborene wahr, welche auf ihren Schultern das vierkantige Untergestell eines Häuschens trugen, eine geringere Anzahl folgte dahinter mit dem Dache. Das leichte korbartige und mit Spanischrohr fest zusammengenähte Gestell glich einer großen Schachtel, das Dach war der Deckel dazu und ließ keinen Regentropfen durch. In wenigen Minuten waren sie oben und stellten das Häuschen neben meinem Zelte auf. Es war einige 20 Fuß lang und immerhin geräumig genug, um meine Vorräte aufzunehmen; namentlich mußte es mir für die Handhabung der zum Pflanzentrocknen dienenden Papierballen von größtem Nutzen sein.

Ich erfreute mich also meines neuen Bürgerrechts als Hausbesitzer im Monbuttulande, und demnach gestalteten sich auch meine Beziehungen zu diesem Volke von Tag zu Tag intimer. Beständig war mein Zelt von Scharen Neugieriger umringt. Die Angeseheneren unter ihnen kamen mit ihren Bänken und stellten diese reihenweise vor den Eingang, schweigsam und forschenden Blicks mich in meinem Tun und Treiben beobachtend. Immer war es mehr meine Persönlichkeit, welche ihr ganzes Nachdenken zu absorbieren schien, als das viele fremdartige Gerät, das mich umgab und welches ihnen doch ebenso rätselhaft erscheinen mußte.

Die zwanzig Tage unseres Aufenthalts an diesem interessanten Platze verstrichen mir nur zu schnell, es folgten daselbst Überraschungen auf Überraschungen.

Große Festlichkeiten in den Hallen des Königs, dann wieder allgemeiner Jagdalarm, wenn Büffel oder Elefanten sich in der Nachbarschaft blicken ließen, schließlich tributbringende Vasallen, die mit ihren Kriegern feierlichen Einzug in die Residenz des Königs hielten, immer zeigte sich mir das Volk der Monbuttu von einer neuen Seite seiner nationalen Eigentümlichkeit.

Zwischen Nil und Kongo

aus: Wilhelm Junker, Reisen in Afrika, Wien und Olmütz, 1890

Dem Bekir war in der Richtung gegen Süden die letzte Niederlassung der arabischen Händler im eigentlichen Gebiet des Bahr el-Ghasal. Ich war von Meschra er-Rek aus bis dorthin auf vielen Strecken annähernd dem Pfad Dr. G. Schweinfurths im Jahre 1871 gefolgt. Sein Weg führte ihn damals von Dem Bekir in Ostnordostrichtung nach der Station Wau zurück, während ich mich dem Süden, dem noch vielfach Unbekannten zuwandte. Das weite Gebiet südlich von Dem Bekir ist bis zu meiner Reise nur nach Erkundigungen Dr. Schweinfurths, Th. von Heuglins, und durch die Aussagen arabischer Händler bekannt und in groben Zügen, natürlich ganz ungenau, kartographisch eingezeichnet worden. Niemals hatte der Fuß eines Europäers jene Gebiete, den größten Teil des A-Sandéreichs betreten. Die denkwürdige Reise Dr. G. Schweinfurths in das Land der Mangbattu[1] im Süden des Uellestroms berührte be-

1 bei Schweinfurth: Monbuttu

deutend weiter im Osten einen Ausläufer des A-Sandégebiets. Dort hatte sich auch der italienische Sammler Piaggia längere Zeit aufgehalten; er war der erste, der uns genauere Nachrichten über das A-Sandévolk überbrachte, seine kartographischen Angaben sind jedoch wertlos.

Im Westen meines engeren Forschungsgebiets, im Land der A-Sandé und der Bandjia, ist durch seine wunderbar abenteuerlichen Reisen in Asien bekannt gewordene griechische Arzt Dr. Potagos der einzige Europäer, der jene Gebiete wenige Jahre vor mir durchzogen hat.

Zu derselben Zeit wie Potagos, führte auch mein Begleiter Bohndorff eine Reise bis jenseits des Flusses Schinko aus; über sie fehlen jedoch Aufzeichnungen. Die Durchquerung des nordwestlichen, hier kaum noch in Frage kommenden Gebiets im Westen der Bahr el-Ghasalprovinz wurde während meiner Reisen von Lupton Bey, dem Nachfolger Gessi Paschas als Gouverneur der Provinz, ausgeführt. Die meisten seiner Aufzeichnungen sind mit ihm, der später leider ein Opfer des Mahdi-Aufstands wurde, verlorengegangen. Wenn ich hier gleich der Vollständigkeit wegen für die südlich vom Uelle-Mákuastrom liegenden Länder nochmals den Namen Schweinfurth, den italienischen Reisenden Miani, ferner den Italiener Kapitän Casati, den ich persönlich in Mangbattu traf, auch Emin Bey, als Reisende anführe, auf die ich im einzelnen im Lauf meiner Mitteilungen zurückkommen werde, so ist damit die kurze Liste der europäischen Reisenden, die einen Teil meines Forschungsgebiets berührt haben, erschöpft. Die vor mir ungebahnten Wege führten mich demzufolge im Laufe der kommenden Jahre vielfach durch unerforschte Gebiete und kaum dem Namen nach bekannt gewordene Länder.

Der 7. Mai 1880, der Tag der Abreise aus Dem Bekir in das Land der A-Sandé, bleibt für meine Erinnerung in doppelter Beziehung denkwürdig. Durch die Abreise nämlich sah ich mich jetzt der Ausführung lang gehegter Pläne näher gerückt, und zwar an einem Tag, der mir zugleich die Erinnerung an ein gleichzeitig im Heimathaus gefeiertes liebes und teures Familienfest wachrief. Meine 225 Traglasten waren bereits am Abend vorher an die Träger verteilt, der Aufbruch erfolgte demnach heute morgen ohne Säumnis. In der Nacht hatte ich meine letzten Briefe geschrieben und mir darauf nur wenige Stunden Ruhe gegönnt. Der unter Bohndorffs Leitung vorausgeeilten Karawane folgte ich mit den wenigen für die täglichen Bedürfnisse nötigen Lasten. Gedankenvoll brach ich auf, doch nicht in kleinmütiger und zaghafter Stimmung, wie häufig im Beginn der Reise. Als Reisemotto schrieb ich am Abend in mein Tagebuch und mir ins Gedächtnis: »Nicht Waghalsigkeit soll deine Schritte leiten, doch bleibe auch nicht zaghaft vor dem Hindernis stehen!« Ein gut Teil Fatalismus hing mir außerdem vielleicht aus dem jahrelangen Umgang mit den Arabern an: so ergab ich mich denn fast sorglos einem gütigen Geschick.

Beim Beginn der Reise kreuzten wir bald das Flußbett des Dschih; er ist der Quellfluß des auf dem Weg zur Station Ganda überschrittenen Pango, hier führte er gegenwärtig bei einer Breite von sechs Schritt nur spärliches Wasser. Der Weg führt in bewaldetem Hügelland, allmählich steigend, über eine sattelförmige Erhebung von Laterit zwischen den Bergen Dängirri und Tschito hindurch. In schönem, parkähnlichem Wald überschritten wir jenseits mehrfach kleine Hochebenen und stiegen durch Flachtäler zur Niederung des Flusses Katta hinab. Er wurde in seinem Lauf mehrfach überschritten, trotz der geringen Breite enthielt er mehrere Fuß tiefes Wasser. Im Westen schränkten bewaldete Hügelreihen die Fernsicht ein; das nach Osten abfallende Land dagegen bot weiten Ausblick. Bei den Hütten des Golohäuptlings Djenge kann annähernd die südliche Grenze für die Golo gezogen werden, die hier an die Ssere, von den A-Sandé Baschir genannt, grenzen. Ein plötzlicher Absturz des Wegs mit Lateritgeröll wirkt überraschend. Der Blick schweift von hier unbehindert stundenweit über die Baumgruppen der im Süden sich ausdehnenden tiefer liegenden Landteile. Das erste Nachtlager auf der Reise von Dem Bekir wurde südlich vom Berg Luh an einem Knie des Flüßchens Endése bezogen; es enthielt auch jetzt Wasser. Das bewaldete Hügel- und Bergland südlich vom Flüßchen Dschih liegt auf der Wasserscheide des früher erwähnten Pango und des Flusses Wau. Der Bach Endése war das erste dem Wau tributäre Quellwasser und insofern bemerkenswert. Alle an den nächstfolgenden Tagen überschrittenen Bäche und Flüßchen setzen den Oberlauf des Wau zusammen, fließen folglich in nordöstlicher Richtung.

So oft das Nachtlager fern von Hütten der Eingeborenen in der Wildnis, am Waldessaum oder an einem Fluß aufgeschlagen wurde, ließ ich gleich bei der Ankunft ein schattiges Plätzchen unter einem Baum oder im Ufergebüsch des Bachs für den ersten Aufenthalt und zum Beginn der schriftlichen Arbeiten herrichten. Dort wurde nach den ersten nötigen Anordnungen für den Bau der Grashütten, abseits vom lärmenden Trägerhaufen, durch meine Diener der Boden vom Gras und der wuchernden Pflanzendecke gereinigt, wobei ich persönlich mit meinem Hirschfänger lästiges Geäst und Buschwerk weghieb. In wenigen Minuten entstand so unter unseren Händen häufig eine prächtige naturwüchsige Laube. War der Platz zum Herrichten eines solchen Verstecks in ersehnter Waldesidylle nicht geeignet, nun so beschatteten die laubreichen, knorrigen Äste einer weitumhergreifenden Baumkrone den gewählten Ruheplatz. Dorthin ließ ich mir Tisch, Stuhl und die für die täglichen Bedürfnisse gepackte Kiste bringen, die auch die nötigen Bücher, Karten und das Schreibmaterial enthielt. In der Nähe mußten die Jungen ein Feuer anfachen, die Mädchen holten Wasser, und bald brodelte es am Lagerfeuer für die schleunige Bereitung des immer sehnlichst erwarteten Tees. Wir begnügten uns nach dem Marsch einstweilen, denn erst bei Sonnenuntergang wurde die reichhaltigere Mahlzeit eingenommen, mit gesäuertem Abre (trockenem, dünnem arabischen Durrabrot) in Wasser, mit Käsemilch und Kisra (Brot), und Tee mit Khartumer Burmat (Zwieback). Meistens ging ich dann bald an die Ausarbeitung und Reinschrift der täglich aufgenommenen Reiseroute, behielt jedoch stets für alles um mich her ein wachsames Auge. Meine jugendliche Dienerschaft war noch unerfahren, sorglos und fahrlässig, bedurfte in allem der Belehrung, häufig der Rüge, und mußte immer an nötige Dienstleistungen erinnert werden. Die schriftlichen Arbeiten wurden allerdings durch Fragen und Befehle wiederholt unterbrochen: ob die Esel getränkt, ob Gras für sie geschnitten, Holz geholt, die Hühner gefüttert und getränkt, ob die Kuh beaufsichtigt, die Ziegen angepflockt u. dgl. m.; viele derartige Fragen gehören zu den täglich wiederkehrenden, kleinen notwendigen Obliegenheiten des umsichtigen Reisenden, will er nicht bald Einbuße an seinem kostbaren Eigentum erleiden. Nach Fertigstellung der drei oder vier für uns nötigen Hütten – sie wurden von den Trägern und den zehn sie beaufsichtigenden Dragomanen[1] hergestellt – wurde das Gepäck in einer derselben, um es vor Termitenfraß (weißen Ameisen) zu schützen, auf gefällten und unterlegten Baumstämmen aufgeschichtet. Dort fanden für den Fall eintretenden Regens auch noch die Jungen, zusammengekauert, ein Plätzchen zum Schlafen. Eine Grashütte war für die Mädchen, die zwei anderen für Bohndorff und mich bestimmt. Bei Sonnenuntergang kam ich mit ihm vor meiner Hütte zum gemeinschaftlichen Mahl zusammen. In der Nähe hockten dann später die Diener um das Lagerfeuer für die Nacht, bis sie, die Dragomane und die Träger, an ihren Feuerstellen in der Runde allmählich in Schlaf verfielen. Dann wurde es um mich her still und ruhig, für mich köstliche Stunden, in denen ich wohl noch einige Zeit sinnend und träumend am Lagerfeuer verbrachte oder mich in die Hütte an den Arbeitstisch zurückzog. Diese Augenblicke einer still empfundenen Ruhe entschädigten für den Tageslärm und boten mir auch später auf der Reise einen hohen Genuß. Nur in Ausnahmefällen suchte ich mein Lager früh auf, denn die Stunden bis Mitternacht waren mir die beste und liebste Arbeitszeit.

Des Morgens ließ ich die Träger mit Bohndorff, ehe ich selbst mit meinen Dienern aus dem Nachtlager aufbrach, einen bedeutenden Vorsprung gewinnen, um nicht unterwegs in der täglichen Arbeit der Wegaufnahme durch Marschhindernisse der Leute oder durch Stauungen bei Fluß- und Sumpfübergängen gestört zu werden. An Ruheplätzen überholte ich die Träger, ließ später auch meine Leute ruhen, und dennoch wurde dann meist gleichzeitig der neue Lagerplatz erreicht.

Der zweite Reisetag (8. Mai) führte uns zu einem Dragoman, Abd Allah, Unterverwalter von El-Maas. Er hatte Kolonien der Bongo, Digga (A-Sandé) und Ssere in nächster Nähe um sich gebildet und sollte hier die Interessen der Regierung vertreten. Das bedeutendste bis hierher überschrittene Gewässer, ein Quellfluß des Wau, ist der 15 Schritt breite Bússeri; er nimmt die kleineren Rinnsale in sich auf. Die 4 Meter tiefen Uferwände faßten dermalen nur eine 6 Schritt breite und $^1/_2$ Fuß tiefe Wasserfläche. Der, wie überall in den Negerländern, kaum fußbreite Pfad führte heute nicht mehr

1 Aufseher, auch Unterbeamter; ursprünglich Dolmetscher an orientalischen Höfen

über Hügel und Berge wie gestern, sondern über langgewellten Boden, abwechselnd durch Busch- und Hochwald. Unter Hochwald verstehe ich geschlossene Bestände von hochstämmigen Bäumen, im Gegensatz zu den lichten, oft durch beträchtliche Grasstrecken voneinander geschiedenen Busch- und Strauchmassen, die sich um vereinzelte größere Bäume gruppieren oder für sich bestehende Bosketts darstellen. Baumbestände im Sinne unserer Wälder, die aus einer und derselben Baumart gebildet werden, sind selten. Auch der Hochwald ist hier in den meisten Fällen ein Mischwald, in welchem Combretaceen, Cäsalpiniaceen und Rubiaceen die Hauptrolle spielen. Die Fernsicht im Wald blieb meist benommen, doch sah ich auf Augenblicke zwischen den Baumkuppen hindurch den Nbia Daragúmba im Süden (Nbia heißt in der A-Sandésprache Stein oder Berg), und auch später übersieht man von einer Bodenerhebung aus gegen Osten niedrigeres Land.

Die Südgrenze der Ssere und die Nordgrenze der Digga (A-Sandé) kann, auch hier nur annähernd, durch das Verwaltungsgebiet des Dragomans Abd Allah gezogen werden. In diesen Grenzgebieten sind seit den letzten zehn Jahren durch die von den Verwaltern eingesetzten Dragomane Teile der verschiedensten Völker der Bahr el-Ghasalprovinz derart miteinander vermischt, daß bestimmte Sitze und feste Grenzen auch hier fortfallen. Die Digga des Nordens stehen schon lange im Abhängigkeitsverhältnis zur Verwaltung des Bahr el-Ghasalgebiets. Sie leben dort friedlich neben den Ssere, welche früher ihrerseits Vasallen der kriegerischen A-Sandé waren, ferner neben den Bongo, Golo, Pambia und andern ehemals den A-Sandé tributpflichtigen Stämmen.

Der Dragoman Abd Allah sorgte für unser Unterkommen und brachte mir fünf Lasten Durrakorn. Meine Diener erhielten, wie es bei den Durchzügen der Araber in allen diesen Stationen üblich geworden, Lugma (steifen Mehlbrei) mit Zukost. Am folgenden Tag erreichten wir nach einem nicht ermüdenden Marsch noch vormittags die Weiler des Dragomans Abd es-Sit, der gleichfalls ein Vertreter des Verwalters El-Maas ist. Die durchzogene Strecke bot nichts Erwähnenswertes; fließendes Wasser trafen wir in den Rinnsalen einiger Niederungen nicht, doch wenigstens abgestandenes in Löchern. Abd es-Sit nahm auf dem Weg zur Residenz des A-Sandé-Fürsten Ndóruma den am weitesten nach Süden vorgeschobenen Posten ein und war bei der Übernahme von Elfenbein mehrfach bis zu diesem Häuptling gelangt. Ich hatte Abd es-Sit bereits in Dem Bekir getroffen, von wo er damals durch El-Maas hierher in seinen Bezirk vorausgesandt wurde, um alles Nötige für unseren Empfang und die Weiterreise vorzubereiten; denn auch die Träger aus Dem Bekir sollten hier gewechselt werden, Abd es-Sit aber uns persönlich weiter begleiten, so lautete der Befehl El-Maas'. Es stellte sich aber sehr bald heraus, daß Abu es-Sit für gar nichts gesorgt hatte. Betrunken und mit der Pfeife im Mund stellte er sich mir bei meiner Ankunft vor und begann unnütze Reden zu halten. Da warf ich vor allen Dingen seine Pfeife in den nächsten Busch, was ihn ein wenig ernüchterte, dann ließ ich ihn einfach stehen und sorgte selbst für unser Unterkommen. Es wurden einige Hütten für uns gereinigt, für das Gepäck aber ließ ich von den Trägern ein Dahr ettor (Schrägdachhütte, wörtlich Ochsenrücken) bauen. Abd es-Sit kam später kleinmütig und ernüchtert herbei, beteuerte, uns noch nicht erwartet zu haben, zur Weiterreise nicht vorbereitet zu sein, auch keine Träger beschaffen zu können, doch dafür Sorge tragen zu wollen, daß die mitgekommenen Träger die Lasten auch weiterbefördern sollten. Anscheinend reumütig bat er jedoch um einen Tag Aufschub. Da ich beabsichtigte, den in der Nähe liegenden Berg zu besteigen, ging ich auf seine Bitte ein. Er ließ sich später gar nicht mehr bei mir sehen, sondern verschmerzte das Leid, das ich ihm angetan, wahrscheinlich bei der beliebten Merissa, dem Negerbier. Die Bewohner dieses Gebiets sind weniger gemischt als in den nördlichen Distrikten. Die einheimische Bevölkerung sind Digga, nördliche Niam-Niam-Stämme. Ihr Gebiet zieht sich südlich von den Ssere und Kredj weit gegen Westen hin und sie bevölkern dort noch jetzt zum Teil das Land, das auf Dr. Schweinfurths Karte als Mofio'sches Gebiet (Seriba Ombánga) bezeichnet ist. Doch auch wo die Nubier seit frühen Zeiten festen Fuß gefaßt haben, findet sich ein namenloses Völkergemisch vor, so daß die Digga dort heute bereits in den Hintergrund treten. Einige in der Nähe lebende Diggahäuptlinge kamen mit ihren Leuten herbei, um mich zu begrüßen. Ich konnte bei ihnen allen keine deutlichen Merkmale des A-Sandévolks erkennen und glaube, daß die Digga, wenigstens in vielen Distrikten, bereits eine Mischlingsrasse darstellen.

Am folgenden Tag bestieg ich den Berg Du, südöstlich von Abd es-Sit; eine Stunde Marsch brachte uns an seinen Fuß. Auf dem Weg dahin wurde der dem früher erwähnten Fluß Bússeri ebenbürtige Kommo überschritten. Sie fließen nach ihrer Vereinigung in den Oberlauf des Wau. Der Berg Du ist nur wenige Hundert Fuß hoch, gestattet aber eine weite Fernsicht und gab mir zu vielen Winkelmessungen Gelegenheit. Auf den Buschwald an seinem Fuß folgte höher hinan viel zerklüftetes Gestein und Felsgeröll, durch das wir uns im Zickzack den Weg zur Spitze suchten, einer nackten Granit- oder Gneiskuppe, von der das Auge weithin über das Land, oder besser gesagt, über die Bäume des lichten Buschwaldes hinschweift und in einigen Richtungen auch Bergerhebungen erblickt. So klein der Ausflug war, kehrte ich doch müde und matt zurück, ich fühlte ein Unwohlsein, das sich tags darauf zum Fieber steigerte. Abd es-Sit ließ sich auch jetzt nicht bei mir sehen, dagegen wurden allerlei Klagen gegen ihn laut. Die Träger, die auf seinen Befehl, willig oder nicht, meine Lasten weitertragen sollten, verlangten Korn zur Nahrung. Ich ließ ihn rufen. Mit einer richtigen Selbstbeurteilung, die sonst in ähnlichen Fällen selten ist, eröffnete mir der Lump, daß er »sakran« (betrunken) sei, und bat abermals flehentlich, die Abreise um noch einen Tag hinauszuschieben. Wegen meines gesteigerten Unwohlseins machte ich gute Miene zum bösen Spiel und versprach zu bleiben, verpflichtete ihn jedoch, an die Träger Getreide verteilen zu lassen. Freilich dachte der trunkene Neger gar nicht daran, sein Wort zu halten.

Noch am folgenden Mittag standen die Träger ohne Getreide da, so daß ich zu fürchten begann, sie würden mir entlaufen, und überdies hieß es, Abd es-Sit beabsichtige, unsere Abreise noch länger hinauszuziehen. Durch dieses freche Benehmen, den Lug und Trug des Emporkömmlings aufs höchste gereizt, ließ ich sofort an über 200 Träger sechs Lasten aus meinem eigenen Getreidevorrat verteilen, mit der Zusage, am folgenden Morgen mit ihnen jedenfalls aufzubrechen. Die Leute versprachen denn auch, mir die Lasten willig weiterzutragen, nur wünschten sie zur Bestellung ihrer Felder baldmöglichst zurückzukehren. Abd es-Sit ließ ich sagen, er solle sich bei mir nicht mehr sehen lassen, hingegen aber mir sofort das Getreide, das ich an die Träger verteilt hatte, dem vollen Maß nach zurückerstatten, widrigenfalls ich noch von hier aus den Pascha brieflich von seinem strafwürdigen Benehmen unterrichten würde.

Das half. Er gab klein bei und schickte bald darauf fünf kleine Lasten Duchn (Penicillaria). Die Gemütsbewegung des Ärgers hatte jedoch mein Unwohlsein bis zum Fieber gesteigert, nichtsdestoweniger traf ich selbst in diesem Zustand die nötigen Anordnungen für die Abreise am folgenden Tag. Die Nacht verlief schlaflos und brachte mir kaum einige Besserung.

Matt und fiebernd lag ich noch auf meinem Feldbett, als Bohndorff am 12. Mai frühmorgens mit der Trägerkolonne aufbrach. Mühsam machte auch ich mich bereit und folgte eine halbe Stunde später mit den Dienern und dem letzten Gepäck, den täglich notwendigen Dingen; die wenigen Träger für dieselben behielt ich auch während der einzelnen Tagestouren immer in meiner nächsten Nähe, um mich über tiefe oder sumpfige Stellen hinübertragen zu lassen. Obgleich ich auf meinem Esel ritt, mußte ich doch häufig absteigen und rasten und war daher herzlich froh, als ich um Mittag endlich den Lagerplatz erreicht hatte und für den Rest des Tags auf meinem Angareb zur Ruhe kam. Durch Chinin besserte ich meinen Zustand, so daß ich mich am folgenden Morgen zur Weiterreise gekräftigt fühlte. Unser energisch durchgesetzter Aufbruch aus der ungastlichen Behausung Abd es-Sits hatte mittlerweile doch auch ihn zur Vernunft gebracht; er war uns später gefolgt und traf abends unerwartet mit einer Anzahl Träger, die mit Getreide belastet waren, in unserem Lager ein.

Die folgenden Tage der Reise boten das bereits gekennzeichnete Landschaftsbild. Über gewellten Boden führt der schmale Fußpfad durch lichten Niederwald. An den vielen kleinen Flußläufen und Rinnsalen, die gekreuzt wurden und teilweise tief ins Erdreich eingeschnitten sind, entfaltet sich die Vegetation zu größerer Üppigkeit, der sonst lichte Savannenwald wird hier ein schmaler Saum von hochstämmigem Uferwald. Diese Verhältnisse ändern sich erst weiter gegen Süden, und zwar in auffallender Weise einige Marschtage nach der Abreise von Abd es-Sit. Dort, am vierten Tag unserer Reise vom Berg Du, südlich des sechsten Breitengrads, ist die Grenze eines neuen Flußsystems. Auch die Entwicklung der Tier- und Pflanzenwelt ist auf den Hauptwasserscheiden großer Flußsysteme häufig einer auffallenden Veränderung unterworfen, indem das Vorkommen bestimmter Pflanzen- und Tierformen vielfach an das Entwässerungsgebiet eines Stroms gebunden ist, wobei natürlich Klima, Bodenverhältnisse und andere Ursachen von Bedeutung sind.

Außer dem Flüßchen Dschih, das südlich von Dem Bekir überschritten wurde, gehören alle die zahlreichen, während der sechs Marschtage angetroffenen Flüsse und Bäche nur dem Quellgebiet eines Flusses an; sie nehmen nord-östliche Richtung und bilden den Fluß Wau; dieser fließt in den Bahr el-Ghasal und der wieder in den Nil, so daß meine Reise während der letzten Tage in einem Teil des westlichen Quellgebiets eines der wichtigsten Niltributäre verlief. Nur einen Tagesmarsch westlich von unserer bisherigen Reiseroute, südlich von Dem Bekir, verläuft die Grenze, d. h. die große Wasserscheide, die das Nilbecken vom Kongobecken trennt. Die Flüsse und Bäche jenseits dieser Wasserscheide fließen in entgegengesetzter Richtung von den früher erwähnten, nämlich nach Südwest, und setzen in ihrem weiteren Verlauf einen Teil jener Flüsse zusammen, die einen der größten Zuflüsse des Kongo, den Uelle-Mákua-Mobángi, bilden. Auf der angedeuteten Strecke der Wasserscheide erheben sich, von Norden gegen Süden gerechnet, die Berge Makámba, Daragúmba und Bändiri. Unter 6° 45' überschreitet die Reiseroute die Wasserscheide und durchzieht dann Ländergebiete, die dem Kongobecken angehören. Jene hydrographische Grenze war für mich äußerst bemerkenswert. Auf meiner Reise in Mákaraká hatte ich im Gebiet der Munduneger zum erstenmal, später auch in Kaliká, dem Kongobecken angehörige Zuflüsse überschritten; allerdings war ich auch jetzt noch ohne Ahnung, daß der Uelle-Mákua sich schließlich dem Kongo zuwenden würde. Jetzt konnte ich auch hier im Westen die Scheidungslinie der beiden größten Flußsysteme annähernd feststellen. In den folgenden Jahren bewegte ich mich auf meinen Reisen in den südlichen Ländern noch mehrfach in der nächsten Nähe dieser großen Scheidungslinie, was mich in den Stand setzte, die Nil-Kongowasserscheide nach ihrer Richtung und nahezu nach ihrer ganzen Länge in die Karte einzuzeichnen. Sie verläuft, wie ein Blick auf die Karte zeigt, etwa vom 2. Grad nördlicher Breite, westlich vom Albert Nyansa, in der Richtung zu Nordwest bis zum 8. Grad nördlicher Breite. Die Länge dieser Strecke zwischen den beiden Stromsystemen beträgt etwa 1 200 Kilometer.

Das Gebiet südlich von Dem Bekir ist auf der bereisten Strecke, außer in den kolonisierten Bezirken von Abd Atlah und Abd es-Sit, gegenwärtig meistenteils unbewohnte Wildnis. Das Vordringen der Khartumer hat die frühere Bevölkerung vielfach veranlaßt, auszuwandern und sich unter den Schutz der im Süden lebenden Fürsten zu begeben. Wir trafen während der mehrtägigen Reise bis jenseits der Wasserscheide nirgends Behausungen der Neger, jedoch an einzelnen Stellen noch erkennbare Spuren alter Ansiedlungen. Eine Tagesreise im Süden von Abd es-Sit z. B. breitete sich früher der Bezirk des Häuptlings Ingo aus, doch auch er war mit seinen Untertanen vor den Razzien und dem gehaßten Frondienst zu dem A-Sandéfürsten Mbio nach Süden geflohen.

Als eine ausgedehnte, breitrückige Bodenerhebung stellt sich an unserer Übergangsstelle die Nil-Kongowasserscheide dar. Gegen Osten gewahrt man eine allmähliche Senkung des Landes, ihr folgt der letzte kleine Zufluß des Wau, der Kumu. Jenseits der Bodenerhebung öffnet sich dem Auge ein weiter Blick nach Westen; bald wird das erste, dem Kongobecken zugehörige Gewässer, Bádua, überschritten. Hier wird auch die obenerwähnte Veränderung in der Physiognomie der Flüsse und Bäche und im Typus der Ufervegetation besonders auffällig. Wahrscheinlich hat die Erscheinung ihren Grund in der südwärts gerichteten Exposition des Terrains, welche, den Passatwinden zugekehrt, eine reichere Menge von Niederschlägen empfängt als die gegenseitige Abdachung; vielleicht ist der Grund auch in einer größeren Abschüssigkeit des Wasserscheidengebiets auf seiner Südwestseite zu suchen, wodurch ein tieferes Eingesenktsein der Oberläufe der nun folgenden Gewässer ermöglicht wurde, während auf der anderen Seite das schwächere Gefälle auch eine geringere Erosionstätigkeit für die Flußbetten zur Folge hatte. Zum erstenmal also betreten wir hier wieder jene wundersame, üppige Welt, wo tropische Vegetationsformen, mit bisher nicht gesehenen Arten untermischt, an den feuchten Abhängen talförmig in das Erdreich eingeschnittener Mulden sich zu kaum geahntem Reichtum entwickeln, und wo auf tiefer Talsohle in ewigem Schatten halb unsichtbare Bäche hinrieseln, an beiden Seiten von immer nassen Stellen und Sümpfen begleitet, die den Pflanzenwuchs fördern. Solchem gesteigerten, wuchernden Wachstum leistet hier in erster Linie die Bildung der tiefen, feuchten Flußtäler Vorschub. Ihren vollen Ausdruck findet die tropische Üppigkeit an den Geländen dieser Flußtäler in den herrlichsten Galerienwaldungen, wie sie weiter nördlich nirgends auch nur annähernd vorkommen. Der Ausdruck Galerie für diese Art tunnelartiger Uferwaldungen stammt von dem Italiener Piaggia; auch Dr. Schweinfurth behielt den Ausdruck bei, der sich seitdem allgemein eingebürgert hat.

Am 16. Mai begrüßten wir nach tagelanger Wildnis und Einöde endlich menschliche Behausungen im Distrikt eines Häuptlings der A-Sandé, namens Jissa. Der Weg führte am frühen Morgen auf flachem, gleichmäßigem Boden durch dichtes Gestrüpp und Niederholz. Dann durchschritten wir den ersten größeren, auf dieser Strecke westwärts fließenden Fluß Rongo; sein Bett, das gleich den übrigen Bächen in tiefer Talschlucht hinzieht, war gegen 15 Schritt breit, enthielt jetzt aber kaum 6 Schritt breit Wasser. Der Rongo nimmt die übrigen Quellbäche des Distrikts auf und fließt in den Boku, der dem Mbomú, diesem größten nördlichen Nebenfluß des Uelle-Mákua, tributär ist. In dem Aufbau der Galerienwaldungen am Rongo hat die Natur Großartiges und Staunenswertes geleistet. Hier überraschte mich jenes eigentümliche Gewächs, welches schmarotzend an den gewaltigen Stämmen der Riesenbäume haftet. Es ist eine Farngattung des tropischen Afrika, Platycerium. Eine Art davon, das Elefantenohr, ist von Dr. Schweinfurth zuerst gefunden und Elephantotis benannt worden.

Jissa war mit Ndóruma zusammen nach Dem Bekir gekommen. Sein damaliges Versprechen, Vorbereitungen für meine Ankunft zu treffen, hatte er redlicher als Abd es-Sit gehalten. Am Fuß des Nordabhangs des Bergs Ghasa fanden wir einen großen Platz von Gras gereinigt und daselbst für uns Hütten, ein Dahr et-tor für das Gepäck, sowie eine Rekuba (Sonnendach) erbaut; freudig empfingen uns der Häuptling und seine Umgebung mit ihrem volkstümlichen Gesang. Mit diesem Willkomm bei den A-Sandé, die hier schon unabhängiger als ihre nördlichen Stammesbrüder leben, konnte ich zufrieden sein.

Am folgenden Morgen bestieg ich in Begleitung Jissas und einer Anzahl seiner ortskundigen A-Sandé den Berg Ghasa, südlich von unserm Lager. Der Aufstieg wurde von Osten her unternommen, erwies sich aber auch da äußerst steil, so daß ich streckenweise auf Händen und Füßen klettern mußte. In den grashaltigen Spalten der Felsklüfte kamen wir rascher vorwärts, während die vielen überein-

66 Niam-Niam-Dorf

ander gehäuften, verwitterten Felsblöcke bedeutendere Hindernisse boten. Wir erreichten trotzdem nach kaum einer halben Stunde das obere, etwa 50 Schritt breite Felsplateau. Eine unumschränkte Fernsicht bot sich nach allen Himmelsgegenden. Namentlich überraschte mich eine im Osten bis zu Südost hinziehende Bergkette. Das Land in jener Gegend wurde mir auch als Gebiet der Digga bezeichnet, und es soll hauptsächlich der Stamm der Pambia dort ansässig sein. Eine Anzahl Bergspitzen trug ich mit ihren Namen in die Karte ein und erhielt durch die Peilung noch anderer Höhenpunkte eine brauchbare Triangulation für den Kartenentwurf. Die relative Höhe des Ghasa, wie die des Bergs Du, übersteigt kaum 500 Fuß. Auf dem unebenen Plateau des Gipfels waren an vielen Stellen durch Bersten des festen Gesteins (Gneis?) oder eigentümliche Umlagerung der Blöcke, durch Verwitterung, Zerfall und Auswaschungen natürliche Becken entstanden, ihrerseits wieder vielfach durch kleine Steindämme und Steinfirste in Abteilungen geteilt. Da nämlich das Regenwasser nicht durchsickern kann, der Abgang durch Verdunstung aber immer wieder durch neuen Regen ersetzt wird, so sind auf der Höhe des Bergs Ghasa die herrlichsten von der Natur geschaffenen, mit Leben erfüllten Wasserbehälter entstanden. Nachdem ich meine Peilungen beendigt und alles Erfragte aufgezeichnet, verbrachte ich am Rand dieser natürlichen Aquarien auf Bergeshöhe noch einige genußreiche Stunden. Wie in jenen abgesonderten Wasserbecken der kleinen Flußläufe, bildete auch hier eine grüne Pflanzendecke den Untergrund; über ihr stand kristallklares Wasser, in dem sich Insekten, Käfer und anderes Kleingetier umhertummelten; fleißig wurden sie in die mitgenommenen Gläser eingesammelt. Auf dem Berg Du beobachtete ich aus der Entfernung einige Paviane; sie sollen auch auf dem Ghasa vorkommen, doch trafen wir keine an...

Die Träger für die Weiterreise waren am folgenden Tag nicht zur Stelle, es hieß also weiter Geduld üben. Obgleich wir uns im Gebiet des früher angesehenen Fürsten Ssolóngo befanden, schien Jissa jetzt doch nur über eine geringe Zahl von Untertanen zu verfügen. Sie leben auf einen kleinen Kern zusammengeschrumpft weiter gegen West und Ost im Buschwald verteilt. Der älteste Sohn Ssolóngos, Jissa, hat nach Landesbrauch das Gebiet des Vaters übernommen. Einige seiner Brüder blieben als Bezirksvorsteher bei ihm, zwei jedoch, die sich der Fremdherrschaft der Araber auf den früher häufigen Streifzügen derselben in dieses nahegelegene Gebiet nicht fügen wollten, waren, wie so manche aus den nördlichen Gegenden, nach Süden zum Fürsten Mbio ausgewandert. Der jüngste Sohn Ssolóngos stand zu Dem Bekir in El-Maas' Diensten. Von dem fürstlichen Ansehen, das Ssolóngo noch zur Schau getragen haben soll, war bei Jissa nichts mehr zu finden; wie andere seinesgleichen mußte auch er als Vasall der Nubier sich ducken. Ich ließ auf seine Bitte abends vor der staunenden und bewundernden Menge die Drehorgel spielen. Bei dem Lied »Wie schön bist du« wurde ich schier wehmütig; klang es doch hier, wo ich »unter Larven die einzige fühlende Brust«, wie Spott und Hohn. Doch weiter! Wie der Leser sich erinnert, hatte der Dragoman Abd es-Sit von El-Maas den Befehl erhalten, uns bis zu Ndóruma zu geleiten.

Hier nun hörte ich von einem tödlichen Groll Ndórumas gegen diesen Mann. Es wurde mir sogar erzählt, daß Ndóruma nach dem Leben Abd es-Sits trachte. Nach alledem war mir darum zu tun, Abd es-Sits längst lästig gewordene Begleitung zu verhindern, und dabei kam mir ein glücklicher Umstand zu Hilfe, ohne den es mir schwer geworden wäre, den Burschen, der dem Befehl seines Vorgesetzten zuwider zu handeln fürchtete, abzuschütteln. Ein Basinger[1] brachte nämlich unerwartet einen arabischen Brief aus Dem Bekir, den ich nicht entziffern konnte, doch faselte der Bote mündlich in verworrener Rede von Unruhen, die im Norden ausgebrochen seien. Nur die Worte Arab, Schekka, Rábä brachten einiges Licht in den sonst wirren Bericht, doch zweifelte ich an dessen Wahrheit, hatte ich doch im Laufe der Jahre längst gelernt, derartige Erzählungen mit Vorsicht aufzunehmen. Aus den mündlichen Mitteilungen des Basingers entnahm ich denn, daß Abd es-Sit sofort zurückzukehren hätte.

Auch am 20. Mai waren die Träger noch nicht vollzählig; trotzdem ließ ich unter Bohndorffs Leitung etwa 200 Leute mit den an sie verteilten Lasten aufbrechen. Unliebsame Erörterungen mit jenen Basingern, die mich bis zur Grenze von Ndórumas Gebiet begleiten sollten, blieben mir dabei nicht erspart.

Da stellte ich ihnen frei, mich weiterzubegleiten oder zurückzukehren. Einige schlossen sich infolgedessen dem heimkehrenden Abd es-Sit an, andere blieben auch noch während der folgenden Tage zur Überwachung bei dem Gepäck. Mit dem Rest desselben brach auch ich folgenden Tags von Jissa auf und erreichte nachmittags Bohndorff im Lager. Am 22. Mai zogen wir gemeinsam weiter und erreichten an diesem Tag das Grenzgebiet Ndórumas, nämlich den Bezirk eines seiner vornehmsten Vasallenhäuptlinge, Kommunda. Nachdem wir den letzten Lagerplatz verlassen, hatten wir

1 eingeborener Regierungssoldat

67 *Schilluk-Mädchen*

noch im Gebiet Jissas eine Anzahl ärmlicher Hütten getroffen, die dem weit versprengten Volksstamm der A-Bármbo angehörten.

Das Vorkommen der A-Bármbo hier im Norden sowie ihre zahlreichen Kolonien in den westlichen und südlichen Teilen des großen A-Sandégebiets geben einen Fingerzeig dafür, wo sich der einstige Sitz des ganzen Volks befunden hat.

Die südlich des Berges Ghasa bis zu Kómmunda überschrittenen kleinen Gewässer vereinigen sich westlich der Reiseroute und münden gleichfalls in den bereits angeführten Fluß Boku. Auch diese Strecken weisen vielfach üppige, bewunderungswürdige Galerienwaldungen auf, mit oft kaum nennenswerten, in der Tiefe der Schluchten dahinrieselnden Waldbächen, zu denen man auf der einen Seite tief hinabsteigt, um jenseits auf schmalem Fußpfad oft steil emporzuklimmen. Kaum hatten wir die ersten paar Hütten auf dem Gebiet Kómmundas erreicht, als unsere von Jissa erhaltenen Träger die Lasten sofort hinsetzten und sich schleunigst entfernten. Die Behausung des Häuptlings dieses Grenzbezirks war noch fern, doch traf auf die Nachricht unserer Ankunft Kómmunda schon nachmittags bei uns ein und versprach, alsbald Träger zu schicken, die das Gepäck vorläufig an seinen eigenen Wohnsitz schaffen sollten, in dessen Nähe er für unsere Unterkunft hatte Hütten errichten lassen. Wie er uns ferner mitteilte, beabsichtigte Ndóruma, uns dort persönlich abzuholen und nach seinem Herrschersitz zu geleiten.

Südlich von dem Bezirk Abd es-Sits, bei den eigentlichen A-Sandé, traten für mich in meiner Stellung zu den Eingeborenen und Trägern wesentlich geänderte Verhältnisse ein. Im Verwaltungsgebiet der ägyptischen Regierung hatten sich mir die Angestellten wie die Eingeborenen aus Furcht willfährig gezeigt. Dagegen war der Einfluß der Verwaltung im Bahr el-Ghasal auf die südlichen Länder ein höchst beschränkter, bei den A-Sandé ein kaum nomineller, ich wußte also, daß ich in Zukunft einzig und allein von den Machthabern jener Gebiete abhängig sein würde, die ich durchziehen wollte. Ein gutes Einvernehmen mit ihnen herzustellen, mußte nun mein größtes Bemühen sein, denn nur so konnte ich sie für mich und meine Zwecke gewinnen. Ich rechnete dabei auf das persönliche Gewicht des nach Recht und Gesetz handelnden Europäers; mußte doch gerade in diesen Ländern, die bis dahin durch die recht- und gesetzlose Willkürherrschaft der Araber geknechtet waren, der grelle Gegensatz zwischen meinem Auftreten und der Raubsucht jener dem Europäer in den Augen der Eingeborenen einen besonderen Vorzug verleihen. Trotzdem hatte ich begreiflicherweise jetzt wie später immer wieder aufs neue mit Vorurteilen gegen uns zu kämpfen; ich bedurfte aller Umsicht und allen Takts, um uns einerseits den Weg nach vorwärts zu öffnen und offen zu erhalten, und anderseits die Interessen der ägyptischen Verwaltung, die ich aus Pflichtgefühl fördern mußte, einer unduldsamen Bevölkerung gegenüber zu vertreten. Bei den häufig vor mich gebrachten Klagen der Eingeborenen, die den Pascha im Bahr el-Ghasalgebiet für meinen Landsmann, meinen Bruder hielten, suchte ich den Leuten die jetzt veränderten, besseren Verhältnisse und Absichten der Verwaltung klarzumachen und sie zu näherem Anschluß an die Regierung zu bewegen. Mein Verhältnis zu den Trägern aber hatte sich insofern geändert, daß von nun an die Leute, die überdies bisher selten und nur ausnahmsweise zu Trägerdiensten verwendet worden waren, nur auf Veranlassung ihrer vorgesetzten Häuptlinge mir dienstwillig werden konnten. Eingedenk aber der schonungslosen Behandlung von seiten der Araber, übertrugen sie nun anfangs ihr Mißtrauen auch auf mich. War ich auf früheren Reisen in einzelnen Fällen gegen die Träger streng gewesen, so mußte ich jetzt Geduld, Langmut und Milde üben, damit sie mir nicht unwillig davonliefen. Ich ging so weit, daß ich, wenn sie auf dem Marsch ruhen wollten, in Gottes Namen lagern ließ; kurz, ich zeigte mich in vielen Stükken nachsichtiger.

Bei den Grenzhütten verlor ich abermals zwei Tage, bis ich endlich mit dem Rest des Gepäcks, von Kómmunda geführt, nach seiner Niederlassung aufbrechen konnte. Bohndorff war mit dem ersten Hundert Träger auch diesmal vorausgegangen. Mit dem Bezirksoberhaupt waren viele seiner Unterhäuptlinge und sonstigen Leute bei mir eingetroffen, überaus begierig mich zu sehen, wohl aber auch sich zu vergewissern, daß ich nicht mit feindlichen Absichten ihr Land betrat. So suchte ich denn die Leute immer wieder von meiner Friedfertigkeit zu überzeugen und sie über mein Erscheinen zu beruhigen. Einen besonders günstigen Eindruck hatte es gemacht, als ich es energisch abwehrte, daß die mir beigegebenen Soldaten aus Dem Bekir mich noch weiter begleiten sollten. Als nämlich nach unserer Ankunft bei den Grenzhütten abermals

Klagen über Eigenmächtigkeiten der Basinger laut wurden, schickte ich sie bis auf den letzten Mann mit Jissas Leuten zurück. In längerer Rede hatte ich darauf Kómmunda und seiner Umgebung auseinandergesetzt, wie die A-Sandé daraus ersehen möchten, daß ich nicht mit vielen Leuten ihnen zur Last fallen wollte, daß die Regierungssoldaten nicht das Brot der A-Sandé essen sollten, daß ich mich vielmehr vertrauensvoll ohne militärischen Schutz in ihre Hand begäbe und den Schutz der A-Sandé für genügend und mehr wert hielte als eine Anzahl Soldaten. Ich besäße ja das Wort und das Versprechen Ndórumas und zweifelte nicht daran, daß die gastfreundlichen A-Sandé meinen nur gerechten Wünschen nachkommen und auch die Träger gutwillig und ohne Furcht meine Lasten weiterbefördern würden. So scheute ich keine langatmigen, mühevollen Reden, wie sie der Neger bei seinen Palavern liebt, keine Ermahnungen und ruhigen Auseinandersetzungen, um mir die Leute geneigt und willfährig zu machen. Zumeist blieben meine Worte nicht ohne sichtlichen Eindruck und Erfolg, leider jedoch auch häufig ohne nachhaltige Wirkung.

Bei Kómmunda gingen mir beunruhigende Nachrichten zu, die bedrohlich für meine nächsten Pläne klangen. Das feindliche Verhältnis zwischen den Fürsten Mbio und Ndóruma drohte in offenen Krieg auszuarten. Angeblich sollte unsere Reise zu Ndóruma, die bereits weit und breit bekannt geworden, bei Mbio großes Mißtrauen erweckt haben; auch zweifelte ich nicht, daß Ndórumas Leute durch lügenhafte Berichte und Übertreibungen dieses Mißtrauen und die Furcht der Untertanen Mbios in den Grenzbezirken nährten, so daß dem Fürsten falsche Gerüchte über meine Absichten zugingen. Die Feindseligkeit der beiden dermalen mächtigsten Herrscher im A-Sandégebiet war aber in offene Fehde ausgebrochen, hauptsächlich, seitdem Ndóruma, bedrängt und bekriegt von den Truppen Rafáis, sich der Bahr el-Ghasalverwaltung willfähriger hatte zeigen müssen. In der Bedrängnis während des Kriegs mit Rafái hatten Ndóruma und seine Untertanen bei Mbios Leuten weder Hilfe noch Schutz gefunden, daraus war der tödliche Haß Ndórumas gegen Mbio entsprungen und seither durch blutige Streitigkeiten im Grenzgebiet gegenseitig fortwährend genährt worden, bis er gerade jetzt wieder neu aufzuflammen drohte. Charakteristisch dafür war unter anderem ein Bündel von 20 Holzstäbchen, das mir überbracht wurde. Sie sollten die Zahl von Ndóruma's Untertanen andeuten, die in letzter Zeit durch die Leute Mbios im Grenzgebiet getötet worden waren. Diese Art, eine Ziffer, besonders zwei- und mehrstellige Zahlen, plastisch, bildlich auszudrücken, ist bei vielen Volksstämmen üblich. Das hier vorläufig erwähnte feindselige Verhältnis zwischen den beiden A-Sandépotentaten verursachte mir später noch manche Stunde der Sorge und des Mißmuts. Indes lernte ich auch bald die übertriebenen Gerüchte, die mir häufig zukamen, ihrem wirklichen Wert nach zu beurteilen und erkannte die Ursache, welche Ndóruma bei Auslassungen über Mbio im egoistischen Sinn leitete.

In den herrlichen Galerienwaldungen der Flüsse leben hier mehrere Affenarten, und darunter überall der schwarzweiße, schön gezeichnete, langschwänzige Colobus Guereza, dessen Fell von den A-Sandé als Lendenbehang oder Schürze mit Vorliebe und Stolz getragen wird, ein weithin in die Augen fallender und origineller Nationalschmuck der Niam-Niam. Wir erlegten manches prächtige Exemplar. Auf dem Wege zu Kómmundas eigenen Behausungen wurde ich nach Überschreitung mehrerer kleinerer Gewässer durch einen plötzlichen schroffen Abfall des Erdreichs überrascht, von dessen oberem Rand sich eine weite Fernsicht über eine Hügellandschaft eröffnet. Jenseits des Flüßchens Bámunga, vor einer in dasselbe einmündenden Galerie, standen im Laubdickicht des Uferwaldes einige Hütten der Eingeborenen versteckt, die tags darauf in der Abenddämmerung der Schauplatz einer tragischen Szene wurden. Ein Leopard – ausgewachsen geht er in vielen Gebieten der A-Sandé auf Menschenraub aus – brach nämlich in eine der Hütten ein und schleppte ein Weib, das seiner Niederkunft entgegensah, in das nahe Waldesdickicht. Weiter führte unser Weg über eine ausgedehnte Erhebung von Lateritboden, später allmählich abwärts, der Galerienwaldung eines Waldbachs entlang. Der sonst gewellte Boden erhob sich hier zu getrennten Hügeln; zwischen den kleinen Flußläufen aber und ihrer reichen Ufervegetation blieb der lichte Savannenwald als charakteristisches Merkmal vorherrschend.

Abseits von den Wohnhütten Kómmundas sahen wir einen weiten Platz von Gras gesäubert und darauf augenscheinlich für uns bestimmte neue Hütten stehen; in diesen hatte Bohndorff schon einen Teil der Lasten untergebracht, und da richtete auch ich mich jetzt mit dem übrigen Gepäck, voraussichtlich für mehrere Tage, so bequem als möglich ein. Aber schon hier wurde meine Geduld auf eine harte Probe gestellt. Nicht nur die Ankunft Ndórumas verzögerte sich um mehrere Tage, sondern er hatte auch, als er endlich kam, keine Träger mit, und abermals vergingen Tage nutzlosen Wartens, in denen ich beständig auf das »morgen« vertröstet wurde. Aus dem »morgen« wurde aber eine Woche und mehr, und noch immer saß ich, peinlich auf die Möglichkeit der Weiterreise gespannt, bei jetzt häufiger eintretendem Regen in den Hütten bei Kómmunda. Die neugierigen Leute Kómmundas und Ndórumas, die mich fast beständig umlagerten, fanden in meiner Person und den mich umgebenden fremden Dingen viel Kurzweil, während ich mißmutig mich sehnte, vorwärts zu kommen. Zum erstenmal machte ich hier die später häufig bestätigte Erfahrung, daß die Autorität der heutigen A-Sandéfürsten, obgleich sie in gewisser Richtung gegen ihre Untertanen despotisch auftreten, doch nur eine beschränkte ist und die Leute sich den Befehlen, die an die Masse, nicht an den einzelnen gerichtet sind, zu entziehen wissen. Auch Ndóruma schien über das lange Ausbleiben der zur Stelle befohlenen Träger erzürnt. Endlich bewog ich ihn, in eigener Person nach den Leuten auszuschauen; tags darauf wollte er wieder bei mir zurück sein. Einen Teil des Gepäcks wenigstens hatte ich unter Farag Allahs Leitung voraussenden können. Nach dem Abgang Ndórumas traf dann eine zweite Trägerkolonne bei mir ein, mit der ich ungesäumt, ohne auf die Rückkehr Ndórumas zu warten, weiterreiste. Bohndorff blieb diesmal bei den letzten Sachen. Ndóruma, der meinen Abmarsch erfahren hatte, kehrte auf direktem Weg nach seinem Stammsitz zurück. Auch während der folgenden Nächte blieben wir noch getrennt, denn bis zur ersehnten Ankunft in unserem demnächstigen Heim bei Ndóruma mußte ich unterwegs nochmals ein Nachtlager beziehen, und so langten wir mit dem geteilten Gepäck einzeln, zuerst Farag Allah, später ich, zuletzt Bohndorff, bei Ndórumas Hütten an.

Von dem Sitz Kómmundas gegen Süden wird gleichfalls eine leicht hügelige Landschaft durchzogen. Der Boden steigt jenseits des Flüßchens Bada unmerklich an, und bald darauf öffnet sich gegen Westen eine weite Fernsicht auf eine Niederung. In dieser zieht der Quellauf des Flusses Mbomú nach Nordwest, um bald nach

West umzubiegen und, gespeist von zahlreichen Nebenflüssen, als bedeutender Strom in den Uelle-Mákua zu münden. Nur noch einige kleine, dem Mbomu tributäre Gewässer wurden gekreuzt. In hydrographischer Beziehung aber ist die folgende Strecke bis zum Sitz Ndórumas bemerkenswert. Während nämlich alle seit der gekennzeichneten Nil-Kongowasserscheide überschrittenen Flüßchen nach Westen dem Mbomú zustreben und die Gewässer südlich von Ndórumas Stammsitz Tributäre von Zuflüssen des Uelle-Mákuasystems sind, schiebt sich auf der Reiseroute eine kleine Landzunge ein, welche wieder zum Entwässerungsgebiet des Nils gehört. Es ist der Fluß Bikki, ein Zufluß des Ssueh (Djur), Tributärs des Bahr el-Ghasal, dessen Quellarme die Reiseroute nördlich von Ndórumas Hütten überschreitet. Nach vielen Tagesreisen ist das Flüßchen Jubbo wieder das erste Gewässer, das anstatt nach Westen, nach Osten fließt. Der bei Ndóruma vorüberziehende Oberlauf des Flusses Uerre gehört dagegen abermals dem Entwässerungsgebiet des Uelle-Mákua-Mobángi-Kongo an.

Eine ausgedehnte Bodenerhebung gewährt eine unumschränkte Fernsicht gegen Osten. In dieser Richtung wurden am Horizont einige Einzelberge, darunter der Kéddede und der Nango, sichtbar, während hart an der Reiseroute sich ein kleiner Kegelberg erhob. In seiner Nähe lagen früher die Hütten Ndórumas. Erst in später Nachmittagsstunde erreichte ich beim Häuptling Gássande mein Nachtquartier. Es war die höchste Zeit für uns, denn näher und näher grollte der Donner eines aufsteigenden Unwetters, und während das Gepäck in einer Hütte hastig aufgeschichtet wurde, prasselte auch schon heftiger Regen herab. Aus Mangel an Raum suchte ich gemeinsam mit der rücksichtslosen Trägerschar ein trockenes Plätzchen unter einem kleinen Getreidespeicher. Dort mußte ich ohne Decke und Kissen – sie waren in der Eile unter dem vielen Gepäck verkramt – nur den Sattel unter dem Kopf, mißgestimmt auch die folgende Nacht zubringen. Ein heftiger Gewitterregen nach dem anderen ging nieder. Und als ich endlich zum Schlaf zu gelangen meinte, scheuchten uns Millionen von Ameisen, die auf Raub auszogen oder vor der Nässe flüchteten und sehr bald den ganzen Platz förmlich bedeckten, aus der ersten Ruhe auf. Durch angezündete Strohbündel und einen Kreis von Kohlen und Asche schützte ich beizeiten meine Lagerstätte, doch blieben nach all dem Ungemach nur noch wenige Stunden für die Ruhe übrig. Ein trüber, in Regen gehüllter Morgen folgte der fast schlaflosen Nacht. An die Weiterreise war um so weniger zu denken, als auch eine Anzahl Träger das Weite gesucht hatte. In Geduld ergeben, verharrte ich unter dem nur wenige Meter breiten Schutzdach des Kornspeichers, bis später die Sonne wieder zum Durchbruch kam. Der Häuptling Gássande versicherte mir, daß am nächsten Morgen die fehlenden Träger ersetzt sein würden; freilich baute ich nicht darauf, doch sollte ich mich zu meiner Freude diesmal täuschen. Der 9. Juni brach an, der Tag meiner längst ersehnten Ankunft bei Ndóruma. Dieser letzte Marsch wurde in dem unter diesen Breiten bereits üppig emporgeschossenen Gras, das an niedrigen, feuchteren Stellen schilfartig starr, hart und fast holzig wird, recht beschwerlich und ermüdend. Auf halbem Weg kreuzten wir den Oberlauf des Flusses Bikki; bei sechs Schritt Breite führt er auf sandigem Untergrund 1 1/2 Fuß tiefes Wasser. Nach den im Gebiet Ndórumas durchzogenen Strekken und den wenigen von der Reiseroute aus sichtbar gewordenen Hütten der Eingeborenen zu urteilen, müßte das Land als äußerst dünn bevölkert anzusehen sein.

Das Fehlen der Ansiedlungen an Hauptdurchzugsstraßen bietet jedoch keinen Maßstab für die Dichtigkeitsziffer der Bevölkerung eines Negergebiets. Die Eingeborenen siedeln erfahrungsgemäß mit Vorliebe abseits der meistbegangenen Wege, um Requisitionen und Diebstahl an Feldfrüchten durch Vorüberziehende möglichst zu verhüten. Heute am letzten Reisetag trafen wir mehr Wohnhütten und Kulturfelder als auf der nördlichen Strecke; jenseits des Bikki zogen wir an einer Anzahl Hütten des Häuptlings Lindia vorüber. Die Route durchmißt darauf ein leicht hügeliges Land, das gegen Süden zu einer Bodenerhebung emporsteigt. Diese scheidet den letzten kleinen Zufluß zum Bikki von einigen kleinen Waldbächen, welche vom Rand der plateauartigen Erhebung nach Süden zum Uerre fließen. Nach Mittag endlich stiegen wir durch das schattige Dunkel der riesigen Laubbäume, umgeben von den mannigfaltigen tropischen Gewächsen der Galerienwaldung, zum Fluß Uerre hinab. Im lichten Savannenwald am jenseitigen Ufer breiteten sich Ndórumas Hütten aus; aber näher dem Fluß als diese, erreichte ich schon nach wenigen Minuten einige neuerbaute Hütten, die unserer ersten Unterkunft dienen sollten. Mein Diener Farag Allah war mit den ersten Trägern schon vor einigen Tagen angelangt, und das Gepäck geborgen; die zweite Hütte überließ ich den Dienerinnen, während ich die dritte provisorische Strohhütte für mich in Beschlag nahm. An einem großen Dahr et-tor wurde eben noch gearbeitet, so daß auch Bohndorff bei seiner Ankunft am folgenden Tag mit dem Rest des Gepäcks unter Dach kam. Meine Annäherung war Ndóruma gemeldet worden; er empfing mich bei den für uns erbauten Hütten, begleitet von einer Anzahl seiner Häuptlinge und Untergebenen.

VOM KAP BIS ZUM SAMBESI

Zum Herrscher der Betschuanen

aus: Heinrich Lichtenstein, Reisen im südlichen Afrika, Berlin, 1811

Wir waren jetzt so weit vorgedrungen, daß wir das Land der Betschuanen nunmehr vor uns liegen hatten. Nur ein kleines Gebirge trennte uns noch, das wir frühmorgens überstiegen, und beim Heraustreten aus der letzten Hügelreihe durch eine pfortenähnliche Öffnung sahen wir eine weite Fläche mit einzelstehenden großen Bäumen vor uns, in welcher uns Kok[1] zu unserer Ankunft in dem ersehnten Lande Glück wünschte.

Unter dem Schatten eines hochstämmigen, breitgekrönten Giraffenbaumes (Acacia Giraffae) sahen wir die ersten Menschen liegen, die zu dem merkwürdigen Volke, das diesen neuen Landstrich bewohnt, gehörten. Es waren die Hirten zahlreicher umherweidender Rinderherden; sie betrachteten unseren Zug eine Zeitlang betroffen und unschlüssig, kamen jedoch bald nahe heran, indem sie uns mit dem wiederholten Wort Morra, dem von den Missionaren erlernten »guten Morgen«, begrüßten. Als sie Kok in unserer Gesellschaft entdeckten, bezeigten sie große Überraschung und Freude durch Händeklatschen und überlautes Gelächter. Sie erbaten sich noch etwas Tabak und kehrten dann, eingedenk ihrer Pflicht, bald

1 ein Missionar, der die Betschuanen bereits besucht hatte und kannte

zu den Herden zurück. Obgleich nach diesem ersten friedlichen Empfang kaum noch eine üble Aufnahme zu befürchten schien, beschloß ich, mit Kok und Herrn Winterbach[1] vorauszureiten, um die Stimmung des Volkes und besonders des Königs zu erforschen, ehe wir uns mitten unter sie begäben. Wir stießen bald auf ein kleines Dorf von etwa dreißig flachkegelförmigen Hütten, aus denen uns eine Menge Frauen und Kinder und einige Männer neugierig und vertraulich entgegenkamen und wo wir uns so lange aufhielten, daß uns die Wagen noch wieder einholten. Auch hier war Kok allgemein bekannt und, wie es schien, in hohem Grade beliebt. Die Kinder drängten sich zu ihm heran und liebkosten ihn, und die Alten taten verwunderte Fragen über seine schnelle Rückkehr und den jetzigen Aufenthalt der Seinigen. Später forderten sie, zwar höflich, aber dringend ein Geschenk an Tabak, und nicht so bald war dem einen gegeben, als alle herankamen und die Hände ausstreckten, um zu empfangen. Wir ließen ihnen durch Kok sagen, daß wir ungern unseren Vorrat durch bloße Geschenke verringern würden, sondern nur im Tausch gegen ihre Kleidungsstücke oder Putzsachen uns davon trennen könnten. Darauf erwiderten sie sehr naiv, daß sie zu arm wären, um uns etwas zu bieten, sie wären nur Hirten; wir möchten diesen Grundsatz geltend machen, wenn wir an den Kuruhman-Fluß kämen, wo ihre reicheren Landsleute wohnten, denen auch diese Herden gehörten. Als sie darauf ein jeder etwas erhielten, wurden sie noch viel gesprächiger, so daß man den einen vor dem anderen nicht hörte und fast nichts unterschied als die Worte Manati (gut) und Makua (Weißer), die sie, während der Tabak eilig zerrieben und in die knöchernen Pfeifen gestopft ward, oft hintereinander aussprachen, um uns einen Beweis zu geben, daß unsere Ankunft ihnen willkommen sei.

Sehr zufrieden mit diesem ersten Empfang, setzte ich nebst den beiden oben genannten Gefährten nun meinen Weg fort, indessen die Wagen langsam folgen und an einer vorher bezeichneten Stelle unsere Rückkehr abwarten sollten. Wir kamen bald an die Ufer des Flusses Kuruhman, an denen wir einige Stunden hinabgeritten waren, als wir an den Ort gelangten, an welchem Kok bisher gewohnt

1 ein Mitglied der Expedition, die unter Leitung des Regierungsbeamten van de Graaff Kapstadt am 24. April 1805 verlassen hatte

hatte und wo wir noch seine Hütte unversehrt stehen sahen. Von hier hatten wir noch eine halbe Stunde bis zu dem Hauptort, der Residenz des Königs Mulihawang. Ein angenehmer Weg durch ein lichtes Gehölz von hochstämmigen Dornbäumen führte uns dahin. Kurz vor dem Ort kamen wir auf ein freieres Feld, auf welchem eine Menge Menschen teils in Geschäften hin und her zu gehen, teils nur in der Abendsonne zu wandeln schienen. Jenseits dieser Fläche war wieder ein Mimosengebüsch, aus welchem, so weit unser Auge reichte, ein spitzes Dach neben dem anderen hervorragte. Drei große Giraffenbäume standen einzeln in gleichen Abständen zwischen diesen und teilten die Ansicht symmetrisch, denn der mittlere war der größte und, wie wir von Kok erfuhren, der Lieblingsbaum des Königs, unter welchem er sich am liebsten aufhalte. Wir hatten uns kaum blicken lassen, als der ganze Volksschwarm herbeilief und unseren Pferden den Weg fast versperrte. Alle begrüßten Kok auf das freundlichste, der eilig nach dem König fragte, um sich ihrer Zudringlichkeit zu erwehren, worauf sie uns Platz machten und uns nach der Gegend hinwiesen, wo Mulihawang eben selbst herkam. Wir sahen einen großen Mann von ernsten Zügen, dem Anschein nach über die sechzig hinaus, mit einem weiten Mantel behangen und auf dem Kopf eine rauhe Zipfelmütze, langsam uns entgegenkommen. Vier andere Männer von ähnlicher Tracht und ihm nahe an Jahren folgten einige Schritte hinter ihm in einer Reihe. Eine Menge Volk drängte hinterher und von den Seiten heran. Wir saßen ab, und noch verlegen, wie wir ihn begrüßen sollten, reichte er uns stumm die Rechte zum Handschlag, unserem Kok zuletzt, den er dann als alten Bekannten herzlicher als uns begrüßte, ihm die Hand mit beiden Händen umfassend und drükkend. Auch hier verging wieder eine Zeit mit den nötigen Aufklärungen über Koks Wiederkehr und unser Erscheinen. Zu meiner großen Freude entdeckte ich hierbei, daß ich es auf der Herreise durch meinen Fleiß in der Betschuanensprache so weit gebracht hatte, daß ich wenigstens den Sinn von allem verstand, was der König erwiderte, und meinen Lehrer Kok, der selbst die Sprache nur nach holländischer Konstruktion redete, verstand ich fast Wort für Wort. Der König bezeigte vorläufig seine Zufriedenheit mit unserem Besuch und versprach uns noch heute in unserem Lager zu bewillkommnen.

Wir beurlaubten uns, eilten zurück und fanden unsere Gefährten am Flusse neben Koks Hütte bereits mit den Einrichtungen zu einem längeren Aufenthalte beschäftigt und sehr erfreut über die gute Botschaft, die wir ihnen brachten. Kaum waren die nötigen Vorkehrungen getroffen, um uns bei einem zu zahlreichen Besuch gegen kleine Diebereien und sonstige Verdrießlichkeiten zu sichern, als schon der Vortrab uns folgte, und bald erschien auch der König mit den übrigen. Wir gingen ihm etwas entgegen und führten ihn, nachdem er meinen Kollegen mit dem Handschlag begrüßt, zu unserem Zelt, wo ihm stehenden Fußes (denn den angebotenen Stuhl verschmähte er) einige Eröffnungen über unseren Besuch gemacht wurden. Als Hauptzweck mußte Kok ihm den Wunsch des holländischen Gouvernements nennen, mit ihm in genauerem Verkehr und in Freundschaft zu leben. Wir seien gesandt, ihm davon die Versicherung zu bringen und zugleich zum Beweise einige kleine Geschenke zu überreichen. Er antwortete darauf nicht ohne Würde und als ob ihm die Geschenke ganz gleichgültig wären, er habe überhaupt nichts gegen die Fremdlinge, die sein Land in friedlicher Absicht bereisten, aber besonders willkommen sei ihm ein jeder, den ihm sein Freund Kok zuführe, und er freue sich nicht wenig, diesen wieder hier zu sehen. Denn schon habe er geargwohnt, Kok habe aus irgendeiner heimlichen Ursache das Land auf immer verlassen, daher sei ihm seine Wiedererscheinung eine neue Probe seiner guten Gesinnung (seines weißen Herzens, nannte es der König). Wir erfuhren jetzt, daß die ihn zunächst umgebenden alten Männer seine Räte seien, und zwei jüngere Personen wurden uns von Kok als die Söhne des Königs vorgestellt. Der eine von diesen war der Thronerbe, Methibe mit Namen, ein Mann von dreißig Jahren von sehr angenehmen, etwas ernsten Gesichtszügen; der andere hieß Molimo, des Königs dritter Sohn, von großer Statur, plumpen Knochen und häßlicher, aber gutmütiger Physiognomie. Beide gingen, wie überhaupt alle jüngeren Leute, mit unbedecktem Haupte, das Haar in feine kurze Zotten gedreht und mit metallisch glänzender Salbe eingeschmiert. Der König öffnete während des Gesprächs seinen Mantel und ließ eine große Zahl Elfenbeinringe um den Ober- und Unterarm sowie mancherlei Arten von Halsschmuck nebst daranhängenden Amuletten von Tierknochen usw. bemerken. Alle trugen die Mitte des Leibes und die Hälfte der Oberschenkel mit einer glatt anschließenden Kleidung von gegerbtem Leder bedeckt, an den Füßen Sohlen von dickem Leder, um die Unterschenkel (statt der Strümpfe) lederne Riemen gewickelt, die Knie, den Leib und die Brust bloß.

Solange der König redete, hatte sich das Volk ruhig verhalten, jetzt aber fingen einige, die am weitesten standen, bei unseren Leuten zu betteln an und forderten etwas Tabak. Das erinnerte uns, dem König selbst eine Pfeife anzubieten; wir ließen sowohl ihm, als seinen Prinzen kleine gefüllte Tonpfeifen reichen, die sie sich anzündeten und woraus sie nun mit großem Behagen, auf die Erde niedergehockt, den Rauch in langen Zügen saugten und zum Teil verschluckten. Mulihawang zeigte sich hierin am mäßigsten und reichte bald über die Schulter die Pfeife einem seiner Minister, der nun auch zehn bis zwölf Züge daraus tat und sie dann unter tiefem Stöhnen, wobei ihm das Wasser aus Mund, Nase und Augen lief, an seinen Nachbar abgab. Ebenso gingen die Pfeifen der Prinzen unter ihrem Gefolge von Mund zu Mund, doch sorgten sie, sie nachher wieder zu bekommen.

Inzwischen fing es an zu dämmern, und der König schickte sich zur Heimkehr an. Beim Abschied äußerte er, es sei ihm nicht lieb, daß wir unser Lager so weit von seinem Wohnort aufgeschlagen, weil er uns nun nicht so oft werde sehen können, denn das Gehen falle ihm nachgerade etwas beschwerlich. Da wir aber von der Notwendigkeit überzeugt waren, die zu enge Gemeinschaft mit den Betschuanen vorerst noch zu meiden, entschuldigten wir uns damit, daß unser jetziger Lagerplatz wegen der Nähe des Flusses und der besseren Weide uns der bequemste scheine, und versprachen, durch öftere Besuche dem König den Weg zu ersparen. Zugleich baten wir um die Erlaubnis, ihn am folgenden Morgen in einem etwas längeren Gespräch noch über einzelne Punkte unserer Sendung unterhalten und seine Stadt besehen zu können. Kok geleitete ihn darauf eine Strecke und berichtete bei seiner Rückkehr, Mulihawang habe ihm unter vier Augen den Wunsch zu erkennen gegeben, daß wir ihm bei der öffentlichen Zusammenkunft nur die Geschenke überreichen möchten, die ihm als König zukämen; was wir aber an Leckereien oder Putzsachen für ihn bestimmt hätten, möchten wir ihm heimlich zustellen, denn wenn seine Leute es erst einmal wüßten, so habe er keine Ruhe vor ihrem Betteln und könne es nicht abschlagen, auch mit dem Geringsten unter ihnen zu teilen.

Am anderen Morgen erschien ein junger Mann von edlerem Aussehen und zeigte uns an, Mulihawang habe ihn für heute zu unserem Führer und Beschützer (gleichsam zu unserer Ehrenwache) bestimmt und ihm befohlen, uns nach der Stadt zu geleiten. Wir folgten ihm bald durch das lichte Mimosengebüsch auf einem näheren Fußsteige und kamen an sehr hübschen, schön begrünten und dichter beschatteten Plätzchen vorüber.

Beim Eintritt in die Stadt (ich werde es immerhin so nennen, obgleich der Ort weder Mauern noch Tore hatte, denn für ein Dorf ist ein Ort von 600 Häusern und 5 000 Einwohnern doch zu groß) kamen wir gleich in eine ziemlich geräumige Straße, die teils zwischen Häusern, teils zwischen den Zäunen der Viehhürden hinlief. Die Häuser waren alle von zirkelrunder Form, ein spitz zulaufendes Dach ruhte auf einem Kreise von Pfeilern, die unten mit leichten Lehmwänden verbunden waren, oben aber in der Nähe des Dachs Luft und Licht frei durchziehen ließen. An den Türen, die fast sämtlich auf die Straßen hinausgingen, saßen viele Weiber und Kinder und sahen uns ruhig vorüberziehen. Die Zäune der Viehkraale waren sehr hoch und bestanden zum Teil aus dicht aneinandergestellten runden Palisaden. Tiefer hinein kamen einzelne große Plätze ohne Strauch noch Gras und dann wieder kleine krumme Gäßchen von ungleicher Breite.

Wir traten in einen weiten, wohlumzäunten vierseitigen Platz. Der Platz war noch leer, nur Mulihawang und seine Räte lagen am Eingang auf plattem Boden in der Sonne, standen aber sogleich auf und empfingen uns freundlich.

Kok mußte nun die Freundschaftsversicherungen von seiten des holländischen Gouvernements am Kap nochmals wiederholen und uns als Abgesandte des Gouverneurs darstellen. Es kostete viel Mühe, dem König, der von der Verfassung der Kolonie durchaus keine Begriffe hatte, unser Verhältnis zu unserem Regenten deutlich zu machen. Er hatte nämlich anfangs Herrn van de Graaff selbst für den Befehlshaber der Holländer gehalten und konnte sich in den Begriff einer untergeordneten Magistratsperson nicht finden. Da ich schon gehört hatte, daß bei diesem Volke ausschließlich nur die Söhne der Könige zu Gesandten gebraucht werden, riet ich, uns als Söhne des Gouverneurs vorzustellen, worauf der König sogleich über unser Amt aufs reine zu kommen schien. Wir überreichten nun die Geschenke: einen dicken Stock von fünf Fuß Länge mit massivem Metallknopf, auf dessen Fläche B. R. (die Chiffre der Batavischen Republik), die Jahrzahl und der Name Mulihawang eingegraben waren; ferner eine Rolle von etwa zehn Pfund Tabak, einige Pfund Glaskorallen von allen Farben, einige Dutzend großer glatter Stahlknöpfe, einige Messer, Kupferdraht usw. (Dies alles war nur ein Teil von dem, was ihm zugedacht war, und seinem Wunsch gemäß brachte ihm Kok erst am Abend dieses Tages heimlich das übrige, wozu noch ein kleiner Vorrat von unseren getrockneten europäischen Hülsenfrüchten und einige frische Brote gefügt wurden, um welche er ausdrücklich gebeten hatte.) Alle diese Geschenke schienen ihm wohl zu gefallen, er empfing sie mit Anstand, doch ohne Ausdrücke einer lebhaften Freude.

Als wir nun die übrigen Punkte unserer Sendung vorbrachten, zeigte er bald den Wunsch, daß wir ihn nicht zu lange aufhalten möchten, und antwortete zwar nicht ganz gleichgültig, doch auch nicht mit besonderem Interesse. Auf die Hauptfrage, ob er Weiße fernerhin in seinem Lande zulasse wolle, entgegnete er, es sei ihm schon recht, daß solche bei ihm wohnten, nur müßten sie zugleich zu leben mitbringen.

Während dieser Unterhaltung, die beinahe eine Stunde dauerte, hatte sich eine große Menge Volk in dem umzäunten Platz eingefunden; alles drängte sich herzu, um von dem Gespräch etwas zu hören, so daß uns die Räte des Königs und unser junger Führer nur mit Mühe den Rücken freihielten. Mong und einige andere aus unserem Gefolge führten einen Vorrat Rauch- und Schnupftabak in kleine Päckchen abgeteilt bei sich, den wir nach geendigter Audienz unter die Vornehmsten verteilen wollten. Unglücklicherweise kamen sie zu früh damit zum Vorschein, und nun entstand plötzlich ein solcher Tumult, ein solches Durcheinanderschreien und ein so gewaltsamer Andrang, daß an die Fortsetzung des Gesprächs nicht zu denken war. Der König, der selbst dabei einige Rippenstöße bekam, versuchte anfangs durch den lauten Ruf: »Zhamaja, zhamaja« (geht fort, geht auseinander) die Ruhe herzustellen, und in der Tat schwiegen alle, die seine Stimme vernahmen. Aber die weiter Entfernten fuhren in ihrem Ungestüm fort, und besonders die Weiber

68 *Durban um 1860*

schrien mit aufgehobenen und ausgestreckten Armen immer lauter ihr: »Lekoanno montjuko« (gebt uns Tabak). Als der König sie bemerkte, verlor er endlich die Geduld, nahm seinen großen Mantel unter den linken Arm und schwang in der Rechten seinen großen Sjambor[1] aus Rhinozerosleder, nach allen Seiten damit umherschlagend und den Haufen auseinanderjagend. Für seine Höflinge war dies eine Aufforderung, dasselbe zu tun, sie schlugen ernsthaft darauf los, so daß man überall die Hiebe auf die ledernen Mäntel fallen hörte, und wer nicht gleich wich, dem schlugen sie gar um die nackten Beine.

In weniger als einer Minute war der Platz völlig leer, Mulihawang stellte Wachen an die Eingänge, kehrte wieder an seine Stelle zurück und hörte noch eine Zeitlang unserem Dolmetscher zu, doch mit immer abnehmender Aufmerksamkeit, bis wir denn endlich aus dem völligen Ausbleiben der Antwort merkten, es sei Zeit, uns zu beurlauben. Wir luden ihn für den nächsten Tag zum Mittagessen ein. Unsere Einladung schien ihm sehr willkommen. Er erlaubte uns gern, die Stadt zu durchwandeln und befahl einigen seiner Leute, uns zu begleiten. Im Weggehen rief er ihnen noch nach, sie sollten nur zuschlagen, wenn die Weiber wieder so zudringlich würden.

Tags darauf erschien er um die Mittagsstunde mit seinen beiden Prinzen ohne weiteres Gefolge. Bis unsere Tafel ganz zubereitet sein würde, luden wir ihn ein, sich mit uns vor das Zelt zu setzen, eine Pfeife zu rauchen und nach Kapscher Sitte ein Glas Wein vor dem Essen zu genießen. Er lehnte beides ab, setzte sich aber zu uns auf einen unserer Feldstühle, die zufällig etwas hoch waren und in dem Sand nicht sehr fest standen. Man sah es ihm an, wie ungewohnt ihm diese Art zu sitzen sei und wie sehr er sich fürchte umzufallen, denn eine jede seiner Bewegungen schien auf die Erhaltung des Gleichgewichts gerichtet zu sein. Dennoch zwang er sich, diese Furcht nicht zu verraten, und stand nicht eher auf, als bis wir selbst unsere Sitze verließen. Um ihn zu unterhalten, wurden allerhand europäische Kunstwerke hervorgeholt, ein Gewehr, eine Uhr, ein Kompaß usw. Nichts aber erfreute ihn mehr als ein Phosphorfeuerzeug und ein Brennglas. Als mit letzterem einiges angezündet ward,

1 Peitsche

rief er mehrmals hintereinander aus: »Mulelo leetshaatsi« (Feuer der Sonne). Prinz Molimo hatte eine kindische Freude darüber, daß es so schmerze, wenn man den Finger in den Brennpunkt halte. Er bat sich das Instrument auf einen Augenblick aus, schlich sich zu einem Haufen seiner Landsleute und brannte dem Nächsten recht derb auf den Rücken, ein Spaß, der ungemein gefiel und zur Belustigung der Hoheiten und des Volks unzähligemal wiederholt ward.

Wir führten nun unsere Gäste zu Tisch und wiesen dem König die oberste Stelle an; damit ihn der Stuhl nicht wieder hindere, war ihm ein derber würfelförmiger Wagenkasten untergeschoben. Van de Graaff und ich setzten uns ihm zur Seite, und die Prinzen verteilten sich zwischen unser Gefolge. Das Tischgespräch war begreiflicherweise nicht sehr lebhaft, da wir fast nur durch den Dolmetscher uns unterhalten konnten und da überdies das Gedränge und Lärmen der zahlreichen Zuschauer uns nicht Raum dazu ließ. Der König schien es indessen minder beschwerlich zu finden als diesen Morgen, er sprach dann und wann einige Worte mit den Umstehenden und reichte einzelnen unter ihnen zuweilen ein Stückchen von seinem Teller.

Unter den Speisen gefielen dem König alle die aus dem Pflanzenreich, besonders trockner gekochter Reis, getrocknete Früchte und Brot. Auch das Büffelfleisch schmeckte ihm, dagegen machte er sich ordentlich darüber lustig, daß wir an dem Genuß der kleinen gebratenen Vögel, an denen fast alles Knochen sei, Geschmack finden könnten. Von solchen Speisen, die er nicht kannte, nahm er nie, ohne Kok vorher zu fragen, ob es auch gut sei. Nachdem er drei Gläser Wein getrunken hatte, dankte er, als ihm das vierte geboten ward, und entschuldigte sich, er sei diesen Trank nicht gewohnt und fürchte, sich zu berauschen.

Nach aufgehobener Tafel suchte der König sich ein stilles Plätzchen, streckte sich dort ins Gras, rauchte erst etwas Tabak und schlief dann ein wenig, indessen seine Räte sich in einem Kreis um ihn her setzten.

Am anderen Morgen wurden wir schon früh durch ein Gegengeschenk des Königs, das in zwei schönen schwarzgefleckten Ochsen und einer Kuh mit einem Stierkalbe von vorzüglicher Zeichnung bestand, erfreut. Um ein kleines Gespann voll zu haben, tauschten wir nachher noch vier andere Ochsen von derselben Zeichnung dazu ein.

Nachdem die notwendigsten Geschäfte im Lager abgemacht waren, ging ich in Koks Begleitung wieder zur Stadt, um den König und seine Prinzen in ihren Häusern zu besuchen.

Ich fand den König, der kein eigenes Haus hat, sondern abwechselnd bei seinen Frauen wohnt, bei der ältesten derselben, Methibes Mutter, deren Namen ich aufzuzeichnen vergessen habe. Sie war dem äußeren Ansehen nach älter als Mulihawang und gleichgültig bei meinem Besuch; eine Arbeit, die sie vorhatte, indem sie eine Art von Becher aus Mimosenholz schnitzte, schien sie ausschließlich zu beschäftigen. Nach Koks Versicherung hielt der König viel auf diese Frau, und Methibe hing an ihr mit großer Liebe und Ehrfurcht. Ich bemerkte in dem Hause nichts Auszeichnendes, ausgenommen einen Vorrat an Häuten, von welchen mir der König eine, die mir besonders gefiel, zum Geschenk überließ. Er führte mich dann in eine seiner Viehhürden, wo die Rinder eben ausgetrieben wurden, die der gefallene Reif noch so lange zurückgehalten hatte. Sie waren alle sehr mager, und Mulihawang erklärte dies mit Klagen aus der Notwendigkeit, alles Vieh in der Nähe zu halten, weil es sonst geraubt würde. Eine Folge davon sei, daß alle Felder in der ganzen Gegend abgeweidet seien und das Vieh nicht hinlänglich zu fressen habe. Wir besuchten auch Makaitschoah[1], die wir mitten zwischen ihren vier Kindern fanden, von denen die beiden ältesten den ganzen Kopf, den Nasenrücken und einen Ring um die Augen mit hochgelbem Ocker gefärbt hatten, ein Schmuck, den ich heute an vielen der auf den Straßen im Sande liegenden Kinder bemerkte. Wir gaben der schönen Fürstin ein kleines Päckchen mit Schnupftabak, das sie sich gestern erbeten hatte, wovon sie nicht nur selbst gleich gebrauchte, sondern auch ihrem jüngsten Säugling in die Nase stopfte, ohne daß das Kind ein verdrießliches Gesicht dazu machte, noch (was mich mehr wunderte) dadurch zum Niesen gereizt ward. Die gewöhnliche Art des Schnupfens ist hier außer der schon beschriebenen die, daß man die Prise auf die dicke Oberlippe legt und durch Aufwerfen derselben an die Nasenlöcher bringt.

1 die (dritte) Frau des Königs

69 Matabele-Krieger

Bei diesem und noch einigen anderen flüchtigen Besuchen, wo wir Mütter mit ihren Kindern sahen, fiel mir die Liebe zur Reinlichkeit als ein neuer lobenswerter Charakterzug auf.

Bei dem Thronerben sahen wir ebenfalls zwei seiner Frauen, die sich, sowie sein ganzer Hausstand, bei weitem weniger auszeichneten, als ich erwartet hatte. Bei ihm bemerkte ich einen Buschmannsbogen nebst einem vollen Köcher und vermutete, es werde beides als Siegeszeichen aufbewahrt. Der Prinz belehrte uns aber, die Notwehr zwinge sie jetzt, gegen jene räuberischen Wilden die eigenen Waffen zu gebrauchen, denn ihre Hirten zögen in dem Kampfe gegen die Buschmänner, wenn sie nur mit Hassagayen[1] bewaffnet und nicht zahlreich genug zu einem offenen Angriffe wären, allemal den kürzeren. Daher bewahre man jetzt die Waffen der getöteten Feinde, statt daß wie vormals der herkömmliche Abscheu gegen so tückische[2] Werkzeuge sie zu verbrennen geboten habe.

1 Wurfspeere

2 vergiftete

Am anderen Tage besuchte uns der König, um eine Probe von der Geschicklichkeit unserer Schützen zu sehen, die in seiner Gegenwart mit unseren besten Büchsen ein weithin aufgestecktes Ziel glücklich trafen. Er gab darüber seine große Bewunderung zu erkennen, verbat sich aber doch die öftere Wiederholung, weil ihm der Knall des Gewehrs unangenehm sei. Der gewöhnliche Ausruf der Verwunderung war bei den meisten Zuschauern ein kurz ausgestoßenes, oft wiederholtes O, o.

Um uns wieder eine Unterhaltung zu verschaffen, forderte der König einige Männer und Weiber auf, vor uns zu tanzen. Es geschah dies auf dieselbe Weise wie bei den Koossa[1] und unter unangenehm heulendem Gesang. Die beiden Tänzer an den Flügeln der Männerreihe trugen auf ihrem Kopf einen in der Tat zierlichen Putz, einen Kranz von aufrechtstehenden Stachelschweinschäften, die sich, da die längsten und biegsamsten aus dem Nacken des Tiers dazu genommen werden, bei den vielfachen Biegungen des Kopfes wogend hin und her bewegten. Die einbrechende Dunkelheit machte diesen Übungen ein Ende, und in kurzer Zeit hatten sich alle unsere Gäste verloren.

Zu verwundern war es, daß ungeachtet der häufigen Gelegenheiten zum Stehlen und der Unmöglichkeit, alle unsere Sachen sorgfältig genug zu verwahren und zu bewachen, dennoch, einige Stücke Fleisch und andere Kleinigkeiten an Lebensmitteln ausgenommen, fast gar nichts vermißt wurde. Ein kleiner Betrug, den ich selbst an diesem Tage erfuhr, war der einzige, dessen sie sich überhaupt gegen uns schuldig gemacht haben. Ich tauschte nämlich von einer Frau einen Elfenbeinring gegen ein Stückchen Tabak ein, indessen andere um mich herstanden, die schon längst darum gebettelt hatten und die nun, sobald sie noch zwei Stückchen in meiner Hand bemerkten, diese zum Geschenk verlangten. Ich suchte ihnen zu bedeuten, daß es ungerecht sein würde, etwas zu verschenken, wofür ich noch soeben von der Frau Bezahlung angenommen hätte, daß ich aber bereit sei, für einen ähnlichen Preis, als ich soeben eingesteckt, meinen Rest Tabak herzugeben. Sogleich ward mir ein Ring von der Seite her hingereicht, den ich kaum in die Tasche ge-

1 »Kaffernstämme am südlichsten Teil der Ostküste zwischen 29 und 33 Grad südl. Breite« (Lichtenstein)

steckt und bezahlt hatte, als auch ein dritter mir über die Schulter hergegeben ward, für den mein letztes Stück Tabak fortging. Ich dachte mich nun mit meinen drei Ringen aus dem Gewühle zu ziehen, fand aber nur einen, den ich dreimal bezahlt hatte und der mir von den letzten Verkäufern immer wieder aus der Tasche gezogen war.

Am folgenden Morgen wurden die Vorbereitungen zur Abreise getroffen und besonders darauf gedacht, die Ausbesserung der Wagen möglichst zu beschleunigen, die in den ersten Tagen nur sehr langsam vonstatten gegangen war. Die Betschuanen, unter denen es ganz geschickte Schmiede gibt, kamen uns hierbei mit vielem Eifer zu Hilfe. Es wurden zwei solcher Handwerker für einen bestimmten Lohn gedungen, die sich mit ihren rohen Werkzeugen einfanden und die schwierige Arbeit des Kürzens der Radbänder, die bei dem langen Eintrocknen des Holzes fast alle zu weit geworden und losgegangen waren, viel schneller zustande brachten, als es unseren Leuten möglich gewesen sein würde. Sie brannten sich dazu erst Holzkohlen in einem förmlichen Meiler, brauchten einen Blasebalg aus zwei Ziegenfellen und endlich schwere eiserne Hämmer, die zugleich an der scharfen Rückseite als Beil dienten. Statt der Zangen kamen ihnen freilich nur dicke Zweige zustatten, zwischen welche sie das glühende Eisen klemmten, und zum Amboß diente jeder nächste Stein, dennoch war die ganze Arbeit zu unserer Verwunderung noch vor Abend beendigt.

Der Tag verging unter mancherlei Beschäftigungen, vielen Besuchen und dem Einziehen und Aufzeichnen von allerhand Nachrichten über den Zustand dieses Volkes. Gegen Abend begab ich mich mit Kok zum König, um ihm anzuzeigen, daß uns der Mangel an vielen Bedürfnissen und der Befehl unserer Regierung zu einer sehr baldigen Rückreise nötigen werde. Er schien über diese letzte sehr betroffen und gab nicht undeutlich zu verstehen, daß er andere Gründe als die angegebenen mutmaßte. Es würde ihm lieb sein, wenn wir noch blieben und näher zu ihm zögen.

Es sei ja aber kaum der weiten Reise wert, wenn wir nicht einige Wochen bei ihm bleiben und schon wieder an die Rückreise denken wollten, ehe er uns noch recht als seine Freunde kennengelernt habe. Im Herzen war ich seiner Meinung, mußte ihm aber, meinen Gefährten zu Gefallen, die Notwendigkeit der Rückreise begreiflich zu machen versuchen und ihn auf unseren Abzug vorbereiten. Meine Begleiter meinten, er werde uns nun mit Gewalt zurückhalten wollen, daher wir gleich mit anbrechendem Tage die Reise antreten müßten.

Ich brachte es indessen noch dahin, daß wenigstens Kok am anderen Morgen ganz früh noch zu ihm ging und ihm unsere Abreise anzeigte. Wir brachen auch wirklich auf, ehe er noch wieder zurückgekommen war, und wurden diesmal zu unserer Beschämung von den Wilden an Höflichkeit übertroffen, denn mit Kok zugleich holten uns die Prinzen Methibe und Molimo ein, um uns ihr Lebewohl zu sagen und ihren Vater zu entschuldigen, daß er nicht selbst komme. Er sei noch bis zu unserem Lagerplatz mitgegangen, um uns noch einmal zu sehen, dann aber mit vielen seiner Untertanen, die alle durch unser plötzliches Verschwinden gleich überrascht und betrübt wären, wieder heimgekehrt. Sie setzten sich zu uns auf den Wagen, um eine kleine Strecke das Fahren in einem solchen Hause (wie sie es nannten) zu versuchen, und nahmen dann von uns herzlichen Abschied, von Kok aber mit dem Erinnern, daß er bald wieder zu ihnen zurückkehren möge.

An den Viktoriafällen des Sambesi

aus: Eduard Mohr, Nach den Viktoriafällen des Sambesi, Leipzig, 1875

Am 18. Juni 1870 abends gewahrte ich in der Richtung Nord-Nord-West, hoch über einem weiten, grünen, anscheinend endlosen Walde, weißballige Wolken, die fortwährend in vier oder fünf Säulen emporsteigend auf ein und derselben Stelle zu verharren schienen und auch in bezug auf die Form bei der momentanen totalen Windstille keine Veränderung zeigten. Dieses Phänomen war auffallend genug, denn soweit sonst das Auge reichte, wölbte sich der reine, klare, azurblaue Himmel wie eine riesige Glaskuppel über uns, nirgends zeigte sich das kleinste Wölkchen. Als ich meinen Führer Masupasila darauf aufmerksam machte, sagte er, es sei der Sipôma (der Wasserfall), und so lange meine Pulse schlagen, werde ich den Moment nicht vergessen. Der von David Livingstone, dem Entdekker, angeführte Name Mosiatunya (Rauch macht Lärm) muß ein Makololowort sein, ein Stamm, der bekanntlich verfiel – meinen Leuten war der Ausdruck absolut unbekannt, sie bezeichneten diesen Riesenwasserfall der Erde immer nur mit dem Wort »Sipôma«.

Das rollende Brüllen der fallenden Wasser, worin ein gewisser pochender Takt zu liegen schien, konnten wir in der Nacht deutlich wahrnehmen, um diese Zeit scheint man einen solchen Lärm entschieden weiter zu hören als bei Tage. Die Entfernung von unserer Lagerstelle bis zu den Viktoriafällen war indessen keine große, denn sie betrug in der Luftlinie nur etwa zwei deutsche Meilen.

Am andern Abend – am 19. Juni – kampierten wir für die Nacht am Masuébach.

Unsere Umwege an diesem Tage waren größer als bisher gewesen, denn der Boden zeigte sich durch quer nach dem Sambesi hinziehende 5–600 Fuß tiefe Abgründe entsetzlich zerrissen und gespalten.

Welch furchtbare Erschütterungen der Erdrinde müssen hier einst stattgefunden haben, um solche Erscheinungen hervorzubringen!

70 Nachtlager im Walde

In dieser Nacht hörte sich das Tosen des Wassersturzes wie das ununterbrochene Branden mächtiger Meereswogen an. Ich hatte nur wenig Schlaf, ich wollte die Breite meines Lagers für meine Karte hier am Masuébach genau wissen und wartete die Meridianpassage von α im Südlichen Kreuz, von β Centauri und von der Gemma in der nördlichen Krone ab. Für die erste Beobachtung erhielt ich als Resultat: die Breite Süd mit 17° 59' 9", für die zweite 17° 59' 23", für die dritte 17° 58' 50", so daß ich das Mittel mit 17° 59' 7" annahm, was wohl nahezu korrekt sein wird.

Der 20. Juni brach hell und glänzend an, dies war der Tag, wo ich meinen entferntesten Punkt von der Küste im Zentrum des südöstlichen Afrika erreichen sollte. Da die Fälle ungefähr mit mir unter demselben Meridian lagen und weil die Gelegenheit sehr günstig war, stellte ich einige Beobachtungen an, um den Stand meiner Uhr zu erwahren, den ich mit 12m 24s.7 vorfand; dann maß ich 11 Distanzen zwischen Sonne und Mond und beobachtete abermals Sonnenhöhen für den Uhrstand, den ich nun mit vor 12m 22s.2 erhielt. Hieraus berechnete ich aus dem Mittel der Monddistanzen die Länge mit Ost 26° 32', und ich glaube, der Masuébach kann seine Wasser noch lange in den Sambesi hineinrollen, ehe wieder eine Nacht kommt, in der ein zweiter Enthusiast hier ähnliche Beobachtungen anstellt.

Um 12 Uhr 8 Minuten am Montag, dem 20. Juni 1870, kam ich endlich bei den Viktoriafällen an.

Unser Lager wurde am Westende des Falles, 800 Schritt südlich davon, nahe einer aus dem Boden hervorbrechenden Felsenbank errichtet; diese Entfernung blieb notwendig, weil weiter nordwärts zu der ewige Staubregen niederfällt und der Boden zu feucht ist.

Ostwärts hin, parallel mit der Fallinie verlaufend und 45 Schritte südlich davon, erblickten wir – immer in Teilen nur, der hin und her wogenden Nebelschleier wegen – den schon von Livingstone, Baines und Chapman beschriebenen Regenwald. – Was Üppigkeit und Schönheit, nicht Mannigfaltigkeit der Pflanzenformen anbelangt, so kann er sich mit allem messen, was ich in Hinterindien, auf Ceylon, der Malakkahalbinsel und in Java gesehen habe. Die Farne nehmen baumartige Proportionen an, riesige Schlingpflanzen von der Dicke starker Schiffstaue laufen von Ast zu Ast und hoch über allem schwanken die gefiederten Häupter der Palmen, während herrliche Bambusgruppen uns lebhaft an die Gestade des Irawaddi erinnern.

Diese spontane Üppigkeit indessen erstreckt sich über den Bereich und den Einfluß der feuchten Niederschläge nicht hinaus, dahinter tritt weiter Wald auf, parkartig mit großen freien Rasenplätzen dazwischen; überall lachen uns an felsigen Stellen die roten Blüten einer bekannten Aloe entgegen.

Und nun will ich versuchen, eine schwache Beschreibung der großen Fälle selbst zu geben. In der Breite von einer viertel deutschen Meile kommt der majestätische Strom von Nord-Nord-West und stürzt seine Fluten 400 Fuß tief hinunter, in eine quer durch sein Bett setzende Felsenschlucht, deren Breite zwischen 240–300 Fuß schwankt. Oberhalb des Sturzes tauchen aus den Sambesifluten viele Inseln auf, alle mit der reichsten tropischen Vegetation geschmückt. Die Ufer sind mit weitem offenem Walde bestanden, hier kommen ganze Gruppen hochstämmiger Palmen vor, die der Landschaft den echten Stempel des Südens aufdrücken. Nahe dem Fall eilt das Wasser mit fliegender Schnelligkeit dahin, die langgezogenen Schaumbänder, die man überall sieht, verleihen dem Element das Ansehen, als ob es koche. Nahe dem westlichen Rande liegt eine kleine Insel, etwa 120 Fuß vom Ufer entfernt, der Zweig des Stromes scheint hier eine große Tiefe und das Bett eine starke Neigung zu haben, denn das Wasser stürzt sich heulend und in mächtigen Wirbeln brausend in einem Satz wie eine Meereswoge in die Tiefe hinunter. Nun kann man an dieser Stelle auf der westlichen Ecke auf eine etwas hervorspringende Felskante hinaustreten, was aber nur solchen Reisenden zu empfehlen ist, die frei von Schwindel sind. Dann erblickt man links dicht neben und unter sich den eben beschriebenen Sturz, in Front die lange Linie des großen Falles, die aber natürlich immer nur teilweise sichtbar ist, denn die mit der Flut herabgedrückte, zusammengepreßte und mit Wasserteilchen gefüllte Luft befreit sich gewaltsam, steigt wirbelnd zur Höhe empor und ist die Ursache der Dampf- oder Nebelwolken, die geisterhaft hoch oben über diesem großen »Altar« der Wasser leuchten. Hat man von dieser Stelle aus eine Zeitlang in das unten tobende, spritzende, schäumende, wallende Chaos hineingeschaut, umrauscht von dem fürchterlichen Lärm des rasend gewordenen Elementes, ist man erschüttert durch das aus der Tiefe heraufdröhnende, Mark und Bein durchdringende Geheul, so wundert man sich, daß selbst die Felsen, diese harten Rippen der Erde, einer solchen Macht gegenüber Widerstand leisten können.

Wie ich von diesem Punkte das imposante Bild, welches ich mit gar keinem anderen vergleichen kann, eine Zeitlang betrachtet hatte und eine Art Betäubung verspürte, ging ich hundert Schritte nach Süden zu in der Richtung des Lagers zurück. Hier befindet man sich noch im Bereich der Wasserstaubschleier auf felsigem Grunde, für Augenblicke umhüllen sie uns wie dichte Nebel, plötzlich teilt ein Windstoß das Gewölk, der lichteste Sonnenglanz scheint auf uns hernieder, dann wieder prasselt plötzlich ein heftiger Regen in großen Tropfen herab.

Dreht man sich auf dieser Stelle um, mit dem Gesicht nach Norden zu, so macht es einen eigentümlichen Eindruck, wenn man die lange Wolkenlinie aus der Erde heraufsteigen sieht, denn man gewahrt den Schlund und, der vor uns liegenden Bäume und Sträucher wegen, auch den Wassersturz nicht.

Nun wanderte ich durch den Regenwald, dessen Boden von zahllosen Elefanten und Büffeln ganz zerstampft war (die der kühlen Schlammbäder wegen nach hier kommen), um eine Frontansicht von Süden, links und rechts der ganzen Fallinie entlang zu haben.

Die quer durch den Strom setzende Spalte, welche die herabgestürzten Fluten aufnimmt, und die Ost ¹/₄ Strich Süd, West ¹/₄ Strich Nord läuft, endet schließlich, auf etwa ³/₄ ihrer Länge in einer jäh über den Schlund hinausragenden Felsenplatte, von Westen nach Osten zu schauend liegt vor uns jener Spalt – hier 270 Fuß breit – durch den allein der Abfluß des ganzen Wasservolumens stattfindet; hier vereinigen sich unter unseren Füßen die von Osten und Westen heranbrausenden Fluten, die letzteren bilden, wie gesagt, etwa ³/₄, die ersten ¹/₄ der gesamten Strombreite. Treten wir frei auf die genannte Felsplatte hinaus und schauen nach der Richtung Nordnordwest hin, von welcher der Sambesi heranströmt, so liegt vor uns die ganze weite Fallinie. Da der Fluß infolge der späten Regen noch sehr geschwollen war, sah ich ihn unter ganz ungemein günstigen Verhältnissen, denn die schwarzen Felsmassen waren durch die unbeschreiblich hübschen Wasserdraperien ganz verhüllt, nur hie und da gähnte, schwarz wie der Rachen der Hölle, aus dem weißen Schaumschleier das nackte Gestein zackig und jäh hervor. Der erste Sturz der Wasser bestand zur Zeit, als ich die Viktoriafälle sah, aus einer einzigen, 8 bis 10 Fuß langen, ununterbrochenen, grünlichblau glänzenden Riesenwelle, die dann weiter stürzend sich in immer feinere, weißere, balligere Schleier oder Wolkengebilde auflöste.

Dies ist der Punkt, von dem der Wanderer den großartigsten Anblick der unvergleichlichen Viktoriafälle des Sambesi genießen kann. Vor uns die ganze Pracht der stürzenden Wassermauer, ewig beweglich sich in der Form erneuernd, brausend, lichtvoll, glänzend, hie und da kleine grünende Inseln, die sich bis an den Rand des Sturzes hinanziehen, in Front, links, rechts und unter uns Wasser, die mit einem Lärm, dem Donner des Himmels vergleichbar, von dannen eilen. – Einen geisterhaften Anblick gewähren jene beiden großen kreisrunden Doppelregenbogen (kreisrund, weil sie durch keinen Horizont halbiert werden), die in Front bei der Vereinigung des von West und Ost kommenden Armes vor dem Fall hängen und deren magische Tinten in dem ganzen Lichteffekt einer tropischen Sonnenbeleuchtung glänzen. Die Farbenfolge des äußeren Ringes ist bläulich, gelblich, rötlich, die des innern reflektierten umgekehrt: rötlich, gelblich, blau.

Lange betrachtete ich dies gewaltige Naturbild, wie auf den Fittichen des Sturmes getragen kamen und gingen meine Fantasien; mir war es zu Mute, als ob mein kleines Ich ein Teil von jener Macht würde und sich darin auflöse, die in unendlicher Gewalt und Pracht mich hier umfing, und deren Urstimme rollte wie die Brandung der Ewigkeit. Doch ich werfe die Feder fort, denn das Unendliche kann der Mensch nicht beschreiben, und dies ist ein Stück Unendlichkeit, welches in den Rahmen der Schönheit und des Sichtbaren eingefaßt ist!

VON DER OSTKÜSTE INS INNERE

Als Missionar ins Wakambaland

aus: J. L. Krapf, Reisen in Ostafrika, Kornthal, 1858

Seit der Gründung unserer Missionsstation in Rabbai Mpia war es unser Wunsch gewesen, die Wakambastämme im Innern zu besuchen, aber teils unsere Arbeit an der Küste, teils die Reisen in andere Gegenden ließen uns nicht zur Erfüllung unseres Verlangens kommen, so sehr wir auch überzeugt waren, daß die Wakamba, die einen großen Teil von Ostafrika in Handelszwecken durchreisen, vor vielen anderen Stämmen Anspruch auf den Missionar haben. Zwar konnten wir uns nicht verbergen, daß es schwer sein müsse, mit diesem ungeordneten, ungestümen, wankelmütigen Volke (wie wir es wenigstens an der Küste kennenlernten) zu verkehren, aber diese Beobachtung gab uns keinen hinreichenden Grund, diesem Volk das Evangelium vorzuenthalten. Es fragte sich nur, gibt es einen Weg zu ihrem Lande, und wenn das der Fall ist, so hat der Bote Christi dort ein Arbeitsfeld, auf dem er sein Amt ausrichten muß.

Es war daher nach Rebmanns dritter Reise nach Dschagga und nach Erhardts Ankunft aus Europa unser einstimmiger Beschluß, daß ich die Wakamba im Innern (über 100 Stunden von Rabbai) besuchen, den Namen Christi auch dort bekannt machen und erforschen sollte, ob es von Ukambani aus keinen Weg nach Uniamesi, zu den Nilquellen und zu den christlichen Überresten am Äquator, von denen ich in Schoa gehört hatte, geben möchte.

Nachdem ich diese Aufgabe mir klar gemacht und mich von ihrer Ausführbarkeit überzeugt hatte, mietete ich eine Anzahl Wanika und einige Suahili als Begleiter und Gepäckträger für diese weite und, wie ich voraussehen konnte, gefährliche Reise, welche zunächst nur bis Kitui zu dem Wakambahäuptling Kiwoi, den wir im Juli 1848 in Rabbai kennengelernt hatten, sich erstrecken und von dort mit Kiwois Hilfe bis an den Dana-Fluß reichen sollte. Ich versprach jedem Träger 8 Taler bis Kitui und 2 weitere Taler bis an den Dana, welcher, wie ich bereits wußte, Ukambani im Norden und Osten von anderen Stämmen im Innern trennt. Wie gewöhnlich gab es uns auch jetzt wieder große Unruhe, bis der Vertrag mit den lärmenden und habsüchtigen Wanika und Suahili abgeschlossen und von den Häuptlingen in Rabbai, die 4 Taler als Geschenk beanspruchten, bestätigt war. Kaum war aber diese Unruhe vorüber, als die Häuptlinge von Duruma, durch deren Gebiet ich reisen mußte, kamen und von mir verlangten, daß ich die Hälfte der Träger von Rabbai und die andere Hälfte von Duruma nehmen sollte, was ich in soweit einging, daß ich zwei Männer von Duruma annahm.

Nachdem wir einander der Gnade und dem Schutz Gottes im Gebet empfohlen hatten, brach ich mit 11 Trägern von Rabbai am 1. Nov. 1849 auf. Rebmann begleitete mich etwa eine Stunde weit bis zu der Plantage des Mnika Mana Zahu, den ich zum Führer meiner kleinen Karawane erwählt hatte. Abends kamen die Häuptlinge von Rzokara (eine Abteilung des Duruma-Stammes, der den Süden und Westen des Rabbai-Gebietes begrenzt) und verlangten die Summe von 5 Talern Durchzugs-Gebühr. Ich wollte ihnen anfänglich nur 3 Taler geben, aber sie waren unbeweglich. Endlich willigte ich ein, unter der Bedingung, daß die übrigen Häuptlinge der Durumas keine weitere Forderung machen sollten, womit sie einverstanden waren.

2. Nov. Bruder Rebmann kehrte morgens früh nach Rabbai zurück, während ich meinen Weg in westlicher Richtung weiter fortsetzte. Nach dem Abschied von dem geliebten Bruder war es mir mehrere Stunden lang in meinem Gemüt sehr schwer, bis mich der 91. Psalm: »Der Herr ist meine Zuversicht und meine Burg, mein Gott, auf den ich hoffe« erquickte und ich jetzt mit Freudigkeit meinen Weg gehen konnte. An dem Flusse Muadsche, welcher das Gebiet Rabbai von dem der Durumas trennt, machten meine Leute Halt, um Vogelschau zu halten. Ich sprach aber entschieden gegen diesen sündlichen und törichten Aberglauben und forderte sie auf, sogleich weiterzugehen. Vom Muadsche an ist das Duruma-Gebiet wenig anbaubar und daher auch nicht bewohnt. Der Boden ist sandig und felsig, und meist mit Akazien überwachsen. Abends erreichten wir das kleine Dorf Abbe Gomes (eines Häuptlings von Duruma Ku, Groß-Duruma), wo wir übernachteten. Ich war sehr müde und etwas unwohl, wie es bei mir gewöhnlich in den ersten

Tagen der Fall ist, bis ich wieder an die Beschwerden der Fußreise gewöhnt bin; denn ein Reisender muß sich in diesen Ländern auf seine Füße verlassen, da er Tiere zum Reiten nur mit Schwierigkeit mit sich nehmen kann.

3. Nov. Am frühen Morgen erschienen die Häuptlinge von Groß-Duruma und verlangten ein Geschenk. Ich verweigerte dies mit dem Bemerken, daß ich den Häuptlingen von Nzokara 5 Taler für den ganzen Stamm gegeben habe; allein sie wollten davon nichts wissen, und so mußte ich den lärmenden und hartnäckigen Bettlern nachgeben und noch 2 Taler zu jener Summe hinzufügen. Ich bekam dann Ruhe von außen und konnte mit einigen Leuten über geistliche Dinge mich unterhalten. Wir blieben den Tag über bei Abbe Gome.

4. Nov. Ich erwachte diesen Morgen in einem etwas fiebrigen Zustand, hoffte aber, er werde sich durch das Reisen verlieren, und befahl daher meinen Leuten, sogleich aufzubrechen. Allein sie verlangten vorher eine Kuh mit Ungestüm, auf das ich jedoch nicht achtete. Sie reisten endlich zwar ab, aber machten schon im nächsten Dorf wieder Halt und erneuerten ihr Verlangen nach einer Kuh, dem ich endlich nachgeben mußte. Als die Kuh geschlachtet, zum Teil verschenkt, zum Teil gegessen und zum Teil für die Wüstenreise zubereitet war, hörten wir auf einmal den Schall eines Kriegshornes, und 25 bis 30 Kerls marschierten im Kriegsaufzug auf uns los, blieben aber etwa 100 Schritte von uns entfernt stehen. Ich konnte zuerst nicht erfahren, was die Sache war, bis ich sah, daß meine Leute ihre Bogen und Flinten ergriffen und sich kampffertig machten, woraus ich schloß, daß es etwas Wichtiges sein müßte. Da ich die Feigheit der Wanika kannte, blieb ich eine Zeitlang ruhig auf dem Boden sitzen und schaute ihrem Manöver zu. Mein Führer ging ihnen entgegen und redete mit ihnen. Das Geschrei war so heftig und durcheinander schwirrend, daß ich den Inhalt der wilden Unterhaltung nicht verstehen, jedoch so viel merken konnte, daß es auf ein Heschima, d.h. ein Geschenk abgesehen war. Da mein Führer nichts ausrichtete, so begab ich mich selbst allein und ohne Waffen zu ihnen und bemerkte ganz ruhig, daß ich im Frieden durch ihr Land zu reisen wünsche, daß ich den Häuptlingen in Nzokara 5 Taler und denen in Groß-Rabbai 2 Taler bezahlt und von ihnen die Erlaubnis des ungestörten Durchzugs erhalten habe. Sie

71 Johann Ludwig Krapf

wurden jetzt etwas ruhiger, verlangten aber doch noch ein Geschenk. Ich erklärte daher, nach Rabbai zurückkehren und die Reise aufgeben zu wollen, und befahl meinen Trägern, ihre Lasten aufzunehmen und zurückzukehren. Als die Durumas dies sahen, hielten sie einen Rat. Zu gleicher Zeit baten mich die Dorfleute, nicht umzukehren, sondern zu warten, bis die Häupter des Ortes, die abwesend waren, erscheinen würden. Endlich kam einer von der feindlichen Partei zu uns und erklärte, daß sie mit einem Stück Tuch im Wert von einem halben Taler zufrieden wären und uns ziehen lassen wollten. Ich willfahrte ihrem Verlangen und nun wurden sie freundlich und ließen uns im Frieden. Es ist schade, daß die Häuptlinge von Rabbai vor 15 Jahren den Wanika von Duruma und Kiriama denjenigen Teil ihres Gebietes, der direkt in die Wildnis und ins Innere führt, überlassen und dadurch denselben den Schlüssel nach Teita, Dschagga und Ukambani übergeben haben, so daß sie jetzt die Rabbai-Leute ausschließen können, so oft sie wollen.

9. Nov. Etwa um 10 Uhr vormittags erreichten wir den Fuß des Berges Maungu, wo wir uns Wasser und Speise verschaffen wollten.

Auf der Spitze des Berges hat es felsige Tröge, in welchen das Wasser nach der Regenzeit stehen bleibt. Auch hat es auf dem Berg guten Boden, auf dem die Leute Welschkorn, Bohnen und andere Dinge anpflanzen, welche sie an die Karawanen verkaufen. Sie haben auch Schafe und Ziegen, aber keine Kühe. Ich hatte eine großartige Aussicht auf dem Maungu. Im Osten sah ich das Galla-Land, im Nordwesten und Westen die Berge Endara und Bura, im Südosten Kadiaro und die Berge von Pare. Die Richtung unserer Reise war Nord bei West.

Die Hauptperson auf Maungu ist ein Emkamba namens Endenge, der von Ukambani auswanderte und sich auf dem Berg niederließ. Er schenkte mir Bohnen, Welschkorn und eine Henne, wofür ich ihm ein Gegengeschenk machte, das ihn freute. Der Weg, der den Berg hinaufführt, ist an einigen Orten sehr steil. Maungu ist ein wichtiger Punkt für Reisende, weil man (den Berg Ndara ausgenommen) zwischen Ukambani und der Küste sonst nirgends Speise kaufen kann. Daher war mir an der Freundschaft des Endenge viel gelegen.

10. Nov. Ehe meine Träger weitergingen, verlangten sie größeren Lohn, als in Rabbai bestimmt worden war. Ich brachte sie dadurch zum Schweigen, daß ich sagte, sie sollten nach Rabbai zurückkehren, wenn ihnen der Lohn nicht gefalle.

Morgens hatte ich eine schöne Aussicht auf den Schneeberg Kilimandscharo in Dschagga. Der Schneeberg ragte über den Ndara und Bura hervor. Sogar in dieser weiten Entfernung konnte ich wahrnehmen, daß die weiße Materie, die ich sah, Schnee sein müsse. Als der Himmel gegen 10 Uhr umwölkt wurde, entzog sich die weiße Materie meinem Blick und verlor sich in den Wolken von rötlicher Farbe.

11. Nov. Um 10 Uhr kamen wir zu dem Hügel Kamkingo, wo wir uns entscheiden mußten, ob wir uns dem Berg Ndara nähern oder ob wir einen mehr östlichen, waldigen Umweg machen wollten, nahe am Galla-Land hinziehend. Da wir Wakamba bei uns hatten, welche mit den Teitas in Feindschaft waren, beschloß mein Führer, Ndara zu umgehen. Wir betraten nun einen großen Dschungel, wo wir bald den Weg verloren und auf Nebenwege gerieten, welche von den wilden Tieren gemacht worden sind, die überhaupt die einzigen Wegbereiter und Weg-Inspektoren der afrikanischen Wildnis sind. Die armen Wakamba-Mütter, welche neben ihren Lasten noch ihre kleinen Kinder auf dem Rücken trugen, wurden sehr beunruhigt durch das Geschrei ihrer Kleinen, welche bald Hunger und Durst litten. Ihr Geschrei und Weinen war uns sehr unangenehm wegen der Galla, welche oft den Karawanen in dieser Wildnis auflauern. Gegen Abend fanden wir zwar den Weg wieder, aber wir hatten keinen bequemen Lagerplatz und mußten daher erst das Gebüsch wegräumen, ehe wir von den Strapazen des Tages ausruhen konnten.

Der Führer der Wakamba-Karawane in seiner großen Furcht, die Galla möchten unseren Lagerplatz ausfindig machen, warf eine Mischung von zerpulverter Rinde ins Feuer, damit die Feinde an unserem Nachtquartier vorbeiziehen sollten, ohne es zu bemerken. Ich verwies ihm seinen Aberglauben und suchte sein Gemüt auf den Schöpfer Himmels und der Erde hinzulenken, auf den der Mensch vertrauen muß. In Stunden der Not kann der Missionar das Herz der Heiden am besten kennenlernen und sehen, wie sie auf elende Dinge ihr ganzes Vertrauen setzen.

13. Nov. Als wir abreisen wollten, erklärten die Wakamba, daß sie vorher am Woi-Fluß Wasser holen müßten. Da wir nicht so lange warten wollten, brachen wir ohne sie auf, nahmen aber einen Umweg durch einen dornenvollen Dschungel, um dem östlichen Fuß des Bura-Berges nicht zu nahe zu kommen, wo es sehr gefährliche Räuber gibt, die Ändi heißen, und die schon manche Karawa-

ne vernichtet haben. Wir reisten den ganzen Tag, so schnell wir konnten, um auf dem Hügel Kangongo abends Wasser zu finden und dort zu lagern. Ehe wir den Hügel erreichten, passierten wir den trockenen Bach Mbululo, der in der Regenzeit sein Wasser von den Bura-Bergen erhält. Nachdem wir uns am Fuß des Hügels in einem Dickicht gelagert hatten, stieg eine Partie denselben hinan, um Wasser zu holen, während ich mit 5 Mann das Lager bewachte. Da die Wasserträger nicht zurückkamen, waren wir in großer Verlegenheit, bis wir den Knall der Flintenschüsse hörten.

14. Nov. Die Wasserträger kamen mit Sonnenaufgang zurück, brachten aber keinen Tropfen Wasser, da die Gruben oder Tröge ausgetrocknet waren. Jetzt war unsere Verlegenheit groß, da unser gestriger Wasser-Vorrat beinahe ganz erschöpft war, und wir bis zum Fluß Zawo wenigstens noch 14 Stunden zu reisen hatten. Wir brachen daher in Eile auf und reisten so schnell wir konnten. Die Sonne wurde bald brennend heiß. Unser Weg führte uns über roten Sand, Kieselsteine und oft über Felsen. Die Vegetation war gering. Nur kleine Akazienbäume waren am Weg zu sehen. Die ganze Gegend war offenbar vor sehr langer Zeit vulkanischen Wirkungen ausgesetzt gewesen.

Während wir um Mittag im Schatten eines Baumes ein wenig ausruhten, wurde einer meiner muhamedanischen Träger so ärgerlich über die Strapazen des Weges, daß er im Zorn ausrief: »Soll ich nur 8 Taler für diese Reise erhalten?« Er wurde so böse, daß er sein Gewehr auf die Wanika richtete, welche ihn beruhigen wollten.

Gegen 2 Uhr nachmittags war die Hitze fast unerträglich und doch hatten wir kein Wasser mehr, waren auch noch weit von dem Fluß Zawo. Jener Muhamedaner war wieder der erste, der sich wider mich empörte und erklärte, er sei nicht im Stand, die Reise fortzusetzen. Ich ermahnte nun die andern, alle Kraft aufzubieten, um noch vor Nacht den Fluß zu erreichen. Da sie zögerten, forderte ich die Freiwilligen auf, sich an mich anzuschließen. Sechs Mann waren bereit zu dem anstrengungsvollen Unternehmen. Ich war äußerst müde und durstig, jedoch war der Fluß noch in weiter Ferne. Die Sonne war gerade am Untergehen, als wir einige große Bäume vom Palmengeschlecht (mikoma in der Wanika-Sprache) wahrnahmen. Ich verdoppelte daher meine Schritte in der gewissen Überzeugung, daß die erblickten Bäume am Ufer des Zawo stehen müßten. Und so war es auch. Nach kurzer Zeit standen wir am Ufer des schönen Flusses und erquickten uns an seinem kühlen Wasser.

Nachdem ich meinen Durst gestillt hatte, besichtigte ich ein wenig die Örtlichkeit des Flusses. Der Zawo ist 20–25 Fuß breit, die Ufer sind 15–18 Fuß hoch. Das kühle Wasser läuft mit großer Schnelligkeit über feinen, roten Sand, und war 2 1/2 Fuß tief in dieser heißen Jahreszeit. Felsen waren nicht in dem Fluß, der daher gar kein Geräusch macht. Nur die hohen Palmbäume verkündigen von der Ferne dem Reisenden sein Dasein. Er fließt von Nord nach Ost. Ich sah diese Palmbäume (mikoma) in der Bucht vor Malindi, wo der Fluß unter dem Namen Sabaki wahrscheinlich seine Mündung hat. Er entspringt in Dschagga und ist offenbar der östliche Ausfluß des Schneewassers von dem Berg Kilimandscharo (während der Gona und Lumi nach Südwesten gehen), daher der Zawo auch nicht vertrocknet. Nachdem er eine Reihe roter Hügel durchbrochen hat, geht er ins Land der Galla, wo er den oben genannten Woi-Fluß aufnimmt und wahrscheinlich auch den Adi.

15. November. Um 9 Uhr erreichte unsere zurückgebliebene Partie den Zawo in einem erschöpften Zustand, da die Wasserträger, welche ich gestern abend abgesandt hatte, sie nicht erreichten, indem sie im Walde irre gingen. Von den Wakamba konnte ich nichts erfahren. Ich versprach jedem 2 Taler, der ihnen Wasser entgegenbringen würde; allein meine Leute erklärten, sie würden nicht um 10 Taler den gefährlichen Weg machen. Nachdem sie sich mit Speise und Trank erquickt hatten, brachen wir auf und marschierten ohne Unterbrechung, bis die Nacht einbrach. Meine Leute hieben große Äste von den Bäumen und machten ein starkes Gehege um unser Lager, zum Schutz gegen wilde Tiere und Menschen.

Nachdem wir das Weichbild des Zawo verlassen hatten, eröffnete sich uns eine schöne Aussicht auf den Berg Theuka, welcher sehr hoch ist und auf der Westseite des Zawo liegt. Das nördliche Ende desselben bildet der Berg Engolia, der von Wakamba bewohnt ist. Der Theuka war früher auch von Wakamba bewohnt, aber vor 15 Jahren von ihnen verlassen worden. Die Bewohner sollen nämlich damals ein unterirdisches Geräusch gehört haben, das sie bei ihrem großen Aberglauben auf den Gedanken brachte, die Europäer seien von der Küste her auf einem unterirdischen Gang im Anzug mit Kanonen, deren Knall sie zu hören glaubten. Die Wakamba verließen daher den Berg in Eile und kehrten nie wieder zurück.

16. November. Wir brachen früh auf. Als der Himmel klar wurde, konnte ich die ganze Ostseite des Dschaggalandes und seiner ungeheuren Bergmasse recht deutlich sehen. Ich sah ganz klar die transparente weiße Materie auf dem domartigen Gipfel des Kilimandscharo. Südlich von ihm sah ich einen etwas niedrigeren Berg, der sich allmählich zuspitzt. Zwischen ihm und dem Kilimandscharo ist eine sattelähnliche Vertiefung, welche auf den Kilimandscharo hinaufführt, auf dem ich den Schnee (Kibo) ganz deutlich wahrnahm. An einigen Orten bemerkte ich tiefe und breite Schluchten oder Einschnitte. An anderen Orten sah ich ganz perpendikuläre Felsen-Mauern, welche fast bis auf des Berges Spitze hinaufreichten. An diesen Bergwänden war natürlich kein Schnee, weil er sich da nicht halten kann. Nachdem wir das nördliche Ende des Engolia umzogen hatten, konnten wir den Berg Dschulu, der höher ist als der Theuka, im Westen sehen. Der Dschulu ist von Wakamba bewohnt, welche ihr Wasser von dem Frost und Tau, der beständig auf dem hohen Berg fällt, erhalten sollen. Der Dschulu schützt das Wakambaland gegen die Wakuafi, welche in der großen Ebene zwischen dem Kilimandscharo und der Südseite des Dschulu sich aufhalten. Wäre nicht der Dschulu eine mächtige Schutzmauer, so wären die Wakamba in Kikumbuliu, welche östlich und nördlich vom Dschulu wohnen, längst von den Barbaren aufgerieben worden. Nordöstlich von Dschulu ist der Berg Noka, der ebenfalls von Wakamba bewohnt ist, die keinen guten Ruf bei ihren Landsleuten haben.

Wir begegneten vormittags einer kleinen Karawane von Wakamba, welche nach der Küste von Mombas ging. Ich gab ihnen ein Schreiben mit an meine Freunde in Rabbai.

Um Mittag kamen wir nach Mdido wa Andei, wo wir trinkbares Wasser im Bette eines trockenen Flusses fanden. Wir bereiteten unser Mittagsmahl im Schatten großer Bäume und marschierten dann weiter, bis es Abend wurde, wo wir in einem dicken Dschungel, der nach Kikumbuliu führt, unser Nachtlager errichteten. Nach dem Nachtessen erneuerten meine Leute ihre Forderung um Vermehrung des Lohnes mit Ungestüm. Ich beruhigte sie endlich mit der Erklärung, daß ich ihnen weiter zahlen wolle, wenn wir in Ukambani angekommen seien, wo ich erst die ganze Länge des Wegs berechnen könnte....

20. Nov. Mit Tagesanbruch brachen wir auf und marschierten etwa sechs Stunden (meist durch Waldung), bis wir sanft in das Bett des schönen Flusses Adi hinabstiegen, welcher das eigentliche Ukambani gegen Südwesten begrenzt. Die Ufer des Flusses, welche etwa 20–25 Fuß Höhe haben, sind mit hohen Bäumen geziert. Das Wasser läuft sehr langsam in dem weiten Bett, das gegen 170 Fuß breit ist. Das eigentliche Bett, das Wasser hatte, war etwa 60 Fuß breit und 1½ Fuß tief zu dieser Jahreszeit. In der Regenzeit ist der Adi ein mächtiger Strom, den die Eingeborenen nicht passieren können. Er soll seine Quelle in Ambaloilu in Kikuyu haben, und seine Zuflüsse von den hohen Bergen Kilungo, Iweti, Mukamku und Nsao Wi erhalten. Letzeren Berg sah ich in Kikumbuliu. Mein Führer versicherte mir, daß ein Teil des Adi vom Kilimandscharo komme; und es ist sehr wahrscheinlich, daß der nördliche Teil des Schneebergs etwas von seinem Wasser nach Ukambani sendet. Ob der Adi in den Dana-Fluß geht oder sich mit dem Zawo vereinigt und den Sabaki bildet, der bei Malindi ins Meer geht, kann ich nicht bestimmen.

Nachdem wir auf der östlichen Seite des Adi uns mit Speise und Trank erquickt hatten, fingen wir an, die Bergreihe (oder Gürtel) langsam aufzusteigen, welche von Endunguni an dem Galla-Land entlang sich bis Ukambani, ja bis Kikuyu hinzieht, nur daß dieser Berg-Gürtel hier gegen 1800 Fuß hoch ist. Wir begegneten bald einigen Leuten, welche den Dschungel in der Nähe des Flusses säuberten, um den Boden anzupflanzen, was sie bisher aus Furcht vor den Galla und Wakuafi unterlassen hatten. Auf der Höhe angekommen (der ganze Distrikt heißt Yata), hatten wir eine herrliche Aussicht nach allen Seiten. Im Westen und Nordwesten sahen wir den Schlangenlauf des Adi-Flusses, die Hügel und Ebenen der Wakuafi, im Süden und Südwesten die Berge Dschulu, Engolia, Theuka, im Osten die Berge von Mudumoni, welche die Galla von Ukambani trennen. So sehr mich aber diese geographischen Entdeckungen freuten, so sehr mußte mich der Gedanke betrüben, daß hier Myriaden unsterblicher Seelen wohnen, welche von der Gnade Gottes in Christo Jesu noch nichts gehört und erfahren haben.

Wir bezogen unser Nachtquartier in einem der vielen kleinen Dörfer der Wakamba, die sehr freundlich gegen uns waren und uns Fleisch von Giraffen und Elefanten, auch Hühner zum Kaufen anboten. Das Giraffen-Fleisch schmeckte mir sehr, aber das des Elefanten fand ich zu hart; auch hatte es, obwohl es geröstet war, einen eigentümlichen Geschmack, den jedoch ein guter Appetit nicht sehr achtete. Meine Muhamedaner wurden gewaltig aufgebracht gegen dieses Fleisch der »Ungläubigen«, wie sie es nannten, und verlangten Glasperlen zum Ankauf von Hühnern, die ich ihnen des Friedens wegen nicht verweigerte.

22. Nov. Da es in Yata ziemlich kalt war, freuten wir uns über den Aufgang der Sonne, mit der wir unsere Reise fortsetzten. Zuerst reisten wir eine Stunde lang über die Ebene von Yata und stiegen dann in die ausgedehnte Wildnis von Tangai hinab, welche unbewohnt ist und welche sich bis an die Mudumoni-Berge und das Galla-Land im Osten und Südosten erstreckt.

Früher war ein direkter Weg von Tangai an die Küste, so daß man den Umweg über Kikumbuliu nicht zu machen brauchte; allein die Galla, welche seit der Wegräumung der Wakuafi mehr südlich gezogen sind, gefährden die Karawanen-Straße. Da die Wakuafi und Galla durch das Vorhandensein von Kuhherden geködert und bewogen werden, Einfälle in das Gebiet der ostafrikanischen Stämme zu machen, so halten die Leute von Yata absichtlich keine Kühe und Ochsen, sondern bloß Schafe und Ziegen, um ihre barbarischen Nachbarn nicht zu Angriffen auf ihr Gebiet zu veranlassen. Nachdem wir die Tangai-Wildnis glücklich passiert hatten, sahen wir wieder mehrere zerstreute Wakamba-Dörflein. Bei dem klaren Wetter und wolkenlosen Himmel konnte ich das Schneehaupt des Kilimandscharo sehr deutlich sehen, welcher Berg über alle seine Nachbarn hervorragt wie ein Riese über kleine Kinder. Der Dschulu ist 5000–6000 Fuß hoch, und doch ragt der Kilimandscharo weit über ihn hervor, ja er scheint auf ihm zu ruhen. Natürlich kann man am Fuß dieser kleinen Berge den Riesen nicht sehen, sondern erst wenn man eine gewisse Höhe derselben erreicht hat.

25. Nov. Da meine Leute wußten, daß wir heute bei Kiwoi ankommen würden und unsere Reise zu Ende ging, verlangten sie mit größter Frechheit die Erhöhung ihres Lohnes. Sie verlangten jetzt 13 statt 8 Talern, die in Rabbai bestimmt worden waren. Sie sagten,

drei Taler seien schon von ihren Weibern und Kindern gegessen, d. h. im voraus vor der Abreise von Rabbai empfangen worden, und jetzt müßten sie noch zehn Taler erhalten. Überdies verlangten sie alles Elfenbein, das mir Kiwoi als Gegengeschenk geben würde. Würde ich diese Forderung verweigern, so würden sie mich augenblicklich verlassen. Sie waren dabei so ergrimmt, daß, hätte ich nur das geringste beleidigende Wort erwidert, sie mich unfehlbar auf der Stelle erschlagen haben würden. Ich war deshalb die Nacht hindurch ganz still und ließ sie schreien und lärmen.

Übrigens versprach ich ihnen zehn Taler ohne weiteres; auch die 13 Taler war ich bereit zu geben, wenn die Behörden an der Küste diese Forderung für gerecht anerkennen würden, denn hier in der Wildnis sei kein rechtes Gericht. Diese Erklärung beruhigte sie endlich, so daß sie aufbrachen, um das Dorf Kiwois vollends zu erreichen.

26. Nov. Wir zogen durch viele Wakamba-Dörflein, denn wir waren jetzt in einem sehr bewohnten Teil des Landes angelangt, der guten Boden und viel Gras hat. Als wir an den Felsenhügel Nsambani kamen, wurde unsere Richtung geradezu nördlich, während wir mehrere Tage lang nordöstlich gezogen waren. Dieser Hügel, der aus einem einzigen Stück Felsen besteht und sich aus der Ebene erhebt, dient als Markstein, der weithin gesehen wird. Hier beginnt das Gebiet des Stammes Kitui, dessen Haupt Kiwoi ist, der bereits von meiner Ankunft gehört hatte. Nachdem wir seinen Wohnort erreicht hatten, setzten wir uns unter einen Baum und warteten, bis er uns entgegenkam. Meine Wanika hielten sich aber einige hundert Schritte fern von mir und meinem Gepäck, da sie, wie ich nachher erfuhr, Kiwoi als einen großen Zauberer fürchteten, dessen Zauberei ihnen schaden könnte. Er kam endlich aus seinem Dörflein heraus, begleitet von seiner Hauptfrau, welche in ihrer Hand einen Zauberstab trug, der schwarz gefärbt war. Der Häuptling grüßte mich freundlich und sagte, daß, als ich mit ihm in Rabbai von einer Reise nach Ukambani gesprochen hatte, er dies für eine Lüge gehalten, indem er gedacht habe, ich werde nie eine so weite Reise machen; aber er habe jetzt gesehen, daß ich die Wahrheit geredet habe; ich sei ihm deshalb in seinem Lande willkommen. Er ließ mir sodann eine Wohnung zubereiten in einer der Hütten seiner Frauen, welche die Hütte verlassen mußte. Die Wa-

kamba liefen in Masse zusammen, den Musungu (Europäer) zu sehen und zu bewundern.

Nachdem ich in meiner Wohnung etwas eingerichtet war, besuchte ich den Häuptling und sprach mit ihm über den Zweck meiner Reise, nämlich zu erfahren, ob die Wakamba christliche Lehrer aufnehmen würden, welche sie den Weg zum wahren Glück durch die Erkenntnis Gottes und seines Sohnes Jesu Christi lehren würden? Weiter sagte ich ihm, daß ich wünschte, meine Reise bis an den Dana-Fluß[1] auszudehnen und deswegen ihn um Begleiter zur Ausführung meines Planes bitten möchte; ich verlange kein Elfenbein von ihm für mein Geschenk, überhaupt verlange ich nichts als meinen täglichen Unterhalt, so lange ich bei ihm sei. Der Häuptling erwiderte: »Ich verstehe deine Absicht und du sollst alles erlangen, was du wünschest. Du bleibst bei mir bis nächsten Monat, wo ich nach Muea (ein Ort im Wanduroboland) und auch nach Kikuyu gehe, um dort Elfenbein zu holen; du gehst mit mir nach allen diesen Gegenden. Nach meiner Rückkehr werde ich eine Reise an die Küste machen, mein Elfenbein zu verkaufen, nach vier oder fünf Monaten, wo du dann mit mir gehen kannst; aber deine Wanika mußt du entlassen, denn ich habe sie nicht gerne, da sie mir mein Elfenbein entreißen, wenn ich durch ihr Land ziehe.« Hierauf holte er eine Kuh, welche von meinen Muhamedanern geschlachtet und zwischen mir und Kiwois Familie geteilt wurde. Den Wanika wollte er nichts geben, besonders als er hörte, daß sie mich in Ilangilo mißhandelt hätten.

In meiner zweiten Unterredung mit Kiwoi erwähnte ich den Schneeberg Kilimandscharo in Dschagga. Kiwoi sagte, er habe die meisten Gegenden in Dschagga gesehen und kenne den Berg sehr wohl, aber es sei ein zweiter, noch größerer Kiima dscha dscheu (Berg der Weiße, weißer Berg) zwischen den Ländern Kikuyu, Mbe und Uimbu, von welchem Weißberg der Dana-Fluß seinen Ursprung habe. Er sagte dann weiter: »Du wirst beide Berge (den Kilimandscharo und den Kenia oder Kegnia) in einer kleinen Entfernung von meinem Dorfe sehen können, wenn es helles Wetter ist. Es ist zehn Tagesreisen von hier bis zum Kilimandscharo in Dschagga, aber nur sechs Tage bis zum Kegnia in Kikuyu.« Den

1 gemeint ist der Tana-Fluß

Kilimandscharo sah ich bald nachher südwestlich vom Dorfe Kiwois, aber den Kegnia konnte ich nicht sehen, da es gegen Norden und Nordwesten nicht hell war, indem der Regen bereits von jener Richtung her zu fallen angefangen hatte. Wären wir nur einige Wochen früher gekommen, so wäre der nördliche Himmel noch klar gewesen.

In einer anderen Unterredung drückte Kiwoi den Wunsch aus, daß der Gouverneur von Mombas den Dana-Fluß herauf Boote senden möchte, um sein (Kiwois) Elfenbein zu Wasser zu holen, indem es sehr mühsam sei, das Elfenbein zu Land nach Mombas zu bringen. Der Fluß habe keine Felsen, reiche in der heißen Jahreszeit bis an den Hals, während er in der Regenzeit gar nicht zu passieren sei. Seine Breite sei mehrere hundert Schritte, die Leute von Mbe geleiteten Fremde von einem Ufer zum andern. Diese Mitteilung gefiel mir sehr wohl, da ich längst gern die Wasserfahrt auf dem sogenannten Fluß Quilimancy (was wohl Kilimansi oder Kilima dscha mansi: Berg des Wassers oder Wasserberg heißen soll) ausgeführt wissen wollte. Dieser Quilimancy ist also kein anderer als der Dana-Fluß, der von dem Schneewasser des Kegnia gebildet wird und in seinem weiteren Lauf viele Flüsse aufnimmt, wie z. B. den Dida, Kingadschi, Ludi. Kiwoi tat auch Erwähnung eines Bahari oder eines Sees, welcher im Norden von Kikuyu liegen soll[1]; er habe ihn nicht persönlich gesehen, aber von ihm gehört durch die Wakamba, welche in der Nähe des Sees Elefanten jagen. Ich konnte nicht recht klar werden, was er mit diesem See meinte, ob es wirklich ein See oder ein großer Fluß oder ein Arm des Meeres ist.

27. Nov. Diesen Morgen führte mich Kiwoi bei seinen Großen und Verwandten ein. Er benützte meine Anwesenheit, um sich in den Augen der Seinigen groß zu machen. Er sagte: »Habe ich euch nicht früher gesagt, daß ich euch einen Musungu (Europäer) bringen werde? Jetzt ist er gekommen, bin ich nicht ein großer Mann, da ein Musungu zu mir in mein Land gekommen ist?« Sie riefen alle einstimmig aus: »Wahrlich, Kiwoi ist ein großer Mann und hat uns die Wahrheit gesagt.«

30. Nov. Es regnete viel in vergangener Nacht. Kiwoi ließ noch in der finstern Nacht und während des Regens durch meine muha-

1 wohl der Naiwaschasee

medanischen Träger eine Kuh schlachten, welche er zwischen mir und seiner Familie teilte. Er wollte sie nicht bei Tage schlachten lassen, damit die Wakamba nicht kommen und um Fleisch betteln könnten. Auch verbot er uns, den Wanika Fleisch zu geben, was mir sehr mißfiel. Ich gab dessenungeachtet jedem Wanika eine Portion, was ihnen Freude machte. Ein Mann aus Kikuyu gab mir die Namen mehrerer Stämme, Berge und Ortschaften seines Landes. Die größten Berge sind: Kirikata, Kirimonge, Kawumbu, Dschambischo, Kiangei, Gnissi, Kiturre, Tomodomu, Dalasau. Die Hauptstämme und Ortschaften sind: Kirugami, Tuku, Gnalua, Molodoi, Maringo, Dirinsa, Udigiriri, Ndololi, Kawundu, Natu, Loidoto, Zirarei, Maramara, Ngaramara, Tawaiu, Kiringidschu, Kabudei ...

Nach Kiwoi soll ein Reisender, der den Schneeberg Kegnia besuchen will, von Kitui aus am ersten Tag nach Muakini, am zweiten nach Mambidschi, am dritten an den Dana-Fluß, am vierten nach Muea, am fünften nach Uimbu und am sechsten an den Kegnia gelangen, von welchem das Wasser mit großem Geräusch in den Dana fließt, was auf Schneelawinen schließen läßt, die unten schmelzen.

3. Dez. Die Weiber des Häuptlings bereiteten Mehl für unsere Reise nach der Küste. Er verteilte eine Quantität Welschkorn unter seine Frauen und befahl ihnen, es in Eile zu mahlen. Sie gebrauchten beim Reinigen des Getreides kein Sieb, sondern ließen es aus einem Korb auf die Erde fallen, wo der Wind dann den Staub und Unrat wegblies. Die Wakamba wollen den Gebrauch des Siebes, das an der Küste angewendet wird, nicht gestatten, aus der abergläubischen Furcht, der Regen möchte aufhören. Aus demselben Grund gebrauchen sie keine Ackergeräte von Eisen. Der Aberglaube hindert sie, die väterliche Sitte zu verlassen und etwas besseres einzuführen.

Blauer Vitriol (Murdutu) ist sehr gesucht in Ukambani und wird gegen Geschwüre und die Pocken angewendet. Rötel und Luahu (ein indisches Produkt) werden auch von den Wakamba sehr gesucht. Ein Reisender sollte sich mit diesen wohlfeilen Dingen gut versehen, da er damit Lebensmittel kaufen kann. Der Luahu (eine Getreideart) wird gemahlen, mit Rötel vermischt und in den Körper eingerieben, so daß die Makamba ganz rot aussehen. Man kann daher ebensowohl von roten Afrikanern als roten Indianern oder Amerikanern reden.

Nachmittags nahmen wir Abschied von Kiwoi, der folgende lange Anrede an mich, an meine und seine Leute hielt: »Ich hatte gewünscht, daß der Musungu bei mir bleibe und im nächsten Monat mit mir nach Kikuyu gehe, wo der Dana-Fluß passiert werden kann; aber der Europäer will nach der Küste zurückkehren. Er kann gehen, wenn er will, ich verhindere ihn nicht. Ich habe ihm einen Elefantenzahn von vier Fuß Länge und einen anderen von dreieinhalb Fuß schenken wollen, – denn seine Habe ist mein, und meine Habe ist sein; aber ich habe jetzt kein Elfenbein: es ist in Kikuyu. Ich werde gehen und es holen, und dann werde ich nach der Küste reisen, und zwei Elefantenzähne für den Musungu mitbringen; und wenn sein Bruder in Rabbai mit mir nach Ukambani gehen will, so mag er mit mir gehen, aber Elfenbein habe ich jetzt keines. Ich werde nach Kikuyu gehen und zu den Andulobbo und es im nächsten Monat holen. Ich bin ein großer Mann, ich mache nicht viele Worte; aber ich werde bei meinen Worten bleiben. Und ihr, Wanika, höret mich, ich habe euch auch ein Wort zu sagen: Ihr sollt dem Musungu auf dem Weg keine Mühe machen, denn er ist mein Freund. Ihr sollt ihn sicher in sein Haus nach Rabbai bringen, damit ich nicht zornig über euch werde.

Und nun, hier sind 170 Strängelchen Glasperlen und ein Doti Amerikano; dies wird genügen, um in Kikumbuliu Speise zu kaufen und die Küste zu erreichen. Bis Kikumbuliu wird auch mein Mehl und Welschkorn reichen. Und nun habe ich euch mein ganzes Herz gesagt. Grüßt Tangai, den Gouverneur der Festung von Mombas.«

Tangai war dem Häuptling persönlich bekannt, da er sein (Kiwois) Elfenbein zu kaufen pflegt, wenn Kiwoi nach Mombas kommt. Nach dieser Anrede brachen wir auf, begleitet von Kiwoi, der ein paar hundert Schritte mit uns ging. Nach etwa einer Stunde erreichten wir einen etwas erhöhten Ort, von wo aus ich den Schneeberg Kegnia deutlich sehen konnte, da die Luft rein und klar war. Der Berg erstreckte sich von Ost nach Nordwest bei West. Er erschien mir wie eine ungeheure Mauer, auf dessen Spitze ich zwei große Türme oder Hörner erblickte, welche nicht weit von einander stehen, und welche dem Berg ein imposantes Ansehen geben. Der

Kilimandscharo hat einen kuppelähnlichen Gipfel, der Kegnia dagegen ist mehr dachstuhlartig. Die Säulen oder Hörner werden ohne Zweifel von den nördlichen Bewohnern weithin gesehen werden, weshalb ich mich nicht wundere, daß schon Bruce berichten konnte, der weiße Fluß entstehe von Schnee, nur daß er diesen nach Kaffa versetzt, wo es keine Schneeberge gibt, wo man aber wohl von den Schneebergen im Süden hören mag.

Am oberen Tana durch Murdoi

aus: Carl Peters, Die deutsche Emin Pascha-Expedition, München und Leipzig, 1891

Der Tana, von Galamba aufwärts, stellt eine ununterbrochene Reihe von Inselbildungen dar. Zehn Meilen oberhalb Oda-Boru-Ruwa fällt derselbe aus seinem Oberlauf in den Mittellauf hinunter. Wäh-

72 Peters' Expeditionsflotte auf dem Tana

rend er bis dahin in Felsbetten sich fortbewegt, tritt er bei Hargazo in die sandige Steppe ein, und dies führt bei dem schwankenden Wasserstande zu fortwährenden Neubildungen von Stromläufen und dementsprechenden Inselbildungen. Dazwischen finden seenartige Erweiterungen statt, so daß der Fluß sehr lebhaft an die Havel zwischen Potsdam und Spandau erinnert. Diese sämtlichen Inseln, deren einheitlicher Charakter von uns zuerst festgestellt ward, habe ich mit einem Gesamtnamen als Von-der-Heydt-Inseln auf der Karte eingetragen. Die Ufer sind hier von einem dichten Waldsaum umgeben, welcher, vom Fluß aus angesehen, teilweise als Galeriewald erscheint. Dunkelgrün heben sich die Inselbildungen aus der lichten Wasserfläche empor, so daß eine Bootsfahrt hier auf dem Tana, wie ich solche wiederholt unternahm, außerordentliche landschaftliche Reize bietet. Es finden sich am linken Ufer noch einige Wapokomo-Niederlassungen, welche sich bis Hameje hin erstrecken. Die rechte Seite des Stromes, auf welcher wir marschierten, ist bereits vollständig menschenleere Steppe, verödet durch die jahrhundertelangen Kämpfe zwischen Gallas und Wakamba, die ihre Raubzüge bis hierher ausdehnen und deren Lagerplätze wir schon am ersten Marschtage hinter Galamba wahrzunehmen Gelegenheit hatten.

Ich machte am Nachmittag des 25. Oktober eine mehrstündige Bootsfahrt den Tana aufwärts, immer auf der Suche nach dem Kilolumaflusse, dessen Nichtvorhandensein bis zu Hameje ich durch meine hinaufgesandten Boote bereits hatte feststellen lassen. Ich fuhr an diesem Tage bis dicht vor Hargazo immer am Nordufer des Tana entlang, ohne eine Einmündung von Norden her wahrzunehmen. Am nächsten Morgen ließ ich meine Boote ebenfalls bis nach Hargazo nachkommen, und die Bootsführer bestätigten mir, daß es eine Einmündung von Norden her bis dahin nicht gebe.

Über dem Tage im Hameje liegt für uns alle ein verklärter Schein. Hier traten zum ersten Male die Bergzüge des Westens deutlich in Sicht. Meine Leute schwelgten im Genusse der Vorräte, welche hier auf den Booten wieder zu uns stießen, und tummelten sich vor Vergnügen in dem flachen breiten Strom nach dem sechstägigen Marsche durch die verbrannte Steppe. Wir alle glaubten, den Kenia dort vor uns zu haben, und wähnten uns dem Ziele unserer Reise um eineinhalb Monate näher, als wir in der Tat waren.

In freudigster Stimmung marschierten wir am nächsten Morgen auf Hargazo.

Die Bodenbildung fing hier zum ersten Male an, ihren einförmigen Steppencharakter zu verlieren und geschwungenere Formen anzunehmen. Der Buschcharakter der Flora wird üppiger. In kühlen Tälern treten frischere Grasbildung und reicherer Blumenschmuck hervor. Bunte Schmetterlinge wiegen sich über dem schillernden Blütenschmuck und granitne Formation läßt darauf schließen, daß wir dem Gebirge sehr nahe sind.

Gegen Abend erblickten wir von einem Hügel aus im Westen vor der untergehenden Sonne eine imposante Bergkette, welche sich in unabsehbarer Ferne im Norden verlor. Das waren die Berge, welche wir bereits bei besonders günstiger Beleuchtung von Oda-Boru-Ruwa aus gesehen hatten, jene Kette, welche uns hier anstarrte, und die wir, den alten Karten folgend, immer noch als wenigstens im Zusammenhange mit dem Kenia-Gebirgsstock annehmen mußten. Besonders großartig hob sich nordwestlich von uns eine Bergspitze hervor, welche in ihrer Gipfelung etwa die Form eines halb umgekippten runden Gartentisches hatte. Hinter den ersten Ketten ragte Bergeshaupt über Bergeshaupt empor. Wir standen tief ergriffen augenscheinlich einem ganzen Gebirgslande gegenüber, welches noch keines Weißen Auge erschaut haben konnte. Von dem glühenden Abendhimmel hoben sich die Umrisse der Berge besonders scharf und malerisch empor. Es war die erste großartige Bodenbildung, welcher die deutsche Emin-Pascha-Expedition hier gegenüberstand, und im Hinblick auf das mächtige Band, welches uns beide Deutsche hier in der fernen Fremde nur um so inniger mit der Heimat umschlang, taufte ich diese Berge Kaiser-Wilhelms II.-Berge, den bemerkenswertesten Gipfel aber, welcher vor uns ragte, Hohenzollern-Fels.

Die Sonne sank im Westen, und wohl oder übel mußten wir aus unserer Beschauung uns herausreißen, um nicht in der schnell nahenden Dunkelheit den Rückweg zum Boot und zum Lager zu verlieren.

Da ich über die Geografie dieser Länder so gar nicht unterrichtet war, beschloß ich, den Versuch zu machen, meine Boote auch weiterhin den Tana hinaufzuschaffen. Krapf hatte seinerzeit von Ukamba-Kitui aus die Vermutung ausgesprochen, der Tana möge wohl bis an seine Mündung hin schiffbar sein. Ich beschloß, die Richtigkeit oder Unrichtigkeit dieser Krapfschen Vermutung in bündiger Form festzustellen. Schon der erste Tag indes bewies die vollständige Unhaltbarkeit dieser Hypothese, was gar kein Wunder nehmen kann, wenn man bedenkt, daß der Boden in Hargazo ungefähr 300 m über den Meeresspiegel sich erhebt, während wir nach dem ersten Tagesmarsche von etwa zwei Meilen uns bereits in einer Höhe von 460 m befanden. Gemäß dieses Aufstiegs von Hargazo an, welcher bis zur Quelle des Tana unausgesetzt statt hat, ist der Strom von nun ab nichts als eine fortgesetzte Reihenfolge von Katarakten und Stromschnellen, welche sich wiederholt zu einer geradezu imposanten Großartigkeit entwickeln. Von nun an geht der Abstieg terrassenförmig vor sich, und zwar fallen die Terrassen in meistens schroffer Form gegen Osten ab. Zieht man von Osten heran, so stellt sich ein solcher Terrassenrand aus der Ferne als ein scharf gezeichneter Gebirgszug dar. Hat man solchen erstiegen, so befindet man sich zunächst wieder auf einer flachen Steppe, wie die des unteren und mittleren Tana ist, um alsbald am Horizont ein

73 Begegnung mit Emin Pascha

neues Gebirge aufsteigen zu sehen, welches sich hernach denn wiederum als Terrassenrand darstellt.

So geht es von nun an unausgesetzt bis nach Kikuyu und dem Leikipiaplateau hin, wo wir die Kulmination dieser großartigen Hochplateaubildung, welche auf der anderen Seite erst wieder zum Victoria Nyanza ein wenig abfällt, in der Höhe von 2200 m vor uns haben. Diese ganze massenhafte Bodenanschwellung stellt augenscheinlich eine einheitliche Bildung dar, welche zu ihrem Zentrum die vulkanischen Ausbuchtungsstellen des Baringogebietes hat, und welcher die sehr gleichartigen Kegelbildungen des Kenia, des Subugu la Poron, des Tschibcharagnani und des Elgon aufgesetzt sind. Diese vier umlagern in ziemlich regelmäßigen Abständen den Baringosee, welcher augenscheinlich nichts als ein erloschener Krater ist. Diese ganze Hochplateaumasse ist in ihrer Mitte durchrissen durch eine gewaltige Spalte, in welcher unter anderen der Naiwaschasee und der Baringosee neben einer Reihe von kleineren Seenbildungen sich befinden.

Unser Lagerplatz am 27. Oktober war ein Ort, welcher von den Gallas Ibije genannt ward.

Die Boote hatten nicht bis Ibije hinaufgebracht werden können, und wenn ich an diesem Abend noch solches Ausbleiben der mangelnden Energie meiner Leute zuschreiben konnte, so mußte ich mich am folgenden Tage durch Augenschein von der vollständigen Unmöglichkeit einer Befahrung des Tana überzeugen. An diesem Tage nämlich stürzte sich der Strom über ein graues und wüstes Geröll, welches sehr an die Partien unter dem Brocken erinnerte und welches ich geneigt war, als Teufelsfeld in meiner Karte einzutragen. Der Fluß löst sich hier geradezu in eine Reihe wütender Wildbäche auf. Alles verliert sich in einem grauen Gischt, von einem eigentlichen Strom ist überhaupt nicht mehr die Rede. Sowie man die Terrasse dann erstiegen hat, hat man plötzlich wiederum den im Schatten der Waldbäume sich dunkel abhebenden ruhigen Tanastrom vor sich. Von nun ab empfängt der Tana eine Reihe von kleinen Nebenflüssen von Norden aus den Bergen heraus. Es hebt sich entlang dem Strom, von Tag zu Tag höher, eine Bergkette, welche vielleicht die südliche Abdachung der Kaiser-Wilhelms-Berge bildet und welche ich Bennigsenkette genannt habe.

Im Süden des Tana kommt man nunmehr in ein Land, welches bis dahin auf den Karten noch nicht vorhanden war, Murdoi. Drei bis vier Meilen hinter Hargazo setzt dieses Ländchen ein, dessen Ausdehnung nach Süden ich nicht habe feststellen können. Hier schweift der Massaistamm der Wandorobbo mit seinen Herden durch die Steppe, welcher, soweit mir bekannt ist, nur hier sich einer Unabhängigkeit von den eigentlichen Massais erfreut. Zwischen Wakamba und Gallas durchstreifen sie mit ihren großen Herden von Rindern, Schafen, Ziegen und Eseln das Land, einen Weideplatz nach dem andern erschöpfend. Wie die Somalis unterhalb Oda-Boru-Ruwa, so waren auch sie im Jahre 1889 durch die Dürre des Hinterlandes gezwungen, sich mit ihren Herden nahe dem Tanafluß zu halten, und dies war ein großes Glück für die deutsche Emin-Pascha-Expedition. Wir waren bis etwas über Hargazo hinaus noch auf die Spuren der Pigottschen Expedition gestoßen. Plötzlich indessen hatten die Lagerspuren aufgehört, und wir hatten feststellen können, daß die Expedition in südlicher Richtung abmarschiert war. Sie war durch Nahrungsmangel dazu gezwungen gewesen. Dieses Schicksal würden wir freilich wohl kaum erlitten haben, da wir immer noch einige Vorräte besaßen, und ich keinesfalls auf Mombas, sondern unter allen Umständen versucht haben würde, mich nach Ukamba Mumoni, von dort nach Ukamba Kitui und von dort aus nach dem Baringo durchzuarbeiten. Indes fing die Lage doch bereits an, sehr unbehaglich zu werden, da meine Leute nur noch zum Teil die mitgegebenen Proviantmassen bei sich führten. So interessierten mich auf das allerlebhafteste die Fußspuren, welche wir zum ersten Male am 28. Oktober feststellten.

Am folgenden Tage, als ich, um den Weg festzulegen, mit den Gallas und einigen Somalis der Expedition voranmarschierte, sahen wir mit einem Male weibliche Fußspuren vom vorhergehenden Tage, welche zu einer Flußfurt führten. Nun war mein Entschluß gefaßt, der Unsicherheit, in welcher ich mich bei dem Mangel jeder weiteren Auskunft über die Länder vor uns befand, ein Ende zu machen. Waren Weiber am vorhergehenden Tage zum Flusse gekommen, so mußte ihr Stamm unmittelbar in der Nähe sein, denn derselbe würde kaum seinen wertvollsten Besitz, welchen die Weiber darstellten, weit von sich fortgelassen haben. Es war demnach anzunehmen, daß der Stamm, von welcher Rasse er auch immer sein mochte, dem diese weiblichen Fußspuren angehörten, in unmittelbarer Nähe von der Flußfurt wohnen müsse. Hierauf ließen auch die vielen Fußspuren von Schafen und Rindern schließen, welche die ganze Furt ausfüllten. Nun treiben diese Stämme ihre Herden um die Mittagszeit zum Wasser. Es war 11 Uhr. Ich beschloß demnach, Herrn v. Tiedemann mit der Kolonne vorbeipassieren zu lassen und mit der Auswahl eines geeigneten Lagerplatzes zu beauftragen, mich selbst indes inzwischen mit einigen Soldaten und kriegstüchtigen Manyemas um die Furt herum in Hinterhalt zu legen, um auf diese Weise Beziehungen mit den Eingeborenen anzuknüpfen. Meine Leute versteckten sich im Gebüsch, ich selbst setzte mich wohl verdeckt auf einen Felsblock in der Flußfurt selbst. Wir hatten kaum eine halbe Stunde nach dem Abzug und Vorbeimarsch der Expedition gelegen, als sich plötzlich von Süden her munteres Mädchengeplauder hören ließ. Es waren elf mehr oder weniger junge Mädchen, welche mit Wasserkrügen zum Tana herankamen. Auf einen Schlag waren sie gestellt, und groß war ihre Überraschung, als sie plötzlich mich, eine noch nie gesehene Erscheinung, aus der Flußsohle heraufsteigen sahen. Mit Hilfe der Gallas gelang es mir, festzustellen, daß sie zum Stamm der Wandorobbo gehörten. Merkwürdigerweise blickten sie mich mit viel mehr Überraschung und Neugier als mit Furcht an und sträubten sich auch keineswegs, als ich ihnen bedeutete, sie hätten mir in mein Lager zu folgen. Das ist das Kriegsrecht in diesen Ländern, und die Weiber wissen unter allen Umständen, daß es sich bei derartigen Überraschungen nicht um ihr Leben handelt.

Ich teilte ihnen mit, daß ich sie sofort entlassen werde, wenn ihr Stamm, der sich seit einigen Tagen schon scheu von uns ferngehalten habe, sich bequemen wolle, mit mir in Verhandlungen über den Verkauf von Nahrung und über die Stellung von Wegeführern zu treten. Nach etwa einstündigem Marsch traf ich auf unser Lager und entließ sofort zwei der Mädchen mit Geschenken, um den Wandorobbo meine Friedensvorschläge mitzuteilen.

Während sie fortgingen, wollte es das Schicksal, daß wenigstens das Bedürfnis nach Wegeführern auf andere Weise erledigt ward. Plötzlich erschienen nämlich drei neue Gestalten in meinem Lager, drei junge großgewachsene Leute, vollständig nackt, nur mit einem um den Hals geschlungenen, hinten herunterfallenden Stück Zeug

74 *Das deutsche Emin-Pascha-Komitee*

versehen und mit einer Art von Reisetasche an einem Strick um die Stirn gebunden. Ich ließ dieselben ersuchen, näher zu treten, was sie auch gern taten. Sobald sie indes meine Gallas sahen, sprangen sie mit einem Male in vollen Sätzen auf und wollten die Flucht ergreifen. Hieran ließ ich sie indes durch meine Somalis verhindern und die drei zur vollen Sicherheit erst einmal dingfest machen. Es waren Wakamba-Krieger aus den Mumoni-Bergen, welche auf einen Raubzug nach weiblichen Sklaven ausgezogen waren. Sie kannten die Länder vor uns sehr genau, und ich teilte ihnen in aller Freundschaft mit, daß sie die Güte haben würden, uns den Weg nach Ukamba zu zeigen, wo ich sie mit Geschenken entlassen wolle. Sie hatten auf Sklavenfang gehen wollen und waren keineswegs sehr angenehm überrascht, nunmehr selbst in die Falle geraten zu sein. Während ich sie noch hierüber beruhigte, erscholl mit einem Male Kriegsgeschrei und Flintengeknatter an der Seite, wo ein Teil meiner Somalis mit den Kamelen sich gelagert hatte. Die Wandorobbo, ohne sich auf freundschaftliche Verhandlungen mit mir einzulassen, zogen es vor, ohne weiteres mein Lager anzugreifen, wurden indes durch Repetiergewehrsalven sofort zurückgeworfen und von uns alsdann aus der Sicht des Lagers vertrieben. Nur einer von ihnen war bei diesem Versuche auf dem Platz geblieben.

Ich schickte nun zwei weitere von den mitgeführten Weibern an den Stamm ab mit der Benachrichtigung, falls sie in solchem törichten Beginnen fortfahren sollten, so würde ich meinerseits Krieg mit ihnen machen, und sie würden ihre Verwegenheit sehr bald zu bereuen haben. Wollten sie indes in Freundschaft mit mir leben, so würde ich ihnen sofort auch noch den Rest der Mädchen zurückschicken. Nur müsse ich darauf bestehen, da ich Wegführer anderweitig besitze, daß sie mir zum wenigsten einige Schafe und Ziegen zum Verkaufe brächten. Gegen drei Uhr nachmittags erschienen die Abgesandten der Wandorobbo, zwei wunderliche Erscheinungen für uns, die wir von Osten herkamen. Vollständig unbekleidet, den ganzen Körper mit Rötel beschmiert, die Haare kunstvoll in Ringen um den Kopf herum, erschienen sie, den Köcher mit Giftpfeilen gefüllt und den Bogen über die Schulter, Lanze und Massaischild in der Hand. Das Gefühl mußte sich unwillkürlich aufdrängen, daß wir nunmehr in ganz neue Stämme und ganz neue Gegenden hineingeraten waren.

Während bei den Gallas immer doch noch Beziehungen mit der Küste stattgehabt hatten, fehlten diese hier vollständig, und da war auch nicht das geringste Anzeichen, daß sie geschweige von Weißen jemals überhaupt auch nur Araber oder Suahelis gesehen hatten. In einem lauten hochmütigen Tone trugen die Wandorobbo-Abgesandten ihr Begehren vor, so daß ich ihnen wiederholt bedeuten mußte, ihre Tonart ein wenig herabzustimmen, weil dies Schreien nicht der Weg zu meinem Herzen sei. Sie verlangten die Auslieferung ihrer Mädchen, ich dagegen verlangte zunächst meine Schafe, und, als sie erklärten, dazu nicht ermächtigt zu sein, beorderte ich sie, in diesem Falle morgen früh wiederzukommen, und zwar den Sultan des Stammes selbst mitzubringen. Erst dann würde ich über die Auslieferung der Weiber mit ihnen verhandeln. Ich benutzte die Abendstunden noch, um das Lager weiter zu befestigen, und ließ in der Nacht auch scharfe Wache halten. Aber außer einigen blinden Lärmschüssen blieben wir ungestört.

Ich schrieb nun einen letzten Bericht für Europa, in welchem ich die Ereignisse bis zum Abend dieses Tages, insbesondere auch meine Entdeckung am Tana, mitteilte. Ich wollte am nächsten Morgen die Gallas mit den von Oda-Boru-Ruwa mitgenommenen Wapokomo in ihre Heimat zurückschicken und auf diesem Wege durch Vermittlung der etwa heraufziehenden zweiten Kolonne oder aber auch des von mir mit Nachrichten von der Küste erwarteten Briefboten meine Post nach Europa gelangen lassen.

Dies geschah am Morgen des 30. Oktober schon vor Sonnenaufgang, da die Gallas fürchteten, von den Wandorobbo oder den Wakamba gesehen und totgeschlagen zu werden. Wie ich von Herrn Borchert hernach erfuhr, ist Parisa mit den Seinen auch glücklich in Oda-Boru-Ruwa wieder angelangt, hat aber von den ihm mitgegebenen Berichten für Europa nichts abgeliefert. Ich wurde gleich in der Frühe des Morgens durch die angenehme Mitteilung erfreut, daß für unser Frühstück kein Fleisch vorhanden sei, und daß unsere Privatdiener schon seit gestern keine Nahrung mehr gehabt hätten. Eine sehr liebliche Eröffnung, wenn man sich die vollständige Verlassenheit einer solchen Lage vergegenwärtigt. Es ist ja sicherlich viel bequemer, hernach Kritik zu üben über die Art, wie sich jemand aus einer derartigen verzweifelten Situation herausarbeitet, als dies Herausarbeiten an Ort und Stelle selbst.

75 *Somalikrieger und Wasserträgerin aus Aden*

Ich warf die Flinte über die Schulter und ging, um doch wenigstens etwas für uns zu tun, mit meinem Diener Rukua aus dem Lager in die Steppe auf Jagd. Zwei magere Tauben waren das ganze Resultat des Ausflugs, von dem ich nach zwei Stunden halb verhungert zurückkehrte. Die Tauben waren ebenso schnell ge- als vergessen. Die Wandorobbofrage begann in der Tat eine brennende zu werden. Da, gegen 11 Uhr erschienen endlich die Wandorobboältesten mit den von mir verlangten fünf Schafen vor dem Lager. Nachdem wir durch gegenseitiges wiederholtes Anspucken dargetan und beschworen hatten, daß wir es gut miteinander meinten, traten wir in die Verhandlungen über den Austausch der Weiber gegen die Schafe ein. Die Wandorobbo mochten uns für sehr schlechte Geschäftsleute halten, da wir für die fünf Schafe ihre Weiber ihnen wiedergaben. Ein Weib in diesen Ländern kostet im allgemeinen bis zu 50 Schafen, und unser Eigentumsrecht nach afrikanischen Begriffen war nach den Vorgängen des vorhergehenden Tages unanfechtbar. Schnell wurden zwei Schafe geschlachtet, eins an die Leute gegeben, eins wanderte für uns und die Somalis in die Kochtöpfe und war eine Stunde nachher bereits verzehrt.

Nunmehr ließ ich aufbrechen, um baldmöglichst Ukamba Mumoni zu erreichen, welches nach Aussage der Wakamba nur zwei bis drei Tage von uns liegen sollte. Durch harten Busch, über steiniges, immer ansteigendes Terrain führte der Weg. Unterwegs gelang es mir, ein Perlhuhn zu erlegen, welches ich Nogola zum Tragen gab. Der Marsch war außerordentlich ermüdend, insbesondere kamen die Kamele nur schwer vorwärts, welche von Zeit zu Zeit entlastet werden mußten, um die Höhe heranklimmen zu können. Um 4 Uhr entdeckte ich, da ich die Tête der Kolonne hielt, eine Furt am Fluß, wo ich zu lagern beschloß. Ich schickte Nogola zu der Hauptkolonne unter Herrn von Tiedemann zurück, um ihm den Platz zu zeigen, und begab mich selbst mit einigen Somalis dorthin, um die Arbeiten des Wegräumens für das Lagerschlagen vorzunehmen. Es wurde 5 Uhr, die Sonne begann zu sinken, kein Mensch kam. Ich schickte zwei Somalis zurück und hatte gegen 1/2 6 Uhr die Freude, wenigstens meine Kamele den steilen Abhang zur Furt hinabsteigen zu sehen. Aber wo waren die Träger, wo war Herr von Tiedemann? Gegen 6 Uhr gelang es uns, festzustellen, daß die Kolonne um die Furt herummarschiert war und bereits erheblich westlich von uns sich befinden mußte. Bei ihr befanden sich auch die Hauptlasten meines Zeltes, mein Feldbett und meine Decken. Wohl oder übel mußte ich mich entschließen, mich ohne diese Artikel für die Nacht einzurichten. Die Hauptaufgabe aber war, mich noch diesen Abend mit der Kolonne in Verbindung zu setzen. Ich schickte also einige tüchtige Leute hinter das Gros der Kolonne her und steckte nach alter Gewohnheit meinerseits auf meinem Hügel westlich von uns den Buschwald in Brand. Um 10 Uhr hatte ich die Freude, einige Schüsse in der Ferne fallen zu hören, und bald darauf erschienen mehrere Träger mit meinem Privatgepäck, welches Herr von Tiedemann mir für die Nacht zuschickte. Wir wußten nun wenigstens gegenseitig, wo wir lagerten, so daß der Wiedervereinigung für den nächsten Morgen nichts im Wege stand, da ich Herrn von Tiedemann beauftragt hatte, seinerseits den Abmarsch zu verschieben, bis dieselbe vollzogen sei.

So ging es am nächsten Morgen schon um 5 Uhr weiter gegen Südwesten, und etwa um $^1/_2$ 7 Uhr traf ich Herrn von Tiedemann, der mit seiner Kolonne mich marschfertig erwartete. Nogola, der das Mißgeschick verschuldet hatte, hatte sich seinerseits an meinem Perlhuhn gütlich getan. Vielleicht hatte er die Kolonne nur deshalb an meiner Furt, wo ich lagerte, vorbeigeführt, um dies in Gemütsruhe vollziehen zu können.

Am 31. Oktober schlug ich mein Lager in einem herrlichen Hochwalde am Tanafluß auf. Ich hatte an diesem Tage wiederholt Wandorobbo am Wege gefunden, die ich aufforderte, mich zu besuchen und mir Schafe zum Verkauf zu bringen. Die Gesellschaft war und blieb trotz dem, was bereits vorgefallen war, dreist und unverschämt. Als ich auf dem Marsche einen dieser Leute, der nicht herankommen wollte, mit dem Krückstock bei seinen bis auf die Schultern herunterhängenden Ohrlöchern faßte und zu mir heranzog, versuchte derselbe, mich auch seinerseits bei den Ohren zu greifen. Indes, als wir bei Tisch saßen, erschien der Häuptling der Wandorobbo in meinem Lager, wie mir in mein Zelt hinein gemeldet ward. Ich stand vom Eßtisch auf und begab mich zu ihm, um ihn zu fragen, wo die Schafe seien, welche ich bestellt hatte. Er sagte, die Schafe würden morgen oder übermorgen kommen. Nun ist dies bekanntlich ein sehr schlechter Trost, wenn man eine hungrige Kolonne hat und selbst kaum noch Fleisch für einen Tag besitzt.

Ich erklärte demnach dem Sultan, daß ich diese Verzögerung nicht wünschte, da ich morgen abmarschieren wolle. Er möge so lange im Lager bleiben, bis die Schafe von seinem Stamm geliefert wären. Nun erhob derselbe plötzlich sein lautes schakalartiges Kriegsgeheul, und in demselben Augenblick wurde unser Lager von allen Seiten mit den giftigen Pfeilen der Wandorobbo überworfen, von denen einer mir ins Beinkleid fuhr und mich um ein Haar getötet hätte. Schnell ließ ich den Sultan niederschlagen und in Ketten legen, ergriff ihn sodann bei den Ohren und schob ihn als eine Art Schild vor mir her auf die schießenden Wandorobbo zu. Meinen Leuten verbot ich, auf dieselben zu feuern, da ich Frieden mit ihnen zu haben wünschte.

Da dieselben natürlich nicht auf ihren Sultan schießen mochten, waren sie gezwungen, auch ihrerseits inne zu halten, und ich konnte durch Pantomimen und durch einige Wörter, die ich radebrechte, zunächst dem Sultan und durch diesen seinen Leuten verständlich machen, daß, falls sie mir bis zum Abend fünf Schafe und vier Esel brächten, ich ihnen dann den Sultan ausliefern und Kleiderstoffe geben wolle. Dieser Vertrag wurde durch wiederholtes Anspeien zwischen dem Sultan und mir vor allem Volk besiegelt, und die Wandorobbo zogen ab, um das Lösegeld für ihren bei mir verbleibenden Häuptling herbeizuholen. Zwischen diesem und mir stellten sich im Verlaufe des Nachmittags ganz freundliche Beziehungen her, und, als gegen Abend, wenn auch keine Esel, so doch acht Schafe bei mir eintrafen, so schenkte ich dem Häuptling und mehreren seiner Großen rote Kleiderstoffe und entließ sie unversehrt zu den Ihren.

Am nächsten Morgen erwartete ich die Wandorobbo nach Verabredung vom vorhergehenden Abend noch einmal, um weiteres Fleisch von ihnen zu kaufen. Um die Zeit bis zu ihrem Eintreffen nicht ungenutzt verstreichen zu lassen, ging ich indes mit Hussein Fara und Rukua am Tanafluß aufwärts, um zu erforschen, ob es einen Weg in der unmittelbaren Nähe des Flusses für die Kamele gebe, ich demnach den lästigen Umweg durch die Steppe, da ich ja doch am Abend wieder zum Flusse zurück mußte, vermeiden könne. Nach einer zwei- bis dreistündigen Rekognoszierung mußten wir zu unserem Bedauern feststellen, daß ein solcher Weg längs des Flusses nicht vorhanden sei, da die Berge plötzlich anfingen, steil zu dem rauschenden Tana herabzufallen. Ich kehrte ins Lager um und passierte gerade den trockenen Lauf eines Zuflusses von Süden her, welcher die Wasser der Regenzeit in den Tana zu ergießen pflegte. Wir waren in der Mitte dieses wasserleeren Stromlaufes, als plötzlich vor mir aus dem Gebüsch an 100 Wandorobbogestalten, ihre Pfeile angelegt, aufsprangen. Ich wollte mich von dieser unangenehmen Nachbarschaft in den Busch auf die andere Seite des Stromlaufes zurückziehen, als auch dort die Wandorobbo auftauchten und plötzlich auch die Flußseite nach dem Tana zu besetzt ward. Ich war glücklich in eine Falle hineingeraten, und die Herren hätten nunmehr ihre Revanche für den gestrigen Tag haben können. Ich ließ sie indes meine Verlegenheit nicht merken, sondern lachte freundlich und winkte mit der Hand, sie möchten einen Augenblick warten, während ich mich mit scheinbar amüsiertem Gesicht einem Baum an der oberen Seite des trockenen Flußlaufes näherte. Sobald ich diesen erreicht hatte, riß ich meine Büchse, welche noch im Futteral steckte, heraus und legte an, indem ich indes fortwährend als Friedenszeichen Grasbüschel in der Luft schwenkte, welches die internationale afrikanische Form überall zu sein scheint. Ich machte den Wandorobbo nunmehr verständlich, daß mein Diener Rukua in mein Lager eilen solle, um Geschenke für sie herbeizubringen, wogegen ich von ihnen ein Geschenk an Schafen erwarte.

Rukua eilte demnach ins Lager zurück mit dem Befehl, außer den Geschenken mir auch zwölf Mann meiner Soldaten herzubringen. Da das Gift der Wandorobbopfeile, welches sie aus der Rinde eines Baumes gewinnen, unmittelbar tödlich ist, war meine Lage in den nächsten Dreiviertelstunden nicht eben die allerbehaglichste. Die Wandorobbo versuchten fortwährend, wenn auch vielleicht gar nicht in feindseliger Absicht, mir näher zu kommen, wogegen ich ihnen fortdauernd bedeutete, zu bleiben, wo sie wären, bis die Geschenke da seien. Endlich kamen meine Soldaten, und damit war eine veränderte Sachlage geschaffen. Ich legte dieselben mit angelegten Repetiergewehren im Halbkreise hinter mich, legte meinerseits die Büchse nieder und bedeutete nunmehr dem Sultan der Wandorobbo, meinem Freunde von gestern, auch seinerseits Pfeil und Bogen aus der Hand zu legen und in der Mitte des Flußlaufes sich mit mir ein persönliches Rendezvous zu geben. Nachdem wir uns dreimal angespien hatten, war keine Besorgnis vor einem Überfall an dieser Stelle mehr vorhanden, und wir machten nunmehr aus, daß die Wandorobbo zehn Schafe an eine Lichtung am Fluß oberhalb meines Lagers bringen sollten, wogegen ich ihnen zugestand, daß sie ihre sämtlichen Herden unbehelligt von uns an die Furt, welche ich von meinem Lager aus beherrschen konnte, zur Tränke herantreiben dürften. Außerdem versprach ich ihnen hübsche Zeugstoffe als Geschenke. Wir schüttelten uns die Hand, wobei der Sultan und ich nicht versäumten, erst zum Zeichen der Ehrlichkeit unserer Ausmachungen jeder in dieselbe hineinzuspeien, was überhaupt bei allen Massaistämmen unter Freunden die ganz übliche Begrüßungsform ist. Wir spien uns noch einmal ins Gesicht und gingen so beide als gute Freunde unseres eigenen Weges.

Im Lager ankommend, beorderte ich sofort die Kamele mit Herrn von Tiedemann um den Buschwald herum in die Steppe. Ich wollte nur noch mit einem Teil meiner Leute auf die von den Wandorobbo versprochenen zehn Schafe warten, um dann den langsam marschierenden Kamelen schnell nachzufolgen. Ich begab mich demnach mit zehn oder zwölf Mann in die Lichtung am Flusse, wo auch alsbald die Wandorobbo erschienen. Die Schafe hatten sie indessen noch nicht mitgebracht. Erst müßten wir Leber zusammen essen, als Zeichen, daß auch unsere Stämme, also die Deutschen in der Heimat und die Wandorobbo in Murdoi, in Frieden lebten, dann wollten sie mir die zehn Schafe geben. Die Sonne fing an, heiß zu brennen, und da die Wandorobbo begannen, sich allerlei Zudringlichkeiten zu erlauben, verlangten, daß ich ihnen meine Brust zeigen, daß ich die Stiefel ausziehen sollte und dergleichen Scherze mehr, so wurde meine Stimmung eine ziemlich ärgerliche, weil ich keinerlei Neigung besaß, in der clownhaften Art wie Thomson durch diese Stämme hindurchzuschleichen. Ich verbot ihnen demnach ihre Dreistigkeiten in ziemlich barscher Tonart und schickte sie weg mit dem Bedeuten, sie möchten jetzt die Schafe bringen, oder ich würde unseren Vertrag vom Morgen nicht mehr anerkennen.

Meine Stimmung wurde nicht rosiger, als ich mit einem Male die Kamele von der Flußseite wieder zurückmarschieren sah. Herr von Tiedemann hatte keinen Weg gefunden. So war es klar, daß ich diesen Tag noch an derselben Stelle liegen bleiben mußte, und verlegte nun mein Lager aus dem Walde heraus in die Lichtung selbst, wo ich mich befand, um der Weiterentwicklung der Dinge, welche sich doch wohl an der Furt abspielen mußten, näher zu sein. Die Zelte wurden aufgeschlagen, und ich setzte mich alsbald mit Herrn von Tiedemann zu unserem kärglichen Mahle nieder, als plötzlich die Somalis ganz verstörten Blickes ins Zelt hineinsprangen und mitteilten, die Wandorobbo trieben unendlich viel Vieh an den Fluß heran. Verstört sahen die Somalis allemal aus, wenn sie Vieh in fremden Händen erblickten, hier aber besonders, weil das Gute so greifbar nahe war und sie selbst sich in hungrigem Zustand befanden. Ganz in Gedanken hatten fünf von ihnen 20 Zicklein mit in mein Lager gebracht, welche sie, wie sie behaupteten, am Flusse »gefunden« hätten. Da indes eine derartige Innehaltung von Verträgen unseren deutschen Anschauungen doch im allgemeinen nicht entspricht, so stand ich vom Tisch auf und brachte persönlich die 20 Zicklein zu den Wandorobbo stromaufwärts, wo diese nun allerdings Herde um Herde ans Wasser und wieder forttrieben. Ich hatte zum Zeichen meiner freundschaftlichen Gesinnung nur zwei Mann und für mich selbst nur meinen sechsläufigen Revolver in der Tasche mitgenommen. Nun ließ ich Kleiderstoffe bringen, um auch mein Versprechen in Bezug auf die Geschenke einzulösen, verlangte indes noch einmal, die Wandorobbo sollten mir ihrerseits auch die versprochenen zehn Schafe stellen. Unzufriedenen Gesichts trieben sie endlich auf Befehl ihres Sultans fünf Schafe herbei. Eines von diesen wurde sofort geschlachtet, die Leber herausgenommen und ohne weiter viel Umstände ins Feuer gelegt, worauf jeder von uns ein Stück zu essen bekam. Damit war also auch der Friede zwischen der deutschen Nation als solcher und den Wandorobbo besiegelt.

Ich verlangte jetzt noch einmal meine zehn Schafe und wurde mißtrauisch, als ich merkte, daß die Krieger oder Elmoran der Wandorobbo anfingen zu kichern, und sich auch Gestalten neben mir links zur Seite im Busch aufstellten. Die Wandorobbo wiesen meine Kleiderstoffe zurück, und ich sagte, ich würde nunmehr ins Lager schicken, um eine Last Eisendraht holen zu lassen, vielleicht zögen sie diesen vor. Ich schickte Hussein Fara ins Lager mit einem Zettel an Herrn von Tiedemann: Ich ersuche ihn, mit 30 Mann zu dem Platz unserer Verhandlungen zu kommen, und mit dem Befehl an die Somalis, durch die trockne Furt sofort sich aufzumachen, dieselbe etwas oberhalb zu besetzen, auf ein Trompetensignal meinerseits so viel Vieh in unser Lager zu treiben, als sie bekommen könnten, und, sobald sie eine Herde hätten, einen Schuß abzufeuern, damit ich orientiert sei.

Herde um Herde der Wandorobbo zog vom Fluß ab, und, als die letzte das Wasser verlassen hatte, ließen die Leute auch plötzlich von den noch dort befindlichen vier Schafen drei springen, so daß nur ein ganz mageres Exemplar für mich zurückblieb. Mit einem Male flog auch ein Pfeil an meinem Ohr vorbei. Ich stand ruhig auf und rief ihnen zu: »Nehmt euch in acht, ihr Hunde«, und ließ ganz ruhig meine Sachen einpacken, welche ich befahl, ins Lager zurückzubringen. Bald erschien Hussein Fara wieder mit der Mitteilung, daß meine Befehle ausgeführt würden, und bald kam auch Herr von Tiedemann mit 30 Mann herangegangen. Nun ließ ich plötzlich die Trompete blasen und zog mich langsam auf mein Lager zurück. Da meine Leute heraneilten, waren die Wandorobbo mit einem Schlage in dem Gebüsch verschwunden. Ich ersuchte Herrn von Tiedemann, ihnen durch die Lichtung und den trocknen Flußlauf zu folgen und mit seinen 30 Mann denselben abzustreifen. Ich ging dann meinerseits ruhig in mein Lager zurück, als plötzlich der von mir sehnlichst erwartete Schuß aus dem Busche heraus fiel. Ich ordnete nun für die im Lager zurückgebliebenen Leute sofort den Bau einer Umzäunung für das Vieh, welches der Himmel schicken werde, an, setzte mich dann in mein Zelt zu einer Tasse Tee mit Cognac und nahm den »Mommsen« zur Hand. Ich hatte vielleicht 20 Minuten gesessen, als es herantrappelte wie eine Kavallerieattakke, Schafe und Ziegen munter durcheinander springend, und auch ein Esel hatte sich mit zu uns »verlaufen« – so meldeten die Somalis – in begeisterter Aufregung diese hinterdrein. Die Schafe wurden jetzt ans Wasser getrieben und von meinen Leuten dicht umstellt, bis die Umzäunung fertig war. Nach etwa zehn Minuten kam auch Herr von Tiedemann, welcher die Wandorobbo eventuell hatte zwischen zwei Feuer nehmen sollen; er hatte keine Wandorobbo mehr gesehen. Er war natürlich ebenfalls auf das freudigste bewegt, als er die Schafe sah.

Nun ging es an ein großes Schlachten und Schmausen, immer fünf Mann erhielten ein Schaf, oder zwei Mann ein Zicklein. Freude, heiterer Tanz und Sangeslust zogen bei uns ein. Wir hatten 250 Stück Kleinvieh in Händen, und damit hatte die Hungerleiderei in der deutschen Emin-Pascha-Expedition ein für allemal aufgehört. Das Erfreuliche für mich an den Vorgängen dieses Tages war, daß erstens gar kein Menschenblut dabei vergossen wurde, und sodann, daß ich mich moralisch so vollständig im Recht fühlte zu der von mir eingeschlagenen Handlungsweise.

Ich ließ in der Nacht das Lager gut bewachen und auch hin und wieder Leuchtraketen über die Büsche emporwerfen. Aber die Vorsichtsmaßregeln erwiesen sich als überflüssig. Die Wandorobbo, welche, wie ich von den Wakamba erfuhr, der Meinung waren, der Leibhaftige sei mit großem Gefolge persönlich in ihren Landen bei ihnen erschienen, wozu sie durch meinen herüberhängenden Schlapphut und wohl auch durch meine schwarzen funkelnden Brillen, mit denen ich bei den Verhandlungen zu erscheinen pflegte, veranlaßt wurden, machten sich bei Nacht und Nebel aus dem Staube stromabwärts mit ihren Herden. Ich habe von ihnen überhaupt nichts wieder zu sehen bekommen.

Am Feuerschlund des Kirunga

aus: G. A. Graf von Götzen, Durch Afrika von Ost nach West, Berlin, 1895

Da liegt er nun vor uns, der geheimnisvolle Berg, von dem die Eingeborenen behaupten, er bringe jedem den Tod, der ihn zu besteigen wagt. Ohne Schwierigkeiten, fast auf direktem Wege, haben wir unser Ziel erreicht, genau fünfeinhalb Monate seit unserem Abmarsch von der Künste und schneller, als ich jemals zu hoffen wagte. . . .

Einige Minuten gönnen wir uns Erholung, die ich benutze, um Hypsometer. Aneroïd und Thermometer abzulesen. Dann geht es an der Südseite des Kegels über scharfes Gestein gerade hinauf.

Mit jeder Minute wächst die Schwierigkeit des Emporklimmens, weil ganze Wälle und Mauern von Laven überklettert werden müssen und die zahllosen Trachytblöcke und -trümmer die Füße wund reißen. Die Barfüßigen unter den Leuten beginnen zu jammern und verwünschen vermutlich im Innersten ihres Herzens unseren unbegreiflichen Forschertrieb, der uns vorwärts drängt. Mein Zeltdiener Isa muß zurückbleiben. Unsere Lungen und Pulse schlagen immer höher; alle 20 Minuten muß Halt gemacht werden, damit wieder Atem geschöpft werden kann. Das zerklüftete, fast schwarze Gestein müßte auf uns einen öden, fast schauerlichen Eindruck machen, wenn nicht hin und wieder die gelbgrünen Farben eines verkümmerten, grotesk geformten Senecio (Johnstoni) Abwechslung in das Bild der Umgebung brächten. Unter und über uns ist jetzt alles in dicken Nebel eingehüllt, zwischen dem auf wenige Sekunden schmale Streifen blauen Himmels hervorlugen, wenn der Wind die Dunstmassen zerteilt. Von arbeitender, vulkanischer Tätigkeit zeugt nirgends eine Spur, nur manchmal glauben wir ein leises Rollen, wie fernen Donner, zu vernehmen. Meine anfangs gehegte Besorgnis, der Wind würde uns von oben herab erstickende Schwefeldämpfe entgegenjagen, scheint unbegründet zu sein.

Vor mir her klettert, Hände und Füße zugleich gebrauchend, der Träger Mabruk. Plötzlich sehe ich, wie er stehen bleibt und seinen Arm emporhebt. Er scheint zu rufen, aber ein gewaltiges Donnern tönt uns entgegen und läßt den Ruf seiner Stimme ungehört verhallen. Ich stürze mit Aufbietung meiner ganzen Kräfte auf ihn zu, aber neben ihm anlangend pralle ich zurück vor dem Anblick, der sich mir darbietet...

Wie eine riesige Arena, ein verzehnfachtes Kolosseum, liegt ein Kraterkessel zu meinen Füßen. Fast senkrecht stürzt die Wand, auf deren äußerstem Rande wir stehen, in die Tiefe hinab; der Grundton ihrer Farbe ist tiefstes Schwarz; nur die Ränder der unzähligen Risse, von denen sie durchzogen ist, sind rosarot gefärbt.

Im ersten Augenblick ist die ganze Arena mit Wolken und Dampf angefüllt, gleich als befürchte die Natur, daß Sinn und Augen der ersten Menschen, denen es vergönnt war, eines ihrer großartigsten Geheimnisse zu schauen, nicht auf einmal den ganzen mächtigen Eindruck zu fassen vermöchten. Aber ein Windstoß fegt die Wolken rasch hinweg, so daß auch der jenseitige Rand des Kraters sichtbar wird. Dann blicken wir hinab, aber nicht in einen dunklen unergründlichen Schlund, sondern auf eine helle, völlig eben erscheinende Fläche, die wie marmoriert in den verschiedensten Farbentönen heraufschillert. Und in der nördlichen Hälfte die-

76 Am Hauptkrater des Kirunga

ser Bodenfläche sehen wir die Öffnungen zweier Schächte, so glatt und regelmäßig geformt, als seien sie von Menschenhand hineingemauert worden. Ununterbrochen strömen aus der einen gewaltige Dampfwolken hervor, und in kurzen unregelmäßigen Zwischenräumen hört man ein halb donnerndes, halb zischendes Geräusch aus der Tiefe heraufdringen, dessen Wiederholung meine staunenden Leute jedesmal erschrocken zurückfahren läßt.

Unsere schwarzen Begleiter aber wissen sich schneller zu fassen als wir. Nichts, was ihnen unerklärlich, übernatürlich erscheint, kann ihnen imponieren; »es ist eben einmal so«, sagen sie sich und denken nicht weiter darüber nach, warum es »so« ist: eine Naivität der Auffassungsweise, die uns hier in nüchternster, fast brutaler Weise zu Gemüte geführt wurde. Denn während Prittwitz[1] und ich sprachlos und ergriffen in die mächtige Tiefe hinabblickten und geraume Zeit keine Worte finden konnten, unseren Empfindungen Ausdruck zu verleihen, unterbrach plötzlich der Wassukuma-Trä-

1 ein Mitglied der Expedition

ger Pesa das Schweigen mit den geflügelten Worten: »Herr, nun gibt es aber doch ein großes Trinkgeld?« Wir straften den Sprecher mit einem Blick der Verachtung, waren aber nun unsererseits so weit ernüchtert, daß wir Betrachtungen über Art und Größe des Kraterkessels anstellen konnten. Bald einigten wir uns in der Meinung, daß wir einen erkalteten Lavasee vor uns hatten, unter dessen Kruste die lebendige vulkanische Tätigkeit noch fortdauert. Auf den Wasserdämpfen, die aus dem einen der beiden Schächte hervorströmen, schien ein roter Glutschimmer zu liegen. Wenn der Wind uns den Dampf gerade ins Gesicht trieb, so war von Schwefelgeruch so gut wie nichts zu bemerken, doch sind die verschiedenen gelben und rosigen Farbschattierungen, die dem Boden und den Wänden der Kraterarena ein so malerisches Aussehen verleihen, sicherlich Folgen schwefelhaltiger Exhalationen.

Die Tiefe bis hinab zu der Decke des ehemaligen Lavasees suchten wir annähernd aus dem Schall hinabgeworfener Gesteinsstücke zu ermitteln und fanden die Zahlen 200-300 Meter.

Zu einer Taxierung des Kraterdurchmessers fehlte uns vorläufig jeglicher Vergleichspunkt, und so beschlossen wir denn, einen Rundgang zu versuchen.

Vorher jedoch wurden wiederum die erforderlichen Instrumentenbeobachtungen gemacht und eine beiläufige Seehöhe von 3475 m festgestellt. Nachdem dann noch einige fotografische Aufnahmen bewerkstelligt worden waren, brachen wir auf; den Leuten erlaubte ich, ohne uns zum Lagerplatz zurückzukehren, denn sie litten stark unter dem kalten, feuchten Wind und saßen ängstlich zusammengekauert auf dem spitzen Gestein. Zudem hatten die meisten von ihnen wunde Füße; einige waren wohl auch nicht schwindelfrei genug, um uns auf dem schmalen Kraterrand folgen zu können.

So begaben wir uns denn allein auf die gefährliche Kletterpartie. Zur Linken hatten wir den senkrecht abstürzenden Krater, zur Rechten den äußeren Abhang des Berges, der ebenso schroff und dabei unergründlich tief erschien, weil dicke Wolkenmassen um ihn herum gelagert waren.

Nach etwa zweistündigem Marsch, der uns nur durch unsere mit Bergnägeln beschlagenen Schuhe ermöglicht wurde, waren wir ungefähr wieder an unserem Ausgangspunkt angelangt. Der größte

Durchmesser der elliptischen Krateröffnung ließ sich jetzt auf ca. 2000, der kleinste auf ca. 1500 m berechnen.

Überaus befriedigt von dem großartigen Schauspiel hätten wir jetzt den Heimweg wieder antreten können, aber noch blieb die Frage offen, welches denn nun eigentlich die Quelle der allabendlichen roten Glut am Himmel sei. Ich drang deshalb darauf, den Weg um den Berg herum noch einmal in entgegengesetzter Richtung, aber mehrere hundert Meter tiefer zu machen, unterschätzte dabei jedoch die zurückzulegende Entfernung und unsere Kräfte, denn wir erreichten infolgedessen das Lager an diesem Tage nicht mehr, da uns die Dunkelheit überraschte, und verlebten am steilen Bergabhang eine fürchterliche Nacht.

Anfangs ging es über schräg geneigte Aschenfelder hinab, auf denen wir bequem vorwärts kamen, obwohl tief bis über die Knöchel der Fuß einsank; je weiter wir aber hinuntergelangten, um so zerklüfteter wurde das Gestein. Manchmal war die Böschung so steil, daß wir uns an den Händen mehrere Meter tief hinablassen mußten.

An der oberen Grenze eines Vegetationsgürtels, der vorwiegend aus Erikasträuchern und Senecien bestand, wurde beschlossen, nicht tiefer hinabzusteigen, sondern nun wieder rund um den Kegel herumzugehen. Aber jetzt brach auch schon der Abend herein. Ehe die Sonne unterging, erhaschten wir noch einen kurzen Blick hinunter nach der Ebene auf der Nordseite des Berges. Auch dort ist ein großer, mit Busch bedeckter Nebenkrater dem Hauptkegel vorgelagert, während sich in nördlicher Richtung das Auge in einer weiten, welligen Fläche verliert, die vielfach mit Wald bestanden ist. Von einer Ausbruchsstelle flüssiger Lava konnten wir absolut nichts wahrnehmen. War eine solche überhaupt vorhanden, so mußte sie in westlicher Richtung zu finden sein.

Als es finster zu werden anfing, erhob sich ein schneidend kalter Wind, und wir begannen uns nach einem geeigneten Nachtlager umzusehen. Ganze Mauern alter vulkanischer Eruptionsmassen mußten überklettert werden, dann wurden die Erikabestände immer dichter und fast undurchdringlich. Meine Kräfte begannen erheblich nachzulassen, während Prittwitz weniger ermüdet schien. Unser beiderseitiger Zustand war der umgekehrte gewesen, als wir uns auf den zweiten Rundgang begeben hatten, und mir fiel ein, daß ich vorher größere Quantitäten Kola zu mir genommen hatte, um mich frisch zu erhalten. Die damalige Überschätzung meiner Kräfte, sowie deren ganz plötzliches Nachlassen mehrere Stunden darauf, muß ich wohl der Wirkung dieses Reizmittels zuschreiben.

Wir machten uns nun zunächst daran, eine waagerechte Lagerstätte unter einem Strauch herzustellen und dann eine Art Dach darüber und einen Windschutz davor einzuflechten, denn die Kälte nahm in bedenklicher Weise zu, und ein feiner Regen begann herabzurieseln. Wir waren nur mit unseren leichten Marschanzügen angetan, im übrigen ohne jede Decke, und erwärmende Lebensmittel besaßen wir gleichfalls nicht. Ein Bergstock, ein Feldstecher, ein Momentfotografenapparat und – zum Glück – eine Schachtel Streichhölzer waren die einzigen Gegenstände, die wir mit uns führten. So lange die Kräfte reichten, suchten wir uns durch Abbrechen von Erikasträuchern zum Hüttenbau zu erwärmen. Dann wollten wir Feuer anmachen, und als uns das endlich unter Zuhilfenahme von Zeugfetzen, die wir aus unseren Kleidern herausrissen, gelungen war, galt es, die glimmenden, noch ganz grünen Zweige durch anhaltendes Blasen in Glut zu erhalten. Wärme konnten sie freilich nicht ausstrahlen, aber die anstrengende Arbeit half uns, wenigstens die endlose Nacht abzukürzen. Wir klapperten förmlich vor Kälte; die Feuchtigkeit drang uns bis ins Mark, die Augen schmerzten vom Qualm der knisternden Erikabüsche, und unsere Lungen arbeiteten immer heftiger infolge unserer Anstrengungen, das schwache Feuer durch Blasen zu unterhalten.

Der Wind schien eisiger als der schneidende Nordwind zu sein. Schließlich versanken wir in eine Art Halbschlummer, der aber nur ganz kurze Zeit gewährt haben muß: früher als gedacht überraschte uns der anbrechende Morgen, denn so rasch, wie die Sonne in äquatorialen Gegenden am Abend verschwindet, erhebt sie sich auch wieder über den Horizont ohne das lange Dämmerungsvorspiel, das wir gewohnt sind.

Unverzüglich brachen wir auf, und unsere steif gefrorenen Glieder fanden in kurzer Zeit ihre alte Gelenkigkeit wieder.

Im Osten sahen wir nunmehr die beiden Nachbarn des Kirunga, den Navunge und den Karissimbi, dunkel und scharf von der Morgenröte sich abheben; doch blieben sie nur auf wenige Augenblicke sichtbar, dann zog sich der gewohnte Nebelvorhang wieder vor ihnen zusammen.

Es war 8 Uhr morgens, als wir endlich nach unsäglich mühsamem Marsch einen Schuß zu hören glaubten, und kurze Zeit darauf gewahrten wir auf der Einsattelung, von der aus wir den Hauptkrater tags zuvor erstiegen hatten, einige menschliche Gestalten. Bald stellte sich heraus, daß es unsere Soldaten waren, die auf die Suche nach uns ausgegangen waren. Groß war ihre Freude, als sie uns nun endlich fanden, und ungesäumt ging es dann hinab zu unserem kleinen Lager, wo der Rest der Mannschaft unser harrte.

Hier angelangt, war es mein erstes Beginnen, einen Boten an Kersting[1] abzufertigen und letzteren bitten zu lassen, ebenfalls heraufzukommen, um sich die Beschaffenheit des Berges näher anzusehen. Wir begegneten denn auch schon am folgenden Tage, früh um 9 Uhr, auf dem Rückmarsch der kleinen Karawane des Doktors, gerade an der Stelle, auf der wir inmitten des Urwaldgestrüpps gelagert hatten. Jedoch hüteten wir uns wohl, dem Doktor von dem gewaltigen Naturwunder, das seiner harrte, etwas zu verraten, um ihm die Überraschung nicht zu verderben. Kersting hat gleich am ersten Abend auf der südlichen Absattelung sein Nachtlager aufschlagen können. Das Zelt, dessen wir uns bedient hatten, war, samt einigen Leuten zur Bewachung, für ihn oben zurückgelassen worden. Er ist dann zweimal oben am Kraterrand gewesen und hat ebenfalls den Rundgang gemacht, in Begleitung des Unteroffiziers Adam Mohamed, der Diener Abokr und Mohamed August II. sowie des Gefreiten Mkono.

Zwei Stunden nachdem wir den Doktor verlassen hatten, waren wir in der Ebene angelangt. Auf halbem Wege kamen uns dort die Maulesel, geführt von ihren Wärtern, den Somali, entgegen, und um die Mittagsstunde erblickten wir wieder die langen Reihen der hellschimmernden Expeditionszelte. Das bunte bewegte Leben im Lager war deutlich wahrzunehmen. Bei unserem Näherkommen lösten sich einige weißgekleidete Gestalten, die Trägerführer, von dem Schwarme los und eilten uns mit freudestrahlenden Gesichtern entgegen. Die Soldaten standen still und stramm unter präsentier-

1 Dr. Kersting, ein im Hauptlager bei Kumahanda zurückgebliebenes Expeditionsmitglied.

77 Der Kirunga vom Kivu-See aus

tem Gewehr in zwei Reihen. Kaum aber war das Kommando »Gewehr ab« ertönt, als alle Reih' und Glied verließen und auf uns zustürzten. Soldaten und Träger drängten sich an uns heran, um uns die Hände zu drücken und zu küssen, gleich als wollten sie sich leibhaftig davon überzeugen, daß der geheimnisvolle Berg uns nicht verschlungen habe. Man konnte all' den braven Leuten die helle Freude über unsere glückliche Rückkehr ansehen. Die ganze Szene, das Benehmen der Mannschaft und ihre Anhänglichkeit rührten mich tief. Aber sie hatten freilich auch Grund zur Freude: unsere Rückkunft vom Feuerberg bedeutete ja für sie die Heimkehr, die Heimkehr zur Küste, reichen Lohn für die geleisteten Dienste und infolgedessen ein Leben voll süßen Nichtstuns auf lange Zeit! Denn noch ahnten sie nicht, daß es einen ganz anderen Weg zum »großen Meere« gab, einen Weg, der nach wie vor nach W e s t e n wies und der sie dennoch, vielleicht rascher und bequemer als in umgekehrter Richtung, aus diesen rauhen Bergen heraus nach den sonnigen Küstenplätzen Deutsch-Ostafrikas führen konnte.

Noch am Abend versammelten sich die Führer und Trägerältesten vor dem großen Zelt und baten mich in einer Unterredung um Auskunft, wohin es nun ginge. Meine Antwort lautete, ins Deutsche übersetzt, etwa so:

»Ihr seid zu mir gekommen, um euch zu erkundigen, auf welchem Wege wir wieder zur Küste zurückkehren werden. Ihr tut recht daran, denn ihr seid für eure Leute verantwortlich!

Ihr wißt, daß ihr durch Vertrag gebunden seid, mir zwei Jahre lang überall hin zu folgen, wohin es mir zu ziehen gefällt.

Auch ich will zurück zu den Meinen, zur Küste.

Auch wir Europäer wollen nicht zugrunde gehen, und deshalb werde ich euch so führen, daß wir alle, so Gott will, die Küste bald wiedersehen werden.

Aus meinen Papieren (Karten) habe ich immer den geraden Weg gefunden, wie ihr wißt, und jetzt sehe ich, daß es drei Wege gibt; den einen wieder zurück durch Ruanda, wo wir herkommen, den anderen im Westen um einen See herum, der nahe bei uns liegt; wir kommen dann nach Monatsfrist wieder an einen großen See, den Tanganyika, und können dann über Tabora, das euch allen bekannt ist, das Meer erreichen.

Den dritten Weg kenne ich auch aus meinen Papieren; er führt aber an ein anderes großes Meer, und auf Schiffen können wir dann heimkehren.

Nun wißt ihr aber, daß ich immer neue Länder kennenlernen will, und ihr seht alle Tage, daß ich Berge, Flüsse und alles, was ich sehe, aufschreibe.

Wie könnte ich also auf dem gleichen Wege zurückgehen wollen, von dem wir herkommen? Ich habe deshalb beschlossen, weiter zu gehen, bis an den See, von dem uns die Eingeborenen erzählen und den wir vielleicht schon morgen sehen werden.

Und dann werde ich wieder überlegen, welches der beste Weg für uns sein wird.

Und ihr könnt mir vertrauen, denn bisher habt ihr immer gesehen, daß auch die größten Häuptlinge uns Ziegen und Bananen gaben, wie Sklaven ihren Herren.«

Mit diesen Worten entließ ich die Braven und befahl den Abbruch des Lagers für den ersten Morgen nach der Rückkehr des Doktors.

Dieser Morgen war der 16. Juni, ein glühend heißer Tag. Abermals stiegen wir in die dem Vulkan vorgelagerte Lavaebene hinab, wendeten uns aber halblinks und nahmen unsere Richtung auf die südlichen Ausläufer des Kirunga zu. Eine große Menge kleiner Kraterbildungen und Hügel wurde passiert, auf denen wogende Sorghumfelder und Erbsenanlagen zu sehen waren. Dann aber betraten wir eine Zone, in der sich Bananenhain an Bananenhain reihte. Dazwischen lagen ärmliche Gehöfte von Eingeborenen versteckt. Wenn wir frugen, wo wir Trinkwasser finden könnten, so verwiesen sie uns auf den wässerigen Saft, den sie aus den schwammigen Stämmen der Bananen pressen, oder sie deuteten nach Süden und sagten das Wort »Kivu«.

Erst um 13 Uhr nachmittags erreichten wir die Grenze der Bananenhaine. Dann ging es noch durch eine Reihe üppig gedeihender, fast zur Ernte reifer Sorghumfelder hindurch, und plötzlich standen wir auf dem felsigen Ufer einer gewaltigen Wasserfläche.

Eine frische Seebrise wehte zu uns herüber, und tosende Brandung, wie die des Meeres, rauschte uns entgegen.

Der Wasserspiegel erstreckte sich unabsehbar und unbegrenzt für unser Auge weithin nach Süden.

Zu dem bisher geschauten Wunder dieser herrlichen Länder, dem Kirunga, hatte sich ein zweites gesellt, der Kivu.

Zum Gipfel des Kilimandscharo

aus: Hans Meyer, Ostafrikanische Gletscherfahrten, Leipzig, 1890

Der Weg war weit, die Arbeit voraussichtlich sehr schwer. Und die bange Ungewißheit, was der nächste Tag bringen werde, ließ uns in der Nacht nur wenig zu der doch so nötigen Ruhe kommen.

Von 1 Uhr ab schauten wir alle Viertelstunden bei Streichholzflackern nach der Uhr; um 2.30 Uhr krochen wir aus dem Zelt. Die Nacht war kalt und stockfinster, von dem erhofften Mondlicht keine Spur. Rasch waren die Rucksäcke übergeworfen, die Eispickel erfaßt und die Laterne angezündet. »Kuaheri« (»Lebewohl«), rief ich unserem in seinem Felsspalt schlafenden Muini zu; »Kuaheri, bwana, na rudi salama« (»Lebewohl, Herr, und kehre heil zurück«), klang es aus dem Loch zurück. »Inschallah« (»So Gott will«), bestätigte ich meinerseits, und fort ging es in die kalte Nacht hinein.

Solange wir uns auf flachem Terrain bewegten, hatten wir nur die herumliegenden Trümmer zu meiden. Bald aber kamen wir an einen tief eingeschnittenen Kessel am Fuß des Berges, an dessen schroffer Innenwand wir mit größter Vorsicht entlangklommen, bis wir die Trümmerhalde im Grund des Kessels betraten, die uns langsam über ein Chaos von Blöcken bergan führte. Es war eine verzweifelte Kletterei in dunkler Nacht. Mehrmals kamen wir zu Fall und rissen uns die Glieder wund, aber das Marienglaslaternchen nahm keinen Schaden, wenn es auch jedesmal verlöschte und durch das Wiederanstecken im Nachtwind unsere Geduld auf eine harte Probe stellte. Purtscheller, welcher die Führung hatte, hielt sich meines Erachtens zu weit rechts, nach Norden, ich drang auf mehr westliche Richtung, weiter bergauf zur Mitte des Kibo[1], als aber der Morgen des 3. Oktober (1889) dämmerte, öffnete sich plötzlich in schwindelnder Tiefe zu unseren Füßen das Tal, dessen südlicher Begrenzungswall unser Ziel gewesen war. Es blieb nichts

1 höchster der beiden Kilimandscharo-Gipfel: Kibo und Mawensi.

anderes übrig, als an den schroffen Wänden hinabzuklettern in die schuttbedeckte Mulde und jenseits an den Felsklippen wieder emporzusteigen. Das unerwartete Hindernis kostete uns fast eine Stunde der besten Tageszeit.

Nach kurzer Rast traversierten wir die steilen Schutthalden des Tales, ließen dabei die letzten Spuren von Blütenvegetation in etwa 4700 Meter Höhe hinter uns, passierten um 6.30 Uhr einen massigen Lavaquerriegel in der Talmitte und trafen an der erstrebten südlichen Talwand gegen 7 Uhr auf die ersten Schneeflecken unter dem Schutz der Felsen in 5000 Meter Höhe. An der nördlichen Talwand ziehen sich im Leeschutz des Antipassates gesellige Schneefelder von hier ab bis zu der von oben drohend ins Tal herabhängenden Eiszunge (5360 Meter) hinauf. Dort fließt das Schmelzwasser in zwei kleinen Bächen ab, die schnell im Geröll verrinnen. Der Blick über die von mächtigen Blöcken übersäten Schuttkegel zur Eiswand hinauf und hinab ins Tal, das weit unten nach Süden abbiegt, und an den jäh sich hebenden Talwänden entlang, an denen die Erosion wunderliche Lavawindungen und Höhlenformen hat zutage treten lassen und stellenweise Schrammen und Glätten auf Gletscherschliff hindeuten, während von Zeit zu Zeit das Rauschen des Windes und das Prasseln von rutschendem Schutt die nimmer ruhende Tätigkeit der Naturkräfte verrät, ist von ganz eigenartigem Reiz. 7 Uhr 20 Minuten standen wir endlich auf dem Rücken der Bergrippe, die wir uns gestern als geeignete Aufstiegsroute ausersehen hatten, und begannen nun keuchend über festen Fels und losen Schutt hinweg der steilen Erhebung des Kammes zum Eis hinan zu folgen. Alle zehn Minuten mußten wir jedoch ein paar Augenblicke stehen bleiben, um den Lungen und dem Herzschlag eine kurze Beruhigung zu gönnen, denn wir befanden uns längst über Montblanc-Höhe, und die zunehmende Luftdünne machte sich allmählich fühlbar. 8 Uhr 15 Minuten hatten wir über Schotter und Blöcke hinweg eine Höhe von 5200 Meter erreicht und ruhten sitzend eine halbe Stunde lang.

Ein Schluck des mit Zitronensäure versetzten Schneewassers netzte den in der überaus trockenen Luft schmerzhaft gewordenen Gaumen; Appetit hatte ich nicht im mindesten. Den Blick zurückwendend, erkannten wir, daß wir die Höhe des im vollen Sonnenlicht rotbraun herüberleuchtenden Mawensi bereits überstiegen hatten. Wie Maulwurfshaufen lagen die zentralen Hügel des Sattelplateaus unter uns in der Tiefe, zu welcher von Süden her langsam Nebel wallten. Über der Zone des Urwaldes drängte sich eine dichte, silbergraue Wolkenmasse, während weit draußen über der Ebene einzelne Kumuluswolken in der dunstigen Atmosphäre schwammen, vom Widerschein des ziegelroten Steppenbodens an der Unterseite rötlich gefärbt. Das Unterland selbst aber war im Schleier der aufsteigenden Wasserdämpfe nur in undeutlichen Konturen erkennbar. Dagegen blinkte und blitzte über uns der Eishelm des Kibo in scheinbar greifbarer Nähe.

Weiter kletternd trafen wir kurz vor 9 Uhr an einen Absturz zur Linken, der uns einen großartigen Niederblick in das benachbarte, an 900 Meter tiefe Felstal eröffnete, und folgten seinem Rand, bis wir endlich um 9 Uhr 50 Minuten an der unteren Grenze des geschlossenen Kiboeises in 5480 Meter Höhe anlangten.

Der Fels setzt an dieser Stelle nicht in die sonst fast allerwärts an der Eisgrenze sichtbaren hellblauen Mauern und Wände von 20-30 Meter Höhe ab, sondern geht in etwa 20 Meter Breite ganz allmählich zur Eiskuppe über. Diese aber steigt sofort unter 35 Grad Neigung empor, so daß ihr ohne Eispickel absolut nicht beizukommen ist. Daß die Besteigung des Kibo von hier aus unternommen werden könne, war nun keine Frage mehr; daß aber weiter oben kein unbezwingliches Hindernis auftreten würde und daß unsere Kräfte ausdauern würden, war keineswegs fraglos. Es ist ein großer Unterschied, ob man zu einer solchen Hochgebirgstour von einem Alpenhotel auszieht oder von einem kleinen Zelt ausgeht, nachdem man vorher einen zweiwöchigen Gewaltmarsch durch ostafrikanische Steppenwildnisse gemacht hat; ob man mit Brot, Schinken, Eiern und Wein verproviantiert ist, oder ob man nur schlechtes Dörrfleisch, kalten Reis und Zitronensäure mit sich führen kann. Von letzterer Proviantart versuchten wir mehrmals etwas zu uns zu nehmen, aber die Appetitlosigkeit gebot rasch Einhalt.

So suchten wir bald die Schneebrillen hervor, zogen den Schleier über das Gesicht und banden uns das Gletscherseil um den Leib. Herr Purtscheller schnürte sich außerdem noch seine Steigeisen an die Füße, während ich mich auf meine gut vernagelten und verklammerten Schuhe verlassen mußte. Um 10.30 Uhr begann mit einem ermunternden »Los!« die schwierige Arbeit des Stufenhauens.

In dem glasharten, im Bruch wasserhell glänzenden Eis erforderte jede Stufe an zwanzig Pickelhiebe. Langsam ging es an der glatten Wand aufwärts, anfänglich wegen ihrer fürchterlichen Steilheit schräg nach rechts hinauf, dann gerade auf den Gipfel zu. Hier aber senkt sich das Eis in eine breite Mulde ein, welche weiter bergab in jenes Tal ausläuft, das wir am Morgen traversiert hatten, und legte sich eine so bedrohliche Reihe von Schründen und Klüften vor unseren Weg, daß wir befürchteten, von unserem Ziel abgeschnitten zu sein. Purtscheller versuchte die alten Schneebrücken und Eisstege mit dem Pickel; sie hielten, und nach vorsichtigem Darübergleiten standen wir 12 Uhr 20 Minuten unter der letzten steileren Erhebung des Eishanges in 5700 Meter Höhe. Hier benannte ich in dankbarer Erinnerung an einen verehrten Freund den überschrittenen ersten Gletscher des Kilimandscharo »Ratzel-Gletscher«. Dann wurde sitzend gerastet und wieder ein Eßversuch gemacht, der diesmal besser gelang.

Die Eisoberfläche wird nun zusehends zerfressener. Mehr und mehr nimmt sie jene Beschaffenheit an, wie sie Dr. Güßfeldt vom Akonkagua in Chile als »nieve penitente« beschreibt. In Rillen und Furchen, in Schneiden und Spitzen bis zu zwei Meter Tiefe verwittert, bietet das Eisfeld dem steigenden Fuß Hindernisse dar wie ein Karrenfeld. Da wir oft bis an die Brust einbrachen, nahmen unsere Kräfte in besorgniserregender Schnelligkeit ab. Und immer noch dehnte sich die Wand unabsehbar, und der oberste Eisgrat wollte nicht näher kommen. »Vorwärts!« rief ich zur Selbstaneiferung aus, »der Berg muß doch einmal ein Ende haben!«

Endlich, gegen 2 Uhr, näherten wir uns dem höchsten Rand. Noch ein halbes Hundert mühevoller Schritte in äußerst gespannter Erwartung. Da tat sich vor uns die Erde auf, das Geheimnis des Kibo lag entschleiert vor uns: den ganzen oberen Kibo einnehmend, öffnete sich in jähen Abstürzen ein riesiger Krater.

Diese längst erhoffte und mit allen Kräften erstrebte Entdekkung war mit so elementarer Plötzlichkeit eingetreten, daß sie tief erschütternd auf mich wirkte. Ich bedurfte der Sammlung. Wir setzten uns am Rand des Ringwalles auf das Eis nieder und ließen den Blick über den Kraterkessel, seine Eismassen, seinen Auswurfkegel, seine Umwallung schweifen. Da war es aber auch sofort klar, daß unser Punkt (5870 Meter) nicht der höchste war, sondern daß die höchste Erhebung des Kibo links von uns, auf der Südseite des Kraterrandes lag, wo drei Felsspitzen aus dem nach Süden abfallenden Eismantel noch einige Meter hoch hervorragen. Die Marschentfernung bis dorthin schätzten wir auf eineinhalb Stunden. Dazu aber reichten unsere Kräfte nicht mehr hin; wir hätten denn riskieren wollen, am Endziel ohne jeglichen Schutz gegen die Nachtkälte zu biwakieren, was uns sehr wahrscheinlich verhängnisvoll geworden wäre. Wir hatten eine elfstündige, außerordentlich anstrengende Steigarbeit auf unbekanntem Terrain zwischen rund 4400 und 5900 Meter hinter uns und mußten für den Abstieg noch mit dem Nebel rechnen, der nun über die Eiswände heraufzuwallen begann.

In der Frage »umkehren und biwakieren« war schließlich der Entschluß entscheidend, die Besteigung in drei Tagen zu wiederholen und dann die höchste Spitze zu forcieren. Vorläufig durften wir uns mit den Erfolgen der ersten Besteigung zufrieden geben: die von vielen Seiten angezweifelte Existenz eines Kraters auf dem Kibogipfel war nachgewiesen; über seine räumlichen Verhältnisse, seine Eis- und Felsbildungen, seinen Auswurfkegel hatten wir Aufschluß gewonnen; das Wesen des Kibo-Eismantels war erkannt; der Weg zum Oberrand des Berges war gefunden, die Höhe von 5870 Meter erklommen.

Mit diesem Rückblick traten wir um 2 Uhr 20 Minuten den Rückweg an. Im Nebelwehen auf dem steilen Eis abwärts, ich ohne Steigeisen, und wir beide so erschöpft, daß Herr Purtscheller einmal eine Ohnmachtsanwandlung hatte, kamen wir nur sehr langsam vorwärts. In den unteren Partien hatte inzwischen die Sonne so stark geschmolzen, daß wir unsere Stufen größtenteils erneuern mußten, eine böse Aufgabe für unsere matten Glieder an einer Stelle, wo ein Fehltritt des einen unfehlbar auch den anderen mit in die grausige Tiefe gerissen haben würde. Doch der Wille siegte auch diesmal über den Körper. Erleichtert aufatmend fühlten wir gegen 4 Uhr wieder den festen Fels unter den Füßen und gönnten uns eine halbe Stunde Ruhe, indem wir stumm dem wechselvollen Spiel der Wolken, der einzigen beweglichen Elemente in dieser gewaltigen starren Natur, zuschauten.

Dann rutschten und glitten wir direkt hinab auf die abschüssigen Schotterhalden des Erosionstales und auf ihnen weiter in schnellem Tempo abwärts in den Talgrund. Große Mühe verursachte uns schließlich das Übersteigen der beiden uns noch von unserem Lagerfeld trennenden schroffen Lavamauern, aber auch sie wurden überwunden. Mit der den Schritt beflügelnden Vorstellung eines warmen Nachtmahles und eines weichen Ruhelagers stolperten wir in der Dämmerung zwischen den Blöcken und Trümmern rastlos weiter, bis wir kurz vor 7 Uhr, zuletzt im Dunkel geleitet vom weithin leuchtenden Lagerfeuer unseres braven Muini, am gastlichen Zeltchen wieder eintrafen. Muini hatte Reis am Feuer, der uns mit gebratenem Dörrfleisch und einem tüchtigen Schluck Kognak prächtig schmeckte, aber die Anstrengungen des Tages waren doch zu enorm gewesen, als daß wir darauf in der Nacht hätten Ruhe finden können. Zum Brennen der Haut und der Augen gesellte sich stechender Kopfschmerz, die Nerven waren fieberhaft erregt, jeder Muskel schmerzte. Erst gegen Morgen trat Abspannung ein und damit ein gesegneter Schlaf, der bis gegen Mittag anhielt.

. . .

Am Abend, lange nachdem die Sonne purpurn hinter dem links unter dem Kibo aufragenden Kegel des Meru hinabgesunken war, saßen wir bis spät im kalten Nebel am Feuer neben unserem Zelt und schmiedeten Pläne für den nächsten Tag. Die bei der ersten Besteigung nur zu sehr empfundene große Entfernung bis zum Eis, in deren Schätzung uns die reine Höhenluft und die einfachen vulkanischen Linien so arg getäuscht hatten, ließ die Beziehung eines Biwaks in größerer Bergeshöhe nötig erscheinen, wenn wir bei einer zweiten Besteigung den Gipfel noch zu guter Stunde erreichen wollten. Ein solches Biwak sollte am folgenden Tag aufgesucht werden.

Die Nacht hatte es bei klarem Mondlicht bis zu –9 Grad Minimumtemperatur gebracht, der Morgen aber war prächtig klar und wurde bald behaglich warm. Mit großer Gemächlichkeit brachen wir um Mittag des 5. Oktober auf. Muini schleppte unsere Schlafsäcke und Decken, wir selbst hatten uns mit Proviant, dem alpinen Gerät, den nötigen Instrumenten, Wasser usw. beladen. Muini sah höchst verwegen aus. Er hatte über seine dürren Beine zwei Paar wollene Unterhosen gezogen, aus deren mannigfachen Öffnungen die Zipfel eines wollenen Hemdes hervorquollen. Über dem Hemd trug er eine fürchterlich zerrissene rote Uniformjacke irgend eines schottischen Infanterie-Regiments, an den Füßen viellöcherige wollene Strümpfe und ein Paar gelbe Halbschuhe, und den Kopf und Hals hatte er bis auf die Nase und die Augen in einen riesigen Sansibarturban eingewickelt, der im aufgewickelten Zustand auf den Steppen seine einzige Kleidung auszumachen pflegte.

Wir folgten unseren Rückwegspuren vom 3. Oktober über die beiden damals überstiegenen Lavawälle und wanderten nach mehreren Rasten und Untersuchungen von 4 Uhr ab im Grund des großen Gletschertales aufwärts, wo wir gegen 6 Uhr, in dem inzwischen gefallenen Nebel umhertappend, auf der südlichen Talseite eine hohe, weit offene Lavahöhle fanden. Brennmaterial gab es hier in 4650 Meter Höhe, also in der Höhe der Monte-Rosa-Spitze, gar nicht mehr, aber Büschel von Strohblumen standen am Fuß der Felsen noch hinreichend, um mit Hilfe von drei Wolldecken auch für Muini ein leidlich warmes Lager herzustellen. So verbrachten wir die Nacht trotz –12 Grad Celsius verhältnismäßig gut, da wir in der Höhle vor dem von der Gletscherzunge herabsausenden Bergwind geschützt waren, und konnten um 3 Uhr in der Frühe des 6. Oktober frisch ans Werk der Gipfelersteigung gehen. Diesmal war uns Ndscharo, der eisgebietende Berggeist des Kibo, gnädig; wir erreichten unser Ziel.

Während der ersten Stunde leuchtete uns der Mond auf den schwer ersteiglichen Schutt- und Trümmerhalden. Als er untergegangen war, tasteten wir uns bei Laternenschein im felsigen Terrain talauf zwischen den gangbaren Lücken und Klüften hindurch und weiter auf der großen Lavarippe, welche uns am 3. Oktober zum Eis geführt, hinan. Je höher wir emporstiegen, je dünner die Luft wurde, desto glanzvoller erstrahlten die ewigen Lichter des Firmaments. Nirgends habe ich vorher oder nachher die Planeten in so ruhiger Pracht leuchten sehen wie hier; aber auch das Licht der großen Sonnen Sirius und Regulus erschien hier milder, gleichmäßiger als sonst. Und der sanfte Schein der Milchstraße, der Magelhaensschen Wolken und vor Anbruch der Dämmerung des bis in den Zenit züngelnden Zodiakallichtes hat nicht seinesgleichen in tieferen Regionen.

Gegen Sonnenaufgang befanden wir uns bereits in der Höhe der Zunge des »Ratzelgletschers« (5360 Meter) und erwarteten in seiner eisigen Nähe, mit frostzitternden Gliedern fest aneinander geschmiegt, den erwärmenden Aufgang des Tagesgestirns. Hinter des Mawensi finsterer Zackenwand hob sich kurz nach 6 Uhr der strahlende Sonnenball empor. Bald nachher waren wir am Fußpunkt unserer Eismauer vom 3. Oktober. Die damals gehauenen Stufen bedurften zu unserer freudigen Überraschung nur geringer Nachbesserung, um wieder brauchbar zu werden, so daß wir, nunmehr mit den Örtlichkeiten bekannt, bei aller Vorsicht ziemlich rasch über die gefährlichen unteren Wände und die folgenden Klüfte hinwegkamen. Vor 8 Uhr überkletterten wir schon die große Spalte in 5720 Meter. Wir waren beide der frohesten Zuversicht. »Heute geht's«, »Wir kommen heute hinauf«, riefen wir uns gegenseitig fröhlich zu. Langsam, aber stetig klommen wir weiter. Obwohl die Luftbeschaffenheit und die Körperanstrengung die nämlichen waren wie bei der ersten Besteigung, fühlten wir doch viel weniger Beschwerden, weil unser moralischer Zustand sehr viel besser war. Um dreiviertel 9 Uhr beschritten wir den obersten Kraterrand an der Stelle unserer damaligen Umkehr in 5870 Meter Höhe; unverschleiert lag wieder der Krater zu unseren Füßen. Aber ohne langes Zaudern wanderten wir nun in Südwestrichtung auf dem dorthin leicht ansteigenden, eisbedeckten Rand des Ringwalles weiter, den Felsspitzen der südlichen Kraterwand zu, die dort über das Niveau der anderen Seiten emporragen.

Schon im September, als wir jenseits Taweta den Kilimandscharo zum erstenmal zu Gesicht bekommen hatten, war mir ein dunkler Fels an der Südseite des oberen Bergrandes als der wahrscheinlich höchste Punkt des Kibo aufgefallen. Beim Näherkommen hatten wir denselben hinter der davorliegenden Wölbung des Eismantels verschwinden sehen, und erst als wir den Kraterrand selbst betraten, war er wieder zum Vorschein gekommen.

Anderthalb Stunden Steigens durch sonnerweichten Firn und zerfressenes Eis führte uns an einer seltsam abgebrochenen, sechs Meter hohen Eismauer vorbei zu dem Fußpunkt der drei höchsten, aus losen Trümmern bestehenden Felsspitzen, welche wir nun in beschaulicher Ruhe der Reihe nach erklommen, um nach Ablesung unserer Aneroide feststellen zu können, daß die mittelste mit rund 6000 Meter die anderen um 10–15 Meter überragt. Spätere Berechnungen bestätigten diese Maße. Um ½ 11 Uhr betrat ich als erster die Mittelspitze. Ich pflanzte auf dem verwetterten Lavagipfel mit dreimaligem, von Herrn Purtscheller kräftig sekundierten »Hurra« eine kleine, im Rucksack mitgetragene deutsche Fahne auf und rief frohlockend: »Mit dem Recht des ersten Ersteigers taufe ich diese bisher unbekannte, namenlose Spitze des Kibo, den höchsten Punkt afrikanischer und deutscher Erde: ‚Kaiser-Wilhelm-Spitze'.«

Nach einem Hoch auf den kaiserlichen Taufpaten drückten wir uns die Hand. »Das ist mir ein herrliches Geburtstagsgeschenk«, sagte Purtscheller, »ich bin heute vierzig Jahre alt«, und auch über mich war eine festliche, weihevolle Stimmung gekommen, deren Grundton der Gedanke war, daß der Augenblick nun da sei, den ich in den letzten Jahren täglich herbeigesehnt. Der afrikanische Riese war bezwungen, wie schwer er uns auch den Kampf gemacht hatte, und damit eine mehr als vierzigjährige Belagerung und Bestürmung des Kilimandscharo zum Abschluß gebracht.

DURCH DIE LÄNDER NÖRDLICH DES UNTEREN KONGO

Durch Kamerun von Ngani nach Donga

aus: Eugen Zintgraff, Nord-Kamerun, Berlin, 1895

Am Morgen des 9. Mai 1889 erschien in Gani[1] ein Mann, den Benedict[2] für einen echten Haussa erklärte. In der Tat war es auch einer und sein Name ist mir unvergeßlich geblieben, er hieß: L a n d a k a r i . Landakari war das Musterbild eines jener zuvorkommenden, immer bescheidenen Haussa, wie man ihnen vielfach im Nordwesten Kameruns begegnet. Er eröffnete die Unterhaltung mit unzähligen Fragen nach unserm Wohlergehen, und zum erstenmal hörte ich hier das »Seriki lafia? Seriki lafia?« Ist der Herr wohl? Ist

1 etwa 120 Kilometer südlich von Ibi am Benue, einem Ort, bis wohin Zintgraff auf seiner Reise von der Kamerunbucht aus inzwischen vorgedrungen war

2 Zintgraffs Diener

der Herr wohl? – das jede Unterhaltung zwischen Haussa einzuleiten pflegt, manchmal für den Eiligen eine wahre Geduldsprobe. Alsdann setzte Landakari sehr sachgemäß auseinander, daß unser Kommen in der ganzen Gegend großes Aufsehen hervorgerufen habe, da man ein Erscheinen von Weißen vom Süden, von der Kamerunbucht her, für unmöglich gehalten habe. Der Weg, den wir uns gesucht oder vielmehr, den uns Allah gezeigt habe, sei kein solcher, den Leute des Friedens zu wandern pflegten, und man befürchte im Lande kriegerische Absichten unsrerseits. Indessen seien Boten zum Sultan von Takum[1], dem dieses Land gehöre, bereits unterwegs, und sobald dieser seine Zustimmung gegeben, was zweifelsohne geschehen würde, stehe unserer Weiterreise nichts im Wege. Vorläufig müßten wir aber hierbleiben und dürften auch nicht in Nachbardörfer gehen. Essen sei zwar nicht viel vorhanden, aber man würde schon zu helfen suchen; es sei im übrigen unnütz, an den Häuptling, ehe er nicht geantwortet habe, ein Geschenk zu senden.

Was blieb somit übrig als zu warten? Zehn lange Tage mußten wir in diesem Orte ausharren, und nach dem Kommen und Gehen der Boten zu urteilen, fand ein lebhafter Verkehr zwischen Takum und Gani statt, so gewaltig war die Aufregung über unser unvermutetes Erscheinen. Essen gab es nur wenig. Eigentlich blieben die Leute immer hungrig, obschon sie zu ihrer Hirse mitunter Wurzeln gruben und einige Schlangen fingen und verzehrten. Auch ich selbst wurde niemals ordentlich satt; ein halbes, mageres Huhn mit etwas Hirsebrei war mein einziges tägliches Gericht. Anscheinend durften die Leute auf höheren Befehl sich nicht zu sehr mit uns einlassen.

Endlich nach zehn langen Tagen, fürwahr eine harte Probezeit, erschien Landakari mit der zusagenden Antwort des Sultans von Takum; Landakari in Person sollte uns nach Takum bringen.

Das Marschieren war nunmehr angenehmer, da die Wege Adamauas, wie dies in einem Lande mit so entwickeltem Verkehrsleben nicht anders zu erwarten ist, durchschnittlich recht gut sind. Man geht meist über ebenen, mit Sand oder feinem eisenhaltigen Quarzgeröll bedeckten Boden, dessen große Durchlässigkeit selbst

1 etwa 100 km südlich von Ibi am Benue

bei starkem Regen ein vollständiges Aufweichen unmöglich macht. Nach zweieinhalbstündigem Marsche setzten wir, Groß-Gani rechts liegen lassend, vermittels eines schwerfälligen Kanus über einen etwa 50 Meter breiten, aus dem Lande B a f u m kommenden in den Biya mündenden Bach. Das Land war hügelig und namentlich die den Weg östlich begleitenden, niedrigen Berge durch seltsame Felsgebilde ausgezeichnet, die täuschend an Burgruinen erinnerten. . . .

Am vierten Tage erreichten wir die Hauptstadt dieses großen Bezirks, Takum.

Der Anblick von Takum entsprach vollständig den Vorstellungen, die man sich von mohammedanischen Negerstädten zu machen pflegt. Ringsherum liefen hohe Lehmmauern mit Zinnen, Bastionen und Toren, hinter denen die Spitzdächer der Häuser sowie hier und da einige dichte Laubbäume und die Fiederkronen der Carica Papaya bemerkbar waren. Am Toreingang standen die Ältesten der Stadt in bunten, seidenen Gewändern; alle trugen gelbe oder rote Lederpantoffeln. Zum erstenmal schämte ich mich meiner abgerissenen Erscheinung und vor allen Dingen der bloßen Füße. Indessen waren die alten Herren sehr höflich, und nachdem mein Dolmetscher mich ihnen als Freund Flegels[1] vorgestellt hatte, führten sie uns ohne weiteres in die große Stadt hinein. Auf dem ansehnlichen Marktplatz saß unter einem breiten, schattenspendenden Baume – denn es war kurz nach Mittag – der Oberhäuptling der Landschaft Takum, der Sultan Yakubu, zu deutsch: Jakob. Eine große Menschenmenge beiderlei Geschlechts füllte den Marktplatz. Ich ging durch eine schmale Gasse zwischen den Leuten durch auf Yakubu zu, reichte ihm die Hand und setzte mich dann auf einer meiner kleinen Kisten ihm gegenüber.

Yakubu, eine kräftige Mannesgestalt, der einigermaßen an den Balihäuptling[2] erinnerte, nur daß er viel dunkler war, sprach mehrfach unverhohlen sein Erstaunen über unser Kommen von dieser Seite her aus, was uns nur mit Allahs Hilfe hätte gelingen können. Nach der ersten Begrüßung jedoch hieß er uns die Stadt verlassen und außerhalb ein Lager aufschlagen; auch ich mußte natürlich

1 Erforscher des Benue

2 dessen Land Zintgraff auf der bisherigen Reise durchzogen hatte

mit, und so zogen wir aus einem anderen Tor wieder hinaus. Leider hatte es seine großen Schwierigkeiten, auf dem uns angewiesenen Felde etwas Obdachähnliches herzustellen, da das sonst gewöhnlich zum Hüttenbau benutzte Gras sehr kurz und auch sonst kein geeigneter Baustoff vorhanden war. Ich stellte mein Feldbett auf und hing eine Decke über ein paar Stecken, so daß ich wenigstens gegen den ärgsten Sonnenbrand geschützt war. Meine Leute, welche die Zweige der verkrüppelten Zwergakazien abbrachen und daraus niedrige Laubhütten bauten, in die sie hineinkriechen mußten, waren nicht viel besser daran. Dies ließ sich aber alles leicht ertragen, als nachmittags ein großer Buckelochse sowie zwei Schafe als Gastgeschenk herbeigeführt wurden. Der Ochse war in kurzer Zeit in 160 Teile zerlegt und nach zwei Stunden bis auf meinen Anteil wohl auch schon spurlos verschwunden; Korn gab es dagegen nur wenig.

Früh am Morgen wurde ich zu meinem Erstaunen durch eine Musik geweckt und tatsächlich ließ Yakubu mir durch eine aus sechs Mann bestehende Hauskapelle ein Morgenständchen bringen. Vier der Musiker hatten lange blecherne Trompeten, während zwei andere mehrere Pauken zugleich bearbeiteten. Die Musik klang nicht eben schlecht, obwohl die drei Stücke, die aufgespielt wurden, für mein Gehör sich nicht wesentlich unterschieden. Erst nach zwei Tagen wies mir Yakubu, nachdem er gesehen, wes Geistes Kind ich war, ein kleines Gehöft in der Stadt selbst an, das ich mit Freude bezog. Zum Glück regnete es in dieser Zeit nicht, sonst hätten mir meine Kerle, die trotz meiner Vorstellungen draußen im Lager bleiben mußten, leid getan, denn es gab verhältnismäßig wenig zu essen, das wenige aber war teuer, und ich mußte auch mit meinen Tauschwaren sparsam umgehen. Ein Hauptartikel, auf den ich mich als kleine Münze in den von den Haussa bereisten Ländern zum Kaufen von Lebensmitteln besonders verlassen hatte, besaß damals gerade keinen Wert: nämlich Nähnadeln. Im übrigen konnte man auf dem Markte mancherlei Leckerbissen haben, namentlich große Zwiebeln und Salz, das ich schon längere Zeit entbehrt hatte.

Die Bauart der Häuser ist in ganz Adamaua dieselbe. Der Grundriß des Hauses ist kreisrund bei vier bis sieben Meter Durchmesser, die Wände sind aus dünnem Ton etwa manneshoch ausgeführt, und darüber erhebt sich das auf allen Seiten bis zu 30 cm überstehende Strohdach, einem halb aufgespannten, riesigen Malerschirm vergleichbar, wie denn auch der Witz meiner Träger die Häuser »ombrella houses« »Regenschirmhäuser« und das ganze Land »Lafia country« d. h. »Lafialand« taufte, nach der tagsüber tausendmal gehörten Begrüßung »Seriki lafia?«

Während meines fünftägigen Aufenthaltes in Takum war ich täglich mit Yakubu in dessen großer Empfangshalle, die nur ein Haus im größeren Stile mit zwei Toren war, zusammen, wobei er mir einen ganz vorzüglichen Palmwein vorsetzte. Es freute ihn, wenn er sah, wie ich in großen Zügen dieses edle Naß vertilgte und ihm auf Haussa dann einige Höflichkeiten sagte, die mir mein Dolmetscher eingepaukt hatte; übrigens machte ich gute Fortschritte in dieser nicht eben schweren und zugleich schönen Sprache. In der großen Halle Yakubus befanden sich gewöhnlich nur wenige Leute, der erste Vertreter des Häuptlings, der den Titel Galadima führt, einige sonstige Würdenträger, sowie das Leibpferd Yakubus, das seitlich stand und mit der Vorderfessel an einen aus der Erde ragenden Pflock gebunden war.

Yakubu und ich schieden schließlich als gute Freunde, ohne daran zu denken, daß wir uns je noch einmal wiedersehen sollten. In zwei Tagen erreichte die Expedition Donga, die Hauptstadt eines gleichnamigen Sultanates. Der Weg führte, mit ganz geringen Ausnahmen, ununterbrochen durch ebenes Land, das überall dicht mit Zwergakazien, der anona senegalensis, bewachsen war. Vor Donga überschritten wir im Kanu einen breiten Fluß gleichen Namens und wurden am jenseitigen Ufer von einem ehrwürdigen Abgesandten des Sultans empfangen und alle miteinander in ein großes Gehöft einquartiert. Hier hatten die Einwohner keine Bedenken mehr, uns in die mit starken Mauern versehene Stadt einzulassen.

Es war der 28. Mai 1889, als ich meinen Einzug in Donga hielt, und dieser Tag ist für die Erforschung von Adamaua insofern denkwürdig, als hiermit der Anschluß an Flegels Reisen gewonnen war. Mit Wehmut gedachte ich des so früh dahingeschiedenen Forschers, der einst von Norden ausgehend demselben Ziel zugestrebt war, das ich als erster Europäer von Süden kommend nunmehr glücklich erreicht und damit die mir gestellte geografische Aufgabe,

Adamaua vom Golfe von Guinea aus zu erschließen, erfolgreich gelöst hatte.

Um den Eingeborenen die Gemeinsamkeit der Flegelschen und meiner Bestrebungen vor Augen zu führen, folgte ich Benedicts Vorschlag, mir der Einfachheit halber den landesüblichen Namen Flegels in Adamaua, Abd-er-Rahmân, zuzulegen. Einen Namen muß man bei den Leuten haben und daß ich, als sein Landsmann, den Eingeborenen gegenüber auch sein »Bruder« war, ist im Sinne der Neger selbstverständlich.

Die Freude über mein Kommen unter der Bevölkerung war groß; man sah jetzt wieder einen Deutschen. Aus manchen Anzeichen ging klar genug hervor, daß man den Druck, den die Royal Niger Co. ausübte, schwer empfand und daß man die Niederlassung von »Flegels« Leuten als willkommenes Gegengewicht gegen die unbeliebte Niger Co. mit Freuden begrüßt hätte. Wie aber die Dinge einmal lagen, konnte ich die Leute nur mit allgemeinen Redensarten und mit Hoffnung auf die Zukunft trösten.

Der Häuptling von Donga empfing mich in großer Audienz, angetan mit kostbaren Gewändern. Auch ich prunkte in einem weißseidenen Burnus sowie einem kunstvoll gedrehten Turban, Kleidungsstücken, die ich aus Lagos mitgebracht und für diesen Augenblick peinlich aufgespart hatte; sogar meine Füße steckten in roten Pantoffeln, einem Geschenk des Sultans von Donga, ja sie waren sogar mit Strümpfen, weißen Strümpfen bekleidet, die ich mir aus den Überresten einer alten Hose genäht hatte.

Wer an afrikanische Königshöfe gehen und dort etwas erreichen will, muß sich hübsch fein machen und nach den dortigen Gebräuchen richten. Im Vertrauen auf geistige oder physische Überlegenheit sich über die Gebräuche des Landes hinwegsetzen wollen, ist ein großer Fehler für jeden Afrikareisenden; der richtige Grundsatz für den einzelnen ist: Mit den Wölfen zu heulen, sofern einem nicht geradezu Ungeheuerliches zugemutet wird. Aus diesem Grunde nahm ich auch keinen Anstand, die Feier des mohammedanischen Weihnachten, wozu mich der Häuptling eingeladen hatte, mitzumachen und auf freiem Felde in Gemeinschaft mit den Mohammedanern und meinem ungläubigen Gefolge Gott unter dem Namen Allahs zu verehren.

Es war am zweiten Tage unserer Anwesenheit in Donga, als des

Neumondes langerwartetes Erscheinen durch Flintenschüsse und das Geschrei der Weiber, dessen gellender Ton durch ein eigentümliches schnelles Hin- und Herbewegen der Zunge noch erhöht wird, allem Volke verkündet wurde. Alsbald kam auch schon der mit der Sorge für die Fremden beauftragte Vertrauensmann des Sultans, um mir durch Sklaven einige Töpfe Bier sowie wohlschmeckende, in kräftiger Fleischbrühe gekochte Reisklößchen nebst gekochtem, stark gepfefferten Rindfleisch zu überreichen und mich im Namen seines Gebieters einzuladen, am anderen Morgen in dessen Begleitung mit meinen Leuten hinaus aufs Feld zu ziehen, um zu Allah zu beten. Ich sagte zu, und alsbald wurden seitens meiner Leute alle möglichen Lappen hervorgesucht, um sich für das bevorstehende Fest nach Möglichkeit herauszuputzen.

Am anderen Morgen um 10 Uhr zog ich mit meiner ganzen Mannschaft auf den großen Platz vor des Sultans Haus, wo schon ein buntes Leben herrschte. Dicht am Palaste – so konnte man ja wohl den weiten, mit Mauern, Zinnen und Türmen versehenen Lehmbau nennen – harrten zahlreiche Reiter ihres Gebieters, die Vornehmen in Sammet und Seide gekleidet, meist weiße, seltener gemusterte Stoffe. Auch die durch Nachtigal zuerst bekannt gewordenen Reiter des Sudan in Wattepanzern waren vertreten, die auf ihren mit Decken behangenen, mittelgroßen Pferden und mit den kupfernen, federbuschgeschmückten Helmen zum Turnier ausziehenden Rittern glichen. Den ganzen übrigen Platz füllte bewaffnetes Fußvolk in unterschiedlichen Trachten, nach Haufen geordnet. Die Reiter ließen beständig ihre Pferde tänzeln oder jagten, zu viert sich die Arme über die Schultern legend, im gestreckten Galopp dahin, um plötzlich auf der Stelle zu parieren und gleichzeitig irgend einem Bekannten die leere Faust zum Gruß entgegenzuschütteln. Dies ist die gewöhnliche Begrüßung bei allen Graslandstämmen, nur daß der Grüßende in der Regel irgend eine Waffe in der Hand hält. Ich hielt mit meinen Leuten, die mit ihren verrosteten Gewehren und abgerissenen Jacken oder Hüfttüchern wie ein Haufen Straßenräuber aussahen, etwas abseits, wobei ich die Häßlichkeit meines sonst streitbaren Hengstes unter den Falten des mich mantelartig umwallenden Burnusses möglichst zu verdecken suchte.

Endlich lärmten Trompeten und Pauken, und der Sultan erschien unter dem Tore. Er ritt, in weiße Seidengewänder gekleidet, das Gesicht nach mohammedanischer Sitte von der Nase abwärts mit einem Streifen des Turbans, dem Litam, verhüllt, auf einem tadellosen schneeweißen Hengste, den auf jeder Seite zwei Mann führten und dessen feuriges Ungestüm kaum zu bemeistern war. Die gleichfalls berittenen Vornehmsten jagten ihrem Herrscher zum Gruße entgegen und schlossen sich ihm zu vieren an, während unter Vorantritt von zwanzig gleichartig gekleideten Musketenträgern, sowie einer Musikbande, für welche Harmonie ein unbekannter Begriff zu sein schien, sich der Zug in Bewegung setzte. Ich folgte mit meinen Leuten unmittelbar im Anschluß an die Panzerreiter, hinter uns kamen die Leute des Sultans sowie die Aufgebote der Buschvölker aus den umliegenden Ortschaften und viel anderes Volk.

So zogen wir zum Osttor hinaus, etwa eine Viertelstunde weit ins Land. Auf einem großen Felde angelangt, stiegen die Reiter ab, und alles ordnete sich in mehreren Gliedern zu einem großen Viereck; ich stellte mich bescheiden möglichst nach hinten, um meinen Vordermännern die mir unbekannten Verbeugungen beim Gottesdienst usw. absehen zu können. Der Sultan stand natürlich vor dem ersten Gliede. Es waren mohammedanische Mollem – Missionare – anwesend, die einige Suren aus dem Koran vorlasen, und bei den verschiedenen Anrufungen Allahs warf sich alles zur Erde, während ich mich mit einem tiefen Bückling begnügte. Sonst stand man bei der Feier gerade mit herabhängenden Armen. Etwa eine halbe Stunde dauerte der Gottesdienst, dann stieg alles nach Abgabe einiger Flintenschüsse wieder zu Pferde. Vorher ließ auch ich noch meine 150 Mann eine Salve feuern, deren großartiger Eindruck dadurch etwas beeinträchtigt wurde, daß einige Lagosleute beim Abdrücken ihrer übermäßig geladenen Flinten rücklings zu Boden fielen, was man jedoch höchsten Ortes als ein unzweifelhaftes Zeichen guten Willens und als eine Erhöhung der Festlichkeit aufzufassen geruhte. Beim Rückweg wies mir der Häuptling den Ehrenplatz hinter der nun an der Spitze marschierenden Musik und den zwanzig Musketenträgern an, deren Uniform aus einem Zeuge bestand, dessen Muster das Fell eines Leoparden nachahmte. Als Kopfbedeckung trugen sie schwarze, mit einem roten Bande unter dem Kinn festgehaltene Helme aus Ziegenfellen.

An diesen Gottesdienst schloß sich ein weidliches Zechen in der schönen Halle des Sultans an, während die Vorhallen mit zahlreichen, fleißig dem Hirsebier zusprechenden Edlen gefüllt waren, woraus hervorgeht, daß diese Mohammedaner nicht allzu strenggläubig sind . . .

Fünf Tage währte mein Aufenthalt in Donga, dann brach ich über Okari nach Ibi am Benue auf.

Über den Sanaga ins Land der Wute

aus: Curt v. Morgen, Durch Kamerun von Süd nach Nord, Leipzig, 1893

Es war inzwischen 7 Uhr geworden, als ich mich in der Jaundestation an die Tête der Kolonne setzte. Dichter, kalter Nebel umgab uns und ließ uns kaum zehn Schritt weit sehen, und als wir nach einstündigem Marsche in das Grasland hinunterstiegen, peitschte uns der Wind das hohe Schilfgras ins Gesicht, und ein wolkenbruchartiger Regen durchnäßte uns bis auf die Haut. Nach drei Stunden ließ ich eine kurze Rast machen. Das Unwetter hatte sich verzogen und die Luft war klarer geworden. Von dem kleinen Hügel, auf dem wir lagerten, sahen wir hinter uns im Nebel die Wälder verschwinden, vor uns aber, nördlich und östlich, schweifte der Blick über das weite Grasland hin. Nur hin und wieder ragten einzelne schroffe Felskegel, die den vulkanischen Charakter der Gegend verrieten, aus dem mannshohen Grase hervor. Diese Felsgruppen, verbunden mit den zerstreut wachsenden verkrüppelten Zwergbäumen (Anona senegalensis) verliehen der Szenerie einen eigenartigen Reiz.

Der Boden hatte inzwischen nicht mehr die rotbraune Lateritfarbe, sondern mehr eine graue, Tonerde verratende Färbung angenommen, und an vielen Stellen trat nacktes Urgestein zu Tage. Die wenigen, kleinen Ortschaften, die einen guten sauberen Eindruck machten, waren von den Yetuti, einem den Yaúnde vollkommen gleichenden Volksstamme, bewohnt. Der Marsch ging jetzt auf dem ebenen Graswege flotter von statten, und schon mittags hatte ich ein größeres Dorf, namens Adawa, das mein Marschziel bildete, erreicht. Die Eingeborenen brachten schnell Essen für mich und meine Leute herbei, und vor meinem Zelt sitzend unterhielt ich mich mit ihnen über die Bewohner dieses Landes und der vor uns liegenden Gegend.

Eigentümlicherweise stellte es sich dabei heraus, daß die Yetuti noch keine Ahnung von dem Vorhandensein der nördlich des Sanaga sitzenden Sudanneger hatten, ein Umstand, der seinen Grund wohl darin findet, daß ihre Handelsverbindungen lediglich nach Westen oder Osten, nicht aber nach Norden reichten.

Der nächste Tag sollte mir die unangenehme Seite eines Marsches im Graslande zeigen. Zwei und eine halbe Stunde lang mußten wir bei drückender, schwüler Temperatur auf einem schmalen, oft von Elefanten niedergetretenen Fußpfade ein Feld von vier bis fünf Meter hohem Schilfgras durchschreiten. Wer nie einen solchen Weg bei einer Temperatur von nahezu 40° C zurückgelegt hat, kann sich keinen Begriff von den Anstrengungen machen, welche zu überwinden die ganze Energie eines Mannes erfordert.

Das Gras zerschnitt mir Gesicht und Hände, so daß ich mir schließlich Handschuhe anziehen mußte und meine für diesen Zweck angefertigte Drahtmaske vor das Gesicht band. Kein Windhauch dringt in das dichte Gras hinein, durch das man über sich kaum den Himmel gewahren kann, die Luft flimmert vor den brennenden Augen, die Schläfen hämmern in dieser Schwüle, und von unten atmet man die dem Boden entsteigende dumpfige Atmosphäre ein. Man taumelt fast vorwärts, nur mit dem Gedanken beschäftigt, möglichst schnell aus diesem Käfig hinauszukommen. Endlich erblickten wir eine Öffnung, wir traten ins Freie auf eine kahle Bergkuppe, deren steiniger Untergrund keinen Graswuchs aufkommen ließ. Wir atmeten für kurze Zeit auf und genossen mit Entzükken die frische, freiere Luft, dann verschwanden wir noch einmal, doch diesmal nur für eine halbe Stunde, in einem ebensolchen Grasfelde.

Endlich, gegen Mittag, erreichten wir kleine Siedlungen der Kwolle und später der Toni, welche in Sprache und Sitten noch den Yaúnde verwandt sind. Die Toni traten uns bereits etwas unbescheiden entgegen, brachten uns jedoch Essen, und ich ahnte nichts Schlimmes. Als wir jedoch am nächsten Tage den Mfambfluß durchschritten, hatten uns etwa 200 Eingeborene einen Hinterhalt gelegt. Ich befand mich gerade mit meinen beiden Dienern getrennt von der Karawane, um einen mächtigen Elefanten anzupirschen, als mich ein heftiges Schießen der Nachhut zur schleunigen Umkehr veranlaßte. Als ich den Fluß wieder erreicht hatte, befand sich mein schwarzer Aufseher Cornelius mit etwa zwanzig Trägern in gut gedeckter Stellung am diesseitigen Ufer und hatte die Angreifer durch wohlgezielte Schüsse vom gegenüberliegenden vertrieben. Cornelius berichtete mir, daß in dem Augenblick, als er mit der Nachhut in den Fluß hineingestiegen war, von hinten aus den Büschen eine Menge mit Speeren bewaffneter Toni über sie hergefallen seien. Nur mit Mühe hatte er auf das diesseitige Ufer gelangen können, wo die Büsche eine gedeckte Stellung und der 30 m breite Mfamb ein gutes Schußfeld abgaben. Die nachfolgenden Gegner waren zurückgetrieben worden, und dabei war es gelungen, den Anführer, der sich zu weit vorgewagt hatte, zu ergreifen. Die Ursache des Überfalls war wohl hier, wie in den meisten Fällen, Raubgier. Auch die Toni wollten sich nicht eine so seltene Beute, wie die Expedition eines Weißen mit dem schönen Zeug, Perlen und – last not least – Gewehren, entgehen lassen . . .

Auf dem Weitermarsch gelangten wir in die wildreichste Gegend, die ich je gesehen. Trupps von Elefanten weideten in der Ebene, zahlreiche Antilopenherden jagten, durch die lärmende Karawane aufgeschreckt, dahin, und viele Büffelspuren, die unseren Weg kreuzten, ließen das Vorhandensein auch dieses Wildes erkennen. Die jagdbare Vogelwelt war hauptsächlich durch die grau- und schwarzgefiederten Perlhühner vertreten, die von den einzelnstehenden Anonen aus in respektvoller Ferne unserem Marsch zusahen. Mit ihren kollernden Tönen unterbrachen sie ab und zu die Stille der Savanne.

Als wir am Nachmittag eine kleine Anhöhe erreicht hatten, auf der wir unsere Zelte aufschlugen, drang von fern ein leises Rauschen an unser Ohr. Das mußten die Wasser des Sanagaflusses sein, der seine mächtige Stimme bis hierher erdröhnen ließ. Die Aufregung vor seinem Anblick ließ mich erst spät abends mein Lager aufsuchen. Lange noch saß ich vor meinem Zelt am Feldtisch beim Schein der Laterne und starrte in den schönen Sternenhimmel. Wie glänzend strahlte wieder der Orion, und welchen friedlichen Eindruck übte das mattschimmernde Kreuz des Südens auf mich aus! Der Große Bär verschwand, eben erst sichtbar, gleich wieder am Horizont, ihm trug ich ein »Gute Nacht« an meine Lieben daheim auf. Ein seltener Friede lag über der Landschaft. Um mich herum schnarchten an den Lagerfeuern meine vom anstrengenden Tagewerk ermüdeten Träger. Von Zeit zu Zeit ertönte das »watch« des Wachtmannes von dem Ausgange des Lagers her und wurde in gleicher Weise von der entgegengesetzten Seite beantwortet. Bis tief in die Nacht hinein hatte ich so gesessen, als ein leichter Schüttelfrost mich aus meinen Träumen erwachen ließ. Der Nachttau hatte meine Kleidung total durchnäßt, und ein Ziehen im Rücken bereitete mich auf eine Erkältung vor. Man wandelt eben nicht ungestraft unter Palmen, besonders nachts nicht! Ich kroch in mein Zelt und hüllte mich in meine wollene Decke. Aber lange noch dauerte es, ehe ich Ruhe fand. Immer wieder beschäftigten sich meine Gedanken mit dem morgigen Tag. Wie wird der Fluß, der an der Küste in einer so imposanten Breite mündet, wohl hier, 300 km entfernt von ihr, aussehen? Wird er weithin schiffbar sein? Diese Fragen stürmten fortwährend auf mich ein. Allmählich verwischten sich jedoch die Begriffe, ich sah einen Fluß vor mir, an dessen Ufer eine bekannte deutsche Stadt lag, und schließlich hatte mich Gott Morpheus in seine Arme genommen.

»Massah, it is time now«, die bekannte Stimme Zampas rief mich wieder in die Wirklichkeit zurück. Ich erhob mich von meinem Lager und nahm mit Assistenz des Jungen mein obligates Morgenbad in der Gummiwanne. Die Bekleidung mit Buschhemd und Hose ging schnell von statten, nur das Zuschnüren der Stiefel und Gamaschen nahm einige Zeit in Anspruch. Ich trat vor das Zelt, wo mir der Koch eine Tasse Tee, mein tägliches Morgengetränk, kredenzte. Kaum hatte ich meine Behausung verlassen, als auch schon die Zeltträger sich darauf stürzten, um möglichst schnell ihre Lasten zu ordnen, so daß Zampa auf den Übereifer räsonierte, durch welchen er fast unter dem Dache begraben worden wäre. Eine Viertelstunde später hockte alles fertig auf der Erde und erwartete das Signal zum Aufbruch. Sobald ich meinen Stock ergriff, war das Zeichen gegeben. Alles setzte schnell die Lasten auf den Kopf und stürzte mir nach; denn jeder wollte möglichst der erste auf dem Marsche sein.

Die vom Nebel noch feuchten Grashalme schlugen uns ins Gesicht, und die ganze mit Wasserdünsten geschwängerte Atmosphäre verriet die Nähe eines großen Gewässers. Und tatsächlich wurde das Rauschen, das wir am Abend vorher zuerst vernommen, immer stärker und ging schließlich in ein brausendes Tosen über. Noch einige Minuten und wir genossen von einer Anhöhe herab einen überaus herrlichen Anblick. 15 m unter uns erstreckte sich eine breite, glitzernde Wasserlinie, auf der sich soeben die ersten durch den Nebel brechenden Sonnenstrahlen widerspiegelten. Hundert Schritt oberhalb unseres Standpunktes erblickten wir nun auch die Ursache des Geräusches: die »Nachtigalfälle«. Der Strom mochte an dieser Stelle eine Breite von 400 m haben und stürzte sich in einer Höhe von 10 m über Felsmassen in vier Armen hinunter in die Tiefe. Die drei bewaldeten Inseln, welche die einzelnen Fälle von einander trennten, stachen freundlich von dem strudelnden Hintergrund ab und gaben dem ganzen Bilde etwas ungemein Reizvolles. Sie waren sogar bewohnt, wie wir zu unserer Verwunderung bemerkten, und zwar von den einst am rechten Ufer angesiedelten Tshinga, welche sich nun vor den raubenden Horden Ngillas und Mangos, der beiden mächtigsten Häuptlinge im Norden, auf diese Eilande geflüchtet hatten. Es waren gutmütige Leute, diese Einsied-

78 Königsboot in Kamerun

ler an den Fällen. Als sie sich von unserem Charakter überzeugt hatten, kamen sie mit ihren Kanoes, die sie stehend mit langen Bambusstangen dirigierten, herangerudert und verlangten zum Übersetzen pro Fahrzeug nur »ein kleines Stück Zeug, um die Lende zu schürzen«.

In neun Kanoes erfolgte dann, 100 m unterhalb der Fälle, die Überfahrt ans rechte Ufer, die volle zwei Stunden in Anspruch nahm. Als ich nun auf ein jedes Boot einen ganzen Faden roten Kattun legte, kannte die Freude dieser »Buschmänner« keine Grenzen. Sie sangen und tanzten, mit dem roten Zeuge malerisch drapiert, um mich herum und baten mich, die Nacht bei ihnen zu bleiben. Diese Zutraulichkeit sollte sich indes bald legen. Ich hatte eben mein Siedethermometer aufgestellt, um eine Höhenmessung vorzunehmen, und zog nun meine Streichholzbüchse aus der Tasche, um die kleine Spirituslampe unter dem Apparat anzuzünden. Mit gespanntem Interesse schauten die Eingeborenen, die sich im Kreise um mich gruppiert hatten, meinen Manipulationen zu. Als nun aber das Streichholz sich entzündete, stob der Haufen nach allen Seiten auseinander. Nach und nach trauten sich zwar die Kühnsten, als sie sahen, daß niemandem etwas zu Leide geschehen war, wieder heran, aber mit dem Zutrauen war es vorbei. Ängstlich beobachteten sie die hin und her flackernde bläuliche Spiritusflamme und das Steigen der Quecksilbersäule. Und als ich schließlich das Instrument wieder einpackte und von ihnen Abschied nahm, atmeten die armen Teufel ordentlich.

Der Weg führte uns auf dem rechten Ufer in stark hügeliges Terrain, das in den Niederungen und an den Abhängen von größeren Buschstreifen durchzogen war. Es hatte so recht den Charakter einer Parklandschaft, das heißt jenes Überganges zwischen Urwald und Savanne, der sich an einzelnen Stellen sehr unvermittelt vollzieht, an anderen dagegen eine regelrechte Zone bildet.

Durch dieses Bergland schlängelte sich der schmale Pfad dahin, kreuzte eine Menge Tierfährten, passierte die Trümmer zerstörter Dörfer, aber nirgends war ein menschliches Wesen zu sehen. Mit gespannter Erwartung ging es weiter; es war kein Zweifel, hier mußte ich eine interessante ethnographische Überraschung erleben. Drei Stunden weit waren wir schon in dieses verlassene Zauberland eingedrungen, als ich in der Ferne eine Rauchsäule erblickte. Dieses

Zeichen menschlicher Nähe regte die erschlafften Gemüter meiner Träger wieder an. In munterem Tempo ging es vorwärts, und eine Stunde später erreichten wir eine kleine Ansiedlung, deren Aussehen wie auch das ihrer Bewohner so verschiedenartig von dem bisher Beobachteten war, daß wir aufs höchste überrascht wurden. Es waren bereits Angehörige der Sudanneger, die, wenn auch schon mit den Bantu vermischt, so doch alle Eigentümlichkeiten der ersteren bewahrt hatten.

Hier am obern Sanaga also befindet sich die Völkerscheide zwischen den mohammedanischen Sudannegern und den heidnischen Bantu, die in Sprache, Sitten und Gebräuchen voneinander total verschieden sind. Während der Bantu den richtigen Negertypus: vorstehende Backenknochen, aufgeworfene Lippen, lange platte Füße, lange Oberschenkel hat, ist der Gesichtsschnitt der Sudanneger, besonders weiter im Norden, wo sie sich reiner erhalten haben, mehr kaukasisch, ihre Gliedmaßen wohlgeformter. Während der Bantu sich lediglich des Speeres als Waffe bedient, führt der Sudanneger außer diesem noch Pfeil und Bogen, ferner ein dolchartiges Messer und als Schutz einen fast mannshohen Büffelschild. Wäh-

79 Bootsmannslager im Gabuner Küstenland

rend der Bantuneger seine Hütten eckig baut, legt der Sudanneger seine Wohnhäuser in runder Form mit Spitzdach aus Stroh und oft mit einer aus Lehm aufgeführten Brüstung an. Während der Bantuneger sich von Planten, Bananen, Yams, Zuckerrohr und Kassada nährt, besteht die Nahrung des Sudannegers hauptsächlich aus Mais und Durrahkorn (Sorghum), aus welch letzterem er sich ein bräunliches säuerliches Getränk, das Durrahbier, braut. Hockt der Bantu mit in die Höhe gezogenen Knien auf der Erde, so nimmt der Sudanneger seinen Sitz mit kreuzweise untergeschlagenen Beinen ein. Aber auch die Haarfrisur und die Kleidung waren hier eine ganz andere. Die Haare waren in kleinen Zöpfen dicht am Kopf befestigt und mit einer Masse aus Palmöl und Rotholz zu einer förmlichen Kappe vereinigt. Einzelne Weiber trugen hierzu mitten auf dem Kopfe noch ein Gestell, derart, daß die ganze Haartracht den Eindruck eines baierischen Raupenhelms machte. Andere hatten sich wieder einen Schirm aus Bambusstäbchen an der vorderen Seite des Kopfes befestigt und ihre Haare in denselben mit hineingeflochten, so daß man glauben konnte, sie hätten eine Jockeymütze aufgesetzt. Die Kleidung der Weiber bestand aber sonst lediglich aus einem Blatte, die der Männer dagegen aus einem breiten, pumphosenähnlichen Hüfttuche. Nur die Angeseheneren trugen lange mohammedanische Gewänder und auf dem Kopfe Turban oder Fes.

Kurz und gut, man sah hier auf einmal eine ganz andere Welt, und ich glaube, es findet sich wohl nirgends sonst noch ein für den Ethnographen ebenso interessantes Feld der Beobachtung als gerade hier.

Die Einwohner der kleinen Ansiedlung, die wir erreicht hatten, nahmen uns ziemlich zurückhaltend auf. Auch den Nachfragen über ihre Herkunft wichen sie aus. Ein Mann nur wurde stets genannt, das war Ngilla. Vor diesem mächtigen Häuptling zitterten sie. Ich enthielt mich unter diesen Umständen weiterer Forschungen und ließ mir nur am nächsten Morgen einen Führer stellen, der uns weiter in das interessante Land hinein führen sollte.

Querfeldein arbeiteten wir uns am Vormittage des folgenden Tages durch hohe Grasfelder hindurch, die zum großen Teil durch die weidenden Elefantenherden total niedergetreten waren. Seitlich tauchten wiederholt die schwarzen Rücken der Kolosse aus dem Halmmeer hervor, und ich beschloß, in dem kleinen Dorf Ngelle, das wir gegen Mittag erreichten, eine zweitägige Rast zu machen, um der Jagd obzuliegen. Der Häuptling, der wohl dem zu den Bantunegern gehörenden Mwellevolk entstammen mochte, auch noch seine Muttersprache gebrauchte, hatte inzwischen ganz die Gewohnheiten der Sudanneger angenommen. Ngilla war sein Herr und Meister. Er sandte an diesen sogleich zwei Boten ab, welche meine Ankunft melden sollten: denn nach seinen Angaben war ich nur noch einige Stunden von der Hauptstadt des Landes entfernt. Bezüglich meiner Wünsche war der Häuptling sehr entgegenkommend und gab mir einen Mann seines Dorfes am Nachmittage mit auf die Jagd.

An zwei Elefanten hatte ich mich vergebens angepirscht, sie waren zu aufmerksam und suchten bei Zeiten das Weite. Schließlich kam mir als Nummer 3 doch noch ein alter Herr vor die Büchse. Er tappte, in dem dichten Urwald grasend, direkt auf uns zu. Aber erst auf 15 Schritt war er mir schußgerecht, und ich versetzte ihm aus meiner Elefantenbüchse eine Kugel auf die tödliche Stelle, da, wo sich der Rüssel an den Kopf ansetzt. Das mächtige Tier stürzte, einen lauten Trompetenton ausstoßend, zusammen, sprang aber sofort wieder auf und nahm die Richtung auf uns zu. Meine beiden Schwarzen mit ihrer Behendigkeit hatten im Moment einen nahen Baum erklettert, mein Begleiter Hörhold war hinter einem solchen verschwunden, und ich selbst kauerte mich, meinen zweiten Hahn spannend, seitwärts vom Pfade auf die Erde. Das Tier bog jedoch, starken Schweiß zeichnend, nach der entgegengesetzten Richtung ab, und die hereinbrechende Dunkelheit hinderte uns an der Verfolgung.

Zwei Tage später brachten die Eingeborenen die beiden Zähne des an einem Bache schließlich verendeten Elefanten zu Ngilla; ein jeder derselben repräsentierte das ansehnliche Gewicht von 84 Pfund.

Noch während ich mich auf dieser Jagd befand, waren Abgesandte des Häuptlings Ngilla nach Ngelle gelangt, um mich nach dem Grunde meines Kommens zu fragen. Mit meiner Antwort: Ich käme, um Ngilla zu besuchen und um mit ihm freundschaftliche Verbindung anzuknüpfen, entfernten sich die Boten. Am Abend kehrten sie wieder zurück und übermittelten mir die Grüße Ngillas und seine Freude, mich bei sich zu sehen. Nachdem ich noch einen

Tag in den Büschen und Grasfeldern von Ngelle herumgestreift war, folgte ich den Gesandten Ngillas nach seiner Residenz.

Als ich am nächsten Mittag nach sechsstündigem anstrengenden Marsche vor einer ansehnlichen Höhe, hinter welcher der Ort des Häuptlings auf einem Plateau gelegen war, anlangte, war dieselbe von vielen Hunderten Bewaffneter besetzt, welche ein ohrenzerreißendes gellendes Geheul, das von Paukenschlag und Hörnerschall begleitet wurde, ausführten. Eine Gesandtschaft kam mir alsbald entgegen, um mich im Auftrage des mißtrauischen Häuptlings zu fragen, ob ich auch nicht zum Kämpfen käme. Immer wieder wurde ich durch sie befragt und aufgehalten.

Endlich, nach dreistündigem Hin- und Herreden, bei welchem ich stetig vorwärts Terrain zu gewinnen suchte, bei glühendster Hitze, durch welche zwei meiner Träger vom Hitzschlag getroffen wurden, langte die Erlaubnis zum Einrücken an. Auf ein Signal hin verschwanden sämtliche Krieger von den Höhen und zogen nach dem Dorfe zu ab. Ich rangierte nun meine Leute zum feierlichen Einzug. An der Spitze marschierten ein Tambour und ein Hornist, die mit ihren Instrumenten einen wahren Höllenlärm vollführten, der jedoch den Eingeborenen sehr zu imponieren schien. Hinter den beiden Spielleuten trug der lange Sogbosi, ein sechs Fuß großer Togomann, die aufgerollte deutsche Kriegsflagge, welche an einer Bambusstange befestigt war. Ihm folgte ich mit umgehängtem Karabiner, hinter mir meine beiden Diener Zampa und Kodjovie. Diesen reihte sich die übrige Karawane in aufgeschlossener Ordnung an.

Auf dem großen Königsplatze im Dorfe angelangt, fanden wir Ngilla, angetan mit einem mohammedanischen Kleide, einer Art Turban auf dem Kopfe, auf einer niedrigen Bambusbank unter einem aus Stroh gefertigten Thronhimmel sitzend, umgeben von seinen zweihundert Weibern. Sein Gesicht zeigte keine Spur der Negereigentümlichkeiten, vielmehr ließ seine gebogene Adlernase und sein mehr spitzes Kinn auf arabischen Ursprung schließen. Um den Platz herum bildeten mehrere hundert Krieger, die mit Speeren, Bogen, Schilden und Gewehren bewaffnet waren, in fünf bis sechs Gliedern Tiefe Spalier. Ich hieß meine Träger die Lasten niedersetzen und wollte mich eben zum Häuptling begeben, der etwa dreißig Schritt von mir entfernt saß, als ein Bote gelaufen kam und mich im Namen Ngillas bat, mich erst, wie es hier zu Lande Brauch sei, eine Weile auf die Erde zu setzen. Diesen Wunsch wies ich jedoch mit der Bemerkung zurück, daß ich ein freier Mann sei und nach meinen eigenen Gesetzen handle. Ich ging mit Hörhold, Cornelius und einem Dolmetscher zu Ngilla hin, reichte ihm freundschaftlich die Hand und bat ihn um Anweisung der Quartiere für mich und meine Leute, da wir für heute nach dem anstrengenden Tage uns zurückziehen wollten. Ngilla murmelte als Antwort einige Worte, die wohl »Was heißt denn das?« bedeuten sollten. Doch bald gab er einen Wink, aus seiner Umgebung sprang ein älterer Mann auf, gesellte sich zu mir und winkte mit der Hand zum Gehen. Wir verließen wieder den Platz in der Richtung, in welcher wir gekommen waren.

Von den Eingeborenen begleitet, zogen wir mit Sang und Klang durch das Dorf. Unser Lagerplatz war am Ausgange desselben auf einer kleinen Anhöhe gelegen; die rund umher liegenden Hütten wurden uns als Unterkunftsräume zur Verfügung gestellt. Ich selbst schlug inmitten derselben mein Zelt auf und behielt für mich eine offene, luftige Palaverhütte als Arbeitsraum und Aufenthaltsort für den Tag reserviert.

Am selben Abend schon langte eine Anzahl von Weibern mit dem für uns bereiteten Essen an. Es bestand aus Elefantenfleisch, einem Gemüse aus Kassadablättern und mehreren aus Mais und Durrahkorn bereiteten breiartigen Broten. Für den Durst erhielten wir mehrere Töpfe Durrahbier, dessen säuerlicher Geschmack sehr erfrischend war. Diese Lieferung setzte Ngilla übrigens auch an den folgenden Tagen fort.

Am ersten Morgen, bereits gegen 6 Uhr, erschien der Häuptling mit großem Gefolge, um mir seinen Gegenbesuch zu machen. Die Unterhaltung, die für mich sehr anregend und interessant war, wurde leider durch den Gebrauch von vier vermittelnden Sprachen etwas umständlich. Ich mußte zu einem Haussamann englisch sprechen, dieser übersetzte es in der Haussasprache einem Fullahweibe, diese wieder in der Fullahsprache einem Wutemann, welcher es dem Häuptling in der Landessprache verdolmetschte.

Von Ngilla erfuhr ich, daß die Wute von Norden her eingewandert sind und sich erst seit 10 Jahren in ihren jetzigen Wohnsitzen befinden. Ngillas Vater war der Oberhäuptling sämtlicher Wute.

Nach seinem Tode wurde das Reich in zwei Teile geteilt, deren westliche Hälfte der ältere Sohn Ngutte erhielt, während die östliche Ngilla zufiel. Seitdem nennen sich die unter ersterem stehenden Wute Linte, die unter letzterem Ndumbe. Beide Herrscher sind dem nördlicher gelegenen Tibati tributpflichtig. Der Häuptling von Tibati wiederum untersteht dem Oberhäuptling von Adamaua in Yola, und dieser endlich dem Kaiser von Sokoto. Jeder Herrscher hat bei seinem Tributär einen Gesandten, welcher die Handlungen desselben überwacht, Streitigkeiten zwischen Stammesverwandten ausgleicht, vor allem aber den Tribut für seinen Herrn einzutreiben hat.

Am Nachmittage des ersten Tages führte mir Ngilla auf dem großen Übungsplatz seine Streitmacht im Kriegsspiel vor. Zunächst tanzten die einzelnen Unterhäuptlinge, die sich vorher durch den Genuß von Durrahbier und Palmwein angeregt hatten, einzeln vor dem Häuptling. Am Schluß dieses wilden Tanzes, bei dem sie mit ihren rollenden Augen und ihren weißen, spitz gefeilten Zähnen wie Raubtiere ausschauten, stellten sie sich vor den Häuptling, und ein jeder hielt eine kurze Ansprache an ihn. Der Sinn dieser war, daß ihr Leben Ngilla gehöre, daß er mit ihnen machen könne was er wolle, und daß, wenn sie je im Kampfe einen Schritt zurückweichen sollten, sie ihn bäten, ihnen sofort das Haupt vom Rumpfe zu trennen. Hierauf avancierte nun die ganze, mehrere Glieder tiefe Kolonne des Gros unter Pauken-, Trommel- und Hörnerschall gegen den Häuptling. Als nunmehr Ngilla selbst sich an die Spitze seiner Macht stellte, gellten ihm aus 1000 Kehlen Ovationen zu, die Augen der Krieger funkelten, die Waffen wurden in die Höhe geworfen, und hier und da flog ein Pfeil oder Speer durch die Luft. Nach einer kurzen Kritik und einer anfeuernden Rede entließ Ngilla seine Leute, während ich ihm die für ihn bestimmten Geschenke überreichte. Dieselben bestanden in 2 Paketen Polsternägel zum Verzieren von Sätteln und Waffen, aus 2 Stück weißem Zeug, 2 Stück Satin, 5 Rasiermessern, 5 Scheren, 4 Feuersteinflinten, 2 Flaschen Pulver, einer kleinen Spieldose, einigen Bunden weißer und blauer Perlen, einem mohammedanischen Kleid und einem roten Fes. Hocherfreut über diese königlichen Gaben, besonders aber über die Gewehre, drückte mir Ngilla die Hand, und seine Begeisterung wuchs derartig, daß er seine Leute abermals zusammentrommeln ließ, um ihnen mitzuteilen, daß ich sein bester und treuester Freund sei. »Der weiße König ist nur zu mir, zu Ngilla, dem Alleinigen, gekommen, um mich allein zu besuchen, obgleich in der Umgegend noch mehrere andere mächtige Könige wohnen. Ihr seht also, wie weit mein Ansehen reicht; selbst bis nach dem Lande des Weißen ist mein Name gedrungen. Der Weiße und ich, wir können alle Feinde niederwerfen!« Gellendes Beifallsgeschrei war die Antwort auf diese Rede. Darauf wurden die gemeinen Krieger wieder entlassen, während wir nun noch mit den Unterhäuptlingen in die Versammlungshalle gingen, uns dort niedersetzten und bei allerlei Gesprächen einen Tonkrug Durrahbier die Runde machen ließen.

DIE ERKUNDUNG DES KONGOBECKENS

Muata Jamwo

aus: Paul Pogge, Im Reiche des Muata Jamwo, Berlin, 1880

In Mussumba, der Hauptstadt des Lunda-Reiches, erzählte mir ein alter ortsansässiger Elfenbeinhändler namens Deserra: »Östlich von Mussumba, zwischen den Flüssen Lubilasch und Lualaba, wohnte der große Häuptling Tombo-Mokulo. Dieser hatte vier Söhne, von denen der erste Kanjika, der zweite Kassongo-Nomuimbo, der dritte Kibinda-Illunga und der vierte Maju hieß. Der Kanjika führte den Titel und die Würde eines Ministers und hieß als solcher Mona Auta, d. h. erster Sohn des Staates. Der zweite führte den Beinamen Chana-Mulopo, d. h. zweiter Sohn des Staates, der vierte Sohn hieß Mona-Kallala, d. h. Sohn der Waffen. Der dritte Sohn, Kibinda-(Jäger) Illunga, hatte weder Titel noch Würden, sondern führte ein freies, ungebundenes Jägerleben. Da nun der Tombo-Mokulo lange lebte und die Söhne alt wurden, gingen Kanjika und Maju nach Norden, eroberten dort Land und gründeten das jetzige Reich des großen Häuptlings Kanjika. Wahrscheinlich steht das Land Maju nördlich von Kimbundo auch in Verbindung mit diesem Häuptling Maju.

In Lunda, am Flusse Kalangi, wohnte der Häuptling Jamwo mit zwei Söhnen und einer Tochter. Sein Volk war nur schwach und ungeschickt; er selbst aber verstand es, Wein aus der Bourdão-Palme zu bereiten und Kikangas (Strohmatten) zu flechten. Die erste dieser Künste trieb er zum Ärger seiner beiden Söhne für sich allein. Als er nun eines Tages eine Kikanga flocht, hatte er einen Topf mit Wasser vor sich, welches zum Flechten notwendig ist. Die beiden Söhne erschienen und glaubten, der Vater habe Wein vor sich, denn es hatte geregnet, und das Wasser erschien ihnen etwas trübe. Der Vater gab auf Wunsch den Söhnen den vermeintlichen Wein. Als diese aber sich getäuscht und vom Vater betrogen sahen, gerieten sie in Zorn und entzweiten sich derartig mit dem Vater, daß sie aus Furcht vor Strafe entflohen. Der Vater verstieß daraufhin die Söhne und übergab seiner Tochter, zum Zeichen, daß sie nach ihm den Staat regieren sollte, den Lukano: ein Armband, welches aus einer Kupferspange besteht, die ganz dick mit Sehnen von Elefanten oder auch wohl mit der Haut dieses Tieres derartig umwunden ist, daß es einer kleinen runden Wurst gleicht.

Nachdem der alte Jamwo gestorben war, übernahm die noch unverheiratete Prinzessin die Regierung. Als eine Jagdexpedition dieser Fürstin zwischen dem Kalangi und Lubilasch-Flusse jagte und dort mit dem dritten Sohne Tombo Mokulos, dem Kibinda-Ilunga zusammentraf und der Kibinda wegen seiner Gewandtheit als Jäger den Lunda-Leuten auffiel, so beredeten letztere den Sohn des Häuptlings, mit ihnen zu ihrer Königin zu kommen, worauf er sie dann heiratete und unter dem Namen Jamwo die Leitung des Staates übernahm. Kibinda führte als Häuptling Jamwo viele glückliche Kriege mit anderen Häuptlingen im Lunda-Lande und eroberte deren Länder, und seine Leute nannten ihn jetzt Muata Jamwo, d. h. großer Vater Jamwo. Aus diesem Muata Jamwo ist der jetzt im Lunda-Reiche gebräuchliche Name »Matiamwo« entstanden, indem die Kalunda die beiden Namen in ein Wort zusammenziehen. Ein Häuptling des Lunda-Reiches, welcher sich nicht unterjochen lassen wollte, floh mit seinen Leuten westlich vom Kuango-Fluß in das Gebiet der Europäer. Als die portugiesische Regierung in Fehde mit der Königin Ginja am Quanza-Fluß lag, bat dieser geflüchtete

Häuptling, namens Kinguri, die Regierung, ihm Land zur Niederlassung zu geben, und die Regierung wies dem Kinguri für sich und seine Leute das jetzige Kassange-Land als Ansiedlungsort an.«

Das Lunda-Reich ist in mehrere große und kleine Gebiete geteilt, über welche mehr oder minder mächtige Häuptlinge, Muatas, Monas und Muenes genannt, herrschen. Dieselben sind insgesamt dem Oberhäuptling von Lunda untertänig, so daß die ganze Organisation mit derjenigen eines mittelalterlichen Lehnsstaats verglichen werden kann. Muata Jamwo ist Alleinherrscher im Lande und hat das Recht, jene Gebiete nach Belieben zu verleihen und Häuptlinge ab- und einzusetzen. Diese müssen ihm Tribut zahlen, bei vorkommenden Kriegen Hilfstruppen stellen und überhaupt jeder Aufforderung ihres Lehnsherrn unverzüglich Folge leisten, während sie selbst wieder auf die Abgaben der Unterhäuptlinge in ihrem Distrikte angewiesen sind. Solche Abgaben sind nicht fest vorgeschrieben, sondern ein jeder Insasse seines Dorfes gibt soviel, als er kann, z. B. das Viertel eines erlegten Stücks Wildes oder den Stoßzahn eines Elefanten, Löwen- oder Leopardenfelle, Lebensmittel u. s. w. Außerdem pflegt die Dorfgemeinde Frondienste zu leisten, indem sie ihrem Häuptling bei Neubauten oder Reparaturen seiner Häuser sowie bei Pflanzungen hilft. Ebensowenig bestehen feste Satzungen darüber, in welcher Form und zu welcher Zeit die Oberhäuptlinge ihren Tribut an den Muata Jamwo abzuführen haben.

Solange ein Häuptling lehnstreu ist, kümmert sich der Muata Jamwo wenig oder gar nicht um die Angelegenheiten seines Landes und läßt ihn nach Belieben schalten. So haben die verschiedenen Volksstämme des Lunda-Reiches verschiedene Sitten und Gebräuche, und die Besetzung der Häuptlingsstellen findet nach Gewohnheitsrecht und ohne Einmischung des Lehnsherrn statt. In einem Kioko-Distrikte z. B. sukzediert der Sohn der ältesten Schwester des verstorbenen Häuptlings, während in einem Kalunda-Distrikte der älteste Sohn seinem Vater auf den Thron folgt.

Der Oberkönig oder Muata Jamwo ist von einem Anhange der größten Würdenträger des Staates sowie von einer Anzahl reicher, freier Neger, den sogenannten Kilolos, umgeben. Die oberste Würdenträgerin ist die jedesmalige Lukokescha, eine unverheiratete Dame, welche, solange das Lunda-Reich schon besteht, unumschränkt und tributfrei neben dem Muata Jamwo regiert. Sie gilt als

80 Muata Jamwo

Mutter aller Muata Jamwos und deren Familien und hat bei der Neuwahl eines solchen zu entscheiden. Auch hat sie ihren besonderen Hof und regiert über einzelne Dörfer und Distrikte, welche nur ihr allein tributär sind. Ihr am Range zunächst stehen die Kannapumbas, d. h. diejenigen Kilolos, die Räte des Königs sind. Vier von ihnen haben bei Todesfällen den neuen Muata Jamwo und zugleich die neue Lukokescha zu wählen; es sind:

Mona Auta, der erste Sohn des Staates;
Chana Mulopo, der zweite Sohn;
Mona Kalala, der Sohn der Waffen;
Muari Vaueji, der Koch des Staates.

Außerdem hat der König noch besondere Minister, welche gleichfalls Kannapumbas heißen, aber einen niedrigeren Rang bekleiden und nur in unwichtigen Angelegenheiten um Rat gefragt werden. Die übrigen Kilolos oder Großen, welche in Mussumba wohnen, werden vom Könige oder von der Lukokescha als Abgesandte und Exekutivbeamte (Kaquatas), als Anführer von Jagdexpeditionen auf Elefanten (Kibindas) oder als Distriktshäuptlinge (Monas oder Muenes) verwendet. Viele der Kilolos und namentlich die ersten Kannapumbas sind vom Könige mit Distrikten belehnt, auch wenn sie in Mussumba selbst wohnen.

Sobald ein Muata Jamwo gestorben ist, wählen die oben genannten vier obersten Räte seinen Nachfolger, welcher vor seiner Thronbesteigung die Zustimmung der Lukokescha, in deren Hand mithin die Entscheidung liegt, einzuholen hat. Der neue Muata Jamwo muß stets der Sohn eines solchen, und zwar von einem seiner beiden Hauptweiber, der Amari oder der Temena sein. Ebenso wird eine neue Lukokescha von denselben vier Räten gewählt und müssen dieselben den Muata Jamwo um seine Einwilligung bitten. Auch sie muß die Tochter eines Muata Jamwo von einem der beiden Hauptweiber sein.

Schon bevor wir in der Vorstadt Mussumbas anlangten, hatten die Träger eine geschlossene lange Linie gebildet und passierten die ersten Ansiedlungen unter Chorgesang. Wir wurden an dem Wege überall von Massen neugieriger Neger empfangen, die durch Händeklatschen, Schreien und Pfeifen ihr Willkommen ausdrückten. An tausend Menschen mochten hier wohl zur Stelle sein; sie

81 *Ein Kilolo, auf den Schultern eines Sklaven reitend*

umschwärmten mich wie ein Bienenschwarm, so daß ich mich, des Empfanges müde, in den für mich vorbereiteten Fundo (Unterkunft, Lagerplatz) zurückzog und mich fürs erste nicht wieder sehen ließ. Als ich nach eingenommenem Mittagsbrot Tee trank, kam mein Dolmetscher Germano, um den Besuch eines erwachsenen Sohnes Muata Jamwos mit einer seiner Frauen zu melden. Beide erschienen mit Germano, den sie inzwischen schon kennengelernt hatten, und nahmen mir gegenüber auf den bereitstehenden Kisten Platz. Der Prinz erschien mit künstlicher Perücke und war mit Fazenda[1] bekleidet, welche von den Hüften bis zu den Schenkeln reichte. Verschiedene Perlenschnüre und kleine Antilopenhörner schmückten den Hals, Kupfer- und Eisenspangen die Fuß- und Handgelenke. Die Prinzessin, ein junges, überaus hübsches und schön gewachsenes Weib, war nach Sitte der Kalunda nur mit einem ganz kurzen Stück Fazenda, welches etwas über die Hüften reichte, bekleidet. Die Brust war unbedeckt, das Haupthaar kurz geschnitten und auf der Stirn in Gestalt eines Dreiecks ausrasiert. Von ihren schönen Zähnen waren die zwei unteren Schneidezähne ausgebrochen. Von Unterhaltung war wenig die Rede. Der Sohn Muata Jamwos konnte sich, sobald er mich ansah, des Lachens nicht enthalten, welches ich reichlich erwiderte, während die Prinzessin wie versteinert mich starr und stumm angaffte. Obgleich ich beiden verschiedene kleine Geschenke verabreichte, dachten sie nicht daran, sich zu empfehlen, sondern blieben mit großer Ausdauer in meiner Hütte. Nach und nach trat Besuch auf Besuch ein, sämtliche Prinzen und Prinzessinnen oder Große von Mussumba, wie Germano mir mitteilte. Die große Schar des gemeinen Volkes hingegen durfte nicht wagen, in meine Hütte einzudringen oder hineinzugaffen, sondern mußte sich damit begnügen, mit meinen Trägern zu fraternisieren, die damit begonnen hatten, sich für die Nacht Hütten zu bauen.

Dies war wirklich ein großartiger, imponierender Empfang. Muata Jamwo schickte Lebensmittel über Lebensmittel, unter anderem Palmwein (Maluvo), Hirsebier und zwei Ziegen. Gegen Abend nach einbrechender Dunkelheit war ich endlich allein und fand die lang ersehnte Ruhe. Dieser Empfang aber hatte mich förmlich nervös

1 dichter Baumwollstoff, Kaliko

gemacht. Ich befand mich dennoch in gehobener Stimmung, denn fürs erste hatte ich meine Aufgabe gelöst und befand mich in Mussumba....

Als ich mich am nächsten Tage, dem 10. Dezember 1875, gegen 7 Uhr morgens vom Lager erhob, war schon ein buntes Menschengewoge im Lager. Die Weiber brachten in großen Quantitäten Lebensmittel zum Verkauf, während Scharen neugieriger Neger das Lager durchzogen. Gegen 9 Uhr erschienen drei Abgesandte des Muata Jamwo, die sich im Auftrage ihres Herrn für denselben einige derjenigen Lebensmittel ausbitten ließen, die ich aus meinem Vaterlande mitgebracht hätte und genösse. Ich schickte Sr. Majestät in einer leeren Zigarrenkiste etwas Zwieback und in einem kleinen Blechkasten etwas Zucker. Gegen 11 Uhr machte ich meinen ersten Spaziergang in die Stadt, begleitet von einem Träger und meinen kleinen Dienern. Sobald ich die Hütte verlassen hatte, bildete sich hinter mir ein Schwarm Eingeborener, welcher sich lawinenartig vergrößerte, so daß ich schließlich eine Begleitung von vielleicht tausend Menschen hinter mir haben mochte, bevor ich bei der Umzäunung von Muata Jamwos Lager angekommen war. Letzteres lag etwa 10 Minuten nördlich von meinem Lager auf der Kuppe eines Hügels.

Als ich der Menschenmenge wegen schon im Begriffe war, wieder umzukehren, kam ein Adjutant Muata Jamwos in schnellem Trabe zu meinem mich begleitenden Träger gelaufen, um diesem zu sagen, ich möchte warten, da Muata Jamwo sogleich selbst erscheinen würde, um mich zu sehen. In demselben Augenblick öffnete sich die einfache Tür der Umzäunung: voran schritt eiligen Schrittes ein Neger, dann folgte ein großer Trupp Weiber, welche, wie eine Meute Hunde aus ihrem Zwinger, lärmend auf den freien Platz hinausströmten; dann erschien der Herrscher selbst in sitzender Stellung auf einer Art Tragbahre getragen und weit über die Köpfe der acht Neger hervorragend, welche, vier zu jeder Seite, auf den Schultern die Tipoya[1] des Herrschers trugen. Eine Anzahl Neger ging neben derselben her. Den Abschluß des Zuges bildete das Musikkorps, bestehend aus vier Negern, von denen die beiden hinteren je eine Trommel bearbeiteten. Die Musiker trugen ihre Instrumen-

1 Sänfte, Tragbahre

te, wie unsere Tambours ihre Trommel, an einem breiten aus der Haut des Zebra verfertigten Riemen. Ungefähr auf der Mitte des Platzes hielt der Zug an.

Wieder trat ein Adjutant auf mich zu und führte mich zu dem etwa 50 Schritte von mir entfernten Herrscher.

Mit mir hatte sich inzwischen das ganze Menschengewoge an die Tipoya herangedrängt, einen großen Kreis um den Zug Muata Jamwos und mich bildend. Der Herrscher war sichtlich erfreut und geruhte, mir mit wohlwollend lächelnder Miene seine Hand von der Tragbahre herab zu reichen, in welche ich kräftig einschlug. Muata Jamwo hielt eine längere Rede, welche an das Publikum gerichtet zu sein schien und welche mir mein Dolmetscher, der sehr gebrochen portugiesisch sprach, nur so weit zu übersetzen vermochte, daß der hohe Herr über meinen Besuch erfreut wäre und mir dafür danke. Ich ließ ihm ebenfalls danken, indem ich zu meinem Träger und dieser wieder zu dem Adjutanten Muata Jamwos sprach. Als die erste Zeremonie beendet war, ließ mich Muata Jamwo bitten, den Hut abzunehmen, welchen Wunsch ich erst nicht verstehen konnte, bis der Adjutant ihn mir durch Pantomimen verständlich gemacht hatte, da meine Dienerschaft gar nicht, der Träger aber sehr schlecht die Lunda-Sprache verstand. Als ich endlich meinen Hut abgenommen hatte, brach ein allgemeiner Jubel aus. Muata

82 Die südliche Vorstadt von Mussumba um 1860

Jamwo lachte und schien Bemerkungen über mein Haar zu machen, während seine Umgebung in die Hände klatschte und auf den Fingern pfiff. Jetzt bat er mich, meinen Regenschirm aufzuspannen, und ließ mir darauf sagen, daß er mich heute noch besuchen würde. Vor ihm auf seinem Sitze stand die oben erwähnte Zigarrenschachtel mit Zwieback, aus welcher er nach allen Seiten hin an die anscheinend zu den Großen Mussumbas gehörenden Neger Kleinigkeiten spendete, welche sich an die Tipoya gedrängt hatten und bittend die offenen Hände Sr. Majestät entgegenstreckten.

Der Zug bewegte sich jetzt weiter und zog an meinem Lager vorbei, südlich zur Maniokpflanzung Muata Jamwos. Ein großer Trupp Neger schloß sich dem Zuge an, während die größere Menge bei mir zurückblieb. . . .

Am Nachmittag zog der Muata Jamwo wiederum mit großem Gefolge, ohne mich zu besuchen, an meinem Hause vorbei. Eine halbe Stunde später erschien derselbe Mensch, welcher meine Vorstellung vermittelt hatte, bei mir im Lager und erklärte, daß Muata Jamwo ihn geschickt hätte und sich zwei Stücke Zeug à 8 Yards ausbitte als Strafe dafür, daß ich ohne seine Erlaubnis die Stadt besucht habe, welchem Ansinnen ich nolens volens Folge leistete. Der ganze Nachmittag verging mit dem Empfang von Besuchen der Großen des Ortes, von denen viele Geschenke wie: Ziegen, Palmwein, Maniokmehl, Bananen, Ananas etc. überbrachten. Einzelne dieser Herren (sog. Kilolos) ritten auf den Schultern eines Sklaven und waren von einigen Sklaven und Weibern umgeben. . . .

Gegen Abend ließ mir Muata Jamwo durch Germano sagen, daß ich die Damen Mussumbas als meine eigenen betrachten möge, daß er aber einen Sittenwächter in meinem Lager anstellen würde, welcher darauf zu achten habe, daß von seinen Frauen keine mein Lager unberufen betrete, um nicht den Trägern Gelegenheit zu geben, Majestätsverbrechen zu begehen, worauf in Mussumba als Strafe der Tod stehe. Gleichzeitig ließ er mir mitteilen, daß ich an niemand Geschenke machen möge, ehe er und die Lukokescha, sein weiblicher Mitregent, offizielle Geschenke von mir bekommen hätten. Er würde mich in Umgebung seiner Würdenträger offiziell besuchen, um die Geschenke entgegenzunehmen; angenehm wäre es ihm aber, wenn er vorher schon einige Geschenke erhielte, zumal er wisse, daß ich Kleidungsstücke für ihn mitgebracht hätte.

Außerdem übersandte er mir als Geschenk eine Anzahl von Strohmatten.

Am 12. Dezember schickte Muata Jamwo wiederum einen Abgesandten und ließ sich Geschenke ausbitten. Ich sandte infolgedessen gegen Abend meine beiden Dolmetscher zu ihm, zur Lukokescha und zur Amari, der ersten seiner beiden Hauptfrauen. Die Dolmetscher ritten der Feierlichkeit wegen auf Ochsen und brachten Muata Jamwo folgende Geschenke:

1) einen roten Rock, 2) zwei Musketen, 3) zwei Fässer mit Pulver à 4 Pfd., 4) zwei Stück Fazenda, 5) acht Yards rote Bacta (Flanell), 6) zwei kleine Spiegel, 7) acht gestrickte bunte Schlafmützen, 8) eine Tasse, 9) drei Bündel Perlen, 10) zwei Regenschirme. – Jedes der Weiber erhielt: 1) vier Yards rote Bacta, 2) ein Stück Fazenda, 3) einen Regenschirm, 4) eine Tasse, 5) zwei gestrickte Schlafmützen, 6) ein Gewehr, 7) ein Faß Pulver (4 Pfd.), 8) zwei Spiegel.

Nach einiger Zeit kamen meine beiden Dolmetscher sehr kleinlaut zurück, da sie weder von Muata Jamwo noch von der Amari empfangen worden waren, sondern die Geschenke an einen Adjutanten Muata Jamwos hatten ausliefern müssen, während sie von der Lukokescha sehr freundlich aufgenommen und mit Palmwein bewirtet worden waren. Ich bedeutete nach diesem Vorfall meinen Dolmetschern, in Zukunft sich bei Muata Jamwo durch einen Träger anmelden zu lassen, damit jener die Zeit des Empfanges bestimmen möge.

Spät am Abend ließ Muata Jamwo meine beiden Dolmetscher zu sich bescheiden. Sie kehrten zurück mit einem Löwenfell als Geschenk für mich. Der König hatte den Dolmetschern zu verstehen gegeben, er sei mit den Geschenken zufrieden, obgleich er die Qualität des Pulvers für zu gering halte. Er ließ mir sagen, daß ich weder Geschäfte machen noch Geschenke an andere geben dürfe, ehe er es mir nicht ausdrücklich erlaubt hätte. Auch wünsche er nicht, daß ich Besuch bei anderen Großen mache, bevor ich ihn selbst nicht besucht habe. Im übrigen betrachte er es als gutes Zeichen, daß ein Weißer ihn jetzt schon besuche, nachdem er erst kurze Zeit sich auf dem Throne befinde.

Am 14. Dezember zog Muata Jamwo morgens um 9 Uhr im roten Rock zu seiner Pflanzung. Man sah den Rock schon von weitem schimmern, sobald er, hoch auf der Tragbahre sitzend, vom Berge herunterkam, und wir wußten dann genau, daß der König sich nähere, den wir sonst in der Entfernung kaum erkannt haben würden, da die Großen, umgeben von zahlreichem Gefolge, auch gern diese Straße benutzen. Oftmals hat mir dieser Rock bei meinem späteren Aufenthalte die größten Dienste geleistet, da er die mir zugedachten, unangemeldeten Besuche des Monarchen stets verriet und da die nötigen Empfangspräliminarien dann noch rechtzeitig vorgenommen werden konnten. Die Diener, Dolmetscher und ich versteckten oder absentierten dann ohne Erbarmen alles, was zu verbergen und, sozusagen, nicht niet- und nagelfest war; Trinkbecher, Morgenschuhe, Teller, Hinterlader etc., alles wurde unsichtbar gemacht, um den edlen Herrn würdig empfangen zu können und seine Aufmerksamkeit und Wißbegierde nicht auf Gegenstände zu lenken, welche ich besser gebrauchen konnte als er.

Unternehmen Kassai

aus: Hermann v. Wissmann, Ludwig Wolf, Curt v. François, Hans Mueller, Im Herzen Afrikas, Leipzig, 1891

Der Morgen des 28. Mai brachte einen tiefen, dichten Nebel, so daß der Fluß kaum auf 3 m zu übersehen war; der Aufbruch, welcher auf 6 Uhr festgesetzt war, mußte deshalb hinausgeschoben werden, und es wurde fast 9 Uhr, ehe Wissmann das Zeichen zum Besteigen der Fahrzeuge geben konnte.

Mit wildem Jubel stürzte sich alles nach den Kanoes, obwohl Kalamba[1] noch unmittelbar vorher in einem Moio[2] den Befehl gegeben hatte, daß niemand, der nicht von uns die besondere Erlaubnis hätte, die Fahrt mitzumachen und zum Zeichen dieses mit einem Gewehr bewaffnet sei, die Fahrzeuge besteigen dürfe. Da gab es bittere Enttäuschungen; namentlich die Frauen, welche ihre Männer

1 zur Zeit der Expedition der mächtigste Balubahäuptling am Lulua; – hatte beschlossen, Wissmann auf der Bootsfahrt den Lulua und Kassai hinunter mit großem Gefolge zu begleiten.

2 Begrüßungswort, Ansprache

nicht begleiten durften, standen tränenden Auges am Ufer. Jeder wollte die Reise gern mitmachen, um dann nachher im Kreise der Dorfgenossen den Staunenden darüber berichten zu können. Da vernünftigen Vorstellungen, daß die Kanoes zu klein für eine solche Menschenmenge seien, kein Gehör gegeben wurde, mußten wir schließlich mit rücksichtsloser Strenge einschreiten, um unsere Fahrzeuge vor Überlastung und dem Untergange zu bewahren. Unter Hörner- und Trommelschall stieß endlich die kleine Flottille vom Ufer ab, begleitet von den Rufen der Zurückbleibenden.

Das Jauchzen und die fröhliche Ausgelassenheit unserer Begleitung zeigte nicht, daß sie sich der unausbleiblichen Gefahren, die uns erwarteten, bewußt war. Alle waren frohen Mutes, und niemand dachte an die ernste Seite des Unternehmens. Uns ging es nicht anders. Endlich war der Augenblick gekommen, den wir lange herbeigesehnt hatten; aber was werden die kommenden Tage bringen?, wohin werden uns die Wasser führen?, das waren Fragen, die wir oft durchgesprochen hatten.

Die Fahrordnung war in der Weise festgesetzt, daß Wissmann in dem Ruderboot »Paul Pogge« die Führung übernahm. Wolf, François und Mueller führten jeder ein großes, mit 14–18 Bewaffneten bemanntes Kanoe und waren zum Schutz der Flottille gegen etwaige feindselige Eingeborene abwechselnd an der Spitze und dem Ende. Schneider und der Dolmetscher Kunja hatten in ihren mächtigen Fahrzeugen den größten Teil unserer Tauschwaren und Lebensmittel, unter diesen auch eine Anzahl Ziegen und Schafe.

Kalamba, Tschingenge[1] und die übrigen Häuptlinge führten ebenfalls nach ihrem Rangverhältnis größere oder kleinere Kanoes. Das Boot sowie alle Fahrzeuge waren malerisch mit kleinen Flaggen in den verschiedensten Farben geschmückt, die auf der mächtigen Wasserfläche und bei großen Abständen zugleich als Erkennungszeichen dienten.

Das Manövrieren mit unseren schweren großen Kanoes war sehr schwierig und flößte uns anfangs nicht geringe Bedenken ein. Weder wir selbst noch unsere Leute besaßen eine nennenswerte Übung darin. Eine große Schwierigkeit war es z. B., an einem bestimmten Platze zu landen. Sicher schoß eins oder das andere Kanoe über das Ziel hinaus und konnte dann nicht wieder zurück, da

1 ein weiterer Balubahäuptling

wir mit den schwerbeladenen Fahrzeugen, von denen einige bis 3 Fuß Tiefgang hatten, auch nicht einmal wenige Meter flußaufwärts gelangen konnten. Die ganze Flotte mußte dann versuchen, den Landungsplatz des »durchgegangenen« Kanoes zu gewinnen.

Doch machten uns derartige Schwierigkeiten keine dauernden Sorgen. Vor uns lag unser Ziel, und die Strömung des Lulua führte uns demselben so schnell zu, daß unsere Leute kaum zu rudern brauchten.

Aus dem Mittel der Barometerablesungen hatte François festgestellt, daß die Höhe des Wasserspiegels des Lulua am Kanoebauplatz sich auf ca. 400 m belief. Der Kongo am Stanley-Pool war auf der Hassensteinschen Karte, der einzigen, die wir zur Verfügung hatten, auf 283 m und derselbe Strom bei Njangwe auf 617 m über dem Meeresspiegel angegeben. Die Entfernung vom Stanley-Pool nach der Ikelembamündung in der Nähe des Äquators betrug etwa 720 km, ungefähr ein Drittel der Strecke Njangwe – Stanley-Pool. Danach hatte der Kongo auf 1 km ein Durchschnittsgefälle von 0,15 m. Bei Zugrundelegung dieses Maßes mußte sich die Höhe des Kongo an der Ikelembamündung auf 394 m ergeben. Damit war die Annahme, daß Kassai und Ikelemba identisch seien, die bis dahin in wissenschaftlichen Kreisen ihre Vertreter gefunden hatte, völlig hinfällig geworden; der Kassai mußte seinen Lauf mehr nach Westen nehmen. Es gewann somit die Lösung an Wahrscheinlichkeit, daß der Strom mit einem nordwestlichen Lauf etwa in den von Stanley entdeckten Leopoldsee einmünde. Für den westlichen Lauf sprachen auch die von Mueller bei Muata-Kumbana eingeholten Erkundigungen; gegen die Mündung in den See ließ sich von vornherein anführen, daß die Abdachung des ganzen Plateaus südlich vom Kongo eine mehr südwestliche ist; der Lauf des Kongo in dieser Gegend ist südwestlich, der des Abflusses des Leopoldsees ist ebenfalls südwestlich, so daß kaum zu erwarten stand, daß in der Nähe des Sees noch eine nordwestliche Abdachung sich finden würde.

Die Ansichten der Expeditionsmitglieder waren in der Weise geteilt, daß Wolf und François für Mündung in den See, Wißmann aber zu der von Mueller bestimmt vertretenen Ansicht für Aufnahme des Kuango und Mündung in den Kongo bei Kwamouth neigte.

von François. Wißmann. Ludwig Wolf. Hans Mueller.
Sangula-Meta.
Tschingenge. Kalamba.

War die erstgenannte Meinung die zutreffende, so konnte der Ausgang der Expedition ein bedenklicher werden, da wir in unseren armseligen Fahrzeugen auf einer bedeutenden Wasserfläche den Unbilden des Windes und der Wellen kaum standzuhalten vermochten, oder da, falls der See sumpfige, unbewohnte Ufer hatte, zu befürchten stand, daß wir bei der geringen Fahrgeschwindigkeit unserer Kanoes dem Hunger nicht entgehen würden.

Nach Wolfs Erkundigungen bei den Bakuba sollte der Kassai von rechts den Sankuru aufnehmen. Dies war geographisch ebenso neu als der westliche Lauf des Kassai; ferner erfuhren wir, daß wir nach dreitägiger Fahrt auf dem Lulua die Luebo-Mündung erreichen könnten. War auch unser Schicksal ungewiß, mußten wir auch annehmen, ernsten Gefahren entgegenzugehen, so waren wir doch wohlgemut, ja gerade das Ungewisse unserer Lage erhöhte den Reiz derselben in unseren Augen um ein beträchtliches.

Am 30. Mai um 7 Uhr vormittags stießen wir vom Lagerplatze ab. Mehrere Ortschaften lagen zur Rechten und zur Linken, von den Bewohnern war aber nichts zu sehen, sie hatten schon vor unserem Eintreffen die Flucht ergriffen. Auch das Dorf Bakua-Nbuju, in dem wir gegen Mittag Lager bezogen, war verlassen. Der Ort lag am rechten Lulua-Ufer auf einer den Wasserspiegel um etwa 30 m überragenden Erhebung, die schroff zum Flusse abfiel. Er zählte 50 meist runde bienenkorbartige Hütten, die, unter Palmen und Bananen gelegen und um reinlich gehaltene Plätze gruppiert, von dem Wohlstand und Ordnungssinn der Bewohner Zeugnis gaben...

Am 31. Mai fuhren wir an vielen schön bewaldeten Inseln vorbei und kamen gegen 10 Uhr an eine Steinbarre, die mit der größten Vorsicht passiert werden mußte; trotzdem fuhren Kalamba und der Büchsenmacher Schneider[1] mit ihren Kanoes auf. Bald darauf traten uns nun Stromschnellen und Felsblöcke in solcher Zahl entgegen, daß wir gezwungen waren, an Land zu gehen, die Lasten auszuladen und mit den so erleichterten Fahrzeugen in die Schnellen hineinzutreiben. Mueller lief mit seinem Kanoe auf einen Stein auf, ebenso François; der letztere wurde durch das ihn in vollster Fahrt anlaufende schwere Kanoe Tschingenges wieder flott und sauste die Stromschnellen hinab. Nach einiger Arbeit kam auch Mueller wie-

1 einer von Wissmanns Begleitern

der los und folgte durch die schäumenden Schnellen. Kaum waren diese überwunden, so befanden wir uns an einer zweiten Steinbarre, der eine etwa 500 m lange dritte folgte, welche aber beide von den meisten Kanoes ohne Unfall überwunden wurden. Inzwischen waren die Lasten auf dem Landwege unter Wolfs Führung in Marsch gesetzt worden und trafen nachmittags um 3 Uhr ein. Sofort erfolgte das Verladen, und die Fahrt wurde fortgesetzt, aber schon gegen 5 Uhr näherten wir uns einer neuen Schnelle. Da es zu spät war, um den Übergang wie bei der vorigen zu wagen, so schlugen wir das Lager auf.

Die vor uns liegende Schnelle war ungefährlich, so daß wir sie am folgenden Morgen (1. Juni) ohne Aufenthalt passieren konnten. Nach kurzer Zeit berührten wir die erste Bakete-Ortschaft, welche etwa 20 Hütten zählte und von dem bewaldeten Höhenrand des rechten Ufers freundlich zu uns herabschaute. Mannigfaltig schattierte Laubwälder wechselten mit Palmen und Savannen ab; in geschwungenen Linien durchzog der Fluß die wechselvolle Landschaft.

Unsere Fahrt sollte indes nicht von langer Dauer sein. Von fern hörten wir schon das unheimliche Rauschen einer Stromschnelle und vorsichtig näherten wir uns dem Hindernis. Der Lulua nahm an Breite zu. Wir hielten uns hart an das rechte Ufer, wo wir bisher stets einen günstigen Weg durch die Steinbarren hindurch gefunden hatten. Die schwarzblaue Flut ist in Zwischenräumen von weißen Schaumstreifen unterbrochen, die von einem Ufer zum anderen reichen; dazwischen erheben sich schroffe Felsblöcke, aus deren Spalten frischgrüne Moose und Gräser in die Wellen hineintauchen. Drei solcher Felsreihen werden sichtbar, und hinter ihnen brausen uns die schäumenden Schnellen entgegen. Mehr und mehr naht sich die kleine Flotte der gefährlichen Stelle; am rechten Ufer liegen umgerissene Stämme und versperren den Durchgang. Die einzelnen Fahrzeuge sind so nahe aneinander, daß jedes Halten Gefahr bringen muß; jetzt heißt es biegen oder brechen; der gefährliche Kampf mit dem Element muß versucht werden, und im Vertrauen auf Gottes Beistand geht es hinein. Die erste Barre wird glücklich überwunden, doch die Schwierigkeiten wachsen mit jeder Sekunde, die Kanoes werden von der starken Strömung fortgerissen und der zweiten Felsenreihe entgegengetrieben. Die Bootsinsassen starren mit ängstlicher Spannung auf die schäumenden Wassermassen, die Steuerer bieten alle Kräfte auf, um die Fahrzeuge zu regieren. Auch die zweite Reihe liegt hinter uns, und mit Windeseile stürmen wir der dritten entgegen. Diese scheint die gefährlichste; zahlreiche Baumstämme liegen quer vor den Felsstücken, andere ragen nur mit einem Ende aus dem Wasser hervor. Die bald mehr bald weniger starke Strömung jagt die Fahrzeuge durcheinander, die Abstände zwischen den einzelnen werden geringer, und Friktionen sind unausbleiblich. Wissmann, Kalamba und Tschingenge an der Spitze kommen ohne Unfall über das dritte Hindernis hinweg; das Kanoe des Dolmetschers Kunja fährt mit lautem Krachen auf einen Felsblock, Mueller bleibt zurück, um ihn flott zu machen, und bemüht sich, am Ufer gegen den reißenden Strom anzukämpfen. Gleichzeitig bleibt das Kanoe Sangulas[1] auf einer Sandbank sitzen. Es ist eine furchtbare Verwirrung; die Weiber schreien angstvoll, die Männer rufen sich laute Warnrufe zu und die Steuerer arbeiten mit übermenschlicher Kraft. Jeder ist mit sich selbst beschäftigt und sieht mit banger Befürchtung seinem Schicksal entgegen. Noch sind nicht alle Fahrzeuge außer Gefahr, das Kanoe des Dolmetschers Bimba naht der verhängnisdrohenden Barriere. Die Steuerer haben sichtlich die Gewalt über das Fahrzeug verloren und versuchen unter Aufbietung aller Kräfte, desselben Meister zu werden; die übrigen Insassen klammern sich an den Rand des Kanoes oder ringen verzweifelt die Hände. Ein kräftiger Stoß macht das Fahrzeug jetzt in seinen Fugen erzittern, es ist gegen einen unter dem Wasser liegenden Baumstamm gerannt, und durch den beschädigten Vorderteil dringen unaufhaltsam die Wassermassen ein. Die nachdrängende Strömung drückt das sinkende Kanoe quer an den Stamm heran. In demselben Augenblick schießt das Kanoe des Büchsenmachers Schneider heran, mit Macht stößt es in das schräg liegende Fahrzeug Bimbas hinein und gleitet an demselben vorbei, dieses aber sinkt in die Tiefe, mit ihm seine Bemannung.

Wolf, der sich mit seinem Kanoe an der Queue befand und durch Ergreifen der vom Ufer herüberhängenden Lianen in der starken Strömung halten konnte, gab sofort Signalschüsse, welche in dieser gefährlichen Lage nicht mißverstanden wurden und »Das

1 Häuptling Kalambas Schwester

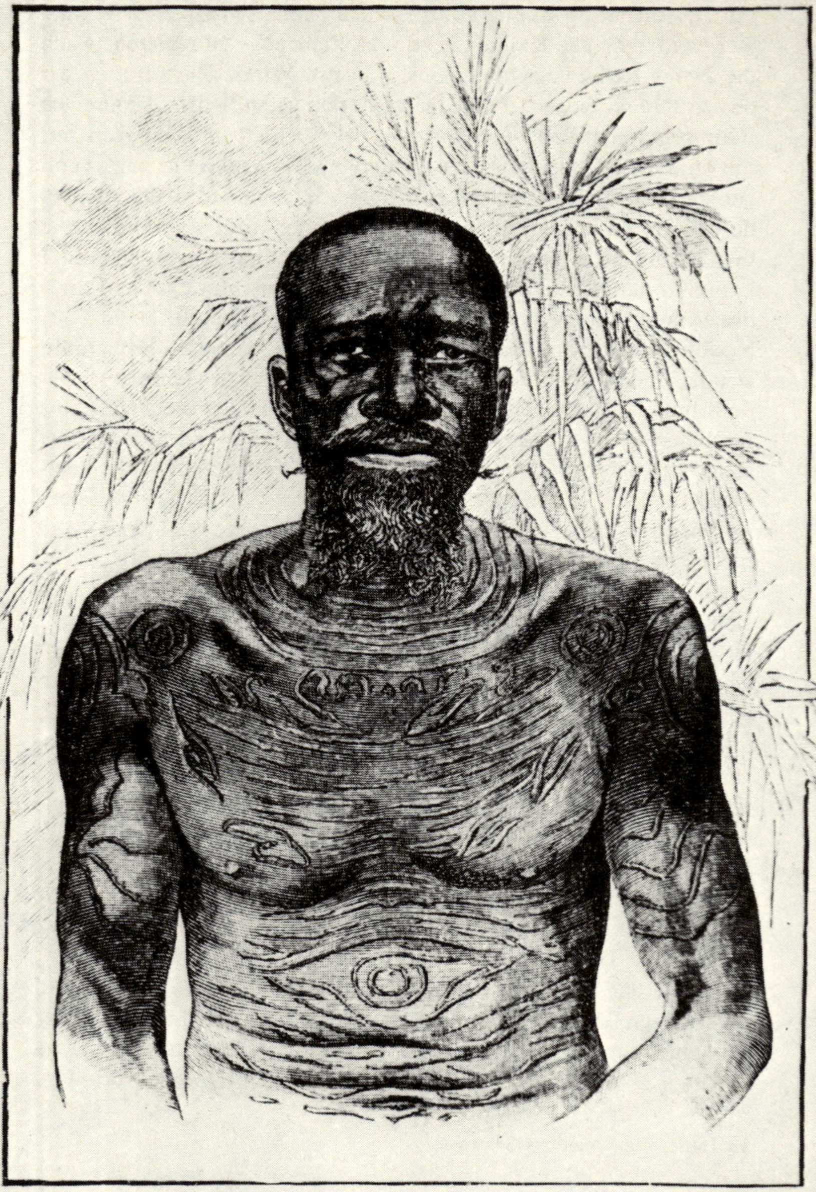

Kalamba Mukenge.

Ganze halt!« zur Folge hatten. Etwa 200 m unterhalb der Unglücksstelle machte der Lulua eine scharfe Biegung nach Südwest, und die Spitze der Flotille befand sich bereits hinter derselben außer Sicht. Bimbas Kanoe blieb in der Tiefe begraben, mit ihm der Häuptling Ndemba und zwei Mann.

Am nächsten Morgen öffnete sich auf dem linken Flußufer die Hügellandschaft, und wir sahen in das anmutige Talbett des Luebo hinein. Der Fluß hatte eine Breite von ungefähr 50 m, sein Tal dehnte sich aber auf 1000 m aus und wurde durch schöne Galeriewaldung angefüllt. Trotz der Wassermenge, die dem Lulua durch diesen Vasallen zugeführt wird, verlangsamte er seinen Lauf und begann förmlich zu schleichen, dagegen nahm er an Breite erheblich zu und erweiterte sich an einzelnen Stellen bis zu 800 m. In dem beschattenden Buschwerk des linken Ufers wurden jetzt die zierlichen Hütten einer Ortschaft sichtbar. Die Bewohner derselben waren bei unserem Erscheinen merkwürdig aufgeregt; sie ballten die Fäuste und erschienen bewaffnet am Ufer. Besonders unbändig

85 Die ersten Hütten von Luluaburg

86 *Gefecht mit den Bassongo-Mino*

und feindselig gebärdeten sie sich, als Tschingenge mit zwei seiner Kanoes herankam. Jetzt fand sich auch der Schlüssel zu dem sonderbaren Benehmen: Tschingenge hatte ihnen ein Kanoe rauben lassen und fuhr nun in diesem stolz an den Eigentümern vorbei. Unter diesen Umständen war ihr Unmut freilich gerechtfertigt, und es wäre nicht verwunderlich gewesen, wenn sie den Räubern einige Pfeile hinübergesandt hätten. Nach weiteren 10 Minuten näherten wir uns einer Anzahl von Sandbänken, hinter denen eine große reichbelaubte Insel das Landschaftsbild malerisch abschloß. Mehrere Kanoes fuhren auf den Sandbänken fest und veranlaßten dadurch einigen Aufenthalt; vor uns lag eine Insel von entzückender Schönheit. Ein undurchdringliches Gewirr von Bäumen und Pflanzen bedeckte die Oberfläche, mächtige Stämme erhoben sich über das buschige Unterholz, Lianen zogen, alles überwuchernd, von Ast zu Ast, und die mächtigen Wedel der graziösen Ölpalmen schaukelten leise unter dem Druck einer schwachen Brise.

Da die Kanoes durch die Kraft der Steuerer allein nicht flottgemacht werden konnten, mußte die Mannschaft aussteigen und die Fahrzeuge über die Sandbänke hinwegführen. An einem dicht am Ufer in grünem Laubrahmen gelegenen Dorfe stiegen wir aus, um dort zu übernachten.

Am 5. Juni, früh um 7 Uhr, befanden wir uns wieder auf dem Lulua. Die schönen Landschaftsbilder blieben dieselben wie am Tage vorher. Der Fluß nahm an Breite zu, und die Zahl der Inseln und Sandbänke vermehrte sich. Mit großer Sorgfalt mußten die Baluba die Kanoes führen, um die seichten Stellen ohne Aufenthalt zu passieren. Der Lauf des Lulua war scharf nach Nordwesten gerichtet.

Gegen 9 Uhr bemerkte man auf dem linksseitigen Ufer ein größeres Tal, dessen Randerhebungen unseren Standort um 100 bis 200 m überhöhten. Bald darauf sahen wir am Lulua abwärts, zwischen Inseln und Sandbänken hindurch, den Silberstreifen einer Wasserlinie glänzen, welche scheinbar rechtwinklig sich dem Lulua vorlagerte. Sollte dies der Kassai sein? Nach den Angaben der Eingeborenen und nach unseren Mutmaßungen konnten wir ihn jetzt noch nicht erreichen. Und doch war er es. Die hohe Bergkette, die bewaldeten Inseln und die mächtige Wasserfläche, alles dieses sprach für die Nähe des ersehnten Stromes.

Der Lulua erweiterte sich bald bis auf 500 m und trat von Südwesten kommend in den Kassai ein. Am linken Ufer des Kassai hatten sich unter dem Einfluß der neu hereinströmenden Wassermenge mehrere Inseln und Sandbänke gebildet, die bis 2000 m in fortlaufender Kette den Konturen des Ufers folgten. Die Inseln waren sämtlich üppig bewaldet und entwickelten dieselbe Pflanzenfülle, welche wir am Lulua in so reichem Maße beobachtet hatten. Nach dem Eintritt des Lulua bewegte sich der Kassai mit einer Geschwindigkeit von 70 m in der Minute nach Nordnordwest und behielt, so weit das Auge reichte, eine Durchschnittsbreite von 1500–1600 m bei.

In acht Tagen hatten wir 187 km zurückgelegt und den Auslauf des Lulua kennengelernt. Als Ergebnis unserer früheren Reisen war das Gebiet des Oberlaufs von Katende bis Muatschitebua auf einer Strecke von ungefähr 100 km bekannt.

Was die Volksgebiete betrifft, welche der Lulua durchfließt, so gehören seine Quelle und sein Oberlauf dem Lundareiche, der Mittellauf bis zum Luebo den Baluba und der Unterlauf den Bakete und Bakuba an. Die genannten Volksstämme haben sich zu beiden Seiten des Flusses und vielfach auf dessen Inseln angesiedelt.

Die Fauna weist am oberen und unteren Lulua wenig Unterschiede auf. Im Oberlaufe finden sich mehr grasbedeckte Inseln, ebenso tritt häufig die Grassavanne bis an die Ufer heran. An solchen Orten pflegen sich wegen der guten Weide zahlreiche Flußpferde aufzuhalten, während sie im Unterlauf, der von Galeriewäldern begleitet ist, seltener sind.

Auf unserem neuen Lagerplatze, dem ersten auf dem Kassai, hatten wir uns kaum eingerichtet, als sich auch schon die Herren der Insel näherten. Der Häuptling kam mit einem Trupp mit Bogen und Lanzen bewaffneter Männer vorsichtig heran. Sprachlos vor Erstaunen blieben die Eingeborenen stehen, als sie uns sahen, besonders der Häuptling schien sich von seiner Überraschung nicht wieder erholen zu können. Wir zeigten ihnen bunte Zeuge, Perlen und Muscheln, so daß sie allmählich Zutrauen gewannen und nun in nicht zu befriedigender Neugier Gewehre, Zelt, Betten, Koffer, vor allem aber uns selbst musterten.

Der Kassai wurde hier Nschari und N'Schalle-Melle genannt. Am linken Ufer haben die Bakongo sowohl oberhalb als auch unterhalb der Luluamündung ihre Sitze, während weiter abwärts am rechten Ufer die wilden, auch als Kannibalen gefürchteten Bassongo-Mino wohnen sollen.

Die hiesigen Eingeborenen beziehen durch Zwischenhandel Elfenbein von den Bassongo-Mino und bezahlen dafür Muscheln, Zeuge und auch Sklaven. Zwölf schöne Elfenbeinzähne wurden uns zum Kauf angeboten.

Am 7. Juni früh verließen wir unser Lager und fuhren weiter stromabwärts. Der Kassai bot ein außerordentlich wechselvolles Bild dar. Viele Inseln und Sandbänke unterbrachen seinen Lauf und erweiterten das Flußbett bis 2000 m; an anderen Stellen näherten sich seine Ufer wieder auf 900 m. Die Tiefe war an den Flußerweiterungen sehr gering, und mit großer Vorsicht mußten sich die Kanoes den Weg aussuchen, oft mußten sie in großen Bogen die bedenklichen Punkte passieren. Trotz aller Sorgfalt saßen alle Augenblicke einzelne fest; die Mannschaft mußte dann jedesmal ins Wasser, um das alsdann erleichterte Fahrzeug über die seichten Stellen hinwegzuführen. Die Erhebungen des linken Kassai-Ufers traten näher an den Fluß heran als die des rechten; sie wechselten in ih-

87 Markt bei Luluaburg

rem Höhenniveau von 50–100 m und waren ebenso wie die der meisten Inseln bewaldet.

Am 14. Juni kamen wir gegen 12 Uhr am rechten Ufer an ein Bakubadorf.

Die Bewohner begrüßten uns vom Ufer aus, viele stiegen in ihre kleinen Kanoes, boten uns Lebensmittel zum Kauf an und gaben uns eine Strecke Wegs das Geleit.

Sie baten uns, bei ihnen unser Lager aufzuschlagen. Wir versuchten ihrem Wunsche zu entsprechen; die Strömung war indessen so stark, daß wir mit unseren schwerfälligen Fahrzeugen nicht dagegen ankämpfen konnten und deshalb als Lagerplatz eine Insel dort wählen mußten, wo der Kassai sich mit einer scharfen Wendung nach Südsüdwest wendet. Im Westen tritt hier ein scharfer Höhenkamm an den Strom heran und zwingt ihn, nach Süden abzubiegen.

In den letzten Tagen hatten wir uns vornehmlich am rechten Ufer gehalten, um die Mündung des Sankuru, falls Wolfs Erkundigungen über den Lauf dieses Flusses richtig waren, uns nicht entgehen zu lassen. Vergeblich hatten wir versucht, von den Eingeborenen näheres zu erfahren. Alle verhielten sich ablehnend, und niemand wollte von einer Flußmündung etwas wissen.

Die Insel, auf welcher sich unser Lager befand, zeigt nur Graswuchs und einen einzigen Baum; vom linken flachen, bewaldeten Ufer war sie durch einen 30 m breiten seichten Wasserarm getrennt. Das rechte Ufer war ebenfalls teils bewaldet, teils bildete es eine etwa 20 m hohe, steil abfallende Lateritwand. Vor uns flußaufwärts befand sich ein Labyrinth von Sandbänken und Inseln, und dadurch wurde es bei einer Gesamtbreite des Stromes von 4000 m sehr erschwert, sich von den hydrographischen Verhältnissen ein klares Bild zu machen. Wir beschlossen daher, dieselben näher zu untersuchen und die Weiterreise um einen Tag zu verschieben. Wissmann, Wolf und Mueller fuhren im Boot »Paul Pogge« flußaufwärts und hielten sich dabei in der Nähe des rechten Ufers. Alsbald näherten sich in Kanoes einige Eingeborene, welche jedoch von der Mündung eines Flusses nichts wissen wollten, dieselbe sogar bestimmt in Abrede stellten.

Auf einer nahen Insel befanden sich ein paar Hütten, welche von Fischern bewohnt waren, von denen einer in der unbefangensten Weise Auskunft über alle an ihn gestellten Fragen gab. Er erzählte von einem großen Flusse, den er Nschallekeke nannte und welcher sich hier mit dem mächtigen Maue oder Nschalle-Minene, seine Benennung für den Kassai, vereinige. Er zeichnete mit dem Finger die Mündung beider Flüsse in den Sand und wies dann flußaufwärts nach einer etwa 2–3000 m entfernten bewaldeten Spitze des rechten Ufers, hinter welcher der Nschallekeke hervorkommen solle. Die Bootsfahrt wurde nun weiter fortgesetzt, und an der bezeichneten Stelle befanden sich in der Tat zwei Mündungsarme, von denen der eine 450 m und der zweite 600 m breit war. Die Strömung war jedoch so stark, daß trotz des angestrengtesten Ruderns der »Paul Pogge« dieselbe nicht überwinden konnte. Nach Wolfs Erkundigungen war es uns nun nicht mehr zweifelhaft, daß der Nschallekeke mit dem Sankuru identisch sein müsse.

Der Sankuru kommt aus einem Gebiet, wo nach den Aussagen der Eingeborenen großer Elfenbeinreichtum herrscht, und ist deshalb der geeignete Weg, auf welchem diese Schätze dem europäischen Handel erschlossen werden können.

Mueller fand bei einer weiteren Bootsfahrt, die er unternahm, südlich unserer Lagerinsel die Mündung eines von Südosten herkommenden Flusses. Seine Breite betrug 25–30 m, die Tiefe schwankte an der Mündung zwischen 0,50 und 2 m, die Geschwindigkeit mochte 50 m in der Minute sein. Der Lubudi, wie der Fluß von den Eingeborenen genannt wird, wies sumpfige Ufer auf, die mit dichtem Rohr bewachsen sind. In einer Entfernung von 200-250 m begleitet ihn im Westen ein Höhenzug, im Osten tritt ein solcher auf 800-1000 m zurück. Auf der Höhe unmittelbar oberhalb der Mündung fand Mueller ein Dorf von Mateke und Baschilele bewohnt. Der Häuptling Kakunti erzählte, daß er ein Muluba sei; durch welche Schicksale er hierher verschlagen war, wollte er jedoch nicht mitteilen, wahrscheinlich war er in der Jugend in die Sklaverei verkauft worden und hatte es durch Klugheit und Geschicklichkeit verstanden, sich die einflußreiche Stellung, die er allem Anschein nach besaß, zu verschaffen. Jedenfalls war er als Dolmetscher gut zu verwerten und gab auch auf alle Fragen bereitwilligst Auskunft. So erzählte er, daß auf beiden Seiten des Flusses Baschilele wohnten, die von einem mächtigen Häuptling Ngila regiert würden. Das Dorf desselben läge zwei Tagesreisen südlich des Kassai. Auch die Mateke müßten diesem Tribut bezahlen. Der Fluß sei weiter unterhalb von Baschilele und dann Badinga am südlichen, von Bassongo-Mino am nördlichen Ufer bewohnt. Er warnte uns vor der Weiterfahrt, da wir bald in das Gebiet der Bakutu vom Stamme der Bassongo-Mino gelangen müßten, die uns töten und verspeisen würden. Es waren dies dieselben Angaben, die uns von den Mateke an der Sankurumündung ebenfalls gemacht waren; sie gewannen durch diese Bekräftigung jedenfalls an Wahrscheinlichkeit.

Vier Tage waren an der Einmündung des Sankuru in den Kassai in Ruhe verflossen.

Eine schöne Strecke Weges lag hinter uns, eine Reihe interessanter und bewegter Tage standen im Gedächtnis in unauslöschlichen Zügen niedergeschrieben, und für die Wissenschaft war mancher Erfolg errungen worden; der wichtigste Teil aber, der Unterlauf des Kassai und seine Mündungsstelle, lag noch in tiefes Dunkel gehüllt. Die Aussagen der Eingeborenen waren durchaus ungenügend und konnten unsere bisherigen Ansichten weder umstoßen noch zu neuen Hypothesen führen. Alle Nachrichten reichten nur bis zu dem Volksstamm der Bassongo-Mino, darüber hinaus befand sich selbst für die Eingeborenen eine vollkommene Terra incognita. Dort mußten entweder die Terrainverhältnisse so ungünstig sein, daß jeglicher Verkehr stockte, oder es wohnten in jenem unbekannten Gebiete Volksstämme, welche mit den Waffen in der Hand dem Eindringen jedes Fremden entgegentraten. Die kommenden Tage sollten Licht und Klarheit bringen.

Bei klarem Himmel bestiegen wir am 19. unsere Kanoes. Der Kassai, welcher bis hierher einen südwestlichen Kurs hatte, wandte sich jetzt in scharfer Biegung nach Nordwesten; sein Bett verengte sich bedeutend, nahm dann aber wieder an Breite zu und bildete einige Inseln und Sandbänke.

Zu beiden Seiten des Flusses lagen viele Dörfer, von denen die ersten den Baschilele, die späteren aber den Badinga angehörten, in deren Gebiet wir nun eingetreten waren. Die Bauart der Hütten war bei beiden Stämmen dieselbe: runder Grundriß, Blätterdach und kleine Türen. Die Ufererhebungen folgten den Konturen des Flusses in nahem Abstande vom Wasser, gegen Mittag aber traten die des linken Ufers weit zurück und öffneten einen schönen Fernblick auf eine üppige Grasflur, welche einen angenehmen Ruhepunkt für das Auge bot.

Badinga, welche in ihren kleinen Kanoes mit Lebensmitteln zu uns herüberkamen, wußten sich uns durch ihr freundliches Wesen angenehm zu machen. Sie hatten nicht das freche Auftreten ihrer östlichen Nachbarn, sondern waren bescheidener und zeigten sich auch für unsere vielen Fragen nach den Ortsverhältnissen zugänglich. Den Kassai nannten sie Nschari, der Lulua war ihnen nicht fremd; auch erzählten sie von einem Fluß, der wenige Stunden unterhalb in den Kassai gehe. Sonst aber wußten sie über den Lauf des Kassai und über die Völkergebiete im Westen so gut wie nichts anzugeben.

Dichter Nebel lagerte am Morgen des 20. Juni über der Gegend, so daß wir erst um 7.30 Uhr die Fahrt antreten konnten ...

Der Kassai floß mit mittlerer Geschwindigkeit von 60 m in der Minute nach Westen; er behielt eine Durchschnittsbreite von 2000 m bei und bildete viele Inseln und Sandbänke, welche aber nicht mehr die üppige Bedeckung zeigten, wie wir sie im Lulua angetroffen hatten. Die Talhänge waren meist bewaldet und traten nahe an das Flußbett heran. Am rechten Ufer sahen wir zwei, am linken eine Ortschaft unter Palmen liegen. Letztere war regelmäßig in Form eines Rechtecks angelegt und zählte etwa 80 Hütten, welche in fünf langen Reihen dicht nebeneinander standen. Die Eingeborenen nannten den Ort Ngung. Unmittelbar nachdem wir dieses Dorf berührt hatten, erweiterte sich der Strom, und man bemerkte die Einmündung eines Flusses, der sich mit seiner rotgelben Farbe scharf von dem schmutzigen Braun des Kassai abhob. Bald befanden sich unsere Fahrzeuge in seinem Fahrwasser, und mit Windeseile ging es in der starken Strömung dahin, bis es uns glückte, dieselbe quer zu durchschneiden. Hier kamen wir in eine Gegenströmung, die das Anlanden sehr erschwerte. Wir hatten zwar erst einen kurzen Weg zurückgelegt und waren nur 12 km von unserem gestrigen Lager entfernt, der Platz war aber durch den einmündenden Fluß so wichtig, daß wir auf einer der Mündung gegenüberliegenden Sandbank unser Lager aufschlugen.

Hier konnten wir in das breite Mündungstal hineinsehen, hatten den Kassai abwärts einen schönen Fernblick und waren auch dem Dorfe Ngung so nahe, daß wir von dort die erforderlichen Lebensmittel erhalten und Erkundigungen einziehen konnten. Die Eingeborenen nannten den Fluß, vor dessen Mündung wir lagen, Tembuë; die Bakuba hatten ihn Wolf bereits als Nschalle-Tembe, d. h. roter Fluß, bezeichnet. Es war, nach seiner Wasserfarbe zu urteilen, zweifelsohne der Loange, den wir auf dem Marsch nach Mukenge[1] am 26. September 1884 bei Kassamba überschritten hatten. Er mündet mit zwei Armen in den Kassai, einem größeren, 60 m breiten, der direkt von Süden kommend mit einer Geschwindigkeit von 110 m in der Minute in den Kassai eintritt, und einem kleineren Arm, der diesen begleitet. Vor dem Delta befinden sich mehrere bewaldete Inseln und eine Sandbank, welche uns als Lagerplatz diente . . .

Der 21. Juni ließ uns weit den großen Strom hinabsehen.

Der Kassai nahm an Breite bedeutend zu, ebenso auch die Ausdehnung der Sandbänke und der unbewaldeten Inseln. Die Talhänge und das Plateau der Ufererhebungen waren auf der rechten Seite mit dichter Baumsavanne bedeckt, während das Strombett selbst von einem schmalen Streifen Galeriewald eingesäumt wurde. Die Hänge des linken Ufers prangten im Waldschmuck, und an ihrem Fuß lagen einige kleine Badingadörfer. Auch aus dem Laubwerk der Insel lugten viele Fischerhütten hervor, von denen der größere Teil zur Zeit unbewohnt war.

An einer Insel legten wir gegen Mittag an und bezogen neben einem Bangodidorf Lager. Palmen, unter ihnen die Borassuspalme, standen auf derselben und am Ufer in großer Zahl. Die Frucht der letzteren hatte die doppelte Größe einer Apfelsine, glich dieser in der Farbe, besaß aber eine Schale so hart wie die des Kürbis. Das Innere, eine weiche, faserige Masse, schmeckte bittersüß und hatte das Aroma der Quitte.

Unser Nachbardorf bestand aus 40 Hütten, die ziemlich dicht um einen kleinen Platz herum mit unregelmäßigen Fronten angelegt waren. Es lag unmittelbar am Wasser und wurde durch eine Gruppe schlanker Borassuspalmen beschattet.

Über den Kassai, den sie ebenso wie die Badinga Tschankulu nennen, wußten die Bangodi nur anzugeben, daß er eine Tagereise westlich von den Bassongo-Mino, die auch gegenüber am rechten

1 Residenz Kalambas am Lulua.

Ufer ihre Wohnsitze haben sollten, beherrscht wird. Es wurde immer auffallender, daß trotz der Nähe dieses Volksstammes die Nachrichten über ihn so ungenau lauteten und daß über die Bassongo-Mino hinaus gar nichts bekannt war.

In gewisser Spannung traten wir am 24. Juni früh, als der Morgennebel den Strahlen der Sonne gewichen war, die Weiterfahrt an. Heute sollten wir zu den Bassongo-Mino kommen, von denen bisher nur dunkle und unbestimmte Nachrichten zu uns gedrungen waren, deren Gebiet wir schon seit einigen Tagen am rechten Ufer streiften, ohne von ihnen etwas zu sehen, und durch die wir hofften, endlich genauere Nachrichten über den Auslauf des Kassai zu erhalten.

Hart am linken Ufer fuhren wir den Kassai abwärts. Schon nach kurzer Fahrt näherten wir uns zwei nebeneinander stehenden Ortschaften. Die Bewohner mußten Beobachtungsposten den Fluß aufwärts vorgeschoben haben, denn wir fanden die gesamte Bevölkerung am Ufer versammelt. Bei unserem Anblick bemächtigte sich der Leute eine große Aufregung. Sie spritzten uns Wasser entgegen,

88 Udschidschi zur Zeit Livingstones

die Weiber entflohen unter lautem Geschrei, die Männer zogen sich, je näher wir kamen, langsam zurück. Dabei führten sie wilde Kriegstänze auf und drohten uns mit Pfeil, Bogen und Messer. Von den Ortschaften her dröhnte der dumpfe Ton der Kriegshörner und fand weit stromab Erwiderung. Es war augenscheinlich, daß ein allgemeines Alarmsignal von Ort zu Ort uns vorauseilte. Dies war also die erste Begrüßung der Bassongo-Mino; alle Versuche, mit ihnen in freundschaftliche Unterhandlungen zu treten, waren vergeblich und wurden mit gespanntem Bogen und wilden Drohungen beantwortet.

Das linksseitige Kassai-Ufer schien von den feindseligen Bassongo-Mino besonders dicht bevölkert zu sein; in kurzen Zwischenräumen berührten wir vier andere Dörfer und wurden überall mit wüstem Geschrei und denselben Kriegsdrohungen empfangen. Der Fluß nahm jetzt an Breite zu; seine linke Hälfte war durch Sandbänke derart versperrt, daß wir quer über den Fluß dem rechten Ufer zusteuern mußten. Viele Kanoes liefen auf den Sand und konnten erst nach großen Anstrengungen wieder flott gemacht werden. Der Abstand dieser von den vorderen war aber so bedeutend geworden, daß wir in Anbetracht der feindlich gesinnten Bevölkerung halt machten, um die Vereinigung der Flotte abzuwarten. Wir mußten jeden Augenblick auf einen Angriff gefaßt sein. Der Kassai hatte hier eine Breite von etwa 4000 m und bildete viele Inseln und Sandbänke. Flußpferde erschienen mehrfach an den Ufergeländen und im Strom; Vögel aller Art belebten die Gegend, auch ein Krokodil sonnte sich gesättigt auf einer Sandbank. Sobald die Kanoes beisammen waren, fuhren wir möglichst geschlossen weiter.

An einem Terrainvorsprung des rechten Ufers befanden sich Sandsteinklippen, und nicht weit von diesen entfernt lagen fünf Hütten, deren Bewohner drohend am Ufer standen. Als wir ruhig unsere Fahrt fortsetzten und uns ihnen bis auf etwa zehn Meter genähert hatten, begannen sie mit Pfeilen zu schießen, von denen einer unseren Dolmetscher Kunja leicht an der Hand verletzte. Wir machten trotzdem nicht von unseren Waffen Gebrauch, da wir immer noch auf eine freundschaftliche Annäherung hofften und in der Nähe Lager beziehen wollten. Es lag uns besonders viel daran, mit den Bassongo-Mino in friedlichen Verkehr zu treten, um von ihnen Aufschlüsse über den Lauf des Kassai zu erhalten, da er für uns immer geheimnisvoller und das Ende unserer Reise mit jedem Tage zweifelhafter wurde. Ferner waren wir auf längere Zeit nicht im Stande, mit unserer Begleitung einer stetig feindseligen Bevölkerung erfolgreich entgegenzutreten, um so mehr, da uns der Rückzug zu Wasser abgeschnitten war. Mit unseren schwerfälligen, unlenkbaren Kanoes flußaufwärts zu gehen, war, wie bereits früher bemerkt wurde, nicht möglich. Hieran wurde auch nie gedacht; für uns gab es nur ein Ziel, und das lag vor uns, die Lösung des Kassaiproblems. Durch eine feindselige Bevölkerung aber konnte dieses besonders erschwert, wenn nicht sogar unmöglich werden. Etwa 2 km unterhalb der feindseligen Ortschaft bezogen wir auf einer freien Wiesenfläche unmittelbar am rechten Flußufer unser Lager, das an beiden Seiten durch dichten Wald begrenzt war.

Wir hatten unsere Lagereinrichtungen kaum beendet, als sich von unterhalb ein Kanoe mit Eingeborenen näherte. Vier Männer standen rudernd in dem Fahrzeuge, während zwei Weiber in demselben saßen und Fischnetze vor sich liegen hatten. Unser Anblick machte wenig Eindruck auf sie; ruhig fuhren sie weiter und blickten uns mißtrauisch und mit herausfordernder Miene an. Oberhalb des Lagers vereinigten sie sich mit zwei Kanoes, die uns in weiter Ferne flußabwärts gefolgt waren. Die Männer gingen an Land und kamen mit den Waffen in der Hand zögernd näher. Als wir ihnen Kaurimuscheln und Perlen zeigten, faßten sie Vertrauen und kamen in unser Lager. Sie nannten sich Bassongo-Mino oder Bakutu und erzählten, daß ihr Volk zu beiden Seiten des Kassai wohne und den Strom beherrsche. Als Stammeszeichen hatten alle die Schneidezähne zu beiden Seiten spitz zugefeilt. Den Kassai nannten sie Nschari, auch Sankulu; über seinen Lauf verweigerten sie jede Auskunft.

Der Volksname Bassongo-Mino erklärt sich dadurch, daß das Wort Bassongo in der Sprache der Eingeborenen »Menschen« und Mino »Zähne« bedeutet, so daß Bassongo-Mino ins Deutsche übersetzt etwa »Zahnmenschen« heißen würde. Diese Benennung ist zweifellos auf die spitzgefeilten Zähne zurückzuführen, welche bei den Bassongo-Mino allgemeine Stammeszeichen sind.

Als sich die Männer, welche uns im Lager besuchten, von unserer Friedfertigkeit überzeugt hatten, wurden sie dreister. Sie schienen uns für unbewaffnet zu halten, da ihnen Gewehre, wie wir uns später überzeugen konnten, vollständig unbekannt waren. Mehr und mehr Krieger stellten sich ein. Die größte Vorsicht war angezeigt. Die Eingeborenen unterhielten sich oft unter sich im Flüstertone.

Als uns am nächsten Morgen das Signal »Avancieren!« in die Fahrzeuge rief, stießen gleichzeitig mit uns die Eingeborenen vom Lande ab und folgten uns in drohender Haltung. Auf einer Insel ließen sie die Weiber aussteigen und kamen nun näher an die letzten Fahrzeuge heran. Plötzlich schossen sie ohne jede Veranlassung ihre Pfeile auf Wissmann und Wolf ab und suchten dabei unter kräftigen Ruderschlägen möglichst nahe zu kommen. Jetzt galt es schnell handeln. Im Handgemenge wären die Bassongo-Mino schon ihrer überlegenen Zahl wegen gewiß Sieger geworden. Unsere Leute waren so aufgeregt und furchtsam, daß sie selbst auf die kürzesten Entfernungen vorbeischossen; Wissmann und Wolf schossen jedoch um so sicherer, und in kurzer Zeit waren die zwei nächsten gefährlichsten Kanoes leer, während die übrigen sich nun zurückzogen, doch keineswegs in überstürzter Flucht. Dieser ebenso wohlüberlegte als auch tückische Angriff war glücklich abgeschlagen. Am Ufer entwickelte sich bald ein wildes Leben. Kriegsgeschrei und Hornsignale gingen unserer Fahrt weit voraus und riefen die streitbaren Krieger zum Kampfe. Wir wußten nun, daß von einem friedlichen Verkehr keine Rede mehr sein konnte, sondern daß wir überall auf einen erbitterten Widerstand stoßen und den Durchgang durch diese Gegend zu erkämpfen haben würden.

Wohin wir kamen, zeigten die Leute eine verwegene Kühnheit. Einzelne Bewaffnete, welche der Kriegslärm in ihre Kanoes getrieben hatte, näherten sich schnell mit harmloser Dreistigkeit und beschossen uns mit ihren Pfeilen. Sobald sie aber den Knall der Gewehre und das Einschlagen der Kugeln in ihre Kanoes hörten, warfen sie sich kopfüber ins Wasser und suchten geschickt hinter ihren Fahrzeugen Deckung.

Am linken Ufer entlang fahrend, kamen wir jetzt an eine Reihe größerer Ortschaften heran. Die Bewohner standen vor denselben versammelt; sobald sie uns erblickten, erhoben sie ein wildes Geschrei, die Männer eilten mit den Waffen in der Hand nach den Kanoes und versuchten dieselben zu besteigen, einzelne schossen vom Ufer aus ihre Pfeile nach uns ab; doch ein lebhaftes Feuer aus den Kanoes von Wolf und Mueller zwangen sie alsbald, ihre Angriffe aufzugeben. Ihre Pfeile erreichten das Ziel nicht, desto wilder wurde das Kriegsgeschrei und das Geheul der Weiber. Sie drohten mit den Waffen, warfen uns Erde zu, machten große Luftsprünge und suchten uns mit allen möglichen Gebärden ihren Haß und ihre Wut kundzutun.

Die Zeit rückte vor; wir mußten an ein Landen denken.

Eine kleine Bucht, die wir jetzt erreichten, schien hierfür geeignet, doch einige an Land gezogene Kanoes und die vielbetretenen Ufergelände belehrten uns, daß hier eine Hauptverkehrsader des Landes, somit also für uns ein bedenklicher Platz zum Anlegen war. Wir fuhren weiter und beschlossen, 3 km unterhalb auf einer Insel Lager zu beziehen.

Inzwischen hatten sich keine Eingeborenen mehr gezeigt, weder auf dem Flusse, dessen mächtige Breite hier zuweilen bis 5 km betrug, noch an den flachen, sanft ansteigenden, mit Gras oder Buschwald bedeckten Ufern. Alles schien Ruhe und Frieden zu atmen.

Ein etwa 60 m breiter Kanal, der links vom Flußufer und rechts von einer Insel begrenzt war, sollte uns als Fahrstraße dienen. Wissmann und François fuhren an der Spitze, Mueller in der Mitte und Wolf am Schluß unserer Flotte. Alsbald zeigte sich jedoch, daß der Kanal zu wenig Wasser führte. Das Boot und der größte Teil der Kanoes konnten zwar passieren, die schwerbeladenen, tiefgehenden Fahrzeuge Kunjas und Kalambas saßen aber alsbald fest. Die Mannschaft mußte daher aussteigen, um die Kanoes zu erleichtern, vom Grunde abzuschieben, und dann in diesem Labyrinth von Inseln und Sandbänken eine andere Fahrstraße suchen. Während dies unsere ganze Aufmerksamkeit in Anspruch nahm und sowohl wir als unsere Begleitung uns hungrig und ermüdet nach einem Lagerplatz sehnten, belebten sich plötzlich der Fluß und das Ufer. Einige zwanzig flachgehende feindliche Kanoes fuhren flußaufwärts in dem Kanal uns entgegen, landeten an der unteren Spitze der Insel einen Teil der Bemannung und gingen sofort zum Angriff über. Zu gleicher Zeit kamen auch die Pfeile vom linken Ufer dicht geflogen. Alles dieses war das Werk eines Augenblicks. Die Feinde hatten uns lange aus ihrem Versteck beobachtet, hielten den Zeitpunkt, als wir in dem schmalen Kanal festgefahren waren, für einen Angriff geeignet und wollten uns durch eine Umgehung einschließen. Hier gab es keine Zeit mehr zum Überlegen; wir mußten, um uns unserer Haut zu wehren, schnell handeln. Das wilde Kriegsgeschrei Niama! Niama! d. h. Fleisch! Fleisch! mit welchem unsere Feinde fröhlich jauchzend von allen Seiten den Angriff eröffneten, bewies, daß sie sich ihres Sieges sicher glaubten, und machte einen deprimierenden Eindruck auf unsere Begleitung. Wissmann und François traten sofort dem Angriff auf der Insel, welche zur Hälfte mit bis 1,5 m hohem Grase bewachsen war, sonst nur Sandboden zeigte, entgegen und trieben die Feinde nach erheblichen Verlusten in den Fluß zurück. Mueller nahm von der Insel aus den Kampf mit den feindlichen Kanoes auf, welche flußaufwärts gekommen waren. Wolf stand im Wasser bei den festgefahrenen Kanoes und trieb die Feinde zurück, welche teils in ihren leichtbeweglichen Fahrzeugen von flußabwärts, teils vom linken Ufer angriffen. Die Bassongo-Mino hatten trotz ihrer Verluste überall noch das Bestreben, möglichst schnell ins Handgemenge zu kommen. Unsere Leute waren mit sehr wenigen Ausnahmen so ängstlich und furchtsam, daß sie ihre Gewehre, ohne zu zielen, irgendwohin abschossen. Da die meisten nur mit Vorderladern bewaffnet waren, fühlten sie sich selbst den Feinden, welche in der Minute bis zehn Pfeile abschießen konnten, unterlegen. Die Entscheidung hing daher überall nur von uns ab. Die persönlichen Diener mußten fortwährend laden und ihrem Herrn abwechselnd Büchse und Flinte reichen. Das Gefecht war alsbald an allen Punkten in etwa einer halben Stunde ganz zum Schweigen gebracht. Auf unserer Seite hatte es nur Verwundungen gegeben, während der Feind mehrere Tote zählte. Unter den Gefallenen auf der Insel befand sich auch der Häuptling, dessen Tod die schnelle Entscheidung zu unseren Gunsten mit herbeigeführt hatte.

Nachdem die Feinde sich auf allen Seiten zurückgezogen hatten, machten wir unter großen Mühen unsere festgefahrenen Kanoes wieder frei, um in der Nähe des Kampfplatzes auf einer Grasinsel unser Lager aufzusuchen. Ermüdet und hungrig, ohne Aussicht auf Nahrungsmittel inmitten einer feindlichen Bevölkerung, lagen unsere Leute schweigsam unter freiem Himmel an ihren Lagerfeuern, auf denen man heute die brodelnden Kochtöpfe vermißte.

Die Stille der Nacht wurde nur durch den dumpfen Schall der

Kriegstrommeln unserer Feinde und das Schnauben der Flußpferde unterbrochen, welche auf unserem Lagerplatz ihre gewöhnliche Weide halten wollten und verschiedentlich versuchten, unsere Kanoes zu zertrümmern, um ans Land zu kommen. Abwechselnd hielt einer von uns Wache und beging die vorgeschobenen Posten, welche wir an den äußersten Punkten der Insel ausgesetzt hatten.

Am nächsten Morgen bei Tagesanbruch, als die Ufer beiderseits noch in dichten Nebel gehüllt waren, traten wir unsere Weiterfahrt an.

Bald hatten wir den gefährlichen Distrikt der Bassongo-Mino hinter uns und kamen in die Wohngebiete der Bangule und Badima.

Den Kassai nennen die Bangule Nschari und auch Sankullu. Sie erzählten, daß er von links einen Nebenfluß namens Kuije aufnähme und bald darauf in den Balibi einmünde. Weiter unterhalb haben wir diese Namen nicht mehr nennen hören, es ist indes wahrscheinlich, daß die Bangule mit dem Namen Kuije den Kuango und mit Balibi den Kongo bezeichnen. Wir glaubten aus dem Kuije der Eingeborenen schließen zu können, daß wir an die Mündung des Kuilu kommen würden und dieser also ein direkter Nebenfluß des Kassai sei.

Die Bevölkerung erschien überall unbewaffnet am Ufer. Mit Bananen, Maniok und andern Lebensmitteln beladene Kanoes begleiteten unsere Fahrt und zehn derselben folgten uns bis zum Frühstücksplatz, um hier ihre Waren zu verkaufen.

Am Nachmittag stellte François fest, daß wir uns in 18° 35' östl. L. von Greenwich und 3° 24' südl. Br. befanden. Wir waren danach also bereits nördlich der von Stanley am Kongo angelegten Station Gobila oder Msuata und etwa 225 km westlich derselben. Wo wird der Kassai münden? Diese Frage beschäftigte uns mehr und mehr, und unsere Spannung wuchs von Tag zu Tag.

Der Strom floß mit einer Geschwindigkeit von 70 m in der Minute nach Nordwesten; sein Bett verengte sich mehr und mehr und hatte stellenweise ein Breite von 700 m.

Als die Sonne über unserem Scheitel stand, landeten wir am rechten Ufer an einer Stelle, wo der Strom eine Breite von 1200 m hatte und eine Biegung nach Nordwesten machte.

3 km von unserem Lagerplatz entfernt erhob sich in südwestlicher Richtung ein langgestreckter Höhenzug, welcher die Vermutung nahelegte, daß dort ein größerer Fluß einmünde. Nach der geographischen Lage unseres Standortes konnte es der Kuango sein, und dann waren wir unserm Ziele nicht mehr fern. Eine allgemeine Freude bemächtigte sich der Leute, als diese Vermutung laut wurde. Kalamba stand lange auf einer kleinen Hügelkuppe und schaute mit leuchtenden Augen nach jener Höhe hinüber, während Sangula die Weiber zusammenrief und einen Riambatanz veranstaltete. Nicht weit von unserem Lager befand sich die klare frische Quelle eines kleinen Baches, welche uns ein vortreffliches Trinkwasser lieferte; für Kalamba war dies eine ganz besondere Freude, denn seitdem die Leichen der Bassongo-Mino in den Strom gefallen waren, konnte er sich nicht entschließen, Kassaiwasser zu trinken, weshalb er seine Leute oft meilenweit ins Land sandte, um aus einem Seitenbach Wasser holen zu lassen.

Am Morgen des 1. Juli setzten wir die Fahrt fort, und noch immer tauschte sich unsere schwarze Begleitung ihre Gedanken über die Erlebnisse der Nacht aus.

Der Strom bewegte sich mit geringer Geschwindigkeit und starken Krümmungen nach Nordwesten . . .

Die vielen Ortschaften an den Ufern ließen auf eine zahlreiche Bevölkerung schließen. Wir berührten am linken Ufer neun und am rechten vier Dörfer, deren Bewohner mit Pfeil, Bogen und Speer am Fluß standen und uns mißtrauisch betrachteten. Einige Kanoes mit Bewaffneten näherten sich uns, drehten jedoch erschrocken um, sobald sie eines der weißen Gesichter erblickten. Es war höchst komisch, den Eindruck zu verfolgen, den unsere Erscheinung hervorrief. So näherte sich ein Kanoe ziemlich schnell dem Wolfs. In demselben befand sich ein junger Häuptling, welcher, Pfeil und Bogen fertig in der Hand, seine Begleitung erregt aufforderte, uns schnell anzugreifen. Wolf stand mit schußbereitem Gewehr aufrecht in seinem Kanoe. Plötzlich hielten die Eingeborenen im Rudern inne, sprachlos starrten sie den Weißen an, dann rissen sie den Mund weit auf, verzerrten angsterfüllt das Gesicht, duckten sich unter den Bordrand des Kanoes und kehrten hierauf schnell ans Land zurück. Tags darauf begleiteten uns 20 Kanoes, deren Insassen Lebensmittel feilboten.

Wir wollten von neuem die Gelegenheit benutzen, von den im allgemeinen zugänglichen Leuten Volksnamen, Benennung des Flusses und andere Erkundigungen einzuziehen. Doch vergeblich! Sie blieben standhaft und verschwiegen. Schließlich drehten sie um und kehrten nach ihrer Heimat zurück.

Aus dem dichten Laub des breiten Tales tauchten viele Hüttenkomplexe hervor. Namentlich auf der linken Uferseite lag Dorf an Dorf. Die Bewohner kamen unbewaffnet an die Ufer und ließen uns schweigend passieren. Nach Haartracht und allgemeinem Aussehen zu urteilen, gehörten sie zu demselben Volksstamm, den wir gestern kennengelernt hatten.

Um 9 Uhr machten wir an einer Sandbank halt, um zu frühstücken. Von hier konnte man weit den Kassai hinabsehen. Unterhalb, etwa 2–3 km von unserem Standpunkt entfernt, markierte sich ein heller Streifen im Wasser, den wir für das Aufschäumen an einer Steinbarre hielten. Einige Eingeborene, welche sich uns näherten, wurden zu Rate gezogen, aber trotz der angebotenen Geschenke waren sie verschwiegen wie ihre Brüder von gestern. Wir konnten nichts in Erfahrung bringen, weder über Namen der Bevölkerung noch über die Beschaffenheit des Kassai, und blieben somit unseren eigenen Reflexionen überlassen. Wissmann sprach die Vermutung aus, daß wir jetzt vor der Einmündung in den großen See ständen, denn nach Stanleys Bericht konnte in dieser Gegend die Ostseite des Leopoldsees zu suchen sein. Die Aussicht, mit unseren dürftigen Fahrzeugen auf die große Wasserfläche eines Sees zu kommen und an dessen sumpfigen Ufern, nach Stanley von feindseligen Eingeborenen bewohnt, weder Nahrung noch einen Punkt zum Anlegen zu finden, war keineswegs verlockend.

Mit großer Spannung bestiegen wir unsere Fahrzeuge und fuhren weiter. Der Kassai nahm mehr und mehr an Breite zu. Deutlicher erkannte man jetzt eine hellgelbe Färbung des Wassers, die sich von der dunkleren Färbung des Kassai scharf abhob. Das waren keine Steinbarren, das waren nicht die schmutzigen Wasser eines schlammigen Seeufers, es war die Einmündung eines größeren Flusses in den Kassai. Die gelbe Strömung floß von links in den Kassai hinein und zeigte eine um wenige Grade kühlere Temperatur wie dieser.

Wie hieß der Fluß? War es der Kuango? Die Eingeborenen, die hier redseliger waren, nannten ihn Tschumbi. Da wir bis jetzt keinen Zufluß berührt hatten, welcher der dunklen Wasserfarbe des Kuilu entsprechen konnte, und wir auch erfahren hatten, daß dieser in den Kassai mündete, neigten wir zu der Annahme, daß wir am Kuilu angekommen seien. Erst später erfuhren wir, daß es die Einmündung des Kuango war und daß der Kuilu nicht direkt in den Kassai münde, sondern als ein Nebenfluß des Kuango zu betrachten sei.

3 km unterhalb der Mündung bezogen wir ein Lager auf einer nahe dem linken Ufer gelegenen Sandbank, wo wir außer vielen Spuren von Flußpferden auch solche von Elefanten und Büffeln vorfanden. Zahlreiche Vögel belebten die Gegend. Aus der nicht fern gelegenen Ortschaft kamen alsbald mehrere Eingeborene zu uns, welche zum Stamme der Bateke gehörten und sich ausnahmsweise zutraulich benahmen. Sie reichten unseren Leuten die Hand zum Gruße und schlugen dieselbe dann auf die Brust, andere aber schüttelten erst die Rechte und dann die Linke.

Der Batekehäuptling Mukindu traf ebenfalls bald im Lager ein mit einem zahlreichen Gefolge von Frauen und Kindern, welche mit Messingschmuck geradezu überladen waren. Ringe im Gewicht von fünf bis zehn kg lagen um Hals, Arme und Fußgelenke; selbst Kinder, die kaum die Beinchen heben konnten, mußten die Mode mitmachen. Auch die Gewehre waren über und über mit Messingnägeln beschlagen.

Durch die Bateke erfuhren wir, daß vor kurzem ein Dampfer von unterhalb den Kuango hinaufgefahren sei. Wir konnten hieraus den angenehmen Schluß ziehen, daß wir dem Ziele nahe waren und dasselbe ohne Wassersperren erreichen würden.

Da wir von der Identität des Kuango mit dem Tschumbi noch keine Gewißheit hatten, lag die Vermutung nicht fern, daß die breite Wasserfläche der Eintritt in den Leopoldsee sei.

Am 5. Juli erweiterte sich der Strom plötzlich von 600 auf 7000 m und gewann dadurch wieder ein seeartiges Ansehen. Unsere Fahrzeuge gingen in dem hohen Wellenschlage auf und nieder, manche Welle spritzte schäumend über uns hinweg, und die Ruderer hatten eine schwere Arbeit. Die übrigen Leute sahen angsterfüllt in die aufgeregten Wogen oder gingen hilfreich zur Hand, einige aber kauerten schweigend nieder und kämpften mit jenem unbehaglichen Gefühl, welches auf Seereisen so oft eine unangenehme Beigabe ist. Bei einer jungen Balubafrau kam sogar die Seekrankheit vollständig zum Ausbruch . . .

Gegen 11 Uhr bemerkten wir auf einer Wiese des linken Ufers einige Büffel und gingen sofort an Land, um Jagd auf sie anzustellen. Leider erhielten sie zu früh Wind von uns und entschwanden bald unseren Blicken. Die zahlreichen Spuren von Büffeln, Flußpferden, Elefanten und Antilopen, die wir am Ufer fanden, gaben Zeugnis von dem Wildreichtum dieser Gegend. Da es uns an Fleisch mangelte, wurde beschlossen, hier Lager aufzuschlagen, um zu jagen.

Der Platz, den wir auswählten, war wirklich paradiesisch schön; ein schmaler Urwaldgürtel säumt den wohl 7000 m breiten Strom ein, dahinter liegt offene Grassavanne mit kleinen Urwaldinseln; zahlreiche schmale Wasseradern durchziehen das Land und geben Bäumen und Gräsern die nötige Feuchtigkeit. Die Gelegenheit zur Jagd fand sich bald, und es wurde ohne weitere Mühe von Wissmann ein Flußpferd zur Strecke gebracht. Noch an demselben Nachmittag gelangte das Fleisch zur Verteilung, wodurch unsere ermüdete und hungrige Begleitung wieder in frohe Stimmung versetzt wurde. Außer Flußpferden, die wir noch nirgends so zahlreich beisammen gesehen hatten wie hier, belebten ganze Flüge von Reihern, Enten, Gänsen und Pelikanen die Landschaft. Nicht fern von unserem Lagerplatz befanden sich drei Ortschaften, deren Bewohner uns bald mit Mais, Maniok, Hirse, Zuckerrohr, Bataten und Hühnern versorgten. Als Gegenwaren nahmen sie europäische Stoffe, Perlen, Nägel und Metallpatronenhülsen an, forderten aber recht hohe Preise, so z. B. für ein Huhn 1,5 m Kattun = 74 Pfennig.

Die Eingeborenen nennen sich Basanschi; sie sind mittelgroß und kräftig gebaut. Das Haar tragen sie zu einem starken Wulst vereint, der sich quer über den Scheitel nach den Ohren zieht und von dem aus vier Zöpfe hornartig nach vorn abstehen. Von der Stirn nach den Mundwinkeln laufen Linien von tätowierten Parallelstrichen. Als Stammeszeichen haben sie die beiden oberen Schneidezähne derartig ausgefeilt, daß nur je die äußere Hälfte, spitz zugehend, stehengeblieben ist.

Am Morgen des 9. Juli wehte ein starker Südwest; der Kassai war sehr bewegt, dennoch stiegen wir in unsere Fahrzeuge und vertrauten uns der erregten Wassermasse an. Bald jedoch wurde unsere Lage so bedenklich, daß wir vorzogen, die Fahrt zu unterbrechen. Erst als die Heftigkeit des Windes nachgelassen hatte, setzten wir den Weg fort.

In vielen Schlangenwindungen bewegte sich der Strom in südwestlicher Richtung. Sein Bett verengte sich bis auf 350 m. Die Ufererhebungen traten oft dicht an ihn heran und überhöhten den Spiegel desselben um 50–150 m. Die Hänge waren steil geböscht und ebenso wie die Plateauerhebungen mit Baumsavanne bestanden, aus der nur wenige Palmen hervorragten. Die Uferbettung war tief eingeschnitten.

Auf seiner linken Seite wurde der Strom durch eine vier Meter hohe Wand eingezwängt, an der seine Wellen schäumend emporleckten. Das rechte Ufer war flach, wurde aber von einer großen Zahl kleinerer und größerer Felsblöcke eingefaßt. Zwischen den Talerhebungen und dem Uferrand zog sich ein lichter Waldstreifen hin, der sich an einigen Stellen zu einem Galeriewald verdichtete. Oft lief dieser in den Tiefenlinien des Terrains bis zum Plateau der Talhöhen hinauf, oft aber auch setzte der Wald gänzlich aus und gab ein wiesenreiches Inundationsgebiet frei. Hier lagen die Weideplätze der Elefanten, Flußpferde und Büffel; 14 der letzteren sahen wir am rechten Ufer äsen, als wir gegen 11 Uhr eine Waldblöße berührten. Bald darauf passierte die Flotille eine kleine Ortschaft am linken Ufer, deren Hütten um einen freien ebenen Platz sehr regelmäßig angelegt waren. Vorüberfahrende Eingeborene erzählten uns, daß sich dort eine Batekefamilie niedergelassen habe.

Um 12.30 Uhr bemerkten wir in der Ferne einen Komplex von Gebäuden, aus denen so etwas wie eine Flagge hervorragte. Wir nahmen unsere Ferngläser zur Hilfe, und wirklich – da flatterte eine blaue Flagge mit goldenem Stern lustig im Winde! Ein allgemeiner Jubel erhob sich, der durch einige Gewehrsalven zum Ausdruck gebracht wurde. Wir hatten unser Ziel erreicht, vor uns lag majestätisch eine breite Wasserfläche, mit welcher sich unser Kassai hier vereinigte! Infolge des Schießens und lauten Jubels unserer Begleitung belebte sich schnell die Station, und inmitten einer dichtgedrängten Schar bewaffneter Eingeborener erwarteten uns am Ufer zwei Europäer, welche ebenso überrascht wie wir zu sein schienen. Nachdem die Landung erfolgt war, belehrte uns eine gegenseitige Vorstellung, daß wir zwei englische Beamte des Kongostaates, von dessen Existenz wir noch nie vorher gehört hatten, Mr. Burton und Mr. Swinburne, vor uns sahen. Unsere erste Frage war nach dem Namen des 15–1800 m breiten Stromes, der vor uns lag und in welchen unser Kassai mündete. Es war der Kongo!

Der rote Elefant

aus: Leo Frobenius, Im Schatten des Kongostaates, Berlin, 1907

Wir waren kaum wenige Minuten marschiert, als ein Eingeborener keuchend vor Aufregung angestürzt kam und »Nsevu! Nsevu!« rief. Ich hatte Elefanten bislang nur aus der Entfernung, nur vom Steamer aus am Kuilu gesehen. Hier sagte ich mir, daß, wenn es gelänge, den Leuten jetzt eine Extraration in Nahrungsmitteln zu verschaffen, der Aufstieg zum Lupunguplateau wahrscheinlich ohne besondere Schwierigkeiten zu erzwingen sein würde, und erklärte mich sofort bereit, den Versuch, einen Elefanten zur Strecke zu liefern, zu unternehmen. Ich ließ die Kolonne aufrücken und lagern. Dann pirschte ich mich an den Rücken einer Hügelwelle und sah nun in einer Entfernung von etwa eineinhalb Kilometer das zauberisch schöne Bild eines Elefantenrudels in einer echt afrikanischen Tropenlandschaft. Die Situation war ziemlich klar. Ein von den Bena Mande zu uns gestoßener Mann berichtete, daß er die Gewohnheiten und Eigenarten dieses Rudels schon kenne. Es seien fünf Tiere, ein junger Bulle, drei Tiere und ein Kalb einerseits und ein alter Bulle auf der anderen Seite. Der alte Bulle würde jedesmal abgeschlagen, wenn er sich dem Rudel nähere. Früher sei er der Mukelenge na Mbao (das Haupt der Gesellschaft) gewesen. Diese Elefanten verwüsteten jede Nacht die Felder der Bena Mande, und zumal dem alten Bullen sei nicht beizukommen. Die Mande hätten schon überlegt, ob sie ihre Weiler nicht verlegen sollten. Man hätte allerhand Pfahlgruben in der Runde angelegt, aber die Tiere seien zu klug.

Was der Mann uns berichtete, hatte Hand und Fuß. Ich konnte deutlich wahrnehmen, daß der alte Herr in bestimmter Entfernung seinem eigenen Lebenswandel nachging. Demnach war der Schlachtplan schnell entworfen. Ein alter Einzelgänger ist immer eine erstrebenswerte Jagdbeute, besonders wenn es sich um ein so riesiges Tier handelt wie augenscheinlich im vorliegenden Falle. Aber die Sache hatte einen Haken. Da oben stand der alte Herr auf einer Hügelkante und just hinter ihm die aufgegangene Sonne. So war es eine mächtige schwarze Silhouette. Er wedelte mit seinen türartigen Lauschern hin und her. Es sah fast aus wie eine große verkehrt gehende Windmühle. Daraus konnte ich ersehen, daß ich entweder die Rute oder die Lichter mir gegenüber hatte; ob das Tier aber mich oder die Sonne ansah, darüber war nicht ins klare zu kommen. Auf eine andere Seite zu pirschen ging nicht an, denn der Wind ging so gerade außerordentlich günstig. Ich überlegte mir nun, wie ich wohl am besten meine Kugel ansetzen könnte, nahm zwei Schwarze und Herrn Lemme[1] als Troß hinter mich, und dann ging es los. Aber, o je, wie ging das los! Akaziendickichte bis zur Schulter hoch, einschneidendes, hartes, rauhes Blätterwerk wie Schilf und Ananas; überall mußte ich vor mir das Gras zerteilen, ehe ich einen Fuß vorwärts setzen konnte. Von Zeit zu Zeit richtete ich mich hinter einem höheren Busch aus der gebückten Stellung auf und suchte durch das Fernrohr hinter die Stellung meines Dickhäuters zu kommen.

Bei der Entfernung von 250 Metern glaubte ich zu bemerken, daß mein Riesenvisavis unruhig wurde, die Silhouette wurde noch verschönert dadurch, daß die Rüsselspitze sich über den Kopf erhob. Gleich darauf gab es einen Trompetenton, ich glaubte mich entdeckt, holte schnell das Zielrohr aus der Tasche, setzte auf und gab Feuer. Ich nahm an, daß ich die Lichter mir gegenüber hätte. Der Schuß saß offenbar gut, aber doch falsch. Der alte Herr brach sofort zusammen. Im gleichen Augenblick wußte ich auch schon, daß ich das Rückgrat in Unordnung gebracht hatte; er hatte mir eben seine weniger schöne Seite zugedreht. Er drehte sich zweimal um, knickte zusammen und – trollte, sich von Zeit zu Zeit umwendend und eine Volte schlagend, nach Westen von dannen. Die

1 Der die Expedition begleitende Zeichner.

Hälfte meiner Leute verfolgte ihn. Ich konnte ihn in der Entfernung noch weit, weit draußen sehen. Er schweißte fürchterlich. Die Leute, denen streng verboten war zu schießen und die den Auftrag hatten, mir das Tier wieder zuzutreiben – es war dies einfach, da sein heimatlicher Sumpf nicht im Westen, sondern im Osten lag –, rückten ihm teilweise nach.

Durch das Feuer war auch das andere Rudel aufgescheucht und trabte nach Südosten von dannen. Dort irgendwo nahm es den alten kranken Bullen wieder auf und bugsierte ihn am Nachmittag langsam nach Westen zurück. Ich patrouillierte im Gebüsch den Rückwechsel ab. Es waren anstrengende Stunden, die mir aber im weit ausholenden Rundmarsch ein gutes Verständnis für die Umgebung eröffneten. Ich war gerade ins Lager zurückgekehrt, als zwei meiner Leute ankamen und riefen: »Schnell, Herr, schnell, die Elefanten!« Im Nu war ich wieder auf dem Posten. Von dem Punkte aus, auf dem ich meine Mittagsroute kreuzte, gewann ich den ersten Blick auf das Rudel. Es kam von Westen. Ich sah im Tale die Kolonne richtig anrücken. Den Anblick werde ich mein Lebtag nicht vergessen. Die Tiere hatten den Alten in die Mitte genommen. Er konnte nicht mehr recht. Von Zeit zu Zeit blieb er stehen, dann schubsten sie ihn weiter. Das Kalb war ganz im Hintergrunde, und der junge Bulle war offenbar abgeschlagen. Die Tiere rückten in einer Reihe, wie eine Eskadron, Leib neben Leib heran. Da es dunkel wurde, ward es mir sehr schwer, den kranken Bullen zu erkennen. Nur in seinem Trompeten und seinen zögernden Bewegungen merkte ich einen Unterschied. Bald allerdings sah ich auch einen auffallenden Größenunterschied. Als die Tiere etwa 200 Meter von mir entfernt waren, kletterte ich auf eine Krüppelakazie und setzte dem alten Herrn ein Hohlspitzgeschoß ins rechte Auge. Sofort knickte er zusammen, raffte sich aber nochmals auf, das ganze Rudel trompetete wüst in die angehende Nacht hinein, und dann brausten die mächtigen Tiere mit einer Schwenkung nach Süden von dannen. Meine Leute brüllten, die Elefanten trompeteten, der Ast, auf dem ich saß, knackte, und ich sauste auf die Erde. Es ist mir nichts geschehen, aber aus der Entfernung von etwa einem halben Kilometer höre ich nun Rufe: »Mukelenge loa, Mukelenge loa, Mukelenge loa!« »Herr komm!« Ich sammle die Fetzen meiner Kleidung zusammen, ergreife die Büchse und stolpere durch das

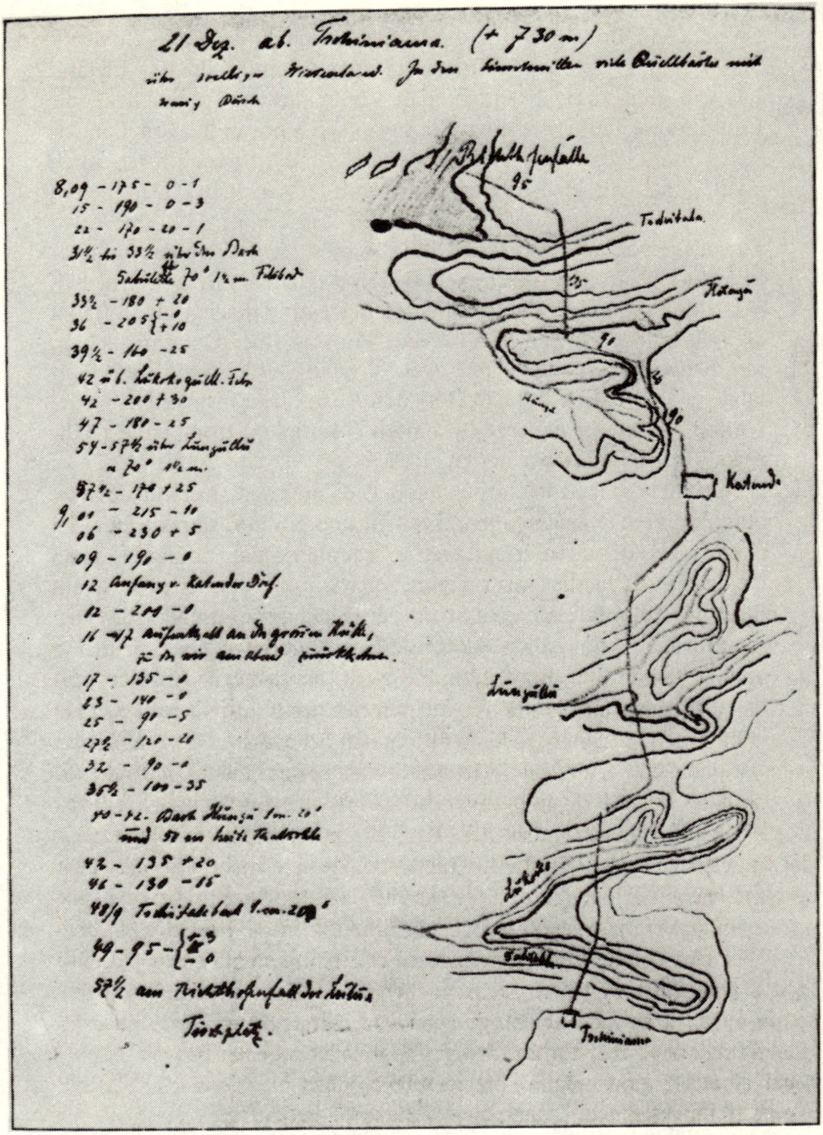

89 Beispiel der täglichen Itineraraufnahmen von Leo Frobenius. Die erste Zahl bedeutet die Zeit, die zweite die Marschrichtung, die dritte Geländesteigungen oder -gefälle, die vierte Zeitverluste oder -gewinne infolge Aufenthalt oder Beschleunigung.

abendliche Dunkel. Ich tue die Büsche auseinander und – ein schöner Schreck – zwanzig Schritt von mir entfernt steht der Elefant! Ich will ganz ruhig beichten, daß ich in diesem Augenblicke die Empfindung hatte wie etwa die bekannte Verwandte von Lot, als sie in eine Salzsäule verwandelt wurde, und so benahm ich mich auch: genau wie eine Salzsäule, d. h. ich tat gar nichts. Der Elefant sah auf mich herunter, und ich sah zu ihm empor. Das eine Licht war ausgeschossen und schweißte fürchterlich. Das andere rollte er in wilder Wut. Die mächtigen Ohren wedelten hin und her. Ich stand und sagte mir: »Wenn du eine Bewegung machst, dann findet er vielleicht noch genügend Kraft, um das Konto auszugleichen, also bleibe stehen.« Ich stand zwei Minuten – es kam mir weiß Gott länger vor – da hob der alte Herr den Rüssel und trompetete – o je, gottlob knickte er gleichzeitig hinten zusammen, trompetete nochmals und lag dann am Boden.

Natürlich blieben wir am anderen Tage im Lager. Lemme entwarf eine Farbskizze des Gesellen, die heute noch unter seinen Arbeiten das meiste Aufsehen erregt, weil er nämlich diesen Elefanten ganz rot dargestellt hat. Er war aber rot, rot wie die Erde hier, rot wie ein Pinselschwein. Ich habe ein Stück der Decke abgewaschen, sie blieb rot. Die Zeitungen haben infolge des Lichtbildes, welches für meine Vorträge hergestellt wurde, die Nachricht gebracht, daß zu den weißen Elefanten Hinterindiens von mir die roten des Kassai entdeckt worden wären. Ganz so schlimm ist die Sache nun nicht. Der Elefant hat eben die Farbe des roten Schlammes, in dem er heimisch ist. Daß die Farbe außerordentlich auffällig ist und keine äußere, abwaschbare Schicht darstellt, ist eine Sache für sich.

Das Tier, das hier vor uns lag, war einer der schwersten Gesellen, der je zur Strecke geliefert worden ist. Der Zahn – leider verfügte er nur über einen – wiegt einen Zentner und hat gegen zwei Meter Länge. Das Tier selbst hatte von der Schwanzspitze bis zum Rüsselende eine Länge von etwa sieben Meter. Die Schlächterei, die nun anhob, war fürchterlich. Große Feuer wurden rund um den Leichnam angezündet, Holzgerüste aufgeschlagen, und meine 350 Neger rösteten sich als Atzung für die nächsten Tage, als wertvolle Zukost zum Maniokbrei, Elefantenfleisch. Uns selber mundete die Sache nicht besonders. Es blieb übrigens noch genügend vorhanden, um den anwohnenden Bauern auch ein paar Zentner überlassen zu können. Die Bena Mande dankten mir dafür, daß ich sie von diesem Untier befreit hatte. Daß die Tat nur eine halbe war, erkannte ich daraus, daß das Rudel in der folgenden Nacht abermals die Felder heimsuchte und gewaltigen Schaden anrichtete. Die Bena Mande drückten ihren Dank noch dadurch aus, daß sie mir einen großen Hundskopfaffen, der im Dorfe frei herumlief, zum Geschenk machten. Es war ein weibliches Tier und führte den Namen »Bansa«. Bansa hat die Expedition nach Europa zurückbegleitet und ihren Aufenthalt im Zoologischen Garten in Berlin genommen.

Am 25. Januar verließ ich etwas nach 7 Uhr die Hügel von Bena Mande und führte die Kolonne durch steinige, trockene Täler zum Lubilasch hinab und dann an seinem Ufer bis zur Übergangsstelle gegenüber dem Dorfe der Bena Kalambai hin. Es war ein sehr heißer Tag, und ich merkte zum ersten Male, was es heißt, eine Truppe zu führen, die Elefantenfleisch aufgepackt hat. Erstens war alles sehr schwerfällig. Der größte Teil der Leute hatte sich – wenden wir einmal einen kräftigen Ausdruck an – überfressen. Dann aber hatte auch jeder auf seine Last noch einige Kilo leicht angeräuchertes Fleisch geladen. Und darüber schien die Sonne sich besonders zu freuen, denn sie trat in intensive Beziehung zu diesen Fleischmassen, was die Ausströmung gräßlicher Düfte zur Folge hatte, so daß die ganze Kolonne einen wahren Pestgeruch von sich gab. Herr Lemme zeigte Anzeichen der größten Wut über diese Beeinträchtigung der künstlerischen Regungen seiner Geruchsorgane. Aber es galt, ruhig derartiges kleines Ungemach zu ertragen, denn in den nächsten Tagen stellte ich sehr ernste Ansprüche an die Leistungen der Mannschaft. Schon am Nachmittage des 25. Januar überschritten wir den hier etwa 300 Meter breiten Lubilasch, und dann nahm ich in der außerordentlich weit ausgedehnten Dörfergruppe der Bena Kalambai zum Nachtlager Platz und Haus in Anspruch.

Gegen 7 Uhr marschierten wir am anderen Tage ab. Zuerst ging es durch eine verhältnismäßig niedere und flache Senkung. Ich konnte schon von weitem die Spitzen des Hügel- und Berglandes erkennen und peilen. Der eigentliche Aufstieg zum Rande des nun folgenden Lubefuplateaus begann gegen 10 Uhr. Dann folgten geradezu grausame Stunden. Die Abhänge waren schroff und glatt. Die Sonne brannte fürchterlich. Weit und breit war kein Dorf zu sehen.

Es ging zehn Meter bergauf, zehn Meter bergab. 50 m schroffe Steigung mit einer Last auf dem Rücken bedeutet ein schweres Stück Arbeit. Als wir den höchsten Gipfel vor uns hatten, dem ich nachher den Namen »Alfredspitze« beilegte, konnten die Leute wirklich nicht mehr. Es war eine so vollständige Ermattung eingetreten, daß ich große Besorgnisse hatte. Ein Teil der Leute litt an krampfhaftem Husten, der mir eine Überanstrengung der Lunge anzudeuten schien. Nicht weniger als zwölf Leute fielen in eine Art Ohnmacht, welche bei den Negern sehr selten ist. Sie saßen da, als ob es ihnen ganz gleichgültig sei, was nun weiter geschehe. Ich selbst fühlte mich auch nicht wohl, doch sagte ich mir, daß jetzt entweder noch einmal die Wanderlust der Leute angefacht werden müßte, oder daß mir im nächsten Augenblick alle fortlaufen würden. Wir hatten am Wege zwei Palmen entdeckt, diese wurden geköpft und das »Herz« herausgeschält. Das Herz des Palmenbaumes ist außerordentlich schmackhaft, sowohl roh als auch in Gemüseform gekocht. Diese Leckerbissen verteilte ich nun unter die Leute und regte dadurch ein wenig ihre gute Stimmung an.

Der Marsch am anderen Tage war kürzer. Er führte über ein Stück Plateau ins erste Bassongedorf. Nun ging es ins Bassongeland!

Schon als ich den breiten Raum der Dorfstraße betrat, wurde ich lebhaft an die Schilderungen Pogges und Wissmanns erinnert. Als jene beiden Reisenden, von Westen kommend, das Bena Luluagebiet durchkreuzt hatten und als erste Europäer in das Bassongeland eintraten, waren sie verblüfft und erstaunt über die Bilder, die sich vor ihren Augen entrollten. Es waren nicht Dörfer, die sie betraten, sondern Städte. Stundenweit dehnten sich die Palmenreihen an den wohlgepflegten Dorfstraßen aus. Nicht nur Hunderte und Tausende, sondern Zehntausende von Negern begrüßten mit urwüchsigem Freudengebrüll die Reisenden. In der Tat haben auch heute noch die Bassongedörfer einen Charakter, der uns fast vergessen läßt, daß wir im zentralen Negerafrika sind. Was sind das für wunderbare Bilder: diese längs der Straße in regelmäßigen langen Reihen angepflanzten Palmbäume, diese reinlichen, in Bananengrün eingehüllten, seitwärts liegenden Gehöfte, diese sich über die Hügel weithin bis zum Horizont ziehenden Felder, diese Menschen, die nicht mehr das dunkle Braun der Innerafrikaner, sondern die hellere

Hautfarbe der Hamiten haben. Das ganze Leben verrät eine Organisation und Anlage, die weit über dem erhaben ist, was wir im allgemeinen unter unberührtem Negertume verstehen. Die Menschen sind beinahe dieselben wie die Baluba, aber auch ihr Äußeres zeigt Eigenschaften, die ihnen den Habitus einer überlegenen Rasse verleihen. Wir sehen fast nur schöne ebenmäßige Gestalten. Die Frauen fallen durch ihren intelligenten Gesichtsausdruck, durch die wundervoll gewölbte Stirn, die klaren, ruhig blickenden Augen auf. Es bedurfte wirklich nicht der Anregung, die mir in den letzten Tagen vor meiner Abreise noch Wissmann hatte zuteil werden lassen, indem er mir schrieb, die Bassonge seien die interessantesten Afrikaner gewesen, die er kennen gelernt habe, und er wünsche sehr, mehr von ihnen zu hören.

Im Jahre 1886 kam Wissmann vom Norden her in das Bassongeland. Im Osten hatte der Araberkrieg gewütet. Die Räuberscharen der semitischen Konquistadoren hatten das glückliche Leben in jenen Ländern gründlich zerstört. Wissmann zog infolgedessen weiter nach Süden, um den Fürsten Lupungu aufzusuchen. Er schildert in seinem letzten Reisewerk, wie wild, wie aufgeregt, wie abstoßend das Leben in diesem Grenzgebiet des arabischen Wellenspiels damals war.

Wir kamen nun zwanzig Jahre später. Unser Weg führte uns nicht vom nördlichen Plateau nach Süden, sondern von Südosten über die Randkette hinweg. Wir waren so schnell marschiert, daß keine Nachricht von unserem Nahen hierher gekommen war. Als ich die Stadt Lupungus betrat, erkannte ich sogleich, daß sie kein Kriegslager mehr war, sondern ein großes, blühendes Gemeinwesen. Es gab kein Waffenklirren, kein Lärmen, keine gewaltsamen Auftritte, ehrerbietig standen Hunderte von Bauern und Bauernfrauen vor ihren Gehöften und grüßten freundlich, tauschten wohl Blick und Bemerkung miteinander aus, aber niemals in auffallender Weise. Wir ziehen die 20 Meter breite Hauptstraße hin, wohl eine halbe Stunde lang. Wir biegen eine Wegkurve ein wenig ein und stehen vor einer Halle. Darin sitzt nach arabischer Weise auf einem Divan ein würdiger Mann mit untergeschlagenen Beinen. Auf Matten hocken am Boden alte Leute. Der Mann sagt einen arabischen Ruf und fragt einen Büchsenträger: »Wer ist der Herr?« Der antwortet: »Moana na Kabassu Babu« (ein Nachfolger Wissmanns).

Ein Murmeln geht durch den Kreis der Leute. »Was? Der Kabassu Babu na kalle, kalle, kalle!« (d. h. »Der ganz alte, der uralte!«). Ach, Afrika lebt schnell, sehr schnell, und Wissmann ist jetzt schon der Uralte. Aber er hat recht, wir sind ja Leute von jenem ganz alten Wissmann.

Der Mann auf dem Divan steht auf; er steigt herab, und richtig, wie er in das Freie tritt, erkenne ich, daß es Lupungu sein muß, denn er hat nur ein Auge, und das Antlitz ist voll Blatternarben. Ja, das war der alte Lupungu! Wenige Augenblicke später sagte er es uns. Und der sonst so stille, ernste Mann zitterte vor Aufregung, als er von den alten Zeiten und seiner Freundschaft mit Kassongo und Kabassu Babu erzählte. Und doch war auch er vorsichtig genug, sich zu vergewissern, ob hier kein Betrug vorliege – er sah die Gewehre der Mannschaft an, und wiederum konnte ich das merkwürdige angeborene Verständnis der Neger für Waffen bewundern. Er stellte sogleich fest, daß das Gewehr ein solches Wissmanns sein müsse. Dann gab ich weiter meine Beglaubigung, in dem ich kleine Einzelheiten aus dem Leben der alten deutschen Reisenden erzählte, die wohl keiner sonst wissen mag, da sie von mir mündlich und brieflich übernommen wurden. Besonders, als ich den Namen einer jungen Dame erwähnte, die einmal eine gewisse Rolle gespielt hat, wußte Lupungu wirklich während einiger Minuten nicht, seine orientalische Würde zu wahren, und ruhte auch am andern Tage nicht, ich mußte den Besuch der inzwischen Angejährten gestatten.

Die Vorstellung war beendet, des Redens genug. Lupungu war ein Mann der Tat. »Wieviel Leute hast du?« »350.« »Wieviel Frauen sind dabei?« »50.« Im Handumdrehen haben die Schergen des Fürsten ein reinliches Gehöft von allen menschlichen Bewohnern für uns gesäubert, so daß nur Hühner, Tauben, Ziegen, Schafe darin bleiben. Sie haben im angrenzenden Dorfe gegen 100 Hütten für unsere Leute zugerichtet und – mit 50 Sklavinnen ausgestattet. Denn Lupungu ist ein weiser Mann. Als er uns noch am selben Abend besuchte und ich ihn fragte, was es mit den 50 Sklavinnen auf sich habe, sagte er: »Du hast 300 Männer und nur 50 Frauen dabei. Das ist kein Verhältnis. Die 50 Frauen genügen nicht, um für die 300 Männer zu »sorgen«. Wenn ich dir deswegen noch 50

Frauen sende, so werden deine Leute nicht in anderen Familien mit zu essen brauchen. Es gibt sonst Streit.«

Als Lupungu fort war, schlich der Besitzer des uns angewiesenen Gehöftes herbei und flüsterte Tschikaja, dem schwarzen Chef meines Haushaltes, zu: »Die Hühner und Ziegen und Tauben und Schafe in diesem Lupangu (Zaun) sind nicht gezählt, ihr könnt sie also stehlen. Ich habe aber ein Nkissi (Zaubermittel) gesetzt, und wenn die Tiere gestohlen werden sollten, werdet ihr sterben.« Am anderen Tage hörte das Lupungu. Er ließ den Mann kommen und verurteilte ihn zur Zahlung von zwei Sklaven als Strafe. »Denn«, sagte er, »meine Freunde können essen und trinken, was sie wollen, und das ist ein Sohn Kabassu Babus und Kassongos. Alles, was mir und euch gehört, gehört auch ihm.«

ZEITTAFEL

2300 vor bis 1919 n. Chr.

vor Chr.

2300	Pharao Sankkara schickt eine Handelskarawane nilaufwärts nach dem Weihrauch- und Goldlande Punt im heutigen Somalia.
um 1480	Ägyptische Punt-Expedition im Auftrage der Königin Hatschepsut.
1100–950	Phönizier gründen an der Westküste Marokkos Kolonien.
10. Jh.	Ophir-Seefahrten der biblischen Könige David und Salomo (wahrscheinlich) nach Südostafrika. Angebliche Gründungszeit der sogenannten salomonischen Dynastie des ostsudanesischen Königreiches von Axum unter – der Legende nach – Menelik, einem Sohn König Salomos und der Königin von Saba. Die Stadt Axum stand auf einer Randanhöhe des nördl. äthiopischen Gebirgsmassivs.
um 600	Im Auftrage des ägyptischen Königs Necho umsegeln Phönizier Afrika vom Roten Meer aus.
um 470	Die Flotte des punischen Admirals Hanno dringt von Karthago aus durch die Straße von Gibraltar an der Westküste Afrikas bis in den Golf von Guinea vor.
um 450	Herodot bereist Ägypten und gelangt über Libyen bis nach Karthago.

284–246	Ptolemaios II., ägyptischer König, entsendet Handelskarawanen nach der Zimtküste und ins Troglodytenland.
3. Jh. vor bis 335 n. Chr.	Blütezeit des ostsudanesischen Reiches Meroe (335 n. Chr. von Ezanas, dem König von Axum, zerstört), wohl identisch mit dem von den Ägyptern erwähnten Königreich Kusch.
19	Der römische Heerführer Cornelius Balbus erobert Fezzan und dringt bis nach Ghadames vor.

nach Chr.

10–20	Der Geograph Strabo gelangt bis nach Äthiopien.
37	Die Truppen des Suetonius Paulinus erreichen Mauretanien.
um 60	Kaiser Nero sendet eine militärische Expedition zur Erforschung der Nilquellen aus. Die von zwei Centurionen geführte Karawane gelangt bis ins Mündungsgebiet des Bahr el Ghasal.
um 100	Julius Maternus durchquert die Sahara und gelangt bis nach Agisymba am Nordrand des mittleren Sudans.
um 160	Der Geograph Cl. Ptolemaios erhält und verarbeitet Nachrichten über die »Nilseen« und »Mondberge«.
4. Jh.	Wahrscheinliche Gründungszeit des westsudanesischen Reiches Ghana. Die Missionare Frumentius und Ädesius christianisieren Abessinien.
um 500	In Nubien (Hauptstadt: Dongola) faßt das Christentum Fuß.

622	Hedschra = Flucht des Propheten Mohammed von Mekka nach Medina. Beginn der islamischen Zeitrechnung.
639	Die Mohammedaner fallen in Ägypten ein. Gründungszeit Kairos.
661–750	Erste Dynastie der Omejaden, eines mekka-stämmigen Herrschergeschlechtes aus dem Stamme der Koreisch, regiert von Damaskus aus das arabische Weltreich.
755–1031	Arabisch-islamische Heere überfluten Nordafrika und Spanien. Die zweite Dynastie der Omejaden regiert das arabische Fürstentum (ab 912 Kalifat) Cordova.
8. Jh.	Am mittleren Niger entsteht der spätere Groß-Staat Songhai. Entstehungszeit des Tschadsee-Reiches Kanem. Arab. Truppen und Händler dringen über das Rote Meer an die Ostküste Afrikas vor.
9. Jh., etwa Mitte	Blütezeit des Reiches Ghana im westl. Sudan.
947	Der aus Bagdad stammende Geograph (Abul Hassan) Massudi bereist Nord- und Nordostafrika. Nach ihm entspringt der Nil einem See am Äquator.
10. Jh.	Untergang des mächtigen ostsudanesischen Königreiches von Axum.
um 1000	Im westlichen Sudan entstehen die Reiche Mali und Mossi. Tuaregs gründen Timbuktu.
1067	Obeid el Bekri veröffentlicht die erste Länderkunde Afrikas.
1077	Nach langjährigen Kämpfen erobert der Almoradiven-Feldherr Abu Bekr Ghana.

1085–97	Der Tschadsee-Staat Kanem bekennt sich zum Islam.
11. Jh.	Islamisierung des westsudanesischen Reiches Songhai. Wahrscheinliche Entstehungszeit der sudanesischen Haussastaaten. Um die Mitte des 11. Jh. nehmen die Herrscher von Mali am Nordrande des Futa-Dschalongebirges den Islam an. Fürst Keita (von Mali) erhält auf einer Wallfahrt nach Mekka den Titel eines Sultans.
um 1150	Der maurische Prinz Edrisi bereist von Ceuta aus die Wüste Igidi und gelangt bis in den nordwestlichen Sudan. Von ihm stammt eine der ersten Afrika-Karten.
12. Jh.	Gründungszeit des Reiches Benin in Südnigeria. Berühmt wegen seiner Bronzeguß-Kunst.
12.–13. Jh.	In Äthiopien regiert die christliche Zagwe-Dynastie.
1200–18	In Mali herrscht Musa Keita, der Begründer des Mali-Großstaates.
1230–55	Regierungszeit Königs Sundjatas von Mali. 1235 Eroberung des Sosso-Reiches der Soninke. Dehnt den Machtbereich Malis bis an den unteren Gambia aus.
1270–1330	Italienische Seefahrer entdecken die Kanarischen Inseln und die Isola do Legname (= Holzinsel, Madeira). Erste Blütezeit der westsudanesischen Handelsstadt Timbuktu.
13. Jh.	Erste Blütezeit des zentralsudanesischen Reiches Kanem-Bornu. Wahrscheinliche Entstehungszeit des Reiches Kongo am Kuango unter König

	Nimi a Lukmi (legendär). Hauptstadt: Mbadschi.
13. u. 14. Jh.	Verschiedene italienische Kaufleute bereisen Nordafrika und berichten den Kartographen Giovanni Leardo und Fra Mauro über ihre Fahrten und Erkundungen.
um 1300	Arabische Seefahrer entdecken von der Ostküste aus das Südkap.
1312–37	Regierungszeit König Mansa Musas von Mali. Sein Heer unterwirft das Reich Songhai und erobert die Handelsstadt Timbuktu.
1325	Der Berber Ibn Battuta aus Tanger bereist den Sudan und die Ostküste Afrikas bis Kilwa und lernt die Nilkatarakte von Dongola kennen.
1341	Portugiesische Seefahrer entdecken die Kanarischen Inseln.
1352	Ibn Battuta am Senegal und in Timbuktu.
1390–1400	Die Bulala greifen von Osten her das zentralsudanesische Reich Kanem-Bornu an. König Omar von Kanem-Bornu überläßt ihnen Kanem und zieht sich nach Bornu an das Westufer des Tschadsees zurück.
14. Jh. (?)	Entstehung des Reiches Monomotapa zwischen Limpopo und Sambesi im heutigen Südrhodesien (Zimbabwe); wurde während seiner Blütezeit im 16. Jh. von Portugiesen entdeckt; erkannte 1629 Portugal als Schutzmacht an.
1402	Der Franzose Jean de Bethencourt landet auf den Kanarischen Inseln. Abessinier besuchen Venedig.

1416	Der portugiesische Infant Heinrich der Seefahrer entsendet ab 1416 fast alljährlich Forschungsschiffe an die Westküste Afrikas.
1434	Tuaregs besetzen Timbuktu. Zerfallsbeginn des westsudanesischen Großreiches Mali. Gil Eannes umsegelt Kap Bojador.
1446	Diniz Fernandez entdeckt das Kap Verde.
1447	Kapitän Alvaro Fernandez erreicht Sierra Leone.
1456	Der Venezianer Alvise Cadamosto umfährt das Kap Verde und gelangt bis an die Mündungen des Senegals und Gambias.
1471	Portugiesische Seefahrer erreichen die Goldküste und befahren den Golf von Guinea.
1472	Entdeckung der Inseln São Thomé und Principe. Der Portugiese Sequeira besucht Benin.
1482–83	Diego Câo erreicht Kap Santa Maria. Portugal gründet an der Goldküste die Festung Elmina.
1485	2. Reise Diego Câos. In seiner Begleitung der deutsche Kosmograph Martin Behaim. Entdeckung der Kongomündung. Vorstoß bis zum Kap Cross.
1486	Portugiesen gelangen über Adrar an der Westküste nach Timbuktu. Bartholomeu Diaz entdeckt und umsegelt das Kap der Guten Hoffnung.

1489	Der König von Kongo, Nzinga Nkuwu, schickt eine Gesandtschaft nach Lissabon und knüpft mit Portugal freundschaftliche Beziehungen an.
1491	König Nzinga Nkuwu von Kongo bekehrt sich zum Christentum.
1493	Der Seefahrer Pero da Covilhâo gelangt von Ägypten aus auf dem Roten Meer nach Abessinien, umfährt Kap Guardafui und segelt die Ostküste hinunter bis nach Sofala.
1493–1528	Blütezeit des westsudanesischen Reiches Songhai, zugleich Regierungszeit des Songhai-Herrschers Askia d. Gr.
1497–98	Vasco da Gama umschifft das Kap der Guten Hoffnung, befährt die ostafrikanische Sofala- und Sansibarküste, segelt am 24. 4. 1498 von Melinde nach Kalikut in Vorderindien und kehrt im Januar 1499 nach Ostafrika zurück. Erste Seefahrt nach Indien.
15. Jh., frühes	Fulbe-Einwanderung in die Mali-Provinz Massina am Nigerbogen. Selbstregierung unter der Oberherrschaft der südwestlich benachbarten Segu.
15. Jh.	Gründung der Hova-Herrschaft auf Madagaskar.
um 1500	Christianisierung des Kongo-Reiches durch portugiesische Missionare. Entstehung des zentralsudanesischen Reiches Bagirmi am Unterlauf des Schari. Das im östlichen Sudan gelegene Reich Wadai bekennt sich zum Islam.
1500–30	Die Portugiesen in Südrhodesien (Monomotapa) und am mittleren Sambesi.

1500– etwa 1550	Blütezeit des Reiches Kongo unter Affonso I., († 1541), dem Nachfolger Johanns I. (= christlicher Name Nzinga Nkuwus).
1503	Die Portugiesen in Sansibar.
1506	Entdeckung Madagaskars durch Joâo Gomez d'Abreu und Fernâo Soarez.
	Der Deutsche B. Sprenger landet in der Mosselbai und zieht ins Land der Hottentotten.
um 1510	Der aus Granada stammende maurische Prinz Leo Africanus (sein richtiger Name lautet Al Hasan Ibn Mohammed-al Wasan) bereist den westlichen Sudan, besucht Timbuktu und Bornu.
1510–40	Erweiterung des songhaischen Machtbereichs vom unteren Senegal bis an die Ostgrenzen von Bornu. Timbuktu entwikkelt sich zu einer Hochburg islamischer Gelehrsamkeit.
	Entstehung des Lubareiches am südlichen und südöstlichen Kongo. Staatengründungen der Luba: Lunda und Buschongo (Kuba).
1513–14	Portugiesen gründen am Unterlauf des Sambesi die Stationen Sena und Tete.
1517	Türkische Truppen erobern Ägypten.
1520	Der portugiesische Missionar F. Alvarez in Massaua.
1529	Diego Ribera veröffentlicht die erste annähernd naturgetreue Umrißkarte von Afrika, gezeichnet nach den Küstenvermessungen Diego Câos, Martin Behaims, Bartholomeu Diaz', Pero da Covilhâos, Vasco da Gamas u. a.
1535	Nuñez Barreto und Homem erkunden den unteren Sambesi.

1541	Die Portugiesen erreichen vom Süden her den Nordzipfel des Roten Meeres bei Suez. Eine mehrere hundert Mann starke portugiesische Expedition zieht unter Christoforo da Gama nach Abessinien.
1569	Barreto dringt am Sambesi über Sena hinaus vor.
1573	Barreto und Homem erforschen das südostafrikanische Land Monomotapa.
1586–97	João dos Santos am Sambesi und in den südostafrikanischen Goldländern.
1589–1607	Der Engländer A. Battel in Niederguinea; lernt das Schagga-Volk kennen, dringt bis zum Kuango vor und berichtet als erster Europäer über afrikanische Pygmäen (Matimba).
1591	Feldzug des marokkanischen Heerführers Djuder durch die Westsahara nach Timbuktu. Untergang des Reiches Songhai.
1593	Erste portugiesische Niederlassung in Mombasa (Fort Jesus).
16. Jh.	Vermutliche Entstehungszeit des Reiches Lunda zwischen den Flüssen Kuango und Lubilasch; der Überlieferung nach gegründet von Ilunga Kibinda. Weiterer Zerfall des Mali-Reiches. Zweite Blütezeit Bornus. Vertreibung der Bulala (siehe 1390–1400) aus Kanem. Bagirmi im Südosten des Tschadsees wird tributpflichtiger Vasallenstaat Bornus. Im ostafrikanischen Seengebiet entstehen die Hirten- und Bauernstaaten der nilotischen und osthamitischen Hima (= Himastaaten). Gründung des Königreiches Buganda.

1600–20	Blütezeit des Reiches Buschongo oder Kuba zwischen dem Kassai und dem unteren Sankuru unter König Schamba Bolongongo.
1610–20	Der Baseler Arzt Samuel Braun besucht auf drei westafrikanischen Reisen Ober- und Niederguinea.
1613	Der Jesuit Pedro Paëz entdeckt den Tanasee, einen Quellsee des Blauen Nils.
1619–20	Die Engländer Jobson und Thomson dringen auf dem Gambia und Rio Grande weit ins Innere vor.
1626	Die Franzosen gründen St. Louis du Sénegal.
1628	Der deutsche evangelische Missionar P. Heyling zieht nach Äthiopien.
1638–40	Der deutsche Indienfahrer Johann Albrecht von Mandelso besucht Madagaskar.
1642	Die Franzosen erobern Madagaskar.
1650	Gründung des Militärstaates Dahome durch Wegbadja.
1650–1700	Zerfall des Reiches Kongo.
1652	Jan van Riebeeck gründet Kapstadt.
1670	In Amsterdam erscheint Olfert Dappers »Umbständliche und eigentümliche Beschreibung von Afrika und denen dazu gehörigen Königreichen«. Der Franzose Paul Imbert erreicht von Marokko aus Timbuktu.
1681	In Frankfurt a. M. erscheint Hiob Leutolfs »Historia Aethiopica«.

1682	Der brandenburgische Admiral v. d. Gröben gründet an der Goldküste die Faktorei Großfriedrichsburg.
1682–83	Olofberg und Schrijver dringen im Kapland nordwärts bis nach Klein-Namaland vor.
1685–86	Simon van der Stel gelangt von Kapstadt nach Klein-Namaland und entdeckt die Kupferlagerstätten von Ookiep.
1695	Gründung des Aschantireiches westlich des unteren Volta durch König Osai. Hauptstadt: Kumasi.
1697	Gründung französischer Niederlassungen am Senegal.
17. Jh.	Nach vierhundertjährigem Bestehen erlischt das westsudanesische Reich Mali im Kampf mit den Bambara.
um 1700	Gründung eines Fulbe-Staates im westsudanesischen Bergland Futa Dschalon.
1701–02	Der deutsche Missionar Theodor Krump dringt über Sennar nach Abessinien vor.
1705	J. Stereberg Kupt bereist das Kapland und erreicht den oberen Olifant.
1705–13	Der bayerische Naturwissenschaftler Peter Kolb besucht und beschreibt die Hottentotten des Kaplandes.
1719–32	Der Engländer William Snelgrave unternimmt mehrere Reisen nach Sierra Leone und Dahome.
1722	Delisles Carte de l'Afrique erscheint.
1730–32	Levens Pelays und Legrand bereisen Senegambien.
1731	Harrison entdeckt die Quellen des Gambia.

90 Mungo Park vor dem König von Fattikonda am Senegal

1732–33	Die Deutschen Johann Ernst Hebenstreit und Christian Gottlieb Ludwig ziehen im Auftrage Kurfürst August des Starken durch Algerien und Tunesien.
1737	Der dänische Schiffskapitän Friedrich L. Norden bereist Ägypten und gelangt bis an die Nilkatarakte.
1749	Der französische Kartograph Bourguignon d'Anville veröffentlicht die erste kritische Afrikakarte.
1757	Der deutsche Missionar Moritz Thomann durchwandert Monomotapa.
1760–68	G. Höst bereist Marokko.
1761	Carsten Niebuhr gelangt in Ägypten nilaufwärts bis zu den Katarakten.
1761–67	H. Hop und F. Bank im Kapland.
1769–72	Der Schotte James Bruce als Topograph in Nubien und Abessinien; besucht Axum, Gondar und den Tanasee.
1772	R. Norris in Dahome.
1772–76	Die Schweden A. Sparrmann und K. P. v. Thunberg bereisen die Siedlungsräume der Hottentotten.
1774–85	Mayeur bereist den Norden von Madagaskar.
1775	Österreich erwirbt Besitzungen in der Delagoabai.
1777	L. de Grandpré bereist Angola.
1777–79	William Patterson erkundet den unteren Lauf des Oranjeflusses und bereist Kaffraria, die Siedlungsräume der Hottentotten, und Teile des Buschmannlandes.

1780–85	François Levaillant durchwandert die Südspitze Afrikas und dringt bis in die Kaffernländer vor.
1781–97	Fr. Damberger durchquert als erster Europäer die mittlere Sahara.
1784	Der Franzose La Jaille am Senegal und am Gambia.
1785	De Brisson wandert vom Senegal nordwärts durch die westliche Sahara bis nach Marokko. J. L. M. Poiret bereist die Berberstaaten.
1786	Lamiral durchwandert Senegambien. Landolphe und Pallisot de Beauvais in Benin.
1787	Geburtsjahr Tschackas (ermordet 1828); Zulu-Heerführer und Gründer des südostafrikanischen Zulureiches.
1788	Joseph Banks, der wissenschaftliche Begleiter des britischen Seefahrers und Weltreisenden James Cook, gründet in London zusammen mit anderen an der Erforschung Afrikas interessierten Persönlichkeiten die »British Association for promoting the discovery of the interior parts of Africa«, die »Britische Afrika-Gesellschaft«.
1791	Frau A. M. Falconbridge bereist Sierra Leone.
1791–92	Ed. Willem van Reenen zieht von Kapstadt ins Hinterland der Walfischbai und gibt erste Nachrichten über die Herero und Bergdama.
1792	Ph. Baver in Senegambien und auf den Bissagos-Inseln.

1793–96	W. G. Browne zieht von Unterägypten südostwärts durch die Libysche Wüste nach Darfur.
1795	Da Silva Texeira im Quellgebiet des Kassai und Kuango. Gründung der britischen Kap-Kolonie.
1795–97	Der schottische Arzt Mungo Park zieht als Forschungsbeauftragter der Britischen Afrika-Gesellschaft den oberguineischen Gambia hinauf ins Landesinnere und gelangt über den Senegal bis nach Segu-Sikoro am oberen Niger.
1796	Pereira zieht vom unteren Sambesi über den Meru- und Bangweolosee ins Lunda-Reich.
1796–98	John Barrow dringt im Kapland bis zum Oranjefluß vor.
1798–1801	Friedrich Konrad Hornemann zieht von Kairo über Siwa und Audschila nach Mursuk, der Hauptstadt von Fezzan, und gelangt auf einer zweiten Reise als erster Europäer von Tripolis aus nach Sokoto an den mittleren Niger.
1803–06	Heinrich Karl Lichtenstein zieht durch die südafrikanische Karru und das Betschuanenland; erkennt als erster die ethnische Zusammengehörigkeit der südafrikanischen Bantus.
1803	J. Mac Leod in Dahome.
1803–05	Ali Bei el Abassi als Forschungsreisender in Marokko.
1804–17	Osman dan Fodio, ein islamischer Fulbeführer aus dem mittleren Sudan, erobert die Haussastaaten Gobir, Katsina, Zaria, Kano, Nupe und den Norden von Joruba,

91, 92 St. Louis, Senegal, Ausgangsort zahlreicher Forschungsexpeditionen in den westlichen Sudan, um 1830

	gründet Ful-Emirate und bildet ein Fulbe-Großreich, das nach seinem Tode 1817 in einen Ost- (Sokoto) und einen Westteil (Gando) zerfällt.
1805–06	Mungo Park zieht erneut von Senegambien aus an den Niger, versucht den Strom von Sansanding aus flußabwärts mit Booten zu befahren und ertrinkt 1806 wahrscheinlich in den Stromschnellen von Bussa.
1810–44	Der Fulbe-Fürst Seku Hamadu befreit sein Emirat Massina am westlichen Nigerbogen von der Oberherrschaft der benachbarten Segu, gewinnt staatliche Selbständigkeit und erweitert den Hoheitsbereich Massinas nach Westen und Süden.
1812	John Campbell nimmt den Lauf des Oranje auf und entdeckt die Quellen des Limpopo.
1812–13	Ricket besucht Sierra Leone und Aschanti.
1814	Johann Ludwig Burckhardt als erster Europäer in Nubien. Kartographische Aufnahme der Kassala zwischen Shendi und Suakin.
1816	Tuckey macht erste Versuche, die Mündungsstrecke des 1486 entdeckten Kongos zu erkunden.
1817	Der Engländer James geht als britischer Gesandter an den Hof des Aschanti-Königs.
1817–18	T. E. Bodwich als Missionar bei den Aschanti.
1818	Mollien entdeckt die Quellen des Senegal, Gambia und Rio Grande.

1818–20	Hutton und Dupui bereisen Aschanti.
um 1820	Umsiligasi (Umsilikatse), ein Heerführer des Zuluherrschers Tschacka, zieht mit etwa 10 000 Ndebele-Kriegern in die Gebiete zwischen Sambesi und Limpopo und gründet das Matabelereich (Südrhodesien/Simbabwe).
1821–22	Cailliaud und Letorzec gelangen in Ägypten bis an den Nordrand des äthiopischen Hochlandes.
1821–25	Chr. G. Ehrenberg und W. F. Hemprich ziehen nilaufwärts bis zum Nahr Atbara und erforschen das Küstengebirge Süderitreas.
1822	Befreite Negersklaven aus Nordamerika lassen sich an der Küste Liberias nieder und gründen Kolonien. Dr. Ayres bereist die britischen Kolonien Westafrikas. Hauptmann W. Sabine nimmt die Küsten von Ascension auf.
1822–25	Oudney, Denham und Clapperton durchqueren im Auftrage der Londoner Afrikagesellschaft von Tripolis aus südwärts die Sahara, gelangen nach Bornu am Tschadsee, entdecken den Schari und dringen (Denham und Clapperton) westwärts bis nach Sokoto und zum Niger vor.
1823	John Adam bereist Dahome. Clapperton erreicht den Tschadsee.
1824	E. Rüppell als erster Europäer in Kordofan.
1825–26	A. Gordon Laing dringt von Tripolis über Ghadames und Tuat bis nach Timbuktu vor.

1825–27	Clapperton reist von der Mündung des Niger flußaufwärts nach Sokoto; erliegt dort 1827 dem Fieber. Drei Jahre später, 1830, führt sein Diener Richard Lander die Nigererkundung fort.
1827	Linant de Bellefonds dringt am Weißen Nil stromaufwärts bis 13,5° nördlicher Breite vor.
1827–28	René Caillié zieht von Sierra Leone über das obere Nigergebiet nach Timbuktu (Ankunft: 28. 4. 1828) und von dort nordwestwärts durch die Wüste nach Tanger. Erste Durchquerung der westlichen Sahara.
1830	Richard Lander und sein Bruder John dringen von Joruba aus zum Niger vor und befahren den Strom flußabwärts bis zur Mündung. Araber gründen die ostafrikanische Handelsstadt Tabora.
1832	Eduard Rüppell als Topograph und Sammler in Abessinien; zieht von Massaua nach Gondar, zum Tanasee und dessen Abfluß Abbai, dem oberen Blauen Nil. Laird Allen und Oldfield reisen über Dahome nach dem Niger.
1834	Nach Inbesitznahme des südafrikanischen Kaplandes gründen die Engländer die »Kapgesellschaft zur Erforschung Zentralafrikas«, deren Erkundungsunternehmen wesentlich zur Erweiterung der geographischen Kenntnisse der Oranjelandschaften und Südwestafrikas beitrugen.
1835–36	Combes und Tamisier dringen in Abessinien vom Tanasee bis nach Schoa vor.

1835–39	Burentrecks. 1838: Auseinandersetzungen der Buren mit den Zulus in Natal. 16. 12. 1838 Schlacht am Blutfluß: Buren und Engländer besiegen des Heer des Zulukönigs Dingan, des Halbbruders und Mörders König Tschackas.
1836–37	James Eduard Alexander durchwandert nach Überschreiten des unteren Oranje das Namaland bis zur Walfischbai.
1836–38	Th. Kotschy und J. Russegger als Geologen und Prospektoren in Kordofan.
1837	J. L. Krapf als Missionar in Äthiopien.
1837–48	Die Brüder Antoine und Arnould d'Abbadie als Topographen in Abessinien; gelangen bis in die Südprovinzen Enarea und Kaffa; führen über 900 astronomische Ortsbestimmungen durch.
1838–43	Freeman und Chapman in Dahome und Aschanti.
1839–43	Lefèbvre, Petit und Quartin-Dillon bereisen den Norden Abessiniens.
1839 u. 1842–44	Der Franzose Rochet d'Hericourt in Abessinien (Schoa, Adel, Harrar).
1840	Sansibar wird unter Seyyid Said Sultanatsresidenz.
1840–42	Ferret und Galinier in Amhara (Abessinien).
1840–43	Der Missionar Charles T. Beke als Topograph in den abessinischen Provinzen Schoa und Godscham; nimmt den Lauf des Abbai, des Quellflusses des Blauen Nils auf.
1840–44	Bory de Saint-Vincent leitet die wissenschaftliche Erkundung des algerischen Hinterlandes.

1841	d'Arnaud und Werne gelangen am Weißen Nil stromaufwärts bis über Juba hinaus.
1841–53	Der deutsch-baltische Missionar Hugo Hahn durchwandert auf zahlreichen Reisen Südwestafrika.
1843	Bouët-Willaumez beschifft den Bassam-Fluß.
1843–46	Graça dringt im Kongobecken zum Lunda-Reich des Muata Jamvo vor.
1845–46	John Duncan bereist Dahome, Borgu und Gurma.
1846	Denham in Dahome. Die Missionare Krapf und Rebmann im Hinterland der Ostküste (Neu Rabbai).
1846–48	Kapitän Guillain erkundet die Somaliküste.
1847	Gründungsjahr der Republik Liberia.
1848	Kapitän Winniett und Powel beim König von Aschanti. Die deutschen Missionare Johann Ludwig Krapf und Johannes Rebmann entdecken den Kilimandscharo (1. 5.).
1848–51	Brun Rollet bereist die Landschaften des Weißen Nils.
1849	Livingstone durchwandert die östliche Kalahari und entdeckt den Ngamisee, den Okawango-Kubango und den oberen Sambesi. Krapf erblickt als erster Europäer den Kenia.
1850–51	Ladislaus Magyar besucht das Lunda-Reich Muata Jamvos. Heinrich Barth und A. Overweg reisen im Gefolge J. Richardsons von Tripolis über Mursuk und Air nach Kuka am Tschadsee.

1851	Der Italiener G. Sapeto bereist Nordabessinien. Livingstone beginnt mit der Erforschung des Sambesi. Overweg am Tschadsee. H. Barth entdeckt in Adamaua den Oberlauf des Benue, kehrt über Yola nach Kuka zurück und besucht mit Overweg das Land Kanem im Nordosten des Tschadsees.
1851–53	Hugo Hahn bereist Südafrika.
1852	J. H. van Boudyck Bastiaanse besucht Fernando Póo und St. Helena. L. Panet zieht von St. Louis über Adrar und Mogador durch die westliche Sahara. H. Barth in Mussgu und Bagirmi im Süden des Tschadsees. Th. von Heuglin gelangt über Khartum nach Gondar.
1852–54	Der portugiesische Händler Silva Porto reist von Benguela aus ostwärts über die Wasserscheide von Kongo und Sambesi nach dem Indischen Ozean. Erste West-Ost-Durchquerung (allerdings ohne geographische Ergebnisse).
1852–56	Livingstone zieht quer durch Südafrika zum oberen Sambesi, gelangt über das Sambesi-Quellgebiet und den Kassai nach Luanda und kehrt über die von ihm entdeckten Viktoriafälle und den unteren Sambesi an den Indischen Ozean zurück. Erste wissenschaftlich bedeutsame West-Ost-Durchquerung.
1853	Der Amerikaner Lynch bereist Liberia. Hornberger und Brutschin bereisen die Sklaven- und Goldküste. Hecquard erforscht Futa Dschalon.

93 Serpa Pinto, zog 1877–1879 von Benguela über das Hochland von Bihé und den Sambesi zur Ostküste

H. Barth zieht vom Tschadsee westwärts über Sokoto und Gando zum Niger, durchquert den Nigerbogen und erreicht am 7. 9. 1853 Timbuktu.

Th. von Heuglin in Kordofan.

1853–54 Ed. Vogel zieht von Tripolis südwärts durch die Sahara nach Kuka, nimmt an einem Kriegszug des Sultanats Bornu nach Mussgu im Süden des Tschadsees teil, besucht verschiedene Landschaften Adamauas und trifft am 1. 12. 1854 zwischen Kuka und Kano den von Timbuktu an den Tschadsee zurückkehrenden H. Barth.

K. J. Andersson dringt in die Kalahari und bis zum Ngamisee vor.

1854 Hamilton und Didier ziehen von Suakin nach Kassala im Ostsudan.

Nach achtmonatigem Aufenthalt in Timbuktu tritt H. Barth am 8. 4. den Rückweg nach Kuka an und trifft (siehe oben 1853–54) am 1. 12. zwischen Kano und Kuka mit dem Astronomen Eduard Vogel zusammen.

W. B. Baikie befährt den Benue mit einem Dampfboot bis fast nach Yola in Adamaua.

Gründung des Oranjefreistaates.

1854–56 Livingstone zieht von St. Paul de Loanda ostwärts durch Afrika nach Quelimane.

1854–61 Werner Munzinger bereist und erforscht die nordabessinischen Länder der Bogos.

1855 Townsend bereist Joruba.

1856 Du Chaillu beginnt mit der Untersuchung der Gabun- und Ogowemündung.

Eduard Vogel in dem im Osten des

	Tschadsees gelegenen Sultanat Wadai; dort in Wara am 8. 2. 1856 ermordet.
1857	Cuny dringt nach Darfur vor. Adolf Bastian im Königreich Kongo.
1858	Kapitän J. Glover zieht vom Voltafluß nach Kumasi (Aschanti). B. Anderson bereist Sierra Leone. Speke und Burton am Ostufer des Tanganjikasees. Speke entdeckt am 3. 8. den Viktoriasee (Ukerewe).
1858–59	K. J. Andersson durchwandert das Damaraland bis zum nördlichen Grenzfluß Okawango.
1858–64	Livingstone befährt den Sambesi flußaufwärts bis zu den Quebrabasafällen, erkundet den Schirefluß, entdeckt den Schirwa- (18. 4. 1859) und den Nyassasee (16. 9. 1859), zieht an den mittleren Sambesi zurück und befährt diesen erneut flußabwärts bis zum Rovuma.
1859	Duveyrier erforscht die algerische Sahara und das Land der Tuareg.
1859–60	Adalbert von Barnim, ein Sohn des Prinzen Adalbert von Preußen, und Robert Hartmann reisen durch Nordostafrika.
1859–62	Burton und Mann erforschen Teile des Kamerungebirges.
1860	K. H. Hahn gelangt vom Süden her an den Kunene. Giovanni Miani dringt nilaufwärts bis 2°, 30' nördlicher Breite vor. Speke erreicht die südlichste Nilquelle.
1860–61	Moritz von Beurmann zieht nilaufwärts über Khartum nach Äthiopien.

94 *Samuel White Baker, Miterforscher des Weißen Nils (aufwärts bis Gondokoro); entdeckte 1864 den Albertsee und die Einmündung des Viktorianils*

1860–62	Samuel White Baker am Atbara.
1860–64	Livingstone erforscht den Rovumafluß und das Gebiet im Süden und Westen des Nyassasees.
1861	K. von der Decken am Oberlauf des Pangani. Gelangt bei dem Versuch, den Kilimandscharo zu besteigen, bis auf 2500 m Höhe. Griffon de Bellay und Serval im Ogowegebiet.
1861–62	v. Heuglin zieht von Massaua über Gondar nach Khartum. Richard Burton und Gustav Mann besteigen den Hauptgipfel des Kamerungebirges.
1861–63	Samuel White Baker am Nahr Atbara im östlichen Sudan, folgt von Khartum aus dem Weißen Nil flußaufwärts bis Gondokoro und trifft dort mit den vom Viktoriasee kommenden Speke und Grant zusammen. Der Weiße Nil nunmehr bis zum Viktoriasee erforscht.
1862	Gerhard Rohlfs als erster Europäer in der Oase Tafilalt am Hohen Atlas. Herzog Ernst I. von Coburg-Gotha und Alfred Brehm ziehen durch die Bogos- und Mensa-Länder Abessiniens. Bedington und Dolbin reisen von Lagos nach Ode.
1862–63	Speke und Grant besuchen König Mtesa von Uganda, umwandern den Viktoriasee, entdecken dessen nördlichen Abfluß (den Somerset-Nil), folgen diesem abwärts bis Gondokoro und treffen dort den nilaufwärts kommenden Samuel White Baker.

Christian Hornberger dringt von der Togoküste landeinwärts bis nach Atak-Pame vor.

H. Dufton bereist Abessinien (Sennar, Metammeh, Debra, Tabor) und besucht König Theodorus.

1862–64 v. Heuglin im Gefolge Alexine Tinnés am Weißen Nil, durchwandert 1863–64 Nordabessinien, zieht 1864 über Gondar nach Massaua.

1863 Moritz v. Beurmann zieht auf der Suche nach dem in Europa als verschollen geltenden Ed. Vogel von Kuka in die nordöstlichen Tschadseeländer und wird in Kanem ermordet.

1863–64 Gerhard Rohlfs in den Tuat-Oasen; zieht über Ghadames nach Tripolis.

1863–66 Mage und Quintin erforschen das Nigergebiet von Sansanding bis Segu.

Gustav Theodor Fritsch durchwandert den Oranjestaat, Natal und Betschuanaland.

1864 Samuel White Baker entdeckt den Albertsee und die Einmündung des Viktorianils.

Du Chaillu dringt in Gabun bis in die Wohngebiete der Aschango vor und entdeckt die Obongo-Pygmäen.

1864–65 Graf Krockow von Wickenrodes Zug von Suakin am Roten Meer nach den Nilländern.

G. Schweinfurth bereist die Küstenlandschaften des östlichen Sudans, die Gebirge der Abadbe und Bischarin und gelangt an den Atbara.

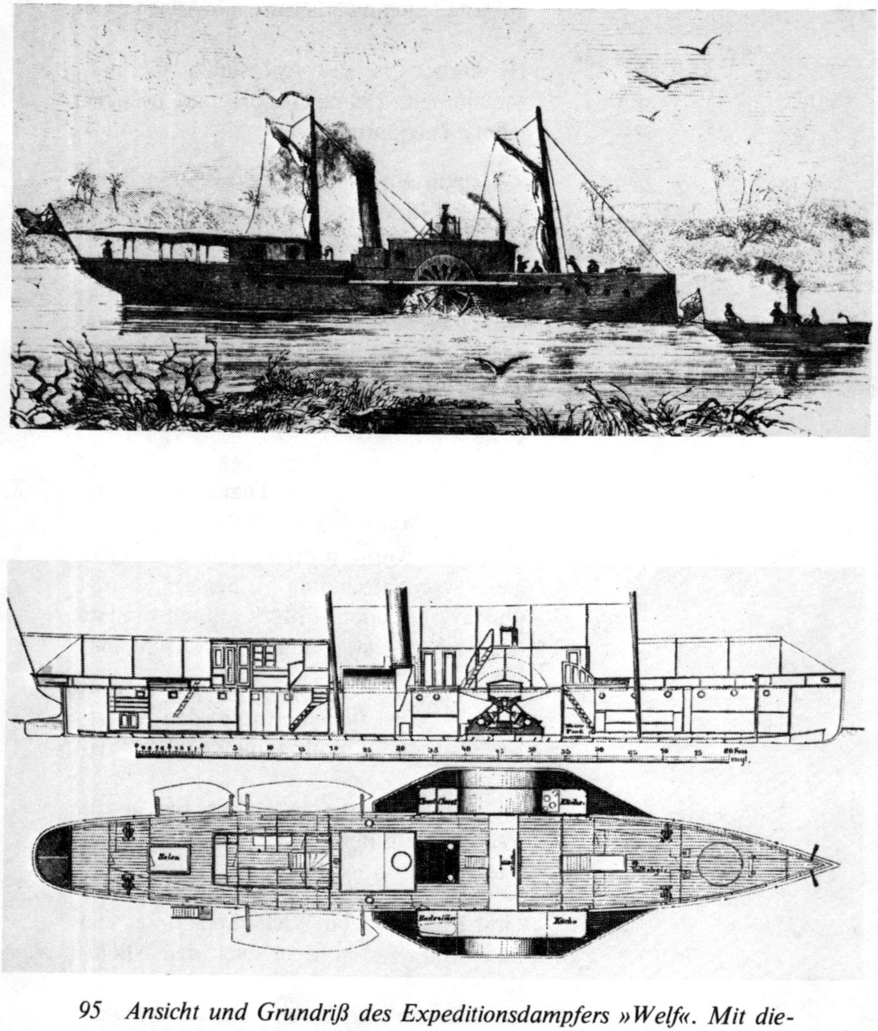

95 Ansicht und Grundriß des Expeditionsdampfers »Welf«. Mit diesem Dampfboot erkundete K. von der Decken 1865 den Djuba (Somaliland). v. d. Decken und sein Begleiter Linck wurden bei Bardera ermordet.

1864–66	Fritsch zieht durch den Oranjefreistaat und Betschuanaland.
1864–80	Anderson erkundet das östliche Betschuanaland und Gebietsteile der Kalahari.
1865	K. von der Decken fährt mit einem Dampfboot den Djuba (Somaliland) aufwärts und wird bei Bardera ermordet.
1865–67	Rohlfs zieht von Tripolis über Bornu und das Bergland von Bautschi zum Benue, befährt diesen bis zur Einmündung in den Niger, folgt dem Niger flußabwärts bis Rabba und zieht südwestwärts über Ilorin und Ibadan nach Lagos. Erste Durchquerung Nordafrikas vom Mittelmeer zum Golf von Guinea.
1865–70	Alfred Grandidier bereist Madagaskar.
1865–72	Karl Mauch durchwandert Transvaal und die Grenzgebiete zwischen Limpopo und Sambesi, findet die Tati-Goldfelder in Südrhodesien und 1871 die Ruinen von Simbabwe im Matabeleland.
1866–68	Hornberger in Aschanti.
	Bonnat und Girard im Gebiet der Nigermündung.
1866–72	Livingstone am Nyassa-, Tanganjika- und Mwerusee, entdeckt 1868 den Bangweolosee und 1871 den Lualaba, trifft am 28. 10. 1871 in Udschidschi am Tanganjikasee mit Stanley zusammen.
1867–68	Britisch-abessinischer Feldzug. Gerhard Rohlfs und andere Gelehrte begleiten General Lord Napier auf dessen Zug nach Magdala.
1868	Anderson zieht von Monrovia nach Musardu, der Hauptstadt der westlichen Mandingo.

1868–70	Winwood Reade zieht über Sierra Leone nach dem Quellgebiet des Niger, gelangt bis Farabana und besucht 1870 Aschanti.
1868–75	Erskine entdeckt die Mündung und erkundet den Unterlauf des Limpopo.
1869	Gustav Nachtigal zieht von Tripolis nach Mursuk und erkundet das Gebirgsland Tibesti.
1869–70	Karl Eduard Mohr zieht von Natal aus über den Limpopo nach den Viktoriafällen des Sambesi.
1869–71	Georg Schweinfurth im Bahr el Ghasal-Gebiet; besucht die Dinka, Niam Niam, Azande, Mangbettu und Akka-Pygmäen; überschreitet als erster Europäer die Wasserscheide zwischen Nil, Schari und Kongo; entdeckt am 19. 3. 1870 den Uelle.
1870	Nachtigal zieht von Mursuk nach Bornu.
1871	Mauch entdeckt die Ruinen von Simbabwe. Nachtigal in Kanem und Bornu. Erste Diamantenfunde in Kimberley. H. M. Stanley zieht von Sansibar nach Udschidschi, trifft dort Livingstone und befährt mit diesem die Nordhälfte des Tanganjikasees. Kapitän Milles erforscht die Gegend um Kap Guardafui.
1871–72	Giovanni Miani gelangt bis in die Siedlungsgebiete der Mabuttu (Mongbuttu, Mangbettu).
1871–75	Carlo Piaggia bereist Abessinien (Tigré und Godscham) und hält sich länger als ein Jahr am Tanasee auf.

96 Bardera am Djuba (Somaliland), wo K. von der Decken und sein Begleiter Dr. Linck 1865 den Tod fanden.

1872	Nachtigal zieht den Schari aufwärts nach Bagirmi. Kapitän Croft nimmt den Volta auf.
1872–73	Reade erforscht das südnigerianische Reich Aschanti. Reichenow, Buchholz und Lühder im Kamerungebirge.
1872–87	Emil Holub durchwandert das Betschuanenland bis über den Sambesi hinaus.
1872–92	Der Engländer F. C. Selous erkundet als Jäger die Landschaften des südostafrikanischen Matabele- und Maschonalandes.
1873	Gründungsjahr der »Deutschen Gesellschaft zur Erforschung Äquatorialafrikas«. Seit dem 19. 4. 1878 »Afrikanische Gesellschaft in Deutschland«. Entsandte und finanzierte die Forschungsexpeditionen Rohlfs', Pogges und v. Wissmanns, Flegels, Güßfeldts, Lenz', Buchners, Kunds und Tappenbecks, Kaisers, Böhms, Reichards u. a. Nachtigal in Wadai und Dar Runga. Livingstone stirbt in Tschitambo am Bangweolosee (am 1. 5. 1873).
1873–74	A. Raffray bereist Abessinien, besucht die Adoa-Länder, den Tanasee, Gondar und Axum.
1873–1875	Erste Ost-West-Durchquerung Äquatorialafrikas durch Verney Lovett Cameron von Bagamojo über den Tanganjikasee und Nyangwe nach Benguela. Cameron findet Livingstone, den er hatte suchen wollen, als Toten in Unjanjembe (4. 8. 1873), entdeckt 1874 den Lukuga als Ausfluß des Tanganjikasees.

1873–76	Die von der Berliner Deutschen Gesellschaft zur Erforschung Äquatorialafrikas entsandte Deutsche Loango-Expedition unter Güßfeldt durchforscht die Loangoküste. Teilnehmer: Paul Güßfeldt, Ed. Pechuel-Loesche, J. Falkenstein, A. v. Danckelmann, Adolf Bastian, Oskar Lenz und Paul Pogge.
1874	Die Goldküste wird britische Kronkolonie. Graf von Zichy bereist die Länder der Danakil. Charles Chaillé-Long entdeckt den Kiogasee und erkundet die Nilstrecke zwischen Viktoria- und Albertsee. Von Wadai kommend, durchquert Nachtigal auf dem Wege zum Nil Darfur und Kordofan.
1874–77	Stanley zieht von Sansibar zum Viktoriasee, bereist Uganda, entdeckt den in den Viktoriasee mündenden Kagera und den Albert-Eduard-See, marschiert zum Tanganjikasee, befährt diesen in 57 Tagen und zieht weiter durch den zentralafrikanischen Urwald zum Lualaba.
1875	Pogge gewinnt sichere Nachrichten über das Lundareich.
1875–76	Schweinfurth und Güßfeldt in den Ländern zwischen Nil und Rotem Meer. Emil Holub im Betschuanenland. Bonnat im Hinterland der Goldküste; erkundet die Landschaften am Volta.
1875–87	P. Savorgnan de Brazza erforscht die Gebiete nördlich des unteren Kongo.
1876	Romolo Gessi entdeckt den aus dem Albertsee abfließenden Albertnil.

Skertschley überschreitet das Kong-Gebirge.

Konstituierung der »Commission internationale d'exploration et de civilisation de l'Afrique« in Brüssel. Programmpunkte: Wissenschaftliche Forschung, Verbesserung der Handelsbeziehungen mit Afrika, Bekämpfung des Sklavenhandels.

1876–77 Stanley befährt den Lualaba von Nyangwe bis Bomo (5. 11. 1876–8. 8. 1877) und erkennt als erster die Identität von Lualaba und Kongo.

1876–78 Junker erkundet den Baraka-Fluß im östlichen Sudan.

1876–79 Max Buchner am oberen Kassai.

1877 Die Südafrikanische Republik wird britische Kronkolonie.

Elton und Cotterill nehmen Landschaften im Norden des Nyassasees auf.

Capello und Ivens bereisen die Flüsse Kuango, Tschikapa und Kassai.

Der in ägyptischen Diensten stehende Deutsche Eduard Schnitzer (Emin Pascha) im ägyptischen Sudan; beginnt mit der Erforschung der Gebiete westlich des oberen Nils.

1877–78 Révoil an der Nord- und Nordostküste von Somaliland.

1877–79 Serpa Pinto zieht von Benguela über das Hochland von Bihé und den Sambesi zur Ostküste.

1878 Aus der 1873 gegründeten »Deutschen Gesellschaft zur Erforschung Äquatorialafrikas« bildet sich am 28. 4. die »Afrikanische Gesellschaft in Deutschland«.

Patterson erkundet den Unterlauf des Oranjeflusses.

1878–79	Schütt erkundet den Tschikapa und dringt kassaiaufwärts bis Mai Munene vor (6° 53' südl. Breite).
1879	Rohlfs und Stecker am 1. 8. als erste Europäer in der Oase Kufra. M. Moustier und J. Zweifel entdecken den Tembi (Quellfluß des Niger) und folgen ihm bis fast zur Quelle. S. de Brazza beginnt mit der Erkundung der Ogowe-Landschaften.
1879–80	Die französische Expedition Olivier-Gaboriaud in Futa Dschalon. Oskar Lenz wandert von Tanger über den marokkanischen Atlas, durchquert die westliche Sahara, langt am 1. 7. 1880 in Timbuktu an und kehrt über Fort Medina am Senegal an die Atlantikküste zurück. Joseph Thomson als erster Europäer am Nordufer des Nyassasees; entdeckt den Rukwasee, zieht durch das Tal des Lukuga.
1879–82	Robert Eduard Flegel erkundet den Benue bis zur Quelle und besucht als erster Europäer die Sultanate Banjo und Ngaundere im Kameruner Hinterland.
1880	Matteucci durchquert den östlichen Sudan vom Tschadsee über Wadai, Darfur und Kordofan bis zum Nil. Oskar Lenz erreicht am 1. Juli Timbuktu.
1880–83	Pogge und v. Wissmann ziehen von Luanda über Malange durch weithin noch unbekannte Gebiete des südlichen Kongobeckens (Kassai-Lomami) nach Nyangwe. Von dort kehrt Pogge nach Luanda zurück.

	v. Wissmann vollendet die West-Ost-Durchquerung über den Tanganjikasee und Tabora nach Ssadani am Indischen Ozean.
1880–85	Emil Kaiser, Richard Böhm und Paul Reichard erkunden den Südwesten des Tanganjikasees. Reichard entdeckt den Upembasee und die Kupferlagerstätten Katangas.
1880–86	Wilhelm Junker bei den Niam Niam im Bahr el Ghasal-Gebiet. Entdeckt den Nepoko als Quellfluß des in den Kongo gehenden Aruwimi. Ab 1884 in der durch den Mahdistenaufstand vom Norden abgeschnittenen ägyptischen Äquatorialprovinz bei Emin Pascha.
1880–89	Quedenfeldt bereist Algerien, Marokko, Tripolis und Tunis.
1881	Guiral zieht von Franceville aus an den Stanley Pool.
1881–83	Buonfanti zieht von Tripolis über Kuka, Kano und Timbuktu nach Lagos.
1881–98	Aufstand des Mahdi im oberen Nilgebiet.
1882	Defournoux im Osten Marokkos, besucht Figig und zieht über das algerische Hochland nach Kairuan. Soleillet bereist den Südosten Abessiniens.
1882–83	Stanley entdeckt am unteren Kongo die Seen Leopold I. und Mantumba. Lonsdale im Hinterland von Togo; gelangt bis nach Salaga und Jendi.
1883	18. Januar: Das Heer der Mahdisten erobert El Obeid.

1883–84	Böhm und Reichard erforschen die Quellflüsse des Lualaba (Kongo) und die Reiche Msiris und Kassongos. Foucauld wandert über den Atlas nach Südmarokko.
1883–87	Der Tscheche Emil Holub und seine Frau ziehen zum mittleren Sambesi und durch das Land der Barotse und Maschikulumbe.
1884	28. 2.: Vertrag zwischen England und Portugal über die Kongomündung. 24. 4.: Die deutsche Reichsregierung übergibt die Schutzherrschaft über die südwestafrikanischen Besitzungen der Firma Lüderitz. 5. 7.: Togo wird deutsches Schutzgebiet. 14. 7.: Hissung der deutschen Flagge in Kamerun. 21. 11.: Vertrag zwischen C. Peters und Nguru. Deutsche Landerwerbungen in Ostafrika. J. Thomson entdeckt das Aberdare-Gebirge östlich des Kenia. Hanssens erforscht den Mongalla und Itimbiri.
1884–85	Berliner Kongo-Konferenz. Paulitschke und v. Hardegger erforschen Südostäthiopien (Harar) und das Innere des Somalilandes. Pechuel-Loesche bei den Herero in Südwest-Afrika. H. A. de Brito Capello und R. Ivens durchwandern Südangola, entdecken südlich des Kuanza- und Kuango-Quellgebietes zahlreiche nach Süden fließende Ströme, ziehen über den Sambesi und Lualaba durch Katanga zum Bangweolosee und erreichen die Ostküste bei Quelimane.

1884–86	v. Wissmann, v. François und Wolf ziehen den Kassai aufwärts zum Lulua, gründen Luluaburg und befahren als erste Europäer den Lulua und Kassai flußabwärts bis zur Mündung.
1884–89	George Grenfell erkundet den Aruwimi – Ituri und Ubangi und gründet Lusambo. Bedeutende Beiträge zur Erforschung der südlichen Kongozuflüsse.
1885	26. 1.: Die Mahdisten erobern Khartum. 27. 2.: Die Deutsch-Ostafrikanische Gesellschaft unter deutschem Reichsschutz. 27. 5.: Deutschland wird Schutzherr des ostafrikanischen Küstensultanats Witu. 5. 6.: Der untere Niger unter britischem Protektorat. 5. 7.: Portugals Flagge über Dahome. 30. 9.: Betschuanaland britische Kronkolonie. 17. 12.: Frankreich übernimmt die Schutzherrschaft über Madagaskar. Entdeckung der Goldfelder am Witwatersrand (Südafrika). Grenfell am Ubangi. Gemeinsam mit v. François Erforschung des Lulongo. Kund und Tappenbeck gelangen vom unteren Kongo über den Kuango und Kassai nach dem Lukenje.
1885–86	Wolf befährt den Sankuru bis 6° südl. Breite.
1885–87	Schinz zieht kreuz und quer durch Südwestafrika. Oskar Lenz zieht kongoaufwärts über Nyangwe und Kasongo, den Tanganjika- und Nyassasee nach der Ostküste und erreicht diese bei Quelimane.

Stabsarzt Dr. Ludwig Wolf.

97 *Miterforscher des Hinterlandes von Togo, gründete 1888 die Station Bismarckburg, durchwanderte und erkundete die sudanesischen Reiche Mossi, Sugu und Borgu.*

1885–88	Borelli erforscht den Omo-Fluß in Südäthiopien bis 7° 22' nördl. Breite.
1885–90	Schran kartographiert das Kamerunbekken und seine Zuflüsse.
1886	Junker zieht vom oberen Nil (Lado) über den Viktoriasee nach Bagamoyo an der Ostküste. 2. 8.: Deutsch-französischer Grenzvertrag über Kamerun. 29. 10.: Deutsch-britischer Vertrag über die Abgrenzung der Interessensphären beider Länder in Ostafrika. 30. 12.: Vertrag zwischen Deutschland und Portugal über die Nordgrenze Deutsch-Damaralands. van Gèle erforscht den Lupori. Baumann bereist die Insel Fernando Póo im Golf von Biafra. Grenfell stellt fest, daß zwischen den Seen Leopold II., Mantumba und dem Kongo Verbindungen bestehen.
1886–87	Holub erneut in Betschuanaland. Büttikofer bereist Liberia. v. Wissmanns dritte Expedition ins Kongobecken: über den Stanley-Pool kassaiaufwärts nach Luluaburg, von dort gemeinsam mit Le Marinel nach Nyangwe und über den Nyassasee nach der Sambesimündung. Bedeutende Beiträge zur Erforschung der südlichen Kongozuflüsse.
1887	14. 5.: Zululand unter britischer Verwaltung. Alphonse van Gèle erkennt in dem von Schweinfurth entdeckten Uellefluß den Oberlauf des Ubangi. Danach gehört der Uelle zum Kongosystem und nicht, wie

Schweinfurth noch vermutet hatte, zum System des Schari.

1887–88 Graf Teleki und v. Höhnel besteigen den Kilimandscharo (bis 5300 m Höhe) und Kenia (bis 4700 m) und entdecken den Rudolf- und Stefanisee.

Stanleys Expedition zur Befreiung Emin Paschas zieht den Kongo und Aruwimi aufwärts, durchquert in 160 Tagen den zentralafrikanischen Urwald, erreicht den Albert-See und findet Emin Pascha in Kawalli.

Kund und Tappenbeck, Weissenborn und Braun dringen in Südkamerun durch die tropischen Küstenwälder auf das Binnenhochland in die Siedlungsgebiete der Wute vor und gelangen bis an den Njong und Sanaga.

1887–89 Louis Gaston Binger zieht von Bamako nach Wagadugu in Obervolta, besucht Kong und durchquert als erster Europäer Westafrika vom oberen Niger bis zur Elfenbeinküste.

1888 11. 2.: Britischer Freundschaftsvertrag mit den Matabele.

20. 3.: Futa Dschalon französisches Protektorat.

8. 4.: Sansibar überläßt der Deutsch-Ostafrikanischen Gesellschaft die Festlandsküste südlich des Umbaflusses.

29. 4.: Stanley findet Emin Pascha am Albertsee.

van Gèle dringt ubangiaufwärts bis 23° östliche Länge vor.

Joseph Thomson überschreitet den Teluetpaß des Atlas und gelangt in das Quellgebiet der Draatributäre.

	v. François gelangt in Nord-West-Togo bis Wagadugu, der Hauptstadt des Mossireiches, und zieht mit Bugslag in das Land Borgu.
1888–89	Araberaufstand in Deutsch-Ostafrika. H. v. Wissmann schlägt Buschuri, den Führer der Aufständischen, am 8. 5. 1889 bei Bagamoyo. Wolf und Bugslag ziehen von Bismarckburg nordostwärts zum Niger und durchwandern die Länder Sugu und Borgu.
1889	6. 10.: Hans Meyer und L. Purtscheller erklettern den Gipfel des Kilimandscharo. 22. 10.: Deutsche Schutzherrschaft über die Küste zwischen Witu und Kismaju. Somaliland wird italienisches, Kong französisches Protektorat. Janssen befährt den Lubilasch bis 4° 27' südl. Breite. Kund und Tappenbecks zweite Reise ins Hinterland der Kamerunküste. Gründung der Station Jaunde. Hodister erforscht den Mongalla. Morgen zieht von der Kamerunküste über Jaunde bis nach Ngila und über den Mbam am Sanaga zur Küste zurück.
1889–90	Eugen Zintgraff zieht in Nordwestkamerun von der Küste zum Baliplateau, erreicht den Benue bei Ibi und gelangt bis nach Yola, der Hauptstadt Adamauas. Erste Durchquerung Kameruns von Süd nach Nord. Um Emin Pascha zu befreien, ziehen C. Peters, O. Borchert und v. Tiedemann den Tanafluß aufwärts nach Uganda. Carl Peters trifft den bereits von Stanley gefundenen Emin Pascha in Mpapua.

98 H. M. Stanley, als er 1871 Livingstone fand

1889–92	Kurt v. François in Südwestafrika.
1890	1. 7.: Deutsch-britischer Tausch- und Abstimmungsvertrag über die Schutzherrschaften am Tanafluß sowie über Sansibar und Uganda. 5. 8.: Englisch-französischer Grenzvertrag über die Protektorate am Niger. 26. 12.: Vertrag zwischen der Britisch-Ostafrikanischen Gesellschaft und König Mwanga von Uganda. Crampel versucht vom Ubangi zum Tschadsee vorzudringen; wird am oberen Schari ermordet. Kapitän Dundas erforscht den Flußlauf des Tana.
1890–92	P. L. Monteil zieht von Senegambien über Say am Niger zum Tschadsee und auf der Bornustraße nordwärts nach Tripolis.
1890–93	Louis Alexandre Mizon zieht von der Nigermündung nordostwärts nach Kamerun, überquert die Wasserscheide zwischen Benue und Sanga und gelangt über das Kameruner Hinterland an den Kongo.
1891	1. 1.: Deutschland erwirbt die Küste Deutsch-Ostafrikas von Sansibar für vier Millionen Reichsmark. 14. 5.: Großbritannien übernimmt die Schutzherrschaft über Nyassaland. Dermott erkundet die Insel Ukerewe im Viktoriasee. Paul Le Marinel in Katanga.
1891–92	Kurt Morgen zieht von Südkamerun über Kribi an den Sanaga und oberen Mbam, bereist die Sultanate Wute, Tibati und Banjo und gelangt über den Benue und Niger wieder an die Küste zurück.

99 P. L. Monteil, durchquerte 1890 von Senegambien aus den gesamten westlichen Sudan und gelangte vom Tschadsee über die Bornustraße nach Tripolis

1891–94	Expedition de la Kéthulles vom unteren Kongo über den Ubangi und die Wasserscheide von Kongo und Nil ins Bahr el Ghasal-Gebiet; gelangt in Dar Fertit bis nach Hofrah en Nahas.
1892	23. 10.: Emin Pascha wird in Kinena ermordet. Frankreich unterwirft Dahome. de Brazza marschiert sangaaufwärts und trifft in Comasa mit Mizon zusammen, der den Niger und Benue herauf über Yola, Ngaundere und Kunde gekommen ist. Ramsay nimmt Teile des Sangagebietes auf.
1892–93	Oskar Baumann zieht von der Ostküste durch das Land der Massai, entdeckt die Salzseen Manjara und Eiassi, dringt am Ostufer des Viktoriasees bis zum Kagera vor, erforscht dessen Lauf bis zur Quelle, betritt als erster Europäer Ruanda und kehrt über das Nordende des Tanganjikasees und Tabora an die Küste zurück. Vittorio Bòttego erforscht den Djuba (Giuba, Dschuba, Juba) in Süd-Somaliland.
1892–94	Fürst Ruspoli zieht durch die gebirgigen Wohngebiete der Gurra-Galla zwischen dem Webi Schebeli und Djuba, und über Lugh durch die Länder der Borana östlich des Rudolfsees. Emile Gautier bereist den Norden und Westen von Madagaskar.
1893	22. 2.: Nyassaland wird britische Kolonie Zentralafrika. 1. 11.: Die Italiener besiegen die Mahdisten bei Agordat.

100 Capt. Lugard, führte 1891–92 eine Expedition von der Mombasaküste nach Uganda

	15. 11.: Deutsch-britischer Grenzvertrag über Kamerun. Alexandre Delcommune in Katanga, findet den von Cameron entdeckten Kassalisee wieder. Marchand dringt von der Elfenbeinküste ins Hinterland von Liberia vor. v. Stetten zieht durch das Wuteland (Kamerun) nach Adamaua.
1893–94	Graf Götzen, v. Prittwitz und Kersting erforschen das Virunga-Gebirge, entdecken den Kiwusee, ziehen durch Ruanda und den zentralafrikanischen Urwald nach Westen und befahren den Kongo bis zur Mündung. E. v. Uechtritz und S. Passarge gehen von Garua nach Ngaundere in Adamaua (Kamerun).
1893–95	Clozel gelangt vom Sanga aus zum Logone. Der Baseler Missionar F. Autenrieth im Bakossiland (Kamerun).
1893–1907	Georg Hartmann durchwandert das südwestafrikanische Sandfeld der Kalahari, die Länder der Nama und Ovambo und das Kaokofeld.
1894	10. 1.: Die Franzosen lassen sich in Timbuktu nieder. Französisch-liberianischer Grenzvertrag.
1894–95	Deutsche Togo-Hinterlandexpedition: Gruner, v. Quernheimb und Döring dringen von Misahöhe über Jendi, Parma und Gourma nach Say am Niger vor und besuchen die Länder Gando und Borgu. Donaldson Smith in Somaliland und Süd-Äthiopien, am Webi Schebeli, Stefani- und Rudolfsee.

1894–1907	v. Stein zu Lausnitz erforscht den Südkameruner Urwald.
1895	Protektoratserklärung Großbritanniens über Uganda und Kenia. Mohun und Hinde nehmen den Kongolauf zwischen der Lukugamündung und Nyangwe auf. Miot durchquert Südafrika vom Sambesi aus.
1895–96	Foureau erforscht die tunesich-algerische Sahara. St. Hill Gibbons erkundet die hydrographischen Verhältnisse im großen Sambesibogen.
1895–97	Bòttego-Expedition von der Somaliküste (Brava) über den mittleren Djuba (Dschuba, Giuba) nach dem Abai- und Rudolfsee. Forschungen in den Landschaften südwestlich von Kaffa und Gamu-Gofa, zwischen Omo und Blauem Nil.
1895–98	Penther reist vom Kapland zum Sambesi.
1896	30. 5.: Madagaskar wird französische Kolonie. England erklärt Aschanti und (am 21. 8.) das Hinterland von Sierra Leone zu britischen Protektoraten. J. K. Trotter ermittelt die genaue Lage der Nigerquelle. Foà wandert vom Sambesi ins Kongobekken und zieht westwärts zum Atlantik. Brasseur erforscht die Quellflüsse des Kongo (Lualaba und Luapula).
1896–97	S. Passarge in Betschuanaland. H. S. H. Cavendish und H. Andrews im Vulkangebiet südlich des Rudolfsees; entdecken den Sugotasee.

1897 4. 6.: Britisch-ägyptische Truppen besetzen Kassala.

Chevigné befährt den Niger von Timbuktu bis Imentabonak.

Gibbons im Quellgebiet von Sambesi und Kongo.

v. Carnap-Quernheimb erkundet einzelne Strecken der Flußlandschaft des Sanga.

Marchand zieht über Brazzaville, den oberen Ubangi, das Bahr el Ghasal-Gebiet und Addis Abeba nach Dschibuti (1898).

Darragon bereist vom Golf von Aden aus die Siedlungsgebiete der Galla südlich des Margharitasees.

101 Livingstones Hinterlassenschaft und seine Mitarbeiter Susi und Chuma

	Graf Wickenburg im nördlichen Gallaland. Leclerc im Hochland von Futa Dschalon.
1898	7. 4.: Niederlage der Mahdisten bei Nakheila am Atbara. 2. 9.: Lord Kitchener schlägt die Mahdisten bei Omdurman. Albert B. Lloyds zieht vom Semliki westwärts durch den zentralafrikanischen Urwald zum Kongo und folgt diesem bis zur Küste. R. Kandt erforscht Ruanda. Fourneau zieht von Uesso am Sanga zum unteren Ogowe.
1898–99	Houdeille erforscht den Südosten der Elfenbeinküste.
1898–1901	Charles Le Maire erforscht Katanga und das Quellgebiet des Lualaba-Kongo. St. Hill Gibbons erforscht im Gefolge der Le Maireschen Katangaexpedition den Lufira und durchquert Afrika in südnördlicher Richtung.
1899	12. 9.: Mackinder als erster Europäer auf dem Gipfel des Kenia. 11. 10.: Beginn des Südafrikanischen Krieges. E. Gentil zieht den Kongo und Ubangi aufwärts, stößt nach Bagirmi vor und besiegt am 21. 10. den Usurpator von Bornu, Rabeh, bei Kuno am Schari. Maxse und Capper befahren den Sobat. Baillaud erkundet die Schiffbarkeit des Niger zwischen Bamako und Say. Eggers zieht von Grootfontein zum Okawango.

1899–1900	M. L. Wellby zieht von Addis Abeba durch das Tal des Omoflusses zum Rudolfsee und über den Sobat nilabwärts nach Khartum. Donaldson Smith wandert von Berbera über den oberen Webi Schebeli zum Weißen Nil. Hostains und d'Ollone erforschen den Cavalli (Liberia/Groß-Bassam).
1899–1901	Th. Fischer erforscht das Küstengebiet Marokkos und erkundet den Lauf des Tensieft und Um-er-Rbia.
1900	Lamys und Gentils Truppen vereinigen sich bei Kusseri. Es kommt zur Entscheidungsschlacht mit Rabeh. Letzterer und Lamy fallen. England erklärt Nigeria zum britischen Protektorat. Harry Johnston erkundet die Waldregion westlich des Albertsees.
1900–01	Die Expedition Herbert Henry Austins zieht den Weißen Nil hinauf, gelangt über den Sobat zum Rudolfsee und über den Baringo- und Nakurosee südostwärts an die Keniaküste.
1900–04	Charles Pierre erkundet die Landschaft zwischen oberem Nil und Ubangi.
1900–13	Hans v. Ramsay in Kamerun. Entdecker des Bamum-Reiches und dessen Hauptstadt Fumban im Nordwesten.
1901	Ch. Löffler erforscht die Tuburisümpfe und die Flußverbindung zwischen Logone und Mao Kebbi im Süden des Tschadsees.
1901–02	Pierre Prins bereist Süd-Wadai und Darfur.

Graf Wickenburg durchquert Äthiopien und Kenia über Addis Abeba, den Rudolfsee, die Loriansümpfe und den Tanafluß bis zur Mündung an der Keniaküste.

1901–03 Robert du Bourg de Bozas in den Siedlungsgebieten der Arussi-Galla am oberen Webi Schebeli und den Turkana-Ländern westlich des Albertsees.

1901–04 Destenave nimmt den Tschadsee kartographisch auf und besucht die Inseln im Ostteil des Sees.

1902 31. 5.: Ende des Südafrikanischen Krieges. Die Delegierten der Buren unterzeichnen die von Kitchener und Milner gestellten Friedensbedingungen.

1903 A. Hübner in Liberia, dringt bis zum Savannenhochland vor.

Mauretanien wird französisches Protektorat. Erscheinungsjahr der »Rerum Aethiopicarum Scriptores« von C. Beccari, enthält ausführliche Erlebnis- und Erfahrungsberichte von Portugiesen, die im 16. Jahrhundert und später in Habesch (Äthiopien) reisten und tätig waren.

1903–04 Die von Hans Glauning geleitete Yola-Tschadsee-Grenzexpedition erforscht den äußersten Norden von Kamerun.

1904 Mazeran vermißt und kartographiert den Senegal.

1904–06 Der französische Hauptmann Mangin zieht durch Borku, besetzt dessen Hauptstadt Ain Galakka und erkundet die Landschaft Ennedi.

1904–07 Alexander-Gosling-Expedition vom Nigerdelta über den Benue, Tschadsee, Schari, Komadugu, Logone, Ubangi, Uelle nach Khartum.

1905	Friedrich J. Bieber und A. v. Mylius wandern von Addis Abeba über den oberen Omo in die südostäthiopischen Länder der Kaffitscho.
1905–06	Expedition Leo Frobenius' nach dem Kassai.
1905–07	F. Seiner durchquert Südafrika über die Viktoriafälle und den Okawango.
1906	Die Expedition des Herzogs der Abruzzen auf dem ostafrikanischen Zwischenseenplateau; bezwingt den höchsten Gipfel des Ruwenzorigebirges, die Margharitaspitze (5125 m Höhe). Percival und Comyn erforschen das Flußsystem des Bahr el Ghasal.
1906–07	Der Schweizer W. Volz im Hinterland von Liberia.
1907–08	Dujour erkundet die Landschaften am mittleren Sanga und unteren Ogowe. Zentralafrikanische Forschungsexpedition Herzog Adolf Friedrichs zu Mecklenburg von Mombasa über Ruanda und das Virunga-Massiv nach dem Aruwimi und aruwimi- und kongoabwärts nach der Westküste.
1907–09	Der Geologe Louis Gentil erforscht das Atlasgebirge. Desplagnes zieht durch den Süden von Obervolta ostwärts nach Dahome und durch Dahome zur Küste.
1908	E. Gwynn durchwandert den Westen Äthiopiens (Arussi, Kaffa, Dschimma). Braithwhite Wallis in noch unbekannten Gegenden an der Nordostgrenze von Sierra Leone.

1908–10	Der österreichische Botaniker Franz Thonner erforscht den zentralafrikanischen Urwald östlich des mittleren Kongo.
1910	Modat zieht durch die noch unbekannte Landschaft Dar Fetit im Süden von Darfur.
1910–11	Herzog Fr. zu Mecklenburg zieht kongo- und ubangiaufwärts nach dem Tschadseebecken, erforscht die Quellgebiete der mittleren rechten Kongozuflüsse, geht über den Schari und Benue an den Niger und folgt diesem flußabwärts nach der Küste.
1912–14	H. W. Pearson vermißt und kartographiert den Sobat und Blauen Nil in Ost-Kordofan.
1913	Französische Truppen unter Largeau und Tilho besetzen Borku.
1919	Nach dem 1. Weltkrieg muß Deutschland im Versailler Vertrag auf alle überseeischen Gebiete verzichten. Seine afrikanischen Kolonien fallen als Mandatsgebiete an andere Mächte.

BIBLIOGRAPHIE

Entdeckungsgeschichte, allgemein

Adan, Itinéraire suivi des principaux voyageurs de l'Afrique, Brüssel, 1880.

Baker, J. N. L., A history of geographical discovery and exploration, London, o. J.

Banse, E., Unsere großen Afrikaner, Berlin, 1940.

Bernard, A. u. Lacroix, N., La pénétration Saharienne (1830–1906), Algier, 1906.

Brown, R., The Story of Africa and its explorers, 4 Bde., London, 1892–94

Fage, T. D., An atlas of african history, London, 1958.

Gautier, E. F., La conquête du Sahara, Paris, 1935.

Hahn, F., Deutschlands Anteil an der Afrikaforschung, Deutsche Erde, 5. Jg., Gotha, 1936.

Hartig, O., Ältere Entdeckungsgeschichte und Kartographie Afrikas mit Bourguignon d'Anville als Schlußpunkt, Mtlgn. k. k. Geogr. Ges. Wien, Wien, 1905.

Hassert, K., Die Erforschung Afrikas, Leipzig, 1943.

Jaeger, F., Afrika, Abschn. 1: Entdeckungs- und Erforschungsgeschichte, Leipzig, 1828.

Jones, Africa. History of exploration from Herodotus to Livingstone, New York, 1875

Köhler, A., Der deutsche Anteil an der Entdeckung und Erforschung der Erdteile: Afrika, Karlsruhe, 1929.

Krämer, W., Die Entdeckung und Erforschung der Erde, Leipzig, 1953.

Krause, K., Die Portugiesen in Abessinien; ein Beitrag zur Entdekkungsgeschichte von Afrika, Mtlgn. Verein für Erdkunde Dresden, Dresden, 1912.

Langenmaier, Th., Lexikon zur alten Geographie des südöstlichen Äquatorialafrika, Abhandlungen des Hamburgischen Kolonialinstituts, Bd. 39, Hamburg, 1918.

Ludolf, J., Historia Aethiopica, Frankfurt, 1681.

Mary, G. T., (Hrsg.) Afrika-Schrifttum. Bibliographie deutschsprachiger wissenschaftlicher Veröffentlichungen über Afrika südlich der Sahara, 2 Bde., Wiesbaden, 1966 und 1971.

Meyer, P. C., Erforschungsgeschichte und Staatenbildungen im Sudan, Geogr. Mtlgn. Ergänzungsheft 121, Gotha, 1897.

Meynier, O., La pacification du Sahara et la pénétration Saharienne (1852–1930), Algier, o. J.

Moritz, E., Die ältesten Reiseberichte über Deutsch-Südwestafrika, Mtlgn. aus den deutschen Schutzgebieten, 28, 29, 31, Berlin, 1915, 1916, 1918.

Neumann, R., Nordafrika (mit Ausschluß des Nilgebietes) nach Herodot, Leipzig, 1891.

Paulitschke, Ph., Die geographische Erforschung des afrikanischen Kontinents von den ältesten Zeiten bis auf unsere Tage, Wien, 1879.

Die Afrika-Literatur in der Zeit von 1500–1750, Wien, 1882.

Perham, M. F. u. Simmons, J., African Discovery: an Anthology of Exploration, o. O., 1957.

Plischke, H., Entdeckungsgeschichte vom Altertum bis zur Neuzeit, Leipzig, 1933.

Richards, Ch. u. Place, J., East African Explorers, London, 1960.

Roncière, Ch. de la, La découverte de l'Afrique au moyen-âge, Cartographes et explorateurs, 3 Bde., Kairo, 1925.

Schiffers, H., Wilder Erdteil Afrika. Das Abenteuer der großen Forschungsreisen, Frankfurt u. Bonn, 1962.

Stumme Front. Männer und Mächte im Banne der Sahara, Leipzig, 1936.

Storbeck, Fr., Die Berichte der arabischen Geographen des Mittelalters über Ostafrika, Mtlgn. Seminar für orientalische Sprachen. 17, 2, Berlin, 1914.

Strenger, F., Strabos Erdkunde von Libyen, Berlin, 1913.

Supan, A., Ein Jahrhundert der Afrikaforschung, Petermanns Geogr. Mtlgn., 34, Gotha, 1888

Treidler, H., Herodot, Reisen und Forschungen in Afrika, Leipzig, 1926.

Volkommer, M., Die Quellen Bourguignon d'Anvilles für seine kritische Karte von Afrika, München, 1904.

d'Abbadie, A., Douze ans dans la Haute Ethiopie, Paris, 1868.
L'Africain, Léon, Description de l'Afrique, tierce partie du monde. Übers. v. Temporal, Antwerpen, 1566; Paris, 1898 u. 1956.
Alexander, J. E., An Expedition of Discovery into the Interior of Africa, 2 Bde., London, 1838.
Anderson, Narrative of a journey to Musardu, the capital of the western Mandingoes, New York, 1870.
Andersson, Ch. J., Lake Ngami, London, 1856.
Reisen in Südwestafrika bis zum See Ngami in den Jahren 1850–1854, 2 Bde., Leipzig, 1858.
The Okavango River, London, 1861.
Autenrieth, Fr., Ins Inner-Hochland von Kamerun, Stuttgart, 1900.

Bacon, R. H., Benin, The City of Blood, London, 1891.
Baikie, W. B., Narrative of an exploring voyage up the rivers Kwora and Binue, London, 1856.
Baines, Th., Explorations in South Africa, London, 1864.
The Victoria Falls, London, 1866.
Baker, S. W., The Albert Nyanza. Great Basin of the Nile and exploration of the Nile sources, 2 Bde., London, 1867; deutsch: Der Albert Nyanza, d. große Becken d. Nil und d. Erforschung der Nilquellen, 2. Bde., Jena, 1867.
Barrow, J., Reisen in das Innere Südafrikas in den Jahren 1797–98, Berlin, 1802.
Barth, H., Reisen und Entdeckungen in Nord- und Zentralafrika in den Jahren 1849 bis 1855, 5 Bde., Gotha, 1857/58.
Barttelot, W. G., Stanleys Nachhut in Jambuya unter Major M. Barttelot, Hamburg, 1891.
Bastian, A., Die deutsche Expedition an der Loango-Küste, 2. Bde., Jena, 1875.
Battell, A., Strange adventures in Angola, London, 1901.
Battuta, Ibn, Voyages, Hrsg. u. übers. v. Defrémery und Sanguinetti, 5 Bde., Paris, 1853–1859.
Baver, Ph., African memoranda etc., London, 1805.
Bauer, F., Die deutsche Niger-Benue-Tschadsee-Expedition 1902 bis 1903, Berlin, 1904.

Baum, H., Die Kunene-Sambesi-Expedition, Berlin, 1903.
Baumann, O., Durch Massailand zur Nilquelle, Berlin, 1894.
Beecham, Ashantee and the Gold Coast, London, 1841.
Bent, T., The Ruined Cities of Mashonaland, London, 1892.
Bieber, F. K., Kaffa, Wien, 1920.
Binger, G. L., Du Niger au Golfe de Guinée par les pays de Kong et le Mossi, 2 Bde., Paris, o. J. (1891).
Bodwich, T. E., Mission from Cape Coast Castle to Ashantee, London, 1819.
Böhm, R., Von Sansibar zum Tanganjika, Leipzig, 1888.
Borelli, J., Ethiopie méridionale, Journal de mon voyage aux pays Amhara, Oromo et Sidama, Paris, 1890.
Bòttego, V., Il Giuba esplorato, Rom, 1895.
van Boudyck Bastiaanse, J. H., Voyage à la côte de Biafra, à l'île de Fernando Po, l'île de St. Hélène etc., La Haye, 1853.
Brehm, A., Ergebnisse einer Reise nach Habesch, Leipzig, 1863.
Bruce, J., Reisen zur Entdeckung der Quellen des Nils 1768 bis 1773, 5 Bde., Leipzig, 1790.
Bruneau de Laborie, Du Cameroun au Caire par le désert de Libye, Paris, 1924.
Buchner, Das Reich des Mwata Yamvo und seine Nachbarländer, Deutsche Geogr. Blätter I, 1883.
Büttikofer, J., Reisebilder aus Liberia, 2 Bde., Leiden, 1890.
Büttner, R., Reisen im Kongolande, Leipzig, 1890.
Burdo, A., Niger und Bénué, Paris, 1880.
Burton, R. F., First footsteps in East Africa, or an exploration of Harrar, London, 1856.
The Lake regions of Central Africa, 2 Bde., London, 1860.
Abbeokuta and the Cameroons Mountains, London, 1863.

Ca'da Mosta, A., Relation de voyages à la Côte Occidentale d'Afrique, 1457; Hrsg. v. Ch. Schefer, Paris, 1895.
Caillié, R., Rapport sur son voyage à Timbouctou et dans l'intérieur de l'Afrique, Paris, 1828.
Cameron, V. L., Across Africa, 2 Bde., London, 1877; deutsch: Quer durch Afrika, 2. Bde., Leipzig, 1877.
Capello, H. B., u. Ivens, R., A terra des Jaccas, Lissabon, 1881.
De Angola à Contra-Costa, 2 Bde., Lissabon, 1886.

Casati, G., Zehn Jahre in Äquatoria und die Rückkehr mit Emin Pascha, 2 Bde., Bamberg, 1891.

Catat, L., Voyage à Madagascar (1889–90), Paris, 1895.

Cecchi, A., Da Zeila alle frontiere del Caffa, 3 Bde., Rom, 1886–1887.

Du Chaillu, P. B., A journey of Ashangoland, London, 1867.

Explorations and Adventures in Equatorial Africa, New York, 1861.

Voyages et aventures dans l'Afrique Equatoriale, Paris, 1863.

Chapman, J., Travels in the interior of South Africa, 2 Bde., London, 1868.

Clapperton, H., Journal of a second expedition into the interior of Africa, London, 1828; deutsch: Wien, 1830.

v. d. Decken, C. Cl., Reisen in Ostafrika in den Jahren 1859 bis 1865, Hrsg. v. O. Kersten, 2 Bde., Leipzig u. Heidelberg, 1869–1880.

Degrandpré, L., Voyage à la côte occidental d'Afrique, Paris, 1801.

Denham, D. u. Clapperton, H., Narrative of Travels and Discoveries in Northern and Central Africa, London, 1828.

Donaldson-Smith, A., Through unknown African countries, London, New York, 1897.

Dufton, H., Journey through Abyssinia in 1862–63, Petermanns Mitteilungen, Gotha, 1868.

Duncan, J., Travels in Western Africa in 1845 a. 1846, London, 1847; deutsch: Reisen in Westafrika, Dresden und Leipzig, 1848.

Dupuis, J., Journal of a residence in Ashanti, London, 1824.

Durand, Voyage au Senegal, Paris, 1865; deutsch: Nachrichten von den Senegalländern, Weimar, 1803.

Duveyrier, H., Les Touaregs du Nord, Paris, 1864.

Exploration du Sahara, Paris, 1864

La Tunisie, Paris, 1881.

Dybowski, J., La route du Tschad. Du Loango au Chari, Paris, 1893.

Ehrenberg, E. G., u. Hemprich, W. F., Reisen durch Nordafrika und Westasien, Berlin, 1828.

Ehrmann, Geschichte der Reisen nach dem Hottentottenland; 5 Teile. Allgemeine Geschichte der Reisen, Bd. 15–19, Frankfurt a. M., 1797.
Elton, J. F., u. Cotterill, H. B., Travels and researches among the lakes and mountains of Eastern and Central Africa, London, 1879.

Faidherbe, L'avenir du Sahara, Paris, 1883.
Falconbridge, A. M., Two voyages to Sierra Leone etc., London, 1805.
Felkin, W., Uganda, London, 1882.
Fischer, Th., Wissenschaftliche Ergebnisse einer Reise im Atlasvorlande von Marokko, Petermanns Mitteilungen, Ergänzungsheft 133, Gotha, 1901.
Flegel, R. E., Vom Niger-Benué. Briefe aus Afrika, Leipzig, 1890.
Foà, E., Résultats scientifiques des voyages en Afrique, Paris, 1908.
Foureau, F., D'Algier au Congo par le Tchad. Mission Saharienne Foureau-Lamy, Paris, 1902.
Franchetti, R., Nella Dancalia Etiopica. Spedizione italiana 1928–29, Mailand, 1936.
v. François, C., Die Erforschung des Tschuapa und Lulongo. Reisen in Zentralafrika, Leipzig, 1888.
Fritsch, G. Th., Drei Jahre in Südafrika, Breslau, 1868.
Frobenius, L., Im Schatten des Kongostaates, Berlin, 1907.
Fülleborn, F., Das deutsche Njassa- und Ruwumagebiet, Berlin, 1906.

Galton, F., The narrative of an explorer in tropical Africa, London, 1853.
Gautier, E. F. u. Chudeau, R., Mission au Sahara, 2. Bde., Paris, 1908–09.
Gentil, E., La chute de l'empire de Rabeh, Paris, 1901.
Gibbons, A. St. H., Africa from south to north through Marotseland, 2 Bde., London, 1904.
Giraud, V., Les lacs de l'Afrique équatoriale. Voyage d'exploration exécuté de 1883 à 1885, Paris, 1889.
Götzen, G. A. Graf v., Durch Afrika von Ost nach West, Berlin, 1899.

Grandidier, A., Histoire de la géographie de Madagascar, Paris, 1893.
Grandidier, G. u. A., Histoire physique, naturelle et politique de Madagascar, 4 Bde., Paris 1885 bis 1917.
Grant, J. A., A walk across Africa or domestic scenes from my Nile journal, Edinburgh and London, 1864.
Gröben, v. d., O. F., Guineische Reisebeschreibung. Marienwerder, 1694; Neuauflage: Leipzig, 1909.
Grogan, E. S. u. Sharpe, A. H., From the Cape to Cairo. The first traverse of Africa from south to north, London, 1909.
Gruvel, A. u. Chudeau, R., A travers la Mauritanie occidentale, 2 Bde., Paris, 1909.
Gürich, G., Deutsch-Südwestafrika, Reisebilder und Skizzen, Hamburg, 1891.
Güßfeldt, P., Falkenstein, J. u. Pechuél-Loesche, E., Die Loango-Expedition 1873–1876, 3 Bde., Leipzig, 1879–1882 u. Stuttgart, 1907.

Haggenmacher, G. A., Reise im Somalilande, Petermanns Mitteilungen, Ergänzungsheft 47, Gotha, 1876.
Hally, G. T., Abyssinian Expedition, London, 1867.
Harnier, Reise am oberen Nil, Leipzig, 1866.
Hassanein Bey, A., Rätsel der Wüste, Leipzig, 1926.
Hendecourt, L., Expédition d'Abyssinie en 1868, Paris, 1869.
Henty, G. A., The March to Magdala, London, 1868.
v. Heuglin, Th., Reise nach Abessinien, den Gallaländern, Ost-Sudan und Chartum 1861–62, Jena, 1868; auch: Die deutsche Expedition in Ostafrika 1861 und 1862, Gotha, 1864.
v. Höhnel, L., Zum Rudolf- und Stephanisee. Die Forschungsreise des Grafen Samuel Teleki in Ost-Äquatorial-Afrika, Wien, 1892.
Hört, G., Nachrichten von Marokko und Fez aus den Jahren 1760 bis 1768, Kopenhagen, 1781.
Holub, E., Sieben Jahre Südafrika, Wien, 1881.
Von der Kapstadt ins Land der Maschkulumbe, Reisen im südl. Afrika in den Jahren 1883–1887, 2 Bde., Wien, 1889–90.
Hop, H., Nouvelle description du Cap de Bonne-Espérance, Amsterdam, 1778.

Hornberger, C., Das Ewe-Gebiet an der Sklavenküste von Westafrika, Bremen, 1867.

Hornemann, F., Tagebuch einer Reise von Cairo bis nach Mursuk in den Jahren 1797 bis 98, Weimar, 1802.

Hourst, La Mission Hourst. Sur le Niger au pays des Touaregs, Paris, 1898.

Hubert, H., Mission scientifique au Dahomey, Paris, 1908.

Mission scientifique au Soudan, Paris, 1916.

Hutter, F., Wanderungen und Forschungen im Nord-Hinterland von Kamerun, Braunschweig, 1902.

Jaeger, F., Forschungen in den Hochregionen des Kilimandscharo, Mtlng. aus den deutschen Schutzgebieten 22, Berlin, 1909.

Das Hochland der Riesenkrater und die umliegenden Hochländer Deutsch-Ostafrikas, Mtlgn. aus den deutschen Schutzgebieten, Ergänzungshefte 4 und 8, Berlin, 1911 und 1913.

u. Waibel, L., Beiträge zur Landeskunde von Südwest-Afrika, Mtlgn. aus den deutschen Schutzgebieten, Ergänzungshefte 14 und 15, Berlin, 1920 und 21.

Die Etoschapfanne. Mtlgn. aus den deutschen Schutzgebieten, 34, Berlin, 1926–1927.

La Jaille, Voyage au Sénégal en 1784–1785 etc., Paris, 1802; deutsch: Reise nach dem Senegal, Weimar, 1802.

Johnston, H. H., The Kilima-Njaro Expedition, London, 1886; deutsch: Durch Massailand, Leipzig, 1866.

The Nile quest, a record of the exploration of the Nile and its basin, London, 1902.

Junker, W., Reisen in Afrika, 1875 bis 86, 3 Bde., Wien, Olmütz, 1889–91.

Kandt, R., Caput Nili. Eine empfindsame Reise zu den Quellen des Nils, Berlin, 1904.

Keller, C., Reisebilder aus Madagaskar, Leipzig, 1878.

Die ostafrikanischen Inseln, Berlin, 1898.

Kolb, P., Reise zum Vorgebirge der Guten Hoffnung. Bearbeitet von P. Germann, Leipzig, 1922.

Krapf, J. L., Reisen in Ostafrika, ausgeführt in den Jahren 1837 bis 1853, 2 Bde., Kornthal, 1858.

Krokow von Wickenrode, Reisen und Jagden in Nord-Ostafrika 1864–65, Berlin, 1867.
Kumm, H. K. W., From Haussaland to Egypt through the Sudan, London, 1910.

Lander, R., Journal of an expedition to explore the course and termination of the Niger, 3 Bde., London, 1832; deutsch: Leipzig, 1833.
Largeau, V., Le Sahara. Premier voyage d'exploration, Paris, 1877. Le pays de rirha, Ouargla, voyage à Rhamades, Paris, 1879.
Lefèbvre, Th., Voyage dans l'Abyssinie 1839–43, 6 Bde., Paris, 1845–48.
Lemaire, Ch., Mission scientifique du Katanga, Brüssel, 1902. Mission scientifique Congo-Nil, Brüssel, 1906.
Lenz, O., Timbuktu. Reise durch Marokko, die Sahara und den Sudan, 2 Bde., Leipzig, 1884.
Levaillant, Fr., Voyage dans l'intérieur d'Afrique 1780–85, Paris, 1790.
Lichtenstein, H., Reisen im südlichen Afrika 1803 bis 1806, 2 Bde., Berlin, 1811–12.
Livingstone, D., Missionary travels and researches in South Africa, London 1857; deutsch: Leipzig, 1858.
Narrative of an expedition to the Zambesi and its tributaries and of the discovery of the Lakes Shirwa and Nyassa 1858 to 1864, London, 1865; deutsch: Leipzig, 1866.
Lugard, Fr., The Diaries of Lord Lugard 1889–1892, 3 Bde., London, 1959.

Mac Leod, J., A voyage to Africa etc., London, 1820.
Mage, Relation d'un voyage d'exploration du Soudan occidental, Paris, 1867.
Maistre, C., A travers l'Afrique centrale, Paris, 1895.
Mansfeld, A., Urwalddokumente. Vier Jahre unter den Crossflußnegern Kameruns, Berlin, 1908.
Markham, Cl. R. F. S. A., History of the Abyssinian expedition, London, 1878.
Marno, E., Reise in der Egyptischen Äquatorial-Provinz und in Kordofan in den Jahren 1874 bis 1876, Wien, 1878.

Matthews, J., A voyage to the River Sierra Leone and the Coast of Africa, London, 1788; deutsch: Reise nach Sierra Leone, Leipzig, 1789.

Mauch, C., Reisen im Innern von Südafrika 1865–1872, Petermanns Mitteilungen, Ergänzungsheft 37, Gotha, 1874.

Maurette, F., Mission scientifique du Bourg de Bozas. De la Mer Rouge à l'Atlantique à travers l'Afrique tropicale (1900–1903), Paris, 1906.

zu Mecklenburg, A. F. Herzog, Vom Kongo zum Niger und Nil, 3 Bde., Leipzig, 1912.

Ins innerste Afrika, Leipzig, 1909.

Meyer, H., Zum Schneedom des Kilimandjaro, Berlin, 1888.

Ostafrikanische Gletscherfahrten. Forschungsreisen im Kilimandscharo-Gebiet, Leipzig, 1890.

Der Kilimandjaro, Berlin, 1900.

Mohr, E., Nach den Viktoriafällen des Zambesi, Leipzig, 1875.

Mollien, G., Voyage dans l'intérieur de l'Afrique aux sources du Sénégal et de la Gambie fait en 1818, 2 Bde., Paris, 1820–1822; deutsch: Weimar, 1920.

Monteil, De Saint-Louis à Tripoli par le lac Tchad, Paris, 1895.

Monteiro, Angola, New York, 1875.

v. Morgen, C., Durch Kamerun von Süd nach Nord, Berlin u. Leipzig, 1893.

Munzinger, W., Sitten und Recht der Bogos, Winterthur, 1859.

Ostafrikanische Studien, Schaffhausen, 1864.

v. Mylius, A. Frh., Reise nach Kaffa und Da'uro, Mtlgn. der k. k. Geogr. Gesellschaft Wien, 49, Wien, 1906.

Nachtigal, G., Sahara und Sudan, 3 Bde., Berlin, 1879–81, Leipzig, 1889.

Norris, R., Beiträge zur genauen Kenntnis des afrikanischen Königreichs Dahomey in Guinea, Leipzig, 1790.

d'Ollone, De la Côte d'Ivoire au Soudan et à la Guinée. Mission Hostains-d'Ollone 1898–1900, Paris, 1901.

Park, Mungo, Travels in the interior districts of Africa, London, 1799; deutsch: Hamburg, 1799, Berlin, 1799, Tübingen und Basel, 1976.

The journal of a mission to the interior of Africa, London, 1815; deutsch: Sondershausen, 1821.

Passarge, S., Adamaua, Berlin, 1895.
Die Kalahari, Berlin, 1904.

Patterson, W., Narrative of four Journeys into the Country of the Hottentots and Caffraria, London, 1789; deutsch: Reisen in das Land der Hottentotten, Berlin, 1790.

Paulitschke, Ph., Harrar, Forschungsreise nach den Somal- und Galländern Ostafrikas, Leipzig, 1888.

Pereira, D. P., Esmeraldo de situ orbis (1508). Übers. v. R. Mauny, Bissau, 1956.

Peters, C., Die deutsche Emin Pascha-Expedition, München und Leipzig, 1891.
Im Goldlande des Altertums, München, 1902.

Petherick, J., Travels in Central Africa and explorations of the western Nile tributaries, 2 Bde., London, 1869.

Pogge, P., Im Reich des Mutua Jamvo, Berlin, 1880.

Poiret, J. L. M., Voyage en Barbarie pendant les ans 1785 et 1786, Paris, 1789.

Powell-Cotton, P. H. G., In unknown Africa, London, 1904.

Quesné, J. S., Mémoires du captaine Landolphe contenants l'histoire de ses voyages pendant 36 ans aux côtes d'Afrique etc., Paris, 1823.

v. Ramsay, H., Erste Expedition in Kamerun, Koloniale Rundschau, Berlin, 1925.

Robecchi-Bricchetti, L., Somalia e Benadir. Prima traversata della Somalia, Mailand, 1899.

Rohlfs, G., Reise durch Marokko und die große Wüste über Rhamades nach Tripoli, Bremen, 1869.
Von Tripolis nach Alexandrien, 2 Bde., Bremen, 1871.
Mein erster Aufenthalt in Marokko und Reise südlich vom Atlas durch die Oasen Draa und Tafilet, Bremen, 1873.
Quer durch Afrika. Reise vom Mittelmeer bis zum Busen von Guinea, 2 Bde., Leipzig, 1874–75.
Drei Monate in der Libyschen Wüste, Kassel, 1875.
Kufra, Leipzig, 1881.

Rüppell, E., Reise in Nubien, Kordofan und dem peträischen Arabien, Frankfurt a. M., 1829.
Reise in Abessinien, 2 Bde., Frankfurt a. M., 1838 und 1840.

Russegger, J., Reisen in Europa, Asien und Afrika, Stuttgart, 1841–49.

v. Savoyen, L. A., Der Ruwenzori, Leipzig, 1909.

Schinz, H., Deutsch-Südwest-Afrika. Forschungsreisen 1884–1887, Oldenburg und Leipzig, 1891.

Schöller, M., Mitteilungen über meine Reise nach Äquatorial-Ost-Afrika und Uganda 1896–1897, 3 Bde., Berlin, 1901–04.

Schütt, O., Reisen im südwestlichen Becken des Congo, Berlin, 1881.

Schultze, L., Aus Namaland und Kalahari, Jena, 1907.

Schweinfurth, G., Im Herzen von Afrika, Leizpig, 1874.

Ségonzac, Marquis de, Voyages au Maroc (1899–1901), Paris, 1903. Au coeur de l'Atlas. Mission au Maroc 1904–05, Paris, 1910.

Seiner, F., Ergebnisse einer Bereisung des Gebiets zwischen Okawango und Sambesi (Caprivi-Zipfel) in den Jahren 1905 und 1906. Mtlgn. aus den deutschen Schutzgebieten, 22, Berlin, 1909.

Selous, F. C., Travel and adventure in South-East-Africa, London, 1893.

Serpa-Pinto, A. u. de Rocha, A., Wanderungen quer durch Afrika, 2 Bde., Leipzig, 1881.

Snelgrave, G., Nouvelle relation de quelques endroits de Guinée etc., Amsterdam, 1735.

Soleillet, P., Exploration du Sahara central, Algier, 1874.

Sparrmann, A., Reise nach dem Vorgebirge der Guten Hoffnung ... in den Jahren 1772 bis 1776. Aus dem Schwedischen frey übersetzt von Ch. H. Grokund, Berlin, 1784.

Speke, H. J., Journal of the Discovery of the Source of the Nile, London, 1863; deutsch: Die Entdeckung der Nilquellen, Leipzig, 1864.

Stanley, H. M., How I found Livingstone in Central Africa, London, 1873; deutsch: Leipzig, 1879.
Through the dark Continent, 2 Bde., New York, 1878; deutsch: Leipzig, 1878.
The Congo and the Founding of its Free State, 2 Bde., New York, 1885.

In Darkest Africa: on the Quest, Rescue and Retreat of Emin, Governor of Equatoria, 2 Bde., New York, 1890; deutsch: Leipzig, 1890.

Staudinger, P., Im Herzen de Haussaländer, Berlin, 1889–91.

Steindorff, G., Durch die Libysche Wüste zur Amons-Oase, Bielefeld und Leipzig, 1904.

Stuhlmann, F., Mit Emin Pascha ins Herz von Afrika, Berlin, 1894

Die Tagebücher von Dr. Emin Pascha, 4 Bde., Braunschweig, 1915–27.

Thomson, J., Expedition nach den Seen von Zentralafrika in den Jahren 1878–1880, Jena, 1881.

Through Massailand, London, 1885.

Travels in the Atlas and Southern Marocco, London, 1889.

Thonner, F., Im afrikanischen Urwald, Berlin, 1896.

Vom Kongo zum Ubangi, Berlin, 1910.

Thorbecke, F., Im Hochland von Mittelkamerun, Abhandlungen d.Hamburg. Kolonialinstituts, Hamburg, 1914; 36, 1916; 41, 1919; 1. Teil, 1924.

u. Waibel, L., Beiträge zur Landeskunde von Südwest-Afrika, Mitteilungen aus den deutschen Schutzgebieten, Ergänzungsheft 14, Berlin, 1920.

Tilho, J., Documents scientifiques de la Mission Tilho (1900–1909), 3 Bde., Paris, 1910–1914.

Toutée, G., Dahomé, Niger, Touareg, Notes et récit de voyage, Paris, 1897.

Trotter, J. K., The Niger sources and the borders of new Sierra Leone Protectorate, London, 1898.

Uhlig, C., Vom Kilimandscharo zum Meru, Zeitschrift der Gesellschaft für Erdkunde, Berlin, 1904.

Vannutelli, L. u. Citerni, C., Seconda spedizione Bòttego, Mailand, 1899.

Voeltzkow, A., Wissenschaftliche Ergebnisse der Reisen in Madagaskar und Ostafrika in den Jahren 1889–95, 3 Bde., Frankfurt a. M., 1897, 1902–05.

Reisen in Ostafrika in den Jahren 1903–1905, Stuttgart, 1917 und 1923.

Volz, W., Reise durch das Hinterland von Liberia, Bern, 1911.

Westermann, D., Vier Monate in Liberia, Koloniale Rundschau, Berlin, 1915.

Wickenburg, E. Graf, Wanderungen in Ostafrika, Wien, 1899.

v. Wissmann, H., Wolf, L., François, C., Mueller, H., Im Innern Afrikas, Leipzig, 1888.
Unter deutscher Flagge quer durch Afrika von West nach Ost, Berlin, 1889.
Meine zweite Durchquerung Äquatorial-Afrikas vom Kongo zum Zambesi, Frankfurt a. O., 1891.

Wolff, Von Banana zum Kiamwo, Oldenburg u. Leipzig, 1889.

Wollaston, A. F. R., From Ruwenzori to the Congo, London, 1908.

Zintgraff, E., Nord-Kamerun, Berlin, 1895.

Zöller, H., Das Togogebiet und die Sklavenküste, Berlin, 1885.
Das südliche Kamerun-Gebiet. In: Die deutschen Besitzungen an der westafrikanischen Küste IV. Forschungsreisen in der deutschen Kolonie Kamerun, Berlin und Stuttgart, 1885.

Zweifel, J. u. Moustier, M., Voyage aux sources du Niger, Marseille, 1880.

Die Abbildungen auf den inneren Umschlagseiten zeigen Stanley an den Stromschnellen des Kongo (aus: R. Brown, The Story of Africa) und den Einzug Gustav Nachtigals in das Lager Abû Sekkîns (aus: G. Nachtigal, Sahara und Sudan, 2. Teil, Berlin 1881).

BILDQUELLENVERZEICHNIS

1: Foto Nationalmuseum Neapel; 2: aus B. de Rezende, Traité des Vice-Rois des Indes, Paris, 1891; 3: Skizze Heinrich Barths, Staatsarchiv Hamburg; 4: R. Lepsius, Denkmäler aus Ägypten und Äthiopien, 12 Bde., 1849–59; 5, 6, 12-15, 17–19, 21, 31, 33, 34, 39, 40, 42–45, 54, 55, 58, 59, 61, 66–67, 71, 88, 90, 92, 94, 99–101: R. Brown, The Story of Africa and its Explorers, 4 Bde., London, 1892–94; 7, 48, 51–53, 72–74: C. Peters, Die deutsche Emin-Pascha-Expedition, München u. Leipzig, 1891; 8: Eannes de Azurara, Cronica do Guiné, Lissabon o. J.; 9: Peschel, Geschichte der Erdkunde, München, 1884; 10: E. Hartleben, Champollion, Sein Leben und sein Werk, Berlin, 1906; 11: O. Dapper, Umbständliche und eigentliche Beschreibung Afrikas usw., Amsterdam, 1668; 16: Portrait H. Barths; 16a, 20, 22, 37, 41: R. I. Rotberg, Africa and its Explorers, Cambridge Mess., 1970 (Harvard University Press); 23: Bardai-Club, Berlin: 24–26; Th. Heuss u. a., Gustav Nachtigal, Bad Godesberg, 1969; 27: R. Caillié, Rapport sur son voyage usw., Paris, 1828; 28, 30, 63–65: G. Schweinfurth, Im Herzen von Afrika, Leipzig, 1874; 29: Foto E. Bayard, Paris; 32: W. Junker, Reisen in Afrika, Wien u. Olmütz, 1889–91; 35, 36, 49, 50: F. Stuhlmann, Mit Emin Pascha ins Herz von Afrika, Berlin, 1894; 38: Foto S. A. Walker, London; 46: Calver Verlagsverein (Hrsg.), Afrika in Wort und Bild, Calw u. Stuttgart, 1904; 47, 76, 77: G. A. Graf von Götzen, Durch Afrika von Ost nach West, Berlin, 1899; 56, 56a, 57, 83–86, 97: H. v. Wissmann, Meine zweite Durchquerung Äquatorialafrikas usw., Frankfurt a. O., 1891; 59a: O. Zierer, Geschichte Afrikas, Murnau, 1959 (Verlag Seb. Lux); 60: Festschrift Leo Frobenius, Leipzig, 1936; 62: J. Spillmann, Rund um Afrika, Freiburg i. B., 1897; 62: A. F. Herzog zu Mecklenburg, Vom Kongo zum Niger und Nil, Leipzig, 1912; 68–70: E. Mohr, Nach den Viktoriafällen des Zambesi, Leipzig, 1875; 91: Foto der Evangelischen Missionsgesellschaft, Paris; 75, 95, 96: C. Cl. v. der Decken, Reisen in Ostafrika usw., hrsg. von O. Kersten, Leipzig u. Heidelberg, 1869–80; 78: Foto F. Roux, Paris; 79: Foto F. Augerer, Berlin; 87, 89: L. Frobenius, Im Schatten des Kongostaates, Berlin, 1907; 93: Foto Camacho, Lissabon; 98: Foto der Gesellschaft für Stereoskopie, London; 80–83: P. Pogge, Im Reich des Muata Jamvo, Berlin, 1880.

Afrika im Buch bei Erdmann

Moderne Erzähler der Welt, Band 50

OSTAFRIKA

43 Erzählungen aus 6 Ländern
Herausgegeben von Frank Auerbach und Lennard Okola
440 Seiten, 12 Graphiken ostafrikanischer Künstler
Ganzleinen

Moderne Erzähler der Welt, Band 31

WESTAFRIKA

48 Erzählungen aus 17 Ländern
Herausgegeben von Janheinz Jahn
456 Seiten, Ganzleinen

Moderne Erzähler der Welt, Band 38

NIGERIA

Herausgegeben von Cyprian Ekwensi und Albert von Haller
352 Seiten, Ganzleinen

Moderne Erzähler der Welt, Band 55

SÜDAFRIKA

Herausgegeben von Peter Sulzer
418 Seiten, 9 Graphiken südafrikanischer Künstler
Ganzleinen

Ländermonographien, Band 8

KENIA

Herausgegeben von Walter Leifer
536 Seiten, 67 Fotos, 39 Tabellen, 17 Karten und 7 graphische Darstellungen
Ganzleinen

Horst Erdmann Verlag · 7400 Tübingen

Die größten Abenteuer der Welt!

. . . in der bibliophil ausgestatteten Reihe
»Alte abenteuerliche Reise- und Entdeckungsberichte«

Mungo Park
Reisen ins innerste Afrika 1795–1806
Neu herausgegeben von Heinrich Pleticha
336 Seiten mit zahlreichen zeitgenössischen Darstellungen und Karten, Ganzleinen mit Büttenumschlag

». . . meine geliebten Freunde, Anderson und Scott, haben beide von dieser Welt Abschied genommen; und der größte Teil der Soldaten ist während der Regenzeit auf der Reise gestorben . . .« Das sind die letzten Zeilen des schottischen Arztes Mungo Park, die England erreichten.
Im Laufe des Jahres 1806 kamen Gerüchte aus dem Inneren Afrikas, wonach Park und seine Begleiter unterwegs ermordet worden seien.
In diesem Band werden erstmals Mungo Parks Aufzeichnungen und Berichte von seinen beiden Expeditionen ins Innerste Afrikas neu herausgegeben – Dokumente beispiellosen Wagemuts aus der Frühzeit der Erschließung des Schwarzen Erdteils.

Alfred Edmund Brehm
Brehms Reisen im Sudan 1847–1852
Herausgegeben, bearbeitet und eingeleitet von Helmut Arndt
412 Seiten, 50 zeitgenössische Darstellungen, 1 Karte
Ganzleinen mit Büttenumschlag

Brehms Tierleben – wer kennt es nicht! Daß sein Verfasser auch afrikanische Expeditionsabenteuer bestand, von denen er nicht minder lebendig zu berichten wußte, ist für viele eine echte Entdeckung.
»Mit den ›Reise-Skizzen aus Nordost-Afrika von Dr. Alfred Edmund Brehm‹ (so der Titel der Erstausgabe 1853) ist dem Verlag Horst Erdmann erneut eine bemerkenswerte Wiederentdeckung gelungen: Durch den lockeren, vorurteilsfreien Reisebericht Brehms erfährt man eine ganze Menge über die Denk- und Lebensweise der Menschen des 19. Jahrhunderts . . . Brehm war gerade 18 Jahre alt, als er in den Sudan zog, und er war erst 23, als er nach Europa zurückkehrte. Mit 26 Jahren veröffentlichte er sein damals sensationelles Buch.«
Randolph Braumann im RHEINISCHEN MERKUR

Horst Erdmann Verlag · 7400 Tübingen

Die größten Abenteuer der Welt!

... in der bibliophil ausgestatteten Reihe
»Alte abenteuerliche Reise- und Entdeckungsberichte«

Heinrich Barth · Die große Reise
Forschungen und Abenteuer in Nord- und Zentralafrika 1849–1855 · Herausgegeben, bearbeitet und eingeleitet von Heinrich Schiffers · 454 Seiten, 54 Abbildungen und Karten, davon 16 Farbtafeln · Ganzleinen mit Büttenumschlag

Als sich der Hamburger Privatdozent Dr. Heinrich Barth 1849 zur Teilnahme an einer englischen Expedition durch die Sahara und den Sudan rüstete, ahnte er nicht, daß er erst fünfeinhalb Jahre später und als einziger Überlebender des Unternehmens zurückkehren sollte. Er bewährte sich auf dieser mit Abenteuern gespickten Reise als einer der fähigsten Forscher, die die lange Geschichte der Welterkundung hervorgebracht hat.
Heinrich Barths fünfbändiger Reisebericht, die erhaltengebliebenen Tagebücher und der umfangreiche Nachlaß sind Zeugnisse einer einmaligen Leistung, die auch aus heutiger Sicht ihresgleichen sucht. Der bekannte Afrikakenner Heinrich Schiffers hat sie neu zusammengestellt, bearbeitet und dem heutigen Leser wieder zugänglich gemacht.

Vivant Denon · Mit Napoleon in Ägypten 1798–99
Herausgegeben und eingeleitet von Helmut Arndt · 376 Seiten, 42 zeitgenössische Illustrationen, 1 Karte · Ganzleinen mit Büttenumschlag

Der offenherzige Bericht des Diplomaten, Archäologen, Malers und Organisator des von Napoleon in großem Stil betriebenen gesamteuropäischen Kunstraubs, ist ein einzigartiges Zeugnis, in dem sich die extremste Form erlebter Geschichte mit dem Bericht einer abenteuerlichen Forschungsreise zu einem atemberaubenden Zeitdokument verbindet. Die Aufzeichnungen Denons über das interessanteste kriegerische Unternehmen seit den Kreuzzügen schildern die Kämpfe der Franzosen mit den Mameluken, Türken und Engländern und seine Entdeckungsfahrten zu den verschollenen Kulturdenkmälern ganz Ägyptens. Diese der jahrhundertelangen Vergessenheit entrissen zu haben, ist das besondere Verdienst des vielseitigen Begleiters von Napoleon.

Gustav Nachtigal · Tibesti
Die Entdeckung der Riesenkrater und die Erstdurchquerung des Sudans 1868–1874 · Herausgegeben, bearbeitet und eingeleitet von Heinrich Schiffers · 432 Seiten, 50 zeitgenössische Abbildungen · Ganzleinen mit Büttenumschlag

Die mit der bewährten Sachkenntnis von Heinrich Schiffers herausgegebenen und bearbeiteten Aufzeichnungen Nachtigals schildern auf ebenso packende wie erschütternde Weise die überall drohenden Gefahren für Leib und Leben und die unmenschlichen Strapazen denen er und seine wenigen Begleiter bei ihrer Entdeckung des Hochlandes der Riesenkrater Tibesti ausgesetzt waren, das vor ihnen noch kein Europäer betreten hatte. Der weitere Verlauf der Expedition, die insgesamt fast sechs Jahre dauerte, hat das tollkühne Unterfangen der ersten Durchquerung des östlichen Sudans in seiner ganzen Breite zum Mittelpunkt, das Nachtigal mit einem Schlag weltberühmt machte.

Horst Erdmann Verlag · 7400 Tübingen

Das große Abenteuer der Welt

A.LÜTKE